重庆统计年鉴 2024

CHONGQING STATISTICAL YEARBOOK 2024

重庆统计年鉴 2024

CHONGQING STATISTICAL YEARBOOK 2024

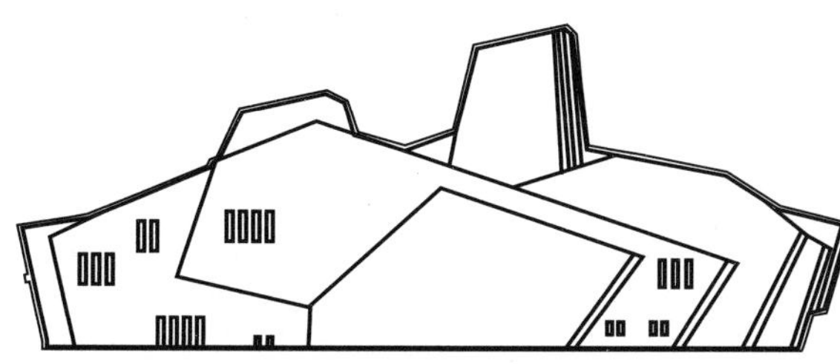

重庆统计局

国家统计局重庆调查总队　编

COMPLIED BY

CHONGQING MUNICIPAL BUREAU OF STATISTICS

NBS SURVEY OFFICE IN CHONGQING

中国统计出版社

China Statistics Press

图书在版编目（CIP）数据

重庆统计年鉴. 2024 = Chongqing Statistical Yearbook 2024：汉英对照 / 重庆市统计局，国家统计局重庆调查总队编. -- 北京 ：中国统计出版社，2024. 10. -- ISBN 978-7-5230-0517-0

Ⅰ. C832.719-54

中国国家版本馆 CIP 数据核字第 2024HN4855 号

重庆统计年鉴 2024

作　　者/重庆市统计局　国家统计局重庆调查总队
责任编辑/姜　洋
装帧设计/黄　晨
出版发行/中国统计出版社有限公司
通信地址/北京市丰台区西三环南路甲 6 号　邮政编码/100073
电　　话/邮购（010）63376909　书店（010）68783171
网　　址/http://www.zgtjcbs.com/
印　　刷/河北鑫兆源印刷有限公司
经　　销/新华书店
开　　本/880×1230mm　1/16
印　　张/45
字　　数/1400 千字
版　　别/2024 年 10 月第 1 版
版　　次/2024 年 10 月第 1 次印刷
定　　价/430.00 元　Price:430.00 yuan (RMB)

《重庆统计年鉴2024》
编辑委员会

CHONGQING STATISTICAL YEARBOOK 2024
EDITORIAL BOARD

编 者 说 明

一、《重庆统计年鉴2024》是由重庆市统计局和国家统计局重庆调查总队编纂、中国统计出版社公开出版发行的一部全面记录重庆市经济建设和社会发展情况的大型资料性年刊。本书收录了重庆市历史重要年份和2023年经济和社会各方面的统计数据，以及各区县（自治县）主要统计资料。

二、全书共二十二章，包括：1.综合；2.国民经济核算；3.人口与就业；4.固定资产投资；5.能源消费；6.财政；7.人民生活与物价；8.城镇建设；9.资源和环境；10.要素市场；11.农业和农村经济；12.工业；13.建筑业；14.运输和邮电；15.国内贸易；16.对外经济贸易和旅游业；17.金融业；18.教育、科技和文化业；19.卫生、体育和其他社会活动；20.区县；21.三峡工程重庆库区移民；22.基本单位名录库。同时附录一个篇章：全国及各省（自治区、直辖市）主要统计资料。每章前设《简要说明》，介绍本章节的主要内容和资料来源，章末附有《主要统计指标解释》。

三、本年鉴统计资料：大部分数据来自统计年报，部分来自抽样调查。

四、本年鉴所使用的度量衡单位均采用国际统一标准计量单位；各种分类标准均采用国家统一分类标准。

五、本年鉴部分数据的合计数或相对数，由于计量单位取舍不同而产生的计算误差未作机械调整。

六、本年鉴各表的部分指标注解位于该表下方或最后一张续表的下方。

七、符号使用说明：年鉴各表中的“空格”表示该项统计指标数据不足本表最小单位数、数据不详或无该项数据；“#”表示其中的主要项。

八、本年鉴在编辑、翻译过程中得到诸多单位和同志的大力支持，在此深表谢意。限于我们的水平，加之时间仓促，请各界人士在使用资料时如发现错误和不足，恳请提出批评指正。

Editor's Notes

I.*Chongqing Statistical Yearbook 2024* is a large statistical yearbook compiled by Chongqing Municipal Bureau of Statistics and NBS Survey Office in Chongqing and published by China Statistics Press, which records the economic construction and social development of Chongqing in an all-round way. The yearbook covers the comprehensive data on Chongqing's social and economic development in 2023 and some major years in the history, as well as the major statistics on all the districts and counties (autonomous counties).

II. The yearbook contains 22 chapters, namely 1. General Survey;2. National Accounts;3. Population and Employment;4. Investment in Fixed Assets;5. Energy Consumption;6. Government Finance;7. People's Livelihoods and Prices;8. Urban Construction;9. Resources and Environment;10. Markets of Key Factors;11. Agriculture and Rural Economy;12. Industry;13. Construction;14. Transport, Postal and Telecommunication Services;15. Domestic Trade;16. International Trade and Economic Cooperation and Tourism;17. Financial Intermediation;18. Education, Science & Technology and Culture;19. Public Health, Sports and Other Social Activities;20. Districts,Counties; 21. Resettlement of Chongqing Reservoir Area of Three Gorges Project;22. Statistics on Basic Units. There is also an Appendix which covers the main data of the whole nation and other provinces, autonomous regions and municipalities. There is a Brief Introduction at the beginning of each chapter, which introduces the main contents of the chapter and the sources of data. The Explanatory Notes on Main Statistical Indicators is provided at the end of each chapter.

III. The data in this publication: most of the data are obtained from the annual statistical reports, while some others are obtained from sample surveys.

IV. The units of measurement used in this yearbook are international standard measurement units; and the basis of classification of this book complies with the national uniform standard.

V.The statistical discrepancies of the total values or relative values due to rounding are not adjusted in this yearbook.

VI. The notes concerning individual indicators are placed at the lower part of the table or the lower part of the last page.

VII. Notations used in this yearbook: (blank space) indicates that the figure is not large enough to be measured with the smallest unit in the table, or data are unknown, or are not available; "#" indicates a major breakdown of the total.

VIII. We'd like to send our sincere acknowledgement various units and comrades for their vigorous assistances during the edition and translation of this yearbook. Due to our limited ability and the hasty time, faults and shortage are unavoidable. Any criticism or suggestion is appreciated.

目　　录

CONTENTS

第一篇　综合
GENERAL SURVEY

第二篇　国民经济核算
NATIONAL ACCOUNTS

第三篇 人口与就业
POPULATION AND EMPLOYMENT

第四篇 固定资产投资
INVESTMENT IN FIXED ASSETS

第五篇 能源消费
ENERGY CONSUMPTION

第六篇　财政
GOVERNMENT FINANCE

第七篇　人民生活与物价
PEOPLE'S LIVELIHOODS AND PRICES

第八篇 城镇建设
URBAN CONSTRUCTION

第九篇 资源和环境
RESOURCES AND ENVIRONMENT

第十篇 要素市场
MARKETS OF KEY FACTORS

第十一篇 农业和农村经济
AGRICULTURE AND RURAL ECONOMY

第十二篇 工业
INDUSTRY

第十三篇 建筑业
CONSTRUCTION

第十四篇 运输和邮电
TRANSPORT, POSTAL AND TELECOMMUNICATION SERVICES

第十五篇 国内贸易
DOMESTIC TRADE

第十六篇 对外经济贸易和旅游业
INTERNATIONAL TRADE AND ECONOMIC COOPERATION AND TOURISM

第十七篇　金融业
FINANCIAL INTERMEDIATION

第十八篇 教育、科技和文化业
EDUCATION, SCIENCE & TECHNOLOGY AND CULTURE

第十九篇 卫生、体育和其他社会活动
PUBLIC HEALTH, SPORTS AND OTHER SOCIAL ACTIVITIES

第二十篇 区县
DISTRICTS, COUNTIES

第二十一篇 三峡工程重庆库区移民

RESETTLEMENT OF CHONGQING RESERVOIR AREA OF THREE GORGES PROJECT

第二十二篇 基本单位名录库

STATISTICS ON BASIC UNITS

附录
APPENDIX

1 综　合

GENERAL SURVEY

简要说明

本章主要包括重庆市行政区划、国民经济和社会发展综合资料，由市统计局综合处根据有关部门资料进行整理和编辑。

行政区划资料由市民政局提供。

Brief Introduction

This chapter mainly covers the data of Chongqing's administrative divisions and national economic and social development. The data of this chapter are sorted and compiled by Division of Comprehensive Statistics, Chongqing Municipal Bureau of Statistics on the basis of the information provided by the relevant departments.

The data of administrative divisions are provided by Chongqing Civil Affairs Bureau.

1-1 行政区划(2023年)
Divisions of Administrative Areas(2023)

单位：个 (unit)

地 区	Region	行政区划 Divisions of Administrative Areas				自治组织 Autonomous Organization	
		镇 Towns	乡 Townships	民族乡 Ethnic Township	街道 Street Communities	村委会 Village Committees	社区居委会 Neighborhood Committees
全 市	**Total**	**625**	**147**	**14**	**245**	**7945**	**3304**
两江新区	Liang Jiang new Area				8		56
高新区	High tech District	7			3	61	38
万盛经开区	Wansheng Economic development District	8			2	56	44
万州区	Wanzhou District	27	9	2	14	413	197
黔江区	Qianjiang District	18	6		6	138	82
涪陵区	Fuling District	14	2		11	303	129
渝中区	Yuzhong District				11		79
大渡口区	Dadukou District	3			5	30	54
江北区	Jiangbei District	3			9	13	115
沙坪坝区	Shapingba District	4			18	48	113
九龙坡区	Jiulongpo District	4			9	48	111
南岸区	Nan'an District	7			8	48	103
北碚区	Beibei District	8			9	104	88
渝北区	Yubei District	11			11	173	183
巴南区	Ba'nan District	14			9	198	115
长寿区	Changshou District	12			7	221	49
江津区	Jiangjin District	25			5	175	126
合川区	Hechuan District	23			7	322	97
永川区	Yongchuan District	16			7	207	60
南川区	Nanchuan District	29	2		3	184	60
綦江区(不含万盛)	Qijiang District (excluding Wansheng)	16			5	302	79
大足区	Dazu District	21			6	203	106
璧山区	Bishan District	9			6	131	63
铜梁区	Tongliang District	23			5	266	67
潼南区	Tongnan District	20			3	208	96
荣昌区	Rongchang District	15			6	92	64
开州区	Kaixian District	27	5		8	423	112
梁平区	Liangping District	26	2		5	269	74
武隆区	Wulong District	10	8	4	4	184	30
城口县	Chengkou County	10	13		2	173	31
丰都县	Fengdu County	23	5		2	260	78
垫江县	Dianjiang County	22	2		2	222	79
忠 县	Zhongxian County	19	5	1	4	280	92
云阳县	Yunyang County	31	6	1	4	380	99
奉节县	Fengjie County	18	7	4	4	314	78
巫山县	Wushan County	11	11	2	2	301	39
巫溪县	Wuxi County	19	11		2	288	41
石柱土家族自治县	Shizhu County	17	13		3	198	44
秀山土家族苗族自治县	Xiushan County	18	4		5	202	66
酉阳土家族苗族自治县	Youyang County	19	18		2	270	8
彭水苗族土家族自治县	Pengshui County	18	18		3	237	59

1-2 国民经济和社会发展总量与速度指标

指标	Item	总量指标 Aggregate Indicators	
		1996	2000
人口与就业	**Population and Employment**		
人 口(万人)	**Population (10 000 persons)**		
年末常住人口	Year-end Resident Population	2875.30	2848.82
#城 镇	Urban	848.21	1013.88
乡 村	Rural	2027.09	1834.94
#男 性	Male	1465.99	1460.57
女 性	Female	1409.31	1388.25
就 业(万人)	**Employment (10 000 persons)**		
就业人员数	Employed Persons	1719.43	1661.16
#在岗职工人数	On-post Staff and Workers	294.63	208.87
城镇登记失业人数	Registered Unemployment in Urban Areas	10.95	10.15
宏观经济	**Macroeconomic Indicators**		
国民经济核算(亿元)	**National Economic Accounting (100 million yuan)**		
本市生产总值	Gross Domestic Product	1326.40	1822.06
第一产业	Primary Industry	287.56	280.45
第二产业	Secondary Industry	575.20	774.63
#工 业	Industry	506.83	644.04
第三产业	Tertiary Industry	463.64	766.98
固定资产投资(亿元)	**Investment in Fixed Assets (100 million yuan)**		
固定资产投资总额	Total Investment in Fixed Assets		
建设项目	Construction Projects		
房地产开发	Real Estate Development	55.62	139.63
财 政(亿元)	**Government Finance (100 million yuan)**		
一般公共预算收入	General Public Budget Revenue		
一般公共预算支出	General Public Budget Expenditure		
物价指数(上年=100)	**Price Indices (preceding year=100)**		
居民消费价格指数	Consumer Price Index	109.7	96.7
工业生产者出厂价格指数	Producer Price Indices for Manufactured Goods	104.1	98.6
工业生产者购进价格指数	Purchasing Price Indices of Raw Material, Fuel and Power	106.3	105.6
产 业	**Industry**		
农 业	**Agriculture**		
农林牧渔业总产值(亿元)	Gross Output Value of Farming, Forestry, Animal Husbandry and Fishery (100 million yuan)	424.99	412.63
#农 业	Farming	271.38	244.74
林 业	Forestry	11.55	10.82
牧 业	Animal Husbandry	131.17	141.99
渔 业	Fishery	10.89	15.08

Principal Aggregate Indicators on National Economic and Social Development and Growth Rate

			平均增长速度(%) Average Annual Growth Rate(%)			
2011	2018	2023	直辖以来 Since being directly under the Central Government 1997-2023	西部大开发以来 Since the Western Development Strategy 2001-2023	十八大以来 Since the 18th National Congress 2012-2023	近五年 Average growth rate in the past five years 2019-2023
2944.43	3163.14	3191.43	0.4	0.5	0.7	0.2
1618.71	2106.81	2287.45	3.7	3.6	2.9	1.7
1325.72	1056.33	903.98	-2.9	-3.0	-3.1	-3.1
1489.68	1594.35	1607.95	0.3	0.4	0.6	0.2
1454.75	1568.79	1583.48	0.4	0.6	0.7	0.2
1587.04	1663.23	1661.89	-0.1	0.0	0.4	0.0
318.73	356.61	306.82	0.2	1.7	-0.3	-3.0
12.96	13.09	18.69	2.0	2.7	3.1	7.4
10161.17	21588.80	30145.79	10.5	10.7	8.4	5.4
794.14	1378.68	2074.68	4.1	4.5	4.7	4.9
4571.26	8842.23	11699.14	12.3	12.7	8.5	5.3
3700.24	6268.10	8333.35	12.3	12.8	8.4	5.6
4795.77	11367.89	16371.97	10.1	10.0	8.6	5.5
			18.2	18.0	10.3	4.1
			19.3	18.2	10.3	9.0
1980.86	3990.00	2796.71	15.6	13.9	2.9	-6.9
	2265.5	2440.8				
	4540.9	5304.6				
105.3	102.0	99.7				
103.8	99.8	97.8				
105.7	100.1	97.0				
1204.16	2052.41	3154.29	4.2	4.7	4.8	5.2
717.28	1292.68	1978.04	4.0	4.5	4.7	5.0
38.09	101.14	188.11	6.1	8.7	10.2	10.1
398.10	520.05	766.62	3.5	3.6	3.2	4.1
34.94	100.39	142.86	7.8	7.3	8.5	2.9

1−2 续表 1

指　标	Item	总量指标 Aggregate Indicators 1996	2000
主要农产品产量(万吨)	Output of Major Farm Products (10 000 tons)		
粮　食	Grain	1172.14	1131.21
油　料	Oil-bearing Crops	23.60	31.06
烟　叶	Tobacco	13.24	10.41
茶　叶	Tea	1.55	1.45
水　果	Fruits	56.62	81.68
猪　肉	Pork	114.18	122.45
水产品	Aquatic Products	14.07	20.03
工　业(规模以上)	**Industry (above Designated Size)**		
工业总产值(亿元)	Gross Output Value of Industry (100 million yuan)	730.41	962.32
主营业务收入(亿元)	Revenue from Principal Business (100 million yuan)	711.34	959.36
利税总额(亿元)	Total Pre-tax Profits (100 million yuan)	48.04	85.57
产品销售率(%)	Sales as Percentage of Output (%)	96.5	99.1
全员劳动生产率(元/人年)	Overall Labor Productivity (yuan/person-year)	13546	31081
主要工业产品产量	Output of Major Industrial Products		
天然气(亿立方米)	Natural Gas (100 million cu.m)	26.10	38.98
发电量(亿千瓦时)	Electricity (100 million kwh)	128.73	167.90
钢　材(万吨)	Steel Products (10 000 tons)	117.55	156.98
铝　材(万吨)	Aluminum Products (10 000 tons)	7.36	13.98
微型计算机设备(万台)	Micro-computers (10 000 units)		
水　泥(万吨)	Cement (10 000 tons)	648.76	1402.78
汽　车(万辆)	Motor Vehicles (10 000 vehicles)	12.41	24.59
#轿　车	Cars	1.34	4.82
摩托车(万辆)	Motorcycles (10 000 vehicles)	177.36	191.07
啤　酒(万千升)	Beer (10 000 kilo liters)	28.54	50.42
卷　烟(亿支)	Cigarettes (100 million units)	453.91	343.50
建筑业(资质内)	**Construction (Grade above)**		
建筑业总产值(亿元)	Gross Output Value of Construction (100 million yuan)	205.30	348.66
房屋施工面积(万平方米)	Floor Space Under Construction (10 000 sq.m)	4065	6088
房屋竣工面积(万平方米)	Floor Space Completed (10 000 sq.m)	2277	3084
交通运输业	**Transportation**		
客运量(万人)	Passenger Traffic (10 000 persons)	42370	56969
铁　路	Railway	972	1442
公　路	Highway	37410	53170
水　运	Waterway	3900	2240
民　航	Civil Aviation	88	117

continued

			平均增长速度(%) Average Annual Growth Rate(%)			
2011	2018	2023	直辖以来 Since being directly under the Central Government 1997-2023	西部大开发以来 Since the Western Development Strategy 2001-2023	十八大以来 Since the 18th National Congress 2012-2023	近五年 Average growth rate in the past five years 2019-2023
1064.16	1079.34	1095.90	-0.2	-0.1	0.2	0.3
45.79	63.70	77.46	4.5	4.1	4.5	4.0
9.36	6.24	5.69	-3.1	-2.6	-4.1	-1.8
2.79	4.20	5.63	4.9	6.1	6.0	6.0
249.16	431.27	645.93	9.4	9.4	8.3	8.4
138.02	132.16	158.21	1.2	1.1	1.1	3.7
27.56	52.96	58.89	5.4	4.8	6.5	2.1
11847.06	20690.24	26830.07	16.1	16.9	10.2	7.4
11382.34	20244.08	26757.09	16.0	17.6	10.1	7.5
1164.30	2231.17	2287.16	17.5	16.7	10.2	5.0
97.4	98.2	96.6				
213463	330180	476972	15.5	13.7	7.4	7.6
62.94	106.76	160.24	7.0	6.3	8.1	8.5
529.57	756.56	1120.21	8.3	8.6	6.4	8.2
948.17	1208.65	2154.53	11.4	12.1	7.1	12.3
134.45	197.78	208.86	13.2	12.5	3.7	1.1
2547.82	6987.52	7400.53			9.3	1.2
4935.15	6577.01	5477.81	8.2	6.1	0.9	-3.6
172.20	172.07	231.62	11.4	10.2	2.5	6.1
93.67	45.17	67.87	15.6	12.2	-2.6	8.5
879.59	456.66	572.78	4.4	4.9	-3.5	4.6
77.31	70.61	76.17	3.7	1.8	-0.1	1.5
516.00	520.00	569.07	0.8	2.2	0.8	1.8
3328.83	7819.42	9536.15	15.3	15.5	9.2	4.0
21976	35140	31601	7.9	7.4	3.1	-2.1
8990	13780	11840	6.3	6.0	2.3	-3.0
141499	63634	31252	2.4	1.5	-4.7	-13.3
2933	7707	9538	8.8	8.5	10.2	4.4
136142	52150	17532	0.9	-0.5	-8.4	-19.6
1322	731	872	-3.3	-1.6	1.4	3.6
1102	3047	3309	13.7	14.9	8.2	1.1

1-2 续表 2

指　标	Item	总量指标 Aggregate Indicators 1996	2000
货运量(万吨)	Freight Traffic (10 000 tons)	24339	26852
铁　路	Railway	1633	1812
公　路	Highway	20214	23646
水　运	Waterway	2491	1392
民　航	Civil Aviation	1.20	2.40
港口货物吞吐量(万吨)	Cargo Throughput in Coastal Ports (10 000 tons)	1076	2448
邮电通信业	**Postal and Telecommunication Services**		
邮电业务收入(亿元)	Business Revenue from Postal and Telecommunication Services (100 million yuan)	16.73	54.44
本地固定电话用户(万户)	Local Telephone Subscribers (10 000 subscribers)	66.50	268.43
移动电话用户(万户)	Mobile Telephone Subscribers (10 000 subscribers)	9.00	160.00
固定互联网络用户(万户)	Internet Subscribers (10 000 subscribers)	0.03	10.00
国内贸易(亿元)	**Domestic Trade (100 million yuan)**		
社会消费品零售总额	Retail Sales of Consumer Goods	514.17	765.52
对外贸易(亿美元)	**Foreign Trade (USD 100 million)**		
进出口总值	Total Imports and Exports	15.85	17.85
出　口	Exports	5.94	9.95
进　口	Imports	9.92	7.90
实际使用外资	**Realized FDI Value**		
实际使用外资(FDI)(亿美元)	Realized FDI Value (USD 100 million)	2.19	2.44
国际旅游	**International Tourism**		
接待入境旅游者(万人次)	Number of Overseas Visitor Arrival Received (10 000 person-time)	16.18	26.61
国际旅游收入(万美元)	Foreign Exchange Earnings from International Tourism (USD 10 000)	7090	13837
金融保险业(亿元)	**Finance and Insurance (100 million yuan)**		
金融机构人民币存款年末余额	Deposit Balance of RMB of Financial Institutions	846.43	1904.71
#住户存款	Saving Deposits of Residents		
金融机构人民币贷款年末余额	Loan Balance of RMB of Financial Institutions	913.93	1881.29
股票筹资额	Raised Capital of Shares		
保险公司保费收入	Insurance Premium of Insurance Companies	12.82	27.71
保险公司赔款及给付	Indemnity Expenditure and Payment of Insurance Companies	6.48	8.27
教育、科技、文化	**Education, Science & Technology and Culture**		
教　育	**Education**		
专任教师(万人)	Full-time Teachers (10 000 person)		
#普通高等学校	Regular Institutions of Higher Education	0.94	1.04
普通中学	Regular Secondary Schools	6.95	8.18
小　学	Primary Schools	11.77	11.09
在校学生数(万人)	Student Enrollment (10 000 persons)		

continued

2011	2018	2023	平均增长速度(%) Average Annual Growth Rate(%) 直辖以来 Since being directly under the Central Government 1997-2023	西部大开发以来 Since the Western Development Strategy 2001-2023	十八大以来 Since the 18th National Congress 2012-2023	近五年 Average growth rate in the past five years 2019-2023
96782	128234	140536	7.8	8.7	5.5	5.2
2191	1705	1937	0.7	0.3	-0.9	2.6
82818	107064	117584	8.2	8.9	6.1	6.1
11762	19452	21001	8.3	12.6	5.1	1.5
11.31	13.21	13.50	9.1	7.5	0.9	-0.2
11606	20444	22342	13.0	11.3	7.9	7.3
202.39	368.79	570.22	14.0	10.8	9.0	9.1
571.25	589.00	594.74	8.5	3.5	0.3	0.2
1801.19	3650.70	4385.57	25.8	15.5	7.7	3.7
326.78	1273.80	1739.77	50.1	25.1	15.0	6.4
4384.77	10705.24	15130.25	13.3	13.9	10.9	7.2
292.18	790.40	1015.58	16.7	19.2	10.9	5.1
198.38	513.77	680.23	19.2	20.2	10.8	5.8
93.80	276.63	335.35	13.9	17.7	11.2	3.9
58.26	32.50	10.53	6.0	6.6	-13.3	-20.2
186.40	388.02	45.01				
96806	218989	31192				
15832.81	35651.57	52613.04	16.5	15.5	10.5	8.1
	15907.23	28819.14				12.6
13001.39	31425.87	55909.32	16.5	15.9	12.9	12.2
311.81	806.24	1055.76	17.7	17.1	10.7	5.5
73.98	277.37	443.76	16.9	18.9	16.1	9.9
3.31	4.29	6.04	7.4	7.6	4.9	7.1
11.10	11.72	12.99	2.4	1.9	1.3	2.1
11.53	12.65	13.45	0.4	0.6	1.5	1.2

1–2 续表 3

指标	Item	总量指标 Aggregate Indicators	
		1996	2000
#普通高等学校	Regular Institutions of Higher Education	7.99	13.25
普通中学	Regular Secondary Schools	101.27	147.79
小　学	Primary Schools	273.71	276.13
教育经费支出(亿元)	Expenditure on Education (100 million yuan)		
科　技	**Science and Technology**		
技术市场成交额(亿元)	Transaction Value of Technology Market (100 million yuan)	3.43	29.66
文　化	**Culture**		
图书出版数量(万册、万张)	Books Published (10 000 copies)	13023	11198
期刊出版数量(万册)	Magazines Published (10 000 copies)		3480
报纸出版数量(万份)	Newspaper Published (10 000 copies)		48674
电视人口覆盖率(%)	Television Coverage of Population (%)	78.90	93.70
广播人口覆盖率(%)	Radio Coverage of Population (%)	86.30	89.90
家庭、生活	**Family and Living Standards**		
家　庭	**Family**		
城镇常住居民平均每户常住人口(人)	Average Permanent Population Per Household of Urban Residents (person)		
农村常住居民平均每户常住人口(人)	Average Permanent Population Per Household of Rural Residents (person)		
婚　姻	**Marital Statistics**		
内地居民登记结婚对数(万对)	Registered Marriages of Inland Residents (10 000 couples)	26.44	19.02
内地居民登记离婚对数(万对)	Registered Divorces of Inland Residents (10 000 couples)	1.68	2.07
居　住	**Residence**		
城镇常住居民人均住房建筑面积　(平方米)	Per Capita Residential Floor Space of Urban Residents (sq.m)		
农村常住居民人均住房建筑面积(平方米)	Per Capita Living Space of Rural Residents (sq.m)		
工资和收入	**Wages and Income**		
城镇非私营单位在岗职工工资总额(亿元)	Total Wages of On-post Staff and Workers of Urban Non-private Units (100 million yuan)	145.49	173.23
城镇非私营单位在岗职工平均工资(元)	Average Wages of On-post Staff and Workers of Urban Non-private Units(yuan)	5010	8020
城镇常住居民人均可支配收入(元)	Per Capita Disposable Income of Urban Residents (yuan)	5023	6152
农村常住居民人均可支配收入(元)	Per Capita Disposable Income of Rural Residents (yuan)	1479	1900
卫　生	**Public Health**		
医院、卫生院(个)	Hospitals and Health Centers (unit)	2567	2250
卫生技术人员(人)	Medical Technical Personnel (person)	87542	88619
#执业(助理)医师	Licensed (Assistant) Doctors	30733	44940
卫生机构床位数(张)	Number of Beds in Health Care Institutions (bed)	66339	65666
市政建设	**Municipal Construction**		
供水总量(万立方米)	Water Supply (10 000 cu.m)	84548	70722
天然气供气总量(万立方米)	Natural Gas Supply (10 000 cu.m)	111980	75257
排水管道长度(公里)	Length of Draining Pipelines (km)	1857	2806

continued

2011	2018	2023	平均增长速度(%) Average Annual Growth Rate(%)			
			直辖以来 Since being directly under the Central Government 1997-2023	西部大开发以来 Since the Western Development Strategy 2001-2023	十八大以来 Since the 18th National Congress 2012-2023	近五年 Average growth rate in the past five years 2019-2023
61.30	82.79	121.21	10.8	9.3	5.5	7.9
183.89	165.33	172.51	2.1	0.5	-0.1	0.9
195.48	209.54	205.87	-1.2	-1.4	0.5	-0.4
497.14	1018.81	1421.44			7.5	6.9
101.08	266.17	391.16	17.4	12.6	5.3	8.0
15597	15270	13830	0.8	0.9	-0.1	-2.0
5183	4455	3571		0.3	-3.8	-4.3
66057	26398	13399		-6.2	-13.9	-12.7
98.56	99.27	99.69				
98.02	99.04	99.57				
	3.04	2.86				
	2.93	2.96				
60.78	25.88	18.29	-1.2	0.2	-4.3	-6.7
10.54	13.62	8.35	5.9	6.1	-2.3	-9.3
	36.53	36.80				
	53.93	56.14				
1252.21	2903.79	3600.49	12.6	14.1	9.2	4.4
40042	81764	117446	12.4	12.4	9.4	7.5
18517	34889	47435	8.7	9.3	8.2	6.3
6605	13781	20820	10.3	11.0	10.0	8.6
1407	1684	1669				
120169	209237	272035				
49585	76361	102267				
115657	220104	255591				
107571	162207	203313	3.3	4.7	5.4	4.6
314354	518574	646719	6.7	9.8	6.2	4.5
11212	21323	30028	10.9	10.9	8.6	7.1

1-2 续表 4

指　标	Item	总量指标 Aggregate Indicators	
		1996	2000
道路长度(公里)	Length of Urban Roads (km)	2652	3299
公园绿地面积(公顷)	Public Green Areas (hectare)	1104	1588

注：1.本表数据本市生产总值、工业增加值速度指标按可比价计算，其余指标均为自然增长。

2.2017年起按营改增试点后新的收入划分办法及新增建设用地土地有偿使用收入等基金转列公共预算，与往年不可比。

3.为与国家统计口径一致，剔除跨省项目投资和农户投资，2017年固定资产投资总量数据与往年存在口径差异(下表同)。

4.2020年年末常住人口数据用第七次人口普查时点数，第七次全国人口普查后国家对历史年份人口和就业数据进行了修订。

5.工业总产值的绝对值和指数按现价计算。2018年同期总产值、主营业务收入、利润总额及产品产量数据根据有关制度规定进行了修订，增速按照可比口径计算。

6.建筑业2003年起的所有数据均不包括劳务分包企业。

7.从2000年起民航货运量按新制度统计，旅客行李不再计入货运。

8.1996年起铁路数据按重庆现地域进行了调整(以下各表同)。

9.2013年公路、水路数据按部门专项调查作了调整，速度按可比价计算。

10.畜牧业数据自2007年起根据第三次农业普查数据进行了调整。

11.2019年起，水运港口吞吐量调整为交通运输部一套表联网直报数据(不含无营运证码头)

12.普通高等学校数据含研究生。

13.因全国银行业统计制度调整，报表项目归属发生变化，2011年起“个人存款”口径作了调整。

14.因国家保险核算制度改变，2011年起保费收入指标同期不可比。

15.因人民银行统计指标口径发生变动，2015年起人民币存贷款余额指标同期不可比。

16.2002年起卫生统计指标名称变更，统计口径变化，不可与往年同比：2002年起卫生技术人员和床位不包括医学院校、卫生学校和计生站；执业(助理)医师2002年以前统计口径为“医生”(以下各表同)。2010年指标卫生技术人员、执业(助理)医师为调整数，均含村卫生室。

continued

			平均增长速度(%) Average Annual Growth Rate(%)			
2011	2018	2023	直辖以来 Since being directly under the Central Government 1997-2023	西部大开发以来 Since the Western Development Strategy 2001-2023	十八大以来 Since the 18th National Congress 2012-2023	近五年 Average growth rate in the past five years 2019-2023
7158	10662	14174	6.4	6.5	5.9	5.9
23755	28330	32115	13.3	14.0	2.5	2.5

Note: a) The growth rate of GDP and value-added of industry is calculated on the basis of comparable price, while the other indices are natural growth rate.

b) Due to the change of replacing business tax with VAT under the new revenue division system, and the funds like the revenue from paid use of newly-added construction land have included in public budget since 2017, the data are incomparable with the previous year.

c) According to the NBS's system, the investments of trans-provincial projects and rural households have been removed, so the data of total investment in fixed assets in 2017 are incomparable with the previous years (the same for the tables below).

d) After the 7th national population census, the country revised the population and employment data in historical years.

e) The value and index of gross output value of industry are calculated at current price.Since 2018, gross output value, revenue from principal business, total pre-tax profits and output of products are adjusted in accordance with related regulations, and the growth rate are calculated by comparable scope.

f) All the data of construction has not included labor subcontractors since 2003.

g) Since 2000, the cargo turnover of civil aviation has been calculated by the new statistic system, and the luggage of passengers is no longer accounted in.

h) The data of railway has been modified based on the present administrative division of Chongqing since 1996 (the same for the tables below).

i) The data of highway and waterway has been modified according to the specialized survey by the related departments since 2013, and the growth rate is calculated on the basis of comparable price.

j) Since 2007, the data of poultry eggs has been adjusted in accordance with the 3rd agricultural census.

k) Since 2019, water port throughput has been adjusted to the Ministry of Transport set of tables networking direct reporting data (excluding docks without operating licenses).

l) The data of regular institutions of higher education include postgraduates.

m) Due to the adjustment of national statistic system for banking, the category of items has been changed. The scope of "Saving Deposits of Residents" has been changed since 2011.

n) Due to the change of national insurance accounting system, the insurance premium since 2011 is incomparable with the previous years.

o) Due to the change of the PBC's statistical indicators, the loan and deposit balance of RMB since 2015 is incomparable with the previous years.

p) Due to the changes of names and statistic scopes of the indicators of public health since 2002, the indicators are not comparable with the data in previous years: since 2002, the medical technical personnel and the number of beds have no longer included the data of medical universities, health schools and family plan service stations; the indicator of licensed (assistant) doctor was formerly "doctor" before 2002 (the same for the tables below). The data of medical technical personnel and licensed (assistant) doctors are adjusted data, with village health stations included.

1-3 国民经济和社会发展结构指标

单位：%

指　　标	Item	1996	2000
人口与就业	**Population and Employment**		
人　口	**Population**		
城镇乡村人口结构	By Urban and Rural Areas	100.0	100.0
城　镇	Urban	29.5	35.6
乡　村	Rural	70.5	64.4
性别结构	By Sex	100.0	100.0
男	Male	51.0	51.3
女	Female	49.0	48.7
就　业	**Employment**		
产业结构	By Industry	100.0	100.0
第一产业	Primary Industry	58.3	55.4
第二产业	Secondary Industry	18.6	17.5
第三产业	Tertiary Industry	23.1	27.1
登记注册类型结构	By Status of Registration	100.0	100.0
国有经济	State-owned	11.5	9.0
集体经济	Collective-owned	71.5	66.8
私营和个体	Private and Individuals	16.3	22.0
其他经济	Others	0.7	2.2
宏观经济	**Macroeconomic Indicators**		
国民经济核算	**National Economic Accounting**		
本市生产总值结构	GDP by Industry	100.0	100.0
第一产业	Primary Industry	21.7	15.4
第二产业	Secondary Industry	43.4	42.5
#工　业	Industry	38.2	35.3
第三产业	Tertiary Industry	34.9	42.1
固定资产投资	**Investment in Fixed Assets**		
产业结构	By Industry	100.0	100.0
第一产业	Primary Industry	0.7	1.4
第二产业	Secondary Industry	36.1	21.7
第三产业	Tertiary Industry	63.2	76.9
财　政	**Government Finance**		
一般公共预算收入结构	General Public Budget Revenue		
#市　级	Municipal Level		
产　业	**Industry**		
农　业	**Agriculture**		
农林牧渔业产值结构	Gross Output Value of Farming, Forestry, Animal Husbandry and Fishery	100.0	100.0
农　业	Farming	63.9	59.3
林　业	Forestry	2.7	2.6
牧　业	Animal Husbandry	30.9	34.4
渔　业	Fishery	2.5	3.7
农林牧渔服务业	Agricultural Services		
工　业	**Industry**		
规模以上工业增加值结构	Value-added of Industrial Enterprises above Designated Size	100.0	100.0
轻工业	Light Industry	28.9	36.1
重工业	Heavy Industry	71.1	63.9

注：因制度更新，2023年只统计了“老工业污染源治理项目本年完成投资”。

Note: Due to system update, only "Completed Investment in Old Projects of Industrial Pollution Treatment" was included in 2023.

Composition Indicators on National Economic and Social Development

(%)

2005	2010	2019	2020	2021	2022	2023
100.0	100.0	100.0	100.0	100.0	100.0	100.0
45.2	53.0	68.2	69.5	70.3	71.0	71.7
54.8	47.0	31.8	30.5	29.7	29.0	28.3
100.0	100.0	100.0	100.0	100.0	100.0	100.0
50.4	50.6	50.4	50.5	50.6	50.5	50.4
49.6	49.4	49.6	49.5	49.4	49.5	49.6
100.0	100.0	100.0	100.0	100.0	100.0	100.0
46.6	38.9	22.9	22.6	21.9	23.6	21.7
19.4	22.7	26.0	25.1	25.6	25.2	25.6
34.0	38.4	51.1	52.3	52.5	51.2	52.7
100.0	100.0	100.0	100.0	100.0	100.0	100.0
8.5	8.1	6.3	6.6	6.8	7.0	6.7
56.5	46.1	25.3	25.0	24.3	25.9	24.3
30.0	37.4	52.6	53.2	54.5	53.4	54.2
5.0	8.4	15.8	15.2	14.4	13.7	14.8
100.0	100.0	100.0	100.0	100.0	100.0	100.0
13.2	8.1	6.6	7.2	6.8	7.0	6.9
45.2	44.9	39.8	39.8	40.0	38.7	38.8
37.6	36.5	27.8	27.9	28.3	27.9	27.6
41.6	47.0	53.6	53.0	53.2	54.3	54.3
100.0	100.0	100.0	100.0	100.0	100.0	100.0
2.2	3.8	1.9	2.0	2.2	2.7	2.9
29.2	35.0	24.3	24.7	25.2	27.1	28.0
68.6	61.2	73.8	73.3	72.7	70.2	69.1
		100.0	100.0	100.0	100.0	100.0
		36.2	34.5	34.9	32.3	33.9
100.0	100.0	100.0	100.0	100.0	100.0	100.0
54.1	61.2	59.8	58.1	59.9	61.3	62.7
3.0	3.1	4.8	4.6	5.7	5.7	6.0
37.7	31.5	29.1	31.7	27.4	26.1	24.3
3.6	2.8	4.5	3.9	4.7	4.5	4.5
1.6	1.4	1.8	1.7	2.3	2.4	2.5
100.0	100.0	100.0	100.0	100.0	100.0	100.0
34.2	30.1	23.9	24.1	25.0	25.0	22.4
63.8	69.9	76.1	75.9	75.0	75.0	77.6

1-3 续表

单位：%

指　　标	Item	1996	2000
运输业	**Transportation**		
货运量结构	Freight Traffic	100.0	100.0
铁　路	Railway	6.7	6.7
公　路	Highway	83.1	88.1
水　运	Waterway	10.2	5.2
国内商业	**Domestic Trade**		
社会消费品零售总额结构	Retail Sales of Consumer Goods		
城　镇	Urban		
乡　村	Village		
对外经济贸易	**Foreign Economic Relations and Trade**		
进出口总值结构(美元计算)	Imports and Exports	100.0	100.0
出　口	Exports	37.4	55.7
进　口	Imports	62.6	44.3
旅　游	**Tourism**		
国际旅游人数结构	International Tourists	100.0	100.0
#外国人	Foreigners	66.9	72.5
港澳台同胞	Compatriots from Hongkong, Macao and Taiwan	32.9	27.5
生活、环境	**Living Standards and Environment**		
生　活	**Living Standards**		
城镇常住居民人均可支配收入结构	Per Capita Disposable Income of Urban Residents	100.0	100.0
工资性收入	Income from Wages and Salaries	87.8	76.5
经营净收入	Income from Household Operations	0.5	1.1
财产净收入	Income from Properties	1.0	2.4
转移净收入	Income from Transfers	10.7	20.0
农村常住居民人均可支配收入结构	Per Capita Disposable Income of Rural Residents	100.0	100.0
工资性收入	Income from Wages and Salaries	18.7	31.4
经营净收入	Income from Household Operations	69.8	62.0
财产净收入	Income from Properties	2.2	0.5
转移净收入	Income from Transfers	9.4	6.2
卫　生	**Public Health**		
卫生技术人员结构	Medical Technical Personnel (person)	100.0	100.0
#执业(助理) 医师	Licensed (Assistant) Doctors	35.1	50.7
注册护士	Registered Nurses	22.0	23.4
卫生机构床位结构	Beds in Health Care Institutions		100.0
#医院	Hospitals		59.0
环　境	**Environment**		
治理工业污染资金使用结构	Uses of Fund in Industrial Pollution Control		100.0
治理废水	Waste Water Control		48.1
治理废气	Waste Gas Control		41.9
治理固体废物	Solid Waste Control		3.8
治理噪声	Noise Control		0.8
其　他	Others		5.4

continued

(%)

2005	2010	2019	2020	2021	2022	2023
100.0	100.0	100.0	100.0	100.0	100.0	100.0
4.9	2.8	1.5	1.5	1.1	1.3	1.4
85.1	85.3	79.8	82.1	84.0	82.6	83.7
9.9	11.9	18.7	16.3	14.9	16.0	14.9
	100.0	100.0	100.0	100.0	100.0	100.0
	94.5	86.7	86.4	85.8	85.5	84.9
	5.5	13.3	13.6	14.2	14.5	15.1
100.0	100.0	100.0	100.0	100.0	100.0	100.0
58.7	60.3	64.1	64.3	64.6	64.4	67.0
41.3	39.7	35.9	35.7	35.4	35.6	33.0
100.0	100.0	100.0	100.0	100.0	100.0	100.0
79.8	75.9	57.1	52.3	49.5	65.3	55.8
20.2	24.1	42.9	47.7	50.5	34.7	44.2
100.0	100.0	100.0	100.0	100.0	100.0	100.0
73.9	65.8	58.3	58.4	58.4	58.4	58.3
5.2	8.2	11.5	11.2	11.3	11.2	11.3
3.5	5.7	7.2	7.1	7.1	7.2	7.1
17.4	20.3	23.0	23.3	23.2	23.3	23.3
100.0	100.0	100.0	100.0	100.0	100.0	100.0
33.1	28.9	35.1	35.1	35.3	35.8	35.6
57.4	43.3	34.4	34.0	33.7	32.3	32.5
1.1	1.6	2.4	2.5	2.5	2.5	2.5
8.5	26.2	28.0	28.4	28.5	29.4	29.4
100.0	100.0	100.0	100.0	100.0	100.0	100.0
47.4	41.6	37.1	37.3	37.4	37.4	37.6
26.5	34.7	45.9	46.0	46.2	46.3	47.1
100.0	100.0	100.0	100.0	100.0	100.0	100.0
68.8	62.6	73.8	74.3	74.0	74.2	74.3
100.0	100.0	100.0	100.0	100.0	100.0	100.0
49.9	48.7	17.9	7.5	18.3	31.2	58.2
42.1	35.3	53.2	60.2	49.1	56.1	32.3
2.3	4.1	1.3	28.1	14.1	1.8	0.0
1.7	0.6	3.3	1.3	1.3	1.0	0.0
4.0	11.2	24.3	2.9	17.2	9.8	9.5

1-4 人均主要社会经济活动水平

单位：元

指　标	Item	1996	2000
国民经济核算	**National Economic Accounting**		
本市生产总值	Gross Domestic Product	4613	6383
主要农产品产量(公斤)	**Output of Major Farm Products (kg)**		
粮　食	Grain	389	367
油　料	Oil-bearing Crops	11	10
猪　肉	Pork	38	40
水产品	Aquatic Products	5	6
水　果	Fruit	19	27
主要工业产品产量(规模以上工业)	**Output of Major Industrial Products (Industrial Enterprises over Designated Size)**		
天然气(立方米)	Natural Gas (cu.m)	87	126
发电量(千瓦时)	Electricity (kwh)	427	545
钢　材(公斤)	Steel Products (kg)	39	51
铝　材(公斤)	Aluminum Products (kg)	2	5
水　泥(公斤)	Cement (kg)	215	455
啤　酒(升)	Beer (liter)	9	16
卷　烟(支)	Cigarettes (unit)	1507	1115
国内商业	**Domestic Trade**		
社会消费品零售总额	Retail Sales of Consumer Goods	1788	2682
财政、金融	**Government Finance and Financial Intermediation**		
一般公共预算收入	General Public Budget Revenue		
一般公共预算支出	General Public Budget Expenditure		
人均住户存款	Per Capita of Savings Deposit of RMB		
职工工资、居民收入	**Wages and Income**		
城镇非私营单位就业人员平均工资	Average Wages of Employed Persons of Urban Non-private Economic Units		8016
城镇非私营单位在岗职工平均工资	Average Wages of On-post Staff and Workers of Urban Non-private Economic Units	5010	8020
城镇常住居民人均可支配收入	Per Capita Disposable Income of Urban Residents	5023	6152
农村常住居民人均可支配收入	Per Capita Disposable Income of Rural Residents	1479	1900

注：1. 本市人均生产总值、人均社会消费品零售总额按常住人口计算，城镇、农村常住居民人均可支配收入为抽样调查汇总推算数，其他人均指标均按户籍人口计算。
2. 畜牧业数据自2007年起根据第三次农业普查数据进行了调整。

Note: a) The per capita GDP and the per capita total retail sales of social consumer goods are calculated by permanent population, the per capita disposable income of urban and rural permanent residents is the predicted data of sample surveys summary, and other per capita indicators in this talbe are based on registered population.
b)Since 2007, the data of poultry eggs has been adjusted in accordance with the 3rd agricultural census.

Per Capita Main Social and Economic Activities

(yuan)

2005	2010	2019	2020	2021	2022	2023
12335	28084	74337	78294	87450	88942	94135
369	350	315	317	320	314	321
13	13	19	20	20	21	23
49	42	33	32	42	44	46
8	7	16	15	16	16	17
49	72	139	160	162	162	189
181	204	324	381	409	414	470
741	1383	2229	2283	2726	2923	3286
93	212	333	384	384	495	632
12	31	62	64	64	70	61
665	1392	1977	1906	1825	1557	1607
17	23	20	19	24	24	22
1255	1517	1579	1634	1668	1668	1669
4874	12239	36630	36854	43504	43344	44379
		6261	6135	6693	6162	7159
		14216	14333	14160	14332	15559
		52377	59188	65131	74576	84530
16583	34727	86559	93816	101670	107008	113653
16630	35326	89714	98380	106966	111424	117446
9700	16032	37939	40006	43502	45509	47435
2842	5378	15133	16361	18100	19313	20820

1-5 平均每天主要社会经济活动

指　标	Item	1996	2000
每天创造的财富	**Daily Production**		
本市生产总值(万元)	Gross Domestic Product (10 000 yuan)	36340	49919
第一产业	Primary Industry	7878	7684
第二产业	Secondary Industry	15759	21223
#工　业	Industry	13886	17645
第三产业	Tertiary Industry	12702	21013
一般公共预算收入(万元)	General Public Budget Revenue (10 000 yuan)		
粮　食(吨)	Grain (ton)	32113	30992
油　料(吨)	Oil-bearing Crops (ton)	647	851
猪　肉(吨)	Pork (ton)	3128	3355
水产品(吨)	Aquatic Products (ton)	385	549
天然气(万立方米)	Natural Gas (10 000 cu.m)	715	1068
发电量(万千瓦小时)	Electricity (10 000 kwh)	3527	4600
钢　材(吨)	Steel Products (ton)	3221	4301
水　泥(吨)	Cement (ton)	17774	38432
汽　车(辆)	Motor Vehicles (unit)	340	674
#轿　车	Cars	37	132
摩托车(辆)	Motorcycles (unit)	4859	5235
每天消费量	**Daily Consumption**		
一般公共预算支出(万元)	General Public Budget Expenditure (10 000 yuan)		
社会消费品零售总额(万元)	Total Retail Sales of Consumer Goods (10 000 yuan)	14087	20973
每天其他经济活动	**Other Daily Economic Activities**		
客运量(万人)	Passenger Traffic (10 000 persons)	116.08	156.08
货运量(万吨)	Freight Traffic (10 000 tons)	66.68	73.57
港口货物吞吐量(万吨)	Cargo Throughput of Ports (10 000 tons)	2.95	6.71
邮电业务收入(万元)	Business Revenue from Postal and Telecommunication Services (10 000 yuan)	458.39	1491.42
进出口总额(万美元)	Total Imports and Exports (USD 10 000)	434.36	489.17
出　口	Exports	162.64	272.66
进　口	Imports	271.72	216.51
实际使用外资(万美元)	Actual Utilization of Foreign Capital (USD 10 000)	59.94	66.95
接待入境旅游人数(人次)	Number of Overseas Visitor Arrival Received (person-time)	443	729

注：2006年以前工业产品产量为国有及规模以上非国有工业企业数，2007年起为规模以上工业企业数，2015年起天然气和发电量为全口径工业企业数据。

Note: The output of industrial products before 2006 is based on the state-owned industrial enterprises and non-state-owned industrial enterprises above designated size; while it is based on the industrial enterprises above designated size since 2007. And the data of natural gas and electricity about the industrial enterprises are those of full coverage since 2015.

Selected Indicators on Average Daily Social and Economic Activities

2005	2010	2019	2020	2021	2022	2023
94475	220966	646733	686067	769241	782907	825912
12468	17794	42509	49412	52655	55141	56841
42717	99291	257314	273139	307322	302667	320524
35476	80699	179502	191528	217548	218254	228311
39290	103881	346910	363516	409263	425099	448547
		58491	57393	62615	57628	66870
32005	31675	29458	29628	29941	29393	30025
1170	1218	1786	1838	1876	1941	2122
3958	3812	3070	2981	3891	4109	4335
687	615	1484	1436	1494	1552	1613
1564	1849	3028	3563	3823	3875	4390
6412	12513	20867	21348	25505	27338	30691
8074	19176	31136	35889	35903	46318	59028
57553	125974	185010	178225	170766	145659	150077
1155	4427	3789	4329	5474	5731	6346
420	2333	727	788	1084	1503	1860
11530	23267	11159	13399	12011	12298	15693
		132813	134081	132467	134048	145330
37331	96300	318676	322937	382676	381537	414527
165.58	347.41	174.41	109.03	96.58	57.94	85.62
107.40	222.97	308.95	332.57	395.22	371.05	385.03
14.39	26.49	46.92	45.20	54.26	56.59	61.21
3073.23	4906.32	10687.67	11358.63	12619.08	13913.15	15622.59
1176.12	3404.38	23003.85	25801.74	33926.83	33651.93	27824.09
690.56	2051.78	14739.43	16583.20	21919.55	21668.23	18636.54
485.56	1352.60	8264.42	9218.54	12007.28	11983.70	9187.54
141.30	833.60	648.02	575.67	612.56	508.89	288.38
1435	3754	11270	401	271	179	1233

1-6 各部门机构数(2022—2023年)
Grassroots Units in Various Sectors (2022-2023)

单位：个 (unit)

指　标	Item	2022	2023
农村基层单位	**Rural Grassroots Units**		
乡政府	Township Governments	147	147
镇政府	Town Governments	625	625
居委会	Neighborhood Committees	3283	3304
工业(规模以上)	**Industry (above Designated Size)**	**7617**	**7729**
#国有及国有控股	State-owned and State-holding	648	678
建筑业	**Construction Enterprises**	**3914**	**4241**
邮政营业网点(处)	**Number of post business outlets**	**11066**	**11440**
批发零售业和住宿餐饮业	**Wholesale & Retail and Hotels & Catering**		
(限额以上)	**Trades above Designated Size**		
批发业企业	Wholesale Enterprises	3538	3873
零售业企业	Retail Enterprises	4001	4274
住宿业企业	Hotels Enterprises	604	729
餐饮业企业	Catering Enterprises	1339	1547
教育事业	**Education**		
普通高等学校	Regular Institutions of Higher Education	70	72
普通中学	Regular Secondary Schools	1120	1123
小　学	Primary Schools	2637	2567
幼儿园	Kindergartens	5667	5514
特殊教育	Special Education	39	39
文化机构数	**Cultural Institutions**	**6367**	**5677**
#艺术业	Art Institutions	1257	1107
图书馆事业	Public Libraries	43	43
群众文化事业	Mass Cultural Institutions	1072	1072
文物机构数	**Cultural Heritage Institutions**	**217**	**193**
出版、发行事业	**Publishing and Distribution Establishments**		
书报刊电子音像出版社	Publishing Houses	194	194
出版物和专项印刷厂	Printing Houses	106	140
国有书店	State-owned Book Stores	21	44
卫生事业	**Health Care**		
#医院、卫生院	Hospitals, Health Centers	1667	1669
社会福利	**Social Welfare**		
提供住宿的社会服务机构	Social Service Institutions with Accommodation	1255	1276
不提供住宿的社会服务机构	Social Service Institutions without Accommodation	18043	27388

注：国有书店统计口径发生变，与往年不可比。
Note: The statistical scope of state-owned book stores has been changed, so the data are incomparable with the previous year.

主要统计指标解释

行政区划 指国家对行政区域的划分。根据有关法规规定，我国的行政区域划分如下：(1) 全国分为省、自治区、直辖市；(2) 省、自治区分为自治州、县、自治县、市；(3) 自治州分为县、自治县、市；(4) 县、自治县分为乡、民族乡、镇；(5) 直辖市和较大的市分为区、县；(6) 国家在必要时设立的特别行政区。

平均增长速度 平均增长速度表明社会经济现象在一个较长的时期内逐期平均增长变化的程度，它不能根据各个环比增长速度直接求得，但与平均发展速度之间存在着一定的数量关系：

平均增长速度＝平均发展速度－1

平均发展速度是一种根据环比发展速度计算的序时平均数，由于各时期对比的基础不同，所以计算平均发展速度不能采用一般的序时平均数的计算方法，计算方法分为水平法和累计法。水平法，又称几何平均法，即将环比发展速度按连乘法用几何平均数公式计算。累计法，也称方程法，根据一段时期内各年发展水平总和与基期水平的关系，列出方程式计算平均发展速度。水平法着重考虑最后一年所达到的发展水平；累计法着重考虑整个时期累计发展水平的总量。

本《年鉴》内所列的平均增长速度，除固定资产投资用“累计法”计算外，其余均用“水平法”计算。从某年到某年平均增长速度的年份，均不包括基期年在内。

国民经济行业分类 自2017年年报和2018年定期报表开始使用新的《国民经济行业分类》(GB/T4754-2017)。该分类是由国家统计局组织修订，原国家质量监督检验检疫总局和中国国家标准化管理委员会于2017年6月30日发布。这次修订是在2011年分类标准的基础上，结合我国经济活动特点，参照联合国《全部经济活动的国际标准产业分类》(ISIC/Rev.4) 进行的。修订后的《国民经济行业分类》(GB/T4754-2017) 共有门类20个，大类97个，中类473个，小类1382个。

Explanatory Notes on Main Statistical Indicators

Divisions of Administrative Areas refer to the division of administrative areas by the State. The relative laws define the administrative division as follows: (1) the whole country is divided into provinces, autonomous regions and municipalities directly under the Central Government; (2) provinces and autonomous regions are further divided into autonomous prefectures, counties, autonomous counties and cities; (3) autonomous prefectures are further divided into counties, autonomous counties and cities; (4) counties and autonomous counties are further divided into townships, ethnic townships and towns; (5) municipalities directly under the Central Government and large cities are divided into districts and counties, (6) the State shall, when necessary, establish special administrative regions.

Average Annual Growth Rate shows the average growth rate of social and economic development during a longer period. It can not be directly calculated by chain based growth rate. The relation is:

Average Growth Rate = Average Speed of Development – 1

Average speed of development is the time series average of speed which is obtained through chain-based calculation. Because the reference bases during the different periods are different, average speed of development can not be calculated by the general method. Level approach and accumulative approach for calculating average speed of development rate are applied. The "level approach", or geometric average approach, is derived by the formula of geometric average of the chain-based speeds of development by continuous multiplication. The other is called the "accumulative approach" or the "equation" method, which is derived by the summation of the actual figure of each year in the interval divided by the figure in the base year. The level approach focuses on the level of the last year, while the accumulative approach emphasizes the aggregate development for the entire duration.

The average annual growth rates listed in the *Yearbook* are calculated by the level approach except for the growth rate of investment in fixed assets.

Industrial Classification of the National Economy The new *Industrial Classification of the National Economy* (GB/T 4754-2017) is introduced starting from the compilation of 2017 annual statistics and 2018 monthly or quarterly statistics. The revision, based on the 2011 classification, was organized by the National Bureau of Statistics taking into consideration of the characteristics of economic activities in China and the *International Standards of the Industrial Classification of All Economic Activities* (ISIC/Rev.4) of the United Nations. The new *Classification* was promulgated by the former National Administration of Quality Supervision, Inspection and Quarantine and the Standardization Administration of the People's Republic of China on June 30, 2017. The revised version of the *Industrial Classification of the National Economy* (GB/T 4754-2017) is composed of 20 sections, 97 divisions, 473 groups and 1382 classes.

2 国民经济核算

NATIONAL ACCOUNTS

简 要 说 明

本章本市生产总值资料包括各年度地区生产总值的绝对值、构成和指数，三次产业贡献率，三次产业拉动力等数据。

本章资料由市统计局国民经济核算处提供。

Brief Introduction

The data of Gross Domestic Product (GDP) in this chapter include the values, composition and indices of GDP in all the years, the share of the contributions of the growth of three strata of industry to the increase of the GDP, the contribution of the three strata of industry to GDP growth.

All the data in this chapter are provided by Division of National Economic Accounting, Chongqing Municipal Bureau of Statistics.

2-1 地区生产总值(1949—1978年)

单位：亿元

年 份 Year	本 市 生产总值 Gross Domestic Product	第一产业 Primary Industry	第二产业 Secondary Industry	工 业 Industry	建筑业 Construction
1949	13.89	9.74	2.71	2.50	0.21
1950	15.02	10.23	3.00	2.77	0.23
1951	15.97	10.72	3.37	3.11	0.26
1952	17.97	11.86	3.94	3.59	0.35
1953	21.26	13.57	5.63	4.96	0.67
1954	22.79	13.89	6.52	6.00	0.52
1955	23.32	13.86	7.04	6.61	0.43
1956	26.37	15.01	8.33	7.70	0.63
1957	26.56	13.12	10.03	9.45	0.58
1958	34.81	15.43	14.53	13.52	1.01
1959	38.03	12.02	20.40	18.90	1.50
1960	38.82	11.10	21.38	19.89	1.49
1961	28.96	10.35	12.52	11.90	0.62
1962	25.12	9.92	9.67	9.42	0.25
1963	27.92	12.08	10.30	9.91	0.39
1964	32.58	13.37	13.07	12.49	0.58
1965	38.29	16.21	15.79	14.74	1.05
1966	39.61	16.18	17.75	16.52	1.23
1967	34.70	15.21	13.76	12.96	0.80
1968	28.25	15.18	7.81	7.41	0.40
1969	32.79	14.75	11.96	11.23	0.73
1970	39.96	15.96	17.41	16.10	1.31
1971	45.97	16.71	22.18	20.81	1.37
1972	45.37	16.67	20.82	19.67	1.15
1973	46.32	18.14	19.66	18.24	1.42
1974	45.70	18.43	18.00	16.85	1.15
1975	53.37	18.81	24.00	22.49	1.51
1976	53.43	19.07	23.44	22.00	1.44
1977	60.22	21.74	26.99	24.98	2.01
1978	71.70	24.81	34.46	31.53	2.93

Gross Domestic Product (1949-1978)

(100 million yuan)

第三产业 Tertiary Industry	批发和零售业 Wholesale and Retail Trades	交通运输、仓储及邮政业 Transport, Storage and Post	住宿和餐饮业 Hotels and Catering Services	金融业 Financial Intermediation	房地产业 Real Estate	其 他 Others	本市人均生产总值(元) Per Capita GDP (yuan)
1.44	0.44	0.61	0.26	0.03	0.02	0.08	87
1.79	0.50	0.70	0.28	0.06	0.05	0.20	91
1.88	0.56	0.74	0.29	0.09	0.07	0.13	94
2.17	0.64	0.83	0.31	0.06	0.08	0.25	103
2.06	0.65	0.78	0.32	0.07	0.09	0.15	120
2.38	0.70	0.87	0.34	0.10	0.11	0.26	124
2.42	0.69	0.88	0.37	0.10	0.13	0.25	125
3.03	0.81	1.08	0.44	0.13	0.14	0.43	135
3.41	0.97	1.23	0.44	0.14	0.15	0.48	131
4.85	1.53	1.75	0.46	0.21	0.14	0.76	170
5.61	1.81	2.04	0.52	0.34	0.17	0.73	185
6.34	1.82	2.04	0.53	0.57	0.16	1.22	193
6.09	1.54	1.82	0.53	0.57	0.18	1.45	154
5.53	1.23	1.61	0.66	0.46	0.18	1.39	139
5.54	1.21	1.47	0.58	0.35	0.19	1.74	151
6.14	1.52	1.70	0.52	0.58	0.18	1.64	169
6.29	1.55	1.71	0.52	0.86	0.21	1.44	191
5.68	1.33	1.41	0.50	0.35	0.22	1.87	191
5.73	1.44	1.35	0.48	0.41	0.25	1.80	164
5.26	1.18	1.22	0.46	0.56	0.30	1.54	131
6.08	1.40	1.37	0.49	0.72	0.36	1.74	147
6.59	1.52	1.41	0.50	0.85	0.40	1.91	172
7.08	1.56	1.47	0.60	1.09	0.45	1.91	192
7.88	1.72	1.61	0.66	0.96	0.52	2.41	185
8.52	1.79	1.76	0.66	1.06	0.55	2.70	183
9.27	1.81	1.83	0.64	1.23	0.62	3.14	177
10.56	2.02	2.04	0.69	1.45	0.71	3.65	201
10.92	2.04	1.94	0.67	1.59	0.78	3.90	199
11.49	2.21	2.11	0.69	1.90	0.87	3.71	221
12.43	2.34	2.38	0.78	2.00	0.88	4.05	287

2-2 地区生产总值构成(1949—1978年)

单位：%

年 份 Year	本 市 生产总值 Gross Domestic Product	第一产业 Primary Industry	第二产业 Secondary Industry	工 业 Industry	建筑业 Construction
1949	100.0	70.1	19.5	18.0	1.5
1950	100.0	68.1	20.0	18.4	1.6
1951	100.0	67.1	21.1	19.5	1.6
1952	100.0	66.0	21.9	20.0	1.9
1953	100.0	63.8	26.5	23.3	3.2
1954	100.0	60.9	28.6	26.3	2.3
1955	100.0	59.4	30.2	28.3	1.9
1956	100.0	56.9	31.6	29.2	2.4
1957	100.0	49.4	37.8	35.6	2.2
1958	100.0	44.3	41.7	38.8	2.9
1959	100.0	31.6	53.6	49.7	3.9
1960	100.0	28.6	55.1	51.2	3.9
1961	100.0	35.7	43.2	41.1	2.1
1962	100.0	39.5	38.5	37.5	1.0
1963	100.0	43.3	36.9	35.5	1.4
1964	100.0	41.0	40.1	38.3	1.8
1965	100.0	42.3	41.2	38.5	2.7
1966	100.0	40.8	44.8	41.7	3.1
1967	100.0	43.8	39.7	37.3	2.4
1968	100.0	53.7	27.6	26.2	1.4
1969	100.0	45.0	36.5	34.2	2.3
1970	100.0	39.9	43.6	40.3	3.3
1971	100.0	36.3	48.2	45.3	2.9
1972	100.0	36.7	45.9	43.4	2.5
1973	100.0	39.2	42.4	39.4	3.0
1974	100.0	40.3	39.4	36.9	2.5
1975	100.0	35.2	45.0	42.1	2.9
1976	100.0	35.7	43.9	41.2	2.7
1977	100.0	36.1	44.8	41.5	3.3
1978	100.0	34.6	48.1	44.0	4.1

Composition of Gross Domestic Product (1949-1978)

(%)

第三产业 Tertiary Industry	批发和零售业 Wholesale and Retail Trades	交通运输、仓储及邮政业 Transport, Storage and Post	住宿和餐饮业 Hotels and Catering Services	金融业 Financial Intermediation	房地产业 Real Estate	其他 Others
10.4	3.2	4.4	1.9	0.2	0.1	0.6
11.9	3.3	4.7	1.9	0.4	0.3	1.3
11.8	3.5	4.6	1.8	0.6	0.4	0.9
12.1	3.6	4.6	1.7	0.3	0.4	1.5
9.7	3.1	3.7	1.5	0.3	0.4	0.7
10.5	3.1	3.8	1.5	0.4	0.5	1.2
10.4	3.0	3.8	1.6	0.4	0.6	1.0
11.5	3.1	4.1	1.7	0.5	0.5	1.6
12.8	3.7	4.6	1.7	0.5	0.6	1.7
14.0	4.4	5.0	1.3	0.6	0.4	2.3
14.8	4.8	5.4	1.4	0.9	0.4	1.9
16.3	4.7	5.3	1.4	1.5	0.4	3.0
21.1	5.3	6.3	1.8	2.0	0.6	5.1
22.0	4.9	6.4	2.6	1.8	0.7	5.6
19.8	4.3	5.3	2.1	1.3	0.7	6.1
18.9	4.7	5.2	1.6	1.8	0.6	5.0
16.5	4.0	4.5	1.4	2.2	0.5	3.9
14.4	3.4	3.6	1.3	0.9	0.6	4.6
16.5	4.1	3.9	1.4	1.2	0.7	5.2
18.7	4.2	4.3	1.6	2.0	1.1	5.5
18.5	4.3	4.2	1.5	2.2	1.1	5.2
16.5	3.8	3.5	1.3	2.1	1.0	4.8
15.5	3.4	3.2	1.3	2.4	1.0	4.2
17.4	3.8	3.5	1.5	2.1	1.1	5.4
18.4	3.9	3.8	1.4	2.3	1.2	5.8
20.3	4.0	4.0	1.4	2.7	1.4	6.8
19.8	3.8	3.8	1.3	2.7	1.3	6.9
20.4	3.8	3.6	1.3	3.0	1.5	7.2
19.1	3.7	3.5	1.1	3.2	1.4	6.2
17.3	3.3	3.3	1.1	2.8	1.2	5.6

2-3 地区生产总值指数(1949—1978年)

(上年=100)

年 份 Year	本 市 生产总值 Gross Domestic Product	第一产业 Primary Industry	第二产业 Secondary Industry	工 业 Industry	建筑业 Construction
1949	100.0	100.0	100.0	100.0	100.0
1950	105.7	103.0	112.5	112.0	118.2
1951	103.4	104.0	110.9	111.2	107.7
1952	109.3	107.0	115.4	113.7	135.7
1953	111.2	103.4	134.8	130.6	177.1
1954	110.6	106.0	120.2	125.2	82.3
1955	102.7	100.2	109.6	111.9	82.4
1956	113.5	105.1	127.3	125.4	157.1
1957	102.3	97.4	108.4	110.4	83.3
1958	118.9	100.7	137.2	135.4	165.5
1959	97.4	67.8	123.9	123.4	130.2
1960	111.0	74.7	132.8	133.3	127.2
1961	64.8	83.7	57.9	59.2	41.5
1962	100.0	135.4	83.7	85.7	45.5
1963	114.9	124.0	109.3	108.1	153.3
1964	115.0	106.1	124.0	123.2	143.5
1965	114.5	109.7	121.9	119.0	184.8
1966	105.9	101.8	113.5	113.1	118.0
1967	90.2	99.4	82.9	83.9	70.8
1968	84.4	106.4	66.2	66.7	57.8
1969	112.1	91.4	136.0	134.5	164.4
1970	120.7	102.5	138.6	136.5	170.1
1971	111.9	100.4	125.2	127.1	102.3
1972	100.1	101.6	95.3	95.9	85.1
1973	103.2	109.5	96.2	94.4	127.2
1974	101.6	101.6	98.6	99.5	87.6
1975	111.8	92.8	130.1	130.2	128.3
1976	95.1	98.5	89.2	89.4	86.5
1977	120.0	111.7	133.5	131.6	162.4
1978	117.1	109.8	125.9	124.6	141.5

注：1.本表按可比价格计算(下表同)。
2.本表人均生产总值按户籍人口计算。

Note: a) The indices hereof are calculated at constant prices (the same below).
b) The per capita GDP hereof is calculated by registered population.

Indices of Gross Domestic Product (1949-1978)

(preceding year =100)

第三产业 Tertiary Industry	批发和零售业 Wholesale and Retail Trades	交通运输、仓储及邮政业 Transport, Storage and Post	住宿和餐饮业 Hotels and Catering Services	金融业 Financial Intermediation	房地产业 Real Estate	其 他 Others	本市人均生产总值 Per Capita GDP
100.0	100.0	100.0	100.0	100.0	100.0	100.0	100.0
118.6	105.6	127.6	107.4	197.3	250.4	102.5	102.2
94.9	98.7	93.2	103.4	148.0	140.2	9.0	100.5
120.1	116.0	113.0	106.7	65.9	114.5	380.3	106.3
111.5	121.9	106.0	103.2	116.7	112.5	112.0	109.5
112.4	109.0	113.6	106.3	142.9	122.2	114.3	109.1
98.5	98.8	95.0	105.9	100.0	118.2	93.8	100.7
118.3	114.3	115.8	119.4	130.0	115.4	133.3	109.1
106.0	103.1	108.2	100.0	107.7	106.7	112.5	98.3
134.9	138.1	137.4	104.5	142.9	93.3	160.4	118.6
103.3	103.7	95.3	110.9	120.0	107.1	110.4	98.1
101.1	102.9	90.1	102.0	125.0	93.3	112.9	113.4
70.8	66.4	72.4	100.0	86.7	114.3	47.9	68.2
105.0	95.8	96.2	123.1	103.8	100.0	126.1	102.8
112.6	113.2	107.9	93.8	96.3	106.3	150.0	112.7
109.0	98.1	104.6	90.0	173.1	94.1	124.1	110.8
100.5	109.9	98.2	100.0	153.3	118.8	69.4	111.2
85.2	102.7	92.0	94.4	40.6	84.2	84.0	102.8
102.9	102.6	101.0	102.0	117.9	118.8	96.8	87.6
101.6	87.2	98.1	96.2	136.4	126.3	113.1	81.9
105.6	111.8	114.7	102.0	104.4	104.2	87.0	109.3
101.9	104.4	106.8	102.0	102.1	104.0	86.7	117.2
104.7	104.6	102.8	118.0	120.0	112.5	94.2	108.2
111.9	112.6	112.4	108.5	111.8	113.3	111.7	97.3
108.8	102.2	108.0	100.0	107.9	105.9	119.4	100.6
108.9	101.6	110.2	96.9	115.4	113.0	112.5	99.1
109.9	109.7	105.2	106.5	113.4	109.8	112.6	109.0
104.4	100.5	106.4	100.0	109.9	109.0	102.6	94.0
103.7	107.3	107.8	103.0	113.0	111.0	91.7	118.9
105.1	103.6	101.7	116.2	103.5	100.0	108.7	117.2

2-4 地区生产总值指数(1949—1978年)

(1949年=100)

年份 Year	本市生产总值 Gross Domestic Product	第一产业 Primary Industry	第二产业 Secondary Industry	工业 Industry	建筑业 Construction
1949	100.0	100.0	100.0	100.0	100.0
1950	105.7	103.0	112.5	112.0	118.2
1951	109.3	107.1	124.8	124.5	127.3
1952	119.5	114.6	144.0	141.6	172.7
1953	132.9	118.5	194.1	184.9	305.9
1954	147.0	125.6	233.3	231.5	251.8
1955	151.0	125.9	255.7	259.0	207.5
1956	171.4	132.3	325.5	324.8	326.0
1957	175.3	128.9	352.8	358.6	271.6
1958	208.4	129.8	484.0	485.5	449.5
1959	203.0	88.0	599.7	599.1	585.2
1960	225.3	65.7	796.4	798.6	744.4
1961	146.0	55.0	461.1	472.8	308.9
1962	146.0	74.5	385.9	405.2	140.5
1963	167.8	92.4	421.8	438.0	215.4
1964	193.0	98.0	523.0	539.6	309.1
1965	221.0	107.5	637.5	642.1	571.2
1966	234.0	109.4	723.6	726.2	674.0
1967	211.1	108.7	599.9	609.3	477.2
1968	178.2	115.7	397.1	406.4	275.8
1969	199.8	105.7	540.1	546.6	453.4
1970	241.2	108.3	748.6	746.1	771.2
1971	269.9	108.7	937.2	948.3	788.9
1972	270.2	110.4	893.2	909.4	671.4
1973	278.8	120.9	859.3	858.5	854.0
1974	283.3	122.8	847.3	854.2	748.1
1975	316.7	114.0	1102.3	1112.2	959.8
1976	301.2	112.3	983.3	994.3	830.2
1977	361.4	125.4	1312.7	1308.5	1348.2
1978	423.2	137.7	1652.7	1630.4	1907.7

注：本表按可比价格计算(下表同)。
Note: The indices hereof are calculated at constant prices (the same below).

Indices of Gross Domestic Product (1949-1978)

(1949=100)

第三产业 Tertiary Industry	批发和零售业 Wholesale and Retail Trades	交通运输、仓储及邮政业 Transport, Storage and Post	住宿和餐饮业 Hotels and Catering Services	金融业 Financial Intermediation	房地产业 Real Estate	其他 Others	本市人均生产总值 Per Capita GDP
100.0	100.0	100.0	100.0	100.0	100.0	100.0	100.0
118.6	105.6	127.6	107.4	197.3	250.4	102.5	102.2
112.6	104.2	118.9	111.1	292.0	351.1	9.2	102.7
135.2	120.9	134.4	118.5	192.4	402.0	35.0	109.2
150.7	147.4	142.5	122.3	224.5	452.3	39.2	119.6
169.4	160.7	161.9	130.0	320.8	552.7	44.8	130.5
166.9	158.8	153.8	137.7	320.8	653.3	42.0	131.4
197.4	181.5	178.1	164.4	417.0	753.9	56.0	143.4
209.2	187.1	192.7	164.4	449.1	804.4	63.0	141.0
282.2	258.4	264.8	171.8	641.8	750.5	101.1	167.2
291.5	268.0	252.4	190.5	770.2	803.8	111.6	164.0
294.7	275.8	227.4	194.3	962.8	749.9	126.0	186.0
208.6	183.1	164.6	194.3	834.7	857.1	60.4	126.9
219.0	175.4	158.3	239.2	866.4	857.1	76.2	130.5
246.6	198.6	170.8	224.4	834.3	911.1	114.3	147.1
268.8	194.8	178.7	202.0	1444.2	857.3	141.8	163.0
270.1	214.1	175.5	202.0	2214.0	1018.5	98.4	181.3
230.1	219.9	161.5	190.7	898.9	857.6	82.7	186.4
236.8	225.6	163.1	194.5	1059.8	1018.8	80.1	163.3
240.6	196.7	160.0	187.1	1445.6	1286.7	90.6	133.7
254.1	219.9	183.5	190.8	1509.2	1340.7	78.8	146.1
258.9	229.6	196.0	194.6	1540.9	1394.3	68.3	171.2
271.1	240.2	201.5	229.6	1849.1	1568.6	64.3	185.2
303.4	270.5	226.5	249.1	2067.3	1777.2	71.8	180.2
330.1	276.5	244.6	249.1	2230.6	1882.1	85.7	181.3
359.5	280.9	269.5	241.4	2574.1	2126.8	96.4	179.7
395.1	308.1	283.5	257.1	2919.0	2335.2	108.5	195.9
412.5	309.6	301.6	257.1	3208.0	2545.4	111.3	184.1
427.8	332.2	325.1	264.8	3625.0	2825.4	102.1	218.9
449.6	344.2	330.6	307.7	3751.9	2825.4	111.0	256.6

2-5 地区生产总值(1978—2023年)

单位：亿元

年份 Year	本市生产总值 Gross Domestic Product	第一产业 Primary Industry	第二产业 Secondary Industry		
				工业 Industry	建筑业 Construction
1978	71.70	24.81	34.46	31.53	2.93
1979	80.98	28.79	38.21	35.00	3.21
1980	90.68	32.57	42.42	38.89	3.53
1981	97.20	36.32	43.69	40.07	3.62
1982	108.08	40.62	47.14	43.26	3.88
1983	120.01	45.44	50.56	46.20	4.36
1984	141.64	50.66	60.63	55.46	5.17
1985	164.32	53.73	73.49	66.16	7.33
1986	184.60	60.06	81.38	72.52	8.86
1987	206.73	62.69	90.77	79.66	11.11
1988	261.27	75.00	117.61	104.79	12.82
1989	303.75	81.99	135.84	123.86	11.98
1990	327.75	100.40	135.62	117.60	18.02
1991	374.63	109.49	154.28	135.35	18.93
1992	462.47	117.28	195.10	171.96	23.14
1993	611.05	141.99	273.64	242.29	31.35
1994	838.14	196.19	379.43	341.74	37.69
1995	1130.60	264.19	497.13	439.66	57.47
1996	1326.40	287.56	575.20	506.83	68.37
1997	1525.26	307.21	658.77	574.18	84.59
1998	1622.42	300.89	685.83	581.69	104.14
1999	1687.81	286.16	709.74	597.94	111.80
2000	1822.06	280.45	774.63	644.04	130.59
2001	2014.59	290.10	859.92	707.59	152.33
2002	2279.80	312.57	981.32	802.97	178.35
2003	2615.57	332.86	1164.12	953.06	211.06
2004	3059.54	420.43	1392.55	1146.43	246.12
2005	3448.35	455.08	1559.17	1294.86	264.31
2006	3900.26	379.68	1873.42	1573.06	300.36
2007	4770.72	469.43	2237.30	1862.32	374.98
2008	5899.49	555.05	2651.79	2188.63	463.16
2009	6651.22	581.05	3016.81	2470.84	545.97
2010	8065.26	649.48	3624.12	2945.51	678.61
2011	10161.17	794.14	4571.26	3700.24	871.02
2012	11595.37	879.67	5308.14	4291.40	1016.74
2013	13027.60	941.24	5988.62	4775.67	1212.95
2014	14623.78	990.75	6774.58	5369.87	1404.71
2015	16040.54	1067.72	7208.01	5621.47	1586.54
2016	18023.04	1236.98	7765.38	5896.16	1869.22
2017	20066.29	1276.09	8455.02	6202.38	2252.64
2018	21588.80	1378.68	8842.23	6268.10	2574.13
2019	23605.77	1551.59	9391.96	6551.84	2840.12
2020	25041.43	1803.54	9969.55	6990.77	2978.78
2021	28077.28	1921.91	11217.26	7940.52	3276.74
2022	28576.11	2012.64	11047.35	7966.27	3081.08
2023	30145.79	2074.68	11699.14	8333.35	3365.79

注：本表人均地区生产总值按常住人口计算。
Note: The per capita GDP hereof is calculated by registered population.

Gross Domestic Product (1978-2023)

(100 million yuan)

第三产业 Tertiary Industry	批发和零售业 Wholesale and Retail Trades	交通运输、仓储及邮政业 Transport, Storage and Postal	住宿和餐饮业 Hotels and Catering Services	金融业 Financial Intermediation	房地产业 Real Estate	其他 Others	本市人均生产总值（元） Per Capita GDP (yuan)
12.43	2.34	2.38	0.78	2.00	0.88	4.05	287
13.98	2.59	2.69	0.92	2.21	0.99	4.58	321
15.69	2.90	3.08	1.02	2.46	1.11	5.12	357
17.19	3.22	3.39	1.07	2.73	1.12	5.66	379
20.32	3.89	4.18	1.11	2.99	1.28	6.87	419
24.01	4.49	5.94	1.24	3.83	1.44	7.07	461
30.35	5.73	6.50	1.52	6.63	1.81	8.16	542
37.10	8.90	6.97	1.80	7.40	2.09	9.94	624
43.16	10.08	6.59	2.17	8.71	2.64	12.97	694
53.27	12.30	6.82	2.71	14.91	3.59	12.94	766
68.66	17.10	8.67	3.29	17.92	4.47	17.21	958
85.92	21.61	12.18	3.89	24.78	4.95	18.51	1103
91.73	17.19	11.93	5.41	26.21	5.73	25.26	1181
110.86	20.45	12.30	6.35	31.61	7.27	32.88	1340
150.09	33.43	21.43	7.23	40.20	7.39	40.41	1645
195.42	50.54	22.43	9.37	52.71	9.28	51.09	2165
262.52	66.24	27.04	12.78	74.54	11.29	70.63	2951
369.28	88.15	46.37	19.01	97.16	17.95	100.64	3957
463.64	114.28	62.04	23.47	103.07	26.12	134.66	4613
559.28	136.50	79.11	30.93	115.52	33.96	163.26	5306
635.70	150.06	84.59	31.70	125.41	47.16	196.78	5649
691.91	160.36	91.36	33.65	118.84	53.43	234.27	5890
766.98	173.54	97.64	35.96	117.07	69.39	273.38	6383
864.57	190.63	123.25	38.50	124.19	81.46	306.54	7096
985.91	210.32	145.09	42.40	132.53	97.06	358.51	8079
1118.59	234.00	159.52	47.16	144.69	122.68	410.54	9311
1246.56	249.80	189.20	57.68	161.96	130.78	457.14	10934
1434.10	267.11	223.63	66.53	186.55	138.57	551.71	12335
1647.16	306.23	263.31	77.21	214.77	154.25	631.39	13915
2063.99	389.15	285.18	101.58	236.33	208.66	843.09	16966
2692.65	487.32	367.33	136.11	312.44	203.74	1185.71	20865
3053.36	560.61	416.74	160.47	397.79	241.30	1276.45	23346
3791.66	713.26	489.08	183.09	538.85	312.56	1554.82	28084
4795.77	857.95	580.22	214.20	767.98	453.30	1922.12	34864
5407.56	960.16	591.23	236.26	927.39	631.69	2060.83	39178
6097.74	1171.49	642.61	291.11	1070.32	778.18	2144.03	43528
6858.45	1311.17	680.87	321.92	1210.01	869.31	2465.17	48307
7764.81	1462.21	726.11	356.16	1387.18	918.97	2914.18	52476
9020.68	1703.43	777.15	391.99	1593.99	1067.93	3486.19	58327
10335.18	1955.06	827.97	426.01	1737.64	1276.56	4111.94	64176
11367.89	2024.60	899.38	458.25	1875.97	1336.72	4772.97	68464
12662.22	2192.06	977.14	501.98	2087.95	1502.50	5400.59	74337
13268.34	2332.57	944.04	468.44	2220.80	1578.67	5723.82	78294
14938.11	2695.69	1087.98	561.06	2404.53	1750.89	6437.96	87450
15516.12	2864.20	1112.03	559.33	2486.13	1638.77	6855.66	88942
16371.97	3073.81	1191.07	635.06	2590.89	1605.48	7275.66	94135

2-6 地区生产总值构成(1978—2023年)

单位：%

年份 Year	本市生产总值 Gross Domestic Product	第一产业 Primary Industry	第二产业 Secondary Industry	工业 Industry	建筑业 Construction
1978	100.0	34.6	48.1	44.0	4.1
1979	100.0	35.6	47.2	43.2	4.0
1980	100.0	35.9	46.8	42.9	3.9
1981	100.0	37.4	44.9	41.2	3.7
1982	100.0	37.6	43.6	40.0	3.6
1983	100.0	37.9	42.1	38.5	3.6
1984	100.0	35.8	42.8	39.2	3.6
1985	100.0	32.7	44.7	40.3	4.4
1986	100.0	32.5	44.1	39.3	4.8
1987	100.0	30.3	43.9	38.5	5.4
1988	100.0	28.7	45.0	40.1	4.9
1989	100.0	27.0	44.7	40.8	3.9
1990	100.0	30.6	41.4	35.9	5.5
1991	100.0	29.2	41.2	36.1	5.1
1992	100.0	25.4	42.2	37.2	5.0
1993	100.0	23.2	44.8	39.7	5.1
1994	100.0	23.4	45.3	40.8	4.5
1995	100.0	23.4	44.0	38.9	5.1
1996	100.0	21.7	43.4	38.2	5.2
1997	100.0	20.1	43.2	37.6	5.6
1998	100.0	18.5	42.3	35.9	6.4
1999	100.0	17.0	42.1	35.4	6.7
2000	100.0	15.4	42.5	35.3	7.2
2001	100.0	14.4	42.7	35.1	7.6
2002	100.0	13.7	43.0	35.2	7.8
2003	100.0	12.7	44.5	36.4	8.1
2004	100.0	13.7	45.5	37.5	8.0
2005	100.0	13.2	45.2	37.6	7.6
2006	100.0	9.7	48.0	40.3	7.7
2007	100.0	9.8	46.9	39.0	7.9
2008	100.0	9.4	44.9	37.1	7.8
2009	100.0	8.7	45.4	37.1	8.3
2010	100.0	8.1	44.9	36.5	8.4
2011	100.0	7.8	45.0	36.4	8.6
2012	100.0	7.6	45.8	37.0	8.8
2013	100.0	7.2	46.0	36.7	9.3
2014	100.0	6.8	46.3	36.7	9.6
2015	100.0	6.7	44.9	35.0	9.9
2016	100.0	6.9	43.1	32.7	10.4
2017	100.0	6.4	42.1	30.9	11.2
2018	100.0	6.4	41.0	29.0	12.0
2019	100.0	6.6	39.8	27.8	12.0
2020	100.0	7.2	39.8	27.9	11.9
2021	100.0	6.8	40.0	28.3	11.7
2022	100.0	7.0	38.7	27.9	10.8
2023	100.0	6.9	38.8	27.6	11.2

Composition of Gross Domestic Product (1978-2023)

(%)

第三产业 Tertiary Industry	批发和零售业 Wholesale and Retail Trades	交通运输、仓储及邮政业 Transport, Storage, and Post	住宿和餐饮业 Hotels and Catering Services	金融业 Financial Intermediation	房地产业 Real Estate	其 他 Others
17.3	3.3	3.3	1.1	2.8	1.2	5.6
17.2	3.2	3.3	1.1	2.7	1.2	5.7
17.3	3.2	3.4	1.1	2.7	1.2	5.7
17.7	3.3	3.5	1.1	2.8	1.2	5.8
18.8	3.6	3.9	1.0	2.8	1.2	6.3
20.0	3.7	4.9	1.0	3.2	1.2	6.0
21.4	4.0	4.6	1.1	4.7	1.3	5.7
22.6	5.4	4.2	1.1	4.5	1.3	6.1
23.4	5.5	3.6	1.2	4.7	1.4	7.0
25.8	5.9	3.3	1.3	7.2	1.7	6.4
26.3	6.5	3.3	1.3	6.9	1.7	6.6
28.3	7.1	4.0	1.3	8.2	1.6	6.1
28.0	5.2	3.6	1.7	8.0	1.7	7.8
29.6	5.5	3.3	1.7	8.4	1.9	8.8
32.4	7.2	4.6	1.6	8.7	1.6	8.7
32.0	8.3	3.7	1.5	8.6	1.5	8.4
31.3	7.9	3.2	1.5	8.9	1.3	8.5
32.6	7.8	4.1	1.7	8.6	1.6	8.8
34.9	8.6	4.7	1.8	7.8	2.0	10.0
36.7	8.9	5.2	2.0	7.6	2.2	10.8
39.2	9.2	5.2	2.0	7.7	2.9	12.2
40.9	9.5	5.4	2.0	7.0	3.2	13.8
42.1	9.5	5.4	2.0	6.4	3.8	15.0
42.9	9.5	6.1	1.9	6.2	4.0	15.2
43.3	9.2	6.4	1.9	5.8	4.3	15.7
42.8	8.9	6.1	1.8	5.5	4.7	15.8
40.8	8.2	6.2	1.9	5.3	4.3	14.9
41.6	7.7	6.5	1.9	5.4	4.0	16.1
42.3	7.9	6.8	2.0	5.5	4.0	16.1
43.3	8.2	6.0	2.1	5.0	4.4	17.6
45.7	8.3	6.2	2.3	5.3	3.5	20.1
45.9	8.4	6.3	2.4	6.0	3.6	19.2
47.0	8.8	6.1	2.3	6.7	3.9	19.2
47.2	8.4	5.7	2.1	7.6	4.5	18.9
46.6	8.3	5.1	2.0	8.0	5.4	17.8
46.8	9.0	4.9	2.2	8.2	6.0	16.5
46.9	9.0	4.7	2.2	8.3	5.9	16.8
48.4	9.1	4.5	2.2	8.6	5.7	18.3
50.0	9.5	4.3	2.2	8.8	5.9	19.3
51.5	9.7	4.1	2.1	8.7	6.4	20.5
52.6	9.4	4.2	2.1	8.7	6.2	22.0
53.6	9.3	4.1	2.1	8.8	6.4	22.9
53.0	9.3	3.8	1.9	8.9	6.3	22.8
53.2	9.6	3.9	2.0	8.6	6.2	22.9
54.3	10.0	3.9	2.0	8.7	5.7	24.0
54.3	10.2	4.0	2.1	8.6	5.3	24.1

2-7 地区生产总值指数(1978—2023年)

(上年=100)

年 份 Year	本 市 生产总值 Gross Domestic Product	第一产业 Primary Industry	第二产业 Secondary Industry	工 业 Industry	建筑业 Construction
1978	117.1	109.8	125.9	124.6	141.5
1979	111.1	109.1	112.0	112.0	111.7
1980	107.7	104.3	108.8	108.7	109.9
1981	106.2	105.8	105.0	104.7	108.2
1982	108.9	107.5	107.4	107.4	107.1
1983	110.3	107.3	109.9	109.7	111.7
1984	115.9	106.5	120.6	120.7	119.7
1985	108.6	109.3	106.5	105.1	121.9
1986	108.6	110.3	106.5	105.5	115.9
1987	105.3	96.7	108.2	106.9	119.3
1988	109.5	103.5	113.2	114.1	106.2
1989	104.9	104.6	102.7	104.1	91.5
1990	107.0	107.8	107.8	103.8	144.2
1991	109.2	106.7	109.5	110.9	100.2
1992	116.5	101.8	121.8	122.2	118.7
1993	115.6	105.0	122.1	122.5	118.8
1994	113.5	102.9	116.3	117.6	105.8
1995	112.3	104.5	114.1	114.0	114.3
1996	111.4	104.8	112.1	112.2	111.3
1997	111.2	103.2	112.3	111.6	118.5
1998	108.6	102.1	107.2	105.2	122.8
1999	107.8	100.4	110.5	110.9	107.7
2000	108.7	101.4	110.7	110.7	110.7
2001	109.2	102.1	112.0	111.4	114.7
2002	110.5	104.2	114.1	114.0	114.7
2003	111.7	104.4	116.4	116.7	115.1
2004	112.5	104.8	116.9	117.4	114.9
2005	111.8	104.5	113.4	114.6	107.3
2006	112.5	94.2	117.2	118.3	111.9
2007	116.0	109.5	121.0	122.5	113.4
2008	114.6	106.7	118.3	119.9	109.2
2009	115.1	105.4	118.1	117.7	121.2
2010	117.2	106.1	122.7	122.9	121.4
2011	116.4	105.1	121.0	121.3	119.6
2012	113.6	105.4	116.6	117.2	113.9
2013	112.3	104.7	112.9	112.5	114.9
2014	110.9	104.4	112.7	112.4	114.2
2015	111.0	104.8	111.2	110.4	114.7
2016	110.7	104.7	111.3	110.3	114.8
2017	109.3	104.0	109.3	109.4	109.0
2018	106.0	104.4	103.0	101.1	109.5
2019	106.3	103.6	106.4	106.4	106.6
2020	103.9	104.6	104.8	105.3	103.3
2021	108.4	107.8	107.2	109.8	101.3
2022	102.5	103.9	101.6	101.1	102.9
2023	106.1	104.6	106.5	105.8	108.4

注：1.本表按可比价格计算(下表同)。
2.本表人均生产总值按常住人口计算。

Note: a) The indices hereof are calculated at constant prices (the same below).
b) The per capita GDP hereof is calculated by registered population.

Indices of Gross Domestic Product (1978-2023)

(preceding year=100)

第三产业 Tertiary Industry	批发和零售业 Wholesale and Retail Trades	交通运输、仓储及邮政业 Transport, Storage and Post	住宿和餐饮业 Hotels and Catering Services	金融业 Financial Intermediation	房地产业 Real Estate	其　他 Others	本市人均生产总值 Per Capita GDP
105.1	103.6	101.7	116.2	103.5	100.0	108.7	117.2
112.1	110.5	109.2	115.2	111.6	111.1	115.1	110.4
109.8	106.3	103.5	113.2	107.4	106.7	118.4	107.1
110.3	108.6	105.8	106.9	109.8	99.1	117.2	105.4
115.7	115.2	117.2	107.3	108.1	111.8	120.8	108.0
117.2	115.2	131.2	106.8	130.1	121.1	106.8	109.5
121.3	123.9	111.6	124.0	139.5	122.8	116.7	115.5
112.4	137.3	96.8	117.4	103.0	105.5	113.7	108.0
110.4	106.6	99.8	117.6	111.9	118.7	115.1	107.5
111.9	110.0	108.3	114.5	128.3	121.4	103.8	103.9
109.8	122.8	106.0	119.2	104.0	105.8	105.7	108.2
109.6	108.2	116.6	112.7	113.3	100.0	106.4	104.0
104.8	83.5	104.1	133.4	108.6	116.7	110.2	106.1
111.5	108.5	102.4	116.6	113.9	117.3	112.9	108.4
124.2	142.3	133.5	116.3	120.4	96.4	120.6	115.9
115.5	138.5	102.8	124.4	109.3	109.4	109.5	115.2
117.6	104.1	109.1	133.3	115.3	102.8	135.9	112.8
115.0	111.2	123.1	137.0	116.5	114.5	108.5	111.6
114.5	115.9	115.6	120.3	104.0	131.5	118.7	110.7
114.1	113.5	114.7	126.3	109.6	124.5	112.6	111.3
114.0	115.0	104.1	104.4	110.4	122.4	121.9	108.7
107.6	108.3	101.9	108.2	89.7	110.2	121.5	108.0
109.1	112.2	104.0	108.1	101.8	111.6	112.4	109.1
109.0	108.9	116.2	106.2	101.5	112.6	109.2	109.8
108.9	110.1	105.2	109.5	107.9	113.8	108.6	111.2
109.0	109.3	104.8	110.1	107.9	116.1	108.7	112.2
109.8	110.8	114.6	118.0	105.9	103.7	109.7	112.9
112.1	114.0	112.4	113.7	109.9	109.8	111.9	111.9
113.2	111.4	120.3	115.2	112.4	107.7	112.5	112.2
112.1	112.3	112.5	112.0	109.7	116.8	111.4	115.6
112.2	116.9	113.7	113.0	112.9	89.1	114.7	114.0
113.6	119.9	103.3	115.6	131.2	120.3	107.6	114.2
112.4	117.5	113.8	101.4	119.8	107.3	108.5	116.3
114.0	114.6	114.1	110.6	105.7	110.6	117.6	114.7
111.9	112.6	109.2	107.7	120.6	111.5	110.2	111.9
112.8	110.3	110.8	108.2	116.5	111.4	113.9	111.1
109.9	109.1	107.4	107.5	112.3	107.6	110.8	109.6
111.6	109.2	108.7	109.1	115.4	105.5	113.5	109.9
111.0	107.9	105.8	107.7	110.3	107.5	115.6	109.5
110.0	107.6	108.7	108.4	108.1	104.1	114.2	108.0
109.0	105.9	106.5	105.3	106.9	100.6	114.4	105.1
106.4	106.6	106.9	107.5	108.0	102.7	106.3	105.5
102.9	102.8	99.8	93.9	103.9	100.5	104.6	103.1
109.5	113.3	111.1	114.7	102.1	104.5	111.4	108.0
102.9	104.0	99.7	101.3	101.8	94.8	105.6	102.4
105.9	109.9	109.8	110.6	105.2	97.3	105.6	106.4

2-8 地区生产总值指数(1978—2023年)

(1978年=100)

年 份 Year	本 市 生产总值 Gross Domestic Product	第一产业 Primary Industry	第二产业 Secondary Industry	工 业 Industry	建筑业 Construction
1978	100.0	100.0	100.0	100.0	100.0
1979	111.1	109.1	112.0	112.0	111.7
1980	119.7	113.8	121.9	121.7	122.8
1981	127.1	120.4	128.0	127.4	132.9
1982	138.4	129.4	137.5	136.8	142.3
1983	152.7	138.8	151.1	150.1	158.9
1984	177.0	147.8	182.2	181.2	190.2
1985	192.2	161.5	194.0	190.4	231.9
1986	208.7	178.1	206.6	200.9	268.8
1987	219.8	172.2	223.5	214.8	320.7
1988	240.7	178.2	253.0	245.1	340.6
1989	252.5	186.4	259.8	255.1	311.6
1990	270.2	200.9	280.1	264.8	449.3
1991	295.1	214.4	306.7	293.7	450.2
1992	343.8	218.3	373.6	358.9	534.4
1993	397.4	229.2	456.2	439.7	634.9
1994	451.0	235.8	530.6	517.1	671.7
1995	506.5	246.4	605.4	589.5	767.8
1996	564.2	258.2	678.7	661.4	854.6
1997	627.4	266.5	762.2	738.1	1012.7
1998	681.4	272.1	817.1	776.5	1243.6
1999	734.5	273.2	902.9	861.1	1339.4
2000	798.4	277.0	999.5	953.2	1482.7
2001	871.9	282.8	1119.4	1061.9	1700.7
2002	963.4	294.7	1277.2	1210.6	1950.7
2003	1076.1	307.7	1486.7	1412.8	2245.3
2004	1210.6	322.5	1738.0	1658.6	2579.8
2005	1353.5	337.0	1970.9	1900.8	2768.1
2006	1522.7	317.5	2309.9	2248.6	3097.5
2007	1766.3	347.7	2795.0	2754.5	3512.6
2008	2024.2	371.0	3306.5	3302.6	3835.8
2009	2329.9	391.0	3905.0	3887.2	4649.0
2010	2730.6	414.9	4791.4	4777.4	5643.9
2011	3178.4	436.1	5797.6	5795.0	6750.1
2012	3610.7	459.6	6760.0	6791.7	7688.4
2013	4054.8	481.2	7632.0	7640.7	8834.0
2014	4496.8	502.4	8601.3	8588.1	10088.4
2015	4991.4	526.5	9564.6	9481.3	11571.4
2016	5525.5	551.2	10645.4	10457.9	13284.0
2017	6039.4	573.2	11635.4	11440.9	14479.6
2018	6401.8	598.4	11984.5	11566.7	15855.2
2019	6805.1	619.9	12751.5	12307.0	16901.6
2020	7070.5	648.4	13363.6	12959.3	17459.4
2021	7664.4	699.0	14325.8	14229.3	17686.4
2022	7856.0	726.3	14555.0	14385.8	18199.3
2023	8335.2	759.7	15501.1	15220.2	19728.0

注：1.本表按可比价格计算(下表同)。
2.本表人均生产总值按常住人口计算。

Note: a) The indices hereof are calculated at constant prices (the same below).
b) The per capita GDP hereof is calculated by registered population.

Indices of Gross Domestic Product (1978-2023)

(1978=100)

第三产业 Tertiary Industry	批发和零售业 Wholesale and Retail Trades	交通运输、仓储及邮政业 Transport, Storage and Post	住宿和餐饮业 Hotels and Catering Trade	金融业 Financial Intermediation	房地产业 Real Estate	其他 Others	本市人均生产总值 Per Capita GDP
100.0	100.0	100.0	100.0	100.0	100.0	100.0	100.0
112.1	110.5	109.2	115.2	111.6	111.1	115.1	110.4
123.1	117.5	113.0	130.4	119.9	118.5	136.3	118.2
135.8	127.6	119.6	139.4	131.7	117.4	159.7	124.6
157.1	147.0	140.2	149.6	142.4	131.3	192.9	134.6
184.1	169.3	183.9	159.8	185.3	159.0	206.0	147.4
223.3	209.8	205.2	198.2	258.5	195.3	240.4	170.2
251.0	288.1	198.6	232.7	266.3	206.0	273.3	183.8
277.1	307.1	198.2	273.7	298.0	244.5	314.6	197.6
310.1	337.8	214.7	313.4	382.3	296.8	326.6	205.3
340.5	414.8	227.6	373.6	397.6	314.0	345.2	222.1
373.2	448.8	265.4	421.0	450.5	314.0	367.3	231.0
391.1	374.7	276.3	561.6	489.2	366.4	404.8	245.1
436.1	406.5	282.9	654.8	557.2	429.8	457.0	265.7
541.6	578.4	377.7	761.5	670.9	414.3	551.1	307.9
625.5	801.1	388.3	947.3	733.3	453.2	603.5	354.7
735.6	833.9	423.6	1262.8	845.5	465.9	820.2	400.1
845.9	927.3	521.5	1730.0	985.0	533.5	889.9	446.5
968.6	1074.7	602.9	2081.2	1024.4	701.6	1056.3	494.3
1105.2	1219.8	691.5	2628.6	1122.7	873.5	1189.4	550.2
1259.9	1402.8	719.9	2744.3	1239.5	1069.2	1449.9	598.1
1355.7	1519.2	733.6	2969.3	1111.8	1178.3	1761.6	645.9
1479.1	1704.5	762.9	3209.8	1131.8	1315.0	1980.0	704.7
1612.2	1856.2	886.5	3408.8	1148.8	1480.7	2162.2	773.8
1755.7	2043.7	932.6	3732.6	1239.6	1685.0	2348.1	860.5
1913.7	2233.8	977.4	4109.6	1337.5	1956.3	2552.4	965.5
2101.2	2475.1	1120.1	4849.3	1416.4	2028.7	2800.0	1090.0
2355.4	2821.6	1259.0	5513.7	1556.6	2227.5	3133.2	1219.7
2666.3	3143.3	1514.6	6351.8	1749.6	2399.0	3524.9	1368.5
2988.9	3529.9	1703.9	7114.0	1919.3	2802.0	3926.7	1582.0
3353.5	4126.5	1937.3	8038.8	2166.9	2496.6	4503.9	1803.5
3809.6	4947.7	2001.2	9292.9	2843.0	3003.4	4846.2	2059.6
4282.0	5813.5	2277.4	9423.0	3405.9	3222.6	5258.1	2395.3
4881.5	6662.3	2598.5	10421.8	3600.0	3564.2	6183.5	2747.4
5462.4	7501.7	2837.6	11224.3	4341.6	3974.1	6814.2	3074.3
6161.6	8274.4	3144.1	12144.7	5058.0	4427.1	7761.4	3415.5
6771.6	9027.4	3376.8	13055.6	5680.1	4763.6	8599.6	3743.4
7557.1	9857.9	3670.6	14243.7	6554.8	5025.6	9760.5	4114.0
8388.4	10636.7	3883.5	15340.5	7229.9	5402.5	11283.1	4504.8
9227.2	11445.1	4221.4	16629.1	7815.5	5624.0	12885.3	4865.2
10057.6	12120.4	4495.8	17510.4	8354.8	5657.7	14740.8	5113.3
10701.3	12920.3	4806.0	18823.7	9023.2	5810.5	15669.5	5394.5
11011.6	13282.1	4796.4	17675.5	9375.1	5839.6	16390.3	5561.7
12057.7	15048.6	5328.8	20273.8	9572.0	6102.4	18258.8	6006.6
12407.4	15650.5	5312.8	20537.4	9744.3	5785.1	19281.3	6150.8
13139.4	17199.9	5833.5	22714.4	10251.0	5628.9	20361.1	6544.5

2-9 三次产业贡献率(1996—2023年)
Share of the Contributions of the Growth of Three Strata of Industry to the Increase of the GDP(1996-2023)

单位：% (%)

年 份 Year	本市生产总值 Gross Domestic Product	第一产业 Primary Industry	第二产业 Secondary Industry	#工 业 Industry	第三产业 Tertiary Industry
1996	100.0	8.4	50.5	45.5	41.1
1997	100.0	5.4	52.8	44.6	41.8
1998	100.0	4.3	40.3	26.1	55.4
1999	100.0	0.8	64.3	58.4	34.9
2000	100.0	2.5	60.2	52.8	37.3
2001	100.0	3.5	55.3	43.9	41.2
2002	100.0	5.7	58.7	48.2	35.6
2003	100.0	5.1	63.1	53.0	31.8
2004	100.0	4.8	63.6	54.0	31.6
2005	100.0	4.5	55.2	50.1	40.3
2006	100.0	-6.1	62.3	55.0	43.8
2007	100.0	6.6	61.9	55.5	31.5
2008	100.0	4.8	61.5	56.8	33.7
2009	100.0	3.5	61.0	51.0	35.5
2010	100.0	3.2	68.8	59.5	28.0
2011	100.0	2.5	57.4	47.4	40.1
2012	100.0	2.9	56.9	48.1	40.2
2013	100.0	2.6	50.4	39.9	47.0
2014	100.0	2.5	56.1	44.6	41.4
2015	100.0	2.6	49.9	37.7	47.5
2016	100.0	2.9	47.5	33.7	49.6
2017	100.0	2.7	45.2	35.3	52.1
2018	100.0	4.4	22.6	6.4	73.0
2019	100.0	3.4	45.3	34.1	51.3
2020	100.0	6.9	55.2	46.2	37.9
2021	100.0	6.6	34.1	32.2	59.3
2022	100.0	11.1	26.0	13.0	62.9
2023	100.0	5.6	41.9	26.5	52.5

2-10 三次产业拉动力(1996—2023年)
Contribution of the Three Strata of Industry to GDP Growth (1996-2023)

单位：% (%)

年 份 Year	本 市 生产总值 Gross Domestic Product	第一产业 Primary Industry	第二产业 Secondary Industry	# 工 业 Industry	第三产业 Tertiary Industry
1996	11.4	1.0	5.8	5.2	4.6
1997	11.2	0.6	5.9	5.0	4.7
1998	8.6	0.4	3.5	2.2	4.7
1999	7.8	0.1	5.0	4.6	2.7
2000	8.7	0.2	5.2	4.6	3.3
2001	9.2	0.3	5.1	4.0	3.8
2002	10.5	0.6	6.2	5.1	3.7
2003	11.7	0.6	7.4	6.2	3.7
2004	12.5	0.6	8.0	6.8	3.9
2005	11.8	0.5	6.5	5.9	4.8
2006	12.5	-0.8	7.8	6.9	5.5
2007	16.0	1.1	9.9	8.9	5.0
2008	14.6	0.7	9.0	8.3	4.9
2009	15.1	0.5	9.2	7.7	5.4
2010	17.2	0.6	11.8	10.2	4.8
2011	16.4	0.4	9.4	7.8	6.6
2012	13.6	0.4	7.7	6.5	5.5
2013	12.3	0.3	6.2	4.9	5.8
2014	10.9	0.3	6.1	4.9	4.5
2015	11.0	0.3	5.5	4.1	5.2
2016	10.7	0.3	5.1	3.6	5.3
2017	9.3	0.3	4.2	3.3	4.8
2018	6.0	0.3	1.4	0.4	4.3
2019	6.3	0.2	2.9	2.1	3.2
2020	3.9	0.3	2.2	1.8	1.4
2021	8.4	0.6	2.9	2.7	4.9
2022	2.5	0.3	0.7	0.3	1.5
2023	6.1	0.3	2.6	1.6	3.2

2-11 分经济类型地区生产总值(1996—2023年)
Gross Domestic Product by Status of Registration (1996-2023)

单位：亿元 (100 million yuan)

年 份 Year	本市生产总值 Gross Domestic Product	国有经济 State-owned Economy	民营经济 Private Economy	外商港澳台经济 Economy Funded by HK, Macao, Taiwan & Foreign
1996	1326.40	586.05	699.68	40.67
1997	1525.26	677.26	790.89	57.11
1998	1622.42	623.86	942.85	55.71
1999	1687.81	664.11	959.42	64.28
2000	1822.06	738.03	1011.41	72.62
2001	2014.59	807.10	1123.62	83.87
2002	2279.80	1016.08	1127.43	136.29
2003	2615.57	1104.30	1300.39	210.88
2004	3059.54	1184.19	1690.13	185.22
2005	3448.35	1263.85	1952.67	231.83
2006	3900.26	1404.29	2166.21	329.76
2007	4770.72	1700.52	2621.94	448.26
2008	5899.49	1959.82	3374.55	565.12
2009	6651.22	2139.54	3812.28	699.40
2010	8065.26	2527.90	4567.73	969.63
2011	10161.17	3082.59	5837.55	1241.03
2012	11595.37	3460.38	6679.06	1455.93
2013	13027.60	3987.86	7498.81	1540.93
2014	14623.78	4548.68	8386.53	1688.57
2015	16040.54	4954.42	9334.46	1751.66
2016	18023.04	5588.54	10545.62	1888.88
2017	20066.29	6333.80	11753.63	1978.86
2018	21588.80	6757.29	12758.98	2072.53
2019	23605.77	7351.39	14045.22	2209.16
2020	25041.43	8036.64	14782.89	2221.90
2021	28077.28	9059.60	16737.81	2279.87
2022	28576.11	9429.02	17074.03	2073.06
2023	30145.79	10079.12	17932.40	2134.27

2-11 续表 continued

单位：% (%)

年 份 Year	生产总值构成 Composition of Gross Domestic Product	国有经济 State-owned economy	民营经济 Private Economy	外商港澳台经济 Economy Funded by HK, Macao, Taiwan & Foreign	生产总值指数(上年=100) Indices of Gross Domestic Product (preceding year=100)	国有经济 State-owned economy	民营经济 Private Economy	外商港澳台经济 Economy Funded by HK, Macao, Taiwan & Foreign
1996	100.0	44.2	52.8	3.0	111.4	104.8	117.7	115.1
1997	100.0	44.4	51.9	3.7	111.2	109.6	111.2	136.3
1998	100.0	38.5	58.1	3.4	108.6	90.6	124.2	100.1
1999	100.0	39.3	56.8	3.9	107.8	108.7	107.5	120.1
2000	100.0	40.5	55.5	4.0	108.7	111.1	108.3	114.3
2001	100.0	40.1	55.8	4.1	109.2	107.4	112.1	114.5
2002	100.0	44.6	49.5	5.9	110.5	127.8	103.2	159.3
2003	100.0	42.2	49.7	8.1	111.7	105.0	113.4	151.3
2004	100.0	38.7	55.2	6.1	112.5	105.5	123.1	83.0
2005	100.0	36.7	56.6	6.7	111.8	108.9	113.4	122.5
2006	100.0	36.0	55.5	8.5	112.5	111.2	111.4	142.2
2007	100.0	35.6	55.0	9.4	116.0	110.0	117.5	132.1
2008	100.0	33.2	57.2	9.6	114.6	109.1	120.0	116.9
2009	100.0	32.2	57.3	10.5	115.1	111.3	115.1	126.4
2010	100.0	31.3	56.6	12.1	117.2	114.7	115.8	133.9
2011	100.0	30.3	57.4	12.3	116.4	109.5	118.4	123.0
2012	100.0	29.8	57.6	12.6	113.6	107.5	113.7	126.5
2013	100.0	30.6	57.6	11.8	112.3	111.8	114.3	105.3
2014	100.0	31.1	57.3	11.6	110.9	110.3	111.4	109.9
2015	100.0	30.9	58.2	10.9	111.0	110.9	112.0	106.1
2016	100.0	31.0	58.5	10.5	110.7	110.7	111.8	104.4
2017	100.0	31.6	58.6	9.8	109.3	109.2	109.8	107.4
2018	100.0	31.3	59.1	9.6	106.0	105.9	106.1	106.2
2019	100.0	31.1	59.5	9.4	106.3	104.7	107.2	105.7
2020	100.0	32.1	59.0	8.9	103.9	104.4	103.8	102.3
2021	100.0	32.3	59.6	8.1	108.4	108.7	109.4	99.0
2022	100.0	33.0	59.7	7.3	102.5	104.1	103.1	91.4
2023	100.0	33.4	59.5	7.1	106.1	107.1	105.8	103.8

2-12 收入法地区生产总值(1996—2022年)
GDP by Income Approach(1996-2022)

单位：亿元 (100 million yuan)

年份 Year	地区生产总值 Gross Domestic Product	劳动者报酬 Compensation of Employee	生产税净额 Net Taxes on Production	固定资产折旧 Depreciation of Fixed Assets	营业盈余 Operating Surplus
1996	1326.40	679.00	141.99	163.42	341.99
1997	1525.26	789.53	176.17	194.09	365.47
1998	1622.42	838.24	244.64	224.91	314.63
1999	1687.81	856.71	258.69	239.62	332.79
2000	1822.06	911.91	264.51	275.30	370.34
2001	2014.59	1005.08	297.32	277.84	434.35
2002	2279.80	1104.74	330.97	269.81	574.28
2003	2615.57	1219.42	395.42	326.92	673.81
2004	3059.54	1415.18	415.82	382.62	845.92
2005	3448.35	1684.43	472.99	462.20	828.73
2006	3900.26	1923.73	569.36	524.22	882.95
2007	4770.72	2370.33	617.92	622.33	1160.14
2008	5899.49	2866.04	686.62	712.94	1633.89
2009	6651.22	3162.44	799.09	796.58	1893.11
2010	8065.26	3810.30	1029.87	978.89	2246.20
2011	10161.17	4711.71	1268.96	1262.89	2917.61
2012	11595.37	5407.52	1429.36	1501.38	3257.11
2013	13027.60	6239.47	1490.22	1799.50	3498.41
2014	14623.78	7049.27	1686.24	2030.93	3857.34
2015	16040.54	7873.09	1671.69	2384.56	4111.20
2016	18023.04	8925.00	1799.13	2554.48	4744.43
2017	20066.29	10014.34	1947.42	2806.36	5298.17
2018	21588.80	10973.22	1994.23	3114.83	5506.52
2019	23605.77	11867.04	2202.72	3253.85	6282.16
2020	25041.43	13030.41	2220.45	3513.05	6277.52
2021	28077.28	14568.27	2414.78	3948.73	7145.50
2022	28576.11	15279.41	2487.79	4111.47	6697.44

2−13　支出法地区生产总值(1996—2022年)
Gross Domestic Product by Expenditure Approach (1996-2022)

单位：亿元　　(100 million yuan)

年 份 Year	本市生产总值 Gross Domestic Product	最终消费支出 Final Consumption Expenditures	居民消费支出 Household Consumption Expenditures	城镇居民 Urban Household	农村居民 Rural Household
1996	1326.40	752.07	614.44	358.22	256.22
1997	1525.26	841.94	682.81	336.63	346.18
1998	1622.42	879.35	694.69	366.80	327.89
1999	1687.81	943.49	736.87	425.91	310.96
2000	1822.06	1014.89	785.52	482.31	303.21
2001	2014.59	1101.98	849.63	537.82	311.81
2002	2279.80	1256.17	923.28	621.37	301.91
2003	2615.57	1420.25	1032.52	738.25	294.27
2004	3059.54	1578.72	1168.25	858.66	309.59
2005	3448.35	1758.66	1299.65	956.54	343.11
2006	3900.26	2004.73	1481.50	1127.42	354.08
2007	4770.72	2466.46	1839.98	1427.82	412.16
2008	5899.49	2914.35	2182.85	1709.17	473.68
2009	6651.22	3272.40	2451.03	1965.73	485.30
2010	8065.26	3847.13	2823.79	2318.33	505.46
2011	10161.17	4663.98	3456.01	2837.38	618.63
2012	11595.37	5426.63	4037.41	3290.49	746.92
2013	13027.60	6122.97	4610.60	3776.08	834.52
2014	14623.78	6873.18	5230.49	4289.00	941.49
2015	16040.54	7571.13	5723.77	4716.39	1007.38
2016	18023.04	8578.97	6477.12	5369.53	1107.59
2017	20066.29	9591.69	7251.32	6033.10	1218.22
2018	21588.80	10365.38	7875.34	6576.50	1298.84
2019	23605.77	11401.59	8676.61	7262.32	1414.29
2020	25041.43	11744.47	8955.07	7428.47	1526.60
2021	28077.28	13168.24	10345.59	8568.40	1777.19
2022	28576.11	13507.43	10653.93	8844.01	1809.92

2-13 续表 continued

单位：亿元 (100 million yuan)

年 份 Year	政府消费支出 Government Consumption Expenditures	资本形成总额 Gross Capital Formation	固定资本形成总额 Gross Fixed Capital Formation	存货变动 Change in Inventories	货物和服务净流出 Net Exports of Goods and Services	最终消费率 (%) Final Consumption Rate (%)	资本形成率 (%) Gross Capital Rate (%)
1996	137.63	423.12	319.03	104.09	151.21	56.7	31.9
1997	159.13	549.09	399.74	149.35	134.23	55.2	36.0
1998	184.66	616.52	523.43	93.09	126.55	54.2	38.0
1999	206.62	609.30	568.48	40.82	135.02	55.9	36.1
2000	229.37	712.43	638.34	74.09	94.74	55.7	39.1
2001	252.35	848.14	765.87	82.27	64.47	54.7	42.1
2002	332.89	1025.91	937.68	88.23	-2.28	55.1	45.0
2003	387.73	1360.10	1248.57	111.53	-164.78	54.3	52.0
2004	410.47	1685.81	1535.77	150.04	-204.99	51.6	55.1
2005	459.01	1958.66	1862.69	95.97	-268.97	51.0	56.8
2006	523.23	2234.85	2145.46	89.39	-339.32	51.4	57.3
2007	626.48	2747.93	2624.27	123.66	-443.67	51.7	57.6
2008	731.50	3321.41	3138.73	182.68	-336.27	49.4	56.3
2009	821.37	3917.57	3729.53	188.04	-538.75	49.2	58.9
2010	1023.34	4685.92	4484.43	201.49	-467.79	47.7	58.1
2011	1207.97	5883.32	5636.22	247.10	-386.13	45.9	57.9
2012	1389.22	6493.41	6188.22	305.19	-324.67	46.8	56.0
2013	1512.37	7178.21	6833.66	344.55	-273.58	47.0	55.1
2014	1642.69	8013.83	7637.18	376.65	-263.23	47.0	54.8
2015	1847.36	8693.97	8294.05	399.92	-224.56	47.2	54.2
2016	2101.85	9696.40	9250.37	446.03	-252.33	47.6	53.8
2017	2340.37	10715.40	10222.49	492.91	-240.80	47.8	53.4
2018	2490.04	11463.12	10947.26	515.86	-239.70	48.0	53.1
2019	2724.98	12440.24	11892.87	547.37	-236.06	48.3	52.7
2020	2789.40	13522.37	12938.50	583.87	-225.41	46.9	54.0
2021	2822.65	15133.65	14482.76	650.89	-224.61	46.9	53.9
2022	2853.50	15367.89	14692.03	675.86	-299.21	47.3	53.8

主要统计指标解释

国内生产总值（GDP） 指一个国家所有常住单位在一定时期内生产活动的最终成果。国内生产总值有三种表现形态，即价值形态、收入形态和产品形态。从价值形态看，它是所有常住单位在一定时期内生产的全部货物和服务价值与同期投入的全部非固定资产货物和服务价值的差额，即所有常住单位的增加值之和；从收入形态看，它是所有常住单位在一定时期内创造的各项收入之和，包括劳动者报酬、生产税净额、固定资产折旧和营业盈余；从产品形态看，它是所有常住单位在一定时期内最终使用的货物和服务价值与货物和服务净出口价值之和。在实际核算中，国内生产总值有三种计算方法，即生产法、收入法和支出法。三种方法分别从不同的方面反映国内生产总值及其构成。

对于一个地区来说，称为地区生产总值或地区 GDP。

三次产业 三次产业的划分是世界上较为常用的产业结构分类，但各国的划分不尽一致。根据《国民经济行业分类》(GB/T 4754—2017）和《三次产业划分规定》，我国的三次产业划分是：

第一产业是指农、林、牧、渔业（不含农、林、牧、渔专业及辅助性活动）。

第二产业是指采矿业（不含开采专业及辅助性活动），制造业（不含金属制品、机械和设备修理业），电力、热力、燃气及水生产和供应业，建筑业。

第三产业即服务业，是指除第一产业、第二产业以外的其他行业。

劳动者报酬 指劳动者从事生产活动应获得的全部报酬，既包括货币形式的报酬，也包括实物形式的报酬。主要包括工资、奖金、津贴和补贴，单位为其员工缴纳的社会保险费、补充社会保险费和住房公积金、行政事业单位职工的离退休金、单位为其员工提供的其他各种形式的福利和报酬等。

生产税净额 指生产税减生产补贴后的差额。其中，生产税指政府对生产单位从事生产、销售和经营活动，以及因从事生产活动使用某些生产要素（如固定资产和土地等）所征收的各种税收、附加费和其他规费。生产税分为产品税和其他生产税，产品税主要有：增值税、消费税、进口关税、出口税等；其他生产税主要有：房产税、车船使用税、城镇土地使用税等。生产补贴则相反，它是政府为影响生产单位的生产、销售及定价等生产活动而对其提供的无偿支付，包括农业生产补贴、政策亏损补贴、进口补贴等。生产补贴作为负生产税处理。

固定资产折旧 指由于自然退化、正常淘汰或损耗而导致的固定资产价值下降，用以代表固定资产通过生产过程被转移到其产出中的价值。原则上，固定资产折旧应按照固定资产的重置价值计算。

营业盈余 指常住单位创造的增加值扣除劳动者报酬、生产税净额和固定资产折旧后的余额。

支出法国内生产总值 是从最终使用的角度反映一个国家（或地区）一定时期内生产活动最终成果的一种方法，包括最终消费支出、资本形成总额及货物和服务净出口三部分。计算公式为：

支出法国内生产总值=最终消费支出+资本形成总额+货物和服务净出口

最终消费支出 指常住单位为满足物质、文化和精神生活的需要，从本国经济领土和国外购买的货物和服务的支出。它不包括非常住单位在本国经济领土内的消费支出。最终消费支出分为居民消费支出和政府消费支出。

居民消费支出 指常住住户在一定时期内对于货物和服务的全部最终消费支出。居民消费支出除了直接以货币形式购买的货物和服务的消费支出外，还包括以其他方式获得的货物和服务的消费支出，例如，单位以实物报酬形式提供给劳动者的货物和服务；住户生产用于自身消费的货物（如自产自用的农产品），以及纳入生产核算范围并用于自身消费的服务（如住户的自有住房服务）；银行和保险机构提供的间接计算的金融服务。

政府消费支出 指广义政府部门为全社会提供的公共服务的消费支出和免费或以较低的价格向居民住户提供的货物和服务的净支出，前者等于政府服务的产出价值减去政府单位所获得的经营收入的价值，后者等于广义政府部门免费或以较低价格向居民住户提供的货物和服务的市场价值减去向住户收取的价值。

资本形成总额 指常住单位在一定时期内获得减去处置的固定资产和存货的净额，包括固定资本形成总额和存货变动两部分。

固定资本形成总额 指常住单位在一定时期内获得的固定资产减处置的固定资产的价值总额。固定资产是通过生产活动生产出来的，且其使用年限在一年以上、单位价值在规定标准以上的资产，不包括自然资产、耐用消费品、小型工器具。固定资本形成总额包括住宅、其他建筑和构筑物、机器和设备、培育性生物资源、知识产权产品的价值获得减处置。

存货变动 指常住单位在一定时期内存货实物量变动的市场价值，即期末价值减期初价值的差额，再扣除当期由于价格变动而产生的持有收益。存货变动可以是正值，也可以是负值，正值表示存货上升，负值表示存货下降。存货包括生产单位购进的原材料、燃料和储备物资等存货，以及生产单位生产的产成品、在制品和半成品等存货。

货物和服务净出口 指货物和服务出口减货物和服务进口的差额。出口包括常住单位向非常住单位出售或无偿转让的各种货物和服务的价值；进口包括常住单位从非常住单位购买或无偿得到的各种货物和服务的价值。货物的出口和进口都按离岸价格计算。

Explanatory Notes on Main Statistical Indicators

Gross Domestic Product (GDP) refers to the final products produced by all resident units in a country during a certain period of time. Gross domestic product is expressed in three different perspectives, namely value, income, and products respectively. GDP in its value perspective refers to the balance of total value of all goods and services produced by all resident units during a certain period of time, minus the total value of input of goods and services of the nature of non-fixed assets; in other words, it is the sum of the value-added of all resident units. GDP from the perspective of income refers to the sum of all kinds of revenue, including compensation of employees, net taxes on production, depreciation of fixed assets, and operating surplus. GDP from the perspective of products refers to the value of all goods and services for final demand by all resident units plus the net exports of goods and services during a given period of time. In the practice of national accounting, gross domestic product is calculated by three approaches, namely production approach, income approach and expenditure approach, which reflect gross domestic product and its composition from different angles.

For a region, it is called as gross regional product(GRP) or regional GDP.

Three Strata of Industry Classification of economic activities into three strata of industries is a common practice in the world, although the grouping varies to some extent from country to country. In China, according to *Industrial Classification for National Economic Activities* (GB/T 4754-2017) and *Rules on Division of Three Strata of Industries*, economic activities are categorized into the following three strata of industries:

Primary industry refers to agriculture, forestry, animal husbandry and fishery industries (not including services in support of agriculture, forestry, animal husbandry and fishery industries).

Secondary industry refers to mining and quarrying (not including support activities for mining), manufacturing (not including repair service of metal products, machinery and equipment), production and supply of electricity, heat, gas and water, and construction.

Tertiary industry refers to all other economic activities not included in the primary or secondary industries.

Compensation of Employees refers to the total payment of various forms to employees for the productive activities they are engaged in. It includes the compensation earned by employees in cash or in kind. It mainly includes: wages, bonuses and allowances, subsidies, social insurance paid by company or employer for its staff, supplementary social insurance, housing fund, the pension for the employees of the administrative institution, other forms of welfare and remuneration provided by the employers for its employees.

Net Taxes on Production refers to taxes on production less subsidies on production. The taxes on production refers to the various taxes, extra charges and fees levied on the production units on their production, sale and business activities as well as on the use of some factors of production, such as fixed assets, land etc. in the production activities they are engaged in. Taxes on production are divided into product tax and other kinds of taxes on production, where product tax mainly includes: value-added tax, consumption tax, import duty, export duty; and other taxes on production mainly include: house property tax, tax on vehicles and boat operation, urban land use tax, etc. In contrast to taxes on production, subsidies on production refer to the payment by the government for free to the production units to influence production units's activities such as production, sales and pricing. Subsidies on production include agricultural production subsidies, subsidies for policy losses, import subsidies, etc., and are treated as negative taxes on production.

Depreciation of Fixed Assets refers to the decline of the value of fixed assets due to natural deterioration, normal elimination or loss, and it reflects the value of the fixed assets transferred into the output through production. In principle, the depreciation of fixed assets should be calculated on the basis of the re-purchased value of the fixed assets.

Operating Surplus refers to the balance of the value added created by the resident units after deducting the compensation of employees, net taxes on production and the depreciation of fixed assets.

GDP by Expenditure Approach refers to the method of measuring the final results of production activities of a country (region) during a given period from the perspective of final uses. It includes final consumption expenditure, gross National Accounts capital formation and net export of goods and services. The formula for computation is:

GDP by Expenditure Approach = Final Consumption Expenditure + Gross Capital Formation + Net Export of Goods and Services

Final Consumption Expenditure refers to the total expenditure of resident units for purchases of goods and services from both the domestic economic territory and abroad to meet the needs of material, cultural and spiritual life. It does not include the expenditure of non-resident units on consumption in the economic territory of the country. The final consumption expenditure is broken down into household consumption expenditure and government consumption expenditure.

Household Consumption Expenditure refers to the total expenditure of resident households on the final consumption of goods and services. In addition to the consumption of goods and services bought by the households directly with money, the household consumption expenditure also includes expenditure on goods and services obtained by the households in other ways. For example, (a) the goods and services provided to households by employers in the form of payment in kind; (b) goods and services produced and consumed by the households themselves (such as self-producing-and-self-consuming agricultural products) and services included in the scope of production accounting and used for personal consumption (such as self -owned housing services for households); (c) financial intermediate services provided by banking and insurance institutions.

Government Consumption Expenditure refers to the consumption expenditure spent for the provision of public services provided by the government to the whole country and the net expenditure on the goods and services provided by the government to households free of charge or at low prices. The former equals to the output value of the government services minus the value of operating income obtained by the government departments. The latter equals to the market value of the goods and services provided by the government free of charge or at low prices to the households minus the value received by the government from the households.

Gross Capital Formation refers to resident units' acquisitions less disposals of fixed assets and inventory during a given period, including gross fixed capital formation and changes in inventories.

Gross Fixed Capital Formation refers to the value of acquisitions less disposals of fixed assets during a given period. Fixed assets are the assets produced through production activities with unit value above a specified amount and which could be used for over one year. Natural assets, consumer durables, small instruments are not included. Gross fixed capital formation includes the value of housing, other buildings and structure, equipment and machinery, breeding biological resources, intellectual property right product minus the disposal of them.

Changes in Inventories refer to the market value of the change in the physical volume of inventory of resident units during a given period, i.e. the difference between the values at the beginning and at the end of the period minus the gains due to the change in prices. The changes in inventories can have a positive or a negative value. A positive value indicates an increase in inventory while a negative value indicates a decrease in inventory. The inventory includes raw materials, fuels and reserve materials purchased by the production units as well as the inventory of finished products, semi-finished products and work-in-progress.

Net Export of Goods and Services refers to the exports of goods and services subtracting the imports of goods and services. Exports include the value of various goods and services sold or gratuitously transferred by resident units to non-resident units. Imports include the value of various goods and services purchased or gratuitously acquired by resident units from non-resident units. The exports and imports of goods are calculated at FOB.

3 人口与就业

POPULATION AND EMPLOYMENT

简 要 说 明

本章内容主要包括全市的户籍人口、常住人口、第五、六、七次人口普查的主要数据，以及计划生育、就业、工资等情况，由市统计局人口和就业处整理编辑。

户籍统计人口资料由市公安局提供；计划生育资料由市卫生健康委员会提供；失业资料由市人力资源和社会保障局提供；常住人口、人口普查主要数据、就业和工资资料由市统计局人口就业处提供。

第七次全国人口普查后国家对历史年份人口和就业数据进行了修订。

Brief Introduction

The data in this chapter include the basic statistics on the registered population, resident population and the main indicators in 5th 6th and 7th population censuses, as well as the statistics on family planning, employment and wages. All the data are prepared and compiled by Division of Population and Employment Statistics, Chongqing Municipal Bureau of Statistics.

The data on registered population are provided by Chongqing Municipal Public Security Bureau; the data on family planning are provided by Health Commission of Chongqing; the data on unemployment are provided by Chongqing Municipal Human Resources and Social Security Bureau and the main indicators of resident population, population censuses, employment and wages are provided by Division of Population and Employment Statistics, Chongqing Municipal Bureau of Statistics.

After the 7th national population census, the country revised the population and employment data in historical years.

3-1 主要年份总户数、总人口(户籍统计)

Total Households and Total Population in Major Years (household registration)

单位：万人 (10 000 persons)

年 份 Year	总户数(万户) Total Number of Households (10 000 households)	总人口 Total Population	按性别分 By Sex 男 Male	女 Female	按城乡分 By Residence 乡村 Rural	城镇 Urban
1952	401.93	1782.54	931.95	850.58		
1957	433.34	1992.20	1031.65	960.55	1670.09	322.11
1962	442.01	1797.19	916.99	880.20	1528.95	268.24
1965	455.55	1974.89	1010.19	964.70	1685.08	289.81
1970	518.02	2289.64	1173.57	1116.07	1989.66	299.98
1975	579.36	2592.59	1332.89	1259.70	2280.39	312.20
1978	601.07	2635.56	1357.98	1277.58	2304.66	330.90
1980	610.19	2664.79	1376.22	1288.57	2291.51	373.28
1985	684.46	2768.26	1437.35	1330.91	2310.89	457.37
1986	716.53	2807.60	1458.75	1348.85	2343.23	464.37
1987	751.96	2845.14	1478.88	1366.26	2370.06	475.08
1988	784.83	2873.34	1494.20	1379.14	2390.36	482.98
1989	812.65	2897.01	1507.74	1389.27	2405.25	491.76
1990	833.78	2920.90	1520.83	1400.07	2427.92	492.98
1991	844.66	2938.99	1531.11	1407.88	2439.61	499.38
1992	849.77	2950.78	1538.46	1412.32	2438.94	511.84
1993	855.75	2964.92	1546.50	1418.42	2438.27	526.65
1994	870.20	2985.59	1558.05	1427.54	2440.41	545.18
1995	879.35	3001.77	1566.86	1434.91	2442.33	559.44
1996	888.56	3022.77	1577.97	1444.80	2445.65	577.12
1997	897.78	3042.92	1588.10	1454.82	2448.34	594.58
1998	907.17	3059.69	1596.88	1462.81	2445.66	614.03
1999	922.73	3072.34	1602.42	1469.92	2437.18	635.16
2000	938.87	3091.09	1611.68	1479.41	2430.20	660.89
2001	950.56	3097.91	1614.91	1483.00	2408.39	689.52
2002	961.69	3113.83	1623.13	1490.70	2392.38	721.45
2003	977.01	3130.10	1631.66	1498.44	2376.18	753.92
2004	988.59	3144.23	1637.18	1507.05	2358.40	785.83
2005	1010.41	3169.16	1649.26	1519.90	2351.88	817.28
2006	1030.66	3198.87	1662.77	1536.10	2353.44	845.43
2007	1056.97	3235.32	1681.10	1554.22	2358.35	876.97
2008	1080.15	3257.05	1690.56	1566.49	2349.67	907.38
2009	1110.70	3275.61	1697.69	1577.92	2326.92	948.69
2010	1154.83	3303.45	1709.03	1594.42	2196.45	1107.00
2011	1205.20	3329.81	1720.53	1609.28	2052.17	1277.64
2012	1220.64	3343.44	1725.87	1617.57	2026.19	1317.25
2013	1236.78	3358.42	1731.82	1626.60	2014.37	1344.05
2014	1248.67	3375.20	1738.87	1636.33	2003.08	1372.12
2015	1254.54	3371.84	1736.49	1635.35	1980.82	1391.02
2016	1260.88	3392.11	1745.24	1646.87	1776.60	1615.51
2017	1260.93	3389.82	1741.13	1648.69	1753.01	1636.81
2018	1269.58	3403.64	1745.88	1657.76	1747.92	1655.72
2019	1277.26	3416.29	1750.74	1665.55	1738.50	1677.79
2020	1277.53	3412.71	1746.13	1666.58	1731.44	1681.27
2021	1285.38	3414.66	1745.79	1668.87	1722.04	1692.62
2022	1292.06	3413.80	1743.92	1669.88	1703.09	1710.71
2023	1297.20	3409.35	1739.99	1669.36	1702.21	1707.14

注：2016年开始户籍人口取消农业与非农业划分，改用乡村与城镇进行划分。

Note: The agriculture and non-agriculture population of household registration from 2016 adopted the classification of urban and rural population.

3-2 主要年份人口自然变动(户籍统计)

Population Natural Dynamics in Major Years (household registration)

单位：万人 (10 000 persons)

年 份 Year	出 生 Birth		死 亡 Death		自然增长 Natural Growth	
	人 口 Population	出生率(‰) Birth Rate(‰)	人 口 Population	死亡率(‰) Death Rate(‰)	人 口 Population	自然增长率(‰) Natural Growth Rate(‰)
1957	59.00	29.88	23.65	11.98	35.35	17.90
1962	43.72	24.36	27.87	15.53	15.85	8.83
1965	74.01	38.03	21.43	11.01	52.58	27.02
1970	87.78	38.99	22.11	9.82	65.67	29.17
1975	72.03	28.06	21.33	8.31	50.70	19.75
1978	26.09	9.91	17.18	6.52	8.91	3.39
1980	29.68	11.16	17.19	6.46	12.49	4.70
1985	36.13	13.10	18.76	6.80	17.37	6.30
1986	54.47	19.54	18.36	6.59	36.11	12.95
1987	48.72	17.24	18.42	6.52	30.30	10.72
1988	38.58	13.49	19.43	6.79	19.15	6.70
1989	39.79	13.79	19.99	6.93	19.80	6.86
1990	42.53	14.62	19.59	6.73	22.94	7.89
1991	37.61	12.83	19.20	6.55	18.41	6.28
1992	35.62	12.09	20.89	7.09	14.73	5.00
1993	35.75	12.09	20.23	6.84	15.52	5.25
1994	40.05	13.46	19.95	6.70	20.10	6.76
1995	39.39	13.16	21.45	7.17	17.94	5.99
1996	41.06	13.63	21.62	7.18	19.44	6.45
1997	36.99	12.20	20.95	6.91	16.04	5.29
1998	35.51	11.64	21.64	7.09	13.87	4.55
1999	30.68	10.01	20.68	6.74	10.00	3.27
2000	35.22	11.43	24.59	7.98	10.63	3.45
2001	26.26	8.48	18.76	6.06	7.50	2.42
2002	28.65	9.20	18.07	5.80	10.58	3.40
2003	30.00	9.61	18.05	5.78	11.95	3.83
2004	33.72	10.74	23.44	7.47	10.28	3.27
2005	30.66	9.71	13.88	4.40	16.78	5.31
2006	36.57	11.49	14.89	4.68	21.68	6.81
2007	44.66	13.88	16.56	5.15	28.10	8.73
2008	43.26	13.33	24.56	7.57	18.70	5.76
2009	40.82	12.50	26.13	8.00	14.69	4.50
2010	62.83	19.10	38.97	11.85	23.86	7.25
2011	41.27	12.44	19.55	5.90	21.72	6.54
2012	36.76	11.02	23.83	7.14	12.93	3.88
2013	35.81	10.69	20.17	6.02	15.64	4.67
2014	39.74	11.80	22.55	6.70	17.19	5.10
2015	37.34	11.07	23.82	7.06	13.52	4.01
2016	38.08	11.26	18.59	5.50	19.49	5.76
2017	41.09	12.12	44.79	13.21	-3.70	-1.09
2018	35.90	10.57	24.44	7.19	11.47	3.38
2019	33.38	9.79	23.84	6.99	9.54	2.80
2020	28.70	8.41	33.57	9.83	-4.87	-1.42
2021	22.92	6.71	23.92	7.01	-1.00	-0.30
2022	20.84	6.10	24.37	7.14	-3.53	-1.04
2023	20.71	6.07	27.48	8.05	-6.77	-1.98

3-3 常住人口及城镇化率(1996—2023年)
Resident Population and Urbanization Rate (1996-2023)

单位：万人 (10 000 persons)

年 份 Year	常住人口 Resident Population	城 镇 Urban	乡 村 Rural	城镇化率 (%) Urbanization Rate (%)
1996	2875.30	848.21	2027.09	29.5
1997	2873.36	890.74	1982.62	31.0
1998	2870.75	935.86	1934.89	32.6
1999	2860.37	981.11	1879.26	34.3
2000	2848.82	1013.88	1834.94	35.6
2001	2829.21	1058.12	1771.09	37.4
2002	2814.83	1123.12	1691.71	39.9
2003	2803.19	1174.55	1628.64	41.9
2004	2793.32	1215.42	1577.90	43.5
2005	2798.00	1265.95	1532.05	45.2
2006	2808.00	1311.29	1496.71	46.7
2007	2816.00	1361.35	1454.65	48.3
2008	2839.00	1419.09	1419.91	50.0
2009	2859.00	1474.92	1384.08	51.6
2010	2884.62	1529.55	1355.07	53.0
2011	2944.43	1618.71	1325.72	55.0
2012	2974.88	1685.12	1289.76	56.6
2013	3011.03	1755.27	1255.76	58.3
2014	3043.48	1818.32	1225.16	59.7
2015	3070.02	1887.29	1182.73	61.5
2016	3109.96	1969.69	1140.27	63.3
2017	3143.51	2043.13	1100.38	65.0
2018	3163.14	2106.81	1056.33	66.6
2019	3187.84	2175.23	1012.61	68.2
2020	3208.93	2229.08	979.85	69.5
2021	3212.43	2259.13	953.30	70.3
2022	3213.34	2280.32	933.02	71.0
2023	3191.43	2287.45	903.98	71.7

3-4 常住人口自然变动情况(1997—2023年)
Natural Change of Resident Population (1997-2023)

单位：万人 (10 000 persons)

年 份 Year	出生人口 Birth Population	出生率(‰) Birth Rate(‰)	死亡人口 Death Population	死亡率(‰) Death Rate(‰)	自然增长人口 Natural Growth Population	自然增长率(‰) Natural Growth Rate(‰)
1997	39.09	13.60	21.16	7.36	17.93	6.24
1998	37.88	13.19	22.06	7.68	15.82	5.51
1999	34.10	11.90	19.89	6.94	14.21	4.96
2000	28.57	10.01	19.24	6.74	9.33	3.27
2001	27.54	9.70	19.59	6.90	7.95	2.80
2002	26.41	9.36	17.16	6.08	9.25	3.28
2003	27.78	9.89	20.22	7.20	7.56	2.69
2004	26.44	9.45	18.47	6.60	7.97	2.85
2005	26.28	9.40	17.89	6.40	8.39	3.00
2006	27.75	9.90	18.22	6.50	9.53	3.40
2007	28.40	10.10	17.72	6.30	10.68	3.80
2008	28.56	10.10	17.81	6.30	10.75	3.80
2009	28.21	9.90	17.66	6.20	10.55	3.70
2010	26.33	9.17	18.38	6.40	7.95	2.77
2011	28.80	9.88	19.56	6.71	9.24	3.17
2012	32.14	10.86	20.30	6.86	11.84	4.00
2013	31.04	10.37	20.26	6.77	10.78	3.60
2014	32.30	10.67	21.34	7.05	10.96	3.62
2015	33.78	11.05	21.98	7.19	11.80	3.86
2016	36.37	11.77	22.37	7.24	14.00	4.53
2017	34.96	11.18	22.73	7.27	12.23	3.91
2018	34.75	11.02	23.78	7.54	10.97	3.48
2019	33.28	10.48	24.04	7.57	9.24	2.91
2020	23.88	7.47	24.63	7.70	-0.75	-0.23
2021	20.83	6.49	25.81	8.04	-4.98	-1.55
2022	19.20	5.98	26.00	8.09	-6.80	-2.11
2023	17.88	5.58	28.50	8.90	-10.62	-3.32

3-5 人口变动情况抽样调查(2023年)
Population Change Sampling Survey (2023)

单位：万人　　(10 000 persons)

指　　标	Item	2023
常住人口	**Resident Population**	**3191.43**
#城　镇	Urban	2287.45
乡　村	Rural	903.98
#男　性	Male	1607.95
女　性	Female	1583.48
#0-14岁	Aged 0-14	446.23
15-59岁	Aged 15-59	1979.26
#15岁	Aged 15	37.79
60岁及以上	Aged 60 and Over	765.94
#65岁及以上	Aged 65 and Over	603.50
流出人口	Population Outside Residential Area	1543.33
#流出至市外	Outside Chongqing	416.50
市外流入人口	Population from Other Areas to Chongqing	223.13
城镇化率(%)	Urbanization Rate (%)	71.67
出生人口	Births	17.88
出生率(‰)	Birth Rate (‰)	5.58
死亡人口	Deaths	28.50
死亡率(‰)	Death Rate (‰)	8.90
自然增长人口	Natural Growth	-10.62
自然增长率(‰)	Natural Growth Rate (‰)	-3.32

3-6 第五次人口普查基本情况
Basic Statistics on the 5th National Population Census

指　　标	Item	2000
总人口(万人)	**Total Population (10 000 persons)**	**2848.82**
男	Male	1460.57
女	Female	1388.25
性别比(女=100)	Sex Ratio (female=100)	105.21
家庭户户数(万户)	**Family Households (10 000 households)**	**923.4**
家庭户规模(人/户)	**Average Family Household Size (person/household)**	**3.02**
各年龄组人口(万人)	**Population by Age Group (10 000 persons)**	
#0-14岁	Aged 0-14	665.20
15-59岁	Aged 15-64	1810.73
#15岁	Aged 15	37.78
60岁及以上	Aged 60and Over	372.89
#65岁及以上	Aged 65 and Over	251.84
预期寿命(岁)	**Life Expectancy (years old)**	**71.73**
男	Male	**69.84**
女	Female	**73.89**
城乡人口(万人)	**Population by Residence (10 000 persons)**	
城镇人口	Urban Population	1013.88
乡村人口	Rural Population	1834.94
民族人口	**Population by Ethnicity**	
汉　族(万人)	Han (10 000 persons)	2664.50
占总人口比重(%)	Percentage to Total Population (%)	93.5
少数民族(万人)	Ethnic Minorities (10 000 persons)	184.32
占总人口比重(%)	Percentage to Total Population (%)	6.5
每十万人拥有的各种受教育程度人口(人)	**Population with Various Education Attainment Per 100 000 opulation (person)**	
大专及以上	Junior College and Above	3154
高中和中专	Senior Secondary/Secondary Technical School	8815
初　中	Junior Secondary School	27190
小　学	Primary School	42863
文盲人口及文盲率	**Illiterate Population and Illiterate Rate**	
文盲人口(万人)	Illiterate Population (10 000 persons)	212.24
文盲率(%)	Illiterate Rate (%)	7.45

注：此表为常住人口推算数据。

Note: The data in the table above are calculated on the basis of resident population.

3-7 第六次人口普查基本情况
Basic Statistics on the 6th National Population Census

指　　标	Item	2010
总人口(万人)	**Total Population (10 000 persons)**	**2884.62**
男	Male	1460.89
女	Female	1423.73
性别比(女=100)	Sex Ratio (female=100)	102.61
家庭户户数(万户)	**Family Households (10 000 households)**	**1000.10**
家庭户规模(人/户)	**Average Family Household Size (person/household)**	**2.70**
各年龄组人口(万人)	**Population by Age Group (10 000 persons)**	
#0-14岁	Aged 0-14	490.34
15-59岁	Aged 15-59	1891.84
#15岁	Aged 15	47.19
60岁及以上	Aged 60and Over	502.44
#65岁及以上	Aged 65 and Over	338.15
预期寿命(岁)	**Life Expectancy (years old)**	**75.70**
男	Male	73.16
女	Female	78.60
城乡人口(万人)	**Population by Residence (10 000 persons)**	
城镇人口	Urban Population	1529.55
乡村人口	Rural Population	1355.07
民族人口	**Population by Ethnicity**	
汉　族(万人)	Han (10 000 persons)	2690.91
占总人口比重(%)	Percentage to Total Population(%)	93.3
少数民族(万人)	Ethnic Minorities (10 000 persons)	193.71
占总人口比重(%)	Percentage to Total Population(%)	6.7
每十万人拥有的各种受教育程度人口(人)	**Population with Various Education Attainment Per 100 000 Population (person)**	
大专及以上	Junior College and Above	8478
高中和中专	Senior Secondary/Secondary Technical School	13223
初　中	Junior Secondary School	33441
小　学	Primary School	33653
文盲人口及文盲率	**Illiterate Population and Illiterate Rate**	
文盲人口(万人)	Illiterate Population (10 000 persons)	121.52
文盲率(%)	Illiterate Rate (%)	4.21

3-8 第七次人口普查基本情况
Basic Statistics on the 7th National Population Census

指　　标	Item	2020
总人口(万人)	**Total Population (10 000 persons)**	**3205.42**
男	Male	1620.21
女	Female	1585.21
性别比(女=100)	Sex Ratio (female=100)	102.21
家庭户户数(万户)	**Family Households (10 000 households)**	**1204.02**
家庭户规模(人/户)	**Average Family Household Size (person/household)**	**2.45**
各年龄组人口(万人)	**Population by Age Group (10 000 persons)**	
#0-14岁	Aged 0-14	509.84
15-59岁	Aged 15-59	1994.54
#15岁	Aged 15	36.19
60岁及以上	Aged 60and Over	701.04
#65岁及以上	Aged 65 and Over	547.36
预期寿命(岁)	**Life Expectancy (years old)**	**78.56**
男	Male	75.86
女	Female	81.64
城乡人口(万人)	**Population by Residence (10 000 persons)**	
城镇人口	Urban Population	2226.41
乡村人口	Rural Population	979.01
民族人口	**Population by Ethnicity**	
汉　族（万人）	Han (10 000 persons)	2988.34
占总人口比重（%）	Percentage to Total Population (%)	93.23
少数民族（万人）	Ethnic Minorities (10 000 persons)	217.08
占总人口比重（%）	Percentage to Total Population (%)	6.77
每十万人拥有的各种受教育程度人口(人)	**Population with Various Education Attainment Per 100 000 Population (person)**	
大专及以上	Junior College and Above	15412
高中和中专	Senior Secondary/Secondary Technical School	15956
初　中	Junior Secondary School	30582
小　学	Primary School	29894
文盲人口及文盲率	**Illiterate Population and Illiterate Rate**	
文盲人口(万人)	Illiterate Population (10 000 persons)	52.12
文盲率(%)	Illiterate Rate (%)	1.63

3-9 七次人口普查主要指标
Main Indicators of Seven Population Censuses

单位：万人 (10 000 persons)

普查时间	Census Time	总人口 Total Population			性别比(女=100) Sex Ratio (female=100)	年平均增长率(%) Annual Average Growth Rate (%)
		合计 Total	男 Male	女 Female		
第一次人口普查(1953年7月1日)	First Population Census (July 1, 1953)	1766.39	924.56	841.83	109.83	
第二次人口普查(1964年7月1日)	Second Population Census (July 1, 1964)	1889.17	969.02	920.15	105.31	0.61
第三次人口普查(1982年7月1日)	Third Population Census (July 1, 1982)	2705.89	1402.46	1303.43	107.60	2.02
第四次人口普查(1990年7月1日)	Fourth Population Census (July 1, 1990)	2886.62	1499.83	1386.79	108.15	0.81
第五次人口普查(2000年11月1日)	Fifth Population Census (November 1, 2000)	2848.82	1460.57	1388.25	105.21	-0.13
第六次人口普查(2010年11月1日)	Sixth Population Census (November 1， 2010)	2884.62	1460.89	1423.73	102.61	0.12
第七次人口普查(2020年11月1日)	Seventh Population Census (November 1， 2020)	3205.42	1620.21	1585.21	102.21	1.06

3-10 人口年龄结构和抚养比
Age Composition and Dependency Ratio of Population

单位：万人 (10 000 persons)

年份 Year	年末总人口 Total Population at Year-end	按年龄组分 by Age			
		0-14岁 Aged 0-14		15-64岁 Aged 15-64	
		人口数 Population	比重（%） Proportion (%)	人口数 Population	比重（%） Proportion (%)
1982	2705.89	901.31	33.31	1676.02	61.94
1990	2886.62	626.27	21.70	2092.06	72.47
2000	2848.82	665.20	23.35	1931.78	67.81
2001	2829.21	643.93	22.76	1925.56	68.06
2002	2814.83	624.05	22.17	1922.81	68.31
2003	2803.19	615.58	21.96	1894.40	67.58
2004	2793.32	592.19	21.20	1896.66	67.90
2005	2798.00	576.39	20.60	1913.83	68.40
2006	2808.00	561.60	20.00	1934.71	68.90
2007	2816.00	543.49	19.30	1957.12	69.50
2008	2839.00	546.22	19.24	1973.39	69.51
2009	2859.00	544.93	19.06	1988.72	69.56
2010	2884.62	490.34	17.00	2056.13	71.28
2011	2944.43	502.68	17.07	2085.26	70.82
2012	2974.88	502.43	16.89	2097.34	70.50
2013	3011.03	499.51	16.59	2120.40	70.42
2014	3043.48	506.24	16.63	2126.24	69.86
2015	3070.02	510.08	16.62	2130.11	69.38
2016	3109.96	518.89	16.68	2140.73	68.84
2017	3143.51	525.19	16.71	2142.36	68.15
2018	3163.14	524.42	16.58	2137.29	67.57
2019	3187.84	520.10	16.31	2141.85	67.19
2020	3208.93	510.40	15.90	2150.57	67.02
2021	3212.43	491.18	15.29	2151.04	66.96
2022	3213.34	468.24	14.57	2156.94	67.13
2023	3191.43	446.23	13.98	2141.70	67.11

3-10 续表 continued

单位：万人 (10 000 persons)

年 份 Year	按年龄组分 by Age 65岁及以上 Aged 65 and over		总抚养比 (%) Gross Dependency Ratio (%)	少儿抚养比 (%) Children Dependency Ratio (%)	老年抚养比 (%) Old Dependency Ratio (%)
	人口数 Population	比重 (%) Proportion (%)			
1982	128.56	4.75	61.45	53.78	7.67
1990	168.29	5.83	37.98	29.94	8.04
2000	251.84	8.84	47.47	34.43	13.04
2001	259.72	9.18	46.93	33.44	13.49
2002	267.97	9.52	46.40	32.46	13.94
2003	293.21	10.46	47.97	32.49	15.48
2004	304.47	10.90	47.27	31.22	16.05
2005	307.78	11.00	46.20	30.12	16.08
2006	311.69	11.10	45.14	29.03	16.11
2007	315.39	11.20	43.89	27.77	16.12
2008	319.39	11.25	43.86	27.68	16.18
2009	325.35	11.38	43.76	27.40	16.36
2010	338.15	11.72	40.30	23.85	16.45
2011	356.49	12.11	41.21	24.11	17.10
2012	375.11	12.61	41.84	23.96	17.88
2013	391.12	12.99	42.01	23.56	18.45
2014	411.00	13.51	43.14	23.81	19.33
2015	429.83	14.00	44.13	23.95	20.18
2016	450.34	14.48	45.28	24.24	21.04
2017	475.96	15.14	46.73	24.51	22.22
2018	501.43	15.85	48.00	24.54	23.46
2019	525.89	16.50	48.83	24.28	24.55
2020	547.96	17.08	49.21	23.73	25.48
2021	570.21	17.75	49.34	22.83	26.51
2022	588.16	18.30	48.98	21.71	27.27
2023	603.50	18.91	49.02	20.84	28.18

3−11 就业人员基本情况(1985—2023年)
Basic Statistics on Employment (1985-2023)

单位：万人 (10 000 persons)

年 份 Year	就业人员总计 Total Number of Employed Persons	#城 镇 Urban Areas	按经济类型分 By Ownership			
			国 有 State-owned	集 体 Collective-owned	私营和个体 Private and Individuals	其 他 Others
1985	1432.03	269.37				
1986	1469.13	275.35				
1987	1507.33	282.39				
1988	1512.49	288.70				
1989	1540.03	291.29				
1990	1569.34	296.92				
1991	1620.67	307.87				
1992	1662.58	313.51				
1993	1658.95	310.05				
1994	1729.55	326.75				
1995	1709.26	347.06				
1996	1719.43	463.98	198.16	1228.60	280.24	12.43
1997	1715.40	483.74	189.07	1201.03	307.29	18.01
1998	1710.97	505.22	175.52	1176.65	334.24	24.56
1999	1699.06	518.40	161.15	1151.98	354.15	31.78
2000	1661.16	528.97	149.28	1109.96	365.86	36.06
2001	1616.08	539.80	136.63	1058.10	379.86	41.49
2002	1551.77	549.17	130.66	975.92	395.96	49.23
2003	1499.99	560.28	125.88	903.90	412.41	57.80
2004	1471.34	573.97	124.72	854.48	425.18	66.96
2005	1456.30	589.27	123.50	822.48	437.72	72.60
2006	1454.77	602.99	123.90	789.42	457.52	83.93
2007	1468.87	631.65	115.79	765.19	484.88	103.01
2008	1492.43	665.74	119.83	746.54	514.89	111.17
2009	1513.00	696.82	119.79	727.99	546.66	118.56
2010	1551.03	743.30	125.29	714.65	580.79	130.30
2011	1587.04	787.70	131.00	678.00	599.85	178.19
2012	1605.89	835.70	128.53	642.62	620.54	214.20
2013	1618.69	869.50	121.22	605.86	650.90	240.71
2014	1632.12	902.35	114.87	575.50	687.01	254.74
2015	1647.41	935.50	119.55	536.66	703.95	287.25
2016	1658.32	976.13	119.37	500.15	754.03	284.77
2017	1659.33	1004.52	118.32	468.20	792.10	280.71
2018	1663.23	1032.46	112.65	435.35	842.27	272.96
2019	1668.16	1068.58	105.78	421.50	877.01	263.87
2020	1676.01	1100.12	111.16	418.32	891.25	255.28
2021	1668.27	1108.23	114.16	405.60	908.78	239.73
2022	1644.37	1087.42	115.18	425.75	877.27	226.17
2023	1661.89	1108.83	111.08	403.81	900.60	246.40

3-11 续表 continued

单位：万人 (10 000 persons)

年 份 Year	按产业分 By Sector			分产业比重(%) Composition by Sector (%)		
	第一产业 Primary Industry	第二产业 Secondary Industry	第三产业 Tertiary Industry	第一产业 Primary Industry	第二产业 Secondary Industry	第三产业 Tertiary Industry
1985	1042.22	223.37	166.44	72.8	15.6	11.6
1986	1048.32	241.66	179.15	71.4	16.4	12.2
1987	1064.06	258.93	184.34	70.6	17.2	12.2
1988	1056.49	262.83	193.17	69.8	17.4	12.8
1989	1082.41	263.81	193.81	70.3	17.1	12.6
1990	1103.04	263.86	202.44	70.3	16.8	12.9
1991	1130.47	275.72	214.48	69.8	17.0	13.2
1992	1118.59	277.77	266.22	67.3	16.7	16.0
1993	1088.70	287.88	282.37	65.6	17.4	17.0
1994	1062.90	301.13	365.52	61.5	17.4	21.1
1995	1018.30	310.88	380.08	59.6	18.2	22.2
1996	1001.89	320.31	397.23	58.3	18.6	23.1
1997	989.07	313.77	412.56	57.6	18.3	24.1
1998	979.48	303.18	428.31	57.3	17.7	25.0
1999	959.71	296.12	443.23	56.5	17.4	26.1
2000	920.92	290.23	450.01	55.4	17.5	27.1
2001	870.52	287.31	458.25	53.9	17.8	28.3
2002	801.04	285.09	465.64	51.6	18.4	30.0
2003	742.90	280.83	476.26	49.5	18.7	31.8
2004	704.22	280.73	486.39	47.8	19.1	33.1
2005	678.32	283.08	494.90	46.6	19.4	34.0
2006	664.35	286.46	503.96	45.7	19.7	34.6
2007	658.52	294.43	515.92	44.8	20.1	35.1
2008	652.19	307.66	532.58	43.7	20.6	35.7
2009	638.08	326.04	548.88	42.2	21.5	36.3
2010	603.85	351.86	595.32	38.9	22.7	38.4
2011	568.95	390.80	627.29	35.9	24.6	39.5
2012	531.18	422.73	651.98	33.1	26.3	40.6
2013	495.08	452.21	671.40	30.6	27.9	41.5
2014	463.78	464.48	703.86	28.4	28.5	43.1
2015	440.30	473.70	733.41	26.7	28.8	44.5
2016	419.19	476.66	762.47	25.3	28.7	46.0
2017	402.91	461.68	794.74	24.3	27.8	47.9
2018	390.62	442.56	830.05	23.5	26.6	49.9
2019	381.48	434.06	852.62	22.9	26.0	51.1
2020	378.00	421.00	877.01	22.6	25.1	52.3
2021	366.16	426.83	875.28	21.9	25.6	52.5
2022	388.51	414.42	841.44	23.6	25.2	51.2
2023	361.11	424.85	875.93	21.7	25.6	52.7

3-12 就业人员年末数(1999—2023年)

单位：万人

指　　标	Item	1999	2000
就业人员总计	**Total Number of Employed Persons**	**1699.06**	**1661.16**
城　镇	Urban	518.40	528.97
乡　村	Rural	1180.66	1132.19
按经济类型分	**By Ownership**		
国有经济	State-owned	161.15	149.28
集体经济	Collective-owned	1151.98	1109.96
私　营	Private	66.43	74.92
个　体	Individual	287.72	290.94
其他经济	Others	31.78	36.06
外商投资	Foreign-funded	2.42	2.74
港澳台投资	With Funds from Hong Kong, Macao and Taiwan	2.50	2.44
按行业分	**Grouped By Sector**		
第一产业	Primary Industry	959.71	920.92
第二产业	Secondary Industry	296.12	290.23
采矿业	Mining	17.89	16.59
制造业	Manufacturing	160.07	156.02
电力、热力、燃气及水生产和供应业	Electric Power, Heat, Gas and Water Production and Supply	6.18	6.20
建筑业	Construction	111.98	111.42
第三产业	Tertiary Industry	443.23	450.01
批发与零售业	Wholesale and Retail Trades	113.05	115.65
交通运输、仓储及邮政业	Transport, Storage and Post	40.02	40.23
住宿和餐饮业	Hotels and Catering Services	70.18	70.52
信息传输、软件和信息技术服务业务	Information Transmission, Software and Information Technology	5.60	5.91
金融业	Financial Intermediation	6.38	6.41
房地产业	Real Estate	4.88	5.03
租赁与商务服务业	Leasing and Business Services	16.09	16.34
科学研究、技术服务业	Scientific Research and Technical Services	7.58	7.71
水利、环境和公共设施管理业	Management of Water Conservancy, Environment and Public Facilities	5.26	5.31
居民服务、修理和其他服务业	Services to Households, Repair and Other Services	108.75	110.16
教　育	Education	29.79	30.59
卫生和社会工作	Health and Social Work	12.98	13.00
文化、体育与娱乐业	Culture, Sports and Entertainment	2.73	2.74
公共管理、社会保障和社会组织	Public Management, Social Security and Social Organization	19.94	20.41

Number of Employed Persons at Year-end (1999-2023)

(10 000 persons)

2001	2002	2003	2004	2005	2006	2007	2008	2009	2010	2011
1616.08	**1551.77**	**1499.99**	**1471.34**	**1456.30**	**1454.77**	**1468.87**	**1492.43**	**1513.00**	**1551.03**	**1587.04**
539.80	549.17	560.28	573.97	589.27	602.99	631.65	665.74	696.82	743.30	787.70
1076.28	1002.60	939.71	897.37	867.03	851.78	837.22	826.69	816.18	807.73	799.34
136.63	130.66	125.88	124.72	123.50	123.90	115.79	119.83	119.79	125.29	131.00
1058.10	975.92	903.90	854.48	822.48	789.42	765.19	746.54	727.99	714.65	678.00
84.44	95.22	105.95	112.91	118.48	130.28	151.49	175.00	203.50	230.10	240.87
295.42	300.74	306.46	312.27	319.24	327.24	333.39	339.89	343.16	350.69	358.98
41.49	49.23	57.80	66.96	72.60	83.93	103.01	111.17	118.56	130.30	178.19
2.86	2.91	3.23	4.16	4.86	5.01	7.06	7.33	8.47	9.43	13.14
2.66	2.25	2.55	2.33	2.32	2.33	2.80	2.40	3.89	5.20	14.55
870.52	801.04	742.90	704.22	678.32	664.35	658.52	652.19	638.08	603.85	568.95
287.31	285.09	280.83	280.73	283.08	286.46	294.43	307.66	326.04	351.86	390.80
15.72	15.14	14.00	14.14	14.66	14.77	16.83	19.77	22.24	24.84	28.11
152.59	149.91	146.38	144.23	144.46	145.72	148.33	152.11	159.37	168.67	190.51
6.22	6.26	6.27	6.32	6.52	6.85	7.14	7.43	7.91	8.20	8.54
112.78	113.78	114.18	116.04	117.44	119.12	122.13	128.35	136.52	150.15	163.64
458.25	465.64	476.26	486.39	494.90	503.96	515.92	532.58	548.88	595.32	627.29
117.43	118.87	120.03	121.16	122.88	125.63	125.33	128.42	134.05	166.71	179.52
40.93	41.02	42.11	43.25	44.29	45.05	46.17	47.25	48.42	50.12	53.49
71.14	72.03	73.36	74.27	75.40	77.22	78.76	80.28	82.64	85.07	88.22
6.03	6.14	6.34	6.58	7.03	7.39	8.09	8.58	8.85	9.34	10.57
6.46	6.53	6.61	6.65	6.76	6.90	8.03	9.09	9.74	10.85	12.34
5.11	5.22	5.45	6.11	6.83	7.74	10.77	13.28	12.69	14.66	16.83
16.95	17.53	18.23	19.33	19.97	19.97	21.41	22.50	23.41	24.63	26.31
7.96	8.15	8.25	8.35	8.39	8.43	8.57	8.75	8.93	9.05	9.44
5.40	5.50	5.56	5.71	5.76	5.94	6.19	6.44	6.78	7.03	7.45
112.59	115.05	118.23	122.36	124.75	126.15	126.62	129.21	131.76	133.00	133.87
31.69	32.09	33.33	33.68	33.91	34.20	35.01	36.02	36.91	38.17	39.88
13.08	13.18	13.41	13.50	13.51	13.65	13.94	14.55	15.38	16.10	17.42
2.79	2.84	2.88	2.94	2.96	3.05	3.44	3.88	4.08	4.30	4.64
20.69	21.49	22.47	22.50	22.46	22.64	23.59	24.33	25.24	26.29	27.31

3-12 续表

单位：万人

指　　标	Item	2012	2013
就业人员总计	**Total Number of Employed Persons**	**1605.89**	**1618.69**
城　镇	Urban	835.70	869.50
乡　村	Rural	770.19	749.19
按经济类型分	**By Ownership**		
国有经济	State-owned	128.53	121.22
集体经济	Collective-owned	642.62	605.86
私　营	Private	252.18	268.64
个　体	Individual	368.36	382.26
其他经济	Others	214.20	240.71
外商投资	Foreign-funded	13.98	19.56
港澳台投资	With Funds from Hong Kong, Macao and Taiwan	16.67	17.95
按行业分	**Grouped By Sector**		
第一产业	Primary Industry	531.18	495.08
第二产业	Secondary Industry	422.73	452.21
采矿业	Mining	30.63	30.86
制造业	Manufacturing	206.49	216.36
电力、热力、燃气及水生产和供应业	Electric Power, Heat, Gas and Water Production and Supply	9.41	8.93
建筑业	Construction	176.20	196.06
第三产业	Tertiary Industry	651.98	671.40
批发与零售业	Wholesale and Retail Trades	182.73	184.73
交通运输、仓储及邮政业	Transport, Storage and Post	56.88	61.27
住宿和餐饮业	Hotels and Catering Services	91.19	92.94
信息传输、软件和信息技术服务业务	Information Transmission, Software and Information Technology	12.34	13.98
金融业	Financial Intermediation	14.09	14.37
房地产业	Real Estate	19.63	24.69
租赁与商务服务业	Leasing and Business Services	28.20	31.34
科学研究、技术服务业	Scientific Research and Technical Services	10.51	11.64
水利、环境和公共设施管理业	Management of Water Conservancy, Environment and Public Facilities	8.13	8.52
居民服务、修理和其他服务业	Services to Households, Repair and Other Services	133.43	125.51
教　育	Education	41.74	44.48
卫生和社会工作	Health and Social Work	18.95	21.67
文化、体育与娱乐业	Culture, Sports and Entertainment	5.22	5.97
公共管理、社会保障和社会组织	Public Management, Social Security and Social Organization	28.94	30.29

continued

(10 000 persons)

2014	2015	2016	2017	2018	2019	2020	2021	2022	2023
1632.12	**1647.41**	**1658.32**	**1659.33**	**1663.23**	**1668.16**	**1676.01**	**1668.27**	**1644.37**	**1661.89**
902.35	935.50	976.13	1004.52	1032.46	1068.58	1100.12	1108.23	1087.42	1108.83
729.77	711.91	682.19	654.81	630.77	599.58	575.89	560.04	556.95	553.06
114.87	119.55	119.37	118.32	112.65	105.78	111.16	114.16	115.18	111.08
575.50	536.66	500.15	468.20	435.35	421.50	418.32	405.60	425.75	403.81
288.53	295.88	319.13	346.10	381.24	405.02	406.25	415.10	391.97	412.34
398.48	408.07	434.90	446.00	461.03	471.99	485.00	493.68	485.30	488.26
254.74	287.25	284.77	280.71	272.96	263.87	255.28	239.73	226.17	246.40
22.48	22.38	21.34	20.93	21.04	18.14	19.99	20.11	19.31	13.74
17.46	15.80	16.85	16.07	14.29	14.81	15.50	15.37	13.51	13.83
463.78	440.30	419.19	402.91	390.62	381.48	378.00	366.16	388.51	361.11
464.48	473.70	476.66	461.68	442.56	434.06	421.00	426.83	414.42	424.85
30.57	26.79	19.88	10.87	8.34	8.32	7.65	4.16	3.53	3.16
224.97	236.13	247.09	238.92	227.13	221.59	216.24	222.61	218.79	233.11
9.51	9.24	9.63	10.39	9.77	9.75	9.65	9.81	9.76	10.21
199.43	201.54	200.06	201.50	197.32	194.40	187.46	190.25	182.34	178.37
703.86	733.41	762.47	794.74	830.05	852.62	877.01	875.28	841.44	875.93
197.40	212.77	217.36	227.35	242.89	249.71	257.66	260.39	250.33	258.19
64.93	67.03	69.45	73.17	72.10	72.38	73.45	73.53	70.91	74.62
94.64	94.82	98.68	102.22	105.45	106.92	109.25	107.45	100.82	108.03
15.31	16.31	17.64	18.89	20.21	23.24	24.15	24.37	24.98	27.09
15.02	17.19	19.91	21.02	24.21	26.50	28.90	23.59	22.12	26.62
28.06	28.52	29.57	32.84	34.20	35.21	38.00	37.53	35.96	32.07
32.72	34.99	40.64	44.31	50.12	52.48	55.68	56.33	55.75	62.48
12.59	13.36	15.28	16.71	17.32	17.97	18.56	18.86	18.53	19.36
9.18	10.53	11.53	12.26	12.32	12.96	13.87	14.02	12.84	14.27
124.66	122.66	122.82	122.38	123.44	122.59	122.44	122.67	114.13	116.51
47.05	48.23	49.52	50.05	50.91	52.78	54.62	55.98	55.62	55.93
23.75	25.42	27.55	29.65	30.02	30.89	31.25	32.76	33.12	34.55
6.36	6.96	7.61	8.31	9.12	9.75	9.89	9.85	8.69	9.83
32.19	34.62	34.91	35.58	37.74	39.24	39.29	37.95	37.64	36.38

3-13 城镇就业人员年末数(2022—2023年)
Number of Employed Persons in Urban Units at Year-end (2022-2023)

单位：万人 (10 000 persons)

指 标	Item	2022	2023
就业人员总计	**Total Number of Employed Persons**	**1087.42**	**1108.83**
按经济类型分	**By Ownership**		
国有经济	State-owned	115.18	111.08
集体经济	Collective-owned	9.25	9.12
私 营	Private	371.83	382.72
个 体	Individual	364.99	379.64
其他经济	Others	226.17	226.27
外商投资	Foreign-funded	19.31	13.74
港澳台投资	With Funds from Hong Kong, Macao and Taiwan	13.51	13.83
按行业分	**Grouped By Sector**		
第一产业	Primary Industry	45.86	34.55
第二产业	Secondary Industry	407.53	415.97
采矿业	Mining	3.19	2.82
制造业	Manufacturing	215.23	227.53
电力、热力、燃气及水生产和供应业	Electric Power, Heat, Gas and Water Production and Supply	9.76	10.21
建筑业	Construction	179.35	175.41
第三产业	Tertiary Industry	634.03	658.31
批发与零售业	Wholesale and Retail Trades	159.75	164.85
交通运输、仓储及邮政业	Transport, Storage and Post	50.88	53.13
住宿和餐饮业	Hotels and Catering Services	69.85	74.91
信息传输、软件和信息技术服务业务	Information Transmission, Software and Information Technology	24.68	26.71
金融业	Financial Intermediation	21.92	26.35
房地产业	Real Estate	35.34	31.51
租赁与商务服务业	Leasing and Business Services	38.29	42.81
科学研究、技术服务业	Scientific Research and Technical Services	16.42	17.07
水利、环境和公共设施管理业	Management of Water Conservancy, Environment and Public Facilities	10.37	11.41
居民服务、修理和其他服务业	Services to Households, Repair and Other Services	84.35	85.98
教 育	Education	50.65	50.91
卫生和社会工作	Health and Social Work	30.64	31.82
文化、体育与娱乐业	Culture, Sports and Entertainment	8.22	9.27
公共管理、社会保障和社会组织	Public Management, Social Security and Social Organization	32.67	31.58

3-14 主要年份城镇非私营单位在岗职工人数
Number of On-post Staff and Workers of Urban Non-private Units in Major Years

单位：万人 (10 000 persons)

年 份 Year	合 计 Total	按产业分 By Three Strata of Industry		
		第一产业 Primary Industry	第二产业 Secondary Industry	第三产业 Tertiary Industry
1949	5.34			
1952	47.62			
1957	71.19			
1962	80.79			
1965	91.96			
1970	109.98			
1975	127.99			
1978	154.44			
1980	220.06			
1985	257.63	4.80	144.90	107.93
1986	264.01	4.79	151.13	108.09
1987	270.46	5.39	153.80	111.27
1988	277.70	5.45	157.28	114.97
1989	280.69	5.66	158.65	116.38
1990	285.68	5.68	159.47	120.53
1991	293.59	5.68	163.94	123.97
1992	297.07	5.46	165.35	126.26
1993	290.02	4.16	164.74	121.12
1994	293.23	4.24	162.90	126.09
1995	294.25	4.35	160.58	129.32
1996	294.63	4.43	159.37	130.83
1997	289.29	4.13	153.73	131.43
1998	236.61	3.83	115.89	116.89
1999	222.34	3.58	106.07	112.69
2000	208.87	3.43	96.01	109.43
2001	201.23	2.94	91.73	106.56
2002	199.93	2.64	92.63	104.66
2003	204.99	2.46	97.56	104.97
2004	208.04	2.35	100.50	105.19
2005	209.66	2.14	101.00	106.52
2006	212.97	2.12	102.22	108.63
2007	220.84	1.80	104.87	114.17
2008	229.59	1.80	108.92	118.87
2009	234.90	1.68	111.88	121.34
2010	250.22	1.79	121.20	127.23
2011	318.73	1.52	172.03	145.18
2012	334.37	1.26	176.74	156.37
2013	375.36	1.07	194.49	179.80
2014	386.76	1.15	196.08	189.53
2015	385.08	1.15	190.33	193.60
2016	379.66	1.07	183.99	194.60
2017	369.18	1.13	171.76	196.29
2018	356.61	0.77	158.58	197.26
2019	342.07	0.59	134.87	206.61
2020	336.50	0.37	133.11	203.02
2021	329.90	0.41	127.29	202.20
2022	321.66	0.39	120.91	200.36
2023	306.82	0.40	109.71	196.71

注：“城镇非私营单位”与原“城镇经济单位”口径相同(以下各表同)。
Note: The scope of "urban economic units" is identical to the former "urban non-private units"(the same for the tables below).

3-15 主要年份城镇非私营单位在岗职工工资总额
Total Wage Bill of On-post Staff and Workers of Urban Non-private Units in Major Years

单位：万元 (10 000 yuan)

年 份 Year	合 计 Total Wages	按产业分 By Three Strata of Industry		
		第一产业 Primary Industry	第二产业 Secondary Industry	第三产业 Tertiary Industry
1949	1368			
1952	18577			
1957	37710			
1962	45532			
1965	51159			
1970	60866			
1975	74645			
1978	91615			
1980	159426			
1985	259688	4528	149468	105692
1986	300882	4960	177126	118796
1987	349808	5802	206458	137548
1988	435140	6771	256248	172121
1989	497553	7713	294228	195612
1990	573310	8232	335056	230022
1991	637968	9313	373271	255384
1992	728780	10757	415886	302137
1993	831520	8623	489684	333213
1994	1144546	12990	618503	513053
1995	1309344	15878	715405	578061
1996	1454905	18116	782060	654729
1997	1580484	17286	828011	735187
1998	1588049	18478	815904	753667
1999	1606804	19304	760591	826909
2000	1732318	20606	777295	934417
2001	1941508	21510	833110	1086888
2002	2196175	21857	921105	1253213
2003	2535070	22059	1104724	1408287
2004	2939800	23358	1291498	1624944
2005	3458237	23019	1503886	1931332
2006	4034057	26173	1757357	2250527
2007	4998743	27226	2111205	2860312
2008	6137760	30232	2592679	3514849
2009	7161387	31720	2989883	4139784
2010	8629547	37250	3690436	4901861
2011	12522120	48280	5980962	6492878
2012	14791899	42564	6739973	8009362
2013	18702874	37727	8741241	9923906
2014	21584168	44340	9680243	11859585
2015	23738675	47745	10266335	13424595
2016	25242283	51015	10480632	14710636
2017	26681112	61493	10267372	16352247
2018	29037895	40636	10551564	18445695
2019	30296886	36353	9378081	20882452
2020	32510819	24209	9642323	22844287
2021	34711850	30792	10214390	24466668
2022	35861102	31620	10537327	25292155
2023	36004923	31300	10499437	25474186

3-16 主要年份城镇非私营单位在岗职工平均工资
Average Wage of On-post Staff and Workers of Urban Non-private Units in Major Years

单位：元 (yuan)

年 份 Year	平均工资 Average Wages	按产业分 By Industry		
		第一产业 Primary Industry	第二产业 Secondary Industry	第三产业 Tertiary Industry
1949	284			
1952	330			
1957	535			
1962	448			
1965	588			
1970	581			
1975	588			
1978	632			
1980	737			
1985	1038			
1986	1154	1034	1197	1100
1987	1309	1140	1354	1254
1988	1588	1249	1647	1522
1989	1782	1388	1863	1691
1990	2025	1452	2106	1942
1991	2203	1640	2308	2089
1992	2468	1931	2526	2415
1993	2833	1793	2967	2694
1994	3925	3093	3776	4151
1995	4508	3657	4423	4527
1996	5010	4127	4889	5033
1997	5502	4188	5412	5649
1998	6433	4713	6529	6394
1999	7182	5296	7184	7240
2000	8020	5884	7704	8372
2001	9523	6521	8925	10053
2002	10960	7587	9905	11905
2003	12440	8877	11425	13462
2004	14357	9871	13125	15624
2005	16630	10676	14962	18345
2006	19215	12279	17434	21031
2007	23098	14852	20703	25401
2008	26985	16571	24134	29736
2009	30965	18864	27445	34313
2010	35326	20894	31555	39043
2011	40042	31868	35592	45353
2012	45392	34585	39477	52038
2013	51015	36006	46476	55913
2014	56852	38346	50471	63520
2015	62091	41460	54308	69872
2016	67386	48055	58018	76267
2017	73272	55424	60911	84087
2018	81764	53119	66592	94146
2019	89714	61595	70859	101982
2020	98380	66407	74672	113672
2021	106966	75182	82381	122263
2022	111424	81896	87028	126224
2023	117446	79645	95086	130136

3-17 城镇非私营单位在岗职工人数(2022—2023年)
Number of On-post Staff and Workers in Non-private Units (2022-2023)

单位：万人 (10 000 persons)

指 标	Item	合 计 Total 2022	合 计 Total 2023
总 计	**Total**	**321.66**	**306.82**
按机构类型分	**By Type of Institutions**		
企 业	Corporations	222.67	207.43
机关和事业	Agencies and Institutions	97.75	98.24
民间非营利组织和其他	NGO and Other Organizations	1.24	1.15
按行业分	**By Sector**		
第一产业	Primary Industry	0.39	0.40
第二产业	Secondary Industry	120.91	109.71
采矿业	Mining	0.63	0.51
制造业	Manufacturing	63.56	59.69
电力、热力、燃气及水生产和供应业	Electric Power, Heat, Gas and Water Production and Supply	6.28	6.98
建筑业	Construction	50.44	42.53
第三产业	Tertiary Industry	200.36	196.71
批发与零售业	Wholesale and Retail Trades	15.36	14.37
交通运输、仓储及邮政业	Transport, Storage and Post	19.56	19.43
住宿和餐饮业	Hotels and Catering Services	3.34	3.31
信息传输、软件和信息技术服务业务	Information Transmission, Software and Information Technology	6.10	6.30
金融业	Financial Intermediation	13.57	10.79
房地产业	Real Estate	14.36	13.29
租赁与商务服务业	Leasing and Business Services	13.78	15.37
科学研究、技术服务业	Scientific Research and Technical Services	7.99	7.21
水利、环境和公共设施管理业	Management of Water Conservancy, Environment and Public Facilities	3.74	5.60
居民服务、修理和其他服务业	Services to Households, Repair and Other Services	0.91	0.69
教 育	Education	40.90	41.11
卫生和社会工作	Health and Social Work	21.77	21.43
文化、体育与娱乐业	Culture, Sports and Entertainment	2.45	2.52
公共管理、社会保障和社会组织	Public Management, Social Security and Social Organization	36.53	35.29

3—18 城镇非私营单位在岗职工工资总额(2022—2023年) Total Wage Bill of On-post Staff and Workers of Urban Non-private Units (2022-2023)

单位：万元 (10 000 yuan)

指　　标	Item	合　计 Total 2022	2023
总　　计	**Total**	**35861102**	**36004923**
按机构类型分	**By Type of Institutions**		
企　业	Corporations	22318677	21953559
机关和事业	Agencies and Institutions	13442373	13904380
民间非营利组织和其他	NGO and Other Organizations	100052	146984
按行业分	**By Sector**		
第一产业	Primary Industry	31620	31300
第二产业	Secondary Industry	10537327	10499437
采矿业	Mining	67546	57413
制造业	Manufacturing	6240943	6202957
电力、热力、燃气及水生产和供应业	Electric Power, Heat, Gas and Water Production and Supply	751517	901349
建筑业	Construction	3477321	3337718
第三产业	Tertiary Industry	25292155	25474186
批发与零售业	Wholesale and Retail Trades	1445830	1454032
交通运输、仓储及邮政业	Transport, Storage and Post	1992956	2111910
住宿和餐饮业	Hotels and Catering Services	174175	189713
信息传输、软件和信息技术服务业务	Information Transmission, Software and Information Technology	1015609	1082692
金融业	Financial Intermediation	3001957	2503995
房地产业	Real Estate	1268748	1109737
租赁与商务服务业	Leasing and Business Services	972629	1171275
科学研究、技术服务业	Scientific Research and Technical Services	1209339	1157100
水利、环境和公共设施管理业	Management of Water Conservancy, Environment and Public Facilities	335814	447458
居民服务、修理和其他服务业	Services to Households, Repair and Other Services	59196	50668
教　育	Education	5654895	5820247
卫生和社会工作	Health and Social Work	3232444	3416370
文化、体育与娱乐业	Culture, Sports and Entertainment	253039	280130
公共管理、社会保障和社会组织	Public Management, Social Security and Social Organization	4675524	4678859

3−19　城镇非私营单位就业人员平均工资(2022—2023年)
Average Wage of Employed Persons of Urban Non-private Units (2022-2023)

单位：元　　(yuan)

指　　标	Item	就业人员平均工资 Average Wage of Employed Persons		#在岗职工平均工资 Average Wage of On-Post Employees	
		2022	2023	2022	2023
总　　计	**Total**	**107008**	**113653**	**111424**	**117446**
按机构类型分	**By Type of Institutions**				
企　业	Corporations	95636	102585	99841	105734
机关和事业	Agencies and Institutions	135033	139143	138412	142178
民间非营利组织和其他	NGO and Other Organizations	80922	124075	84763	128891
按行业分	**By Sector**				
第一产业	Primary Industry	78421	76405	81896	79645
第二产业	Secondary Industry	85252	93760	87028	95086
采矿业	Mining	98536	118449	106371	120464
制造业	Manufacturing	95981	101745	96622	102235
电力、热力、燃气及水生产和供应业	Electric Power, Heat, Gas and Water Production and Supply	118261	127438	118790	127991
建筑业	Construction	69105	80678	70209	79039
第三产业	Tertiary Industry	120289	125803	126224	130136
批发与零售业	Wholesale and Retail Trades	91094	99036	91679	99636
交通运输、仓储及邮政业	Transport, Storage and Post	100274	106411	101696	107760
住宿和餐饮业	Hotels and Catering Services	49054	56821	50000	57937
信息传输、软件和信息技术服务业务	Information Transmission, Software and Information Technology	166375	170118	166760	170569
金融业	Financial Intermediation	150097	166984	222475	232687
房地产业	Real Estate	84809	83919	85628	84136
租赁与商务服务业	Leasing and Business Services	70473	78125	71732	79711
科学研究、技术服务业	Scientific Research and Technical Services	147217	156008	151616	159803
水利、环境和公共设施管理业	Management of Water Conservancy, Environment and Public Facilities	86427	79576	88352	81619
居民服务、修理和其他服务业	Services to Households, Repair and Other Services	69402	71359	69904	71071
教　育	Education	134999	139334	139495	142798
卫生和社会工作	Health and Social Work	148341	158423	150647	160638
文化、体育与娱乐业	Culture, Sports and Entertainment	99017	106083	101203	109549
公共管理、社会保障和社会组织	Public Management, Social Security and Social Organization	125707	129911	128290	132648

3-20 城镇非私营单位就业人员工资总额(2022—2023年)
Total Wage Bill of Employment of Urban Non-private Units (2022-2023)

单位：万元 (10 000 yuan)

指 标	Item	合 计 Total	
		2022	2023
总 计	**Total**	**37219493**	**38259493**
按机构类型分	**By Type of Institutions**		
企 业	Corporations	23495525	24027162
机关和事业	Agencies and Institutions	13620977	14082241
民间非营利组织和其他	NGO and Other Organizations	102991	150090
按行业分	**By Sector**		
第一产业	Primary Industry	33024	33143
第二产业	Secondary Industry	11196925	11904959
采矿业	Mining	74001	61167
制造业	Manufacturing	6368386	6315684
电力、热力、燃气及水生产和供应业	Electric Power, Heat, Gas and Water Production and Supply	758785	909776
建筑业	Construction	3995753	4618332
第三产业	Tertiary Industry	25989544	26321391
批发与零售业	Wholesale and Retail Trades	1458040	1469557
交通运输、仓储及邮政业	Transport, Storage and Post	2013095	2131238
住宿和餐饮业	Hotels and Catering Services	179414	199424
信息传输、软件和信息技术服务业务	Information Transmission, Software and Information Technology	1018441	1085850
金融业	Financial Intermediation	3353185	3002344
房地产业	Real Estate	1313533	1123557
租赁与商务服务业	Leasing and Business Services	1005177	1219385
科学研究、技术服务业	Scientific Research and Technical Services	1235406	1200634
水利、环境和公共设施管理业	Management of Water Conservancy, Environment and Public Facilities	343764	460555
居民服务、修理和其他服务业	Services to Households, Repair and Other Services	61320	51925
教 育	Education	5731365	5893018
卫生和社会工作	Health and Social Work	3291807	3475153
文化、体育与娱乐业	Culture, Sports and Entertainment	258201	285699
公共管理、社会保障和社会组织	Public Management, Social Security and Social Organization	4726796	4723052

3-21 城镇登记失业人数(1985—2023年)
Number of Registered Unemployed Persons in Urban Areas (1985-2023)

单位：万人 (10 000 persons)

年 份 Year	登记失业人数 Registered Unemployed Persons	#女 性 Female	按失业时间分 By Unemployment Period	
			6个月以上 Over 6 Months	6个月以下 Less than 6 Months
1985	6.46			
1986	6.00			
1987	6.29			
1988	6.25			
1989	8.43			
1990	8.81			
1991	9.42			
1992	10.01			
1993	10.23			
1994	10.80			
1995	10.47			
1996	10.95			
1997	10.85	6.18	6.92	3.93
1998	10.10	5.71	6.46	3.64
1999	10.08	5.48	6.15	3.93
2000	10.15	5.26	5.30	4.85
2001	13.72	7.24	7.72	6.00
2002	16.18	7.70	7.79	8.39
2003	16.16	8.20	8.62	7.54
2004	16.76	8.19	9.44	7.32
2005	16.89	8.27	9.67	7.22
2006	15.41	8.12	8.98	6.43
2007	14.13	7.60	8.01	6.12
2008	13.02	6.94	6.27	6.75
2009	13.44	6.55	6.02	7.42
2010	13.02	6.20	4.06	8.96
2011	12.96	7.01	3.34	9.62
2012	12.43	5.93	1.25	11.18
2013	12.07	6.44	1.07	11.00
2014	13.42	6.87	0.62	12.80
2015	14.26	7.55	0.81	13.45
2016	15.68	8.12	0.93	14.75
2017	14.26	7.07	0.77	13.49
2018	13.09	7.09	0.78	12.31
2019	17.46	8.09	0.39	17.07
2020	26.71	15.17	3.81	22.90
2021	18.91	10.01	8.39	10.52
2022	21.88	11.57	11.98	9.90
2023	18.69	10.30	10.26	8.43

3-22 城镇私营单位就业人员平均工资(2022—2023年)
Average Wage of Employed Persons of Urban Private Units (2022-2023)

单位：元 (yuan)

指　　标	Item	就业人员平均工资 Average Wage of Employed Persons 2022	2023
总　　计	**Total**	**60380**	**63941**
按行业分	**By Sector**		
第一产业	Primary Industry	37942	39595
第二产业	Secondary Industry	63207	66843
采矿业	Mining	66264	70487
制造业	Manufacturing	67890	74752
电力、热力、燃气及水生产和供应业	Electric Power, Heat, Gas and Water Production and Supply	63261	66959
建筑业	Construction	58019	61248
第三产业	Tertiary Industry	58438	62201
批发与零售业	Wholesale and Retail Trades	55074	58192
交通运输、仓储及邮政业	Transport, Storage and Post	58789	65408
住宿和餐饮业	Hotels and Catering Services	42913	48034
信息传输、软件和信息技术服务业务	Information Transmission, Software and Information Technology	83343	92470
金融业	Financial Intermediation	120353	137434
房地产业	Real Estate	60695	59989
租赁与商务服务业	Leasing and Business Services	55998	61458
科学研究、技术服务业	Scientific Research and Technical Services	70067	72991
水利、环境和公共设施管理业	Management of Water Conservancy, Environment and Public Facilities	44712	48559
居民服务、修理和其他服务业	Services to Households, Repair and Other Services	43976	46276
教　育	Education	56429	61093
卫生和社会工作	Health and Social Work	77343	84043
文化、体育与娱乐业	Culture, Sports and Entertainment	48549	52515
公共管理、社会保障和社会组织	Public Management, Social Security and Social Organization		

主要统计指标解释

人口数 指一定时点、一定地区范围内的有生命的个人的总和。年度统计的年末人口数是指每年 12 月 31 日 24 时的人口数。

出生率（又称粗出生率） 指在一定时期内（通常为一年）一定地区内出生人数与同期内平均人数（或期中人数）之比，一般用千分率表示。本资料中的出生率指年出生率。计算公式为：

出生率=年出生人数/年平均人数×1000‰

式中：出生人数是指活产婴儿，即胎儿脱离母体时（不管怀孕月数）有过呼吸或其他生命现象。年平均人数是年初、年底人口数的平均数，也可用年中人口数代替。

死亡率（又称粗死亡率） 指在一定时期内（通常为一年）一定地区的死亡人数与同期平均人数（或期中人数）之比，一般用千分率表示。本资料中的死亡率指年死亡率。计算公式为：

死亡率=年死亡人数/年平均人数×1000‰

人口自然增长率 指在一定时期内（通常为一年）人口自然增加数（出生人数减死亡人数）与该时期内平均人数（或期中人数）之比，一般用千分率表示。计算公式为：

人口自然增长率=（本年出生人数－本年死亡人数）/年平均人数×1000‰=人口出生率－人口死亡率

总抚养比 也称总负担系数。指人口总体中非劳动年龄人口数与劳动年龄人口数之比。通常用百分比表示。说明每 100 名劳动年龄人口大致要负担多少名非劳动年龄人口。用于从人口角度反映人口与经济发展的基本关系。计算公式为：

$$GDR = \frac{P_{0-14} + P_{65^+}}{P_{15-64}} \times 100\%$$

其中：GDR 为总抚养比；

P0－14 为 0－14 岁少年儿童人口数；

P65+为 65 岁及以上的老年人口数；

P15－64 为 15－64 岁人口数。

老年人口抚养比 也称老年人口抚养系数。指某一人口中老年人口数与劳动年龄人口数之比。通常用百分比表示。用以表明每 100 名劳动年龄人口要负担多少名老年人。老年人口抚养比是从经济角度反映人口老化社会后果的指标之一。计算公式为：

$$ODR = \frac{P_{65^+}}{P_{15-64}} \times 100\%$$

其中：ODR 为老年人口抚养比；

P65+为 65 岁及以上的老年人口数；

P15－64 为 15－64 岁人口数。

少年儿童抚养比 也称少年儿童抚养系数。指某一人口中少年儿童人口数与劳动年龄人口数之比。通常用百分比表示。以反映每 100 名劳动年龄人口要负担多少名少年儿童。计算公式为：

$$CDR = \frac{P_{0-14}}{P_{15-64}} \times 100\%$$

其中：CDR 为少年儿童抚养比；

P0－14 为 0－14 岁少年儿童人口数；

P15－64 为 15－64 岁人口数。

常住人口 在人口调查中的定义为下列几款人：（1）居住本乡镇街道，户口在本乡镇街道或户口在本乡镇街道，但人离开本乡镇街道不满半年的人；（2）居住本乡镇街道，离开户口登记地半年以上的人；（3）居住本乡镇街道，户口待定的人；（4）原住本乡镇街道，现在国外工作学习的人。

文盲人口 指 15 岁及以上不识字或识字很少的人口。

文盲率 指文盲人口占常住人口比重。

城镇人口和乡村人口 城镇人口是指居住在城镇范围内的全部常住人口；乡村人口是除上述人口以外的全部人口。

历年城乡人口数据是按照当时国家《统计上划分城乡的规定》计算。

就业人员 指年满 16 周岁，为取得报酬或经营利润，在调查参考周内从事了 1 小时（含 1 小时）以上劳动的人员；或由于在职学习、休假、临时停工等原因在调查参考周内暂时未工作的人员。

单位就业人员 指报告期末最后一日在本单位工作，并取得工资或其他形式劳动报酬的人员数。该指标为时点指标，不包括最后一日当天及以前已经与单位解除劳动合同关系的人员，是在岗职工、劳务派遣人员及其他就业人员之和。就业人员不包括：

（1）离开本单位仍保留劳动关系，并定期领取生活费的人员；

（2）在本单位实习的各类在校学生。

在岗职工 指在本单位工作且与本单位签订劳动合同，并由单位支付各项工资和社会保险、住房公积金的人员，以及上述人员中由于学习、病伤、产假等原因暂未工作仍由单位支付工资的人员。在岗职工还包括：

（1）应订立劳动合同而未订立劳动合同人员；

（2）处于试用期人员；

（3）编制外招用的人员，如临时人员；

（4）派往外单位工作，但工资仍由本单位发放的人员（如挂职锻炼、外派工作等情况）。

工资总额 指根据《关于工资总额组成的规定》（1990 年 1 月 1 日国家统计局发布的一号令）进行修订，本单位在报告期内（季度或年度）直接支付给本单位全部就业人员的劳动报酬总额。包括计时工资、计件工资、奖金、津贴和补贴、加班加点工资、特殊情况下支付的工资。

工资总额是税前工资，包括单位从个人工资中直接为其代扣或代缴的个人所得税、社会保险基金和住房公积金等个人缴纳部分以及房费、水电费等。

工资总额不论是计入成本的还是不计入成本的，不论是以货币形式支付的还是以实物形式支付的，均应列入工资总额的计算范围。

平均工资 指单位就业人员在一定时期内平均每人所得的工资额。计算公式为：

$$平均工资=\frac{报告期就业人员工资总额}{报告期就业人员平均人数}$$

城镇登记失业人员 劳动年龄（年满 16 周岁（含）至依法享受基本养老保险待遇）内，有劳动能力，有就业要求，处于无业状态，并在公共就业和人才服务机构进行失业登记的城镇常住人员。

城镇调查失业率 指城镇失业人口占城镇就业人口与失业人口之和的百分比，根据劳动力调查数据计算。

Explanatory Notes on Main Statistical Indicators

Total population refers to the total number of people alive at a certain point of time within a given area.The annual statistics on total population is taken at midnight, the 3lst of December.

Birth Rate (or Crude Birth Rate) refers to the ratio of the number of births to the average population during a certain period of time (usually a year), which is often expressed in ‰. Birth rate in the chapter refers to annual birth rate. The following formula is used:

Birth Rate = Number of Births / Average Number of Population × 1000‰

Number of Births refers to live births, i.e. the births when babies had showed any vital phenomena regardless of the length of pregnancy.

Annual Average Number of Population is the average of the number of population at the beginning of the year and that at the end of the year. Sometimes it is substituted for with the mid-year population.

Death Rate (or Crude Death Rate) refers to the ratio of the number of deaths to the average population (or mid-year population) during a certain period of time (usually a year), which is often expressed in ‰. Death rate in the chapter refers to annual death rate. The following formula is used:

Death Rate = Number of Deaths / Annual Average Number of Population × 1000‰

Natural Growth Rate of Population refers to the ratio of natural increase in population (number of births minus number of deaths) in a certain period of time (usually a year) to average population (or mid-year population) of the same period, which is often expressed in ‰. The following formulas are applied:

Natural Growth Rate of Population = (Number of Births − Number of Deaths) / Average number of Population × 1000‰= Birth Rate − Death Rate

Gross Dependency Ratio also called gross dependency coefficient, refers to the ratio of non-working-age population to the working-age population, express in %. Describing in general the number of non-working-age population that every 100 people at working ages will take care of, this indicator reflects the basic relation between population and economic development from the demographic perspective. The gross dependency ratio is calculated with the following formula:

$$GDR = \frac{P_{0-14} + P_{65^+}}{P_{15-64}} \times 100\%$$

Where: GDR is the gross dependency ratio,

P0-14 is the population of children aged 0-14,

P65+ is the elderly population aged 65 and over, and

P15-64 is the population aged 15-64.

Old Dependency Ratio also called old dependency coefficient, refers to the ratio of the elderly population to the working-age population, express in %. It describes the number of the elderly population that every 100 people at working ages will take care of. Old dependency ratio is one of the indicators reflecting the social implication of population aging from the economic perspective. The old dependency ratio is calculated with the following formula:

$$ODR = \frac{P_{65^+}}{P_{15-64}} \times 100\%$$

Where: ODR is the old dependency ratio,

P65+ is the elderly population aged 65 and over, and

P15-64 is the working-age population aged 15-64.

Children Dependency Ratio also called children dependency coefficient, refers to the ratio of the children population to the working-age population, express in %. It describes the number of children population that every 100 people at working ages will take care of. The children dependency ratio is calculated with the following formula:

$$CDR = \frac{P_{0-14}}{P_{15-64}} \times 100\%$$

Where: CDR is the children dependency ratio,

P0-14 is the children population aged 0-14, and

P15-64 is the population aged 15-64.

Resident Population According to survey of population, it includes the following main items: (1) population who reside in this township or town (sub-district) with residence registered in this area, or population who have residence registered in this township or town (sub-district) but have been away from this area for less than half a year; (2) population having actually resided in this township or town (sub-district) for over half a year with residence registered in other area; (3) population residing in this townships or towns (sub-district) with residence not registered; (4) population with residence registered in this township or town (sub-district) who work or study abroad.

The Illiterate Population refers to those over 15 years of age who have inability to read or write, or can read or write only a few words.

Illiteracy Rate refers to the percentage of the illiterate population in the total Resident Population.

Urban Population and Rural Population Urban population refers to all people residing in cities and towns, while rural population refers to population other than urban population.

Statistics on urban and rural population over the years are compiled in line with the regulations of statistical classification on urban and rural population stipulated by the government, which were in effect at different times.

Employed Persons refer to persons, aged 16 and over,

who performed some work for compensation or business gains for one hour or more during the reference period; or persons who do not work for the reasons of study or on holiday; or persons who are temporarily absent from a job for disorganization or suspension of work, etc.

Persons Employed in Various Units refer to the total number of employees who work at his unit on the last day and obtain wages or other forms of payment at the end of the reporting period. This indicator is a kind of time point index and it equals to the sum of the number of employed staff and workers, labor dispatch personnel and other employed persons, excluding those who have terminated labor contracts with working unit on or before the last day of the reporting period. Employed persons do not include:

1)Persons who have left their working units while keeping their labour contract (employment relation) unchanged and receiving regular alimony;

2)All kinds of enrolled students who do internship in various units.

Employed Staff and Workers refer to persons who signed labor contracts with working units and working units would pay wages, social insurance and housing funds for them. Persons who have their work posts but are temporarily absent from work for reasons of study or on sick, injury or maternal leave and still receive wages from their working units are also included. Employed staff and workers also include:

1)Persons who should have signed the labor contracts but not;

2)Employees on probation;

3)Employees beyond the staffing quota, for example, temporary employees;

4)Employees who are sent to other working units but still obtain wages from their original units (situations like on-the-job placement, expatriated assignment, etc.).

Total Wage Bill is revised according to the "Provision of Composition of Total Wages" (Order No.1 by National Bureau of Statistics on January, 1st, ,1990), total wage bill refers to the total remuneration payment to all employed persons in various units during the reporting period (by quarter or by year), including hourly-paid wages, piece-rate wages, bonuses, allowance and subsidies, overtime wages and wages paid under special circumstances.

Total wage bill is pre-tax wages, including the room charges, utility bills, housing funds and social insurance paid or withheld by employee's units.

Total wage bill, whether or not included in cost, whether or not paid in money or in kind, shall be included in the calculation of total wage.

Average Wage refers to the average per capita wage during a certain period of time for employed persons. It is calculated as follows:

$$Average\ Wage = \frac{Total\ Wage\ Bill\ of\ Employed\ Persons\ at\ Reference\ Time}{Average\ Number\ of\ Persons\ Employed\ at\ Reference\ Time}$$

Registered Unemployed Persons in Urban Areas refer to the persons residing in urban areas at certain working ages (16 years old to the age of enjoying primary endowment insurance benefits according to the law), who are capable of working, unemployed and willing to work, and have been registered at the public employment and talent service agencies to apply for a job.

Surveyed Unemployment Rate in Urban Areas refers to the ratio of the number of the unemployed persons in urban areas to the sum of the number of the employed persons and the unemployed persons in urban areas, calculated on the basis of the Labour Force Survey.

4 固定资产投资

INVESTMENT IN FIXED ASSETS

简要说明

本章内容主要包括全社会固定资产投资、建设项目投资、房地产开发和商品房销售情况，由市统计局固定资产投资处整理提供。

Brief Introduction

The data in this chapter cover the total investment in fixed assets, investment in construction, real estate development, sales of commercialized buildings. All the data are prepared and provided by Division of Statistics of Investment in Fixed Assets, Chongqing Municipal Bureau of Statistics.

4-1 全社会固定资产投资增长情况(1997—2023年)
Growth Rate of Total Investment in Fixed Assets (1997-2023)

单位：% (%)

年 份 Year	固定资产投资 Investment in Fixed Assets	固定资产投资按投资领域分 Fixed asset investment (divided by investment field)		
		基础设施投资 Infrastructure	工业投资 Industrial Investment	房地产开发投资 Real Estate Development
1997	15.7	45.5	8.3	21.4
1998	34.3	103.9	10.9	44.1
1999	13.0	15.8	-12.4	15.6
2000	16.5	15.7	17.1	24.1
2001	22.3	22.9	1.5	40.8
2002	24.2	22.7	31.1	25.0
2003	27.5	28.1	46.5	33.3
2004	27.8	20.0	51.8	23.5
2005	23.7	22.2	41.8	27.8
2006	22.2	27.6	30.2	21.6
2007	28.9	16.6	44.0	35.0
2008	28.0	20.8	30.0	16.6
2009	31.5	28.3	30.2	25.0
2010	30.4	23.9	24.6	30.8
2011	31.0	21.4	33.4	24.4
2012	22.0	24.8	21.1	24.5
2013	19.5	23.2	15.2	20.1
2014	18.0	14.3	18.0	20.5
2015	17.1	28.6	19.8	3.3
2016	12.1	30.0	13.5	-0.7
2017	9.5	15.8	8.9	6.8
2018	7.0	11.5	7.3	6.8
2019	5.7	-0.7	8.8	4.5
2020	3.9	9.6	5.8	-2.0
2021	6.1	7.4	9.1	0.1
2022	0.7	9.0	10.4	-20.4
2023	4.3	7.0	13.3	-13.1

注：1.2018年开始，国家统计局规定各省市固定资产投资统计只发布增速数据。
2.除特殊注明外，表4—1至4—16中数据均为固定资产投资(不含农户)口径。
3.基础设施投资含电力、热力、燃气及水生产和供应业(下表同)。
4.房地产开发投资、商品房销售面积等指标的增速均按可比口径计算。本年数据与上年已公布的数据之间存在不可比因素，不能直接相比计算增速。主要原因是：加强在库项目管理，对退房的商品房销售数据进行了修订；加强统计执法，对统计执法检查中发现的问题数据，按照相关规定进行了改正；加强数据质量管理，剔除非房地产开发性质的项目投资以及具有抵押性质的销售数据。

Note: a) Since 2018, National Bureau of Statistics stipulated that the fixed asset investment statistics of all provinces and cities only release growth rate data.
b) Unless otherwise specified, data in Tables 4-1 to 4-16 refer to Investment in Fixed Assets(excluding rural household).
c) Infrastructure investment includes the production and supply of electricity, heat, gas and water (the same as the table below).
d) The growth rate of real estate development investment, commercial housing sales area and other indicators are calculated according to comparable caliber. There are incomparable factors between this year's data and the data published last year, and the growth rate cannot be directly compared. The main reasons are: strengthening the management of the project in the warehouse, and revising the sales data of the checked out commercial room; Strengthen statistical law enforcement, and correct the problem data found in the inspection of statistical law enforcement in accordance with relevant provisions; Strengthen data quality management to exclude non-real estate development project investments and mortgage sales data.

4-2 主要年份民间固定资产投资增长情况（2012—2023年）
Growth Rate of Non-governmental Investment in Fixed Assets (2012-2023)

单位：% (%)

年 份 Year	民间投资增速 Non-governmental Investment in Fixed Assets	占固定资产投资比重 As Percentage of Total Investment
2012	25.9	45.1
2013	27.7	46.1
2014	27.1	49.6
2015	17.9	49.9
2016	11.0	51.0
2017	13.5	54.6
2018	12.8	54.9
2019	3.3	53.6
2020	1.1	52.2
2021	9.3	53.8
2022	-8.4	47.0
2023	-1.9	43.2

4-3 全社会固定资产投资资金来源(2022—2023年)
Sources of Funds for Investment in Fixed Assets (2022-2023)

单位：亿元 (100 million yuan)

指 标	Item	2022	2023
本年资金来源合计	**Total Investment from All Sources in Current Year**	**13034.26**	**12364.23**
上年末结余资金	Balance of the Previous Year	2315.40	1674.48
本年资金来源小计	Subtotal of Funds Invested in Current Year	10718.86	10689.75
国家预算内资金	State Budgetary Appropriation	950.42	1110.54
国内贷款	Domestic Loans	1503.50	1431.60
债 券	Bonds	107.21	160.07
利用外资	Foreign Investment	44.09	5.15
自筹资金	Self-raised Funds	5410.35	5902.84
其他资金来源	Others	2703.29	2079.55

注：2019年起固定资产投资项目到位资金统计范围由计划总投资500万元及以上调整为5000万元及以上项目(以下相关表同)。

Note: Since 2019, the statistic scope of the actual funds for investment in fixed assets is adjusted from 5 million above yuan planned investment to 50 million and above planned total investment.

4-4 全社会固定资产投资构成(2022—2023年)
Composition of Total Investment in Fixed Assets (2022-2023)

指　　标	Item	构成(%) Structure (%)	
		2022	2023
投资总额(万元)	**Total Investment (10 000 yuan)**	**100.0**	**100.0**
按隶属关系分	**By Jurisdiction of Administration**		
中央项目	Central Investment	7.1	6.1
地方项目(包括无隶属关系的)	Local Investment (including non-governmental investment)	92.9	93.9
按登记注册类型分	**By Status of Registration**		
内　资	Domestic-funded	95.9	96.4
港澳台投资经济	Funds from Hong Kong, Macao and Taiwan	2.7	2.4
外商投资经济	Foreign-funded	1.4	1.2
按构成分	**By Use of Funds**		
建筑工程	Construction	65.5	65.1
安装工程	Installation	8.6	8.7
设备工具器具购置	Purchase of Equipment and Instruments	12.5	10.1
其他费用	Others	13.4	16.1

4-5 各行业按构成分固定资产投资比上年增长情况(2023年)
Growth Rate of Total Investment in Fixed Assets over Preceding Year by Composition of Investment (2023)

单位：%　　(%)

行业	Sector	全部投资 Total Investment in Fixed Assets	建筑安装工程投资 Constructions and Installations	设备工器具购置 Purchase of Equipments and Instruments	其他费用 Other Expenses
总计	**Total**	**4.3**	**7.2**	**8.1**	**-9.2**
第一产业	Primary Industry	17.4	19.7	-2.8	3.0
第二产业	Secondary Industry	13.1	18.0	4.9	4.1
工业	Industry	13.3	18.3	4.9	4.2
采矿业	Mining	3.9	1.1	-10.3	58.9
制造业	Manufacturing	13.5	18.9	3.5	11.0
电力、热力、燃气及水的生产和供应业	Production and Supply of Electricity, Heat, Gas & Water	16.7	26.7	24.4	-24.4
建筑业	Construction	-91.5	-93.6	-25.6	-93.2
第三产业	Tertiary Industry	0.6	3.4	19.3	-11.1
批发与零售业	Wholesale and Retail Trades	-7.5	-12.7	91.5	-13.3
交通运输、仓储及邮政业	Transport, Storage and Post	2.0	4.1	-6.4	-5.0
住宿和餐饮业	Hotels and Catering Services	24.9	22.0	66.1	47.7
信息传输、计算机服务和软件业	Information Transmission, Computer Services and Software	7.6	-12.6	42.3	59.6
金融业	Financial Intermediation	13546.2	8671.0		
房地产业	Real Estate	-11.0	-3.5	33.9	-31.6
租赁与商务服务业	Leasing and Business Services	22.0	34.5	2.3	-33.5
科学研究、技术服务与地质勘查业	Scientific Research, Technical Services and Geological Prospecting	49.3	38.1	187.1	77.2
水利、环境和公共设施管理业	Management of Water Conservancy, Environment and Public Facilities	9.3	5.9	-18.6	23.1
居民服务和其他服务业	Services to Households and Other Services	80.4	79.1	-10.3	143.4
教育	Education	18.5	15.4	-39.2	48.2
卫生、社会保障和社会福利业	Health, Social Security and Social Welfare	19.1	11.5	19.7	97.7
文化、体育与娱乐业	Culture, Sports and Entertainment	13.5	14.1	-13.6	21.3
公共管理与社会组织	Public Management and Social Organizations	-8.0	2.2	-50.9	-43.6

4-6 各行业按建设性质分固定资产投资比上年增长情况(2023年)
Growth Rate of Total Investment in Fixed Assets over Preceding Year by Sector and Type of Construction (2023)

单位：% (%)

行业	Sector	全部投资 Total Investment in Fixed Assets	#新建 New Construction	扩建 Expansion	改建和技术改造 Reconstruction and Technical Transformation
总计	**Total**	**4.3**	**14.2**	**-0.5**	**0.5**
第一产业	Primary Industry	17.4	18.2	1.1	4.1
第二产业	Secondary Industry	13.1	22.2	2.0	-2.0
工业	Industry	13.3	22.5	2.0	-2.0
采矿业	Mining	3.9	11.3	-5.0	3.5
制造业	Manufacturing	13.5	24.8	4.3	-5.2
电力、热力、燃气及水的生产和供应业	Production and Supply of Electricity, Heat, Gas & Water	16.7	13.8	-6.0	46.2
建筑业	Construction	-91.5	-93.7		-21.9
第三产业	Tertiary Industry	0.6	3.2	-13.5	-20.7
批发与零售业	Wholesale and Retail Trades	-7.5	-15.7	98.8	103.7
交通运输、仓储及邮政业	Transport, Storage and Post	2.0	2.8	-1.6	-13.7
住宿和餐饮业	Hotels and Catering Services	24.9	26.7	67.9	14.6
信息传输、计算机服务和软件业	Information Transmission, Computer Services and Software	7.6	10.7	1.2	-61.7
金融业	Financial Intermediation	13546.2	21589.4		
房地产业	Real Estate	-11.0	-11.0	-5.9	-64.5
租赁与商务服务业	Leasing and Business Services	22.0	14.3	-60.5	520.2
科学研究、技术服务与地质勘查业	Scientific Research, Technical Services and Geological Prospecting	49.3	46.5	-89.9	387.6
水利、环境和公共设施管理业	Management of Water Conservancy, Environment and Public Facilities	9.3	8.8	-26.1	23.3
居民服务和其他服务业	Services to Households and Other Services	80.4	74.5	85.0	370.9
教育	Education	18.5	21.1	6.3	44.6
卫生、社会保障和社会福利业	Health, Social Security and Social Welfare	19.1	40.8	-24.2	-61.0
文化、体育与娱乐业	Culture, Sports and Entertainment	13.5	13.8	-17.6	44.6
公共管理与社会组织	Public Management and Social Organizations	-8.0	9.4	-97.4	1.1

4-7 各行业按登记注册类型分固定资产投资比上年增长情况(2023年)
Growth Rate of Total Investment in Fixed Assets over Preceding Year by Sector and Registration Status (2023)

单位：% (%)

行 业	Sector	全部投资 Total Investment in Fixed Assets	#内资 Domestic Funded	港澳台投资 Funds from Hong Kong, Macao and Taiwan	外商投资 Foreign Funded
总 计	**Total**	**4.3**	**5.1**	**-12.1**	**-15.7**
第一产业	Primary Industry	17.4	17.4		-98.6
第二产业	Secondary Industry	13.1	14.2	-19.4	27.4
工 业	Industry	13.3	14.4	-19.3	27.4
采矿业	Mining	3.9	4.3	-99.2	
制造业	Manufacturing	13.5	14.7	-18.2	25.5
电力、热力、燃气及水的生产和供应业	Production and Supply of Electricity, Heat, Gas & Water	16.7	16.5	-12.7	463.4
建筑业	Construction	-91.5	-91.5		
第三产业	Tertiary Industry	0.6	2.1	-38.6	-31.8
批发与零售业	Wholesale and Retail Trades	-7.5	-8.8		6.5
交通运输、仓储及邮政业	Transport, Storage and Post	2.0	2.2	-40.8	-40.9
住宿和餐饮业	Hotels and Catering Services	24.9	34.8	-38.3	-84.1
信息传输、计算机服务和软件业	Information Transmission, Computer Services and Software	7.6	11.4	-45.7	79.4
金融业	Financial Intermediation	13546.2	13546.2		
房地产业	Real Estate	-11.0	-10.9	-12.7	-12.8
租赁与商务服务业	Leasing and Business Services	22.0	22.0		
科学研究、技术服务与地质勘查业	Scientific Research, Technical Services and Geological Prospecting	49.3	49.4	-89.2	
水利、环境和公共设施管理业	Management of Water Conservancy, Environment and Public Facilities	9.3	9.3		
居民服务和其他服务业	Services to Households and Other Services	80.4	83.0	-60.5	
教 育	Education	18.5	18.6	-78.1	
卫生、社会保障和社会福利业	Health, Social Security and Social Welfare	19.1	19.1		
文化、体育与娱乐业	Culture, Sports and Entertainment	13.5	13.5		
公共管理与社会组织	Public Management and Social Organizations	-8.0	-8.0		

4-8 各行业实际到位资金比上年增长情况(2023年)

单位：%

行　　业	Sector	本年实际到位资金 Actual Available Investment
总　计	**Total**	**-0.3**
第一产业	Primary Industry	17.7
第二产业	Secondary Industry	15.4
工　业	Industry	15.6
采矿业	Mining	8.2
制造业	Manufacturing	14.4
电力、热力、燃气及水的生产和供应业	Production and Supply of Electricity, Heat, Gas & Water	29.8
建筑业	Construction	-91.4
第三产业	Tertiary Industry	-6.4
批发与零售业	Wholesale and Retail Trades	-11.7
交通运输、仓储及邮政业	Transport, Storage and Post	-19.9
住宿和餐饮业	Hotels and Catering Services	25.6
信息传输、计算机服务和软件业	Information Transmission, Computer Services and Software	9.1
金融业	Financial Intermediation	25513.4
房地产业	Real Estate	-10.3
租赁与商务服务业	Leasing and Business Services	17.4
科学研究、技术服务与地质勘查业	Scientific Research, Technical Services and Geological Prospecting	54.5
水利、环境和公共设施管理业	Management of Water Conservancy, Environment and Public Facilities	0.1
居民服务和其他服务业	Services to Households and Other Services	76.9
教　育	Education	16.2
卫生、社会保障和社会福利业	Health, Social Security and Social Welfare	25.2
文化、体育与娱乐业	Culture, Sports and Entertainment	8.5
公共管理与社会组织	Public Management and Social Organizations	-12.8

注：房地产业中其他资金包含定金及预收款、个人按揭贷款。

Note: The data of rural households is excluded herein.

Growth of Funds for over Year Sector (2023)

(%)

国家预算资金 State Budget	国内贷款 Domestic Loans	利用外资 Foreign Investment	自筹资金 Self-raised Funds	其他资金 Other Funds
16.8	**-4.8**	**-88.3**	**9.1**	**-23.1**
69.2	-42.2	-91.7	18.4	-2.7
173.9	-22.2	-85.7	21.5	-6.4
173.9	-22.2	-85.7	21.7	-6.4
146.6	-20.6		6.7	67.2
202.3	-36.6	-83.8	21.2	-12.1
162.0	7.6	-100.0	43.8	5.8
			-91.4	
10.0	-0.5	-91.9	-0.3	-18.2
90.5	-3.5	-100.0	-14.8	38.4
-6.1	-7.5	-100.0	-20.1	-44.7
264.6	280.6	-71.5	19.9	81.2
274.8	-14.7		4.5	457.3
			84705.8	
127.0	11.9	17.4	-17.2	-12.0
179.4	559.2		21.9	-82.8
74.7	-48.9		186.6	729.8
11.6	-13.6		13.5	-31.1
165.1	969.0		49.5	-26.8
2.0	-9.0	-25.0	47.2	-18.1
68.8	107.6	-94.2	19.6	56.1
8.7	67.2	32.5	16.0	-48.0
19.4	-9.7		-39.6	-2.9

4−9 按行业分建设项目投资和建设总规模比上年增长情况(2023年)

Change in Investment in Construction Projects and Total Construction Investment Size by Sector Compared with the Last Year (2023)

单位：% (%)

行　　业	Sector	建设总规模 Total Investment in Construction	在建总规模 Total Investment in Projects under Construction	在建净规模 Net Investment in Projects under Construction	投资额 Investment
总　计	**Total**	**6.8**	**6.1**	**-0.5**	**11.3**
第一产业	Primary Industry	-0.6	-8.8	-64.3	17.4
第二产业	Secondary Industry	14.3	8.9	-1.7	13.1
工　业	Industry	13.5	8.4	-2.3	13.3
采矿业	Mining	7.4	-1.5	-68.9	3.9
制造业	Manufacturing	10.4	5.2	-9.4	13.5
电力、热力、燃气及水的生产和供应业	Production and Supply of Electricity, Heat, Gas & Water	43.1	39.7	84.2	16.7
建筑业	Construction	-24.7	-45.2	-148.1	-91.5
第三产业	Tertiary Industry	3.4	5.1	0.9	9.7
批发与零售业	Wholesale and Retail Trades	-9.1	-10.5	-15.0	-7.5
交通运输、仓储及邮政业	Transport, Storage and Post	-6.3	-1.6	-3.8	2.0
住宿和餐饮业	Hotels and Catering Services	26.4	17.4	-16.4	24.9
信息传输、计算机服务和软件业	Information Transmission, Computer Services and Software	6.5	12.5	1.2	7.6
金融业	Financial Intermediation	5709.3	6163.5	28279.0	13546.2
房地产业	Real Estate	14.7	17.3	4.9	33.5
租赁与商务服务业	Leasing and Business Services	2.4	-24.3	-68.5	22.0
科学研究、技术服务与地质勘查业	Scientific Research, Technical Services and Geological Prospecting	57.4	31.6	-10.2	49.3
水利、环境和公共设施管理业	Management of Water Conservancy, Environment and Public Facilities	11.1	14.7	22.4	9.3
居民服务和其他服务业	Services to Households and Other Services	37.9	39.4	-2.6	80.4
教　育	Education	15.7	12.9	3.2	18.5
卫生、社会保障和社会福利业	Health, Social Security and Social Welfare	26.7	19.5	15.0	19.1
文化、体育与娱乐业	Culture, Sports and Entertainment	-0.2	-13.3	-46.6	13.5
公共管理与社会组织	Public Management and Social Organizations	-2.7	39.0	-772.1	-8.0

注：该表中数据不包含农户投资数据。
Note: The data of rural households is excluded herein.

4-10 按行业分建设项目施工、投产项目个数(2023年)

Number of Construction Projects under Construction and Put into Use by Sector (2023)

行业	Sector	施工项目(个) Number of Projects under Construction (unit)	#新开工 New Projects	全部建成投产项目(个) Number of Projects Completed & Put into Use (unit)	项目建成投产率(%) Rate of Projects Completed & Put into Use (%)
总　计	**Total**	**15979**	**7325**	**7476**	**46.8**
第一产业	Primary Industry	1274	742	763	59.9
第二产业	Secondary Industry	6001	2717	2732	45.5
工　业	Industry	6007	2721	2735	45.5
采矿业	Mining	210	88	77	36.7
制造业	Manufacturing	5080	2256	2389	47.0
电力、热力、燃气及水的生产和供应业	Production and Supply of Electricity, Heat, Gas & Water	717	377	269	37.5
建筑业	Construction	8	1	5	62.5
第三产业	Tertiary Industry	8704	3866	3981	45.7
批发与零售业	Wholesale and Retail Trades	257	127	141	54.9
交通运输、仓储及邮政业	Transport, Storage and Post	1505	561	649	43.1
住宿和餐饮业	Hotels and Catering Services	271	179	132	48.7
信息传输、计算机服务和软件业	Information Transmission, Computer Services and Software	210	84	91	43.3
金融业	Financial Intermediation	5	3	2	40.0
房地产业	Real Estate	250	92	67	26.8
租赁与商务服务业	Leasing and Business Services	141	56	63	44.7
科学研究、技术服务与地质勘查业	Scientific Research, Technical Services and Geological Prospecting	166	57	56	33.7
水利、环境和公共设施管理业	Management of Water Conservancy, Environment and Public Facilities	3886	1776	1748	45.0
居民服务和其他服务业	Services to Households and Other Services	76	44	36	47.4
教　育	Education	462	161	185	40.0
卫生、社会保障和社会福利业	Health, Social Security and Social Welfare	333	126	163	48.9
文化、体育与娱乐业	Culture, Sports and Entertainment	821	453	477	58.1
公共管理与社会组织	Public Management and Social Organizations	106	39	38	35.8

注：该表中数据不包含农户投资。

Note: The data of rural households is excluded herein.

4-11 工业投资按行业分构成(2022—2023年)
Industrial Investment by Sector (2022-2023)

单位：% (%)

行　　业	Sector	2022	2023
合　计	**Total**	**100.0**	**100.0**
采矿业	**Mining**	**5.9**	**5.7**
煤炭开采和洗选业	Mining and Washing of Coal		
石油和天然气开采业	Extraction of Petroleum and Natural Gas	3.4	4.1
黑色金属矿采选业	Mining and Processing of Ferrous Metal Ores		
有色金属矿采选业	Mining and Processing of Non-ferrous Metal Ores		
非金属矿采选业	Mining and Processing of Non-metal Ores	1.6	1.1
开采辅助活动	Support Activities for Mining	0.7	0.1
其他采矿业	Mining of Other Ores	0.2	0.3
制造业	**Manufacturing**	**83.4**	**82.6**
农副食品加工业	Processing of Food from Agricultural Products	4.7	4.3
食品制造业	Manufacture of Foods	1.7	1.8
酒、饮料和精制茶制造业	Manufacture of Liquor, Beverages and Refined Tea	1.1	1.2
烟草制品业	Manufacture of Tobacco	0.1	0.2
纺织业	Manufacture of Textile	0.3	0.2
纺织服装、服饰业	Manufacture of Textile, Wearing Apparel and Accessories	0.7	0.4
皮革、毛皮、羽毛及其制品和制鞋业	Manufacture of Leather, Fur, Feather and Related Products and Footwear	0.2	0.1
木材加工和木、竹、藤、棕、草制品业	Processing of Timber, Manufacture of Wood, Bamboo, Rattan, Palm and Straw Products	1.0	0.9
家具制造业	Manufacture of Furniture	1.3	1.2
造纸及纸制品业	Manufacture of Paper and Paper Products	1.2	0.8
印刷和记录媒介复制业	Printing and Reproduction of Recording Media	0.8	0.6
文教、工美、体育和娱乐用品制造业	Manufacture of Articles for Culture, Education, Arts and Crafts, Sport and Entertainment Activities	0.9	0.7
石油加工、炼焦及核燃料加工业	Processing of Petroleum, Coking and Processing of Nuclear Fuel	0.1	0.7
化学原料及化学制品制造业	Manufacture of Raw Chemical Materials and Chemical Products	4.5	4.9
医药制造业	Manufacture of Medicines	3.7	4.2
化学纤维制造业	Manufacture of Chemical Fibres	0.7	0.3
橡胶和塑料制品业	Manufacture of Rubber and Plastics Products	2.8	1.5
非金属矿物制品业	Manufacture of Non-metallic Mineral Products	6.5	6.0
黑色金属冶炼和压延加工业	Smelting and Pressing of Ferrous Metals	1.1	1.2
有色金属冶炼和压延加工业	Smelting and Pressing of Non-ferrous Metals	1.7	1.7
金属制品业	Manufacture of Metal Products	3.0	2.3
通用设备制造业	Manufacture of General Purpose Machinery	3.4	3.3
专用设备制造业	Manufacture of Special Purpose Machinery	4.1	4.7
汽车制造业	Manufacture of Automobiles	11.3	13.9
铁路、船舶、航空航天和其他运输设备制造业	Manufacture of Railway, Ship, Aerospace and Other Transport Equipment	2.1	1.4
电气机械和器材制造业	Manufacture of Electrical Machinery and Apparatus	6.7	7.5
计算机、通信和其他电子设备制造业	Manufacture of Computers, Communication and Other Electronic Equipment	15.2	13.7
仪器仪表制造业	Manufacture of Measuring Instruments and Machinery	1.1	0.8
其他制造业	Other Manufacture	0.7	0.9
废弃资源综合利用业	Utilization of Waste Resources	0.8	0.8
金属制品、机械和设备修理业	Repair Service of Metal Products, Machinery and Equipment	0.0	0.2
电力、热力、燃气及水生产和供应业	**Production and Supply of Electricity, Heat, Gas and Water**	**10.7**	**11.7**
电力、热力生产和供应业	Production and Supply of Electric Power and Heat Power	7.1	7.5
燃气生产和供应业	Production and Supply of Gas	1.5	2.3
水的生产和供应业	Production and Supply of Water	2.1	1.9

4-12 建设项目投资比上年增长情况(2022—2023年)
Growth Rate of Investment in Construction Projects Compared with the Last Year (2022-2023)

单位：% (%)

指 标	Item	2022	2023
投资总额	**Total Investment (10 000 yuan)**	**12.1**	**11.3**
按隶属关系分	**By Jurisdiction of Administration**		
中央项目	Central Investment	3.1	21.3
地方项目	Local Investment	12.9	10.5
按构成分	**By Use of Funds**		
建筑工程	Construction	15.0	10.2
安装工程	Installation	23.1	2.1
设备、工具、器具购置	Purchase of Equipments and Instruments	-5.3	13.7
其他费用	Others	10.2	21.0
按建设性质分	**By Type of Construction**		
#新 建	New Construction Projects	12.6	14.2
扩 建	Expansion	16.8	-0.5
改建和技术改造	Reconstruction and Technical Transformation	6.7	0.5
按国民经济行业分	**By Sector**		
第一产业	Primary Industry	19.9	17.4
第二产业	Secondary Industry	11.0	13.1
#工 业	Industry	10.4	13.3
第三产业	Tertiary Industry	12.4	9.7
新增固定资产(万元)	**Newly Increased Fixed Assets (10 000 yuan)**	**11.7**	**30.9**
建设项目(个)	**Construction Projects (unit)**		
施工项目	Projects under Construction	6.2	4.7
本年投产项目	Projects Completed in This Year	2.5	7.8

注：该表数据中不含农户投资。
Note: The data of rural households is excluded herein.

4−13 按行业分的建设项目投资个数和规模(2023年)
Number and Scale of Investment in Construction Projects by Sector (2023)

单位：万元 (10 000 yuan)

行 业	Sector	施工项目个数(个) Number of In-process Project (unit)	计划总投资 Planned Total Investment
总 计	**Total**	**15979**	**440363955**
第一产业	Primary Industry	1274	8020929
第二产业	Secondary Industry	6001	151032593
工 业	Industry	6007	151105642
采矿业	Mining	210	5364409
制造业	Manufacturing	5080	126992864
电力、热力、燃气及水的生产和供应业	Production and Supply of Electricity, Heat, Gas & Water	717	18748369
建筑业	Construction	8	155793
第三产业	Tertiary Industry	8704	281310433
批发与零售业	Wholesale and Retail Trades	257	5377539
交通运输、仓储及邮政业	Transport, Storage and Post	1505	117465930
住宿和餐饮业	Hotels and Catering Services	271	1699990
信息传输、计算机服务和软件业	Information Transmission, Computer Services and Software	210	7915776
金融业	Financial Intermediation	5	1014597
房地产业	Real Estate	250	10584230
租赁与商务服务业	Leasing and Business Services	141	5672044
科学研究、技术服务与地质勘查业	Scientific Research, Technical Services and Geological Prospecting	166	5891778
水利、环境和公共设施管理业	Management of Water Conservancy, Environment and Public Facilities	3886	89171963
居民服务和其他服务业	Services to Households and Other Services	76	565089
教 育	Education	462	11872676
卫生、社会保障和社会福利业	Health, Social Security and Social Welfare	333	10326558
文化、体育与娱乐业	Culture, Sports and Entertainment	821	11568435
公共管理与社会组织	Public Management and Social Organizations	106	1012179

注：该表数据中不含农户投资。
Note: The data of rural households is excluded herein.

4-14 基础设施建设投资构成(2022—2023年)
Composition of Investment in Infrastructure Construction (2022-2023)

单位：%　　　　(%)

行　业	Sector	2022	2023
合　计	**Total**	**100.0**	**100.0**
电力、热力、燃气及水的生产和供应业	Production and Supply of Electricity, Heat, Gas and Water	8.7	9.5
#电力、热力的生产和供应业	Production and Supply of Electric Power and Heat Power	5.7	6.1
燃气生产和供应业	Production and Supply of Gas	1.3	1.8
水的生产和供应业	Production and Supply of Water	1.7	1.6
交通运输及邮政业	Transport, Storage and Post	46.1	44.2
#交通运输业	Transport	45.9	44.0
#城市公共交通业	City Public Transport	9.1	10.7
邮政业	Post	0.2	0.1
电信和其他信息传输服务业	Telecommunications and Other Information Transmission Services	2.3	3.1
水利、环境和公共设施管理业	Management of Water Conservancy, Environment and Public Facilities	42.9	43.3
#水利管理业	Management of Water Conservancy	6.3	6.9
生态保护和环境治理业	Ecology Protection and Environment Control	3.3	3.2
公共设施管理业	Management of Public Facilities	33.3	33.2

4-15 房地产开发基本情况(1990—2023年)
Basic Statistics on Real Estate Development (1990-2023)

单位：万平方米 (10 000 sq.m)

年份 Year	企业数 (个) Number of Enterprises (unit)	从业人员 (人) Number of Employed Persons (person)	本年完成投资总额 (万元) Investment Completed This Year (10 000 yuan)	#住宅 Residential Buildings	资金来源 (万元) Sources of Funds (10 000 yuan)
1990			17503	10600	17568
1991			19185	14040	18042
1992			33868	21239	33148
1993			123151	66833	107210
1994			279089	196411	377959
1995			468845	252085	612121
1996	635	22512	556185	259881	836655
1997	622	24911	675022	282592	1060761
1998	991	50088	973014	440889	1391253
1999	1073	50526	1125135	523357	1504042
2000	1339	63925	1396327	728125	1784950
2001	1474	78961	1966684	1107126	2373982
2002	1559	76582	2459130	1306998	3148171
2003	1597	54148	3278881	1774341	4793499
2004	1828	70711	4050791	2171303	6220133
2005	1862	70563	5177291	3004026	8819371
2006	1936	70094	6296300	3767847	9985438
2007	2039	87606	8498966	5218209	15546697
2008	2280	86094	9909970	6195250	15595559
2009	2359	87818	12389125	7890183	22026661
2010	2391	86602	16155969	10868252	34393672
2011	2453	94535	19808648	14055514	44332807
2012	2552	89482	24263284	16389674	51082969
2013	2594	93207	28904229	19466753	58468351
2014	2695	94579	34711345	23344783	67627353
2015	2585	95326	35868775	22702412	66028296
2016	2467	98199	35626519	22058451	63546787
2017	2316	103130	37996945	25005880	75021329
2018	2250	101326	39900028	28160896	84089315
2019	2226	100845	41664502	30366946	80275546
2020	2278	101727	40805527	29826964	75973485
2021	2323	95596	40832129	30765596	57237673
2022	2208	82939	32182420	24124186	32321349
2023	2121	59184	27967094	21096396	28469100

4-15 续表 1 continued

单位：万平方米 (10 000 sq.m)

年份 Year	房屋施工面积 Floor Space of Buildings under Construction	#住宅 Residential Buildings	房屋新开工面积 Floor Space of Buildings Started This Year	#住宅 Residential Buildings	房屋竣工面积 Floor Space of Buildings Completed
1990	107.80	65.48			46.16
1991	112.57	83.54			37.33
1992	160.91	94.56			45.90
1993	437.73	293.03			81.05
1994	650.71	394.43			141.27
1995	1267.96	810.36			258.25
1996	1424.35	855.64	348.68	220.54	351.76
1997	1652.32	904.18	470.34	299.69	459.92
1998	2058.35	1223.66	914.23	596.44	600.04
1999	2103.76	1285.41	847.51	608.43	619.56
2000	2833.42	1896.18	1290.05	969.26	849.42
2001	3653.71	2508.30	1661.19	1259.38	1020.63
2002	4414.96	3081.57	1709.47	1277.55	1390.73
2003	5287.80	3747.34	2098.24	1580.04	1676.97
2004	6247.86	4544.54	2191.00	1692.00	1585.98
2005	7487.36	5514.75	2335.00	1825.00	2209.82
2006	8864.37	6655.00	2709.28	2176.75	2224.84
2007	10578.84	8179.29	3555.87	2903.82	2253.07
2008	11639.27	9166.21	3508.62	2857.70	2367.94
2009	13052.60	10338.12	3813.68	2989.72	2907.05
2010	17138.50	13744.78	6312.64	5268.76	2626.59
2011	20397.24	15923.84	6824.36	5214.42	3424.33
2012	22009.03	16997.85	5813.48	4345.14	3990.63
2013	26251.89	19248.95	7641.63	5387.60	3804.36
2014	28623.93	20294.49	6254.04	4275.96	3717.78
2015	28985.67	19390.32	5810.85	3668.92	4630.29
2016	27363.39	17932.69	4875.16	2998.92	4421.30
2017	25960.99	16747.92	5680.04	3759.63	5055.73
2018	27226.56	17859.42	7386.16	5145.20	4083.45
2019	27986.64	18466.12	6725.40	4593.17	5069.17
2020	27368.16	18241.78	5947.70	4106.57	3774.33
2021	26893.17	17709.78	4873.36	3231.19	4196.21
2022	22646.90	14984.24	2222.44	1537.53	2792.57
2023	20497.57	13583.06	1974.78	1362.74	3302.02

4-15 续表 2 continued

单位：万平方米 (10 000 sq.m)

年 份 Year	#住 宅 Residential Buildings	商品房销售面积 Floor Space of Commercialized Buildings Sold	#住 宅 Residential Buildings	商品房销售额（万元） Sales of Commercialized Buildings (10 000 yuan)	#住 宅 Residential Buildings
1990	34.16	23.29		17648	
1991	28.61	27.48		20007	
1992	30.48	32.87		29583	
1993	66.01	37.39		42221	
1994	115.05	46.32		55336	
1995	208.70	114.61		116657	
1996	275.62	166.21	142.98	189856	145507
1997	358.36	260.78	215.33	313111	222376
1998	422.61	416.82	359.73	554786	417609
1999	438.56	429.98	364.56	591992	393569
2000	622.08	579.96	491.09	783709	528698
2001	738.41	746.05	635.04	1076534	719196
2002	1033.60	1016.58	870.41	1581505	1111929
2003	1231.75	1316.83	1132.95	2102260	1499915
2004	1227.66	1329.32	1157.95	2327978	1817280
2005	1713.55	2017.66	1792.41	4307679	3406768
2006	1700.05	2228.46	2011.70	5056850	4186980
2007	1769.19	3552.92	3310.13	9673125	8567327
2008	1951.35	2872.19	2669.93	8000006	7048198
2009	2384.51	4002.89	3771.22	13777615	12317053
2010	2179.81	4314.39	3986.31	18469396	16106444
2011	2826.78	4528.57	4055.88	21460860	18324986
2012	3386.35	4447.45	4032.49	22732367	19539592
2013	2867.45	4675.56	4221.27	26302506	22396726
2014	2771.55	4953.22	4283.57	27602386	22111032
2015	3185.90	5160.27	4266.80	28886035	21986519
2016	3084.00	5878.64	4747.77	33364626	25665719
2017	3316.37	6282.87	5055.25	44176994	34956522
2018	2784.64	6115.84	5031.41	51007114	42900263
2019	3400.08	5703.73	4768.92	49515852	42924663
2020	2585.26	5666.72	4369.22	48182946	40531864
2021	2724.39	5701.39	4483.97	50800775	44886574
2022	1914.99	4142.92	2723.02	29548733	23216880
2023	2285.46	3557.25	2258.06	24503221	19323683

4-16 房地产开发主要指标(2022—2023年)
Main Indicators of Real Estate Development (2022-2023)

指　　标	Item	2022	2023
企业个数(个)	**Number of Enterprises (unit)**	**2208**	**2121**
内资企业	Domestic Funded	2109	2031
港、澳、台投资企业	Enterprises with Funds from Hong Kong, Macao and Taiwan	65	68
外商投资企业	Foreign-funded	36	22
从业人员(人)	**Number of Employees (person)**	**82939**	**59184**
内资企业	Domestic Funded	78726	55791
港、澳、台投资企业	Enterprises with Funds from Hong Kong, Macao and Taiwan	2357	2290
外商投资企业	Foreign-Funded	1856	1103
本年完成投资总额(万元)	**Investment Completed in This Year (10 000 yuan)**	**32168663**	**27967094**
按工程用途分	By Purpose of Projects		
住　宅	Residential Buildings	24110429	21096396
办公楼	Office Buildings	603682	452942
商业营业用房	Buildings for Commercial Use	3203248	2944862
其　他	Others	4251304	3472894
资金来源(万元)	**Total Funds by Source (10 000 yuan)**	**32321349**	**28469100**
#国内贷款	Domestic Loans	4166411	4644637
利用外资	Foreign Investment	3846	200
自筹资金	Self-raised Fund	10784918	8431515
房屋建筑面积(万平方米)	**Floor Space of Buildings (10 000 sq.m)**		
施工面积	Floor Space under Construction	22646.90	20497.57
#住　宅	Residential Buildings	14984.24	13583.06
竣工面积	Floor Space Completed	2792.57	3302.02
#住　宅	Residential Buildings	1914.99	2285.46
本年新开工面积	Floor Space Started in This Year	2222.44	1974.78
#住　宅	Residential Buildings	1537.53	1362.74
商品房销售	**Sales of Commercialized Buildings**		
商品房销售面积(万平方米)	Floor Space of Commercialized Buildings Sold (10 000 sq.m)	4142.92	3557.25
#住　宅	Residential Buildings	2723.02	2258.06
商品房销售额(万元)	Total Sales of Commercialized Buildings (10 000 yuan)	29548733	24503221
#住　宅	Residential Buildings	23216880	19323683
实收资本合计(万元)	**Total Capital Hold (10 000 yuan)**	**37145254**	**36479235**
资产负债率(%)	**Ratio of Liabilities to Assets (%)**	**74.5**	**73.0**
房地产开发经营情况(万元)	**Real Estate Development and Operation (10 000 yuan)**		
主营业务收入	Revenue from Major Business	28394828	30084355
#土地转让收入	Land Transferred	394774	291837

4-17 商品房施工、竣工和销售面积情况(2022—2023年)

Floor Space of Commercialized Buildings under Construction, Completed and Sold (2022-2023)

单位：万平方米 (10 000 sq.m)

指　　标	Item	2022	2023
商品房施工面积	**Floor Space of Commercialized Buildings under Construction**	**22646.90**	**20497.57**
#主城九区	9 Central Urban Districts	12307.49	10854.74
#住　宅	Residential Buildings	14984.24	13583.06
办公楼	Office Buildings	538.01	469.39
商业营业用房	Buildings for Commercial Use	2432.86	2171.32
商品房竣工面积	**Floor Space of Commercialized Buildings Completed**	**2792.57**	**3302.02**
#主城九区	9 Central Urban Districts	1498.68	1426.26
#住　宅	Residential Buildings	1914.99	2285.46
办公楼	Office Buildings	44.09	74.95
商业营业用房	Buildings for Commercial Use	238.55	307.28
商品房销售面积	**Floor Space of Commercialized Buildings Sold**	**4142.92**	**3557.25**
#主城九区	9 Central Urban Districts	1940.41	1565.65
#住　宅	Residential Buildings	2723.02	2258.06
办公楼	Office Buildings	102.83	71.10
商业营业用房	Buildings for Commercial Use	336.28	323.96

4−18 房地产开发企业资产负债情况(2022—2023年)
Assets and Liabilities of Enterprises for Real Estate Development (2022-2023)

单位：万元 (10 000 yuan)

指 标	Item	2022	2023
实收资本合计	Total Capital Held	37145254	36479235
资产总计	Total Assets	323045187	318223768
累计折旧	Total Depreciation	1162931	1823040
#本年折旧	Depreciation This Year	198102	212295
负债总计	Total Liabilities	240819816	232204548
所有者权益	Owners' Equity	82225372	86019220
资产负债率(%)	Assets Liability Ratio (%)	74.5	73.0

4−19 房地产开发企业经营情况(2022—2023年)
Operating Statistics on Enterprises for Real Estate Development (2022-2023)

单位：万元 (10 000 yuan)

指 标	Item	2022	2023
主营业务收入	Revenue from Major Business	28394828	30084355
土地转让收入	Land Transferred	394774	291837
商品房屋销售收入	Commercialized Buildings Sold	26395020	27917385
自持物业收入	Self-holding properties	705841	798814
其他收入	Others	899194	1074864
应交增值税	VAT payable	1912855	1345660
利润总额	Total Profits	3434477	2489975

注：2017年度，主营业务收入构成项中的“房屋出租收入”调整为“自持物业收入”的其中项。
Note: In 2017, the item of houses leased revenue has been adjusted to self-holding properties revenue.

主要统计指标解释

全社会固定资产投资　是以货币形式表现的在一定时期内全社会建造和购置固定资产的工作量以及与此有关费用的总称。该指标是反映固定资产投资规模、结构和发展速度的综合性指标。全社会固定资产投资按登记注册类型可分为国有、集体、联营、股份制、私营和个体、港澳台商、外商、其他等。

固定资产投资（不含农户）　指城镇和农村各种登记注册统计类别的企业、事业、行政单位及城镇个体户进行的计划总投资 500 万元及以上的建设项目投资和房地产开发投资，包括原口径的城镇固定资产投资加上农村企事业组织项目投资，该口径自 2011 年起开始使用。

民间固定资产投资　指具有集体、私营、个人性质的内资调查单位以及由其控股（包括绝对控股和相对控股）的调查单位在中华人民共和国境内建造或购置固定资产的投资。

基础设施投资　指为社会生产和生活提供基础性、大众性服务的工程和设施，是社会赖以生存和发展的基本条件。包括以下行业投资：铁路运输业、道路运输业、水上运输业、航空运输业、管道运输业、多式联运和运输代理业、装卸搬运业、邮政业、电信广播电视和卫星传输服务业、互联网和相关服务业、水利管理业、生态保护和环境治理业、公共设施管理业。

实际到位资金　指用于固定资产投资的各种货币资金。包括国家预算资金、国内贷款、利用外资、自筹资金和其他资金。

国家预算资金　国家预算包括一般预算、政府性基金预算、国有资本经营预算和社保基金预算。各类预算中用于固定资产投资的资金全部作为国家预算资金填报，其中一般预算中用于固定资产投资的部分包括基建投资、车购税、灾后恢复重建基金和其他财政投资。各级政府债券也应归入国家预算资金。

国内贷款　指报告期固定资产投资项目单位向银行及非银行金融机构借入用于固定资产投资的各种国内借款，包括银行利用自有资金及吸收存款发放的贷款、上级拨入的国内贷款、国家专项贷款（包括煤代油贷款、劳改煤矿专项贷款等），地方财政专项资金安排的贷款、国内储备贷款、周转贷款等。

利用外资　指报告期收到的境外（包括外国及港澳台地区）资金（包括设备、材料、技术在内）。包括对外借款（外国政府贷款、国际金融组织贷款、出口信贷、外国银行商业贷款、对外发行债券和股票）、外商直接投资、外商其他投资（包括补偿贸易、加工装配由外商提供的设备价款、国际租赁、外商投资收益的再投资资金）。不包括我国自有外汇资金（国家外汇、地方外汇、留成外汇、调剂外汇和国内银行自有资金发放的外汇贷款等）。各类外资按报告期的外汇牌价（中间价）折成人民币计算。

自筹资金　指在报告期内筹集的用于项目建设和购置的资金。包括自有资金、股东投入资金和借入资金，但不包括各类财政性资金、从各类金融机构借入资金和国外资金。

其他资金来源　指在报告期收到的除以上各种资金之外的用于固定资产投资的资金。包括社会集资、个人资金、无偿捐赠的资金及其他单位拨入的资金等。

固定资产投资按国民经济行业分　指根据其从事的社会经济活动性质对各类单位进行的分类。应根据建设项目建成投产后的主要产品种类或主要用途及社会经济活动种类来划分，不能根据项目单位本身的行业类别来划分。如果项目投产后有几种产品，应根据主要产品来确定行业类别。一般情况下，一个建设项目只能属于一种国民经济行业。

固定资产投资按隶属关系分　是按建设单位或企业、事业、行政单位的主管上级机关确定的。

（1）中央：是指中共中央、人大常委会和国务院各部、委、局、总公司以及直属机构直接领导的建设项目和企业、事业、行政单位。这些单位的固定资产投资计划由国务院各部门直接编制和下达，统一组织或委托下级实施。包括有中央垂直管理的部门（如国家统计局各级调查队）和中央直属企业、事业单位（如工商银行、中国电信、中国石油）等。

（2）地方：是由省（自治区、直辖市）、地（区、市、州、盟）、县（区、市、旗）三级政府及业务主管部门直接领导和管理的建设项目、企业、事业、行政单位。地方项目还包括不隶属以上各级政府及主管部门的建设项目和企业、事业单位，如外商投资企业和无主管部门的企业等。

固定资产投资按建设性质分　按整个建设项目情况来确定。建设项目的性质一般分为新建、扩建、改建和技术改造、单纯建造生活设施、迁建、恢复、单纯购置。农户投资不划分建设性质。

（1）新建：指从无到有“平地起家”开始建设的项目。现有企业、事业、行政单位投资的项目一般不属于新建。但如有的单位原有基础很小，经过建设后新增的固定资产价值超过该企业、事业、行政单位原有固定资产价值（原值）三倍以上的，也应作为新建。

（2）扩建：指在厂内或其他地点，为扩大原有产品的生产能力（或效益）或增加新的产品生产能力，而增建的生产车间（或主要工程）、分厂、独立的生产线等项目。行政、事业单位在原单位增建业务性用房（如学校增建教学用房、医院增建门诊部、病房等）也作为扩建。

现有企、事业单位为扩大原有主要产品生产能力或增加新的产品生产能力，增建一个或几个主要生产车间（或主要工程）、分厂，同时进行一些更新改造工程的，也应作为扩建。

（3）改建和技术改造：指现有企业、事业单位对原有设施进行技术改造或更新（包括相应配套的辅助性生产、生活福利设施）的建设项目。改建项目包括企业、事业单位为适应市场变化的需要，而改变企业的主要产品种类（如军工企业转民用产品等）的建设项目；原有产品生产作业线由于各工序（车间）之间能力不平衡，为填平补齐充分发挥原有生产能力而增建但不增加主要产品生产能力的建设项目。技术改造是指企业、事业单位在现有基础上用先进的技术代替落后的技术，用先进的工艺和装备代替落后的工艺和装备，以改变企业落后的技术经济面貌，实现以内涵为主的扩大再生产，达到提高产品质量、促进产品更新换代、节约能源、降低消耗、扩大生产规模、全面提高社会经效益的目的。技术改造具体包括以下内容：机器设备和工具的更新改造；生产工艺改革、节约能源和原材料的改造；厂房建筑和公共设施的改造；保护环境进行的“三废”治理改造；劳动条件和生产环境的改造等。

固定资产投资按构成分

（1）建筑工程：指各种房屋、建筑物的建造工程。这部分投资额必须兴工动料，通过施工活动才能实现，是固定资产投资额的重要组成部分。

（2）安装工程：指各种设备、装置的安装工程。

在安装工程中，不包括被安装设备本身价值。

（3）设备工器具购置：指报告期内购置或自制的，达到固定资产标准的设备、工具、器具的价值。新建单位及扩建单位的新建车间，按照设计或计划要求购置或自制的全部设备、工具、器具，不论是否达到固定资产标准均计入“设备工器具购置”中。

（4）其他费用：指在固定资产建造和购置过程中发生的，除建筑安装工程和设备、工器具购置投资完成额以外的应当分摊计入固定资产投资的费用，不指经营中财务上的其他费用。

Explanatory Notes on Main Statistical Indicators

Total Investment in Fixed Assets in the Whole Country refers to the volume of activities in construction and purchases of fixed assets of the whole country and related fees, expressed in monetary terms during the reference period. It is a comprehensive indicator which shows the size, structure and growth of the investment in fixed assets, providing a basis for observing the progress of construction projects and evaluating results of investment. Total investment in fixed assets in the whole country includes, by type of ownership, the investment by State-owned units, collective-owned units, joint ownership units, share-holding units, private units, individuals as well as investments by entrepreneurs from Hong Kong, Macao and Taiwan, foreign investors and others.

Investment in Fixed Assets (Excluding Rural Households) refers to the investment in construction projects with a total planned investment of 5 million yuan and over by enterprises of various ownerships, institutions, administrative units and urban self-employed individuals, and the investment in real estate development in both urban and rural areas. Since 2011, it covers the urban investment in fixed assets under the previous statistical coverage plus project investments by rural enterprises and institutions.

Non-governmental Investment in Fixed Assets refers to the investment in the construction or purchase of fixed assets in the territory of the People's Republic of China by domestic-funded enterprises and institutions with collective, private and personal nature and by enterprises and institutions controlled by them (including absolute and relative holding).

Infrastructure Investment refers to projects and facilities that provide basic and popular services for social production and life. It is the basic condition for the survival and development of society. It includes: railway transport, road transport, water transport, air transport, pipeline transport, multimodal transport and transport agent (intermodality and forwarding agency), loading and unloading, posts, telecommunications, radio and television and satellite transmission services, Internet and related services, water management industry, ecological protection and environmental governance, public facilities management.

Actual Funds for Investment refer to all kinds of monetary funds used for fixed assets investment. It includes state budget funds, domestic loans, foreign capital utilization, self-raising funds and other funds.

Fund from the State Budget State budget consists of general budget, government fund budget, operation budget of state-owned assets and social security fund budget. Funds for investment in fixed assets from various budgets are reported as fund from the state budget, of which, the general budget utilized on fixed assets investment includes investment on infrastructure construction, vehicle purchase tax, post-disaster restoration and reconstruction funds and other financial investment. Government bonds at all levels should also be included.

Domestic Loans refer to loans of various forms borrowed by investing units from banks and non-bank financial institutions during the reference period for the purpose of investment in fixed assets, including loans issued by banks from their self-owned funds and deposit, loans appropriated by higher responsible authorities, special loans by government (including loan for substituting petroleum with coal, special loans for reform-through-labour coal mines), loans arranged by local government from special funds, domestic reserve loan, and revolving loan, etc.

Foreign Investment refers to overseas (including foreign countries, Hong Kong, Macao and Taiwan) funds received during the reference period (covering equipment, materials and technology), including foreign borrowings (loans from foreign governments and international financial institutions, export credit, commercial loans from foreign banks, issue of bonds and stocks overseas), foreign direct investment and other foreign investments (including funds from foreign direct investment income that are reinvested in fixed assets domestically). Excluded from this category is capital in foreign exchanges owned by China (foreign exchanges owned by the central and local governments, foreign exchanges retained by enterprises, foreign exchanges by enterprises through the regulating mechanism, loans in foreign exchanges issued by the Bank of China with its own fund, etc.). In calculating the utilization of foreign capital, foreign currencies are converted into Chinese Renminbi applying the exchange rate (central parity rate) at the end of the reference period.

Self-raised Funds refer to funds for investment in fixed assets received during the reference period by investing units, including investment in fixed assets using own funds of various enterprises and institutions or funds raised from other units other than financial funds, funds borrowed from financial institutions and overseas funds.

Other Funds refer to funds for investment in fixed assets received from sources other than those listed above, including funds raised from individuals and through donations, and funds transferred from other units.

Investment in Fixed Assets by Sector refers to the classification of investment by the nature of social economic activities the investing units are engaged in. The classification of construction projects by sector is determined by the major products or the purpose of the projects when they are put into production or use, and by the nature of their social economic activities, instead of being determined by industrial classification of the project enterprises. The project will be classified according to major product if there are several kinds of products yielded. In general, one project can only be classified into one sector.

Investment in Fixed Assets by Jurisdiction of Management refers to the classification of investment by the competent authorities under which investment is made by construction units, enterprises, institutions or administrative units.

(1) Central investment refers to the investment in projects or by enterprises, institutions or administrative units which are under the direct leadership and management of the State Council and of the national commissions, ministries, agencies and State-owned large corporations. Various ministries and departments of the State Council prepare and implement plans through unified organization or lower-level commissions, which include departments direct under central government (i.e. survey offices at all level of the National Bureau of Statistics) and enterprises and institutions directly under central government (like the Industrial and Commercial Bank of China, China Telecom and China National Petroleum Corporation).

(2) Local investment refers to the investment in projects or by enterprises, institutions or administrative units which are under the direct leadership and management of competent departments and governments at the level of province (autonomous regions and municipalities directly under the Central Government), prefecture (prefectures, cities and leagues) and county (districts, cities and banners). Also included are projects by foreign-invested enterprises and enterprises without competent managing authorities.

Investment in Fixed Assets by Type of Construction Construction projects in general can be classified, by the type of construction, into new construction, expansion, reconstruction and technical transformation, purely construction of living facilities, moving, restoration and purely purchasing. However, investment by type of construction is not applied to investment by real-estate development units and investment by rural households.

(1) New construction in general refers to construction projects, which start from scratch. The existing projects invested by enterprises, institutions and administrative agencies cannot be classified as new construction. In case the size of the existing unit is quite small, and the value of newly added fixed assets is more than three times of the original value, the expansion will be considered as new construction.

(2) Expansion refers to projects of construction of new production workshop, branch factory or independent production line within a factory or in other locations, for the purpose of increasing the production capacity (or improving efficiency) or adding new production capacity. Newly constructed accommodation for the operation of institutions and administrative organizations (such as newly constructed buildings for teaching in schools, buildings for clinics or wards in hospitals, etc.) are also classified as expansion.

Also included in expansion are investments by existing enterprises or institutions in building major production line(s) or branch factory (ies) along with some work on innovation, for the purpose of expanding the production capacity of original products or producing new products.

(3) Reconstruction and technical transformation refers to construction projects by existing enterprises or institutions in innovation or technical transformation of the old facilities (including auxiliary production equipment and welfare facilities). Also considered as reconstruction is the construction of new workshops by the existing enterprises or institutions to change the variety of products to meet the market demand (such as the production of civil products by defence industries), or to bring the designed production capacity into full play through a more balanced production process on production lines. Technical transformation refers to replacement of old technology or equipment by new technology or equipment, in order to expand the reproduction through improvement of technology contents in production, to improve product quality, to promote new products, to save energy, to reduce consumption, to expand the production scale and to improve overall social-economic efficiency. Contents of technical transformation include: updating of machinery, equipment and tools; reforming production process by using energy or materials saving technology; construction of factory workshops and transformation of public facilities; treatment transformation of "three wastes" (waste gas, waste water and industrial residue) aiming at environmental protection; improvement of working conditions and environment, etc.

Investment in Fixed Assets by Structure

(1) Construction refers to the construction of houses and buildings, also known as work volume of construction. This part of investment can only be achieved through construction activities, it is the major component of the total investment in fixed assets.

(2) Installation refers to the installation of various kinds of equipment and instruments, also known as work volume of installation.

The value of equipment installed itself is not included in the value of installation projects.

(3) Purchase of equipment and instruments refers to the total value of equipment, tools, and instruments purchased or self-produced which come up to the cut-off point for fixed assets during the reference period. Equipment, tools and instruments purchased or self-produced for new workshops by newly established or expanded units are categorized as "purchase of equipment and instruments" no matter whether they come up to the cut-off point for fixed assets.

(4) Other expenses refer to expenses arising during the construction or purchase of fixed assets other than those expenses on construction, installation and purchase of equipment and instruments. Other financial expenses arising in operation are not included.

5 能源消费

ENERGY CONSUMPTION

简 要 说 明

本章主要内容包括能源消费及品种构成，能源消费弹性系数，平均每万元GDP能源消费量及日均能源消费量，综合能源平衡表，按工业行业分的能源消费量和工业产值综合能耗。

本章资料由市统计局能源资源统计处根据有关资料和调查结果编制。

Brief Introduction

The data in this chapter mainly cover energy consumption and its composition, the elasticity ratio of energy consumption, average energy consumption per 10 000 yuan of GDP, average daily energy consumption, overall energy balance sheet, energy consumption by industrial sector and comprehensive energy consumption per unit output value.

This chapter is compiled by Division of Energy Resources Statistics, Chongqing Municipal Bureau of Statistics on the basis of the related materials and the results of surveys.

5-1 主要年份能源消费总量
Total Consumption of Energy in Major Years

单位：万吨标准煤 (10 000 tons of SCE)

年 份 Year	能源消费总量 Total Consumption of Energy	煤炭 Coal	天然气 Natural Gas	油 料 Oil	一次电力及其他能源 Primary Electricity and Other Energy
1949	78.71	76.36		1.77	0.58
1952	133.44	129.29		2.94	1.20
1957	226.36	212.81	2.93	6.01	4.61
1962	408.86	368.46	15.62	12.20	12.58
1965	294.29	253.19	16.87	8.45	15.78
1970	403.02	325.98	43.03	12.05	21.96
1975	558.92	441.18	67.44	18.87	31.42
1978	763.19	604.12	89.15	27.64	42.28
1980	845.92	645.95	110.79	34.79	54.40
1981	861.98	657.73	118.29	29.04	56.92
1982	901.48	681.49	118.98	41.46	59.57
1983	952.74	719.36	127.22	43.82	62.34
1984	996.03	748.83	130.43	51.54	65.23
1985	1065.48	805.25	138.04	53.93	68.26
1986	1091.00	805.64	148.81	64.89	71.66
1987	1197.87	889.42	167.89	65.33	75.22
1988	1298.74	993.10	157.69	68.98	78.96
1989	1343.61	1025.17	163.38	72.16	82.89
1990	1301.67	970.51	168.60	75.53	87.02
1991	1337.69	988.47	169.13	82.94	97.15
1992	1374.12	1006.75	170.22	88.70	108.46
1993	1411.75	1025.38	172.42	92.87	121.09
1994	1456.27	1044.34	186.02	90.72	135.18
1995	1525.10	1064.15	221.75	88.29	150.91
1996	1605.93	1130.64	223.89	83.59	167.81
1997	1742.43	1187.85	242.72	124.85	187.00
1998	1819.10	1195.96	250.02	157.60	215.52
1999	1955.53	1283.61	264.51	168.52	238.90
2000	2069.17	1373.08	267.96	173.52	254.61
2001	2208.95	1459.45	276.81	176.98	295.71
2002	2422.98	1655.55	284.84	183.54	299.06
2003	2693.21	1893.74	299.64	189.52	310.32
2004	2891.06	1892.59	346.34	326.12	326.01
2005	3027.40	1944.56	405.24	353.49	324.11
2006	3339.78	2192.60	457.18	402.63	287.36
2007	3869.50	2322.58	496.90	471.30	578.72
2008	4039.65	2430.96	556.50	515.46	536.74
2009	4398.56	2667.99	564.67	531.92	633.96
2010	4987.34	2964.56	645.85	636.16	740.77
2011	5516.15	3533.55	705.35	782.81	494.44
2012	5834.84	3563.96	810.10	801.63	659.15
2013	6225.92	3935.09	823.92	889.18	577.72
2014	6603.61	3983.97	937.46	887.81	794.37
2015	6924.77	3994.40	1008.76	999.15	922.46
2016	7099.71	3830.26	1019.61	1084.27	1165.57
2017	7251.59	3899.16	1087.18	1139.04	1126.20
2018	7452.72	4050.94	1323.39	1347.72	730.66
2019	7687.25	4060.44	1376.68	1435.56	814.56
2020	7621.87	3930.14	1397.16	1405.65	888.92
2021	8046.31	3982.27	1756.70	1407.54	899.80
2022	8022.76	4068.72	1754.90	1273.68	925.47
2023	8426.28	4166.10	1822.71	1531.24	906.23

注：本表各年能源品种均已折合为按当量值计算的吨标准煤。
Note: All sorts of energy consumption has been converted into tons of SCE calculated in equivalent value.

5-2 规模以上工业按行业分能源消费量(2023年)

行业	Sector	原煤 (吨) Coal (ton)
工业消费总量	**Total Industry Consumption**	**46282349**
采矿业	**Mining**	**1772411**
煤炭开采和洗选业	Mining and Washing of Coal	1298181
油和天然气开采业	Extraction of Petroleum and Natural Gas	
黑色金属矿采选业	Mining and Processing of Ferrous Metal Ores	
有色金属矿采选业	Mining and Processing of Non-ferrous Metal Ores	
非金属矿采选业	Mining and Processing of Non-metal Ores	474230
开采专业及辅助性活动	Support Activities for Mining	
其他采矿业	Mining of Other Ores	
制造业	**Manufacturing**	**16254375**
农副食品加工业	Processing of Food from Agricultural Products	10797
食品制造业	Manufacture of Foods	88931
酒、饮料和精制茶制造业	Manufacture of Liquor, Beverages and Refined Tea	933
烟草制品业	Manufacture of Tobacco	
纺织业	Manufacture of Textile	
纺织服装、服饰业	Manufacture of Textile, Wearing Apparel and Accessories	
皮革、毛皮、羽毛及其制品和制鞋业	Manufacture of Leather, Fur, Feather and Related Products and Footwear	1045
木材加工及木、竹、藤、棕、草制品业	Processing of Timber, Manufacture of Wood, Bamboo, Rattan, Palm and Straw Products	1911
家具制造业	Manufacture of Furniture	
造纸及纸制品业	Manufacture of Paper and Paper Products	1647513
印刷和记录媒介复制业	Printing, Reproduction of Recording Media	207
文教、工美、体育和娱乐用品制造业	Manufacture of Articles for Culture, Education, Arts and Crafts, Sport and Entertainment Activities	
石油、煤炭及其他燃料加工业	Processing of Petroleum, coal and Other Fuels	
化学原料及化学制品制造业	Manufacture of Raw Chemical Materials and Chemical Products	4966982
医药制造业	Manufacture of Medicines	2092
化学纤维制造业	Manufacture of Chemical Fibres	
橡胶和塑料制品业	Manufacture of Rubber and Plastics Products	2196
非金属矿物制品业	Manufacture of Non-metallic Mineral Products	5923941
黑色金属冶炼及压延加工业	Smelting and Pressing of Ferrous Metals	1788962
有色金属冶炼及压延加工业	Smelting and Pressing of Non-ferrous Metals	1806686
金属制品业	Manufacture of Metal Products	39
通用设备制造业	Manufacture of General Purpose Machinery	
专用设备制造业	Manufacture of Special Purpose Machinery	
汽车制造业	Manufacture of Automobiles	370
铁路、传播、航空航天和其他运输设备制造业	Manufacture of Railway ,Ship, Aerospace and Other Transport Equipment	
电气机械和器材制造业	Manufacture of Electrical Machinery and Apparatus	11
计算机、通信和其他电子设备制造业	Manufacture of Computers, Communication and Other Electronic Equipment	
仪器仪表制造业	Manufacture of Measuring Instruments and Machinery	
其他制造业	Other Manufacture	
废弃资源综合利用业	Utilization of Waste Resources	11759
金属制品、机械和设备修理业	Repair of Metal Products, Machinery and Equipment	
电力、燃气及水的生产和供应业	**Electric Power, Gas and Water Production and Supply**	**28255565**
电力、热力生产和供应业	Production and Supply of Electric Power and Heat Power	28255565
燃气生产和供应业	Production and Supply of Gas	
水的生产和供应业	Production and Supply of Water	

Energy Consumption of Enterprises above Designated Size by Sector (2023)

焦炭 (吨) Coke (ton)	汽油 (吨) Gasoline (ton)	煤油 (吨) Kerosene (ton)	柴油 (吨) Diesel Oil (ton)	天然气 (万立方米) Natural Gas (10 000 cu.m)	电力 (万千瓦时) Electricity (10 000 kw.h)
4430048	**41097**	**1533**	**178407**	**952881**	**7477885**
4560	**512**		**31408**	**66940**	**119569**
	13		250		537
	204		14	64781	44563
	9		261		420
4560	286		30883	2159	74049
4425489	**35863**	**1533**	**137916**	**746416**	**6142436**
	1914		1541	11058	71163
	1014		1395	8063	44319
	190		259	3380	21405
	57		46	885	6447
	40		60	3399	16076
	191		128	394	4476
	226		146	109	4563
	114		385	180	20997
	256		293	117	10630
	129		2771	7530	262910
	859		1111	1934	28727
	139		55	349	5111
	7		28	222	1825
246730	1253	40	4366	437174	901037
	837		577	14095	91311
	14		38	5346	52506
	1475		2989	6712	149229
29681	1175	38	86759	113809	872760
4129140	275		1511	11046	816784
16260	391	5	4516	61009	1049501
	978	30	2407	6892	113338
2918	3352	293	6339	3749	112963
	973	5	1153	1190	37543
	11597	54	9816	25805	557894
	3719	254	3690	6806	118505
	2780		1260	5345	140989
	1370	809	974	9113	590610
	430	5	187	83	13282
	3		3		388
760	50		3020	622	24001
	55		93		1146
	4719		**9084**	**139522**	**1215880**
	3745		8461	55036	1023760
	716		369	84014	33717
	258		254	472	158403

5-3　规模以上工业企业产值综合能耗(2023年)
Comprehensive Energy Consumption of Industrial Enterprises above Designated Size Per Unit Output Value (2023)

行　　业	Sector	综合能源消费量(吨标准煤) Comprehensive Energy Consumption (ton of SCE)	产值能耗(吨标准煤/万元) Energy Consumption Per Unit Output Value (ton of SCE/ 10 000 yuan)
工业消费总量	**Total Industry Consumption**	**49291541**	**0.19**
采矿业	**Mining**	**1024523**	**0.33**
煤炭开采和洗选业	Mining and Washing of Coal	60797	0.37
石油和天然气开采业	Extraction of Petroleum and Natural Gas	517103	0.27
黑色金属矿采选业	Mining and Processing of Ferrous Metal Ores		
有色金属矿采选业	Mining and Processing of Non-ferrous Metal Ores	909	2.39
非金属矿采选业	Mining and Processing of Non-metal Ores	445713	0.45
开采专业及辅助性活动	Support Activities for Mining		
其他采矿业	Mining of Other Ores		
制造业	**Manufacturing**	**33721581**	**0.14**
农副食品加工业	Processing of Food from Agricultural Products	278895	0.03
食品制造业	Manufacture of Foods	232202	0.07
酒、饮料和精制茶制造业	Manufacture of Liquor, Beverages and Refined Tea	71339	0.05
烟草制品业	Manufacture of Tobacco	18424	0.01
纺织业	Manufacture of Textile	62309	0.13
纺织服装、服饰业	Manufacture of Textile, Wearing Apparel and Accessories	10990	0.02
皮革、毛皮、羽毛及其制品和制鞋业	Manufacture of Leather, Fur, Feather and Related Products and Footwear	8753	0.02
木材加工及木、竹、藤、棕、草制品业	Processing of Timber, Manufacture of Wood, Bamboo, Rattan, Palm and Straw Products	30194	0.02
家具制造业	Manufacture of Furniture	15261	0.02
造纸及纸制品业	Manufacture of Paper and Paper Products	1303990	0.31
印刷和记录媒介复制业	Printing, Reproduction of Recording Media	62745	0.03
文教体育用品制造业	Manufacture of Articles for Culture, Education, Arts and Crafts, Sport and Entertainment Activities	10792	0.02
石油、煤炭及其他燃料加工业	Processing of Petroleum, coal and Other Fuels	8699	0.02
化学原料及化学制品制造业	Manufacture of Raw Chemical Materials and Chemical Products	10004137	0.88
医药制造业	Manufacture of Medicines	339644	0.05
化学纤维制造业	Manufacture of Chemical Fibres	218418	0.19
橡胶和塑料制品业	Manufacture of Rubber and Plastics Products	322555	0.07
非金属矿物制品业	Manufacture of Non-metallic Mineral Products	7723660	0.61
黑色金属冶炼及压延加工业	Smelting and Pressing of Ferrous Metals	6440550	0.52
有色金属冶炼及压延加工业	Smelting and Pressing of Non-ferrous Metals	3582736	0.24
金属制品业	Manufacture of Metal Products	231901	0.04
通用设备制造业	Manufacture of General Purpose Machinery	191881	0.02
专用设备制造业	Manufacture of Special Purpose Machinery	64597	0.01
汽车制造业	Manufacture of Automobiles	1053065	0.02
铁路、船舶、航空航天和其他运输设备制造业	Manufacture of Railway ,Ship, Aerospace and Other Transport Equipment	248220	0.03
电气机械及器材制造业	Manufacture of Electrical Machinery and Apparatus	248509	0.02
通信设备、计算机及其他电子设备制造业	Manufacture of Computers, Communication and Other Electronic Equipment	855889	0.01
仪器仪表制造业	Manufacture of Measuring Instruments and Machinery	18640	0.01
其他制造业	Other Manufacture	485	0.01
废弃资源综合利用业	Utilization of Waste Resources	60476	0.06
金属制品、机械和设备修理业	Repair of Metal Products, Machinery and Equipment	1625	0.02
电力、燃气及水的生产和供应业	**Electric Power, Gas and Water Production and Supply**	**14545437**	**0.80**
电力、热力的生产和供应业	Production and Supply of Electric Power and Heat Power	14015529	1.10
燃气生产和供应业	Production and Supply of Gas	295103	0.07
水的生产和供应业	Production and Supply of Water	234805	0.26

5-4 规模以上工业按行业分用水情况(2023年)
Water Consumption of Enterprises above Designated Size by Sector (2023)

单位：万立方米 (10 000 cu.m)

行业	Sector	取水量 Water Consumption 报告期 Reporting Period	上年同期 Period of Previous Year	同比增长(%) Up YOY (%)
总计	**Total**	**290598.14**	**288190.89**	**0.8**
采矿业	**Mining**	**1351.83**	**1303.19**	**3.7**
煤炭开采和洗选业	Mining and Washing of Coal	6.44	36.93	-82.6
石油和天然气开采业	Extraction of Petroleum and Natural Gas	472.70	410.87	15.0
黑色金属矿采选业	Mining and Processing of Ferrous Metal Ores			
有色金属矿采选业	Mining and Processing of Non-ferrous Metal Ores	0.69	0.68	2.0
非金属矿采选业	Mining and Processing of Non-metal Ores	871.99	854.71	2.0
开采专业及辅助活动	Support Activities for Mining			
其他采矿业	Mining for Other Ores			
制造业	**Manufacturing**	**47157.45**	**45969.27**	**2.6**
农副食品加工业	Processing of Food from Agricultural Products	1379.88	1423.81	-3.1
食品制造业	Manufacture of Foods	1283.92	1040.44	23.4
酒、饮料和精制茶制造业	Manufacture of Liquor, Beverage and Refined Tea	729.44	802.49	-9.1
烟草制品业	Manufacture of Tobacco	55.75	59.26	-5.9
纺织业	Manufacture of Textile	207.25	201.49	2.9
纺织服装、服饰业	Manufacture of Textile, Wearing Apparel and Accessories	105.62	87.85	20.2
皮革、毛皮、羽毛(绒)及其制品和制鞋业	Manufacture of Leather, Fur, Feather and Related Products and Footwear	32.52	47.97	-32.2
木材加工及木、竹、藤、棕、草制品业	Processing of Timber, Manufacture of Wood,Bamboo, Rattan, Palm and Straw Products	86.39	87.85	-1.7
家具制造业	Manufacture of Furniture	63.03	68.05	-7.4
造纸及纸制品业	Manufacture of Paper and Paper Products	5439.88	5541.94	-1.8
印刷和记录媒介复制业	Printing and Reproduction of Recording Media	132.76	135.23	-1.8
文教、工美、体育和娱乐用品制造业	Manufacture of Articles for Culture, Education, Arts and Crafts, Sport and Entertainment Activities	40.34	38.92	3.6
石油、煤炭及其他燃料加工业	Processing of Petroleum, coal and Other Fuels	25.66	37.47	-31.5
化学原料及化学制品制造业	Manufacture of Raw Chemical Materials and Chemical Products	11670.34	11806.66	-1.2
医药制造业	Manufacture of Medicines	1280.79	1205.65	6.2
化学纤维制造业	Manufacture of Chemical Fibres	250.51	200.15	25.2
橡胶和塑料制品业	Manufacture of Rubber and Plastics Products	516.29	483.33	6.8
非金属矿物制品业	Manufacture of Non-metallic Mineral Products	4861.53	4574.54	6.3
黑色金属冶炼和压延加工业	Smelting and Pressing of Ferrous Metals	4904.41	3854.08	27.3
有色金属冶炼和压延加工业	Smelting and Pressing of Non-ferrous Metals	3984.54	3948.76	0.9
金属制品业	Manufacture of Metal Products	502.03	535.52	-6.3
通用设备制造业	Manufacture of General Purpose Machinery	551.11	507.45	8.6
专用设备制造业	Manufacture of Special Purpose Machinery	309.81	304.43	1.8
汽车制造业	Manufacture of Automobiles	2727.81	2680.08	1.8
铁路、船舶、航空航天和其他运输设备制造业	Manufacture of Railway, Ship, Aerospace and Other Transport Equipment	694.34	763.23	-9.0
电气机械和器材制造业	Manufacture of Electrical Machinery and Equipment	729.47	754.03	-3.3
计算机、通信和其他电子设备制造业	Manufacture of Computers, Communication and Other Electronic Equipments	4352.22	4537.78	-4.1
仪器仪表制造业	Manufacture of Measuring Instruments and Machinery	113.42	109.93	3.2
其他制造业	Other Manufacture	2.45	3.18	-22.9
废弃资源综合利用业	Utilization of Waste Resources	120.91	124.13	-2.6
金属制品、机械和设备修理业	Repair of Metal Products, Machinery and Equipment	3.05	3.57	-14.7
电力、热力、燃气及水的生产和供应业	**Electric Power, Heat power, Gas and Water Production and Supply**	**242088.87**	**240918.44**	**0.5**
电力、热力的生产和供应业	Production and Supply of Electric Power and Heat Power	20993.44	20087.11	4.5
燃气生产和供应业	Production and Supply of Gas	121.76	313.47	-61.2
水的生产和供应业	Production and Supply of Water	220973.67	220517.86	0.2

5-4 续表 continued

单位：万立方米 (10 000 cu.m)

行　业	Sector	外供水量 Water Supply from Outside		
		报告期 Reporting Period	上年同期 Period of Previous Year	同比增长(%) Up YOY (%)
总计	**Total**	**205242.55**	**202979.84**	**1.1**
采矿业	**Mining**			
煤炭开采和洗选业	Mining and Washing of Coal			
石油和天然气开采业	Extraction of Petroleum and Natural Gas			
黑色金属矿采选业	Mining and Processing of Ferrous Metal Ores			
有色金属矿采选业	Mining and Processing of Non-ferrous Metal Ores			
非金属矿采选业	Mining and Processing of Non-metal Ores			
开采专业及辅助活动	Support Activities for Mining			
其他采矿业	Mining for Other Ores			
制造业	**Manufacturing**	**2845.52**	**2557.86**	**11.2**
农副食品加工业	Processing of Food from Agricultural Products			
食品制造业	Manufacture of Foods			
酒、饮料和精制茶制造业	Manufacture of Liquor, Beverage and Refined Tea	62.21	63.59	-2.2
烟草制品业	Manufacture of Tobacco			
纺织业	Manufacture of Textile			
纺织服装、服饰业	Manufacture of Textile, Wearing Apparel and Accessories			
皮革、毛皮、羽毛(绒)及其制品和制鞋业	Manufacture of Leather, Fur, Feather and Related Products and Footwear		0.24	
木材加工及木、竹、藤、棕、草制品业	Processing of Timber, Manufacture of Wood,Bamboo, Rattan, Palm and Straw Products			
家具制造业	Manufacture of Furniture			
造纸及纸制品业	Manufacture of Paper and Paper Products			
印刷和记录媒介复制业	Printing and Reproduction of Recording Media			
文教、工美、体育和娱乐用品制造业	Manufacture of Articles for Culture, Education, Arts and Crafts, Sport and Entertainment Activities			
石油、煤炭及其他燃料加工业	Processing of Petroleum, coal and Other Fuels			
化学原料及化学制品制造业	Manufacture of Raw Chemical Materials and Chemical Products	217.16	254.54	-14.7
医药制造业	Manufacture of Medicines			
化学纤维制造业	Manufacture of Chemical Fibres			
橡胶和塑料制品业	Manufacture of Rubber and Plastics Products			
非金属矿物制品业	Manufacture of Non-metallic Mineral Products	12.41	22.42	-44.7
黑色金属冶炼和压延加工业	Smelting and Pressing of Ferrous Metals			
有色金属冶炼和压延加工业	Smelting and Pressing of Non-ferrous Metals	2553.74	2213.35	15.4
金属制品业	Manufacture of Metal Products		0.08	
通用设备制造业	Manufacture of General Purpose Machinery		0.06	
专用设备制造业	Manufacture of Special Purpose Machinery			
汽车制造业	Manufacture of Automobiles		0.61	
铁路、船舶、航空航天和其他运输设备制造业	Manufacture of Railway, Ship, Aerospace and Other Transport Equipment			
电气机械和器材制造业	Manufacture of Electrical Machinery and Equipment			
计算机、通信和其他电子设备制造业	Manufacture of Computers, Communication and Other Electronic Equipments		2.98	
仪器仪表制造业	Manufacture of Measuring Instruments and Machinery			
其他制造业	Other Manufacture			
废弃资源综合利用业	Utilization of Waste Resources			
金属制品、机械和设备修理业	Repair of Metal Products, Machinery and Equipment			
电力、热力、燃气及水的生产和供应业	**Electric Power, Heat power, Gas and Water Production and Supply**	**202397.03**	**200421.98**	**1.0**
电力、热力的生产和供应业	Production and Supply of Electric Power and Heat Power	3227.01	3196.35	1.0
燃气生产和供应业	Production and Supply of Gas			
水的生产和供应业	Production and Supply of Water	199170.03	197225.64	1.0

5-5 能源消费弹性系数(1985—2023年)
Elasticity Ratio of Energy Consumption (1985-2023)

年 份 Year	能源消费比上年增长% Growth Rate of Energy Consumption over Preceding Year (%)	本市生产总值比上年增长% Growth Rate of GDP over Preceding Year (%)	能源消费弹性系数 Elasticity Ratio of Energy Consumption
1985	7.0	8.6	0.81
1986	2.4	8.6	0.28
1987	9.8	5.3	1.85
1988	8.4	9.5	0.89
1989	3.5	4.9	0.71
1990	-3.1	7.0	-0.45
1991	2.8	9.2	0.30
1992	2.7	16.5	0.17
1993	2.7	15.6	0.18
1994	3.2	13.5	0.23
1995	4.7	12.3	0.38
1996	5.3	11.4	0.46
1997	8.5	11.2	0.76
1998	4.4	8.6	0.51
1999	7.5	7.8	0.96
2000	5.8	8.7	0.67
2001	6.8	9.2	0.73
2002	9.7	10.5	0.92
2003	11.2	11.7	0.95
2004	9.9	12.4	0.80
2005	8.8	11.7	0.75
2006	9.3	12.4	0.75
2007	12.9	15.9	0.81
2008	6.9	14.5	0.48
2009	9.1	14.9	0.61
2010	11.8	17.1	0.69
2011	11.9	16.4	0.73
2012	5.5	13.6	0.40
2013	6.5	12.3	0.53
2014	6.8	10.9	0.62
2015	4.0	11.0	0.36
2016	3.0	10.7	0.28
2017	3.7	9.3	0.40
2018	3.4	6.0	0.57
2019	3.9	6.3	0.62
2020	-0.2	3.9	-0.04
2021	4.5	8.3	0.54
2022	-0.2	2.6	-0.08
2023	2.9	6.1	0.48

注：本市能源消费增长速度按等价值计算；生产总值增长速度按可比价格计算。
Note:The growth rate of energy consumption is calculated at equivalent value, while the growth rate of GDP is calculated at comparable prices.

5-6 平均每万元本市生产总值能源消费量(2022—2023年)
Average Energy Consumption Per 10 000 Yuan of GDP (2022-2023)

品　　种	Type	2022	2023
单位生产总值能源消费量(吨标煤/万元)	**Energy Consumption Per Unit of GDP (ton of SCE/10 000 yuan)**	**0.332**	**0.323**
煤　炭	Coal	0.146	0.141
天然气	Natural Gas	0.063	0.062
油　料	Oil	0.046	0.052
一次电力及其他能源	Primary Electricity and Other Energy	0.077	0.068

注：本表GDP按2020年价计算；能源品种均已折合为按等价值计算的吨标准煤。
Note: The GDP hereof is calculated at 2020 price, and each type of energy has been converted into tons of SCE calculated in equivalent value.

5-7 平均每天主要能源消费量(2022—2023年)
Average Daily Energy Consumption (2022-2023)

品　　种	Type	2022	2023
每天能源消费量(万吨标煤/天)	**Average Daily Energy Consumption (10 000 tons of SCE/day)**	**25.35**	**26.09**
煤　炭	Coal	11.15	11.41
天然气	Natural Gas	4.81	4.99
油　料	Oil	3.49	4.20
一次电力及其他能源	Primary Electricity and Other Energy	5.90	5.49

注：本表能源品种均已折合为按等价值计算的吨标准煤。
Note: All sorts of energy in the table has been converted into tons of SCE calculated in equivalent value.

5-8 综合能源平衡表(2022—2023年)
Overall Energy Balance Sheet (2022-2023)

单位：万吨标准煤 (10 000 tons of SCE)

指标	Item	2022		2023	
		按当量值计算 Equivalent Weight	按等价值计算 Equivalent Value	按当量值计算 Equivalent Weight	按等价值计算 Equivalent Value
可供消费的能源总量	**Total Energy Available for Consumption**	**8022.76**	**9252.32**	**8426.28**	**9523.30**
#一次能源生产量	Primary Energy Output	2179.55	2639.24	2506.47	3001.79
调进量	Imports	7761.14	8587.70	6617.59	7316.60
调出量(-)	Exports (-)	-2007.17	-2063.86	639.27	736.57
能源消费总量	**Total Energy Consumption**	**8022.76**	**9252.32**	**8426.28**	**9523.30**
终端消费	End-use Consumption	6733.91	9291.63	7095.20	9653.78
第一产业	Primary Industry	115.85	131.28	99.36	116.87
第二产业	Secondary Industry	4222.89	5999.58	4437.84	5866.13
第三产业	Tertiary Industry	1358.77	1977.62	1473.80	2120.46
生活消费	Household Consumption	1036.40	1583.14	1084.22	1550.33
城镇	Urban	800.32	1181.49	843.03	1161.48
乡村	Rural	236.08	401.65	241.19	388.85
加工转换投入(-)产出(+)量	Input (-) and Output (+) during the Process of Energy Conversion	-1214.04	216.32	-1254.88	300.79
损失量	Energy Losses	74.82	177.01	76.20	170.31

5-9 电力平衡表(2022—2023年)
Electricity Balance Sheet (2022-2023)

单位：亿千瓦小时 (100 million kwh)

指标	Item	2022	2023
可供量	**Total Energy Available for Consumption**	**1404.29**	**1453.00**
生产量	Output	997.84	1123.42
水电	Hydropower	203.11	224.36
火电	Thermal Power	755.15	852.11
核电	Nuclear Power		
风电及其他发电	Wind Power and Other Power	39.58	46.95
外省(区、市)调入量	Imports	436.38	382.88
本省(区、市)调出量(-)	Exports (-)	-29.93	-53.30
消费量	**Total Energy Consumption**	**1404.29**	**1453.00**
在消费量中：	Consumption by Sector		
农、林、牧、渔、水利业	Agriculture, Forestry, Animal Husbandry,Fishery and Water Conservancy	8.15	9.59
工业	Industry	752.27	808.04
建筑业	Construction	28.50	25.85
交通运输、仓储和邮政业	Transport, Storage and Post	37.38	44.01
批发、零售业和住宿、餐饮业	Wholesale and Retail Trades,Hotels and Catering Services	98.37	108.75
其他行业	Other Sectors	190.97	201.45
生活消费	Household Consumption	288.65	255.31
在消费量中：	Consumption by Usage		
终端消费	End-use Consumption	1350.34	1401.45
#工业	Industry	698.32	756.49
输配电损失量	Losses in Transmission	53.95	51.55

主要统计指标解释

能源消费总量 指一定地域内，国民经济各行业和居民家庭在一定时期内消费的各种能源的总和。包括：原煤、原油、天然气、水能、核能、风能、太阳能、地热能、生物质能等一次能源；一次能源通过加工转换产生的洗煤、焦炭、煤气、电力、热力、成品油等二次能源和同时产生的其他产品；其他化石能源、可再生能源和新能源。其中水能、风能、太阳能、地热能、生物质能等可再生能源，是指人们通过一定技术手段获得的，并作为商品能源使用的部分。在核算过程中，一次能源、二次能源消费不能重复计算。能源消费总量分为终端能源消费量、能源加工转换损失量和能源损失量三部分。

（1）终端能源消费量：指一定时期内，全国生产和生活消费的各种能源在扣除了用于加工转换二次能源消费量和损失量以后的数量。

（2）能源加工转换损失量：指一定时期内，全国投入加工转换的各种能源数量之和与产出各种能源产品之和的差额。该指标是观察能源在加工转换过程中损失量变化的指标。

（3）能源损失量：指一定时期内，能源在输送、分配、储存过程中发生的损失和由客观原因造成的各种损失量，不包括各种气体能源放空、放散量。

能源消费弹性系数 反映能源消费增长速度与国民经济增长速度之间关系的指标。计算公式为：

能源消费弹性系数=能源消费量年平均增长速度/国民经济年平均增长速度

单位国内生产总值能耗 指一定时期内，一个国家或地区每生产一个单位的国内生产总值所消费的能源。计算公式为：

单位国内生产总值能耗=能源消费总量/国内生产总值

单位国内生产总值电耗 指一定时期内，一个国家或地区每生产一个单位的国内生产总值所消费的电力。计算公式为：

单位国内生产总值电耗=全社会用电量/国内生产总值

Explanatory Notes on Main Statistical Indicators

Total Energy Consumption refers to the total consumption of energy of various kinds by the production sectors of the economy and the households in a given period of time. It includes the primary kinds of energy such as coal, crude oil, natural gas, hydro-power, nuclear power, wind power, solar power, geothermal power and bio-energy; the secondary kinds of energy and their products which are transformed from the primary energy such as washed coal, coke, coal gas, electricity, heating, and petroleum products; and other kinds of fossil energy, renewable energy and new energy. The renewable energy, including hydro-power, wind power, solar power, geothermal power and bio-energy, refers to the part attained with some given technical means and used for commercial purposes. Total energy consumption can be divided into three parts: end-use energy consumption; loss during the process of energy conversion; and energy loss.

(1) End-use energy consumption: It refers to the total energy consumption by the production sectors and the households in the country (region) in a given period of time. It does not include the consumption during the conversion of primary energy into secondary energy and the loss in the process of energy conversion.

(2) Loss during the process of energy Conversion: It refers to the total input of various kinds of energy for conversion, minus the total output of various kinds of energy in the country in a given period of time. It is an indicator to show the loss that occurs during the process of energy conversion.

(3) Energy loss: It refers to the total of the loss of energy during the course of energy transport, distribution and storage and the loss caused by any objective reason in a given period of time. The loss of various kinds of gas due to gas discharges and stocktaking is not included.

Elasticity Ratio of Energy Consumption is an indicator to show the relationship between the growth rate of energy consumption and the growth rate of the national economy. The formula is:

Elasticity Ratio of Energy Consumption=Average Annual Growth Rate of Energy Consumption/Average Annual Growth Rate of National Economy

Energy Consumption per Unit of GDP refers to the energy consumption per unit of Gross Domestic Product in a country or the Gross Regional Product in a region in the same reference period. The formula is:

Energy Consumption per Unit of GDP=Total Energy Consumption / Gross Domestic Product

Electricity Consumption per Unit of GDP refers to the electricity consumption per unit of Gross Domestic Product in a country or the Gross Regional Product in a region in the same reference period. The formula is:

Electricity Consumption per Unit of GDP=Total Electricity Consumption / Gross Domestic Product

6 财政

GOVERNMENT FINANCE

简 要 说 明

本章资料包括全市财政收入和支出情况、税收收入情况，由市统计局综合处分别根据市财政局、市税务局的有关资料整理编辑。

Brief Introduction

The data in this chapter include the revenue and expenditure of the municipal government, and the revenue from taxation. The data is sorted and compiled by Division of Comprehensive Statistics of Chongqing Municipal Bureau of Statistics on the basis of the materials from Chongqing Municipal Bureau of Finance, Chongqing Municipal Taxation Bureau.

6-1 财政收入及支出(1994—2023年)
Government Revenue and Expenditure (1994-2023)

单位：万元 (10 000 yuan)

年份 Year	财政收入 Government Revenue	#地方财政一般预算收入 General Budgetary Revenue of Local Government	基金预算收入 Budgetary Revenue from Funds	#中央两税(四税)收入 Revenue from the 2 (4) Taxes of Central Government	#地方财政一般预算支出 General Budgetary Expenditure of Local Government	基金预算支出 Budgetary Expenditure for Funds
1994	716172	366325		349847	560818	
1995	837748	460052		377696	662235	
1996	942682	549412		393270	794216	
1997	1180555	593060	152236	435259	1010110	141517
1998	1338867	711287	146759	480821	1257608	101866
1999	1402935	767341	131571	504023	1502365	121320
2000	1632353	872442	172128	587783	1876433	148173
2001	1961761	1061243	202847	697671	2375486	180044
2002	2694610	1260674	317977	991425	3058591	392083
2003	3412781	1615618	453697	1205457	3415775	497789
2004	4629591	2006241	1018198	1435206	3957233	893988
2005	5811921	2568072	1381552	1656599	4873543	1379973
2006	7421702	3177165	2117414	1944772	5942543	2259393
2007	10572948	4427000	3458604	2491920	7683886	3339659
2008	12901828	5775738	3857654	3023634	10160112	4325469
2009	15353975	6818189	4838943	3403122	13180913	4879759
2010	29751187	10182938	9722944	4687841	17691065	9776826
2011	35236522	14883336	14205767	5607771	25702404	13896341

年份 Year	财政收入 Government Revenue	#地方公共财政预算收入 Public Budgetary Revenue of Local Government	政府性基金预算收入 Budgetary Revenue rom Governmental Funds	国有资本经营预算收入 State-owned Capital Operational Budgetary Revenue	#中央四税收入 Revenue from the4 Taxes of Central Government	#地方公共财政预算支出 Public Budgetary Expenditure of Local Government	政府性基金预算支出 Budgetary Expenditure from Governmental Funds
2012	37268412	14658509	14808929	1911999	5888975	27177878	15114916
2013	41055563	16932438	16698044	659489	6765592	30622848	17353191

注：财政收入2002年前为地方财政收入与中央两税(增值税和消费税)之和，2002年起为地方财政收入、中央四税收入和其他中央收入之和。其中其他中央收入不含关税，自2003年起包含车辆购置税(以下各表同)。2012年同期数已按公共财政预算口径作相应调整。

Note: Government revenue before 2002 is the sum of revenue of local government and revenue from the 2 taxes of Central Government (value-added tax and consumption tax), whereas it has been the sum of revenue of local government, revenue from the 4 taxes of Central Government and other revenue of Central Government since 2002. Other revenue of Central Government does not include tariff, while vehicle purchasing tax has been included since 2003 (the same applies to the following tables). The data of 2012 has been adjusted in accordance with the statistic scope of public financial budget.

6-1 续表 continued

年 份 Year	地方一般公共预算收入 General Public Budgetary Revenue of Local Government	基金预算收 入 Budgetary Revenue from Funds	国有资本经营预算收入 State-owned Capital Operational Budgetary Revenue	#中央四税收入 Revenue from the 4 Taxes of Central Government	地方一般公共预算支出 General Public Budgetary Expenditure of Local Government	政府性基金预算支出 Budgetary Expenditure from Governmental Funds	国有资本经营预算支出 State-owned Capital Operational Budgetary Expenditure
2013	16868717	16726787	659489	6765586	30589372	17353191	646772
2014	19220159	18412843	680138	7767125	33043884	18600130	663118
2015	21548276	16642130	905730	8759172	37919973	17531573	748848

年 份 Year	一般公共预算收入 General Public Budget Revenue	基金预算收 入 Budgetary Revenue from Funds	国有资本经营预算收入 State-owned Capital Operational Budgetary Revenue	一般公共预算支出 General Public Budget Expenditure	政府性基金预算支出 Budgetary Expenditure from Governmental Funds	国有资本经营预算支出 State-owned Capital Operational Budgetary Expenditure
2015	20806250	16443229	905730	38138156	17313390	748848
2016	22279117	14973130	904940	40018090	17381158	727387
2017	22523788	22511136	1267342	43362800	21822878	988242
2018	22655421	23162545	1052203	45409487	26777294	521548
2019	21349326	22479326	1317955	48476795	24192717	462001
2020	20948541	24578576	985213	48939461	31326457	523321
2021	22854533	23579430	1039975	48350551	29530244	404356
2022	21034234	17539493	993504	48927688	29552129	282294
2023	24407688	18786184	1868354	53045603	29704458	338992

注：2017年起按营改增试点后新的收入划分办法及新增建设用地土地有偿使用收入等基金转列公共预算，与往年不可比。

Note: Due to the change of replacing business tax with VAT under the new revenue division system, and the funds like the revenue from paid use of newly-added construction land have included in public budget since 2017, the data are incomparable with the previous year.

6-2 财政收入(2022—2023年)
Government Revenue (2022-2023)

单位：万元 (10 000 yuan)

指 标	Item	2022	2023
一般公共预算收入	**General Public Budget Revenue**	**21034234**	**24407688**
#市 级	Municipal Level	6803200	8267765
税收收入	Total Tax Revenue	12709388	14760895
增值税	Value-added Tax	3941747	5982085
企业所得税	Corporate Income Tax	2461816	2160176
个人所得税	Individual Income Tax	798205	805256
资源税	Resource Tax	127313	153686
城市维护建设税	City Maintenance and Construction Tax	878881	940930
房产税	House Property Tax	938774	1045030
印花税	Stamp Tax	347953	396206
城镇土地使用税	Urban Land Use Tax	814916	917944
土地增值税	Land Appreciation Tax	867587	779313
车船税	Tax on Vehicles and Boat Operation	184445	195146
耕地占用税	Farm Land Occupation Tax	276723	281560
契 税	Deed Tax	972955	1031768
烟叶税	Tobacco Leaf Tax	29027	32025
环境保护税	Environment Protection Tax	35891	28707
其他税收收入	Other Tax Revenue	33155	11063
非税收入	Total Non-tax Revenue	8324846	9646793
专项收入	Special Program Receipts	1443334	1463553
行政性收费收入	Charge of Administrative and Institutional Units	717132	744179
罚没收入	Penalty Receipts	470119	575305
国有资源(资产)有偿使用收入	Revenue from Use of State-owned Resources (assets)	4934452	6181481
政府住房基金收入	Revenue from Government Funds for Housing	490945	438943
其他收入	Other Revenue	215632	202658
基金预算收入	**Budgetary Revenue of Funds**	**17539493**	**18786184**
国有土地使用权出让收入	Transferring Fee of Use Rights of State-owned Land	15618617	16949268
国有资本经营预算收入	**State-owned Capital Operational Budgetary Revenue**	**993504**	**1868354**

6-3 财政支出(2022—2023年)
Government Expenditure (2022-2023)

单位：万元 (10 000 yuan)

指　　标	Item	2022	2023
一般公共预算支出	**General Public Budget Expenditure**	**48927688**	**53045603**
#市　级	Municipal Level	16096891	17378092
一般公共服务支出	Expenditure for General Public Services	3410871	3522268
外交支出	Expenditure for Foreign Affairs	1376	1892
国防支出	Expenditure for National Defense	51998	59916
公共安全支出	Expenditure for Public Security	2617823	2697376
教育支出	Expenditure for Education	8221685	8559730
科学技术支出	Expenditure for Science and Technology	988878	1025406
文化旅游体育与传媒支出	Expenditure for Cultural tourism, sports and media	610468	661917
社会保障和就业支出	Expenditure for Social Security and Employment Effort	10227881	10937766
卫生健康支出	Expenditure for Health	4848674	4934393
节能环保支出	Expenditure for Environment Protection	1759820	1848460
城乡社区支出	Expenditure for Urban and Rural Community Affairs	3844667	4990147
农林水支出	Expenditure for Agriculture, Forestry and Water Conservancy	3938467	4156582
交通运输支出	Expenditure for Transportation	2904198	2967068
资源勘探信息等支出	Expenditure for Affairs of Exploration, Power and Information	1533315	1874899
商业服务业等支出	Expenditure for Affairs of Commerce and Services	303592	324156
金融支出	Expenditure for Finance	60416	79604
援助其他地区支出	Expenditure for Other Regional Assistance	14171	13570
自然资源海洋气象等支出	Expenditure for Marine Meteorology of natural resources	519805	482127
住房保障支出	Expenditure for Affairs of Housing Security	1450150	2185860
粮油物资储备支出	Expenditure for Affairs of Management of Grain & Oil Resources	155699	169501
灾害防治及应急管理支出	Expenditure for Disaster prevention and emergency management	387996	420449
债务付息及发行费用支出	Expenditure for Interest Payment on Debts and Issuing Debts	1036950	1048694
其他支出	Other Expenditure	34415	75165
政府性基金预算支出	**Governmental Fund Budgetary Expenditure**	**29552129**	**29704458**
国有资本经营预算支出	**State-owned Capital Operational Budgetary Expenditure**	**282294**	**338992**

6-4 税收收入(2022—2023年)
Taxes (2022-2023)

单位：万元 (10 000 yuan)

指 标	Item	2022	2023
税收收入合计	**Total Revenue from Taxation**	**26183430**	**29153403**
中央级	Central Government	13422496	14536875
重庆市级	Chongqing Municipal Government	3993146	5095765
区县级	District and County Governments	8767788	9520763
按税种分	**By Tax Category**		
增值税	Value-added Tax	9563485	13010365
#国内增值税	Domestic Value-added Tax	8026777	11753199
消费税	Consumption Tax	2467570	2391081
#国内消费税	Domestic Consumption Tax	2430797	2321887
企业所得税	Corporate Income Tax	6140563	5397694
个人所得税	Individual Income Tax	2024751	2044173
资源税	Resource Tax	127312	153687
城市维护建设税	City Maintenance and Construction Tax	878906	940497
房产税	House Property Tax	938773	1045033
印花税	Stamp Tax	347953	396207
城镇土地使用税	Urban Land Use Tax	814915	917945
土地增值税	Land Appreciation Tax	867588	779313
车船税	Tax on Vehicles and Boat Operation	184441	195142
车辆购置税	Vehicle Purchasing Tax	446258	486077
烟叶税	Tobacco Leaf Tax	29027	32024
耕地占用税	Farm Land Occupation Tax	276723	281558
契税	Deed Tax	972962	1031768
环境保护税	Environment Protection Tax	35893	28712
其他税收	Other Tax	66310	22127
按行业分	**By Sector**		
第一产业	Primary Industry	26866	32403
第二产业	Secondary Industry	11803062	12765938
工 业	Industry	9714709	10673549
建筑业	Construction	2088353	2092389
第三产业	Tertiary Industry	14353502	16355062
交通运输仓储及邮政业	Transport, Storage and Post	-409623	452719
批发和零售业	Wholesale and Retail Trades	3918847	4233977
金融业	Financial Intermediation	3717623	3497750
信息传输、计算机服务和软件业	Information Transmission,Computer Services and Software	665096	883602
住宿和餐饮业	Hotel and Catering Services	40004	83583
文化、体育和娱乐业	Culture, Sports and Entertainment	125543	167709
租赁和商务服务业	Leasing and Business Services	1451715	1720976
房地产业	Real Estate	3143731	3296717
其他行业	Other Trades	1700566	2018029

注：税收收入含海关代征。
Note: Tax revenue includes customs collection.

6−5 按企业类型分的税收收入(2023年)
Tax revenue by registration status (2023)

单位：万元 (10 000 yuan)

指 标	Item	合 计 Total	内资企业 Domestic-funded 国有企业 State-owned	集体企业 Collective-owned	股份合作企业 Cooperative	联营企业 Joint Ownership
总 计	**Total**	**29153403**	**2226459**	**27342**	**11925**	**3765**
国内增值税	Domestic Value-added Tax	11753199	596818	12781	6320	1591
国内消费税	Domestic Consumption Tax	2321887	472699	16	17	
企业所得税	Corporate Income Tax	5397694	264113	4688	1597	1402
个人所得税	Individual Income Tax	2044173	43240	1455	359	260
资源税	Resource Tax	153687	50357	256	3	
城市维护建设税	City Maintenance and Construction Tax	940497	69122	695	487	90
房产税	House Property Tax	1045033	38144	1425	829	52
印花税	Stamp Tax	396207	11081	284	331	233
城镇土地使用税	Urban Land Use Tax	917945	43303	2889	658	130
土地增值税	Land Appreciation Tax	779313	47209	457	156	5
车船税	Tax on Vehicles and Boat Operation	195142	188	13	963	
车辆购置税	Vehicle Purchasing Tax	486077	637	54	44	2
耕地占用税	Farm Land Occupation Tax	281558	9569	130	106	
契 税	Deed Tax	1031768	22591	2099	36	
环境保护税	Environment Protection Tax	28712	813	25	19	
其他税收	Other Tax	1380511	556575	75		

6−5 续表 1 continued

单位：万元 (10 000 yuan)

指 标	Item	内资企业 Domestic-funded 有限责任公司 Limited Liability Corporations	股份有限公司 Share-holding Corporations Ltd.	私营企业 Private	其他企业 Other
总 计	**Total**	**8304873**	**4253657**	**8552329**	**10427**
国内增值税	Domestic Value-added Tax	2545220	2176655	4949023	6008
国内消费税	Domestic Consumption Tax	1362540	222542	44630	2
企业所得税	Corporate Income Tax	1663318	1025138	1628802	1290
个人所得税	Individual Income Tax	289385	345006	631082	1445
资源税	Resource Tax	39453	26514	33750	
城市维护建设税	City Maintenance and Construction Tax	308417	105016	280042	266
房产税	House Property Tax	496710	93730	237684	446
印花税	Stamp Tax	127671	47273	147528	61
城镇土地使用税	Urban Land Use Tax	570350	40565	202608	653
土地增值税	Land Appreciation Tax	276509	11772	167272	67
车船税	Tax on Vehicles and Boat Operation	131594	57685	3880	
车辆购置税	Vehicle Purchasing Tax	10445	1051	71139	56
耕地占用税	Farm Land Occupation Tax	186247	2211	14108	41
契 税	Deed Tax	265163	7807	131310	84
环境保护税	Environment Protection Tax	12976	4405	7983	7
其他税收	Other Tax	18875	26287	1488	1

6-5 续表 2 continued

单位：万元 (10 000 yuan)

指 标	Item	港澳台投资企业 Enterprises with Funds from Hong Kong, Macao and Taiwan	外商投资企业 Foreign-funded Enterprises	个体经营 Self-employed	非企业单位 Non-enterprise unit
总 计	**Total**	**1295781**	**2420554**	**142571**	**1903720**
国内增值税	Domestic Value-added Tax	483588	759767	85393	130035
国内消费税	Domestic Consumption Tax	110186	106783	2472	
企业所得税	Corporate Income Tax	330338	464570		12438
个人所得税	Individual Income Tax	45719	84184	48746	553292
资源税	Resource Tax	492	1787	748	327
城市维护建设税	City Maintenance and Construction Tax	49025	58216	3044	6077
房产税	House Property Tax	63887	50411	473	61242
印花税	Stamp Tax	18183	35906	100	7556
城镇土地使用税	Urban Land Use Tax	22971	30255	485	3078
土地增值税	Land Appreciation Tax	166093	46257	172	63344
车船税	Tax on Vehicles and Boat Operation	20	677	2	120
车辆购置税	Vehicle Purchasing Tax	664	457	558	400970
耕地占用税	Farm Land Occupation Tax	162		71	68913
契 税	Deed Tax	3078	4928	220	594452
环境保护税	Environment Protection Tax	1305	997	62	120
其他税收	Other Tax	70	775359	25	1756

主要统计指标解释

一般公共预算收入 指国家财政参与社会产品分配所取得的收入，是实现国家职能的财力保证。主要包括：(1) 各项税收：包括增值税、企业所得税、个人所得税、资源税、城市维护建设税、房产税、印花税、城镇土地使用税、土地增值税、车船税、耕地占用税、契税、烟叶税、环境保护税、其他税收收入；(2) 非税收入：包括专项收入、行政事业性收费、罚没收入、国有资本经营收入、国有资源（资产）有偿使用收入和其他收入。财政收入按现行分税制财政体制划分为中央本级收入和地方本级收入。

一般公共预算支出 指国家财政将筹集起来的资金进行分配使用，以满足经济建设和各项事业的需要。主要包括：一般公共服务、外交、国防、公共安全、教育、科学技术、文化旅游体育与传媒、社会保障和就业、卫生健康支出、节能环保、城乡社区、农林水、交通运输、资源勘探信息等、商业服务业等、金融、援助其他地区、国土海洋气象等、住房保障、粮油物资储备、债务付息、债务发行费用等方面的支出。财政支出根据政府在经济和社会活动中的不同职权，划分为中央财政支出和地方财政支出。

中央一般公共预算收入和地方一般公共预算收入 属于中央一般公共预算的收入包括关税，进口货物增值税和消费税，出口货物退增值税和消费税，国内消费税，铁道部门、各银行总行、各保险公司总公司等集中缴纳的城市维护建设税，增值税 50%部分，纳入共享范围的企业所得税 60%部分，未纳入共享范围的中央企业所得税、中央企业上交的利润，个人所得税 60%部分，车辆购置税，船舶吨税，证券交易印花税，海洋石油资源税，中央非税收入等。属于地方一般公共预算的收入包括城市维护建设税（不含铁道部门、各银行总行、各保险公司总公司集中缴纳的部分），房产税，城镇土地使用税，土地增值税，车船税，耕地占用税，契税，烟叶税，印花税（不含证券交易印花税），增值税 50%部分，纳入共享范围的企业所得税 40%部分，个人所得税 40%部分，海洋石油资源税以外的其他资源税，地方非税收入等。

中央一般公共预算支出和地方一般公共预算支出 指根据政府在经济和社会活动中的不同职责，划分中央和地方政府的责权，按照政府的责权划分确定的支出。中央一般公共预算支出包括一般公共服务，外交支出，国防支出，公共安全支出，以及中央政府调整国民经济结构、协调地区发展、实施宏观调控的支出等。地方一般公共预算支出包括一般公共服务，公共安全支出，地方统筹的各项社会事业支出等。

Explanatory Notes on Main Statistical Indicators

General Public Budget Revenue refers to income for the government finance through participating in the distribution of social products. It is the financial guarantee to ensure government functioning. The government revenue includes the following main items: (1) Various tax revenues including domestic value added tax (VAT), Value-added tax,corporate income tax,individual income tax,resource tax,city maintenance and construction tax,house property tax,samp tax,urban land use tax,land Appreciation tax,tax on vehicles and boat operation,farm land occupation tax,deed tax,tobacco leaf tax,environment protection tax,other tax revenue. (2) Non-tax revenue, including special program receipts, charge of administrative and institutional units, penalty receipts, operating income from government capital, income from use of state-owned resources (assets) and others non-tax receipts.

General Public Budget Expenditure refers to the distribution and use of the funds which the government finance has raised, so as to meet the needs of economic construction and various undertakings. It includes the following main items: expenditure for general public services, expenditure for foreign affairs, expenditure for national defence expenditure for public security, expenditure for education, expenditure for science and technology, expenditure for cultural tourism, sports and media, expenditure for social safety net and employment effort, expenditure for health, expenditure for energy conservation and environment protection, expenditure for urban and rural community affairs, expenditure for agriculture, forestry and water conservancy, expenditure for transportation, expenditure for resource exploration and information, expenditure for affairs of commerce and services, expenditure for finance, aid to other regions, expenditure for land, ocean and weather, expenditure for housing security, expenditure for grain & oil reserves, interest payment for public debts, expenditure for issuing debts. General public budget expenditure is divided into general public budget expenditure of central government and general public budget expenditure of local government according to the different functions of the governments played in economic and social activities.

General Public Budget Revenue of the Central Government and the Local Governments The general public budget revenue of the Central Government includes tariff, VAT and consumption tax from imports, VAT and consumption tax rebate for exports, domestic consumption tax, city maintenance and construct tax from the Ministry of Railways, head offices of banks, head offices of insurance company, which are handed over to the government in a centralized way, 50% of the value added tax, 60% the share part of the corporate income tax, unshared part of corporate income tax of the central enterprises, profit handed in by the central enterprises, 60% of individual income tax, vehicle purchase tax, ship tonnage tax, stamp tax on securities transactions, resource tax on the offshore petroleum resources. The general public budget revenue of the local governments includes city maintenance and construct tax (excluding the part of the Ministry of Railways, head offices of banks, head offices of insurance company, which are handed over to the government in a centralized way), house property tax, urban land use tax, land appreciation tax, tax on vehicles and boat operation, farm land occupation tax, deed tax, and tobacco leaf tax, stamp tax (not including stamp tax on security exchange), 50% of the value added tax, 40% the share part of the corporate income tax, 40% of individual income tax, resource tax other than the tax on offshore petroleum resources, local non-tax revenue, etc.

General Public Budget Expenditure of the Central Government and Local Governments according to the different functions of the Central Government and local governments in economic and social activities, the rights of administration are demarcated between those of the Central Government and those of local governments; and the classification of the expenditure between the Central Government and local governments are made on the basis of the classification of the rights administration between them. The general public budget expenditure of the Central Government includes the expenditure for general public services, expenditure for foreign affairs, expenditure for public security, and the general public budget expenditure of the Central Government for adjusting the national economic structure; coordinating the development among different regions; and exercising macroeconomic regulation. The general public budget expenditure of the local governments includes mainly the expenditure for general public services, expenditure for public security, and expenditures for social development which are planed by local governments, etc.

7 人民生活与物价

PEOPLE'S LIVELIHOODS AND PRICES

简要说明

本章资料反映全市城乡居民生活状况，主要内容包括城乡居民家庭基本情况、恩格尔系数、住户存款、年收入支出及其构成、主要商品购买数量、耐用消费品的拥有量，以及居民消费价格指数、工业生产者价格指数、住宅销售价格指数等。居民住户调查资料是抽样调查汇总的结果，价格调查是一种非全面调查，采用重点调查和典型调查相结合的方法。

城镇常住居民和农村常住居民生活状况和价格调查的数据来源于国家统计局重庆调查总队。城乡居民物质生活情况和居民储蓄由市统计局综合处整理编辑。

Brief Introduction

The data in this chapter present the living conditions of the urban and rural households in Chongqing, including basic conditions of urban and rural households, Engle's coefficient, saving deposits, annual income & expenditure and their compositions, purchases of major commodities, possession of durable consumer goods, as well as consumer price index purchasing price index and price index of residential real estate sales, etc. The data of urban and rural households are the results of sample survey, while price survey is an incomplete survey, where the main unit survey and typical survey are combined.

The data about the living conditions of urban and rural residents and price survey are provided by NBS Survey Office in Chongqing. The data of material & cultural life and saving deposits of urban & rural residents are sorted and compiled by Division of Comprehensive Statistics, Chongqing Municipal Bureau of Statistics.

7-1 城乡居民物质文化生活情况(2022—2023年)
Material and Cultural Life of Urban & Rural Residents (2022-2023)

指　标	Item	2022	2023
就　业	**Employment**		
每一城镇常住劳动力负担人数(人)	Number of Dependents Per Urban Employee (person)	1.32	1.37
每一农村常住劳动力负担人数(人)	Number of Dependents Per Rural Laborer (person)	1.42	1.45
收入和支出	**Income and Expenditure**		
城镇非私营单位在岗职工平均工资(元)	Annual Average Wage of On-Post Staff and Workers of Urban Non-private Units (yuan)	111424	117446
城镇常住居民人均可支配收入(元)	Annual Per Capita Disposable Income of Urban Households (yuan)	45509	47435
农民常住居民人均可支配收入(元)	Annual Per Capita Net Income of Rural Households (yuan)	19313	20820
城镇常住居民人均消费支出(元)	Per Capita Consumption Expenditure of Urban Households (yuan)	30574	31531
农村常住居民人均消费支出(元)	Per Capita Consumption Expenditure of Rural Households (yuan)	16727	17964
城镇常住居民家庭恩格尔系数(%)	Engle's Coefficient of Urban Households (%)	33.0	31.8
农村常住居民家庭恩格尔系数(%)	Engle's Coefficient of Rural Households (%)	36.5	34.9
人均住户存款(元)	Per Capita Saving Deposits of Residents (yuan)	74576	84530
住房	**Housing**		
城镇常住居民人均住房建筑面积(平方米)	Per Capita Residential Floor Space of Urban Residents (sq.m)	40.56	36.80
农村常住居民人均住房建筑面积(平方米)	Per Capita Living Space of Rural Residents (sq.m)	55.72	56.14
城市公用事业	**City Public Utilities**		
人均道路面积(平方米)	Per Capita Area of Paved Roads (sq.m)	16.08	16.96
用水普及率(%)	Percentage of Population with Access to Tap Water (%)	98.67	99.90
燃气普及率(%)	Percentage of Population with Access to Gas (%)	98.74	99.60
人均公园绿地面积(平方米)	Per Capita Public Green Land(sq.m)	17.35	18.03
教　育	**Education**		
学龄儿童入学率(%)	Enrollment Ratio of School-Aged Children (%)	99.99	99.99
每万人口中在校大学生(人)	Number of Undergraduates Per 10 000 Population (person)	384	401
文　化	**Culture**		
每百户城镇常住家庭拥有彩色电视机(台)	Number of Color TV Sets Per 100 Urban Households (unit)	125.47	110.75
每百户农村常住家庭拥有彩色电视机(台)	Number of Color TV Sets Per 100 Rural Households (unit)	110.44	109.21
广播人口覆盖率(%)	Rate of Radio Broadcast Coverage of the Population (%)	99.55	99.57
电视人口覆盖率(%)	Rate of TV Coverage of the Population (%)	99.65	99.69
卫　生	**Public Health**		
每万人拥有医院、卫生院病床(张)	Number of Beds of Hospitals and Health Centers Per 10 000 Population (bed)	72	74
每万人拥有执业(助理)医师(人)	Number of Licensed (Assistant) Doctors Per 10 000 Population (person)	29	32

7-2 个人储蓄存款年末余额
Year-end Savings Deposit of RMB of Households

年 份 Year	个人储蓄存款年末余额(亿元) Year-end Savings Deposit of RMB of Households (100 million yuan)	定 期 Time Deposits	活 期 Demand Deposits	人均个人储蓄存款余额(元) Per Capita Balance of Savings Deposit of RMB (yuan)
1980	6.22			23
1981	8.35			31
1982	10.56			39
1983	13.34			49
1984	18.39			67
1985	25.41			92
1986	34.79			124
1987	44.46			156
1988	50.50	40.65	9.85	176
1989	68.17	55.75	12.42	235
1990	92.17	77.63	14.54	316
1991	121.95	103.36	18.59	415
1992	154.45	128.64	25.81	523
1993	198.05	160.51	37.54	668
1994	285.40	231.23	54.17	956
1995	401.45	331.09	70.36	1337
1996	500.71	403.84	96.87	1656
1997	580.67	454.04	126.63	1908
1998	724.54	552.72	171.82	2368
1999	909.10	672.96	236.14	2959
2000	1085.36	774.38	310.98	3511
2001	1317.17	929.37	387.80	4252
2002	1595.01	1082.90	512.11	5122
2003	1896.56	1265.52	631.04	6059
2004	2189.73	1469.99	719.74	6964
2005	2545.85	1740.13	805.72	8033
2006	2949.05	1999.88	949.17	9219
2007	3228.15	2099.55	1128.60	9978
2008	3988.96	2640.70	1348.26	12247
2009	4908.68	3060.01	1848.67	14986
2010	5839.66	3475.19	2364.47	17677
2011	6990.25	4106.17	2708.61	20993
2012	8361.64	4996.24	3166.45	25009
2013	9622.31	5735.53	3693.17	28651
2014	10774.12	6422.07	3845.29	31921

年 份 Year	住户存款 Savings Deposit of RMB of Households	定期及其他存款 Time Deposits and Other Deposits	活期 Demand Deposits	人均住户存款 Per Capita Saving Deposits of RMB of Residents (yuan)
2015	12207.28	7968.14	4239.15	36204
2016	13399.44	8639.07	4760.37	39502
2017	14367.38	9383.75	4983.63	42384
2018	15907.23	10654.17	5253.06	46736
2019	17938.33	12257.97	5680.36	52280
2020	20209.77	13932.02	6277.75	59188
2021	22239.89	15610.14	6629.76	65131
2022	25458.85	18211.49	7247.35	74576
2023	28819.14	7276.94	21542.20	84530

注：因人民银行统计口径调整，2015年起取消个人储蓄存款统计项，新建立了住户存款项目，下设活期存款、定期及其他存款两个分项。

Note: Due to the changes of the PBC's statistical indicators, two sub-items including demand deposits, time deposits and other deposits were built under the item of savings deposit of RMB of households since 2015.

7-3 城乡居民人均收入及恩格尔系数(1978—2012年)

Per Capita Annual Income and Engle's Coefficient of Urban and Rural Households (1978-2012)

年 份 Year	城镇常住居民人均可支配收入 Per Capita Annual Disposable Income of Urban Households		农村常住居民人均可支配收入 Per Capita Annual Net Income of Rural Households		城镇居民家庭恩格尔系数 (%) Engle's Coefficient of Urban Households (%)	农村居民家庭恩格尔系数 (%) Engle's Coefficient of Rural Households (%)
	绝对数 (元) Value (yuan)	指数 (1978年=100) Index (1978=100)	绝对数 (元) Value (yuan)	指数 (1978年=100) Index (1978=100)		
1978			126	100.0		74.0
1979	355	100.0	150	119.2	61.9	72.9
1980	412	116.1	163	129.6	52.8	68.1
1981	481	135.6	229	181.9	58.1	65.6
1982	505	142.5	237	187.8	59.4	65.6
1983	536	151.1	278	220.4	61.3	66.9
1984	616	173.9	311	246.5	60.0	67.9
1985	762	215.1	325	258.1	51.8	63.9
1986	984	277.6	359	284.8	50.4	63.4
1987	1109	312.8	386	306.2	51.0	62.2
1988	1278	360.5	458	363.1	49.9	60.5
1989	1449	408.7	510	404.8	55.5	61.6
1990	1691	477.0	587	465.6	52.7	63.6
1991	1892	533.7	629	499.1	51.2	63.8
1992	2195	619.3	677	537.6	52.4	62.8
1993	2781	784.4	748	593.7	51.3	61.3
1994	3634	1025.2	1018	808.1	51.4	63.5
1995	4375	1234.2	1270	1008.2	48.7	64.7
1996	5023	1416.9	1479	1173.8	50.2	63.2
1997	5302	1495.6	1692	1343.0	46.7	65.8
1998	5431	1532.1	1804	1431.3	45.6	61.3
1999	5818	1641.3	1841	1460.7	42.6	60.3
2000	6152	1735.5	1900	1508.1	41.6	52.6
2001	6544	1846.1	1982	1573.1	39.9	52.7
2002	7000	1974.7	2112	1676.3	36.8	53.9
2003	7773	2192.7	2233	1772.4	36.2	50.1
2004	8793	2480.3	2536	2012.2	35.4	53.3
2005	9700	2736.2	2842	2255.1	33.8	49.5
2006	10878	3068.7	2911	2310.1	33.4	48.8
2007	11758	3316.8	3560	2825.5	33.9	50.9
2008	13321	3757.8	4193	3327.5	35.6	49.2
2009	14502	4090.9	4557	3616.8	33.6	44.4
2010	16032	4522.4	5378	4268.2	33.0	42.9
2011	18517	5223.4	6605	5241.9	34.5	41.5
2012	21003	5924.6	7526	5972.2	36.7	38.9

注：改革开放以来，城乡住户调查经历了多次变革，现根据国家统计局住户司统一制定的方法对1998年以后的城乡住户调查数据按现行口径进行了技术性处理，从而导致本表中所列部分数据与历史数据存在一定差别。

Note: Since 1978, the methodology on the Integrated Urban and Rural Household Survey on Income and Expenditures and Living Conditions has been changed several times. The data on the living conditions of urban and rural residents after 1998 have been adjusted according to the NBS's latest rules, so partial data in this table are different from the historical data.

7-4 居民人均收支及恩格尔系数(2013—2023年)
Per Capita Residents Income and Expenditure and Engle Coefficient (2013-2023)

年份 Year	居民人均可支配收入(元) Per Capita Annual Disposable Income (yuan)			居民人均消费支出(元) Per Capita Annual Living Expenditure (yuan)			恩格尔系数(%) Engle Coefficient (%)		
	全体居民 Total	城镇常住居民 Permanent Urban Residents	农村常住居民 Permanent Rural Residents	全体居民 Total	城镇常住居民 Permanent Urban Residents	农村常住居民 Permanent Rural Residents	全体居民 Total	城镇常住居民 Permanent Urban Residents	农村常住居民 Permanent Rural Residents
2013	16569	23058	8493	12600	17124	6971	35.8	35.0	38.1
2014	18352	25147	9490	13811	18279	7983	36.0	34.5	40.5
2015	20110	27239	10505	15140	19742	8938	35.2	33.6	40.0
2016	22034	29610	11549	16385	21031	9954	34.3	32.7	38.7
2017	24153	32193	12638	17898	22759	10936	33.2	32.1	36.5
2018	26386	34889	13781	19248	24154	11977	32.3	31.5	34.9
2019	28920	37939	15133	20774	25785	13112	32.1	31.2	34.9
2020	30824	40006	16361	21678	26464	14140	33.6	32.6	36.7
2021	33803	43502	18100	24598	29850	16096	33.2	32.0	36.6
2022	35666	45509	19313	25371	30574	16727	33.9	33.0	36.5
2023	37595	47435	20820	26515	31531	17964	32.6	31.8	34.9

7-5 居民家庭基本情况(2022—2023年)
Basic Conditions of Resident Households (2022-2023)

指标	Item	2022	2023
平均每户常住人口(人)	**Average Permanent Population Per Household (person)**		
全体居民	Total Residents	2.94	2.90
城镇常住居民	Permanent Urban Residents	2.99	2.86
农村常住居民	Permanent Rural Residents	2.86	2.96
平均每户常住劳动力(人)	**Average Number of Full/Semi Permanent Laborers Per ousehold (person)**		
全体居民	Total Residents	2.17	2.07
城镇常住居民	Permanent Urban Residents	2.28	2.09
农村常住居民	Permanent Rural Residents	2.01	2.04
平均每户常住成员从业人数(人)	**Average Number of Permanent Employed Persons Per Household (person)**		
全体居民	Total Residents	1.59	1.45
城镇常住居民	Permanent Urban Residents	1.48	1.38
农村常住居民	Permanent Rural Residents	1.77	1.58
平均每人住房建筑面积(平方米)	**Per Capita Residential Floor Space (sq.m)**		
全体居民	Total Residents	46.26	43.95
城镇常住居民	Permanent Urban Residents	40.56	36.80
农村常住居民	Permanent Rural Residents	55.72	56.14

注：从2012年四季度起，国家统计局对分别进行的城乡住户调查实施了一体化改革，统一了城乡居民收入指标名称、分类和统计标准，建立了城乡统一的一体化住户调查制度(即《住户收支与生活状况调查》)，本年鉴所载2013年以来城乡住户收支与生活状况有关指标及数据资料均取自一体化改革后的住户调查。

Note: Starting from the 4th quarter of 2012, the NBS carried out the integrated reform on the urban and rural household survey, unified the index titles, categories and statistical standards of urban and rural residents income, and established the integrated urban and rural household survey system (Household Income & Expenditure and Living Conditions Survey). The indices and data concerning the urban and rural households income & expenditure and living conditions from 2013 herein are collected from the household survey after the integrated reform.

7-6 全体居民人均可支配收入与现金可支配收入情况(2022—2023年)
Per Capita Annual Disposable Income and Cash Disposable Income of Households(2022-2023)

单位：元 (yuan)

指　　标	Item	2022	2023
可支配收入	**Per Capita Annual Disposable Income**	**35666**	**37595**
工资性收入	Income from Wages and Salaries	19178	20175
经营净收入	Income from Household Operations	5525	5873
第一产业	Primary Industry	1931	1915
第二产业	Secondary Industry	308	422
第三产业	Tertiary Industry	3287	3537
财产净收入	Income from Properties	2217	2312
转移净收入	Income from Transfers	8746	9235
#现金可支配收入	**Per Capita Cash Disposable Income**	**33219**	**35613**
现金工资性收入	Income from Wages and Salaries	19046	20040
现金经营净收入	Income from Household Operations	5022	5890
第一产业	Primary Industry	1238	1592
第二产业	Secondary Industry	327	443
第三产业	Tertiary Industry	3457	3854
现金财产净收入	Income from Properties	962	1045
现金转移净收入	Income from Transfers	8190	8639

7-7 全体居民人均消费支出情况(2022—2023年)
Per Capita Annual Consumption Expenditure of Households(2022-2023)

单位：元 (yuan)

指　　标	Item	2022	2023
消费支出	**Per Capita Annual Consumption Expenditure**	**25371**	**26515**
食品烟酒	Food, Tobacco and Liquor	8600	8644
衣　着	Clothing	1698	1696
居　住	Residence	4783	4920
生活用品及服务	Household Equipments, Furnishings and Services	1657	1707
交通通信	Transport and Communications	3078	3337
教育文化娱乐	Education, Culture and Recreation	2585	2873
医疗保健	Health Care and Medical Services	2351	2646
其他用品及服务	Other Goods and Services	620	691

7-8 全体居民人均收支构成情况(2022—2023年)
Composition of Per Capita Cash Income and Cash Expenditure of Households (2022-2023)

单位：% (%)

指　　标	Item	2022	2023
可支配收入(可支配收入=100)	**Composition of Per Capita Annual Disposable Income**	**100.0**	**100.0**
工资性收入	Income from Wages and Salaries	53.8	53.7
经营净收入	Income from Household Operations	15.5	15.6
财产净收入	Income from Properties	6.2	6.1
转移净收入	Income from Transfers	24.5	24.6
消费支出(消费支出=100)	**Composition of Per Capita Annual Consumption Expenditure**	**100.0**	**100.0**
食品烟酒	Food, Liquor and Tobacco	33.9	32.6
衣　着	Clothing	6.7	6.4
居　住	Garments	18.9	18.6
生活用品及服务	Household Facilities, Articles and Services	6.5	6.4
交通通信	Transport and Communication Services	12.1	12.6
教育文化娱乐	Educational, Cultural and Recreational Services	10.2	10.8
医疗保健	Medicine and Medical Service	9.3	10.0
其他用品及服务	Miscellaneous Commodities Services	2.4	2.6

7-9 全体居民家庭人均主要食品消费量(2022—2023年)
Per Capita Consumption of Major Foods by Households(2022-2023)

单位：千克 (kg)

指　　标	Item	2022	2023
粮食(原粮)	Grain (unprocessed)	158.24	140.48
蔬菜及菜制品	Vegetables and Processed Products	147.35	137.36
肉　类	Meat, Poultry and Related Products	52.96	54.30
猪　肉	Pork	45.82	45.52
牛　肉	Beef	2.67	3.10
羊　肉	Mutton	0.66	0.91
其他肉类及制品	Poultry	3.82	4.78
蛋类及蛋制品	Eggs and Processed Products	14.68	14.31
奶和奶制品	Milk and Dairy Products	15.72	16.35
水产品	Aquatic Products	15.03	14.65
油脂类	Edible Oil	15.53	13.95
鲜瓜果	Fruits	53.10	56.26

注：由于2022年收支报表制度改革，仅统计鲜瓜果消费量，不再统计干鲜水果类消费量。

Note: Due to the reform of the income and expenditure reporting system in 2022, only the consumption of fresh melons and fruits will be counted, and the consumption of dry and fresh fruits will no longer be counted.

7-10 全体居民家庭平均每百户年末耐用消费品拥有量(2022—2023年)
Number of Durable Consumer Goods Owned Per 100 Households at Year-end(2022-2023)

指　　标	Item	2022	2023
家用汽车(辆)	Automobile (unit)	32.87	42.25
摩托车(辆)	Motorcycle (unit)	23.40	23.36
洗衣机(台)	Washing Machine (unit)	99.44	98.00
电冰箱(柜)(台)	Refrigerator (unit)	105.31	103.80
微波炉(台)	Microwave Oven (unit)	50.95	46.96
彩色电视机(台)	Color TV Set (unit)	119.67	110.20
空调(台)	Air Conditioner (unit)	180.88	208.49
热水器(台)	Water Heater (unit)	97.09	96.18
排油烟机(台)	Exhaust Fan (unit)	64.60	69.02
移动电话(部)	Mobile Telephone (set)	262.11	261.97
计算机(台)	Computer (unit)	54.19	41.60
健身器材(套)	Fitness Equipment (unit)	7.33	3.83

7-11 城镇常住居民人均可支配收入与现金可支配收入情况(2022—2023年)
Per Capita Annual Disposable Income and Cash Disposable Income of Urban Households(2022-2023)

单位：元　　(yuan)

指　　标	Item	2022	2023
可支配收入	**Per Capita Annual Disposable Income**	**45509**	**47435**
工资性收入	Income from Wages and Salaries	26556	27656
经营净收入	Income from Household Operations	5098	5350
第一产业	Primary Industry	408	286
第二产业	Secondary Industry	397	561
第三产业	Tertiary Industry	4293	4503
财产净收入	Income from Properties	3265	3364
转移净收入	Income from Transfers	10591	11065
#现金可支配收入	**Per Capita Cash Disposable Income**	**42738**	**44995**
现金工资性收入	Income from Wages and Salaries	26375	27487
现金经营净收入	Income from Household Operations	5224	5737
第一产业	Primary Industry	302	251
第二产业	Secondary Industry	423	589
第三产业	Tertiary Industry	4499	4897
现金财产净收入	Income from Properties	1254	1354
现金转移净收入	Income from Transfers	9885	10417

7-12 城镇常住居民人均消费支出情况(2022—2023年) Per Capita Annual Consumption Expenditure of Urban Households(2022-2023)

单位：元 (yuan)

指 标	Item	2022	2023
消费支出	**Per Capita Annual Consumption Expenditure**	**30574**	**31531**
食品烟酒	Food, Tobacco and Liquor	10101	10033
衣 着	Clothing	2191	2137
居 住	Residence	5842	5926
生活用品及服务	Household Equipments, Furnishings and Services	2030	2038
交通通信	Transport and Communications	3745	4031
教育文化娱乐	Education, Culture and Recreation	3140	3460
医疗保健	Health Care and Medical Services	2698	3003
其他用品及服务	Miscellaneous Goods and Services	827	903

7-13 城镇常住居民人均收支构成情况(2022—2023年) Composition of Per Capita Cash Income and Cash Expenditure of Urban Households (2022-2023)

单位：% (%)

指 标	Item	2022	2023
可支配收入	**Composition of Per Capita Annual Disposable Income**	**100.0**	**100.0**
工资性收入	Income from Wages and Salaries	58.4	58.3
经营净收入	Income from Household Operations	11.2	11.3
财产净收入	Income from Properties	7.2	7.1
转移净收入	Income from Transfers	23.3	23.3
消费支出	**Composition of Per Capita Annual Consumption Expenditure**	**100.0**	**100.0**
食品烟酒	Food, Liquor and Tobacco	33.0	31.8
衣 着	Clothing	7.2	6.8
居 住	Garments	19.1	18.8
生活用品及服务	Household Facilities, Articles and Services	6.6	6.5
交通通信	Transport, Post and Communication Services	12.2	12.8
教育文化娱乐	Educational, Cultural and Recreational Services	10.3	11.0
医疗保健	Medicine and Medical Service	8.8	9.5
其他用品及服务	Miscellaneous Commodities Services	2.7	2.9

7-14 城镇常住居民家庭人均主要食品消费量(2022—2023年)
Per Capita Consumption of Major Foods by Urban Households(2022-2023)

单位：千克 (kg)

指 标	Item	2022	2023
粮食(原粮)	Grain (unprocessed)	133.01	121.92
蔬菜及菜制品	Vegetables and Processed Products	153.41	141.64
肉 类	Meat, Poultry and Related Products	54.97	54.65
猪 肉	Pork	45.55	43.55
牛 肉	Beef	3.67	4.18
羊 肉	Mutton	0.77	1.02
其他肉类及制品	Poultry	4.98	5.90
蛋类及蛋制品	Eggs and Processed Products	14.67	13.21
奶和奶制品	Milk and Dairy Products	19.05	19.98
水产品	Aquatic Products	16.60	16.01
油脂类	Edible Oil	15.79	13.78
鲜瓜果	Fruits	59.97	64.48

7-15 城镇常住居民家庭平均每百户年末耐用消费品拥有量(2022—2023年)
Number of Durable Consumer Goods Owned Per 100 Urban Households at Year-end(2022-2023)

指 标	Item	2022	2023
家用汽车(辆)	Automobile (unit)	40.20	45.95
摩托车(辆)	Motorcycle (unit)	15.75	13.36
洗衣机(台)	Washing Machine (unit)	100.86	98.37
电冰箱(柜)(台)	Refrigerator (unit)	103.12	100.25
微波炉(台)	Microwave Oven (unit)	70.34	60.59
彩色电视机(台)	Color TV Set (unit)	125.47	110.75
空调(台)	Air Conditioner (unit)	232.66	256.71
热水器(台)	Water Heater (unit)	103.48	101.13
排油烟机(台)	Exhaust Fan (unit)	88.16	88.10
移动电话(部)	Mobile Telephone (set)	263.59	252.70
计算机(台)	Computer (unit)	71.85	53.18
健身器材(套)	Fitness Equipment (unit)	11.04	5.41

7-16 农村常住居民人均可支配收入与现金可支配收入情况(2022—2023年)
Per Capita Annual Disposable Income and Cash Disposable Income of Rural Households(2022-2023)

单位：元 (yuan)

指　　标	Item	2022	2023
可支配收入	**Per Capita Annual Disposable Income**	**19313**	**20820**
工资性收入	Income from Wages and Salaries	6921	7421
经营净收入	Income from Household Operations	6235	6766
第一产业	Primary Industry	4461	4692
第二产业	Secondary Industry	159	185
第三产业	Tertiary Industry	1615	1889
财产净收入	Income from Properties	476	518
转移净收入	Income from Transfers	5681	6115
#现金可支配收入	**Per Capita Cash Disposable Income**	**17405**	**19620**
现金工资性收入	Income from Wages and Salaries	6868	7344
现金经营净收入	Income from Household Operations	4686	6151
第一产业	Primary Industry	2793	3879
第二产业	Secondary Industry	167	195
第三产业	Tertiary Industry	1726	2077
现金财产净收入	Income from Properties	476	518
现金转移净收入	Income from Transfers	5375	5607

7-17 农村常住居民人均消费支出情况(2022—2023年)
Per Capita Annual Consumption Expenditure of Rural Households(2022-2023)

单位：元 (yuan)

指　　标	Item	2022	2023
消费支出	**Per Capita Annual Consumption Expenditure**	**16727**	**17964**
食品烟酒	Food, Tobacco and Liquor	6106	6278
衣　着	Clothing	880	946
居　住	Residence	3023	3203
生活用品及服务	Household Equipments, Furnishings and Services	1036	1144
交通通信	Transport and Communications	1970	2154
教育文化娱乐	Education, Culture and Recreation	1663	1872
医疗保健	Health Care and Medical Services	1773	2037
其他用品及服务	Miscellaneous Goods and Services	276	329

7-18 农村常住居民人均收支构成情况(2022—2023年)
Composition of Per Capita Cash Income and Cash Expenditure of Rural Households(2022-2023)

单位：% (%)

指　　标	Item	2022	2023
可支配收入	**Composition of Per Capita Annual Disposable Income**	**100.0**	**100.0**
工资性收入	Income from Wages and Salaries	35.8	35.6
经营净收入	Income from Household Operations	32.3	32.5
财产净收入	Income from Properties	2.5	2.5
转移净收入	Income from Transfers	29.4	29.4
消费支出	**Composition of Per Capita Annual Consumption Expenditure**	**100.0**	**100.0**
食品烟酒	Food, Liquor and Tobacco	36.5	34.9
衣　着	Clothing	5.3	5.3
居　住	Garments	18.1	17.8
生活用品及服务	Household Facilities, Articles and Services	6.2	6.4
交通通信	Transport, Post and Communication Services	11.8	12.0
教育文化娱乐	Educational, Cultural and Recreational Services	9.9	10.4
医疗保健	Medicine and Medical Services	10.6	11.3
其他用品及服务	Miscellaneous Commodities Services	1.7	1.8

7-19 农村常住居民家庭人均主要食品消费量(2022—2023年)
Per Capita Consumption of Major Foods by Rural Households(2022-2023)

单位：千克 (kg)

指　　标	Item	2022	2023
粮食(原粮)	Grain (unprocessed)	200.14	172.13
蔬菜及菜制品	Vegetables and Processed Products	137.26	130.07
肉　类	Meat, Poultry and Related Products	49.63	53.72
猪　肉	Pork	46.26	48.88
牛　肉	Beef	0.99	1.25
羊　肉	Mutton	0.48	0.72
其他肉类及制品	Poultry	1.90	2.88
蛋类及蛋制品	Eggs and Processed Products	14.68	16.19
奶和奶制品	Milk and Dairy Products	10.17	10.15
水产品	Aquatic Products	12.43	12.32
油脂类	Edible Oil	15.11	14.25
鲜瓜果	Fruits	41.68	42.25

注：由于2022年收支报表制度改革，仅统计鲜瓜果消费量，不再统计干鲜水果类消费量。

Note: Due to the reform of the income and expenditure reporting system in 2022, only the consumption of fresh melons and fruits will be counted, and the consumption of dry and fresh fruits will no longer be counted.

7-20 农村常住居民家庭平均每百户年末耐用消费品拥有量(2022—2023年) Number of Durable Consumer Goods Owned Per 100 Rural Households at Year-end(2022-2023)

指　　标	Item	2022	2023
家用汽车(辆)	Automobile (unit)	21.23	35.71
摩托车(辆)	Motorcycle (unit)	35.55	41.00
洗衣机(台)	Washing Machine (unit)	97.19	97.34
电冰箱(柜)(台)	Refrigerator (unit)	108.79	110.05
微波炉(台)	Microwave Oven (unit)	20.12	22.89
彩色电视机(台)	Color TV Set (unit)	110.44	109.21
空调(台)	Air Conditioner (unit)	98.59	123.39
热水器(台)	Water Heater (unit)	86.94	87.44
排油烟机(台)	Exhaust Fan (unit)	27.15	35.34
移动电话(部)	Mobile Telephone (set)	259.77	278.34
计算机(台)	Computer (unit)	26.11	21.18
健身器材(套)	Fitness Equipment (unit)	1.43	1.04

7-21 主要年份居民消费价格指数
Consumer Price Indices and General Retail Price Indices in Major Years

年 份 Year	以1950年为100 1950=100 居民消费价格指数 Consumer Price Index	以1978年为100 1978=100 居民消费价格指数 Consumer Price Index	以上年为100 Preceding Year=100 居民消费价格指数 Consumer Price Index
1952	106.1		97.3
1957	114.0		104.6
1962	145.8		95.2
1965	125.1		98.0
1970	129.2		99.6
1975	131.2		100.3
1978	135.4	100.0	102.9
1980	148.3	109.5	107.9
1985	179.4	132.4	109.9
1986	186.9	138.0	104.2
1987	205.2	151.5	109.8
1988	251.8	185.9	122.7
1989	294.9	217.7	117.1
1990	299.0	220.7	101.4
1991	319.9	236.1	107.0
1992	355.7	262.5	111.2
1993	422.2	311.6	118.7
1994	547.6	404.1	129.7
1995	653.8	482.5	119.4
1996	717.2	529.3	109.7
1997	741.2	546.8	103.3
1998	714.5	527.1	96.4
1999	709.5	523.4	99.3
2000	686.1	506.1	96.7
2001	697.8	514.7	101.7
2002	695.0	512.6	99.6
2003	699.2	515.7	100.6
2004	725.1	534.8	103.7
2005	730.9	539.1	100.8
2006	748.4	552.0	102.4
2007	783.6	577.9	104.7
2008	827.5	610.3	105.6
2009	814.3	600.5	98.4
2010	840.3	619.8	103.2
2011	884.9	652.6	105.3
2012	907.7	669.5	102.6
2013	931.8	687.2	102.7
2014	948.2	699.3	101.8
2015	960.1	708.1	101.3
2016	977.3	720.8	101.8
2017	987.1	728.0	101.0
2018	1007.3	742.9	102.0
2019	1034.5	763.0	102.7
2020	1058.3	780.5	102.3
2021	1061.5	782.9	100.3
2022	1084.0	799.5	102.1
2023	1081.2	797.4	99.7

7-22 居民消费价格分类指数(2022—2023年)
Consumer Price Indices by Category(2022-2023)

(上年=100) (preceding year=100)

项目名称	Item	2022	2023
居民消费价格指数	**Consumer Price Index**	**102.1**	**99.7**
食品烟酒	Food, Tobacco and Liquor	103.9	98.6
食　品	Food	105.3	97.5
粮　食	Grain	101.7	101.1
薯　类	Tubers	109.7	101.1
豆　类	Beans	106.3	99.3
食用油	Oil	106.1	98.9
菜及食用菌	Vegetables	107.3	95.0
#鲜　菜	Fresh Vegetables	106.8	94.0
畜肉类	Livestock Meat	99.8	90.0
禽肉类	Poultry	110.5	103.7
水产品	Aquatic Products	101.8	95.8
蛋　类	Eggs	108.9	96.7
奶　类	Dairy Products	101.4	101.1
干鲜瓜果类	Dried and Fresh Melons and Fruits	114.4	101.7
#鲜　果	Fresh Fruits	117.4	101.4
糖果糕点类	Confectionery and Cakes	102.9	100.7
调味品	Flavoring	107.1	100.6
其他食品类	Other Foods	103.3	101.2
茶及饮料	Tea and Beverages	103.0	102.2
烟　酒	Tobacco and Liquor	100.3	101.1
卷　烟	Tobacco	100.9	100.8
酒　类	Liquor	99.2	101.7
在外餐饮	Dining Out	101.8	100.1
衣　着	Clothing	100.0	101.0
#服　装	Garments	100.0	100.9
居　住	Residence	99.9	100.2
生活用品及服务	Living Goods and Service	101.4	99.8
#家庭服务	FamilyServices	102.2	101.4
交通通信	Transportation and Communications	105.5	98.8
交　通	Transportation	108.3	98.9
通　信	Telecommunication	98.1	98.4
教育文化娱乐	Education, Culture and Recreation	101.6	101.3
#教　育	Education	101.9	101.7
医疗保健	Health Care	99.7	100.2
药品及医疗器具	Medicine and Medical Equipment	99.2	100.5
医疗服务	Medical Services	100.0	100.0
其他用品及服务	Other Articles and Services	100.6	102.4

7-23 农产品生产价格指数(2004—2023年)
Producer Price Indices for Agricultural Products (2004-2023)

(上年＝100) (preceding year=100)

指　　标	Item	2004	2005	2006	2007	2008
合计	**Total**	**125.5**	**100.0**	**93.6**	**121.8**	**120.4**
农业产品	**Farm Products**	**120.3**	**102.2**	**100.4**	**108.6**	**108.9**
#谷　物	Cereal	139.6	101.3	97.3	108.2	108.5
#小　麦	Wheat	131.6	102.7	95.1	103.9	106.4
稻　谷	Rice	141.5	101.2	97.8	108.2	109.2
玉　米	Corn	130.4	101.7	94.9	109.0	106.2
大　豆	Beans	122.1	97.4	100.0	107.9	115.4
油　料	Oil-bearing Crops	123.2	93.1	102.8	120.1	118.9
蔬　菜	Vegetables	106.0	103.8	102.5	109.8	106.6
水果及坚果	Fruits and Nuts	103.0	103.4	101.3	104.5	109.2
饲养动物及其产品	**Animal Husbandry Products**	**128.8**	**98.8**	**89.8**	**128.8**	**126.1**
#活　猪	Pig	131.2	97.5	86.9	132.2	127.2
牛	Cattle and Buffaloes	101.7	103.9	101.6	120.6	116.0
羊	Sheep and Goats	111.1	102.8	101.2	108.0	128.9
活家禽	Poultry	117.2	104.3	100.2	116.2	111.7
禽　蛋	Eggs	111.9	103.9	98.9	110.1	112.1
渔业产品	**Fishery Products**	**107.8**	**105.7**	**101.7**	**105.9**	**110.3**
养殖淡水鱼	Bred Freshwater Fish					
捕捞淡水鱼	Fished Freshwater Fish					

注：根据新《农业产值和价格综合统计报表制度》，原“肉禽(毛重)”指标替换为“活家禽”，原“淡水鱼”指标替换为“养殖淡水鱼”和“捕捞淡水鱼”。2011年起采用新指标指数，2010年及以前采用旧指标指数。

Note: In accordance with the "Comprehensive Statistic Reporting Rules for Agriculture Output and Price", the former "poultry (gross weight)" is replaced by "poultry", while the former "freshwater fish" is replaced by "bred freshwater fish" and "fished freshwater fish".The new indices are used since 2011 while the old indices are used for the data before 2010.

7-23 续表 1 continued

(上年＝100) (preceding year=100)

指　　标	Item	2009	2010	2011	2012	2013
合计	**Total**	**89.0**	**103.2**	**120.2**	**104.6**	**103.0**
农业产品	**Farm Products**	**104.2**	**109.1**	**113.8**	**106.0**	**103.1**
#谷　物	Cereal	100.4	108.4	114.4	108.0	102.5
#小　麦	Wheat	103.5	104.3	110.6	112.0	
稻　谷	Rice	100.8	106.8	116.2	107.1	101.7
玉　米	Corn	97.9	113.4	111.4	109.4	104.4
大　豆	Beans	98.9	106.6	111.5	105.8	102.8
油　料	Oil-bearing Crops	80.3	108.8	109.0	105.7	106.8
蔬　菜	Vegetables	110.5	107.9	111.1	108.7	103.7
水果及坚果	Fruits and Nuts	107.0	111.2	119.5	93.8	108.0
饲养动物及其产品	**Animal Husbandry Products**	**80.8**	**98.4**	**126.6**	**103.3**	**102.9**
#活　猪	Pig	77.1	94.4	134.5	101.8	101.7
牛	Cattle and Buffaloes	104.2	103.4	107.6	104.9	109.3
羊	Sheep and Goats	100.7	100.0	116.6	115.7	110.4
活家禽	Poultry	102.8	105.6	111.8	107.1	105.3
禽　蛋	Eggs	101.9	104.2	105.6	104.7	104.4
渔业产品	**Fishery Products**	**104.7**	**102.2**	**108.2**	**108.1**	**102.0**
养殖淡水鱼	Bred Freshwater Fish			108.6	108.2	102.0
捕捞淡水鱼	Fished Freshwater Fish			110.5	104.1	

7-23 续表 2 continued

(上年＝100) (preceding year=100)

指标	Item	2014	2015	2016	2017	2018
合计	**Total**	**100.2**	**102.4**	**109.8**	**96.8**	**99.7**
农业产品	**Farm Products**	**102.6**	**100.6**	**104.4**	**102.8**	**106.3**
#谷 物	Cereal	100.3	102.6	99.8	100.8	101.8
#小 麦	Wheat					
稻 谷	Rice	99.4	103.7	103.8	102.4	100.3
玉 米	Corn	102.6	100.4	92.0	97.8	104.9
大 豆	Beans	104.4	102.4	96.7	100.0	101.8
油 料	Oil-bearing Crops	101.2	107.7	98.1	103.7	102.2
蔬 菜	Vegetables	104.2	98.0	110.7	103.0	109.0
水果及坚果	Fruits and Nuts	104.8	108.2	102.1	116.2	98.1
饲养动物及其产品	**Animal Husbandry Products**	**97.6**	**104.4**	**114.8**	**91.3**	**94.6**
#活 猪	Pig	92.9	105.3	122.3	84.8	89.1
牛	Cattle and Buffaloes	110.1	99.7	99.3	99.5	102.7
羊	Sheep and Goats	107.9	95.0	87.3	97.8	126.2
活家禽	Poultry	106.8	102.3	100.6	108.4	103.6
禽 蛋	Eggs	104.2	105.4	100.3	100.5	104.4
渔业产品	**Fishery Products**	**104.7**	**101.2**	**104.2**	**104.1**	**99.7**
养殖淡水鱼	Bred Freshwater Fish	101.8	101.2	104.2	104.1	99.7
捕捞淡水鱼	Fished Freshwater Fish	107.0				

7-23 续表 3 continued

(上年＝100) (preceding year=100)

指标	Item	2019	2020	2021	2022	2023
合计	**Total**	**112.1**	**113.6**	**98.4**	**98.7**	**97.5**
农业产品	**Farm Products**	**102.1**	**105.8**	**105.0**	**103.2**	**100.4**
#谷 物	Cereal	99.5	102.6	113.4	100.8	101.9
#小 麦	Wheat					
稻 谷	Rice	99.6	100.1	107.1	100.4	102.4
玉 米	Corn	99.4	107.8	131.9	101.5	101.0
大 豆	Beans	102.5	103.0	106.8	104.3	101.8
油 料	Oil-bearing Crops	98.8	107.7	99.4	109.8	99.8
蔬 菜	Vegetables	100.3	112.8	102.9	101.3	99.2
水果及坚果	Fruits and Nuts	104.9	96.3	103.1	102.8	101.1
饲养动物及其产品	**Animal Husbandry Products**	**97.2**	**130.5**	**83.3**	**92.5**	**92.5**
#活 猪	Pig	155.5	151.6	63.9	87.2	87.6
牛	Cattle and Buffaloes	112.7	113.4	103.0	99.3	94.9
羊	Sheep and Goats	124.5	109.4	102.5	99.9	94.1
活家禽	Poultry	106.1	97.9	104.0	101.6	100.0
禽 蛋	Eggs	102.0	89.6	100.5	110.3	102.2
渔业产品	**Fishery Products**	**101.4**	**106.6**	**122.2**	**95.6**	**100.7**
养殖淡水鱼	Bred Freshwater Fish	101.4	106.6	122.2	95.6	100.7
捕捞淡水鱼	Fished Freshwater Fish					

7-24 工业生产者购进价格指数(2022—2023年)
Purchasing Price Indices for Industrial Producers (2022-2023)

(上年=100) (preceding year=100)

指 标	Item	2022	2023
工业生产者购进价格指数	**Purchasing Price Indices of Raw Material, Fuel and Power**	**104.4**	**97.0**
燃料、动力类	Fuel and Power	117.6	102.2
黑色金属材料类	Ferrous Metals	100.6	95.3
有色金属材料类	Nonferrous Metals	106.1	96.1
化工原料类	Raw Chemical Materials	105.8	92.5
木材及纸浆类	Timber and Paper Pulp	105.9	96.5
建筑材料类及非金属矿类	Building Materials and Non-metal Minerals	100.5	92.1
其他工业原材料及半成品类	Other Industrial Raw Materials and Semi-products	101.5	97.0
农副产品类	Agricultural Products	103.6	99.1
纺织原料类	Textile Materials	102.9	100.8

7-25 工业生产者出厂价格指数(2022—2023年)
Producer Price Indices for Industrial Products by Category (2022-2023)

(上年=100) (preceding year=100)

指 标	Item	2022	2023
工业生产者出厂价格指数	**Producer Price Index for Industrial Products**	**102.3**	**97.8**
生产资料	Means of Production	102.7	96.9
采 掘	Mining and Quarrying	101.9	99.8
原材料	Raw Materials	104.7	97.7
加 工	Processing	102.4	96.6
生活资料	Consumer Goods	101.4	100.4
食 品	Food	101.5	99.9
衣 着	Clothing	100.5	98.1
一般日用品	Articles for Daily Use	102.3	99.4
耐用消费品	Durable Consumer Goods	101.1	101.2

7-26 按工业行业分工业生产者出厂价格指数(2022—2023年)
Producer Price Indices for Industrial Products by Sector (2022-2023)

(上年=100) (preceding year=100)

行业	Sector	2022	2023
工业生产者出厂价格指数	**Producer Price Index for Industrial Products**	**102.3**	**97.8**
煤炭开采和洗选业	Mining and Washing of Coal	101.4	95.2
石油和天然气开采业	Extraction of Petroleum and Natural Gas	109.8	108.2
黑色金属矿采选业	Mining and Processing of Ferrous Metal Ores	100.2	100.1
有色金属矿采选业	Mining and Processing of Non-ferrous Metal Ores	104.7	92.2
非金属矿采选业	Mining and Processing of Non-metal Ores	95.2	96.5
农副食品加工业	Processing of Food from Agricultural Products	102.8	99.5
食品制造业	Manufacture of Foods	102.0	100.5
酒、饮料和精制茶制造业	Manufacture of Liquor, Beverages and Refined Tea	100.6	101.2
烟草制品业	Manufacture of Tobacco	100.0	100.0
纺织业	Manufacture of Textile	102.7	101.0
纺织服装、服饰业	Manufacture of Textile, Wearing Apparel and Accessories	101.7	98.8
皮革、毛皮、羽毛及其制品和制鞋业	Manufacture of Leather, Fur, Feather and Related Products and Footwear	99.9	97.7
木材加工和木、竹、藤、棕、草制品业	Processing of Timber, Manufacture of Wood, Bamboo, Rattan, Palm and Straw Products	104.9	96.4
家具制造业	Manufacture of Furniture	101.4	100.4
造纸和纸制品业	Manufacture of Paper and Paper Products	99.6	93.7
印刷和记录媒介复制业	Printing and Reproduction of Recording Media	101.9	98.5
文教、工美、体育和娱乐用品制造业	Manufacture of Articles of Culture, Education, Arts and Crafts, Sport and Entertainment Activities	100.0	99.8
石油、煤炭及其他燃料加工业	Processing of Petroleum, Coking and Other Fuels	104.4	99.1
化学原料和化学制品制造业	Manufacture of Raw Chemical Materials and Chemical Products	109.0	92.0
医药制造业	Manufacture of Medicines	102.8	100.2
化学纤维制造业	Manufacture of Chemical Fibers	60.6	64.2
橡胶和塑料制品业	Manufacture of Rubber and Plastics	102.2	97.2
非金属矿物制品业	Manufacture of Non-metallic Mineral Products	100.8	91.8
黑色金属冶炼和压延加工业	Smelting and Pressing of Ferrous Metals	106.7	92.8
有色金属冶炼和压延加工业	Smelting and Pressing of Non-ferrous Metals	105.4	94.5
金属制品业	Manufacture of Metal Products	100.3	99.0
通用设备制造业	Manufacture of General Purpose Machinery	101.1	99.3
专用设备制造业	Manufacture of Special Purpose Machinery	100.7	98.9
汽车制造业	Manufacture of Automobiles	100.3	99.0
铁路、船舶、航空航天和其他运输设备制造业	Manufacture of Railway, Ship, Aerospace and Other Transport Equipments	100.9	98.3
电气机械和器材制造业	Manufacture of Electrical Machinery and Apparatus	101.8	98.5
计算机、通信和其他电子设备制造业	Manufacture of Computers, Communication and Other Electronic Equipment	102.7	98.5
仪器仪表制造业	Manufacture of Measuring Instrument and Machinery	100.4	100.3
其他制造业	Other Manufacture	100.8	100.9
废弃资源综合利用业	Utilization of Waste Resources	98.4	91.5
金属制品、机械和设备修理业	Repair Service of Metal Products, Machinery and Equipment	101.2	99.0
电力、热力生产和供应业	Production and Supply of Electric Power and Heat Power	103.9	100.3
燃气生产和供应业	Production and Supply of Gas	109.0	108.5
水的生产和供应业	Production and Supply of Water	101.3	100.2

7-27 住宅销售价格指数(1998—2023年)
Sales Price Indices of Houses (1998-2023)

(上年=100) (preceding year=100)

年 份 Year	新建商品住宅 Newly-built Commercial Housing	二手住宅 Second-hand Houses
1998	105.6	
1999	102.8	
2000	102.5	
2001	102.5	
2002	102.9	
2003	108.5	
2004	114.7	
2005	107.0	106.1
2006	103.2	101.9
2007	108.0	104.5
2008	107.2	103.8
2009	101.3	103.7
2010	110.8	107.4
2011	104.1	100.6
2012	99.2	99.6
2013	106.7	102.6
2014	102.2	100.9
2015	95.0	97.1
2016	103.6	103.9
2017	110.6	107.7
2018	108.9	107.9
2019	110.9	106.3
2020	105.5	99.0
2021	107.4	103.9
2022	103.8	100.7
2023	101.1	96.5

注：2017年及以前为新建住宅数据，2018年起变更为新建商品住宅数据。
Note: The data of the year before 2017 are newly-built housing. Since 2018, the data are replaced by newly-built commercial housing.

主要统计指标解释

城乡居民储蓄存款余额 指某一时点城乡居民存入银行及农村信用社的储蓄金额，包括城镇居民储蓄存款和农民个人储蓄存款，不包括居民的手存现金和工矿企业、部队、机关、团体等单位存款。

恩格尔系数 指食品烟酒支出金额在消费性总支出金额中所占的比例。计算公式为：

恩格尔系数=食品烟酒支出总额/消费性支出总额×100%

住户收支与生活状况调查指标解释

从 2012 年四季度起，国家统计局对分别进行的城乡住户调查实施了一体化改革，规范了城乡划分范围，统一了城乡居民收入指标名称、分类和统计标准，建立了城乡统一的一体化住户调查，并据此采集全国居民有关数据。

（一）居民可支配收入

居民可支配收入指居民可用于最终消费支出和储蓄的总和，即居民可用于自由支配的收入。既包括现金收入，也包括实物收入。按照收入的来源，可支配收入包含四项，分别为：工资性收入、经营净收入、财产净收入和转移净收入。

工资性收入 指就业人员通过各种途径得到的全部劳动报酬和各种福利，包括受雇于单位或个人、从事各种自由职业、兼职和零星劳动得到的全部劳动报酬和福利。

经营净收入 指住户或住户成员从事生产经营活动所获得的净收入，是全部经营收入中扣除经营费用、生产性固定资产折旧和生产税之后得到的净收入。计算公式为：

经营净收入=经营收入－经营费用－生产性固定资产折旧－生产税

财产净收入 指住户或住户成员将其所拥有的金融资产、住房等非金融资产和自然资源交由其他机构单位、住户或个人支配而获得的回报并扣除相关的费用之后得到的净收入。财产净收入包括利息净收入、红利收入、储蓄性保险净收益、转让承包土地经营权租金净收入、出租房屋净收入、出租其他资产净收入和自有住房折算净租金等。财产净收入不包括转让资产所有权的溢价所得。

转移净收入 计算公式为：

转移净收入=转移性收入－转移性支出

转移性收入 指国家、单位、社会团体对住户的各种经常性转移支付和住户之间的经常性收入转移。包括养老金或退休金、社会救济和补助、政策性生产补贴、政策性生活补贴、经常性捐赠和赔偿、报销医疗费、住户之间的赡养收入，本住户非常住成员寄回带回的收入等。转移性收入不包括住户之间的实物馈赠。

转移性支出 指调查户对国家、单位、住户或个人的经常性或义务性转移支付。包括缴纳的税款、各项社会保障支出、赡养支出、经常性捐赠和赔偿支出以及其他经常转移支出等。

（二）居民消费支出

居民消费支出是指居民用于满足家庭日常生活消费需要的全部支出，既包括现金消费支出，也包括实物消费支出。消费支出可划分为食品烟酒、衣着、居住、生活用品及服务、交通通信、教育文化娱乐、医疗保健以及其他用品及服务八大类。

食品烟酒 指用于各种食品和烟草、酒类的支出。

衣着 指与居民穿着有关的支出，包括服装、服装材料、鞋类、其他衣类及配件、衣着相关加工服务的支出。

居住 指与居住有关的支出，包括房租、水、电、燃料、物业管理等方面的支出，也包括自有住房折算租金。

生活用品及服务 指家庭及个人的各类生活品及家庭服务。包括家具及室内装饰品、家用器具、家用纺织品、家庭日用杂品、个人用品和家庭服务。

交通通信 指用于交通和通信工具及相关的各种服务费、维修费和车辆保险等支出。

教育文化娱乐 指用于教育、文化和娱乐方面的支出。

医疗保健 指用于医疗和保健的药品、用品和服务的总费用。包括医疗器具及药品，以及医疗服务。

其他用品及服务 指无法直接归入上述各类支出的其他用品与服务支出。

2012 年及以前的分城镇和农村住户调查指标解释

2012 年及以前年份，中国的住户调查一直分城乡分别开展。由于分别调查，农村与城镇居民收入、支出等指标的统计口径有所不同，数据也不完全可比，城镇调查城镇居民可支配收入，农村调查农村居民纯收入。城镇居民收入与支出数据，指现金收入或现金支出，不包括实物收支；其中，计算城镇居民人均可支配收入和消费支出时，不包括自有住房折算租金，也不包括购建房支出。农村居民收入与支出数据，分为总收支和现金收支，即农村居民的总收支部分包括了自产自用的实物收支；其中，计算农村居民人均纯收入和消费支出时，也不包括自有住房折算租金，但农村居民居住消费支出中，包括了购建房支出。

为了保持历史数据的可比，本年鉴中 2012 年及以前年份的数据和指标解释仍保持了原城镇住户调查和农村住户调查方案的原貌。

（一）城镇住户调查

城镇家庭人口 指居住在一起，经济上合在一起共同生活的家庭成员。凡计算为家庭人口的成员其全部收支都包括在本家庭中。

城镇居民家庭可支配收入 指家庭成员得到可用于最终消费支出和其他非义务性支出以及储蓄的总和，即居民家庭可以用来自由支配的收入。它是家庭总收入扣除交纳的个人所得税、个人交纳的社会保障支出以及记账补贴后的收入。计算公式为：

城镇居民家庭可支配收入=家庭总收入－交纳个人所得税－个人交纳的社会保障支出－记账补贴

（二）农村住户调查

农村住户 指农村常住户。农村常住户指长期（一年以上）居住在乡镇（不包括城关镇）行政管理区域内的住户，以及长期居住在城关镇所辖行政村范围内的农村住户。户口不在本地而在本地居住一年及以上的住户也包括在本地农村常住户范围内；有本地户口，但举家外出谋生一年以上的住户，无论是否保留承包耕地都不包括在本地农村住户范围内。

农村居民家庭纯收入 指农村住户当年从各个来源得到的总收入相应地扣除所发生的费用后的收入总和。计算公式为：

农村居民家庭纯收入=总收入－家庭经营费用支出－税费支出－生产性固定资产折旧－赠送农村内部亲友

纯收入主要用于再生产投入和当年生活消费支出，也可用于储蓄和各种非义务性支出。“农民人均纯收入”是按人口平均的纯收入水平，反映的是一个地区农村居民的平均收入水平。

居民消费价格指数 居民消费价格指数是度量一组代表性消费商品及服务项目价格水平随着时间而变动的相对数，反映居民家庭购买的消费品及服务价格水平的变动情况。它是宏观经济分析和决策、价格总水平监测和调控以及国民经济核算的重要指标。其按年度计算的变动率通常被用来作为反映通货膨胀（或紧缩）程度的指标。

农产品生产价格指数 是反映一定时期内，农产品生产者出售农产品价格水平变动趋势及幅度的相对数。该指数可以客观反映全国农产品生产价格水平和结构变动情况，满足农业与国民经济核算需求。其中某代表品生产价格指数是通过对全部有出售该产品行为的调查单位的个体指数进行几何平均求得的，类价格指数是通过对其所属的类（或代表品）的价格指数进行加权平均求得的。季度累计价格指数的计算方法与分季指数的计算方法相同。

工业生产者出厂价格指数 是反映一定时期内全部工业产品第一次出售时的出厂价格总水平的变动趋势和变动幅度的相对数。

工业生产者购进价格指数 是反映作为中间投入的原材料、燃料、动力购进价格总水平的变动趋势和变动幅度的相对数。

住宅销售价格指数 是综合反映住宅商品价格水平总体变化趋势和变化幅度的相对数。中国住宅销售价格指数由70 个大中城市的新建住宅销售价格指数和二手住宅销售价格指数组成。

Explanatory Notes on Main Statistical Indicators

Saving Deposits of Urban and Rural Residents refer to the total value of savings deposits of urban and rural households in banks and rural credit cooperatives at a given point of time, including the saving deposits of urban residents and the saving deposits of rural residents. The cash in hand by residents and the deposits of organizations such as enterprises, military units, government agencies, institutions, etc. are not included.

Engel Coefficient refers to the percentage of expenditure on food, cigarette and alcohol in the total consumption expenditure, using the following formula:

Engel Coefficient = (Expenditure on Food, Cigarette and Alcohol / Total Consumption Expenditure)×100%

Households Survey on Income and Expenditures and Living Conditions

Since the fourth quarter of 2012, the NBS has launched its reform on the household survey programme, to form an integrated survey, instead of the two separate urban and rural household surveys. The reform regulates the division of urban and rural areas, integrates the concepts, classifications and standards, conducts the integrated household survey, and collects household data in the whole country thereafter.

1. Disposable Income of Households

Disposable Income of Households refers to the income of households for purpose of final expenditure and savings. It includes income both in cash and in kind. By sources of income, disposable income includes four categories: income from wages and salaries, net business income, net income from properties and net income from transfer.

Income from wages and salaries refers to remuneration of labour and salaries from all kinds of sources, including those employed by other units or individuals, freelance work, part-time jobs, and sporadic labour.

Net business income refers to net income earned by households and their members engaged in production and business activities. It refers to the net income of operating revenue minus operating costs, depreciation of productive fixed assets, and production tax. The formula is:

Net Business Income=Operating Revenue − Operating Costs − Depreciation of Productive Fixed Assets − Production Tax

Net income from properties refers to the net income received as returns by households or members of financial assets, non-financial assets such as housing, to other institutions, households or individuals, and minus relevant costs. Net income from properties includes net income of interest, bonus income, net income of saving insurance, net income of rents of transferring management right of contract land, income of renting housing, income of renting other assets, net converted rents of self-owned housing. Net income from properties do not include premium of transferring ownership of assets.

Net income from transfer The formula is:

Net Income from Transfer=Income from Transfers − Expenditure from Transfer

Income from transfer refers to the regular transfer from country, institutions, social communities to households and between households. It includes old-age and retirement pension, regular donation and compensation, applying for medical fees, supporting income between households, income from non-usual-residing members of households, etc. Income from transfer do not include presents in kinds between households.

Expenditure from transfer refers to regular or deontic transfer from households to country, institutions, households or individuals. It includes taxes paid, expenditure of all kinds of social security, supporting expenditure, regular donation and compensation and other regular transfer expenditure, etc.

2. Consumption Expenditure of Households

Consumption Expenditure of Households refers to all expenditure of households for living expenditure to satisfy family daily living. It includes expenditure in cash and in kind. It includes eight categories: food, tobacco and liquor; clothing; residence; household facilities, articles and services; transport and communications; education, cultural and recreational activities; health care and medical services, and miscellaneous goods and services.

Food, tobacco and liquor refers to expenditure for food, tobacco and liquor of all kinds.

Clothing refers to expenditure related to clothing, including clothes, clothing materials, footwear, other clothing and accessories, processing services related to clothing.

Residence refers to expenditure related to residence, including housing rents, water, electricity, fuel, property management, and including converted self-owned housing rents.

Household facilities, articles and services refers to expenditure for family and individual articles for living purpose and family services. It includes furniture and interior decoration, home appliances, home textiles, household miscellaneous daily articles, personal articles, and family services.

Transport and communications refers to expenditure for transport and communication and related services, maintenance and repairs, and vehicle insurance.

Education, cultural and recreational activities refers to expenditure on education, cultural and recreational activities.

Health care and medical services refers to expenditure on drugs, supplies and services of medical and health care. It includes medical appliances and drugs, and medical services.

Miscellaneous goods and services refers to expenditure of all kinds of expenditure of other articles and services that can't be divided into the category above.

Explanatory on Indicators before 2012

Prior to 2012, household surveys in China were conducted separately in urban and rural areas. Statistical coverage of indicators of household income and expenditure of urban and rural households were different, data were not comparable completely. Disposable income was surveyed in urban households, and net income was surveyed in rural households. Income and expenditure of urban households refer to that in cash, not including physical payments; Among which, when calculating per capita disposable income and consumption, self-owned housing conversion rental is not included, and expenditure of purchasing housing is not included either. Income and expenditure of rural households are divided into that of total and in cash, that is, total income and expenditure include self occupied physical payments; Among which, when computing per capita net income and expenditure of rural households, self-owned housing conversion rental is not included, but purchasing of housing is included in consumption expenditure of rural households.

For comparable reason, data prior to 2012 in this yearbook were still original urban households and rural households survey.

1. Urban Household Survey

Population of urban households refer to members of households living and sharing economically together in the urban areas. All the income and expenditure of all the members of such households are included in the income and expenditure of the household.

Disposable income of urban households refers to the actual income at the disposal of members of the households which can be used for final consumption, other non-compulsory expenditure and savings. This equals to total income minus income tax, personal contribution to social security and subsidy for keeping diaries in being a sample household. The following formula is used:

Disposable Income of Urban Households=Total Household Income – Income Tax – Personal Contribution to Social Security – Subsidy for Keeping Diaries for A Sampled Household

2. Rural Household Survey

Rural households refer to usual resident households in rural areas. Usual resident households in rural areas are households residing on a long term basis(for more than one year) in the areas under the administration of township governments (not including county towns), and in the areas under the administration of villages in county towns. Households residing in the current addresses for over one year with their household registration in other places are still considered as resident households of the locality. For households with their household registration in one place but all members of the households having moved away to make a living in another place for over one year, they will not be included in the rural households of the area where they are registered, irrespective of whether they still keep their contracted land.

Net income of rural households refers to the total income of rural households from all sources minus all corresponding expenses. The formula for calculation is as follows:

Net Income of Rural Households = Total Income – Household Operation Expenses – Taxes and Fees-Depreciation of Fixed Assets for Production – Gifts to Rural Relatives

Net income is mainly used as input for reinvestment in production and as consumption expenditure of the year, and also used for savings and non-compulsory expenses of various forms. "Per capita net income of farmers" is the level of net income averaged by population, reflecting the average income level of rural population in a given area.

Consumer price index reflects the relative change in prices of consumer goods and services in a certain period of time, Formation of consumer price index aims to study the impact of consumer price changes on the actual living cost of urban and rural residents and to provide scientific basis for central government and relevant departments in drawing up consumer up consumer policy, price policy, wage policy and monetary policy and in accounting the nation economy. It is also a key index reflecting the fluctuation of inflation.

Producer price indices for farm products reflect the trend and degree of changes in producers' prices received by farmers when they sell farm products during a given period. These indices depict the change in the level and structure of producer prices for farm products of the country and meet the needs of agricultural statistics and national accounts statistics. The producer price index for a given product is calculated as the geometrical mean of individual indices for all surveyed units which sell such product, and the indices for a product category is obtained as the weighted mean of price indices for all products in the category. Method for calculating accumulative quarterly indices is the same as for calculating the individual quarterly indices.

Producer price indices for industrial products are relative figures reflectingthe trend and degree of changes in general ex-factory prices of all manufactured goods for first sale during a given period.

Purchasing price indices for industrial producers are relative figures reflectingthe trend and degree ofchanges in the purchasing prices of intermediate inputs such as raw materials, fuels and power.

Price index of residential real estate sales is a relative ratio reflecting the general trend and variation degrees of the sales price of the residential real estate. This index of China is composed of the sales price of residential real estate and the sales price of second-hand residential real estate in 70 medium-large cities.

8 城镇建设

URBAN CONSTRUCTION

简 要 说 明

本章资料反映全市城镇建设的基本情况。

城镇建设资料主要包括城镇建设用地、基础设施水平、市政设施、园林绿化、供水供气、公共交通、基础设施建设投资等，由市统计局固定资产投资处根据市住房和城乡建设委员会、市规划和自然资源局资料整理提供。

Brief Introduction

The data in this chapter show the basic conditions of urban construction in Chongqing.

The statistics on urban construction mainly include the data of land for urban construction, urban infrastructure, municipal infrastructure, parks and green areas, tap water and gas supply, public traffic, investment in infrastructure construction. The data concerned are provided by Commission of Housing and Urban-Rural Development of Chongqing and Bureau of Planning and Natural Resources of Chongqing, and sorted and compiled by Division of Statistics of Investment in Fixed Assets, Chongqing Municipal Bureau of Statistics.

8-1 城市建设用地(2023年)
Land for Urban Construction (2023)

单位：平方公里 (sq.km)

指　　标	Item	全　市 Total	#区合计 Total of Districts
建成区面积	**Built-up Area**	**1949.47**	**1762.80**
建设用地面积	**Land for Urban Construction**	**1673.38**	**1500.31**
居住用地	Land for Residence	519.14	452.22
公共管理与公共服务用地	Land for Public Management and Public Services	156.72	139.59
商业服务业设施用地	Land for Commercialized Service Facilities	96.34	86.80
工业用地	Land for Industry	363.56	344.95
物流仓储用地	Land for Logistics and Warehousing	35.29	33.08
道路与交通设施用地	Land for Road and Traffic Facilities	331.53	302.06
公用设施用地	Land for Public Facilities	28.86	24.37
绿化与广场用地	Land for Greening and Squares	141.94	117.24

注：“区合计”数为26个市辖区合计(下表同)。
Note:"Total of Districts" refers to the total data of 26 municipal districts (the same below).

8-2 城市基础设施水平(2022—2023年)
Statistics on Urban Infrastructure (2022-2023)

指　　标	Item	全　市 Total		#区合计 Total of Districts	
		2022	2023	2022	2023
人均日生活用水量(升)	Per Capita Daily Water Consumption (liter)	175.54	186.18	180.77	190.04
用水普及率(%)	Water Coverage Rate (%)	98.67	99.90	98.57	99.92
燃气普及率(%)	Gas Coverage Rate (%)	98.74	99.60	98.82	99.66
人均道路面积(平方米)	Per Capita Road Surface Area (sq.m)	16.08	16.96	16.64	17.35
污水处理厂集中处理率(%)	Rate of Intensive Treatment by Wastewater Treatment Plant (%)	98.26	99.32	98.06	99.27
人均公园绿地面积(平方米)	Per Capita Area of Public Green Land (sq.m)	17.35	18.03	17.11	18.18
建成区绿地率(%)	Green Space Rate of Built District (%)	41.21	39.63	41.33	39.43
建成区绿化覆盖率(%)	Green Coverage Rate of Built District (%)	44.47	42.54	44.56	42.31

注：人均数为户籍人口口径。
Note: The data of average population refers to registration statistics.

8-3 城市市政设施(2022—2023年)
Municipal Infrastructure (2022-2023)

指标	Item	全市 Total 2022	全市 Total 2023	#区合计 Total of Districts 2022	#区合计 Total of Districts 2023
道路长度(公里)	Length of Paved Roads (km)	13923	14174	12531	12719
道路面积(万平方米)	Area of Paved Roads (10 000 sq.m)	29445	30215	26922	27582
#人行道	Sidewalk	8873	9152	8112	8360
桥梁数(座)	Number of Bridges (unit)	3065	3155	2754	2841
#立交桥	Overpass	377	400	366	389
路灯盏数(盏)	Number of Street Lights (unit)	1053678	1096380	921464	966548
排水管道长度(公里)	Length of Drain Pipes (km)	28773	30028	25504	26464
#污水管道	Sewage Pipes	14213	15586	12368	12582
污水年排放量(万立方米)	Annual Discharged Volume of Wastewater (10 000 cu.m)	169936	179225	155510	163822
污水处理厂处理总量(万立方米)	Total Volume of Wastewater Treated by Wastewater Treatment Plant (10 000 cu.m)	166987	178013	152498	162629

8-4 城市园林绿化(2022—2023年)
Parks and Green Land in Urban Area (2022-2023)

指标	Item	全市 Total 2022	全市 Total 2023	#区合计 Total of Districts 2022	#区合计 Total of Districts 2023
绿化覆盖面积(公顷)	Green Covered Area (hectare)	98592	100009	85446	86909
#建成区	Built District	81495	82920	73114	74592
绿地面积(公顷)	Area of Public Green Land (hectare)	88184	89926	76584	78248
#建成区	Built District	75488	77215	67814	69500
公园绿地面积(公顷)	Area of Parks and Green Land (hectare)	31758	32107	28514	28889
公园个数(个)	Number of Parks and Zoos (unit)	746	819	594	652
公园面积(公顷)	Area of Parks and Zoos (hectare)	19213	24083	16671	19105

8-5 城市供水及供气情况(2022—2023年)
Basic Statistics on Tap Water and Gas Supply in Urban Area (2022-2023)

指　　标	Item	全　市 Total		#区合计 Total of Districts	
		2022	2023	2022	2023
城市供水	**Tap Water Supply in Urban Area**				
年末供水综合生产能力	Production Capacity of Tap Water Supply at Year-end	872	1105	794	1105
(万立方米/日)	(10 000 cu.m/day)				
年末供水管道长度(公里)	Length of Water Supply Pipelines at Year-end (km)	29341	30901	26938	28232
供水总量(万立方米)	Total Volume of Water Supply (10 000 cu.m)	199584	229152	183613	229152
#生产运营用水	For Production Use	40407	41324	38598	41324
公共服务用水	For Public Services	27167	29243	25701	29243
居民家庭用水	For Residential Use	88175	103315	79155	103315
其他用水	Others	13175	10805	12317	10805
用水户数(户)	Households with Access to Tap Water (household)	8922079	11862532	7977509	11862532
#家庭用户	Residential Households	8209193	10662742	7383998	10662742
用水人口(万人)	Number of Residents with Access to Tap Water (10 000 persons)	1807	1779	1594	1588
城市供气	**Gas Supply in Urban Area**				
天然气供气总量(万立方米)	Total Volume of Natural Gas Supply (10 000 cu.m)	622711	646719	591130	614233
#家庭用量	For Residential Use	254458	254247	234303	234068
天然气用气户数(户)	Households with Access to Natural Gas (household)	9015616	9427802	8186553	8592129
#家庭用户	Residential Households	8701732	9210540	7891512	8410296
天然气用气人口(万人)	Population with Access to Natural Gas (10 000 persons)	1746	1725	1557	1551
天然气汽车加气站(个)	Number of CNG Stations for Motor Vehicles (unit)	133	131	117	114
液化石油气供气总量(吨)	Total Volume of Liquefied Petroleum Gas Supply (ton)	63512	78188	50826	65420
#家庭用量	For Residential Use	36701	33041	26708	24295
液化石油气用气户数(户)	Households with Access to Liquefied Petroleum Gas (household)	247718	215758	158353	135989
#家庭用户	Residential Households	188946	153585	110090	90064
液化石油气用气人口(万人)	Population with Access to Liquefied Petroleum Gas (10 000 persons)	61	49	42	33

8-6 城市公共交通情况(2022—2023年)
Basic Statistics on Public Transportation in Urban Area (2022-2023)

指　　标	Item	2022	2023
公共汽车	**Public Vehicles**		
年末营运线路网长度(公里)	Year-end Length of Public Transport Network under Operation (km)	30161	29687
公共汽车(辆)	Number of Public Vehicles (unit)	15131	15208
#天然气燃料车	CNG Vehicles	5168	4466
客运量(万人次)	Passenger Volume (10 000 person-times)	183298	206448
轻　轨	**Light Rail Transits**		
通车里程(公里)	Length of Light Rail Transits under Operation (km)	435	494
车辆数(辆)	Number of Vehicles (unit)	2682	3220
客运量(万人次)	Passengers Traffic (10 000 person-times)	91109	132583
出租汽车	**Taxis**		
车辆数(辆)	Number of Vehicles (unit)	24679	24230
客运量(万人次)	Passenger Traffic (10 000 persons)	72447	74214

8-7 公用事业和市政建设投资额(2022—2023年)
Investment in Public Utilities and Municipal Construction (2022-2023)

单位：万元

指　　标	Item	2022	2023
公用事业	**Public Utilities**		
供　水	Tap Water Supply	208404	127413
燃　气	Gas Supply	37322	145002
轨道交通	Rail Transit	2624382	3085080
市政建设	**Municipal Construction**		
园林绿化	Parks and Green Land	1121690	563237
市容环境卫生	City Appearance and Environmental Sanitation	177442	47713

主要统计指标解释

供水综合生产能力 指按供水设施取水、净化、送水、出厂输水干管等环节设计能力计算的综合生产能力。包括在原设计能力基础上，经挖、革、改增加的生产能力。计算时，以四个环节中最薄弱的环节为主确定能力。

供水管道长度 指从送水泵至用户水表之间所有管道的长度。不包括新安装尚未使用、水厂内以及用户建筑物内的管道。

城市供水总量 指报告期供水企业（单位）供出的全部水量。包括有效供水量和漏损水量。

生活用水 包括公共服务用水和居民家庭用水。公共服务用水指为城区社会公共生活服务的用水。包括行政事业单位、部队营区和公共设施服务、批发零售业、住宿餐饮业以及社会服务业等单位的用水。居民家庭用水指城市范围内所有居民家庭的日常生活用水。包括城市居民、农民家庭、公共供水站用水。

用水普及率 指报告期末城区用水人口数与城市人口总数的比率。计算公式：

用水普及率=城区用水人口（含暂住人口）/（城区人口+城区暂住人口）×100%

城市供气总量 指报告期燃气企业（单位）向用户供应的燃气数量。包括销售量和损失量。

燃气普及率 指报告期末城区使用燃气的城市人口数与城市人口总数的比率。其中燃气包括人工煤气、天然气、液化石油气三种。计算公式为：

燃气普及率=城区用气人口（含暂住人口）/（城区人口+城区暂住人口）×100%

道路长度 指道路长度和与道路相通的桥梁、隧道的长度，按车行道中心线计算。

道路面积 为车行道与人行道面积之和。

城市桥梁 指为跨越天然或人工障碍物而修建的构筑物。包括跨河桥、立交桥、人行天桥以及人行地下通道等。

城市排水管道长度 指所有排水总管、干管、支管、检查井及连接井进出口等长度之和。

年末公共交通车辆运营数 指年末城市用于公共交通运营业务的全部车辆数。新购、新制和调入的运营车辆，自投入之日起开始计算；调出、报废和调作他用的运营车辆，自上级主管机关批准之日起不再计入。

城市绿地面积 指报告期末用作园林和绿化的各种绿地面积。包括公园绿地、生产绿地、防护绿地、附属绿地和其他绿地的面积。

公园绿地 城市中向公众开放的、以游憩为主要功能，有一定的游憩设施和服务设施，同时兼有健全生态、美化景观、防灾减灾等综合作用的绿化用地。包括综合公园、社区公园、专类公园、带状公园和街旁绿地。其中综合公园、专类公园和带状公园面积之和为公园面积。

生产用水 指在城区范围内生产、运营的农、林、牧、渔业、工业、建筑业、交通运输业等单位在生产、运营过程中的用水。

人工煤气生产能力 指报告期末人工燃气生产厂制气、净化、输送等环节的综合生产能力，不包括备用设备能力。一般按设计能力计算，当实际生产能力大于设计能力时，应按实际测定的生产能力计算。测定时应以制气、净化、输送三个环节中最薄弱的环节为主。

供气管道长度 指报告期末从气源厂压缩机的出口或门站出口至各类用户引入管之间的全部已经通气、投入使用的管道长度。不包括煤气生产厂、输配站、液化气储存站、灌瓶站、储配站、气化站、混气站、供应站等厂（站）内的管道。

城市供热能力 指供热企业（单位）向城市热用户输送热能的设计能力。

城市供热总量 指在报告期供热企业（单位）向城市热用户输送全部蒸汽和热水的总热量。

城市供热管道长度 指从各类热源到热用户建筑物接入口之间的全部蒸汽和热水的管道长度。不包括各类热源厂内部的管道长度。

城市污水日处理能力 指污水处理厂（或污水处理装置）每昼夜处理污水量的设计能力。

清扫保洁面积 指报告期末对城市道路和公共场所（主要包括城市行车道、人行道、车行隧道、人行过街地下通道、道路附属绿地、地铁站、高架路、人行过街天桥、立交桥、广场、停车场及其他设施等）进行清扫保洁的面积。一天清扫保洁多次的，按清扫保洁面积最大的一次计算。

市容环卫专用车辆设备 指用于环境卫生作业、监察的专用车辆和设备，包括用于道路清扫、冲洗、洒水、除雪、垃圾粪便清运、市容监察以及与其配套使用的车辆和设备。

每万人拥有公共交通车辆 指按城市人口计算的每万人平均拥有的公共交通车辆标台数。计算公式：

每万人拥有公共交通车辆=公共交通运营车标台数/（城区人口+城区暂住人口）

Explanatory Notes on Main Statistical Indicators

Production Capacity of Water Supply refers to the designed comprehensive production capacity of water facilities, covering the 4 links of water collection, purification, conveyance, and outflow through trunk pipelines. Increase capacity through transformation and innovation projects is included as well. The capacity is determined mainly on the weakest of the above-mentioned 4 links.

Length of Water Supply Pipelines refers to the total length of all the pipelines between the water pumps and the user water meters, excluding pipelines newly installed but not used yet, pipeline in the water factory, and pipeline in the user's buildings.

Total Volume of Urban Water Supply refers to the total volume of water supplied by water-works (units) during the reference period, including both the effective water supply and loss during the water supply.

Consumption of Water for Living Use It includes Consumption of Water for Public Service Use and Consumption of Water for Households Use. Consumption of Water for Public Service Use refers to water consumption for public service in the urban areas. It includes water consumption of administrative institutions, army camps, public facilities, wholesale and retail, accommodation and catering industry and social service industry, etc. Consumption of Water for Households Use refers to consumption of water for daily life of all households in cities, including households of urban residents and farmers, and public water supply stations.

Coverage Rate of Urban Population with Access to Tap Water refers to the ratio of the urban population with access to tap water to the total urban population at the end of reference period. The formula is:

Coverage of Urban Population with Access to Tap Water = Urban Population with Access to Tap Water / Urban Population ×100%

Volume of Gas Supply refers to the total volume of gas provided to users by gas-producing enterprises (units) during the reporting period, including the volume sold and the volume lost.

Coverage Rate of Urban Population with Access to Gas refers to the ratio of the urban population with access to gas to the total urban population at the end of the reference period. Gas here includes artificial coal gas, natural gas and liquefied petroleum gas. The formula is:

Coverage Rate of Urban Population with Access to Gas = Urban Population with Access to Gas / Urban Population ×100%

Length of Paved Roads refers to the length of roads with paved surface including bridges and tunnels connected with roads. Length of the roads is measured by the central lines.

Area of Roads is the summed of carriageway and sidewalk.

Urban Bridges refer to bridges built to cross over natural or man-made barriers, including bridges over rivers, overpasses for traffic and for pedestrians, underpasses for pedestrians, etc.

Length of Urban Sewage Pipes refers to the total length of general drainage, trunks, branch and inspection wells, connection wells, inlets and outlets, etc.

Number of Vehicles under Operation at Year-end refers to the total number of vehicles under operation by public transport enterprises (units) at the end of the year, based on the records of operational vehicles by the enterprises (units).

Area of Urban Green Land refers to the total area occupied for green projects at the end of the reference period, including park green land, production green land, protection green land, green land attached to institutions, and other green areas.

Park Green Area refers to green areas open to the public for amusement and rest with the facilities of amusement, rest and services. Its function includes perfecting ecology, beautifying landscape, and preventing and reducing disaster. Park green areas include comprehensive park, community park, theme park, linear park and roadside green space. Total areas of comprehensive park, topic park and belt-shaped is the area of park.

Consumption of Water for Production and Operation Use refers to water consumption in the process of production and operation by production and operation units of agriculture, forestry, animal husbandry, fisheries, industry, construction industry, and transportation industry, etc. in urban areas.

Production Capacity of Artificial Gas refers to the overall production capacity of the artificial gas in gas generation, purification and delivery at the end of the reference period, excluding capacity of the reserved facilities. In general, it is determined by the designed capacity, and when actual production capacity is larger than the designed capacity, the capacity is determined by the actual measurement on the weakest segment in the production, purification and delivery.

Length of Gas Pipelines refers to the total length of pipelines in use between the outlet of the compressor of gas-work or outlet of gas stations and the leading pipe of users, excluding pipelines within gasworks, delivery stations, LPG storage stations, refilling stations, gas-mixing stations and supply stations.

Heating Capacity in Urban Areas refers to the designed capacity of heating enterprises (units) in supplying heating energy to urban users during the reference period.

Quantity of Heat Supplied in Urban Areas refers to the total quantity of heat from steam and hot water supplied to urban users by heating enterprises (units) during the reference period.

Length of Urban Heating Pipelines refers to the total length of steam or hot water pipelines for sources of heat to the leading pipelines of the buildings of the users, excluding internal pipelines in heat generating enterprises.

Daily Disposal Capacity of Urban Sewage refers to the designed 24-hour capacity of sewage disposal by the sewage treatment works or facilities.

Road Area Cleaned refers to the area which are regularly cleaned, as at the end of the reference period, at urban roads and public places (mainly including urban roadways, pedestrian walkways, vehicular tunnels, pedestrian underpasses, underground railway stations, lifted roads, pedestrians walk bridges, overpasses, plazas, parking lots and other facilities). If there are several times of cleaning in a day at a location, the area of that time of cleaning with the largest area cleaned will be taken.

Vehicles and Facilities Dedicated to Urban Cleanliness and Environmental Sanitation refer to vehicles and facilities dedicated for use in the operation, management and monitoring of environmental hygiene work. They include vehicles for road cleaning, washing, showering, ice removal, disposal of garbage and human wastes, cleanliness monitoring and related activities.

Public Transportation Vehicles per 10000 Population refers to the number of public transportation vehicles, calculated by urban population, per 10000 population in the city district. The formula for calculation is:

Public Transportation Vehicles = Number of Public Transportation Vehicles / City District Population

9 资源和环境

RESOURCES AND ENVIRONMENT

简 要 说 明

资源主要内容包括自然资源、自然地理、气象状况。自然资源中土地、矿产资源数据由市规划和自然资源局提供，林木资源数据由市林业局提供，水资源数据由市水利局提供。气象状况由市气象局提供。

自然地理、气象综合资料，由市统计局综合处根据有关部门资料进行整理和编辑。环境主要内容包括工业废水、废气、固体废物的排放处理和利用，工业污染治理投资，生活污染物排放等，由市统计局能源资源统计处根据市生态环境局、市水利局、市林业局等部门的资料整理提供。

环保涉及 2022 年数据根据定库结果进行修正，2023 年为初步数据。

Brief Introduction

The scope of resources mainly covers natural resources, natural geography and climate. The data of land and mineral resources in natural resources are provided by Chongqing Municipal Bureau of Planning and Natural Resources; the data of forest resources are provided by Chongqing Forestry Administration; the data of water resources are provided by Chongqing Water Resources Bureau; and the data of climate are provided by Chongqing Meteorological Bureau.

The data of natural environment and climate are provided by the departments concerned and sorted and compiled by Division of Comprehensive Statistics of Municipal Bureau of Statistics. The statistics of environment mainly includes the discharge, treatment and utilization of industrial waste water, waste gas and solid wastes, the investment in industrial pollution treatment and the discharge of domestic pollutants, which are provided by Chongqing Ecology and Environment Bureau, Ministry of Water Resources of Chongqing and Chongqing Forestry Administration, and sorted and compiled by Division of Energy Resources Statistics, Municipal Bureau of Statistics.

Environmental protection involves revising the data for 2022 according to the results of the fixed database. The data for 2023 is preliminary.

9-1 自然资源(2022—2023年)
Natural Resources (2022-2023)

指　　标	Item	2022	2023
林木资源	**Forest Resources**		
新造林面积(万公顷)	Area of Afforested Land (10 000 hectares)	13.35	13.74
森林覆盖率(%)	Forest Coverage Rate (%)	55.0	55.1
水资源(当年量)	**Water Resources (current quantity)**		
降水深(毫米)	Precipitation (mm)	945.2	1376.1
地表径流量(亿立方米)	Surface Runoff (100 million cu.m)	373.46	698.42
地下水量(亿立方米)	Groundwater Resources (100 million cu.m)	82.64	117.73

9-2 自然地理(2023 年)

位置：重庆位于北纬 28 度 10 分~32 度 13 分，东经 105 度 11 分~110 度 11 分，地处较为发达的东部地区和资源丰富的西部地区的结合部，东邻湖北、湖南，南靠贵州，西接四川，北连陕西，是长江上游最大的经济中心、西南工商业重镇和水陆交通枢纽。1997 年 3 月 14 日，第八届全国人民代表大会第五次会议通过了设立重庆直辖市的决议，与北京、天津、上海同为四大直辖市。

面积：重庆辖区面积 8.24 万平方公里，南北长 450 公里，东西宽 470 公里。2023 年全市共辖 26 个区：万州区、黔江区、涪陵区、渝中区、大渡口区、江北区、沙坪坝区、九龙坡区、南岸区、北碚区、渝北区、巴南区、长寿区、江津区、合川区、永川区、南川区、綦江区、大足区、璧山区、铜梁区、潼南区、荣昌区、开州区、梁平区和武隆区；12 个县（自治县）：城口县、丰都县、垫江县、忠县、云阳县、奉节县、巫山县、巫溪县、石柱县土家族自治县、秀山土家族苗族自治县、酉阳土家族苗族自治县、彭水苗族土家族自治县。

地势：重庆地势由南北向长江河谷逐级降低，西北部和中部以丘陵、低山为主，东南部靠大巴山和武陵山两座大山脉。

河流：主要河流有长江、嘉陵江、乌江、涪江、綦江、大宁河等。

气候：重庆属中亚热带湿润季风气候区，具有夏热冬暖，光热同季，无霜期长，雨量充沛，湿润多阴等特点。重庆年平均气温 18.9℃。重庆降水充沛，年降水量普遍在 1000～1300mm。

Natural Environment (2023)

Location:

Chongqing is located at 28°10'～32°13' north latitude and 105°11'～110°11' east longitude. As a joint between the eastern areas with developed economy and the western areas with rich resources, with Hubei and Hunan on its east, Guizhou on its south, Sichuan on its west and Shaanxi on its north, Chongqing is the largest economic center in the upper reaches of the Yangtze River, an important industrial and commercial city in the southwest and a hub of land and water communications. On March 14, 1997, the resolution to establish Chongqing Municipality was passed on the 5th Session of the 8th National People's Congress, and Chongqing became the fourth municipality directly under the Central Government after Beijing, Tianjin and Shanghai.

Area:

Chongqing covers an area of 82,400 square kilometers, stretching 450 kilometers from north to south and 470 kilometers from east to west. In 2023, Chongqing has 26 districts, namely Wanzhou, Qianjiang, Fuling, Yuzhong, Dadukou, Jiangbei, Shapingba, Jiulongpo, Nan'an, Beibei, Yubei, Banan, Changshou, Jiangjin, Hechuan, Yongchuan, Nanchuan, Qijiang, Dazu, Bishan, Tongliang, Tongnan, Rongchang, Kaizhou, Liangping, Wulong and 12 counties, namely Chengkou, Fengdu, Dianjiang, Zhongxian, Yunyang, Fengjie, Wushan, Wuxi, Shizhu Tujia Autonomous County, Xiushan Tujia Autonomous County, Youyang Tujia Autonomous County and Pengshui Miao Autonomous County.

Topography:

The altitude of Chongqing declines gradually from the north and the south to the valley of the Yangtze River. There are mainly hills and low mountains in the northwest and central areas of Chongqing, while the two large mountains of Daba and Wuling are in the southeast of Chongqing.

River:

The rivers stretching through Chongqing mainly include Yangtze River, Jialing River, Wujiang River, Fujiang River, Qijiang River and Daning River.

Climate:

Chongqing has a humid subtropical monsoon climate, hot in summer and warm in winter with the rainy season coinciding with the hot season. It has the characteristics of long frost-free period, plenty of rainfall and a lot of humid and cloudy days. The annual average temperature of Chongqing is 18.9°C.Chongqing has abundant precipitation, with annual precipitation of 1000~1300mm.

9-3 气象基本情况(1951—2023年)
Basic Statistics on Climate (1951-2023)

年 份 Year	降水量 (毫米) Precipitation (mm)	平均气温 (摄氏度) Average Temperature (℃)	日照时数 (时) Sunshine Hours (hour)	平均相对湿度 (%) Average Relative Humidity (%)	平均风速 (米/秒) Average Wind Speed (m/s)	平均气压 (百帕) Average Air Pressure (100 pa)
1951	1043.4	18.4		81	1.0	
1952	1227.9	18.5	1198.6	81	1.0	
1953	852.1	18.8	1245.6	80	0.9	
1954	1112.8	17.9	1061.2	81	0.9	981.2
1955	927.4	18.2	1388.6	77	0.8	982.0
1956	1497.4	18.2	1433.2	76	1.4	982.8
1957	1171.9	17.9	1094.2	80	1.3	983.3
1958	740.7	18.6	1260.7	77	1.4	983.3
1959	915.7	18.7	1378.3	76	1.4	983.0
1960	1026.0	18.4	1102.0	78	1.4	983.5
1961	787.7	18.7	1338.8	77	1.5	982.8
1962	1210.4	18.0	1323.9	80	1.4	983.3
1963	1072.8	18.9	1370.4	77	1.4	982.4
1964	1031.6	18.2	1170.4	80	1.5	982.9
1965	1318.9	18.1	1009.5	81	1.4	983.4
1966	958.9	18.6	1278.9	78	1.4	982.7
1967	1046.0	18.1	1216.3	79	1.4	983.4
1968	1384.5	17.7	1054.6	82	1.2	983.5
1969	1080.5	18.6	1357.1	76	1.2	982.8
1970	1097.5	18.1	1197.9	79	1.1	983.5
1971	854.3	18.6	1370.6	76	1.3	983.4
1972	1171.8	18.4	1284.1	78	1.3	982.9
1973	1092.3	18.9	1349.4	78	1.3	983.2
1974	1258.0	17.8	1068.3	79	1.3	983.0
1975	1025.4	18.5	1202.5	78	1.2	982.9
1976	1044.9	17.7	1129.2	79	1.1	983.5
1977	1151.2	18.1	1234.8	79	1.1	984.0
1978	1057.2	18.8	1495.7	77	1.2	983.5
1979	1160.0	18.4	1222.2	80	1.1	983.4
1980	1062.6	18.2	1071.8	79	1.4	983.6
1981	1157.9	18.1	1188.0	79	1.4	983.5
1982	1185.2	17.7	992.3	81	1.1	983.6
1983	1138.1	18.1	954.4	80	0.9	983.9
1984	1035.1	17.8	1028.7	79	1.1	983.1
1985	1004.0	17.9	997.1	79	1.3	983.3
1986	1141.4	17.8	946.1	80	1.3	984.2
1987	910.2	18.6	946.3	78	1.2	983.4

注：此表为重庆市区资料。
Note: The table above shows the data of the downtown area of Chongqing.

9-3 续表 continued

年 份 Year	降水量 (毫米) Precipitation (mm)	平均气温 (摄氏度) Average Temperature (℃)	日照时数 (时) Sunshine Hours (hour)	平均相对湿度 (%) Average Relative Humidity (%)	平均风速 (米/秒) Average Wind Speed (m/s)	平均气压 (百帕) Average Air Pressure (100 pa)
1988	1254.0	18.0	840.6	80	1.1	983.6
1989	1137.4	17.7	855.0	81	1.0	983.8
1990	956.7	18.7	1083.7	79	1.2	983.2
1991	1180.6	18.2	874.8	81	1.1	983.5
1992	987.4	18.1	975.0	78	1.6	984.0
1993	1164.3	17.8	894.6	81	1.5	984.0
1994	982.5	18.7	1063.8	80	1.4	983.2
1995	923.5	18.3	993.6	79	1.3	983.7
1996	1398.3	17.7	899.4	81	1.3	983.6
1997	898.8	18.5	943.0	79	1.4	983.8
1998	1508.0	19.2	941.9	79	1.5	983.0
1999	1305.6	18.5	833.6	81	1.5	983.2
2000	1010.9	18.2	961.1	80	1.4	983.0
2001	814.8	18.8	1050.4	78	1.6	983.3
2002	1430.6	18.8	1117.1	80	1.6	983.3
2003	1025.0	18.9	875.7	80	1.6	983.2
2004	1182.1	18.4	974.7	78	1.3	984.0
2005	1019.8	18.6	903.9	77	1.4	982.5
2006	839.6	19.2	1114.3	75	1.4	982.9
2007	1439.2	19.0	856.2	81	1.3	983.3
2008	985.3	18.6	703.8	82	1.3	983.9
2009	1198.9	19.0	943.9	80	1.4	982.8
2010	1044.7	18.7	910.6	78	1.3	983.0
2011	992.8	17.7	1270.2	74	1.2	971.1
2012	1104.4	18.3	812.0	72	1.4	982.7
2013	1026.9	19.9	1187.5	71	1.4	982.6
2014	1452.5	18.6	598.4	79	1.3	983.6
2015	1448.7	19.6	1129.8	75	1.4	983.3
2016	1345.8	18.5	1150.5	79.5	1.6	971.0
2017	1196.2	18.4	1049.3	78.5	1.6	971.4
2018	1128.2	18.3	1141.5	78.2	1.7	970.7
2019	1333.8	18.2	1107.0	79.4	1.6	970.8
2020	1181.4	19.2	1012.2	75.6	1.3	983.3
2021	1287.0	18.0	1066.0	79.0	2.0	971.0
2022	1036.0	20.0	1422.0	73.0	2.0	970.0
2023	1380.4	18.9	1271.2	77.4	1.7	970.9

9-4 全年气象情况(2023年)
Statistics on the Climate of the Current Year (2023)

月 份 Month	降水量 (毫米) Precipitation (mm)	平均气温 (摄氏度) Average Temperature (℃)	日照时数 (时) Sunshine Hours (hour)	平均相对湿度 (%) Average Relative Humidity (%)	平均风速 (米/秒) Average Wind Speed (m/s)	平均气压 (百帕) Average Air Pressure (100 pa)	雨日数 (天) Days of Rain (day)
全年 Total	1380.4	18.9	1271.2	77.4	1.7	970.9	138.0
1	12.5	7.4	63.7	78.4	1.4	980.2	7.0
2	19.7	11.0	40.8	74.6	1.7	977.0	8.0
3	45.2	14.8	92.8	77.4	1.7	974.0	15.0
4	118.2	20.0	151.1	70.4	2.0	967.1	14.0
5	63.9	22.8	108.0	74.3	1.9	965.4	14.0
6	195.1	24.4	94.4	79.9	1.6	963.8	14.0
7	384.0	28.1	165.1	76.8	1.8	961.2	14.0
8	98.1	28.8	204.4	73.0	1.8	962.3	10.0
9	224.9	25.7	157.9	75.0	1.6	967.5	12.0
10	162.8	18.9	64.5	86.6	1.4	975.3	17.0
11	48.1	15.4	85.4	81.4	1.6	977.1	7.0
12	8.3	9.6	43.3	80.7	1.4	979.9	6.0

9-5 环境保护情况(2022—2023年)
Environmental Protection (2022-2023)

项　　目	Item	2022	2023
环保投资(亿元)	Investment in Environmental Protection (100 million yuan)	1100.2	1108.1
水资源总量(亿立方米)	Total Water Resources (100 million cu.m)	373.5	698.4
用水总量(亿立方米)	Total Use of Water (100 million cu.m)	68.8	70.8
生活污水排放量(万吨)	Discharged Volume of Domestic Sewage (10 000 tons)	133854	123506
化学需氧量排放量(万吨)	Discharged Volume of COD (10 000 tons)	32.6	43.9
二氧化硫排放量(万吨)	Discharged Volume of SO2 (10 000 tons)	4.6	3.6
#生活二氧化硫排放量(万吨)	Discharged Volume of SO2 from Daily Life (10 000 tons)	0.9	0.4
饮用水源水质达标率(%)	Rate of Drinking Water Sources up to Standard (%)	100.0	100.0
工业污染治理施工项目数(个)	On-going Projects of Industrial Pollution Treatment (unit)	26	80
工业污染治理项目完成投资(万元)	Completed Investment in Projects of Industrial Pollution Treatment (10 000 yuan)	55782.2	77503.1
老工业污染源治理项目本年竣工总数(个)	Total Number of Completed Old Industrial Pollution Treatment This Year (unit)	23	70
工业固体废物综合利用处置率(%)	Rate of Industrial Solid Wastes Comprehensively Utilized (%)	94.20	97.70
森林覆盖率(%)	Forest Coverage(%)	55.04	55.06
自然保护区数(个)	Number of Nature Reserves (unit)	58	58
自然保护区面积(万公顷)	Area of Nature Reserves (10 000 hectares)	80.4	80.4
保护区面积占土地总面积比重(%)	Percentage of Nature Reserves to Total Land Area (%)	9.8	9.8
全市区域声环境质量昼间平均等效声级(分贝)	Daytime Average Equivalent Sound Level of Regional Sound Environment Quality in Downtown (db)	52.5	52.9
全市道路交通声环境质量昼间平均等效声级(分贝)	Daytime Average Equivalent Sound Level of Road Traffic Sound Environment Quality in Downtown (db)	64.8	65.3
全市大气可吸入颗粒物年均浓度(毫克/立方米)	Annual Average Daily Inhalable Motes in Atmosphere in Downtown (mg/cu.m)	0.048	0.054
全市大气二氧化硫年均浓度(毫克/立方米)	Annual Average Daily SO2 Concentration in Downtown (mg/cu.m)	0.010	0.009
全市大气二氧化氮年均浓度(毫克/立方米)	Annual Average Daily NO2 Concentration in Downtown (mg/cu.m)	0.029	0.029
全市环境空气质量优良天数比例(%)	Proportion of High Air Quality Days in Downtown (%)	91.0	89.0

9-6 工业“三废”排放处理及综合利用情况(1995—2023年)
Discharge, Treatment and Comprehensive Utilization of Waste Gas,Waste Water and Solid Wastes (1995-2023)

年 份 Year	工业废水排放总量(万吨) Total Volume of Industrial Waste Water Discharged (10 000 tons)	工业废气(万吨) Industrial Waste Gas (10 000 tons)		
		工业废气排放总量(亿标立方米) Total Volume of Industrial Waste Gas Discharged (100 million cu.m)	工业二氧化硫排放量 Volume of SO2 Discharged	工业烟(粉)尘排放量 Volume of Industrial Dusts and Fume Discharged
1995	95590	1979.00	71.45	22.39
1996	93889	1697.00	72.16	22.36
1997	101324	1794.00	71.43	33.18
1998	93997	1712.76	73.64	28.65
1999	90220	1839.33	75.88	26.44
2000	84344	1907.90	66.42	22.01
2001	81214	1856.24	56.94	21.41
2002	79872	1978.89	55.18	20.31
2003	81973	2276.94	59.97	22.23
2004	83031	3540.86	64.11	21.98
2005	84885	3654.55	68.32	21.28
2006	85866	5066.96	71.08	20.01
2007	69003	7616.62	68.31	18.23
2008	67027	7350.73	62.72	15.33
2009	65684	12586.52	58.61	10.77
2010	45180	10943.13	57.27	8.36
2011	33954	9121.07	53.13	17.12
2012	30611	8359.88	50.98	16.61
2013	33450	9532.44	49.44	17.98
2014	34968	9289.60	47.48	21.47
2015	35524	9928.07	42.68	19.64
2016	27837	12161.24	11.14	15.67
2017	21301	9596.76	10.49	14.91
2018	28387	11443.77	8.58	15.40
2019	29760	11805.18	6.89	14.96
2020	21491	13037.67	4.70	5.91
2021	16268	12983.59	4.17	4.62
2022	15720	13507.34	3.68	3.76
2023	15624	13711.71	3.20	3.40

注：因统计口径变化，调整了2016年以来数据。

Note:Due to changes in statistical standards, the data since 2016 has been adjusted.

9-6 续表 continued

年 份 Year	工业固体废物(万吨) Industrial Solid Wastes (10 000 tons)				
	产生量 Produced Volume	排放量 Discharged Volume	处置量 Treated Volume	综合利用处置量 Treated Volume of Comprehensive Utilization	综合利用处置率(%) Treated Rate of Comprehensive Utilization (%)
1995	1092	230	68.34	467.79	50.37
1996	1174	229	61.06	510.06	58.10
1997	1279	273	49.16	623.00	54.27
1998	1368	229	43.75	597.00	61.78
1999	1512	291	42.40	655.47	64.32
2000	1305	238	37.64	626.01	71.00
2001	1300	168	87.85	881.64	65.30
2002	1348	160	68.78	960.95	68.20
2003	1336	142	73.54	967.98	68.43
2004	1489	118	62.09	1093.35	70.93
2005	1777	184	122.41	1329.39	72.07
2006	1815	133	123.99	1367.71	73.70
2007	2087	138	162.73	1623.36	76.71
2008	2311	149	73.24	1850.57	79.07
2009	2552	150	126.68	2076.74	79.80
2010	2869	134	155.20	2348.27	80.40
2011	3346	24	561.89	2590.56	76.86
2012	3164	5	487.18	2606.19	81.56
2013	3208	11	428.35	2728.19	84.01
2014	3105	7	422.44	2670.15	84.19
2015	2828	7	382.71	2423.85	84.45
2016	2579	1		2257.57	85.59
2017	2564	1		2322.87	90.25
2018	2731	1		2319.73	82.72
2019	2802	0		2509.21	86.10
2020	2356	0		2456.90	93.95
2021	2364			2253.33	93.54
2022	2582			2455.07	94.20
2023	3229			3199.72	97.70

9-7 重点调查工业废气排放及处理情况(2023年)

行　业	Sector	汇总工业企业数(个) Number of Industrial Enterprises (unit)
总　计	**Total**	**2756**
农、林、牧、渔专业及辅助性活动	**Services of Farming, Forestry, Animal Husbandry and Fishery**	
农、林、牧、渔专业及辅助性活动	Services of Farming, Forestry, Animal Husbandry and Fishery	2
采矿业	**Mining and Quarrying**	
煤炭开采和洗选业	Mining and Washing of Coal	2
石油和天然气开采业	Extraction of Petroleum and Natural Gas	20
有色金属矿采选业	Mining and Processing of Nonferrous Metal Ores	1
非金属矿采选业	Mining and Processing of Nonmetal Ores	33
开采专业及辅助性活动	Support Activities for Mining	2
制造业	**Manufacturing**	
农副食品加工业	Processing of Food from Agricultural Products	259
食品制造业	Manufacture of Foods	67
酒、饮料和精制茶制造业	Liquor, Beverage and Refined Tea	97
烟草制品业	Manufacture of Tobacco	4
纺织业	Manufacture of Textile	19
纺织服装、服饰业	Textile and Garments	3
皮革、毛皮、羽毛及其制品和制鞋业	Manufacture of Leather, Fur, Feather and Related Products	12
木材加工和木、竹、藤、棕、草制品业	Processing of Timber, Manufacture of Wood, Bamboo,Rattan, Palm and Straw Products	23
家具制造业	Manufacture of Furniture	28
造纸及纸制品业	Manufacture of Paper and Paper Products	33
印刷和记录媒介复制业	Printing, Reproduction of Recording Media	44
文教、工美、体育和娱乐用品制造业	Manufacture of Culture, Education, Handicraft, Fine Arts,Sports and Entertainment Articles	2
石油、煤炭及其他燃料加工业	Processing of Petroleum,Coal and Other Fuels	5
化学原料及化学制品制造业	Manufacture of Raw Chemical Materials and Chemical Products	174
医药制造业	Manufacture of Medicines	87
化学纤维制造业	Manufacture of Chemical Fibers	5
橡胶和塑料制品业	Manufacture of Rubber and Plastics	92
非金属矿物制品业	Manufacture of Non-metallic Mineral Products	597
黑色金属冶炼及压延加工业	Smelting and Pressing of Ferrous Metals	26
有色金属冶炼及压延加工业	Smelting and Pressing of Nonferrous Metals	77
金属制品业	Manufacture of Metal Products	263
通用设备制造业	Manufacture of General Purpose Machinery	115
专用设备制造业	Manufacture of Special Purpose Machinery	22
汽车制造业	Manufacture of Motor Vehicles	265
铁路、船舶、航空航天和其他运输设备制造业	Manufacture of Railway, Ship,Aviation and Other Transporting Equipment	82
电气机械和器材制造业	Manufacture of Electrical Machinery and Equipment	40
计算机、通信和其他电子设备制造业	Manufacture of Communication Equipment, Computers and Other Electronic Equipment	103
仪器仪表制造业	Manufacture of Measuring Instruments and Machinery	9
其他制造业	Other Manufacture	9
废弃资源综合利用业	Comprehensive Utilization of Waste Resources	48
金属制品、机械和设备修理业	Repair of Metal Products, Machinery and Equipment	5
电力、热力、燃气及水生产和供应业	**Production and Supply of Electric Power,Gas and Water**	
电力、热力的生产和供应业	Production and Supply of Electric Power and Heat Power	46
燃气生产和供应业	Production and Supply of Gas	5
水的生产和供应业	Production and Supply of Water	30

Waste Gas Discharge and Treatment by the Industrial Enterprises under Major Survey (2023)

废气治理设施数(套) Number of Facilities for Waste Gas Treatment (set)	工业废气排放总量(亿标立方米) Total Volume of Industrial Waste Gas Discharged (100 million cu.m)	工业二氧化硫产生量(吨) Volume of Sulfur Dioxide Produced (ton)	工业二氧化硫排放量(吨) Volume of Sulphur Dioxide Discharged (ton)	工业烟(粉)尘产生量(吨) Volume of Fume and Dust Produced (ton)	工业烟(粉)尘排放量(吨) Volume of Fume and Dust Discharged (ton)
5800	**13711.71**	**1051222.24**	**31969.59**	**15641339.88**	**34028.18**
1	0.01				
1				227.65	45.65
5	26.11	890.85	34.69		
2	3.79			228.94	2.29
124	17.90	0.06	0.03	12306.54	305.22
88	25.76	48.40	31.01	95.93	46.27
46	82.60	5969.10	156.85	110681.47	29.51
31	9.87	20.04	19.36	18.98	13.87
1	0.66	0.22	0.22	557.36	557.36
15	12.95	0.37	0.37	4.37	0.88
	0.03	0.00	0.00		
9	1.46	0.01	0.01	78.97	12.89
72	40.46	24.07	22.30	615.15	275.62
55	37.73			290.77	42.77
57	197.20	20999.07	861.60	208175.13	69.69
53	63.64	0.13	0.13	2.47	0.45
4	5.40				
16	4.24	0.93	0.93	6.18	0.63
445	1291.19	55821.59	3234.88	944395.55	2990.49
227	81.42	65.05	24.07	102.12	12.58
12	30.33	471.85	88.83	959.88	4.08
206	244.81	88.38	40.95	1222.38	65.50
1369	2491.80	44451.07	9209.55	7212949.02	21435.80
87	2489.92	219925.16	3596.66	530357.34	3678.17
163	1022.95	85373.64	5257.17	616981.85	821.50
457	367.53	37.30	10.01	1985.62	195.76
249	82.78	3.47	1.20	824.08	114.59
36	18.51	0.12	0.12	99.59	21.81
810	1064.78	59.98	25.07	2574.30	260.04
238	174.73	2.35	1.18	1082.98	87.20
216	144.29	2.73	1.85	69.78	10.07
420	708.11	17.88	6.61	468.63	64.69
29	5.06	0.08	0.08	0.42	0.23
58	13.98	0.10	0.10	182.79	6.92
45	13.20	26.57	9.80	3013.60	74.96
14	0.31	0.39	0.39	0.14	0.11
134	2936.10	616920.39	9332.69	5990779.86	2780.56
4	0.08	0.90	0.90	0.03	0.03
1	0.03	0.00	0.00	0.00	0.00

9-8 重点调查工业固体废物产生及处理利用情况(2023年)

行　业	Sector	企业数(个) Number of Enterprises (unit)
总　计	**Total**	**2756**
农、林、牧、渔专业及辅助性活动	**Services of Farming, Forestry, Animal Husbandry and Fishery**	
农、林、牧、渔专业及辅助性活动	Services of Farming, Forestry, Animal Husbandry and Fishery	2
采矿业	**Mining and Quarrying**	
煤炭开采和洗选业	Mining and Washing of Coal	2
石油和天然气开采业	Extraction of Petroleum and Natural Gas	20
有色金属矿采选业	Mining and Processing of NonFerrous Metal Ores	1
非金属矿采选业	Mining and Processing of Nonmetal Ores	33
开采专业及辅助性活动	Support Activities for Mining	2
制造业	**Manufacturing**	
农副食品加工业	Processing of Food from Agricultural Products	259
食品制造业	Manufacture of Foods	67
酒、饮料和精制茶制造业	Liquor, Beverage and Refined Tea	97
烟草制品业	Manufacture of Tobacco	4
纺织业	Manufacture of Textile	19
纺织服装、服饰业	Textile and Garments	3
皮革、毛皮、羽毛及其制品和制鞋业	Manufacture of Leather, Fur, Feather and Related Products	12
木材加工和木、竹、藤、棕、草制品业	Processing of Timber, Manufacture of Wood, Bamboo, Rattan, Palm and Straw Products	23
家具制造业	Manufacture of Furniture	28
造纸及纸制品业	Manufacture of Paper and Paper Products	33
印刷和记录媒介复制业	Printing, Reproduction of Recording Media	44
文教、工美、体育和娱乐用品制造业	Manufacture of Culture, Education, Handicraft, Fine Arts, Sports and Entertainment Articles	2
石油、煤炭及其他燃料加工业	Processing of Petroleum,Coal and Other Fuels	5
化学原料及化学制品制造业	Manufacture of Raw Chemical Materials and Chemical Products	174
医药制造业	Manufacture of Medicines	87
化学纤维制造业	Manufacture of Chemical Fibers	5
橡胶和塑料制品业	Manufacture of Rubber and Plastics	92
非金属矿物制品业	Manufacture of Non-metallic Mineral Products	597
黑色金属冶炼及压延加工业	Smelting and Pressing of Ferrous Metals	26
有色金属冶炼及压延加工业	Smelting and Pressing of Nonferrous Metals	77
金属制品业	Manufacture of Metal Products	263
通用设备制造业	Manufacture of General Purpose Machinery	115
专用设备制造业	Manufacture of Special Purpose Machinery	22
汽车制造业	Manufacture of Motor Vehicles	265
铁路、船舶、航空航天和其他运输设备制造业	Manufacture of Railway, Ship, Aviation and Other Transporting Equipment	82
电气机械和器材制造业	Manufacture of Electrical Machinery and Equipment	40
计算机、通信和其他电子设备制造业	Manufacture of Communication Equipment,Computers and Other Electronic Equipment	103
仪器仪表制造业	Manufacture of Measuring Instruments and Machinery	9
其他制造业	Other Manufacture	9
废弃资源综合利用业	Comprehensive Utilization of Waste Resources	48
金属制品、机械和设备修理业	Repair of Metal Products, Machinery and Equipment	5
电力、热力、燃气及水生产和供应业	**Production and Supply of Electric Power and Heat Power**	
电力、热力的生产和供应业	Production and Supply of Electric Power and Heat Power	46
燃气生产和供应业	Production and Supply of Gas	5
水的生产和供应业	Production and Supply of Water	30

Generation, Treatment and Utilization of Solid Wastes of the Industrial Enterprises under Major Survey (2023)

工业固体废物产生量 (万吨) Volume of Industrial Solid Waste Produced (10 000 tons)	#危险废物产生量 Volume of Hazardous Wastes Produced	工业固体废物综合利用处置量 (万吨) Volume of Industrial Solid Wastes Comprehensively Utilized (10 000 tons)	工业固体废物贮存量 (万吨) Volume of Industrial Solid Wastes in Stock (10 000 tons)	工业固体废物倾倒丢弃量 (万吨) Volume of Industrial Solid Waste Dumped (10 000 tons)
3228.63	**128.46**	**3199.72**	**77.36**	
15.86	0.00	15.86		
41.83	13.08	41.83	0.64	
24.87	0.00	17.58	7.30	
0.57	0.13	0.57		
10.12	0.01	10.11	0.00	
13.52	0.01	13.52	0.00	
10.82	0.01	10.84	0.00	
0.58	0.00	0.58		
0.43	0.00	0.43	0.00	
0.00		0.00		
0.04	0.01	0.04	0.00	
0.64	0.01	0.64	0.00	
1.03	0.07	1.03	0.00	
85.93	0.04	85.53	1.08	
0.80	0.08	0.80	0.01	
0.01	0.01	0.01	0.00	
0.08	0.06	0.09	0.00	
393.38	34.70	402.05	1.48	
12.22	4.63	12.14	0.15	
2.06	0.67	2.07	0.02	
51.89	0.41	51.89	0.03	
43.44	0.15	43.09	0.76	
709.95	16.75	696.42	27.69	
629.81	10.08	629.75	1.71	
11.68	4.71	11.92	0.11	
5.84	1.04	5.84	0.03	
0.85	0.19	0.85	0.00	
49.70	6.88	49.48	0.37	
3.91	0.91	3.92	0.01	
6.12	0.69	6.11	0.05	
28.99	8.30	30.71	0.19	
0.41	0.04	0.41	0.00	
0.77	0.16	0.77	0.00	
30.38	1.72	30.82	0.90	
0.09	0.04	0.09	0.00	
1036.88	22.02	1018.85	34.82	
2.32	0.86	2.32	0.00	
0.80	0.00	0.80	0.00	

9–9 重点调查工业废水排放及处理情况(2023年)
Waste Water Discharge and Treatment by the Industrial Enterprises under Major Survey (2023)

行　业	Sector	企业数 (个) Number of Enterprises (unit)	工业废水排放总量 (万吨) Total Volume of Waste Water Discharged (10 000 tons)	废水治理设施数 (套) Number of Facilities for Waste Water Control (set)
总　计	**Total**	**2756**	**15624.01**	**1609**
农、林、牧、渔专业及辅助性活动	**Services of Farming, Forestry, Animal Husbandry and Fishery**			
农、林、牧、渔专业及辅助性活动	Services of Farming, Forestry, Animal Husbandry and Fishery	2	0.32	2
采矿业	**Mining and Quarrying**			
煤炭开采和洗选业	Mining and Washing of Coal	2		2
石油和天然气开采业	Extraction of Petroleum and Natural Gas	20	112.41	10
有色金属矿采选业	Mining and Processing of NonFerrous Metal Ores	1		
非金属矿采选业	Mining and Processing of Nonmetal Ores	33	0.09	22
开采专业及辅助性活动	Support Activities for Mining	2		
制造业	**Manufacturing**			
农副食品加工业	Processing of Food from Agricultural Products	259	826.49	207
食品制造业	Manufacture of Foods	67	466.26	54
酒、饮料和精制茶制造业	Liquor, Beverage and Refined Tea	97	190.76	58
烟草制品业	Manufacture of Tobacco	4	9.06	3
纺织业	Manufacture of Textile	19	101.37	17
纺织服装、服饰业	Textile and Garments	3	1.98	2
皮革、毛皮、羽毛及其制品和制鞋业	Manufacture of Leather, Fur, Feather and Related Products	12	1.89	4
木材加工和木、竹、藤、棕、草制品业	Processing of Timber, Manufacture of Wood, Bamboo, Rattan, Palm and Straw Products	23	6.65	10
家具制造业	Manufacture of Furniture	28	4.49	11
造纸及纸制品业	Manufacture of Paper and Paper Products	33	3910.20	29
印刷和记录媒介复制业	Printing, Reproduction of Recording Media	44	9.59	11
文教、工美、体育和娱乐用品制造业	Manufacture of Culture, Education, Handicraft, Fine Arts, Sports and Entertainment Articles	2	0.21	1
石油、煤炭及其他燃料加工业	Processing of Petroleum,Coal and Other Fuels	5	3.16	3
化学原料及化学制品制造业	Manufacture of Raw Chemical Materials and Chemical Products	174	2652.13	109
医药制造业	Manufacture of Medicines	87	572.43	86
化学纤维制造业	Manufacture of Chemical Fibers	5	62.28	2
橡胶和塑料制品业	Manufacture of Rubber and Plastics	92	75.48	29
非金属矿物制品业	Manufacture of Non-metallic Mineral Products	597	347.44	57
黑色金属冶炼及压延加工业	Smelting and Pressing of Ferrous Metals	26	823.77	17
有色金属冶炼及压延加工业	Smelting and Pressing of Nonferrous Metals	77	52.25	39
金属制品业	Manufacture of Metal Products	263	374.20	181
通用设备制造业	Manufacture of General Purpose Machinery	115	163.04	91
专用设备制造业	Manufacture of Special Purpose Machinery	22	18.24	20
汽车制造业	Manufacture of Motor Vehicles	265	723.50	208
铁路、船舶、航空航天和其他运输设备制造业	Manufacture of Railway, Ship, Aviation and Other Transporting Equipment	82	190.43	83
电气机械和器材制造业	Manufacture of Electrical Machinery and Equipment	40	99.97	39
计算机、通信和其他电子设备制造业	Manufacture of Communication Equipment, Computers and Other Electronic Equipment	103	2765.28	96
仪器仪表制造业	Manufacture of Measuring Instruments and Machinery	9	14.61	8
其他制造业	Other Manufacture	9	15.32	6
废弃资源综合利用业	Comprehensive Utilization of Waste Resources	48	9.47	21
金属制品、机械和设备修理业	Repair of Metal Products, Machinery and Equipment	5	7.75	5
电力、热力、燃气及水生产和供应业	**Production and Supply of Electric Power and Heat Power**			
电力、热力的生产和供应业	Production and Supply of Electric Power and Heat Power	46	268.10	50
燃气生产和供应业	Production and Supply of Gas	5	19.40	2
水的生产和供应业	Production and Supply of Water	30	723.98	14

9-10 工业污染治理项目及投资情况(2022—2023年)
Industrial Pollution Treatment Projects and Investment (2022-2023)

指标	Item	2022	2023
企业数(个)	**Number of Enterprises (unit)**	**33**	**48**
施工项目数(个)	**Number of Projects under Construction (unit)**	**26**	**80**
治理废水	Treatment of Waste Water	4	16
治理废气	Treatment of Waste Gas	19	44
治理固体废物	Treatment of Solid Wastes	1	2
治理噪声	Treatment of Noise Pollution		1
治理其他	Treatment of Other Pollution	2	17
资金使用合计(万元)	**Total Expenditures (10 000 yuan)**	55782.15	77503.11
治理废水	Treatment of Waste Water	412.80	28542.12
治理废气	Treatment of Waste Gas	55314.35	37786.29
治理固体废物	Treatment of Solid Wastes	30.00	6.00
治理噪声	Treatment of Noise Pollution		1.00
治理其他	Treatment of Other Pollution	25.00	11167.70
老工业污染源治理项目本年竣工总数(个)	**Total Number of Completed Old Industrial Pollution Treatment This Year (unit)**	**23**	**70**
老工业污染源治理项目新增处理能力	**New Processing Capacity of Old Industrial Pollution Treatment**		
废水(吨/日)	Waste Water (ton/day)	62346	44887
废气(万标立方米/时)	Waste Gas (10 000 cu.m/hour)	355.69	682.05
固体废物(吨/日)	Solid Wastes (ton/day)		45

9-11 生活污染物排放情况(2023年)
Discharge of Domestic Pollutants (2023)

指标	Item	2023
生活污水排放量(万吨)	Volume of Domestic Waste Water Discharged (10 000 tons)	123506
生活污水中化学需氧量排放量(吨)	Discharge of CCD in Domestic Waste Water (ton)	221080
生活二氧化硫排放量(吨)	Discharge of Sulfur Dioxide from Daily Life (ton)	3792
生活烟尘排放量(吨)	Discharge of Dust from Daily Life (ton)	4982

注：口径及统计制度发生变化。
Note: The caliber and statistical regulations has changed.

主要统计指标解释

自然资源 指人类可以直接从自然界获得，并用于生产和生活的物质资源。自然资源一般可以分成可再生资源和非再生资源两大类。可再生资源指在较短时间内可以再生、可以循环利用的资源，包括土地资源、水资源、气候资源、生物资源和海洋资源等。非再生资源指在使用后不能再生的资源，包括矿产资源和地热能源。

土地资源 土地指陆地的表层部分，它主要由岩石、岩石的风化物和土壤构成。土地资源按利用类型可以分为农用地、建筑用地和未利用地。农用地包括耕地、园地、林地、牧草地和水面。建筑用地包括居民点及工矿用地、交通用地和水利设施用地。未利用地指农用地和建筑用地以外的土地，包括滩涂、荒漠、戈壁、冰川和石山等。

耕地 指种植农作物的土地，包括熟地，新开发、复垦、整理地，休闲地（含轮歇地、轮作地）；以种植农作物（含蔬菜）为主，间有零星果树、桑树或其他树木的土地；平均每年能保证收获一季的已垦滩地和海涂。耕地中包括南方宽度＜1.0 米，北方宽度＜2.0 米固定的沟、渠、路和地坎（埂）；临时种植药材、草皮、花卉、苗木等的耕地，以及其他临时改变用途的耕地。

林地 指生长乔木、竹类、灌木的土地，及沿海生长红树林的土地。包括迹地，不包括居民点内部的绿化林木用地，铁路、公路征地范围内的林木，以及河流、沟渠的护堤林。

牧草地 指生长草本植物为主的土地。

森林资源 指森林、林木、林地以及依托森林、林木、林地生存的野生动物、植物和微生物。林木指树木和竹子。森林指以乔木为主体的植物群落，是集生的乔木及与共同作用的植物、动物、微生物和土壤、气候等的总体。

活立木总蓄积量 指一定范围内土地上全部树木蓄积的总量，包括森林蓄积、疏林蓄积、散生木蓄积和四旁（村旁、路旁、水旁、宅旁）树蓄积。

森林面积 指由乔木树种构成，郁闭度 0.2 以上（含 0.2）的林地或冠幅宽度 10 米以上的林带的面积，即有林地面积。森林面积包括天然起源和人工起源的针叶林面积、阔叶林面积、针阔混交林面积和竹林面积，不包括灌木林地面积和疏林地面积。

森林蓄积量 指一定森林面积上存在着的林木树干部分的总材积。它是反映一个国家或地区森林资源总规模和水平的基本指标之一，也是反映森林资源的丰富程度、衡量森林生态环境优劣的重要依据。

森林覆盖率 以行政区域为单位的森林面积占区域土地总面积的百分比。计算公式为：

森林覆盖率=森林面积/土地总面积×100%

水资源总量 指当地降水形成的地表和地下产水总量，即地表径流量与降水入渗补给量之和。

地表水资源量 指河流、湖泊以及冰川等地表水体中可以逐年更新的动态水量，即天然河川径流量。

地下水资源量 指地下饱和含水层逐年更新的动态水量，即降水和地表水入渗对地下水的补给量。

地表水与地下水重复计算量 指地表水和地下水相互转化的部分，即天然河川径流量中的地下水排泄量和地下水补给量中来源于地表水的入渗补给量。

供水总量 指各种水源为用水户提供的包括输水损失在内的毛水量。

地表水源供水量 指地表水体工程的取水量，按蓄、引、提、调四种形式统计。从水库、塘坝中引水或提水，均属蓄水工程供水量；从河道或湖泊中自流引水的，无论有闸或无闸，均属引水工程供水量；利用扬水站从河道或湖泊中直接取水的，属提水工程供水量；跨流域调水指水资源一级区或独立流域之间的跨流域调配水量，不包括在蓄、引、提水量中。

地下水源供水量 指水井工程的开采量，按浅层淡水、深层承压水和微咸水分别统计。城市地下水源供水量包括自来水厂的开采量和工矿企业自备井的开采量。

径流 指大气降水扣除损耗外，从地表和地下向流域出口断面汇集的水流。径流可分为地表径流、地下径流和壤中流。地表径流指沿地表向河流、湖泊、沼泽、海洋等汇集的水流；地下径流指沿潜水层或隔水层间的含水层，向河流、湖泊、沼泽、海洋等汇集的地下水水流。

径流量 指在一定时段内通过河流某一过水断面的水量，用以反映一个国家或地区水资源的丰歉程度。计算公式为：

径流量=降水量－蒸发量

矿产资源 矿产指由地质作用形成，具有利用价值的，呈固态、液态、气态的自然资源，是社会生产发展的重要物质基础。目前我国已发现矿种有 170 多种，按其特点和用途，可分为能源矿产（如煤炭、石油、天然气、地热）、金属矿产（如铁矿、锰矿、铜矿、铅矿、铝土矿）、非金属矿产（如金刚石、石灰石、黏土）和水气矿产（如地下水、矿泉水、二氧化碳气）四大类。其中：金属矿产按其物质成分和性质又可分为：黑色金属矿产、有色金属矿产、贵金属矿产、稀有金属矿产、稀土金属矿产、分散元素金属矿产六类。

矿产基础储量 基础储量是查明矿产资源的一部分。它能满足现行采矿和生产所需的指标要求，是控制的、探明的并通过可行性或预可行性研究认为属于经济的、边界经济的部分，用未扣除设计、采矿损失的数量表示。

气候 指地球与大气之间长期能量交换与质量交换所形成的一种自然环境状态，它是多种因素综合作用的结果。气候既是人类生活和生产的环境要素之一，又是供给人类生活和生产的重要资源。气温、降水、湿度等气象要素的多年平均值是用来描述一个地区气候状况的主要参数，而各种气象要素某年、某月的平均值（或总量）则可以反映出该时期天气气候状况的重要特征。

平均气温 气温指空气的温度，我国一般以摄氏度为单位表示。气象观测的温度表是放在离地面约 1.5 米处通风良好的百叶箱里测量的，因此，通常说的气温指的是离地面 1.5 米处百叶箱中的温度。计算方法：月平均气温是将全月各日的平均气温相加，除以该月的天数而得。年平均气温是将 12 个月的月平均气温累加后除以 12 而得。

年平均相对湿度 指空气中实际水气压与当时气温下的饱和水气压之比。其统计方法与气温相同。

降水量 指从天空降落到地面的液态或固态（经融化后）水，未经蒸发、渗透、流失而在地面上积聚的深度。其统计计算方法为：

月降水量是将全月各日的降水量累加而得。

年降水量是将 12 个月的月降水量累加而得。

全年日照时数 指太阳实际照射地面的时数，通常以小时为单位表示。其统计方法与降水量相同。

化学需氧量(COD)排放量 为工业废水中 COD 排放量与生活污水中 COD 排放量之和。化学需氧量指用化学氧化剂氧化水中有机污染物时所需的氧量。一般利用化学氧化剂将废水中可氧化的物质（有机物、亚硝酸盐、亚铁盐、硫化物等）氧化分解，然后根据残留的氧化剂的量计算出氧的消耗量，来表示废水中有机物的含量，反映水体有机物污染程度。COD 值越高，表示水中有机污染物污染越重。

二氧化硫排放量 指报告期内工业 SO_2 排放量与生活 SO_2 排放量之和。

工业废水排放量 指经过企业厂区所有排放口排到企业外部的工业废水量。包括生产废水、外排的直接冷却水、超标排放的矿井地下水和与工业废水混排的厂区生活污水，不包括外排的间接冷却水（清污不分流的间接冷却水应计算在内）。

工业废水排放达标量 指报告期内废水中各项污染物指标都达到国家或地方排放标准的外排工业废水量，包括未经处理外排达标的，经废水处理设施处理后达标排放的，以及经污水处理厂处理后达标排放的。

工业废气排放量 指报告期内企业厂区内燃料燃烧和生产工艺过程中产生的各种排入空气的含有污染物的气体的总量，以标准状态（273K，101325Pa）计算。测算公式为：

工业废气排放量=燃料燃烧过程中废气排放量+生产工艺过程中废气排放量

工业二氧化硫排放量 指报告期内企业在燃料燃烧和生产工艺过程中排入大气的 SO_2 总量，计算公式为：

工业 SO_2 排放量=燃料燃烧过程中 SO_2 排放量+生产工艺过程中 SO_2 排放量

工业烟尘排放量 指企业厂区内的燃料燃烧过程中产生的烟气中夹带的颗粒物排放量。

工业粉尘排放量 指企业在生产工艺过程中排放的能在空气中悬浮一定时间的固体颗粒物排放量。如钢铁企业的耐火材料粉尘、焦化企业的筛焦系统粉尘、烧结机的粉尘、石灰窑的粉尘、建材企业的水泥粉尘等。不包括电厂排入大气的烟尘。

一般工业固体废物产生量 指未被列入《国家危险废物名录》或者根据国家规定的危险废物鉴别标准（GB5085）、固体废物浸出毒性浸出方法（GB5086）及固体废物浸出毒性测定方法（GB／T 15555）鉴别方法判定不具有危险特性的工业固体废物。计算公式是：

一般工业固体废物产生量=（一般工业固体废物综合利用量－其中：综合利用往年贮存量）+一般工业固体废物贮存量+（一般工业固体废物处置量－其中：处置往年贮存量）+一般工业固体废物倾倒丢弃量

一般工业固体废物综合利用量 指报告期内企业通过回收、加工、循环、交换等方式，从固体废物中提取或者使其转化为可以利用的资源、能源和其他原材料的固体废物量（包括当年利用的往年工业固体废物累计贮存量）。如用作农业肥料、生产建筑材料、筑路等。综合利用量由原产生固体废物的单位统计。

一般工业固体废物处置量 指报告期内企业将工业固体废物焚烧和用其他改变工业固体废物的物理、化学、生物特性的方法，达到减少或者消除其危险成分的活动，或者将工业固体废物最终置于符合环境保护规定要求的填埋场的活动中，所消纳固体废物的量。

一般工业固体废物贮存量 指报告期内企业以综合利用或处置为目的，将固体废物暂时贮存或堆存在专设的贮存设施或专设的集中堆存场所内的量。专设的固体废物贮存场所或贮存设施必须有防扩散、防流失、防渗漏、防止污染大气、水体的措施。

一般工业固体废物倾倒丢弃量 指报告期内企业将所产生的固体废物倾倒或者丢弃到固体废物污染防治设施、场所以外的量。

“三废”综合利用产品产值 指报告期内利用“三废”（废液、废气、废渣）作为主要原料生产的产品产值（现行价），已经销售或准备销售的应计算产品产值，留作生产上自用的不应计算产品产值。

城镇生活污水排放量 指城镇居民每年排放的生活污水。用人均系数法测算。测算公式为：

城镇生活污水排放量=城镇生活污水排放系数×市镇非农业人口×365

生活及其他烟尘排放量 指除工业生产活动以外的所有社会、经济活动及公共设施的经营活动中燃烧所排放的烟尘纯重量。以生活及其他煤炭消费量为基础进行测算。

人工林面积 指由人工播种、植苗或扦插造林形成的生长稳定，（一般造林 3~5 年后或飞机播种 5~7 年后）每公顷保存株数大于或等于造林设计植树株数 80%或郁闭度 0.20 以上（含 0.20）的林分面积。

Explanatory Notes on Main Statistical Indicators

Natural Resources refer to material resources that could be obtained from the nature by human being and used for production and living. Natural resources in general can be classified as renewable resources and non-renewable resources. Renewable resources refer to resources that could be renewed and recycled during a relatively short period of time, including land resource, water resource, climate resource, biology resource and marine resource. Non-renewable resources include resources that could not be renewed, such as minerals and geothermal resource.

Land Resource Land refers to the surface of the earth, consisting of mainly rocks and its weathering and earth. Land resource can be classified, by its utilization, as land for agriculture, land for construction and unused land. Land for agriculture included cultivated land, plantation land, forestland, grassland and waters. Land for construction includes land for residential purpose, for manufacturing and mining, for transportation and for water-conservancy projects. Unused land refers to land other than land for agriculture and construction, including beaches, deserts, Gobi glaciers and rock mountains.

Cultivated Land refers to land mainly for the regular cultivation of farm crops (including vegetables), with some fruit trees, mulberry trees and others, covers cultivated land, newly-developed land, reclaimed land, consolidated land, fallow, beach land that can guarantee one harvest per year on average. It also covers fixed ditch, canal, road and sill (ridge) with width less than 1 meter in the South and 2 meters in the North, lands planted temporarily with herbs, grass, flowers and nursery stocks, and other cultivated land with temporary change of use.

Forestland refers to land for planting arbor, bamboo, bush shrub and land in coastal zones for planting mangrove. It includes slash, but not the green belts in residential area, forests requested for railway and highway, and the dike protection forest around rivers and ditches.

Pastureland refers to land mainly for the growth of herbs.

Forest Resource refers to forests, trees, forestland and wild animals, plants and microorganism that live on forest and trees. Trees include trees and bamboo. Forest refers to the population of clusters of trees and other plants, animals and microorganism as well as the earth and climate that have interactions with the trees.

Total Standing Stock Volume refers to the total stock volume of trees growing in land, including trees in forest, tress in sparse forest, scattered trees and trees planted by the side of villages, farm houses and along roads and rivers.

Forest Area refers to the area of forest where trees and bamboo grow with canopy density above 0.2, including land of natural woods and planted woods, but excluding bush land and thin forest land. It reflects the total areas of afforestation.

Stock Volume of Forest refers to total stock volume of wood growing in forest area, which shows the total size and level of forest resources of a country or a region. It is also an important indicator illustrating the richness of forest resource and the status of forest ecological environment.

Forest Coverage Rate Taking the administrative jurisdiction as the unit, the percentage of area of afforested land to the area of total land. The formula for calculating forest coverage rate is as follows:

Forestry Coverage Rate = Area of Afforested Land / Area of Total Land ×100%

Total Water Resources refers to total volume of surface water and groundwater and is measured as run-off for surface water and replenishment of groundwater with rainfall in local area.

Surface Water Resources refers to total volume of year by year renewable dynamic resources which exist in rivers, lakes, glaciers and other surface water and are the natural run-off of rivers.

Groundwater Resources refers to total volume of year by year renewable dynamic resources which exist in saturation acquifers of groundwater and are measured as replenishment of groundwater with rainfall and surface water.

Duplicated Measurement between Surface Water and Groundwater refers to mutual exchange between surface water and groundwater, i.e. run-off of rivers includes some depletion into groundwater while groundwater includes some replenishment from surface water.

Water Supply refers to gross water of various sources supplied to consumers, including losses during distribution.

Surface Water Supply refers to withdrawals by surface water supply system, broken down with storage, flow, pumping and transfer. Supply from storage projects includes withdrawals from reservoirs; supply from flow includes withdrawals from rivers and lakes with natural flows no matter if there are locks or not; supply from pumping projects includes withdrawals from rivers or lakes with pumping stations; and supply from transfer refers to water supplies transferred from first-level regions of water resources or independent river drainage areas to others, and should not be covered under supplies of storage, flow and pumping.

Groundwater Supply refers to withdrawals from supplying wells, broken down with shallow layer freshwater, deep layer freshwater and slightly brackish water. Groundwater supply for urban areas includes water mining by both waterworks and own wells of enterprises.

Runoff refers to the water gathered at the way out of the cross section of drainage area either from the surface or underground after deducting the wastage of the precipitation. Runoff can be divided into surface runoff, underground runoff and within soil runoff. Surface runoff refers to water flow to the rivers, lakes, swamps, and seas on the surface of the earth. Underground runoff refers to water flow to rivers, swamps, and seas through the water-bearing stratum of confined layer or unconfined layer.

Volume of Runoff refers to the total volume of water running through a certain cross section of a river during a certain period of time, reflecting the water resource condition in a country or a region. The formula for calculating volume or runoff is as follows:

Runoff=Precipitation–Evaporation

Mineral Resources refer to useful minerals, with solid state, liquid state, gaseity, due to the geological process. Minerals are important natural resources, and important material base for social development. At present, there are more than 170 types of minerals discovered in China. They can be categorized into four groups: energy producing minerals (including coal, petroleum, natural gas and terrestrial heat), metallic minerals (including iron, manganese, copper, lead and bauxite), non metallic minerals (including diamond, limestone and clay), and water/gas related minerals (including ground water, mineral water and carbon dioxide). Metallic minerals can be further classified as ferrous, non-ferrous, noble metal, rare metal, rare earth metal and dispersed metals.

Ensured Mineral Reserves refer to the actual mineral reserves, which equal to the proven mineral reserves (including industrial reserves and prospective reserves) minus extracted parts and underground losses.

Climate refers to the natural environmental status formed by the long-time exchange of energy and mass between the earth and the atmosphere, and is the result of interaction of many factors. Climate is both one of the environment factors and also the important resources for the living and production activities of the human being. The average values across several years of meteorological factors such as temperature, rainfall and humidity are used as important parameters to describe the climate of a region, while the average values (or total values) of a given year of month of meteorological factors reflect the key characteristics of climate for that period of time.

Average Temperature refers to the air temperature. China uses centigrade as the unit. The thermometry used for weather observation is put in a breezy shutter, which is 1.5 meters high from the ground. Therefore, the commonly used temperature refers to the temperature in the breezy shutter 1.5 meters away from the ground. The calculation method is as follows:

Monthly average temperature is the summation of average daily temperature of one month divided by the actual days of that particular month.

Annual average temperature is the summation of monthly average of a year divided by 12 months.

Average Annual Relative Humidity refers to the ratio of actual water vapor pressure to the saturation water vapor pressure under the current temperature. The calculation method is the same as that of temperature.

Volume of Precipitation refers to the deepness of liquid state of solid state (thawed) water falling from the sky to the ground that has not been evaporated, infiltrated or run off. The calculation method is as follows:

Monthly precipitation is the summation of daily precipitation of a month.

Annual precipitation is the summation of 12 months' precipitation of a year.

COD Emission refers to the total volume of COD emitted from industrial activities and life activities. COD refers to the amount of oxygen required when chemical oxidants are used to oxidize organic pollutants in water. Chemical oxidants are used to oxidize possible material in water, such as organic material, nitrite, ferrous salt, sulfide and so on. Then according to residual amount of oxidants to calculate consumption of oxygen, it is said that how much organic pollutants are in water. A higher value of COD corresponds to more serious pollution by organic pollutants.

SO_2 Emission refer to the total volume of SO_2 emitted from industrial activities and life activities within a given period of time.

Volume of Industrial Waste Water Discharged refers to the volume of industrial waste water discharged, through all outlets, to the outside of industrial enterprises, including waste water produced, direct-cooling water, underground water from mines that does not meet the standard of discharge, and the domestic sewage mixed up with industrial waste water when discharged, but excluding discharged indirect-cooling water.

Volume of Waste Water up to the Standard for Discharge refers to the volume of discharged industrial wastewater that, with or without treatment, has come up to the national or local standards for discharge.

Industrial Waste Air Emission refers to discharge into atmosphere of waste air containing pollutants generated from fuel burning and production process in enterprises within a given period of time. It is calculated at standard status (273K, 101325Pa) as:

Industrial Waste Air Emission = Emission through Fuel Burning + Emission through Production Process

Industrial SO_2 Emission refers to volume of sulphur dioxide emission from fuel burning and production process in premises of enterprises for a given period of time. Its calculation formula is:

Industrial SO_2 Emission = SO_2 Emission from Fuel Burning + SO_2 Emission from Production Process

Industrial Soot Emission refers to volume of soot in smoke emitted in process of fuel burning in premises of enterprises.

Industrial Dust Emission refers to volume of dust emitted by production process of enterprises and suspended in the air for a given period of time, including dust from refractory material of iron and steel works, dust from coke-screening systems and sintering machines of coke plants, dust from lime kilns and dust from cement production in building material enterprises, but excluding soot and dust emitted from power plants.

Common Industrial Solid Wastes Produced refers to

the industrial solid wastes that are not listed in the 《National Catalogue of Hazardous Wastes》, or not regarded as hazardous according to the national hazardous waste identification standards (GB5085), solid waste-Extraction procedure for leaching toxicity (GB5086) and solid waste-Extraction procedure for leaching toxicity (GB/T 15555). The calculation formula is as followed:

Common Industrial Solid Wastes Produced = (Common Industrial Solid Wastes Utilized – The Proportion of Utilized Stock of Previous Years) + Common Industrial Solid Waste Stock + (Common Industrial Solid Wastes Disposed – The Proportion of Disposed Stock of Previous Years) + Common Industrial Solid Wastes Discharged

Common Industrial Solid Wastes Comprehensively Utilized refers to volume of solid wastes from which useful materials can be extracted or which can be converted into usable resources, energy or other materials by means of reclamation, processing, recycling and exchange (including utilizing in the year the stocks of industrial solid wastes of the previous year) during the report period, e.g. being used as agricultural fertilizers, building materials or as material for paving road. Examples of such utilizations include fertilizers, building materials and road materials. The information shall be collected by the producing units of the wastes.

Common Industrial Solid Wastes Disposed refers to the quantity of industrial solid wastes which are burnt or specially disposed using other methods to alter the physical, chemical and biological properties and thus to reduce or eliminate the hazard, or placed ultimately in the sites meeting the requirements for environmental protection during the report period.

Stock of Common Industrial Solid Wastes refers to the volume of solid wastes placed in special facilities or special sites by enterprises for purposes of utilization or disposal during the report period. The sites or facilities should take measures against dispersion, loss, seepage, and air and water contamination.

Common Industrial Solid Wastes Discharged refers to the volume of industrial solid wastes dumped or discharged by producing enterprises to disposal facilities or to other sites.

Output Value of Products Made from Utilization of Waste Gas, Waste Water and Industrial Solid Wastes refers to the value of products (calculated at current prices) made by industrial enterprises using recovered waste water, waste gas or solid wastes as main raw materials. Only the value of the products, which have been sold or are ready, to be sold should be included. The value of the products, which will be used in the production of the enterprises, should not be included.

Urban Consumption Waste Water Discharge refers to annual discharge of consumption waste water by urban households. Its calculation formula is:

Discharge = Discharge of Consumption Wastewater by Urban Households × Urban Non-agricultural Population × 365

Soot Emission by Consumption and Others refers to net volume of soot emitted by fuel burning from all social and economic activities and operation of public facilities other than industrial activities. It is calculated on the basis of coal consumption by households and others.

Area of Man-made Forests refer to the area of stable growing forests, planted manually or by airplanes, with a survival rate of 80% or higher of the designed number of trees per hectare, or with a canopy density of 0.20 degree or above after 3~5 years of manual planting or 5~7 years of airplane planting.

10 要素市场

MARKETS OF KEY FACTORS

简 要 说 明

本章资料中的国有土地使用权出让与划拨、城市房产市场交易情况由市统计局固定资产投资处根据市规划和自然资源局、市住房和城乡建设委员会资料整理提供，亿元以上商品市场由市统计局贸易外经处提供，技术市场由市统计局社会科技处根据市科学技术局资料整理提供，人才市场、劳动力市场和证券市场情况由市统计局综合处根据市人力资源和社会保障局和重庆证监局资料整理编辑。

货币流通、保险业务和有价证券的相关资料详见第十七章金融。

Brief Introduction

The data on transaction and allotment of the right to use the state-owned land and the real estate markets in urban areas are sorted and compiled by Division of Statistics of Investment in Fixed Assets, Chongqing Municipal Bureau of Statistics on the basis of the data provided by Commission of Housing and Urban-Rural Development of Chongqing and Bureau of Planning and Natural Resources of Chongqing; the data of the transaction of the commodity markets with transaction value over 100 million yuan are provided by Division of Trade and External Economic Relations Statistics, Chongqing Municipal Bureau of Statistics; the data of transactions of technology exchanges are provided by Division of Social and Technology Statistics, Chongqing Municipal Bureau of Statistics on the basis of the data from Chongqing Science and Technology Bureau; the data of the human resource markets, labor force markets and securities markets are sorted and compiled by Division of Comprehensive Statistics, Chongqing Municipal Bureau of Statistics on the basis of the data from Chongqing Municipal Human Resources and Social Security Bureau and China Securities Regulatory Commission Chongqing Bureau.

See Chapter 17 Financial Intermediation for the data on currency, insurance and securities.

10-1 国有土地使用权出让与划拨情况(2022—2023年)
Transactions and Allotment of the Right to Use the State-owned Land (2022-2023)

指　　标	Item	2022	2023
土地使用权出让	**Transaction of Right to Use State-owned Land**		
地块(宗)	Land Parcel (parcel)	884	965
面积(公顷)	Land Area (hectare)	4121	3985
出让价款(亿元)	Value of Transaction (100 million yuan)	815	703
土地使用权划拨	**Allotment of Right to Use State-owned Land**		
地块(宗)	Land Parcel (parcel)	1643	1378
面积(公顷)	Land Area (hectare)	12042	12794

10-2 城市房产市场交易情况(2022—2023年)
Real Estate Markets in Urban Area (2022-2023)

指　　标	Item	2022	2023
房产转让	**Housing Transactions**		
成交面积(万平方米)	**Area of Transactions (10 000 sq.m)**	**2639.25**	**2974.34**
#住　宅	Residential Buildings	1711.16	2109.67
商品房(新建)	Commercialized Buildings	1522.82	1395.70
存量房(二手房)	Buildings in Stock	1116.43	1578.65
成交金额(亿元)	**Total Value of Transactions (100 million yuan)**	**2196.86**	**2497.43**
#住　宅	Residential Buildings	1774.68	2124.91
商品房	Commercialized Buildings	1374.93	1288.61
存量房	Buildings in Stock	821.92	1208.83

注：本表为主城九区的数据。
Note: The table above shows the data of the 9 urban districts.

10−3 亿元以上商品市场交易情况(2022—2023年)
Transactions of Commodity Markets with Transaction Value over 100 Million Yuan (2022-2023)

指　　标	Item	年末出租摊位数量（个）Number of Rent Stands at Year-end (unit)		总成交额（万元）Total Volume of ransactions (10 000 yuan)	
		2022	2023	2022	2023
合　计	**Total**	**81730**	**77847**	**33123240**	**33555105**
粮油、食品类	Grain, Oil and Food	21750	21302	10812003	11492392
饮料类	Beverages	1012	881	83457	72714
烟酒类	Tobacco and Liquor	560	436	68082	65108
服装鞋帽、针、纺织品类	Clothing, Shoes, Hats and Textiles	15851	15337	3307342	3265047
化妆品类	Cosmetics	373	387	39110	45971
金银珠宝类	Gold, Silver and Jewelry	151	151	4194	3758
日用品类	Articles for Daily Use	2595	2377	699843	727982
五金电料类	Hardwear and Electrical Materials	6394	6285	1249065	1398444
体育、娱乐用品类	Sports and Entertainment Articles	247	232	45512	62001
书报杂志类	Newspapers and Magazines	6	5	211	192
电子出版物及音像制品类	E-journal and Video Products	27	6	3620	771
家用电器和音像制品类	Household Electric Appliances and Video Products	965	756	241354	199625
中西药品类	Traditional Chinese and Western Medicines	140	140	24670	24361
文化办公用品类	Cultural and Office Articles	611	447	37479	36108
家具类	Furniture	3281	3071	1001900	991806
通讯器材类	Communication Appliances	810	676	574911	573061
煤炭及制品类	Coal and Related Products	4	4	629	667
木材及制品类	Wood and Wooden Products	183	168	17352	15626
化工材料及制品类	Chemical Materials and Products	5	5	786	774
金属材料类	Metal Materials	4538	4465	7268829	5794420
建筑及装潢材料类	Building and Decoration Materials	12740	11803	1951186	1698397
机电产品及设备类	Mechanical and Electrical Products	2471	2109	1114702	1019962
汽车类	Automobiles	4776	4847	3919796	4220563
种子饲料类	Seeds and Feedstuff	37	36	4867	4711
棉麻类	Cotton and Hemp	4	4	759	736
其他类	Others	2199	1917	651581	1839908

10−4 技术市场交易情况(2023年)
Transactions of Technology Exchanges (2023)

单位：项 (item)

指　　标	Item	技术买方 Purchases of Technology		技术卖方 Sales of Technology	
		项数 Number	金额(万元) Value (10 000 yuan)	项数 Number	金额(万元) Value (10 000 yuan)
总　计	**Total**	**11281**	**8650928.79**	**11281**	**8650928.79**
#企业法人	Corporations	9114	8171477.56	7234	8406953.06
事业法人	Public Institutions	1007	257885.79	3975	213914.41
机关法人	Governments	987	190379.34	1	117.15
其他组织	Other Organizations	64	7469.17	10	7398.13
社团法人	Association Corporations	33	1031.22	20	1267.71
自然人	Natural Persons	76	22685.71	41	21278.33

10-5 全市人力资源情况(2022—2023年)
Human Resources of The Whole City (2022-2023)

指　　标	Item	2022	2023
人力资源服务机构(个)	Human Resource Service Agencies (unit)	3169	3569
公共就业服务机构	Public Employment Service Agencies	39	9
国有性质的服务企业	State-owned Service Corporations	127	118
民营性质的服务企业	Private Service Corporations	2982	3380
外资性质的服务企业	Foreign-funded Service Corporations	4	6
港资性质的服务企业	Service Corporations with Investment from Hong Kong	5	4
民办非企业等其他性质的服务机构	Other Private Non-corporate Service Corporations	7	20
设立人力资源市场个数(固定招聘场所)	Number of Human Resource Markets (fixed recruitment places)	24	44
举办人力资源招聘会(次)	Number of Job Fairs (time)	3894	5500
参加招聘会求职人员人数(人)	Persons Participating in Job Fairs (person)	1469793	1743562
参加招聘会用人单位(个)	Enterprises Participating in Job Fairs (unit)	77657	106551
现存档案总量(万份)	Total Amount of Current Archives (10 000 copies)	321	352

10-6 证券市场基本情况(2022—2023年)
General Statistics on Securities Markets (2022-2023)

指　　标	Item	2022	2023
境内上市公司总计(个)	Number of Listed Companies in Mainland (unit)	70	79
上交所(个)	Shanghai Stock Exchange (unit)	34	36
深交所(个)	Shenzhen Stock Exchange (unit)	32	37
北交所(个)	Beijing Stock Exchange (unit)	4	6
#仅发A股公司	A Shares Only	65	74
#仅发B股公司	B Shares Only	1	1
#同时发A、B股公司	A & B Shares	1	1
#同时发A、H股公司	A & H Shares	3	3
股票市价总值(亿元)	Total Market Capitalization (100 million yuan)	9347	10496
#股票流通市值	Negotiable Market Capitalization (100 million yuan)	7530	8929
总股本(亿股)	Total Shares of Stocks Issued (100 million shares)	1010	1072
#流通股本	Negotiable Shares (100 million shares)	854	972
股票筹资额(亿元)	Raised Capital (100 million yuan)	173	127
A股	A Shares	173	127
B股	B Shares		
证券市场募集资金(亿元)	Raised Funds in Securities Market (100 million yuan)	1854	1801
#通过发行、配售股票筹集资金	Funds-raised from Issuing and Placing Stocks	173	127
#通过全国股转系统筹集资金	Funds-raised from National Equities Transfer System	5	1
#发行公司信用类债券筹集资金	Funds-raised from Issuing Companies' Debentures	982	1166
#交易所资产支持证券	Stock Supported by Exchange Assets	695	507
证券公司总部(个)	Securities Head Offices (unit)	1	1
证券分公司(个)	Securities Branch Offices (unit)	53	55
证券营业部(个)	Securities Business Departments (unit)	200	198
投资者开户数(万户)	Number of Investors' Accounts (10 000 accounts)	1113	1187

11 农业和农村经济

AGRICULTURE AND RURAL ECONOMY

简 要 说 明

本章反映全市农业生产和农村经济的基本情况，内容主要包括农村基本情况、农业生产条件与生产情况、农作物播种面积、农林牧渔产品产量、农林牧渔业产值、农业商品产值和商品率等方面的统计资料。

本章资料由国家统计局重庆调查总队根据市农委、市林业局、市水利局和调查总队等资料整理提供。

Brief Introduction

The data in this chapter show the basic conditions of agricultural production and rural economy, including basic statistics on rural areas, basic conditions of agricultural production, sown area of farm crops, output of farming, forestry, animal husbandry and fishery products, gross output value of farming, forestry, animal husbandry and fishery, output value of agricultural commodities and rate of commercialization, and township-owned enterprises.

The data in this chapter are provided by Chongqing Agriculture Commission, Municipal Bureau of Forestry, Municipal Bureau of Water Conservancy and NBS Survey Office in Chongqing, and sorted and compiled by NBS Survey Office in Chongqing.

11-1 主要年份农业生产条件
Conditions of Agricultural Production in Major Years

年 份 Year	有效灌溉面积(万公顷) Irrigated Area (10 000 hectares)	农用机械总动力(万千瓦) Total Agricultural Machinery Power (10 000 kw)	农用化肥施用量(折纯)(万吨) Consumption of Chemical Fertilizers (net) (10 000 tons)	农膜使用量(万吨) Consumption of Farm Plastic Film (10 000 tons)	农药使用量(万吨) Consumption of Chemical Pesticides (10 000 tons)
1949	5.48				
1952	6.73				
1957	13.40				
1962	21.31	4			
1965	26.10	10			
1970	31.92	22			
1975	42.84	54			
1978	56.27	101	21.63	0.33	0.64
1980	60.42	155	29.21	0.37	0.71
1985	60.98	219	31.76	0.50	0.73
1986	60.12	240	36.70	0.51	0.79
1987	59.27	259	38.26	0.57	0.78
1988	58.41	278	38.29	0.61	0.81
1989	57.56	291	44.72	0.65	0.81
1990	58.02	300	48.13	0.80	0.87
1991	58.55	316	52.08	0.97	1.01
1992	58.96	324	52.75	1.07	1.05
1993	59.26	343	54.51	1.18	1.27
1994	59.53	366	58.55	1.28	1.29
1995	59.79	386	62.02	1.43	1.46
1996	60.08	410	65.55	1.53	1.69
1997	61.14	454	69.64	1.59	1.68
1998	61.41	507	71.18	1.77	1.82
1999	62.05	559	71.03	1.86	1.84
2000	62.60	586	72.00	1.96	1.85
2001	63.19	628	72.58	1.94	1.91
2002	64.12	666	73.37	2.53	1.93
2003	64.97	696	71.59	2.42	1.95
2004	61.68	728	77.02	2.68	1.95
2005	61.81	776	79.20	2.75	1.95
2006	62.13	820	80.54	2.82	1.96
2007	63.37	860	84.32	3.01	2.04
2008	65.89	903	88.14	3.09	2.10
2009	67.20	967	91.17	3.47	2.20
2010	68.53	1071	91.82	3.66	2.10
2011	69.29	1141	95.58	3.93	2.03
2012	70.30	1162	96.02	4.09	1.95
2013	67.52	1199	96.64	4.29	1.84
2014	67.73	1243	97.26	4.38	1.84
2015	68.72	1300	97.73	4.52	1.82
2016	69.06	1319	96.16	4.53	1.76
2017	69.43	1353	95.46	4.55	1.75
2018	69.69	1428	93.17	4.46	1.72
2019	69.77	1465	91.08	4.26	1.65
2020	69.83	1498	89.83	4.17	1.62
2021	66.53	1532	89.05	4.12	1.60
2022	67.65	1566	88.74	4.08	1.60
2023	68.13	1586	88.44	4.05	1.59

11-2 农作物播种面积(1978—2023年)
Sown Area of Farm Corps (1978-2023)

单位：公顷 (hectare)

年 份 Year	农作物总播种面积 Total Sown Area	#粮 食 Grain	#稻 谷 Rice	#油 料 Oil-bearing Crops	#油菜籽 Rapeseeds	#蔬 菜 Vegetables	#烟 叶 Tobacco
1978	3498061	3177221	849243	92351	71374	95954	26582
1980	3345304	3048196	828317	116577	89369	78400	10416
1985	3214717	2748498	820140	176866	137367	140569	30956
1986	3232433	2710205	819858	183859	143792	159811	40897
1987	3241258	2697509	807797	180579	143292	160867	41729
1988	3287399	2727164	821305	185171	150612	171444	54056
1989	3381959	2788700	836231	188593	154505	177979	75726
1990	3438950	2847370	821986	203171	168751	183873	66607
1991	3526637	2889404	816684	224412	188989	197049	70859
1992	3522037	2874889	819262	215622	179402	200686	81258
1993	3513064	2870480	804560	184964	147692	222621	82461
1994	3493884	2877837	800342	174643	135505	225902	54997
1995	3526684	2876853	799482	201550	162572	236283	58939
1996	3585745	2889834	802279	202483	159584	257106	77657
1997	3605420	2881902	797955	191800	152222	267203	99482
1998	3614446	2900656	794636	192330	148896	290397	56603
1999	3592496	2862143	788576	197151	151801	301389	63969
2000	3590815	2773404	776636	226384	173185	327094	70775
2001	3555871	2714600	763964	225046	167911	366330	55210
2002	3464566	2606866	757195	236325	173930	359674	56012
2003	3307179	2410369	738486	236724	176836	386990	57237
2004	3435957	2516507	749300	244129	173815	390237	52995
2005	3444733	2501263	747949	252421	187333	399970	51508
2006	3073880	2155500	672300	187290	133680	417414	48879
2007	3104939	2148543	644265	192920	135370	432906	43553
2008	3109135	2131012	658847	215531	150170	481563	47749
2009	3110741	2111605	661205	237025	173643	552233	52579
2010	3129847	2097420	658084	254993	191847	589093	42733
2011	3225774	2089469	656816	257096	196200	618631	46165
2012	3320301	2085011	654772	271016	204557	652660	49989
2013	3318492	2059450	652372	283508	215603	681707	49323
2014	3288585	2034685	650782	299963	232581	708068	45964
2015	3311315	2020951	647088	309315	242458	731667	45829
2016	3333052	2039069	660909	310441	236856	714671	43451
2017	3339556	2030710	658941	318516	244284	727170	34904
2018	3348490	2017846	656446	325072	250151	739183	32402
2019	3345743	1999278	655137	329946	254990	753222	29840
2020	3372541	2003058	657266	333870	258258	772028	27365
2021	3409256	2013191	658905	337983	261497	791378	26988
2022	3479024	2046710	659186	346713	269719	812024	28401
2023	3506193	2025932	657004	376128	297817	828959	29064

11-3 主要年份农林牧渔产品产量
Output of Farming, Forestry, Animal Husbandry and Fishery in Major Years

年份 Year	粮食(万吨) Grain (10 000 tons)	#稻谷 Rice	#豆类 Beans	油料(万吨) Oil-bearing Crops (10 000 tons)	#油菜籽 Rapeseeds	麻类(吨) Fiber Crops (ton)	甘蔗(万吨) Sugarcane (10 000 tons)	烟叶(吨) Tobacco (ton)	蔬菜(万吨) Vegetables (10 000 tons)
1949	402.68	246.57		0.90		1416	8.78	8535	
1952	470.97	281.33		3.19		1889	10.61	9238	
1957	596.55	316.39		5.13		1811	6.86	8247	
1962	378.23	191.26		1.40		598	1.04	2566	
1965	566.17	293.32		3.87		1048	14.47	4654	
1970	564.37	307.80		2.68		666	9.00	1667	
1975	603.72	325.84		4.13		632	24.87	8146	
1978	814.71	345.07	29.07	7.71	6.03	1659	31.20	22528	243.95
1980	835.43	341.59	22.20	11.57	9.28	6172	36.64	8098	229.86
1985	948.97	461.73	22.26	18.12	13.63	25787	30.24	36239	390.86
1986	1004.92	493.41	25.02	20.91	15.85	21719	31.42	46724	421.94
1987	1004.51	499.56	22.34	20.89	16.14	35995	29.43	44992	439.00
1988	958.02	503.00	20.53	19.25	14.94	31013	29.32	68928	460.93
1989	1044.88	541.81	17.25	18.78	14.38	18932	24.41	62093	469.31
1990	1085.07	550.40	19.93	22.02	17.74	12707	20.55	74393	499.61
1991	1115.28	535.90	21.53	26.92	22.81	11487	26.07	98156	533.00
1992	1050.24	509.07	18.48	25.18	21.40	9716	14.33	124705	541.38
1993	1052.72	479.90	21.90	21.70	17.22	9257	12.30	113208	558.23
1994	1134.10	523.13	25.94	19.26	15.31	11471	9.39	68904	569.83
1995	1153.68	532.63	30.38	25.12	20.54	11092	8.76	77981	593.91
1996	1172.14	542.64	20.10	23.60	18.66	10898	8.27	132355	637.03
1997	1184.63	552.44	21.90	23.34	18.34	11175	8.08	164736	668.44
1998	1155.36	519.38	22.17	25.11	19.03	7541	7.28	79970	711.30
1999	1143.05	533.01	21.93	24.09	17.33	6826	7.59	95653	737.11
2000	1131.21	525.43	24.60	31.06	22.61	8406	9.06	104082	775.42
2001	1035.35	466.45	23.32	29.96	21.91	8857	10.08	80064	779.96
2002	1082.15	484.42	27.78	35.04	25.84	12139	12.06	87052	833.84
2003	1087.20	494.29	32.21	38.27	28.51	9620	11.35	86048	840.17
2004	1144.57	509.55	38.11	41.75	30.99	10209	11.77	85036	863.57
2005	1168.19	521.43	42.16	42.71	31.81	12362	11.46	90173	890.47
2006	808.40	344.90	29.24	28.94	23.47	11846	10.16	91945	888.76
2007	1064.07	485.13	33.79	30.58	23.05	15210	11.17	71513	908.56
2008	1112.17	517.26	34.72	35.07	26.22	16695	11.00	85513	1029.32
2009	1083.78	495.70	36.69	39.97	30.38	15557	11.28	99900	1062.06
2010	1080.63	499.16	38.06	43.81	33.38	14606	11.29	81030	1154.80
2011	1064.16	475.36	38.61	45.79	34.07	12897	11.31	93608	1385.96
2012	1060.51	475.36	39.32	49.16	36.34	10137	11.29	102908	1508.36
2013	1055.15	477.16	39.20	52.00	38.40	9461	10.30	96604	1544.82
2014	1043.89	475.46	39.03	55.46	41.84	9046	9.62	84391	1629.96
2015	1051.05	476.56	39.58	58.12	44.19	8460	9.05	86759	1707.86
2016	1078.20	487.58	39.54	60.85	46.24	7434	8.91	83921	1795.49
2017	1079.88	486.99	40.22	62.40	47.43	6957	8.79	69053	1862.63
2018	1079.34	486.92	40.86	63.70	48.60	6450	9.10	62441	1932.73
2019	1075.20	487.00	40.90	65.20	49.90	3819	8.10	58516	2008.80
2020	1081.42	489.19	41.48	67.07	51.37	3659	8.17	52676	2092.57
2021	1092.84	493.05	42.15	68.48	52.46	3182	8.28	53192	2184.33
2022	1072.84	485.24	43.45	70.85	54.73	3008	8.32	55235	2272.36
2023	1095.90	492.00	46.44	77.46	60.68	2945	8.39	56939	2362.01

注：1.蚕茧和禽蛋数据自2007年起根据第三次农业普查数据进行了调整。

2.本表中除水产品外，其余数据从2007年起已根据第三次农业普查数据重新进行了调整。

Note: a) Since 2007, the data of poultry eggs and Silkworm Cocoons has been adjusted in accordance with the 3rd agricultural census.

b) Except the data of aquatic products, the other data in this table have been adjusted according to the Third National Agricultural Census since 2007.

11-3 续表 continued

年 份 Year	茶 叶 (吨) Tea (ton)	蚕 茧 (吨) Silkworm Cocoons (ton)	水 果 (万吨) Fruits (10 000 tons)	禽 蛋 (万吨) Poultry Eggs (10 000 tons)	水产品 (吨) Aquatic Products (ton)	肉猪出栏头数 (万头) Number of Slaughtered Fattened Hogs (10 000 heads)	猪年末头数 (万头) Number of Hogs at Year-end (10 000 heads)	猪 肉 (万吨) Output of Pork (10 000 tons)
1949	916	761	6.02		3576	174.70		
1952	1059	1236	7.75		4119	254.80		
1957	1914	1588	7.14		6515	345.10		
1962	1981	1325	8.80		3791	76.90		
1965	2369	2306	6.83		6964	421.50		
1970	2927	6608	4.54		7649	414.50		
1975	4884	10477	7.12		10797	489.90		
1978	8004	15404	7.91	4.46	14362	542.70	914.98	37.38
1980	9217	25751	15.69	5.51	17734	797.63	1165.05	55.92
1985	16172	33130	24.70	8.77	42838	1140.06	1353.02	79.96
1986	16893	32693	28.61	9.44	47805	1190.22	1377.37	83.15
1987	18267	35755	29.57	9.98	51854	1243.78	1418.69	86.89
1988	18676	41748	20.50	10.17	58419	1345.77	1448.48	94.02
1989	18568	42063	37.19	11.24	65707	1375.38	1471.66	96.09
1990	18103	43502	35.08	12.01	65482	1375.79	1429.13	96.12
1991	18264	47757	40.75	12.94	71813	1429.45	1440.56	99.87
1992	17178	50686	41.38	14.61	74459	1469.47	1444.16	102.66
1993	19522	54505	56.85	15.71	89227	1492.99	1438.96	104.30
1994	21920	57408	52.87	17.32	103492	1555.69	1476.05	108.48
1995	17452	27000	59.29	19.18	121289	1610.14	1489.55	112.27
1996	15536	27402	56.62	20.85	140656	1637.51	1477.06	114.18
1997	14996	28072	60.72	23.50	160692	1699.74	1475.25	119.66
1998	15299	29226	74.10	24.46	178607	1720.14	1492.95	121.61
1999	14441	24177	71.70	26.29	191313	1703.19	1512.18	120.61
2000	14526	29098	81.68	27.89	200345	1724.96	1509.91	122.45
2001	14142	32396	82.61	29.79	196967	1746.85	1533.03	124.87
2002	14093	33856	113.41	31.58	211568	1781.69	1548.89	127.48
2003	14320	27802	128.59	35.36	224893	1828.49	1583.03	131.82
2004	16064	29376	137.22	36.55	239255	1909.32	1640.75	136.43
2005	16545	31092	154.63	39.15	250568	2006.39	1708.80	144.46
2006	17087	27488	145.74	30.30	226129	1732.70	1377.40	124.80
2007	18672	29196	161.06	31.69	255372	1757.17	1402.12	128.40
2008	24406	24388	178.54	31.86	190600	1843.67	1521.09	136.58
2009	22406	19464	198.77	33.95	203900	1916.65	1534.86	140.20
2010	25086	20321	225.09	34.47	224300	1895.65	1468.86	139.13
2011	27761	20118	249.16	33.99	275600	1877.63	1431.37	138.02
2012	31259	20594	280.31	35.69	330720	1877.56	1395.56	138.00
2013	34139	18161	311.87	35.92	385000	1898.60	1355.28	139.79
2014	33712	17714	342.97	37.06	443409	1912.11	1319.05	140.94
2015	35014	17681	372.28	38.16	480863	1857.09	1270.56	136.79
2016	36636	16320	369.24	39.10	508427	1767.74	1204.71	130.62
2017	38752	13996	403.38	40.31	515130	1751.11	1191.61	129.97
2018	41994	13545	431.27	41.46	529581	1758.22	1167.19	132.16
2019	44807	12471	476.40	43.52	541717	1480.42	921.62	112.07
2020	48052	11563	514.82	45.72	523976	1434.53	1082.90	108.82
2021	50834	11928	553.18	47.87	545343	1806.86	1179.83	142.01
2022	53027	11452	593.28	50.50	566303	1904.43	1197.14	149.96
2023	56302	12524	645.93	53.08	588903	1974.91	1173.20	158.21

11-4 主要年份农林牧渔业总产值
Gross Output Value of Farming, Forestry, Animal Husbandry and Fishery in Major Years

单位：万元 (10 000 yuan)

年份 Year	农林牧渔业总产值 Gross Output Value	农业 Farming	林业 Forestry	牧业 Animal Husbandry	渔业 Fishery	农林牧渔专业及辅助性活动 Professional and Support Activities for Agriculture, Forestry, Animal Husbandry and Fishery
1949	142123	111424	3837	26293	568	
1952	186367	140707	6523	38205	932	
1957	240351	176658	10816	51916	961	
1962	153506	120349	4605	28245	307	
1965	165688	122775	5799	36617	497	
1970	269234	192504	11128	64604	998	
1975	295062	210016	18048	65660	1338	
1978	357616	262881	17236	75731	1768	
1980	417925	296840	16160	102514	2411	
1985	739003	477570	43546	208842	9044	
1986	801998	516990	42045	231097	11867	
1987	902072	564063	40932	282816	14262	
1988	1104369	641751	49662	393394	19561	
1989	1243819	706771	49328	463300	24420	
1990	1460003	858133	55308	518757	27805	
1991	1595286	938353	60038	565193	31702	
1992	1713839	995009	70992	612498	35340	
1993	2073607	1197742	77531	749776	48558	
1994	2831816	1552652	86981	1127394	64789	
1995	3778259	2278927	106732	1304229	88371	
1996	4249903	2713807	115493	1311666	108937	
1997	4393508	2678892	117313	1468914	128389	
1998	4288839	2549365	150929	1444758	143787	
1999	4168780	2496237	115588	1409527	147428	
2000	4126272	2447376	108236	1419910	150750	
2001	4311666	2503968	112044	1544041	151613	
2002	4609755	2640760	135143	1661965	171887	
2003	4885655	2701156	145824	1776384	183251	79040
2004	6127723	3329516	184814	2309374	212464	91555
2005	6621943	3583035	199704	2494965	237959	106280
2006	5752428	3230078	223069	2042194	159087	98000
2007	7116736	4051452	178527	2598315	184442	104000
2008	8517434	4640022	217986	3335134	211481	112811
2009	8861491	5177597	258084	3058737	242699	124374
2010	9804523	6000252	304021	3091828	272083	136339
2011	12041572	7172773	380907	3980989	349432	157471
2012	13273378	8011808	434776	4198356	449928	178510
2013	14182742	8555035	480200	4410107	538200	199200
2014	14857775	9064316	535593	4386190	649279	222398
2015	16090494	9630283	604358	4844533	749120	262200
2016	18516019	11238339	734330	5386888	853222	303240
2017	19024671	11656934	851673	5224787	948077	343200
2018	20524064	12926761	1011375	5200547	1003935	381446
2019	23378062	13974860	1131166	6795173	1052978	423885
2020	27490502	15961325	1260364	8718522	1073122	477169
2021	29356489	17598909	1681325	8041545	1381704	653006
2022	30684459	18817834	1764195	8009449	1369934	723047
2023	31542931	19780383	1881052	7666206	1428649	786641

注：1.按照国民经济行业分类标准(GB/T4754—2002)，从2003年起增加了农林牧渔服务业(下表同)。
2.2006年以来为第二次农普衔接数。从2007年起，因口径变化，对农业和林业总产值进行了调整。

Note: a) According to the national standard of industry classification (GB/T4754-2002), the gross output value has included agricultural services since 2003 (the same below).
b) The numbers after 2006 are the coordination numbers of the Second National Agricultural Census. The total output value of agriculture and forestry has been modified since 2007 due to the change of statistical scope.

11-5 主要年份农林牧渔业总产值指数
Gross Output Value Indices of Farming, Forestry, Animal Husbandry and Fishery in Major Years

(上年=100) (preceding year=100)

年 份 Year	农林牧渔业总产值 Gross Output Value	农 业 Farming	林 业 Forestry	牧 业 Animal Husbandry	渔 业 Fishery	农林牧渔专业及辅助性活动 Professional and Support Activities for Agriculture, Forestry,Animal Husbandry and Fishery
1952	119.9	116.8	123.7	135.7	111.2	
1957	129.0	126.7	144.5	133.4	156.4	
1962	63.9	69.9	58.0	39.4	49.5	
1965	151.1	137.2	125.4	275.5	194.9	
1970	101.5	100.3	88.5	109.7	107.3	
1975	108.2	110.6	129.7	94.6	134.0	
1978	123.2	126.7	119.1	109.7	121.2	
1980	115.3	105.9	99.6	165.8	121.0	
1985	144.1	130.9	210.2	169.8	292.2	
1986	105.8	106.3	83.9	109.3	119.4	
1987	102.7	102.1	89.0	106.3	110.3	
1988	101.8	97.3	99.1	111.7	115.2	
1989	106.4	108.4	99.9	103.0	111.0	
1990	102.7	101.1	96.4	106.4	106.8	
1991	106.2	105.3	102.1	108.2	113.9	
1992	101.9	98.7	110.4	107.3	100.9	
1993	104.1	103.4	104.8	104.6	120.8	
1994	105.6	103.5	101.8	109.0	115.4	
1995	106.3	105.1	106.7	107.7	116.8	
1996	102.8	101.8	101.3	103.6	116.2	
1997	103.3	102.0	95.8	105.4	115.7	
1998	102.4	101.5	117.2	101.6	112.4	
1999	99.8	100.7	75.7	100.4	108.5	
2000	101.0	100.3	86.6	102.9	104.5	
2001	102.1	100.3	109.7	104.1	101.9	
2002	101.7	99.7	102.3	104.2	105.6	
2003	104.6	103.5	119.6	104.8	106.8	
2004	105.7	105.5	108.8	104.9	108.4	116.5
2005	105.2	103.9	100.8	106.9	106.0	113.3
2006	96.8	94.9	99.9	99.6	89.0	105.7
2007	109.5	114.8	105.1	101.6	110.2	106.0
2008	107.1	107.7	104.5	106.7	104.0	104.3
2009	106.4	106.8	106.6	105.7	108.8	104.8
2010	105.9	106.7	110.2	103.8	110.0	104.4
2011	104.9	105.2	111.0	102.5	118.4	105.0
2012	105.1	105.1	109.9	103.4	120.0	104.0
2013	104.6	104.3	108.0	103.5	117.0	105.3
2014	104.4	103.9	108.0	103.5	115.2	105.3
2015	104.6	104.6	109.3	102.5	114.0	109.4
2016	104.6	104.4	111.4	103.0	110.2	109.8
2017	103.7	104.3	111.7	100.6	107.4	110.1
2018	104.8	105.3	114.2	101.6	106.3	109.0
2019	102.9	105.5	110.8	94.0	102.8	108.4
2020	105.0	105.9	109.9	102.7	99.2	109.3
2021	109.2	104.9	116.0	116.4	105.1	115.0
2022	104.6	103.9	106.6	105.2	103.7	109.7
2023	104.5	104.6	107.6	103.5	103.6	108.2

注：本表指数按可比价计算；其中1952年以1949年为100。

Note: Indices of this table are calculated at constant prices. The index of 1952 is calculated with the index of 1949 equal to 100.

11−6 农林牧渔业总产值(2022—2023年)
Gross Output Value of Farming, Forestry, Animal Husbandry and Fishery (2022-2023)

单位：万元 (10 000 yuan)

指 标	Item	农林牧渔业总产值 Gross Output Value		指 数 上年=100 Index Preceding Year=100
		2022	2023	
总 计	**Total**	**30684459**	**31542931**	**104.5**
农 业	Farming	18817834	19780383	104.6
谷物及其他作物	Cereal and Other Crops	4278199	4421425	101.4
#谷 物	Cereal	2595097	2537419	
豆 类	Beans	246769	297812	
油 料	Oil-bearing Crops	498883	505095	
烟 草	Tobacco	148864	122682	
蔬菜园艺作物	Vegetables and Gardening	8404186	8810766	105.3
#蔬 菜(含菜用瓜)	Vegetables (including melons as vegetables)	7807783	8234782	
花 卉	Flowers	133537	196243	
水果、坚果、饮料和香料作物	Fruits, Nuts, Drinks and Spices	4162279	4501301	106.8
#水果、坚果(含果用瓜)	Fruits and Nuts (including melons as fruits)	3803916	3740635	
茶及其他饮料	Tea and Other Drinks	215243	372423	
#茶	Tea	206913	372423	
中药材	Traditional Chinese Medical Materials	1973170	2046891	103.3
林 业	Forestry	1764195	1881052	107.6
林木的培育和种植	Forest Cultivation	1552492	1542461	
#造 林	Afforestation	958399	940886	
竹木采运	Bamboo Felling and Transportation	70568	150428	
林产品	Forest Products	141136	188163	
牧 业	Animal Husbandry	8009449	7666206	103.5
牲畜饲养	Livestock Raising	1128269	1124378	111.8
#牛	Cattle	644871	650719	
奶产品	Milk Products	15975	14610	
猪的饲养	Hog Raising	4134373	4004782	110.6
家禽饲养	Poultry Raising	2144673	2211803	103.1
#禽 蛋	Poultry Eggs	592826	633690	
其他畜牧业	Others	602133	325244	
#蚕 茧	Silkworm Cocoons	41302	118871	
渔 业	Fishery	1369934	1428649	103.6
#内陆水域水产品	Aquatic Products in Inland Water Areas	1369934	1428649	
#养 殖	By Breeding	1369934	1428649	
#鱼 类	Fish	1261873	1301070	
农林牧渔专业及辅助性活动	Professional and Support Activities for Agriculture, Forestry, Animal Husbandry and Fishery	723047	786641	108.2

注：本表数据绝对值按现价计算，中类指标指数按可比价计算，部分指标数据较上年变化较大系核算方法变化所致。
Note: The absolute figures in this table are calculated at current prices whereas the indices are calculated at constant prices.

11－7　农业生产条件(2022—2023年)
Conditions of Agricultural Production (2022-2023)

指　　标	Item	2022	2023
农业机械化情况	**Agricultural Mechanization**		
农业机械总动力(万千瓦)	Total Agricultural Machinery Power (10 000 kw)	1566	1586
农业主要能源及物耗	**Main Agricultural Energy and Material Consumption**		
有效灌溉面积(万公顷)	Irrigated Area (10 000 hectare)	67.65	68.11
化肥施用量(折纯量)(万吨)	Consumption of Chemical Fertilizer (net) (10 000 tons)	88.74	88.44
#氮　肥	Nitrogenous Fertilizer	42.12	41.81
磷　肥	Phosphate Fertilizer	15.35	15.22
钾　肥	Potash Fertilizer	5.16	5.13
复合肥	Compound Fertilizer	26.12	26.29
农用塑料薄膜使用量(万吨)	Consumption of Farm Plastic Film (10 000 tons)	4.08	4.05
#地膜使用量	Consumption of Farm Plastic Film	2.21	2.19
地膜覆盖面积(公顷)	Area Covered by Farm Plastic Film (hectare)	229279	228179
农用柴油使用量(万吨)	Consumption of Diesel Oil (10 000 tons)	21.27	21.33
农药使用量(万吨)	Consumption of Chemical Pesticides (10 000 tons)	1.60	1.59

11－8　主要农作物播种面积及产量(2022—2023年)
Sown Area and Output of Major Farm Crops (2022-2023)

指　　标	Item	播种面积(公顷) Sown Area (hectare)		总产量(吨) Total Output (ton)		单位产量(公斤/公顷) Yield Per Unit (kg/ha)	
		2022	2023	2022	2023	2022	2023
粮　食	**Grain**	**2046710**	**2025932**	**10728378**	**10958975**	**5242**	**5409**
谷　物	Cereal	1149885	1149115	7563913	7657850	6578	6664
稻　谷	Rice	659186	657004	4852410	4920008	7361	7489
中　稻	Middle Rice	659186	657004	4852410	4920008	7361	7489
小　麦	Wheat	18853	18658	62780	62439	3330	3347
玉　米	Corn	447785	448562	2563711	2585755	5725	5765
高　粱	Sorghum	18724	20118	73805	79595	3942	3956
其他谷物	Other Cereal	5338	4773	11207	10053	2100	2106
豆　类	Beans	212433	223362	434472	464435	2045	2079
#大　豆	Soybean	107384	118388	215894	244206	2010	2063
薯　类	Tubers	684393	653455	2729993	2836690	3989	4341
#马铃薯	Potato	347868	329783	1265972	1217649	3639	3692
油　料	**Oil-bearing Crops**	**346713**	**376128**	**708492**	**774617**	**2043**	**2059**
#花　生	Peanut	64267	66025	144196	151099	2244	2289
油菜籽	Rapeseed	269719	297817	547281	606795	2029	2037
芝　麻	Sesame Seed	4006	3974	4740	4815	1183	1212
麻　类	**Fiber Crops**	**1657**	**1591**	**3008**	**2945**	**1815**	**1852**
#苎　麻	Ramie	1649	1584	2994	2933	1815	1852
黄红麻	Jute and Ambary Hemp	6	5	13	11	2294	2230
糖料(甘蔗)	**Sugar Crops (sugarcane)**	**1857**	**1839**	**83243**	**83876**	**44824**	**45607**
烟　叶	**Tobacco**	**28401**	**29064**	**55235**	**56939**	**1945**	**1959**
#烤　烟	Flue-cured Tobacco	23970	25117	44822	47332	1870	1884
蔬菜、瓜果	**Vegetables and Melons**	**839535**	**857162**	**23356054**	**24279551**	**27820**	**28326**
#蔬菜(含菜用瓜)	Vegetables (including melons as vegetables)	812024	828959	22723637	23620066	27984	28494

11-9 林牧渔业生产情况(2022—2023年)
Output of Forestry, Animal Husbandry and Fishery (2022-2023)

指　　标	Item	2022	2023
林　业(公顷)	**Forestry (hectare)**		
当年造林面积	Increased Forest Area in Current Year	133463	137423
牧　业	**Animal Husbandry**		
年末生猪存栏头数(万头)	Number of Hogs at Year-end (10 000 heads)	1197.14	1173.20
年内出栏肥猪头数(万头)	Number of Slaughtered Fattened Hogs (10 000 heads)	1904.43	1974.91
年内出栏家禽(万只)	Number of Slaughtered Poultry (10 000 heads)	24238.85	25018.59
渔　业(万亩)	**Fishery (10 000 mu)**		
水产品养殖面积	Cultured Areas of Aquatic Products	127.88	129.53
#池　塘	Ponds	74.78	74.60
水　库	Reservoirs	52.95	54.75

11-10 林牧渔业主要产品产量(2022—2023年)
Output of the Major Products of Forestry,Animal Husbandry and Fishery (2022-2023)

单位：吨　　(ton)

指　　标	Item	2022	2023
水果	Fruits	5932844	6459301
#柑橘	Citrus	3635601	3974610
猪肉	Pork	1499649	1582129
禽肉	Meat of Poultry	370785	386100
蜂蜜	Honey	22272	21686
水产品	Aquatic Products	566303	588903
#养殖	Cultured Aquatic Products	566303	588903
年末实有茶园面积(公顷)	Area of Tea Plantations at Year-end (hectare)	55705	56008
#本年采摘面积	Picked Area in Current Year	41827	43032
年末果园面积(公顷)	Area of Orchards at Year-end (hectare)	366183	373852
#梨园	Pear	24036	24085
#柑橘	Citrus	230878	234481

主要统计指标解释

农林牧渔业总产值 指以货币表现的农、林、牧、渔业全部产品和对农林牧渔业生产活动进行的各种支持性服务活动的价值总量，它反映一定时期内农林牧渔业生产总规模和总成果。1993年以前农林牧渔业总产值包括农、林、牧、副、渔五业，从1993年起取消副业，将野生动物的捕猎划入牧业，野生植物采集和农民家庭兼营商品性工业划归农业。从2003年起，执行新的国民经济行业分类标准，农林牧渔业总产值中包括了农、林、牧、渔及农林牧渔服务业产值，2018年以后农林牧渔服务业产值改称农林牧渔专业及辅助性活动产值。农业中取消了家庭兼营商品性工业产值，将野生林产品的采集划归林业。第一、二、三次农业普查以后，根据农业普查结果，对农业、牧业、渔业产值进行了修订。2010年执行《统计用产品分类目录》，对2009年的农业、林业产值做了相应调整。

农林牧渔业总产值采用“产品法”进行计算，通常是按农、林、牧、渔业产品及其副产品的产量分别乘以各自单位产品价格求得；少数生产周期较长，当年没有产品或产品产量不易统计的，则采用间接方法匡算其产值；然后将四业产品产值及农林牧渔专业及辅助性活动产值相加即为农林牧渔业总产值。

粮食产量 指日历年度内生产的全部粮食数量。按收获季节包括夏收粮食、早稻和秋收粮食，按作物品种包括谷物、豆类和薯类。其产量计算方法：谷物按脱粒后的原粮计算，豆类按去豆荚后的干豆计算；薯类（包括甘薯和马铃薯，不包括芋头和木薯）1964年以前按每4公斤鲜薯折1公斤粮食计算，从1964年开始改为按5公斤鲜薯折1公斤粮食计算；城市郊区作为蔬菜的薯类（如马铃薯等）按鲜品计算，并且不作粮食统计。1989年以前全国粮食产量数据主要靠全面报表取得，1989年开始使用抽样调查数据。

油料产量 指全部油料作物的生产量。包括花生、油菜籽、芝麻、向日葵籽、胡麻籽（亚麻籽）和其他油料。不包括大豆、木本油料和野生油料。花生以带壳干花生计算。

水产品产量 指渔业（捕捞和养殖）生产活动的最终有效成果，包括全部海水和淡水鱼类、甲壳类（虾、蟹）、贝类、头足类、藻类和其他类渔业产品的最终产量。水产品产量是通过各级渔业主管部门逐级上报取得数据。1995年及以前，贝类中牡蛎按鲜肉计算；蚶、蛤、蛏按5斤鲜品折1斤计算。1996年以后则统一按鲜品计算。

猪、牛、羊、禽肉产量 指当年出栏并已屠宰、除去头蹄下水后带骨肉（即胴体重）的重量。1996年以前为全面统计并逐级上报数据。1996年第一次农业普查以后，根据普查结果，对畜牧业主要年报数据进行了修正。1999年，国家统计局在部分地区开展了猪、牛、羊、禽等主要畜禽品种的抽样调查，并用抽样数据作为国家定案数据使用。未开展抽样调查的地区，仍使用各级统计部门逐级上报数据。2008年，建立了主要畜禽监测调查制度，猪、牛、羊、禽等主要畜禽数据均以抽样调查数为法定数据。

期初（末）畜禽存栏头（只）数 指报告期初（末）饲养的大牲畜、猪、羊、家禽等畜禽的数量。数据上报方式及数据调整情况同猪、牛、羊、禽肉产量。

农作物播种面积 指日历年度内收获农作物在全部土地（耕地或非耕地）上的播种或移植面积。凡是本年内收获的农作物，无论是本年还是上年播种，都算为播种面积，但不包括本年播种，下年收获的农作物面积。

耕地灌溉面积 指具有一定的水源，地块比较平整，灌溉工程或设备已经配套，在一般年景下能够进行正常灌溉的耕地面积。在一般情况下，耕地灌溉面积应等于灌溉工程或设备已经配套，能够进行正常灌溉的水田和水浇地面积之和。它是反映我国农田水利建设的重要指标。

农用化肥施用量 指本年内实际用于农业生产的化肥数量，包括氮肥、磷肥、钾肥和复合肥。化肥施用量要求按折纯量计算数量。折纯量是指把氮肥、磷肥、钾肥分别按含氮、含五氧化二磷、含氧化钾的百分之百成分进行折算后的数量。复合肥按其所含主要成分折算。公式为：

折纯量=实物量×某种化肥有效成分含量的百分比

农业机械总动力 指全部农业机械动力的额定功率之和。农业机械是指用于种植业、畜牧业、渔业、农产品初加工、农用运输和农田基本建设等活动的机械及设备。农机总动力按使用能源不同分为以下四部分：

柴油发动机动力：指全部柴油发动机额定功率之和；

汽油发动机动力：指全部汽油发动机额定功率之和；

电动机动力：指全部电动机（含潜水电泵的电动机）额定功率之和；

其他机械动力：指采用柴油、汽油、电力之外的其他能源，如水力、风力、煤炭、太阳能等动力机械功率之和。

Explanatory Notes on Main Statistical Indicators

Gross Output Value of Agriculture, Forestry, Animal Husbandry and Fishery refers to the total value of products (expressed in monetary terms) of agriculture, forestry, animal husbandry and fishery, and total value of services in support of agriculture, forestry, animal husbandry and fishery activities. It reflects the total scale and results of agricultural production during a given period. Before 1993, the gross output value of agriculture, forestry, animal husbandry and fishery included agriculture, forestry, animal husbandry, sideline and fishery. Since 1993, the subdivision of sideline occupations has been cancelled, and the hunting of wild animals has been classified into animal husbandry, and the gathering of wild plants and commodity industry run by rural household have been included in farming. A new industrial classification of economic activities was introduced in 2003. Under the new classification, the gross output value of agriculture included the value of farming, forestry, animal husbandry, and fishery, and included value of services to agriculture, forestry, animal husbandry and fishery. In 2018, the output value of services to agriculture, forestry, animal husbandry and fishery was renamed the output value of professional and support activities in agriculture, forestry, animal husbandry and fishery, value of industrial output by rural households is not included in agriculture. According to the result of the first, second and third agriculture census, efforts were made to adjust the output value of agriculture, animal husbandry and fishery output. In line with the *Classification of Products for Statistical Purposes* implemented in 2010, relevant revisions were made on the output value of agriculture and forestry in 2009.

Gross output value of agriculture is calculated by product method, and is obtained by multiplying the output of each product or by-product by its price, resulting in the output value of each single item. For a small number of products, annual output of which is not available or difficult to get due to the long production (growing) process involved, the output value is estimated through an indirect approach. The sum of output values of all products of agriculture, forestry, animal husbandry and fishery and professional and support activities in agriculture, forestry, animal husbandry and fishery is then equal to the gross output value of agriculture.

Grain Output refers to the total output of grains produced within a calendar year. It includes summer crops, early rice and autumn crops by harvest seasons; and covers cereals, beans and tubers by type of crops. Output of cereals cover husked grain only. Output of beans refers to dry beans without pods. The output of tubers (sweet potatoes and potatoes, not including taros and cassava) are converted with the ratio of 4:1, i.e. 4 kilograms of fresh tubers were equivalent to 1 kilogram of grain before 1964. Since 1964 the ratio has been changed to 5:1. Tubers consumed as vegetables (such as potatoes) in cities and suburbs are calculated as fresh vegetables and their output is not included in the output of grain. Data on grain production before 1989 were obtained through the comprehensive statistical reporting system. Since 1989, data from sample surveys are used.

Output of Oil-bearing Crops refers to the total production of oil-bearing crops of various kinds, including peanuts (dry, in shell), rapeseeds, sesame, sunflower seeds, flax seeds, and other oil-bearing crops. Soybeans, oil-bearing woody plants, and wild oil-bearing crops are not included.

Output of Aquatic Products refers to final output actually yielded from fishing production (fishery and breeding), including all output of marine and freshwater fish, crustaceans (shrimps, crabs), shellfish, cephalopod, seaweed and other fishery products. Data on output of aquatic products are reported by fishery agencies level by level. Before 1995, among the shellfish, oyster was counted as fresh meat; and 5 kilograms of ark shell, clams and frogs were equivalent to 1 kilogram of fresh aquatic products; they have all been counted as fresh aquatic products since 1996.

Output of Pork, Beef, Mutton and Poultry refers to the meat of slaughtered hogs, cattle, sheep and goats with head, feet, and offal taken away. Before 1996, data were obtained through bottom-up comprehensive reporting system. The first agricultural census of China in 1996 revealed some discrepancy between the production of animal products from the annual reports and that from the census. Efforts were made to adjust the output value of animal husbandry to make the figures from the annual reports consistent with the census data. Since 1999, the NBS conducted sample surveys in selected regions for the major animal husbandry products, such as hogs, cattle, sheep and goats and fowls, and the data from sample surveys are used as finalized national data. Production of other regions which are not covered by the sample survey is still reported by statistical agencies level by level. A monitoring and survey program was set up in 2008 on main livestock, and data on the main livestock such as hog, cattle, sheep and poultry from the sample survey became the official data.

Number of Livestock or Poultry in Stock at Beginning/End of Period refers to the total number of large animals, pigs, sheep, fowls, etc. raised at the beginning/end of the reference period. Data reporting system and data adjustment are the same as that in the output of pork, beef, mutton and poultry.

Sown Area of Crops refers to area of all land (cultivated or non-cultivated area) sown or transplanted with crops that are harvested within the calendar year. All crops harvested within the year are counted as sown area, regardless of being sown in this year or the previous year. Crops sown this year but will be harvested in the coming year are excluded.

Irrigated Area of Cultivated Land refers to area of land that are effectively irrigated, i.e. relatively level land, where there are water sources or complete sets of irrigation facilities to lift and move adequate water for irrigation purpose under normal conditions. Under normal situations, irrigated area of cultivated land is the sum of watered fields and irrigated fields where irrigation systems or equipment have been installed for regular irrigation purpose. It is an important indicator to reflect the farmland water conservancy construction in China.

Consumption of Chemical Fertilizers in Agriculture refers to the quantity of chemical fertilizers applied in agriculture in the year, including nitrogenous fertilizer, phosphate fertilizer, potash fertilizer, and compound fertilizer. The consumption of chemical fertilizers is calculated in terms of volume of effective components by means of converting the gross weight of the respective fertilizers into weight containing effective component (e.g. nitrogen content in nitrogenous fertilizer, phosphorous pentoxide contents in phosphate fertilizer, and potassium oxide contents in potash fertilizer). Compound fertilizer is converted in regard to its major components. The formula is:

Volume of Effective Component = Physical Quantity× Effective Component of Certain Chemical Fertilizer (%)

Total Power of Agricultural Machinery refers to the total rated capacity of all agricultural machinery. Agricultural machinery refers to the machines and equipment which are used for activities of farming, animal husbandry, fishery, primary processing of agricultural products, agricultural transport and infrastructure construction of farmland. Total power of agricultural machinery is classified into 4 groups according to the energy used:

Diesel engine power refers to the total rated capacity of all diesel engines.

Gasoline engine power refers to the total rated capacity of all gasoline engines.

Electric motor power refers to the total rated capacity of all electric motors (include submersible pump motors).

Other mechanical powers refer to the total mechanical capacity of machinery using other forms of energy apart from diesel, gasoline and electricity, such as hydro power, wind power, coal and solar energy.

Data are mainly from Ministry of Agriculture and Rural Affairs.

12 工　业

INDUSTRY

简 要 说 明

本章资料主要包括工业企业主要指标，规模以上（即指年主营业务收入 2000 万元及以上）工业企业单位数、主要经济指标和效益指标，国有控股工业企业的主要经济指标和效益指标，私营工业企业的主要经济指标和效益指标，内资工业企业的主要经济指标和效益指标，外商投资和港澳台投资企业的主要经济指标和效益指标，大中型工业企业的主要经济指标和效益指标，主要工业产品产量以及占全国当年产量的比重。本章资料由市统计局工业处整理提供。

Brief Introduction

The data in this chapter cover the main indicators of industrial enterprises; the number, main economic indicators and benefit indicators of enterprises above designated size (enterprises with annual revenue from principal business 20 million yuan and above); the main economic indicators and benefit indicators of state-holding industrial enterprises, private industrial enterprises, domestic-funded industrial enterprises, industrial enterprises with Hong Kong, Macao, Taiwan and foreign funds and large and medium-sized industrial enterprises; the output of major industrial products and their percentage to nation total in this year. The data in this chapter are sorted and provided by Division of Industry Statistics, Chongqing Municipal Bureau of Statistics.

12-1 工业企业主要指标(1978—2023年)
Major Indicators of Industrial Enterprises (1978-2023)

单位：万元 (10 000 yuan)

年份 Year	单位数(个) Number of Enterprises (unit)	从业人员平均人数(人) Average Employment (person)	工业总产值 Industrial Gross Output Value 绝对值 Value	 指数(上年=100) Index (preceding year=100)
1978	8037	951217	643444	100.0
1980	10963	998963	772307	104.6
1985	9924	1251649	1408126	117.2
1986	12454	1473491	1604215	104.1
1987	11556	1511086	1921043	112.4
1988	11303	1552189	2529674	116.1
1989	10976	1587712	2991130	102.4
1990	10763	1610473	2993490	100.7
1991	10780	1652984	3424558	111.8
1992	9693	1662144	4191279	116.3
1993	9083	1752822	5847377	118.2
1994	9713	1692108	7185418	115.4
1995	11474	1724173	7651109	115.2
1996	2332	1474400	7304148	
1997	2210	1428600	7947952	114.4
1998	2000	1164200	7667894	100.7
1999	1975	1004400	8585525	118.9
2000	2040	907900	9623226	113.6
2001	2054	841900	10728325	115.5
2002	2072	820103	12283741	119.8
2003	2243	843341	15889928	126.7
2004	2634	900546	21427261	129.9
2005	2946	924204	25258684	118.6
2006	3214	968440	32142340	127.4
2007	3942	1082675	43632489	133.6
2008	6119	1321310	57558984	129.3
2009	6412	1372758	67729015	115.2
2010	7130	1465587	91435532	128.4
2011	4778	1457566	118470581	128.2
2012	4985	1549702	130951235	118.0
2013	5559	1694189	157854080	114.5
2014	6158	1771250	187823331	114.6
2015	6608	1819621	214000118	112.4
2016	6782	1852580	239065803	110.2
2017	6684	1690124	211732144	114.4
2018	6437	1578325	206470086	102.9
2019	6694	1513645	212956473	106.8
2020	6938	1521512	227955096	106.7
2021	7314	1533890	264935390	115.8
2022	7617	1541951	258270588	104.7
2023	7729	1425526	268300679	103.3

注：1.本表统计口径1996年以前为全部独立核算工业企业，1996—2006年为全部国有及规模以上(即年主营业务收入在500万元及以上)非国有工业企业，2007年为规模以上(即年主营业务收入在500万元及以上)工业企业，2011年为规模以上(即年主营业务收入在2000万元及以上)工业企业(下表同)。

2.工业总产值的绝对值按现价计算。由于工业统计制度变更，工业总产值指数2003年及以前按可比价计算，2004年起按现价计算。

Note: a) The statistic scope of this table is all the industrial enterprises with independent accounting system before 1996, is all the state-owned non-state-ownedindustrial enterprises and industrial enterprises over designated size (with annual revenue from principal business 5 million yuan and above) from 1996 to 2006, and is the industrial enterprises over designated size (with annual revenue from principal business 5 million yuan and above) in 2007 and is the industrial enterprises over designated size (with annual revenue from principal business 20 millioı yuan and above) in 2011 (the same below).

b) Gross output value of industry are calculated at current prices. As industry statistic system has been changed, the index of industrial gross output value in 2003 and previous years is calculated at constant prices, while the index is calculated at current prices since 2004.

12-1 续表 continued

单位：万元 (10 000 yuan)

年 份 Year	年末固定资产 Year-end Fixed Assets		流动资产合计 Total Circulating Assets	主营业务收入 Revenue from Principal Business	利税总额 Total Pre-tax Profits	利润总额 Total Profits
	原 值 Original Value	净 值 Net Value				
1978	706016	475301	298093	595593	119300	
1980	823370	540178	329897	708120	146213	
1985	1339800	923111	604983	1449426	260677	
1986	1445859	970019	743986	1559353	225749	
1987	1635303	1135872	908572	1897962	251220	
1988	1830786	1254850	1062157	2472560	358610	
1989	2063326	1405200	1441939	2734475	365348	
1990	2314886	1490850	1942657	2782262	253309	
1991	2585930	1647544	2418353	3338105	291455	
1992	2947902	1784094	2852708	4167995	365134	
1993	3424857	2106423	3484050	6124846	551046	
1994	4953046	2967592	4631636	6294911	573144	
1995	7307273	4057468	5702467	7524836	580345	
1996	7708153	5398622	5749079	7113430	480449	-49429
1997	8578673	5952377	6959065	7981695	460736	-116702
1998	9866758	6940364	7202796	7809127	393220	-193078
1999	10840971	7604150	7733524	8546131	572648	-67491
2000	11515782	7848443	8157646	9593576	855670	156449
2001	12056356	7958216	8874861	10732455	1016889	238170
2002	12730167	8282507	9228472	12357157	1320260	405426
2003	13424490	8576299	10305605	15950727	1910901	859689
2004	14970250	9738481	11641381	21088433	2420163	1155898
2005	16779752	11001178	13571979	25151726	2564825	1155912
2006	20266728	13551444	15484263	32008042	3192103	1557631
2007	24067348	16421036	18541937	42629860	5025623	2405387
2008	30254424	20829025	24807777	56676087	6017115	3086786
2009	34109428	22757818	28630140	66247114	7105030	3560249
2010	44634155	29639590	36084780	90390303	10118841	5185939
2011	50234507	30341715	45089210	113823442	11643029	6603471
2012	58315944	36101279	53572842	128803222	12244123	6453886
2013	72786258	46301592	62293267	155817793	17342546	9076025
2014	85835043	54276237	71747271	186886282	22189470	12296456
2015	103933391	65401572	80949784	209022428	24492098	14118589
2016	122053328	80001548	92379294	234670318	27647239	16483625
2017	115697854	72411733	92886887	207724101	24741003	15018747
2018	119512666	69263522	94867527	202320580	22285896	13310598
2019	123535800	70277571	103132661	210472464	20489730	12103190
2020	131337615	68817146	117530672	224927871	22634701	15065319
2021	138128570	69860124	135039402	268302513	29419650	21337946
2022	150123053	76165962	146531965	264172780	26325140	18296766
2023	163230111	82511899	155681245	267570947	22871578	14768447

12-2 主要工业产品产量(1978—2023年)
Output of Major Industrial Products (1978-2023)

年 份 Year	天然气 (亿立方米) Natural Gas (100 million cu.m)	发电量 (亿千瓦时) Electricity (100 million kwh)	钢材 (万吨) Steel Products (10 000 tons)	铝材 (万吨) Aluminum Products (10 000 tons)	水泥 (万吨) Cement (10 000 tons)
1978	0.09	29.60	73.09	1.47	96.14
1980	15.78	33.32	76.52	2.27	129.10
1985	24.47	36.67	86.35	4.50	262.78
1986	25.88	41.96	94.99	4.55	269.20
1987	28.39	54.73	111.36	5.00	308.29
1988	29.44	66.38	121.06	5.01	353.43
1989	31.96	72.64	102.59	4.99	345.39
1990	34.59	73.75	109.61	3.97	351.85
1991	35.86	84.05	105.67	5.51	428.56
1992	36.44	91.95	112.24	5.55	517.31
1993	37.14	118.41	162.74	5.79	562.32
1994	41.87	124.36	130.74	6.19	642.62
1995	45.00	127.62	120.68	5.93	820.57
1996	26.10	128.73	117.55	7.36	648.76
1997	30.69	139.88	116.08	9.31	862.10
1998	33.24	158.67	131.01	10.62	1173.59
1999	34.74	158.27	135.10	12.11	1197.60
2000	38.98	167.90	156.98	13.98	1402.78
2001	41.88	170.41	161.42	16.82	1511.18
2002	45.41	184.75	201.48	19.94	1679.52
2003	47.29	188.64	235.24	21.60	1927.00
2004	51.57	232.82	288.10	26.23	1906.23
2005	57.09	234.03	294.70	39.36	2100.69
2006	70.88	275.44	382.87	66.41	2533.84
2007	71.11	325.22	436.57	81.13	2819.92
2008	79.50	396.64	487.20	79.76	3230.51
2009	75.70	428.26	477.44	75.15	3610.99
2010	67.48	456.71	699.91	102.79	4598.04
2011	62.94	529.57	948.17	134.45	4935.15
2012	55.76	536.53	1150.22	94.41	5499.59
2013	50.91	586.13	1290.55	109.79	6120.40
2014	48.05	644.50	1323.45	133.41	6666.61
2015	69.31	644.64	1411.46	171.37	6798.83
2016	96.45	670.81	1234.22	216.18	6781.59
2017	111.31	690.51	917.25	188.36	6370.93
2018	106.76	772.07	1208.65	197.78	6577.01
2019	110.53	761.65	1136.45	211.50	6752.88
2020	130.04	779.20	1309.95	219.61	6505.23
2021	139.55	930.94	1310.46	217.72	6232.94
2022	141.45	997.84	1690.59	238.64	5316.55
2023	160.24	1120.21	2154.53	208.86	5477.81

12-2 续表 1 continued

年 份 Year	汽车 (万辆) Motor Vehicles (10 000 units)	#轿车 (万辆) Cars (10 000 units)	摩托车 (万辆) Motorcycles (10 000 units)	微型计算机设备 (万台) Computers (10 000 sets)	打印机 (万台) Marking Machine (10 000 sets)	移动通信手持机 (手机)(万台) Mobile Telephones (10 000 sets)
1978	0.16					
1980	0.23		0.27			
1985	0.89		47.18			
1986	0.61		31.94			
1987	0.90		27.14			
1988	1.66		44.47			
1989	2.02		36.85			
1990	2.18		38.22			
1991	3.04		48.48			
1992	4.56		69.37			
1993	6.82		120.38			
1994	8.77		170.23			
1995	11.47		220.17			
1996	12.41	1.34	177.36			
1997	16.07	2.89	177.04			
1998	15.74	3.56	126.90			
1999	21.85	4.46	174.93			
2000	24.59	4.82	191.07			
2001	24.38	4.31	253.53			
2002	33.13	6.78	323.42			
2003	40.45	12.06	441.32			
2004	42.89	15.73	473.07			
2005	42.15	15.33	420.84			
2006	51.99	26.30	534.60			
2007	70.80	41.80	638.25			
2008	76.64	40.72	774.90			
2009	118.65	63.30	761.74			374.93
2010	161.58	85.17	849.23	193.43		650.26
2011	172.20	93.67	879.59	2547.82		592.48
2012	184.46	102.40	877.51	4160.88	901.35	1095.76
2013	215.06	108.14	810.94	5593.34	1943.69	3695.78
2014	262.89	111.32	844.62	6446.78	1616.29	9418.24
2015	304.51	108.79	841.64	6180.79	1447.71	17605.08
2016	315.62	97.95	787.66	6764.65	1374.62	28708.36
2017	299.82	84.94	595.69	6619.78	1450.93	23732.52
2018	172.07	45.17	456.66	6987.52	1589.48	18424.48
2019	138.30	26.52	407.30	7614.25	1365.83	17431.86
2020	158.00	28.78	489.05	9130.26	513.12	13450.47
2021	199.80	39.57	438.39	10730.36	114.43	11158.33
2022	209.18	54.86	448.88	8631.92	102.43	7448.51
2023	231.62	67.87	572.78	7400.53	26.43	8537.59

12-2 续表 2 continued

年 份 Year	维纶纤维 (万吨) PVA Fiber (10 000 tons)	硫酸 (万吨) Sulphuric Acid (10 000 tons)	啤酒 (万千升) Beer (10 000 kiloliters)	卷烟 (亿支) Cigarettes (100 million pieces)	农用化肥 (万吨) Chemical Fertilizer (10 000 tons)
1978		12.76		87.70	20.23
1980		15.85		115.75	13.10
1985		15.09	3.47	246.70	15.23
1986		20.86	4.16	314.90	17.28
1987		23.25	5.18	346.95	21.70
1988		25.31	6.26	355.65	21.55
1989		27.33	5.90	356.20	21.60
1990		25.24	5.91	357.85	24.58
1991		33.10	6.67	368.85	28.24
1992		34.28	7.74	439.10	28.86
1993		25.96	15.61	437.10	31.73
1994		25.31	16.69	430.65	35.59
1995		48.84	18.89	502.25	54.37
1996	1.71	51.29	28.54	453.91	78.97
1997	1.23	52.00	40.05	507.38	66.07
1998	0.90	59.47	50.66	369.35	73.40
1999	0.63	61.83	50.81	482.85	74.27
2000	0.77	50.65	50.42	343.50	72.26
2001	1.03	65.77	39.91	338.50	77.57
2002	1.11	85.64	41.36	343.80	82.53
2003	1.18	99.18	44.42	387.50	89.97
2004	1.30	135.51	46.21	386.32	104.22
2005	1.56	150.08	53.87	396.08	121.89
2006	1.52	190.44	64.73	406.00	127.82
2007	1.57	223.78	76.49	426.00	154.20
2008	1.47	172.31	68.01	451.00	127.06
2009	1.23	202.29	72.77	476.00	152.00
2010	1.26	222.00	75.20	501.00	181.49
2011	1.55	176.76	77.31	516.00	169.52
2012	1.41	221.54	77.23	551.00	206.63
2013	1.79	209.35	80.04	571.00	204.33
2014	1.62	202.83	73.72	576.00	213.99
2015	1.34	204.16	76.71	546.50	214.85
2016	1.83	193.66	76.09	440.40	177.44
2017	2.05	185.64	78.95	421.50	145.95
2018	1.98	171.04	70.61	520.00	147.16
2019	1.18	161.39	67.17	539.50	81.62
2020	0.89	59.36	65.54	557.50	162.90
2021	1.26	66.38	80.40	569.52	158.91
2022	0.88	93.46	80.75	569.55	166.16
2023	1.33	107.06	76.17	569.07	257.82

12−3 工业企业经济效益指标(1992—2023年)
Indicators on Economic Benefit of Industrial Enterprises (1992-2023)

单位：% (%)

年 份	经济效益综合指数 Comprehensive Index of Economic Benefits	总资产贡献率 Ratio of Total Assets to Industrial Output Value	资本保值增值率 Ratio of Assets Appreciation YOY	资产负债率 Asset-liability Ratio
1992	76.2			
1993	84.6			
1994	83.9			
1995	73.0			
1996	63.8	2.8	125.7	68.6
1997	60.3	2.7	113.9	68.4
1998	57.3	5.0	103.0	68.3
1999	67.7	5.5	101.4	67.1
2000	87.1	6.3	112.1	64.8
2001	95.2	6.9	108.3	62.7
2002	109.8	7.8	120.7	61.3
2003	129.7	9.9	115.8	60.8
2004	140.9	10.6	120.2	60.8
2005	139.4	10.0	116.2	59.7
2006	153.7	10.5	114.4	59.8
2007	187.7	12.6	118.2	59.7
2008	204.0	12.2	117.6	60.0
2009	204.4	12.1	114.6	60.3
2010	226.0	13.6	125.0	60.3
2011	244.1	13.7	120.5	60.7
2012	262.5	12.6	121.1	63.0
2013	254.1	14.2	118.0	63.8
2014	284.9	15.4	115.8	62.4
2015		14.9	112.5	61.9
2016		14.7	112.7	61.2
2017		13.4	114.2	58.8
2018		11.9	106.5	57.1
2019		10.3	107.8	56.3
2020		10.3	110.7	56.4
2021		11.9	109.6	55.8
2022		9.9	107.1	57.0
2023		8.1	103.2	56.6

注：1.经济效益综合指数1997年前由资金利税率、增加值率、流动资产周转率、成本费用利润率、全员劳动生产率、产品销售率等六项指标构成，从1997年起由总资产贡献率、资本保值增值率、资产负债率、流动资产周转率、成本费用利润率、全员劳动生产率、产品销售率等七项指标构成。

2.由于部分指标无法取得，因此2008年资本保值增值率、全员劳动生产率采用2008年12月快报数代替，其余指标均取自2008年经济普查数。

Note: a) Comprehensive index of economic benefits before 1997 are composed of 6 items, namely ratio of pretax profits to total industrial assets, ratio of value-added to gross industrial output value, turnover ratio of circulating assets, ratio of profits to cost, overall labor productivity and sales as percentage of output, and since 1997 are composed of 7 items, namely ratio of total assets to industrial output value, ratio of assets appreciation YOY, asset-liability ratio, turnover ratio of circulating assets, ratio of profits to cost, overall labor productivity and sales as percentage of output.

b) Because some of the indices are not available, the index of industrial gross output value, value-added of industry and its index in 2008 are replaced by the accumulated value in December 2008, and other indices are the data from the census of economy in 2008.

12-3 续表 continued

单位：% (%)

年 份	流动资产周转率(次) Turnover Ratio of Circulating Assets (time)	成本费用利润率 Ratio of Profits to Cost	全员劳动生产率(元/人年) Overall Labor Productivity (yuan/person-year)	产品销售率 Sales as Percentage of Output
1992	1.4	3.2	7296	97.0
1993	1.6	3.1	10758	97.1
1994	1.4	2.7	12638	96.4
1995	1.2	0.7	11804	96.3
1996	1.3	-1.2	13546	96.5
1997	1.2	-1.8	14972	95.6
1998	1.1	-2.4	16690	97.2
1999	1.1	-1.1	23385	97.5
2000	1.2	1.7	31081	99.1
2001	1.2	2.3	37750	97.9
2002	1.3	3.4	46464	98.1
2003	1.5	5.7	55957	97.8
2004	1.8	5.8	66148	99.9
2005	1.9	4.9	77511	98.8
2006	2.1	5.2	87750	98.4
2007	2.3	6.1	127993	97.1
2008	2.4	5.8	156167	98.0
2009	2.3	5.8	159484	98.3
2010	2.5	6.1	183031	98.1
2011	2.6	6.0	213463	97.4
2012	2.4	5.4	223843	97.8
2013	2.5	6.2	230218	98.0
2014	2.7	7.0	270083	98.2
2015	2.6	7.2	297050	97.9
2016	2.6	7.5	300204	98.3
2017	2.3	7.7	318885	98.0
2018	2.2	7.0	330180	98.2
2019	2.1	6.2	351562	97.6
2020	2.0	7.2	370814	97.6
2021	2.0	8.6	418826	98.9
2022	1.9	7.5	457817	97.5
2023	1.8	5.9	476972	96.6

12-4 规模以上工业企业单位数(2023年)
Number of Industrial Enterprises above Designated Size (2023)

单位：个 (unit)

指 标	Item	2023
总 计	**Total**	**7729**
#国有控股企业	State-holding Enterprises	678
#亏损企业	Loss-generating Enterprises	1244
按登记注册类型分	**By Status of Registration**	
内资企业	Domestic Invested Enterprises	7331
有限责任公司	Limited Liability Corporations	6844
股份有限公司	Share-holding Corporations Ltd.	338
非公司企业法人	Non Corporate Legal Entity	43
个人独资企业	Sole Proprietorship Enterprises	91
合伙企业	Partnership Enterprises	15
其他内资企业	Other Domestic Invested Enterprises	
港澳台投资企业	Enterprises with Investment from Hong Kong, Macao and Taiwan	129
港澳台投资有限责任公司	Limited Liability Corporations with Investment from Hong Kong, Macao and Taiwan	121
港澳台投资股份有限公司	Share-holding Corporations Ltd. with Investment rom Hong Kong, Macao and Taiwan	7
港澳台投资合伙企业	Partnership Enterprises with Investment from Hong Kong, Macao and Taiwan	
其他港澳台投资企业	Other Enterprises with Investment from Hong Kong, Macao and Taiwan	1
外商投资企业	Foreign Invested Enterprises	268
外商投资有限责任公司	Foreign Invested Limited Liability Corporations	254
外商投资股份有限公司	Foreign Invested Share-holding Corporations Ltd.	7
外商投资合伙企业	Foreign Invested Partnership Enterprises	5
其他外商投资企业	Other Foreign Invested Enterprises	2
其他统计类别	Other Statistical Categories	1
按轻重工业分	**By Light and Heavy Industries**	
轻工业	Light Industry	2254
重工业	Heavy Industry	5475
按企业规模分	**By Size**	
大型企业	Large	175
中型企业	Medium	753
小型微型企业	Small & Mini	6801

注：1.本表登记注册统计类别按《关于市场主体统计分类的划分规定》(国统字〔2023〕14号)执行。
2."其他统计类别"分组包括农民专业合作社(联合社)、个体工商户和其他市场主体。

Note:a) The registered statistical categories of this table is implemented in accordance with the Regulations on the Classification of Market Entity Statistics (Guotongzi [2023] No. 14).

b) The other statistical categories include professional farmers cooperatives, individual businesses and other market entities.

12-5 规模以上工业企业主要产品产量占全国的比重(2023年)
Output of Major Industrial Products of Industria Enterprises above Designated Sized as Percentage of Nation Total (2023)

产品名称	Item	全 国 Nation Total	重 庆 Chongqing	重庆占全国比重(%) Chongqing as Percentage of Nation Total (%)
布(亿米)	Cloth (100 million m)	294.90	1.29	0.4
原 盐(万吨)	Salt (10 000 tons)	5256.80	158.94	3.0
卷 烟(亿支)	Cigarettes (100 million pieces)	24427.50	569.07	2.3
白 酒(万千升)	Liquor (10 000 kiloliters)		7.73	
啤 酒(万千升)	Beer (10 000 kiloliters)		76.17	
饮料(万吨)	Soft Beverage (10 000 tons)		228.09	
乳制品(万吨)	Dairy Products (10 000 tons)		24.28	
发电量(亿千瓦小时)	Electricity (100 million kwh)	94564.42	1120.21	1.2
天然气(亿立方米)	Natural Gas (100 million cu.m)	2324.30	160.24	6.9
生 铁(万吨)	Pig Iron (10 000 tons)	87101.30	651.60	0.7
粗 钢(万吨)	Crude Steel (10 000 tons)	101908.10	889.68	0.9
钢 材(万吨)	Steel Products (10 000 tons)	136268.20	2154.53	1.6
铝 材(万吨)	Aluminum Products (10 000 tons)		208.86	
水 泥(万吨)	Cement (10 000 tons)	202293.00	5477.81	2.7
硫 酸(万吨)	Sulphuric Acid (10 000 tons)	9580.00	107.06	1.1
纯 碱(万吨)	Soda Ash (10 000 tons)	3262.40	134.16	4.1
烧 碱(万吨)	Caustic Soda (10 000 tons)	4101.40	36.52	0.9
农用化学肥料(万吨)	Chemical Fertilizer (10 000 tons)	5713.60	257.82	4.5
中成药(万吨)	Traditional Chinese Medicine (10 000 tons)		7.72	
汽 车(万辆)	Motor Vehicles (10 000 units)	3011.30	231.62	7.7
#轿车	Cars	1086.30	67.87	6.2
微型计算机设备(万台)	Microcomputers (10 000 sets)	33056.90	7400.53	22.4
移动通信手持机(手机)(万台)	Mobile Telephone (10 000 sets)	156642.20	8537.59	5.5

12-6 规模以上工业企业主要经济指标(2023年)

单位:万元

指　　标	Item	单位数 (个) Number of Enterprises (unit)
总　计	**Total**	**7729**
按登记注册类型分	**By Status of Registration**	
内资企业	Domestic-funded Enterprises	7331
#国有企业	State-owned	21
集体企业	Collective-owned	9
港澳台投资企业	Funded by Hong Kong, Macao and Taiwan	129
外商投资企业	Foreign-funded	268
按轻、重工业分	**By Light and Heavy Industries**	
轻工业	Light Industry	2254
重工业	Heavy Industry	5475
按企业规模分	**By Size**	
大型企业	Large	175
中型企业	Medium	753
小型微型企业	Small & Mini	6801
按行业分	**By Sector**	
煤炭开采和洗选业	Mining and Washing of Coal	18
石油和天然气开采业	Extraction of Petroleum and Natural Gas	7
黑色金属矿采选业	Mining and Processing of Ferrous Metal Ores	
有色金属矿采选业	Mining and Processing of Non-ferrous Metal Ores	1
非金属矿采选业	Mining and Processing of Non-metal Ores	144
开采辅助活动	Support Activities for Mining	
其他采矿业	Mining of Other Ores	
农副食品加工业	Processing of Food from Agricultural Products	526
食品制造业	Manufacture of Foods	210
酒、饮料和精制茶制造业	Manufacture of Liquor, Beverages and Refined Tea	80
烟草制品业	Manufacture of Tobacco	3
纺织业	Manufacture of Textile	49
纺织服装、服饰业	Manufacture of Textile Wearing Apparel and Accessories	56
皮革、毛皮、羽毛及其制品和制鞋业	Manufacture of Leather, Fur, Feather and Related Products and Footwear	51
木材加工和木、竹、藤、棕、草制品业	Processing of Timber, Manufacture of Wood, Bamboo, Rattan, Palm and Straw Products	94

Main Economic Indicators of Industrial Enterprises above Designated Size (2023)

(10 000 yuan)

从业人员平均人数(万人) Average Employment (10 000 persons)	工业总产值 Gross Industrial Output Value	实收资本 Paid-in Capital	#国家资本 State Capital	#外商资本 Foreign Capital	资 产 Total Assets	#流动资产 Circulating Assets
142.55	**268300679.2**	**52771475.2**	**11474651.2**	**3291196.6**	**290915614.4**	**155681245.2**
121.12	207628918.8	42213618.1	10309234.7	350598.8	243096162.8	126356825.7
1.26	1827122.7	728332.0	202923.9		3669925.3	1940496.4
0.05	43256.0	2069.0			37843.4	26106.0
8.97	30243156.2	5256625.4	563532.6	445595.2	23395905.4	13210187.7
12.46	30423310.2	5301031.7	601883.9	2495002.6	24422555.9	16113568.8
33.42	48106859.3	7360968.0	473145.2	308974.2	48473885.6	28471137.4
109.13	220193819.9	45410507.2	11001506.0	2982222.4	242441728.8	127210107.8
45.54	120686713.6	20317583.4	4908112.0	1172655.8	120198530.7	70094918.7
40.07	62937036.0	12856103.0	2889108.8	836980.9	73574217.7	37540199.5
56.94	84671635.6	19597588.8	3677430.4	1281559.9	97141875.7	48045464.0
0.06	230495.5	9484.2			317654.1	47269.3
0.24	1919711.3	1334131.2	351765.2		4925243.8	1022880.4
	380.0	30.0			1177.5	-886.7
0.79	1059865.7	371657.4	126740.0		3139057.4	1048612.8
4.65	9799107.4	783197.4	45267.3	14560.5	6204103.6	3653931.1
3.08	3196477.4	348677.4	11604.0	11487.6	2656371.5	1316418.4
1.26	1537282.9	457713.7	17656.2	125491.6	2173303.5	1166646.9
0.35	2396727.0	264186.0	166076.1		1596670.2	1221946.7
0.55	492803.8	61555.6	4700.0		440768.7	216862.9
1.05	495510.6	65303.5	414.1	332.5	295249.3	195617.4
0.78	460814.8	59886.8	20100.0		310065.5	230527.4
0.89	1276706.1	70085.6	800.0		891214.0	285824.4

12-6 续表 1

单位:万元

指　　标	Item	单位数 (个) Number of Enterprises (unit)
家具制造业	Manufacture of Furniture	99
造纸及纸制品业	Manufacture of Paper and Paper Products	124
印刷和记录媒介复制业	Printing and Reproduction of Recording Media	114
文教、工美、体育和娱乐用品制造业	Manufacture of Articles for Culture, Education,Arts and Crafts, Sport and Entertainment Activities	62
石油、煤炭及其他燃料加工业	Processing of Petroleum, Coking and Processing of Nuclear Fuel	21
化学原料和化学制品制造业	Manufacture of Raw Chemical Materials and Chemical Products	258
医药制造业	Manufacture of Medicines	181
化学纤维制造业	Manufacture of Chemical Fibres	12
橡胶和塑料制品业	Manufacture of Rubber and Plastics Products	352
非金属矿物制品业	Manufacture of Non-metallic Mineral Products	790
黑色金属冶炼和压延加工业	Smelting and Pressing of Ferrous Metals	94
有色金属冶炼和压延加工业	Smelting and Pressing of Non-ferrous Metals	167
金属制品业	Manufacture of Metal Products	428
通用设备制造业	Manufacture of General Purpose Machinery	470
专用设备制造业	Manufacture of Special Purpose Machinery	323
汽车制造业	Manufacture of Automobiles	1116
铁路、船舶、航空航天和其他运输设备制造业	Manufacture of Railway, Ship,Aerospace and Other Transport Equipment	494
电气机械及器材制造业	Manufacture of Electrical Machinery and Apparatus	328
计算机、通信和其他电子设备制造业	Manufacture of Computers, Communication and Other Electronic Equipment	520
仪器仪表制造业	Manufacture of Measuring Instruments and Machinery	109
其他制造业	Other Manufacture	20
废弃资源综合利用业	Utilization of Waste Resources	56
金属制品、机械和设备修理业	Repair Service of Metal Products, Machinery and Equipment	9
电力、热力的生产和供应业	Production and Supply of Electric Power and Heat Power	122
燃气生产和供应业	Production and Supply of Gas	123
水的生产和供应业	Production and Supply of Water	98

continued

(10 000 yuan)

从业人员平均人数(万人) Average Employment (10 000 persons)	工业总产值 Gross Industrial Output Value	实收资本 Paid-in Capital	#国家资本 State Capital	#外商资本 Foreign Capital	资 产 Total Assets	#流动资产 Circulating Assets
1.00	779347.9	99425.3		100.0	707527.5	306606.3
1.98	4371041.0	1378723.3	20516.7	26432.3	4091880.3	1770786.1
1.41	1809005.7	244649.2	17645.0	1515.3	1515356.4	676657.3
0.77	523041.7	56196.2			428975.2	198111.4
0.16	449532.6	69025.8	34340.8		272956.0	284545.1
4.21	11801414.4	3132300.5	667314.2	418879.9	12978484.5	5943113.1
4.09	6015679.7	1335882.5	119511.6	5850.0	8355116.8	4348310.7
0.38	1044464.0	117456.0		750.0	1117737.9	571228.7
3.53	4930214.6	1097925.8	80386.0	192252.7	4063198.2	1995369.5
8.87	12582138.4	3554542.9	409562.9	109568.6	17728452.0	9278511.8
1.87	12990196.0	1437687.0	25000.0	53812.7	7784590.8	2617828.2
2.77	14034427.3	1802302.7	107268.4	47041.9	11255623.1	5824607.3
5.04	6095018.9	862477.2	75581.4	28913.6	5333981.1	3274258.0
6.68	7848532.2	1564353.3	632544.8	204833.0	8568368.6	5375319.1
4.40	6019974.5	1495036.7	545575.6	37191.8	8285971.7	5163829.9
28.34	47693395.0	7640871.1	944110.1	912007.0	56177366.0	37884222.2
9.92	11024011.9	1481555.0	331786.8	89013.8	10684703.1	6386631.1
8.43	14871666.7	1780724.3	115790.1	122195.7	18908826.1	14003325.3
24.02	57753725.3	9283940.3	3824608.7	598780.6	44367500.7	25707542.3
2.18	2354862.8	445114.6	106044.7	17770.5	3164673.5	2285517.7
1.20	966008.3	339003.3	26222.0		2244001.6	1435204.5
0.44	968443.1	146300.7	10994.6	1301.4	731645.8	382627.0
0.23	92172.2	34449.8	800.0		135985.9	113272.4
4.45	12739379.2	7142352.0	1909623.5	142417.6	25307339.7	5021053.8
1.13	4768035.7	722916.1	298890.7	35000.0	4263831.8	1730193.1
1.35	909067.6	1680354.8	425409.7	93696.0	9490641.0	2696922.3

12-6 续表 2

单位:万元

指　标	Item	固定资产 Fixed Assets 原 值 Original Value	净 值 Net Value
总　计	**Total**	**163230110.7**	**82511899.2**
按登记注册类型分	**By Status of Registration**		
内资企业	Domestic-funded Enterprises	135093972.6	69341871.2
#国有企业	State-owned	1405850.3	856319.9
集体企业	Collective-owned	20285.6	9874.9
港澳台投资企业	Funded by Hong Kong, Macao and Taiwan	12320247.5	7262623.7
外商投资企业	Foreign-funded	15815236.5	5906855.4
按轻、重工业分	**By Light and Heavy Industries**		
轻工业	Light Industry	22418008.1	11663323.9
重工业	Heavy Industry	140812102.6	70848575.3
按企业规模分	**By Size**		
大型企业	Large	64766628.3	31104769.2
中型企业	Medium	43682347.6	21190915.8
小型微型企业	Small & Mini	54780480.7	30215665.3
按行业分	**By Sector**		
煤炭开采和洗选业	Mining and Washing of Coal	276950.7	84288.5
石油和天然气开采业	Extraction of Petroleum and Natural Gas	7411392.9	3198190.5
黑色金属矿采选业	Mining and Processing of Ferrous Metal Ores		
有色金属矿采选业	Mining and Processing of Non-ferrous Metal Ores	1671.8	640.9
非金属矿采选业	Mining and Processing of Non-metal Ores	802338.7	465807.1
开采辅助活动	Support Activities for Mining		
其他采矿业	Mining of Other Ores		
农副食品加工业	Processing of Food from Agricultural Products	2953598.8	1658405.8
食品制造业	Manufacture of Foods	1327820.7	696622.9
酒、饮料和精制茶制造业	Manufacture of Liquor, Beverages and Refined Tea	1047901.6	480375.0
烟草制品业	Manufacture of Tobacco	651935.3	222856.0
纺织业	Manufacture of Textile	293624.2	142747.9
纺织服装、服饰业	Manufacture of Textile Wearing Apparel and Accessories	122850.4	78321.9
皮革、毛皮、羽毛及其制品和制鞋业	Manufacture of Leather, Fur, Feather and Related Products and Footwear	129030.4	66673.2
木材加工和木、竹、藤、棕、草制品业	Processing of Timber, Manufacture of Wood, Bamboo, Rattan, Palm and Straw Products	887643.8	546258.3

continued

(10 000 yuan)

负 债 Total Liabilities	#流动负债 Total Circulating Liabilities	所有者权益 Creditors' Equity	营业收入 Revenue	营业成本 Cost	税金及附加 Tax and Extra Charges	本年应交增值税 VAT Payable	利润总额 Total After-tax Profits	利税总额 Total Pre-tax Profits	应付职工薪酬 Total Wages
164625145.0	**127313542.9**	**126601488.3**	**275349350.3**	**233131129.2**	**3496869.9**	**4606261.4**	**14768446.5**	**22871577.8**	**19979456.4**
137348441.4	105047020.7	106058743.9	213939471.7	177868422.1	3058679.3	4009685.2	12848957.7	19917322.2	16797270.9
2379667.3	1868023.8	1384722.1	1862328.6	1608511.9	11640.4	24572.5	95053.7	131266.6	246070.8
24876.7	21068.6	12966.7	36789.8	31068.5	593.7	904.3	-335.3	1162.7	5466.9
13531610.5	10867954.5	9864293.4	30067659.1	27717037.0	205113.6	267613.4	1152199.3	1624926.3	1352263.2
13744557.0	11398031.6	10677996.8	31337567.4	27541404.6	233077.0	328962.8	767257.0	1329296.8	1829762.1
24725403.6	20324496.5	23748470.5	48752285.7	37329131.6	1800040.6	1312540.0	4290837.0	7403417.6	4182758.0
139899741.4	106989046.4	102853017.8	226597064.6	195801997.6	1696829.3	3293721.4	10477609.5	15468160.2	15796698.4
71116776.4	59052790.3	49207054.2	127085586.8	110570216.8	2461239.7	1740959.9	4551397.2	8753596.8	7383787.3
39562484.3	30141805.3	34198163.0	63821301.0	52098160.1	512648.8	1255589.6	5330696.6	7098935.0	5534700.9
53945348.2	38118411.2	43195816.9	84437810.4	70458486.8	522981.4	1609711.9	4886320.2	7019013.5	7060808.0
123573.4	107011.9	194080.7	244084.7	206987.9	498.4	3147.3	17909.9	21555.6	6458.3
1480325.2	1134866.3	3444918.5	1901847.8	1066245.5	120519.6	35625.4	617136.2	773281.2	67253.2
2516.5	1791.8	-1339.0	159.3		2.0		-611.5	-609.5	223.2
1708390.1	1057744.8	1430666.8	1040062.9	795013.2	39361.9	37880.7	67160.1	144402.7	85662.7
3122428.2	2586858.4	3081672.5	9657843.3	8449068.7	30000.8	133480.9	496685.3	660167.0	529021.0
1223737.5	884697.8	1432632.8	3319774.9	2599718.3	18808.8	89849.5	314868.1	423526.4	335503.8
1167725.0	1065731.4	1005578.6	1865577.0	1250031.1	140840.6	62710.3	414005.4	617556.3	172612.1
249826.8	249292.0	1346843.3	2481309.1	676729.0	1412255.4	231526.5	230001.2	1873783.1	146333.3
277194.6	219087.8	163573.8	495617.0	422196.7	2118.1	9037.8	27326.7	38482.6	56470.6
149109.9	132158.8	146139.5	480281.2	393936.8	2074.2	10068.2	29587.1	41729.5	92168.6
144586.8	116266.7	165478.6	452392.9	381091.6	1748.2	8334.9	29540.0	39623.1	64174.6
346632.7	232280.5	544581.1	1225034.9	992010.3	5093.4	14510.0	70994.6	90598.0	131300.8

12-6 续表 3

单位:万元

指 标	Item	固定资产 Fixed Assets 原 值 Original Value	净 值 Net Value
家具制造业	Manufacture of Furniture	486709.0	276031.4
造纸及纸制品业	Manufacture of Paper and Paper Products	3278581.4	1824211.8
印刷和记录媒介复制业	Printing and Reproduction of Recording Media	1144853.9	500376.9
文教、工美、体育和娱乐用品制造业	Manufacture of Articles for Culture, Education,Arts and Crafts, Sport and Entertainment Activities	192731.7	126487.3
石油、煤炭及其他燃料加工业	Processing of Petroleum, Coking and Processing of Nuclear Fuel	166141.6	82586.3
化学原料和化学制品制造业	Manufacture of Raw Chemical Materials and Chemical Products	9245503.2	4554279.1
医药制造业	Manufacture of Medicines	3905853.6	1916629.6
化学纤维制造业	Manufacture of Chemical Fibres	697773.3	224795.0
橡胶和塑料制品业	Manufacture of Rubber and Plastics Products	3157313.5	1531550.2
非金属矿物制品业	Manufacture of Non-metallic Mineral Products	9503549.4	5115793.8
黑色金属冶炼和压延加工业	Smelting and Pressing of Ferrous Metals	5875981.0	3911052.2
有色金属冶炼和压延加工业	Smelting and Pressing of Non-ferrous Metals	7328954.4	3875087.8
金属制品业	Manufacture of Metal Products	2645727.9	1311464.1
通用设备制造业	Manufacture of General Purpose Machinery	3983609.9	1988558.3
专用设备制造业	Manufacture of Special Purpose Machinery	2848899.9	1390896.4
汽车制造业	Manufacture of Automobiles	23165712.3	9323231.3
铁路、船舶、航空航天和其他运输设备制造业	Manufacture of Railway, Ship,Aerospace and Other Transport Equipment	4690556.8	2225160.2
电气机械及器材制造业	Manufacture of Electrical Machinery and Apparatus	4285667.0	2311077.1
计算机、通信和其他电子设备制造业	Manufacture of Computers, Communication and Other Electronic Equipment	20529758.4	11550119.1
仪器仪表制造业	Manufacture of Measuring Instruments and Machinery	684710.9	348547.8
其他制造业	Other Manufacture	1049681.3	603254.4
废弃资源综合利用业	Utilization of Waste Resources	577640.8	278134.5
金属制品、机械和设备修理业	Repair Service of Metal Products, Machinery and Equipment	31796.6	15762.6
电力、热力的生产和供应业	Production and Supply of Electric Power and Heat Power	30714789.7	15075430.6
燃气生产和供应业	Production and Supply of Gas	2312707.2	1297906.8
水的生产和供应业	Production and Supply of Water	4818146.7	3212286.6

continued

(10 000 yuan)

负 债 Total Liabilities	#流动负债 Total Circulating Liabilities	所有者权益 Creditors' Equity	营业收入 Revenue	营业成本 Cost	税金及附加 Tax and Extra Charges	本年应交增值税 VAT Payable	利润总额 Total After-tax Profits	利税总额 Total Pre-tax Profits	应付职工薪酬 Total Wages
340916.2	233135.4	366611.4	754998.5	595182.5	4465.1	16534.0	37153.5	58152.6	101906.6
1806262.0	1119881.8	2285617.3	4143352.2	3630978.6	22458.2	78890.7	154859.1	256208.0	294942.8
684907.4	552134.7	830448.9	1793045.4	1431043.4	12432.6	37357.9	144661.2	194451.7	208258.5
188126.2	118912.2	240848.3	505649.1	385375.8	4262.5	15010.5	78594.4	97867.4	78966.0
124225.9	85071.1	148729.3	455416.3	362881.5	6280.1	9612.5	30808.9	46701.5	29751.8
6323885.1	5252739.8	6654597.3	11300306.7	8792452.8	58034.1	198552.0	735933.4	992519.5	817315.7
3425126.3	2692208.1	4929989.1	5478997.2	3098217.5	46625.1	223625.3	658739.8	928990.2	635250.2
436105.7	339774.7	681632.1	1027021.4	752783.3	3121.0	7531.3	74493.2	85145.5	102155.1
2063930.2	1521664.8	1999265.4	4793081.3	3852324.7	35283.7	103648.9	399542.9	538475.5	404708.3
10184812.9	8242604.9	7542964.4	12341661.4	10032727.2	100018.8	301558.2	778209.7	1179786.7	1099646.8
4385919.4	3339966.8	3398671.5	12596670.2	11008192.0	34808.5	55215.0	120338.8	210362.3	355702.9
7000207.1	4748590.4	4255415.0	13625384.5	12279123.5	48186.0	171598.0	541180.5	760964.5	692134.7
3137436.8	2446835.8	2196542.3	6197573.7	5231746.2	31020.7	123218.0	409011.5	563250.2	670874.5
4493803.8	3732901.4	4169024.5	7914787.6	6368979.4	49278.3	182779.1	594431.2	826488.6	892724.8
3780927.4	3091259.3	4505043.1	5963936.6	4630667.5	40252.8	114326.7	499818.0	654397.5	620259.6
35948847.2	30978032.3	20228503.3	54689206.3	46623611.1	814398.2	880490.7	1366602.8	3061491.7	4026915.4
6006810.4	5059462.0	4803200.9	10715370.1	9097399.9	75855.5	242504.1	779464.6	1097824.2	1165738.2
13130069.9	11187230.9	5778752.8	17667958.1	15122693.1	77632.3	342983.4	1497125.4	1917741.1	1003113.1
26060879.9	20245552.8	18306617.2	56597683.8	51890131.5	146397.7	378245.8	2293322.2	2817965.7	2985453.9
1785562.1	1565447.1	1379110.5	2540825.2	1923557.0	15340.8	75480.0	249733.3	340554.1	330322.0
1295256.9	1131569.5	1040715.0	936162.6	791223.8	5937.1	18117.3	65318.9	89373.3	237043.1
369952.6	241080.5	361692.6	933003.9	764559.4	3727.1	16067.8	66093.3	85888.2	79897.7
74536.3	72219.7	61449.3	92362.0	77674.3	691.6	4461.6	4955.4	10108.6	38292.5
14823223.0	8255945.3	10484115.3	13109590.6	11900303.6	57329.8	300075.7	559654.2	917059.7	932396.6
2408573.8	1460713.7	1855257.5	4930031.8	4432421.3	14944.5	43943.3	219624.7	278512.5	245412.9
4348793.8	1810819.7	5141846.8	1081288.8	821849.2	14766.4	28262.1	94172.5	137201.0	243090.5

12-7 规模以上工业企业经济效益指标(2023年) Indicators on Economic Benefit of Industrial Enterprises above Designated Size (2023)

单位：% (%)

指　　标	Item	总资产贡献率 Ratio of Total Assets to Industrial Output Value	资本保值增值率 Ratio of Assets Appreciation YOY	资　产负债率 Asset-liability Ratio
总　计	**Total**	**8.1**	**103.2**	**56.6**
按登记注册类型分	**By Status of Registration**			
内资企业	Domestic-funded Enterprises	8.5	102.8	56.5
#国有企业	State-owned	4.2	88.6	64.8
集体企业	Collective-owned	3.8	92.1	65.7
港澳台投资企业	Funded by Hong Kong, Macao and Taiwan	7.0	108.6	57.8
外商投资企业	Foreign-funded	5.2	102.9	56.3
按轻、重工业分	**By Light and Heavy Industries**			
轻工业	Light Industry	15.5	104.2	51.0
重工业	Heavy Industry	6.7	102.9	57.7
按企业规模分	**By Size**			
大型企业	Large	7.3	102.7	59.2
中型企业	Medium	10.0	107.5	53.8
小型微型企业	Small & Mini	7.7	100.8	55.5
按行业分	**By Sector**			
煤炭开采和洗选业	Mining and Washing of Coal	6.9	447.3	38.9
石油和天然气开采业	Extraction of Petroleum and Natural Gas	16.1	116.1	30.1
黑色金属矿采选业	Mining and Processing of Ferrous Metal Ores			
有色金属矿采选业	Mining and Processing of Non-ferrous Metal Ores	-51.8		213.7
非金属矿采选业	Mining and Processing of Non-metal Ores	5.1	100.1	54.4
开采辅助活动	Support Activities for Mining			
其他采矿业	Mining of Other Ores			
农副食品加工业	Processing of Food from Agricultural Products	11.2	92.3	50.3
食品制造业	Manufacture of Foods	16.5	107.6	46.1
酒、饮料和精制茶制造业	Manufacture of Liquor, Beverages and Refined Tea	28.3	88.4	53.7
烟草制品业	Manufacture of Tobacco	116.8	104.4	15.7
纺织业	Manufacture of Textile	9.8	88.4	62.9
纺织服装、服饰业	Manufacture of Textile Wearing Apparel and Accessories	14.5	92.9	50.5
皮革、毛皮、羽毛及其制品和制鞋业	Manufacture of Leather, Fur, Feather and Related Products and Footwear	13.2	96.2	46.6
木材加工和木、竹、藤、棕、草制品业	Processing of Timber, Manufacture of Wood, Bamboo, Rattan, Palm and Straw Products	10.4	98.6	38.9

12-7 续表 1 continued

单位：% (%)

指 标	Item	总资产贡献率 Ratio of Total Assets to Industrial Output Value	资本保值增值率 Ratio of Assets Appreciation YOY	资产负债率 Asset-liability Ratio
家具制造业	Manufacture of Furniture	9.0	93.1	48.2
造纸及纸制品业	Manufacture of Paper and Paper Products	6.6	95.9	44.1
印刷和记录媒介复制业	Printing and Reproduction of Recording Media	13.4	110.8	45.2
文教、工美、体育和娱乐用品制造业	Manufacture of Articles for Culture, Education, Arts and Crafts, Sport and Entertainment Activities	23.1	109.6	43.9
石油、煤炭及其他燃料加工业	Processing of Petroleum, Coking and Processing of Nuclear Fuel	17.5	88.0	45.5
化学原料和化学制品制造业	Manufacture of Raw Chemical Materials and Chemical Products	7.8	103.5	48.7
医药制造业	Manufacture of Medicines	11.3	113.1	41.0
化学纤维制造业	Manufacture of Chemical Fibres	7.4	111.0	39.0
橡胶和塑料制品业	Manufacture of Rubber and Plastics Products	13.7	85.6	50.8
非金属矿物制品业	Manufacture of Non-metallic Mineral Products	7.3	104.7	57.5
黑色金属冶炼和压延加工业	Smelting and Pressing of Ferrous Metals	3.2	109.7	56.3
有色金属冶炼和压延加工业	Smelting and Pressing of Non-ferrous Metals	7.3	108.4	62.2
金属制品业	Manufacture of Metal Products	10.9	100.4	58.8
通用设备制造业	Manufacture of General Purpose Machinery	9.9	102.0	52.5
专用设备制造业	Manufacture of Special Purpose Machinery	7.7	104.4	45.6
汽车制造业	Manufacture of Automobiles	5.5	104.6	64.0
铁路、船舶、航空航天和其他运输设备制造业	Manufacture of Railway, Ship, Aerospace and Other Transport Equipment	10.5	101.7	56.2
电气机械及器材制造业	Manufacture of Electrical Machinery and Apparatus	10.4	111.4	69.4
计算机、通信和其他电子设备制造业	Manufacture of Computers, Communication and Other Electronic Equipment	6.2	96.3	58.7
仪器仪表制造业	Manufacture of Measuring Instruments and Machinery	10.9	111.5	56.4
其他制造业	Other Manufacture	3.9	56.2	57.7
废弃资源综合利用业	Utilization of Waste Resources	12.7	93.9	50.6
金属制品、机械和设备修理业	Repair Service of Metal Products, Machinery and Equipment	7.5	103.5	54.8
电力、热力的生产和供应业	Production and Supply of Electric Power and Heat Power	4.8	101.3	58.6
燃气生产和供应业	Production and Supply of Gas	6.8	107.3	56.5
水的生产和供应业	Production and Supply of Water	1.8	107.9	45.8

12-7 续表 2 continued

单位： % (%)

指　　标	Item	流动资产周转率(次) Turnover Ratio of Circulating Assets (time)	成本费用利润率 Ratio of Profits to Cost	产　品销售率 Sales as Percentage of Output
总　计	**Total**	**1.8**	**5.9**	**96.6**
按登记注册类型分	**By Status of Registration**			
内资企业	Domestic-funded Enterprises	1.7	6.7	96.3
#国有企业	State-owned	1.0	5.3	100.4
集体企业	Collective-owned	1.4	-0.9	89.1
港澳台投资企业	Funded by Hong Kong, Macao and Taiwan	2.3	4.1	97.6
外商投资企业	Foreign-funded	1.9	2.6	98.0
按轻、重工业分	**By Light and Heavy Industries**			
轻工业	Light Industry	1.7	10.3	95.6
重工业	Heavy Industry	1.8	5.1	96.8
按企业规模分	**By Size**			
大型企业	Large	1.8	3.9	96.7
中型企业	Medium	1.7	9.5	96.0
小型微型企业	Small & Mini	1.8	6.4	97.0
按行业分	**By Sector**			
煤炭开采和洗选业	Mining and Washing of Coal	5.2	8.1	99.5
石油和天然气开采业	Extraction of Petroleum and Natural Gas	1.9	50.8	99.8
黑色金属矿采选业	Mining and Processing of Ferrous Metal Ores			
有色金属矿采选业	Mining and Processing of Non-ferrous Metal Ores	-0.2	-81.2	100.0
非金属矿采选业	Mining and Processing of Non-metal Ores	1.0	7.3	98.9
开采辅助活动	Support Activities for Mining			
其他采矿业	Mining of Other Ores			
农副食品加工业	Processing of Food from Agricultural Products	2.6	5.6	94.8
食品制造业	Manufacture of Foods	2.5	10.7	96.7
酒、饮料和精制茶制造业	Manufacture of Liquor, Beverages and Refined Tea	1.6	27.4	95.1
烟草制品业	Manufacture of Tobacco	2.0	28.7	99.6
纺织业	Manufacture of Textile	2.3	6.0	96.7
纺织服装、服饰业	Manufacture of Textile Wearing Apparel and Accessories	2.5	6.7	97.5
皮革、毛皮、羽毛及其制品和制鞋业	Manufacture of Leather, Fur, Feather and Related Products and Footwear	2.0	7.2	97.2
木材加工和木、竹、藤、棕、草制品业	Processing of Timber, Manufacture of Wood, Bamboo, Rattan, Palm and Straw Products	4.3	6.5	98.6

12-7 续表 3 continued

单位：% (%)

指　　标	Item	流动资产周转率(次) Turnover Ratio of Circulating Assets (time)	成本费用利润率 Ratio of Profits to Cost	产品销售率 Sales as Percentage of Output
家具制造业	Manufacture of Furniture	2.5	5.4	97.2
造纸及纸制品业	Manufacture of Paper and Paper Products	2.3	4.0	94.6
印刷和记录媒介复制业	Printing and Reproduction of Recording Media	2.7	9.2	98.8
文教、工美、体育和娱乐用品制造业	Manufacture of Articles for Culture, Education, Arts and Crafts, Sport and Entertainment Activities	2.6	18.9	97.0
石油、煤炭及其他燃料加工业	Processing of Petroleum, Coking and Processing of Nuclear Fuel	1.6	7.9	98.1
化学原料和化学制品制造业	Manufacture of Raw Chemical Materials and Chemical Products	1.9	7.7	91.6
医药制造业	Manufacture of Medicines	1.3	14.4	92.0
化学纤维制造业	Manufacture of Chemical Fibres	1.8	9.6	83.9
橡胶和塑料制品业	Manufacture of Rubber and Plastics Products	2.4	9.6	96.4
非金属矿物制品业	Manufacture of Non-metallic Mineral Products	1.3	7.0	93.9
黑色金属冶炼和压延加工业	Smelting and Pressing of Ferrous Metals	4.8	1.1	98.2
有色金属冶炼和压延加工业	Smelting and Pressing of Non-ferrous Metals	2.3	4.3	97.2
金属制品业	Manufacture of Metal Products	1.9	7.3	98.5
通用设备制造业	Manufacture of General Purpose Machinery	1.5	8.5	97.9
专用设备制造业	Manufacture of Special Purpose Machinery	1.2	9.7	96.9
汽车制造业	Manufacture of Automobiles	1.4	2.7	97.1
铁路、船舶、航空航天和其他运输设备制造业	Manufacture of Railway, Ship, Aerospace and Other Transport Equipment	1.7	8.1	95.1
电气机械及器材制造业	Manufacture of Electrical Machinery and Apparatus	1.3	9.3	98.3
计算机、通信和其他电子设备制造业	Manufacture of Computers, Communication and Other Electronic Equipment	2.2	4.3	96.5
仪器仪表制造业	Manufacture of Measuring Instruments and Machinery	1.1	11.2	97.7
其他制造业	Other Manufacture	0.7	7.4	96.1
废弃资源综合利用业	Utilization of Waste Resources	2.4	8.1	94.8
金属制品、机械和设备修理业	Repair Service of Metal Products, Machinery and Equipment	0.8	5.8	99.7
电力、热力的生产和供应业	Production and Supply of Electric Power and Heat Power	2.6	4.5	99.9
燃气生产和供应业	Production and Supply of Gas	2.9	4.8	100.0
水的生产和供应业	Production and Supply of Water	0.4	9.4	98.3

12-7 续表 4 continued

单位： % (%)

指　　标	Item	销　售 利润率 Rate of Return on Sale	流动比率 Current Ratio	速动比率 Quick Ratio
总　计	**Total**	**5.4**	**1.2**	**1.0**
按登记注册类型分	**By Status of Registration**			
内资企业	Domestic-funded Enterprises	6.0	1.2	1.0
#国有企业	State-owned	5.1	1.0	0.9
集体企业	Collective-owned	-0.9	1.2	1.1
港澳台投资企业	Funded by Hong Kong, Macao and Taiwan	3.8	1.2	1.0
外商投资企业	Foreign-funded	2.5	1.4	1.2
按轻、重工业分	**By Light and Heavy Industries**			
轻工业	Light Industry	8.8	1.4	1.1
重工业	Heavy Industry	4.6	1.2	1.0
按企业规模分	**By Size**			
大型企业	Large	3.6	1.2	1.0
中型企业	Medium	8.4	1.3	1.0
小型微型企业	Small & Mini	5.8	1.3	1.0
按行业分	**By Sector**			
煤炭开采和洗选业	Mining and Washing of Coal	7.3	0.4	0.4
石油和天然气开采业	Extraction of Petroleum and Natural Gas	32.5	0.9	0.9
黑色金属矿采选业	Mining and Processing of Ferrous Metal Ores			
有色金属矿采选业	Mining and Processing of Non-ferrous Metal Ores	-383.9	-0.5	-0.6
非金属矿采选业	Mining and Processing of Non-metal Ores	6.5	1.0	1.0
开采辅助活动	Support Activities for Mining			
其他采矿业	Mining of Other Ores			
农副食品加工业	Processing of Food from Agricultural Products	5.1	1.4	1.0
食品制造业	Manufacture of Foods	9.5	1.5	1.1
酒、饮料和精制茶制造业	Manufacture of Liquor, Beverages and Refined Tea	22.2	1.1	0.8
烟草制品业	Manufacture of Tobacco	9.3	4.9	1.6
纺织业	Manufacture of Textile	5.5	1.0	0.5
纺织服装、服饰业	Manufacture of Textile Wearing Apparel and Accessories	6.2	1.5	1.0
皮革、毛皮、羽毛及其制品和制鞋业	Manufacture of Leather, Fur, Feather and Related Products and Footwear	6.5	2.0	1.4
木材加工和木、竹、藤、棕、草制品业	Processing of Timber, Manufacture of Wood, Bamboo, Rattan, Palm and Straw Products	5.8	1.2	0.9

12-7 续表 5 continued

单位：% (%)

指　　标	Item	销　售利润率 Rate of Return on Sale	流动比率 Current Ratio	速动比率 Quick Ratio
家具制造业	Manufacture of Furniture	4.9	1.3	0.9
造纸及纸制品业	Manufacture of Paper and Paper Products	3.7	1.6	1.2
印刷和记录媒介复制业	Printing and Reproduction of Recording Media	8.1	1.2	1.0
文教、工美、体育和娱乐用品制造业	Manufacture of Articles for Culture, Education, Arts and Crafts, Sport and Entertainment Activities	15.5	1.7	1.1
石油、煤炭及其他燃料加工业	Processing of Petroleum, Coking and Processing of Nuclear Fuel	6.8	3.3	2.4
化学原料和化学制品制造业	Manufacture of Raw Chemical Materials and Chemical Products	6.5	1.1	0.9
医药制造业	Manufacture of Medicines	12.0	1.6	1.3
化学纤维制造业	Manufacture of Chemical Fibres	7.3	1.7	1.3
橡胶和塑料制品业	Manufacture of Rubber and Plastics Products	8.3	1.3	1.0
非金属矿物制品业	Manufacture of Non-metallic Mineral Products	6.3	1.1	1.0
黑色金属冶炼和压延加工业	Smelting and Pressing of Ferrous Metals	1.0	0.8	0.6
有色金属冶炼和压延加工业	Smelting and Pressing of Non-ferrous Metals	4.0	1.2	0.9
金属制品业	Manufacture of Metal Products	6.6	1.3	1.1
通用设备制造业	Manufacture of General Purpose Machinery	7.5	1.4	1.1
专用设备制造业	Manufacture of Special Purpose Machinery	8.4	1.7	1.4
汽车制造业	Manufacture of Automobiles	2.5	1.2	1.1
铁路、船舶、航空航天和其他运输设备制造业	Manufacture of Railway, Ship, Aerospace and Other Transport Equipment	7.3	1.3	1.1
电气机械及器材制造业	Manufacture of Electrical Machinery and Apparatus	8.5	1.3	1.1
计算机、通信和其他电子设备制造业	Manufacture of Computers, Communication and Other Electronic Equipment	4.1	1.3	1.1
仪器仪表制造业	Manufacture of Measuring Instruments and Machinery	9.8	1.5	1.2
其他制造业	Other Manufacture	7.0	1.3	1.1
废弃资源综合利用业	Utilization of Waste Resources	7.1	1.6	1.4
金属制品、机械和设备修理业	Repair Service of Metal Products, Machinery and Equipment	5.4	1.6	1.2
电力、热力的生产和供应业	Production and Supply of Electric Power and Heat Power	4.3	0.6	0.6
燃气生产和供应业	Production and Supply of Gas	4.5	1.2	1.1
水的生产和供应业	Production and Supply of Water	8.7	1.5	1.5

12-7 续表 6 continued

单位：% (%)

指　　标	Item	产权比率 Equity Ratio	人均实现利税（元） Per Capita Pre-tax Profits (yuan)	从业人员人均工资（元） Per Capita Wages of Employees (yuan)
总　计	**Total**	**1.3**	**160446**	**140158**
按登记注册类型分	**By Status of Registration**			
内资企业	Domestic-funded Enterprises	1.3	164443	138683
#国有企业	State-owned	1.7	104180	195294
集体企业	Collective-owned	1.9	23254	109338
港澳台投资企业	Funded by Hong Kong, Macao and Taiwan	1.4	181151	150754
外商投资企业	Foreign-funded	1.3	106685	146851
按轻、重工业分	**By Light and Heavy Industries**			
轻工业	Light Industry	1.0	221527	125157
重工业	Heavy Industry	1.4	141741	144751
按企业规模分	**By Size**			
大型企业	Large	1.5	192218	162139
中型企业	Medium	1.2	177163	138126
小型微型企业	Small & Mini	1.3	123270	124004
按行业分	**By Sector**			
煤炭开采和洗选业	Mining and Washing of Coal	0.6	359260	107638
石油和天然气开采业	Extraction of Petroleum and Natural Gas	0.4	3222005	280222
黑色金属矿采选业	Mining and Processing of Ferrous Metal Ores			
有色金属矿采选业	Mining and Processing of Non-ferrous Metal Ores	-1.9		
非金属矿采选业	Mining and Processing of Non-metal Ores	1.2	182788	108434
开采辅助活动	Support Activities for Mining			
其他采矿业	Mining of Other Ores			
农副食品加工业	Processing of Food from Agricultural Products	1.0	141971	113768
食品制造业	Manufacture of Foods	0.9	137509	108930
酒、饮料和精制茶制造业	Manufacture of Liquor, Beverages and Refined Tea	1.2	490124	136994
烟草制品业	Manufacture of Tobacco	0.2	5353666	418095
纺织业	Manufacture of Textile	1.7	69968	102674
纺织服装、服饰业	Manufacture of Textile Wearing Apparel and Accessories	1.0	39742	87780
皮革、毛皮、羽毛及其制品和制鞋业	Manufacture of Leather, Fur, Feather and Related Products and Footwear	0.9	50799	82275
木材加工和木、竹、藤、棕、草制品业	Processing of Timber, Manufacture of Wood, Bamboo, Rattan, Palm and Straw Products	0.6	101796	147529

12-7 续表 7 continued

单位：% (%)

指 标	Item	产权比率 Equity Ratio	人均实现利税（元） Per Capita Pre-tax Profits (yuan)	从业人员人均工资（元） Per Capita Wages of Employees (yuan)
家具制造业	Manufacture of Furniture	0.9	58153	101907
造纸及纸制品业	Manufacture of Paper and Paper Products	0.8	129398	148961
印刷和记录媒介复制业	Printing and Reproduction of Recording Media	0.8	137909	147701
文教、工美、体育和娱乐用品制造业	Manufacture of Articles for Culture, Education, Arts and Crafts, Sport and Entertainment Activities	0.8	127101	102553
石油、煤炭及其他燃料加工业	Processing of Petroleum, Coking and Processing of Nuclear Fuel	0.8	291884	185949
化学原料和化学制品制造业	Manufacture of Raw Chemical Materials and Chemical Products	1.0	235753	194137
医药制造业	Manufacture of Medicines	0.7	227137	155318
化学纤维制造业	Manufacture of Chemical Fibres	0.6	224067	268829
橡胶和塑料制品业	Manufacture of Rubber and Plastics Products	1.0	152543	114648
非金属矿物制品业	Manufacture of Non-metallic Mineral Products	1.4	133009	123974
黑色金属冶炼和压延加工业	Smelting and Pressing of Ferrous Metals	1.3	112493	190215
有色金属冶炼和压延加工业	Smelting and Pressing of Non-ferrous Metals	1.7	274716	249868
金属制品业	Manufacture of Metal Products	1.4	111756	133110
通用设备制造业	Manufacture of General Purpose Machinery	1.1	123726	133641
专用设备制造业	Manufacture of Special Purpose Machinery	0.8	148727	140968
汽车制造业	Manufacture of Automobiles	1.8	108027	142093
铁路、船舶、航空航天和其他运输设备制造业	Manufacture of Railway, Ship, Aerospace and Other Transport Equipment	1.3	110668	117514
电气机械及器材制造业	Manufacture of Electrical Machinery and Apparatus	2.3	227490	118993
计算机、通信和其他电子设备制造业	Manufacture of Computers, Communication and Other Electronic Equipment	1.4	117317	124290
仪器仪表制造业	Manufacture of Measuring Instruments and Machinery	1.3	156217	151524
其他制造业	Other Manufacture	1.2	74478	197536
废弃资源综合利用业	Utilization of Waste Resources	1.0	195200	181586
金属制品、机械和设备修理业	Repair Service of Metal Products, Machinery and Equipment	1.2	43950	166489
电力、热力的生产和供应业	Production and Supply of Electric Power and Heat Power	1.4	206081	209527
燃气生产和供应业	Production and Supply of Gas	1.3	246471	217180
水的生产和供应业	Production and Supply of Water	0.9	101630	180067

12-8 国有控股工业企业主要经济指标(2023年)

单位：万元

指　　标	Item	单位数 (个) Number of Enterprises (unit)
总　计	**Total**	**678**
按登记注册类型分	**By Status of Registration**	
内资企业	Domestic-funded Enterprises	638
#国有企业	State-owned	21
集体企业	Collective-owned	
港澳台投资企业	Funded by Hong Kong, Macao and Taiwan	11
外商投资企业	Foreign-funded	29
按轻、重工业分	**By Light and Heavy Industries**	
轻工业	Light Industry	82
重工业	Heavy Industry	596
按企业规模分	**By Size**	
大型企业	Large	48
中型企业	Medium	129
小型微型企业	Small&Mini	501
按行业分	**By Sector**	
煤炭开采和洗选业	Mining and Washing of Coal	1
石油和天然气开采业	Extraction of Petroleum and Natural Gas	5
黑色金属矿采选业	Mining and Processing of Ferrous Metal Ores	
有色金属矿采选业	Mining and Processing of Non-Ferrous Metal Ores	
非金属矿采选业	Mining and Processing of Non-metal Ores	13
开采辅助活动	Support Activities for Mining	
其他采矿业	Mining of Other Ores	
农副食品加工业	Processing of Food from Agricultural Products	17
食品制造业	Manufacture of Foods	11
酒、饮料和精制茶制造业	Manufacture of Liquor, Beverages and Refined Tea	3
烟草制品业	Manufacture of Tobacco	3
纺织业	Manufacture of Textile	2
纺织服装、服饰业	Manufacture of Textile Wearing Apparel and Accessories	1
皮革、毛皮、羽毛及其制品和制鞋业	Manufacture of Leather, Fur, Feather and Related Products and Footwear	2
木材加工和木、竹、藤、棕、草制品业	Processing of Timber, Manufacture of Wood, Bamboo, Rattan, Palm and Straw Products	

Main Economic Indicators of State-holding Industrial Enterprises (2023)

(10 000 yuan)

从业人员平均人数（万人） Average Employment (10 000 persons)	工业总产值 Gross Output Value	实收资本 Paid-in Capital	#国家资本 State Capital	#外商资本 Foreign Capital	资产 Total Assets	#流动资产 Circulating Assets
29.47	**72860914.1**	**26938655.8**	**10954095.2**	**1014399.0**	**123696460.0**	**56217436.0**
26.03	61220352.4	23844295.8	10041826.8	316195.1	111609359.0	51374772.9
1.26	1827122.7	728332.0	202923.9		3669925.3	1940496.4
1.17	5475904.7	1752908.7	546954.2	282114.1	5735266.0	1176925.5
2.27	6164657.0	1341451.3	365314.2	416089.8	6351835.0	3665737.6
2.76	5892121.6	1016708.3	462840.1	10663.2	5694505.7	3690080.2
26.71	66968792.5	25921947.5	10491255.1	1003735.8	118001954.3	52527355.8
16.75	42046181.6	12386178.5	4755888.4	458686.4	62465551.1	29816218.0
7.29	16419851.4	6255275.8	2752127.9	382040.4	27498640.3	13760023.3
5.44	14394881.1	8297201.5	3446078.9	173672.2	33732268.6	12641194.7
0.23	1835433.6	1333931.2	351765.2		4873622.2	1009380.2
0.12	211687.0	236426.6	126190.0		1711514.6	561586.8
0.55	658708.5	161040.5	44209.1		1279182.2	871100.3
0.35	414946.3	61374.0	9623.0	7500.0	341156.2	194610.7
0.03	18897.6	11472.6	11472.6		24042.5	7112.2
0.35	2396727.0	264186.0	166076.1		1596670.2	1221946.7
0.01	7251.2	7000.0	4700.0		24573.5	9397.0
0.01	6550.1	4000.0			8645.8	7022.0
0.07	22556.1	20100.0	20100.0		59139.1	42540.3

12-8 续表 1

单位：万元

指标	Item	单位数（个）Number of Enterprises (unit)
家具制造业	Manufacture of Furniture	
造纸及纸制品业	Manufacture of Paper and Paper Products	2
印刷和记录媒介复制业	Printing and Reproduction of Recording Media	5
文教、工美、体育和娱乐用品制造业	Manufacture of Articles for Culture, Education, Arts and Crafts, Sport and Entertainment Activities	
石油、煤炭及其他燃料加工业	Processing of Petroleum, Coking and Processing of Nuclear Fuel	3
化学原料和化学制品制造业	Manufacture of Raw Chemical Materials and Chemical Products	39
医药制造业	Manufacture of Medicines	17
化学纤维制造业	Manufacture of Chemical Fibres	1
橡胶和塑料制品业	Manufacture of Rubber and Plastics Products	10
非金属矿物制品业	Manufacture of Non-metallic Mineral Products	54
黑色金属冶炼和压延加工业	Smelting and Pressing of Ferrous Metals	4
有色金属冶炼和压延加工业	Smelting and Pressing of Non-ferrous Metals	21
金属制品业	Manufacture of Metal Products	22
通用设备制造业	Manufacture of General Purpose Machinery	30
专用设备制造业	Manufacture of Special Purpose Machinery	20
汽车制造业	Manufacture of Automobiles	70
铁路、船舶、航空航天和其他运输设备制造业	Manufacture of Railway, Ship, Aerospace and Other Transport Equipment	19
电气机械及器材制造业	Manufacture of Electrical Machinery and Apparatus	19
计算机、通信和其他电子设备制造业	Manufacture of Computers, Communication and Other Electronic Equipment	24
仪器仪表制造业	Manufacture of Measuring Instruments and Machinery	18
其他制造业	Other Manufacture	7
废弃资源综合利用业	Utilization of Waste Resources	4
金属制品、机械和设备修理业	Repair Service of Metal Products, Machinery and Equipment	1
电力、热力的生产和供应业	Production and Supply of Electric Power and Heat Power	103
燃气生产和供应业	Production and Supply of Gas	44
水的生产和供应业	Production and Supply of Water	83

continued

(10 000 yuan)

从业人员平均人数(万人) Average Employment (10 000 persons)	工业总产值 Gross Output Value	实收资本 Paid-in Capital	#国家资本 State Capital	#外商资本 Foreign Capital	资产 Total Assets	#流动资产 Circulating Assets
0.04	39941.0	20516.7	20516.7		56105.7	27082.1
0.09	159032.9	47435.3	17645.0		214089.7	124035.0
0.05	230438.5	34640.8	34340.8		143311.1	70343.6
1.55	3873950.9	1536893.9	595321.1	15885.1	5476352.0	2266362.8
1.01	1477687.7	285961.8	119511.6		1504620.2	783461.9
	645.0	2.0			4576.8	4113.2
0.21	619908.3	108239.6	80386.0	9163.2	332611.0	209145.8
1.27	2010416.6	1124269.6	393493.4	3723.2	4775885.9	2216425.1
0.65	4878026.4	1052679.9	25000.0	53812.7	4061877.6	840410.7
0.95	7041534.0	1088583.1	106028.4		7370101.8	3543877.8
0.61	1046994.5	283886.1	70581.4	17239.8	1587434.1	1148783.2
1.19	1372387.0	600269.3	517778.3	20880.0	2732633.6	1999249.9
0.73	1211644.7	868358.5	545275.6	17893.8	2883367.3	2196076.9
6.98	17774081.8	3285897.1	871066.8	364064.8	25275105.1	17466034.0
0.90	1372994.8	319392.3	330861.1	83318.8	1329221.8	812432.6
0.63	1364591.4	458769.7	98568.4		4126324.6	3287604.2
2.53	4557150.0	4185640.8	3674391.7	170000.0	12318751.2	4166121.8
0.99	1217130.8	232038.0	105917.2		1750885.5	1313144.4
1.14	925896.8	327354.4	26222.0		2204683.2	1410508.3
0.04	50649.2	16553.8	8053.8		40097.9	17480.3
	3303.8	800.0	800.0		1919.8	1801.8
4.31	12386887.3	6993663.5	1880169.5	122221.6	24336616.6	4792627.3
0.67	2895025.7	465474.9	293918.7	35000.0	2601170.6	1081811.8
1.22	777837.6	1501803.8	404111.7	93696.0	8650170.6	2513805.3

12-8 续表 2

单位：万元

指　　标	Item	固定资产 Fixed Assets 原　值 Original Value	净　值 Net Value
总　计	**Total**	**83399202.6**	**40572833.2**
按登记注册类型分	**By Status of Registration**		
内资企业	Domestic-funded Enterprises	72528345.6	35470875.8
#国有企业	State-owned	1405850.3	856319.9
集体企业	Collective-owned		
港澳台投资企业	Funded by Hong Kong, Macao and Taiwan	4705143.8	3307552.8
外商投资企业	Foreign-funded	6165713.2	1794404.6
按轻、重工业分	**By Light and Heavy Industries**		
轻工业	Light Industry	2462179.8	1081870.2
重工业	Heavy Industry	80937022.8	39490963.0
按企业规模分	**By Size**		
大型企业	Large	42047995.2	19555165.5
中型企业	Medium	19513730.1	8445320.4
小型微型企业	Small&Mini	21837477.3	12572347.3
按行业分	**By Sector**		
煤炭开采和洗选业	Mining and Washing of Coal		
石油和天然气开采业	Extraction of Petroleum and Natural Gas	7368931.7	3160080.2
黑色金属矿采选业	Mining and Processing of Ferrous Metal Ores		
有色金属矿采选业	Mining and Processing of Non-Ferrous Metal Ores		
非金属矿采选业	Mining and Processing of Non-metal Ores	254040.3	142687.3
开采辅助活动	Support Activities for Mining		
其他采矿业	Mining of Other Ores		
农副食品加工业	Processing of Food from Agricultural Products	361132.1	209716.8
食品制造业	Manufacture of Foods	194698.4	91312.8
酒、饮料和精制茶制造业	Manufacture of Liquor, Beverages and Refined Tea	45324.4	15264.9
烟草制品业	Manufacture of Tobacco	651935.3	222856.0
纺织业	Manufacture of Textile	21306.7	17010.4
纺织服装、服饰业	Manufacture of Textile Wearing Apparel and Accessories	3066.5	846.5
皮革、毛皮、羽毛及其制品和制鞋业	Manufacture of Leather, Fur, Feather and Related Products and Footwear	16648.1	10160.8
木材加工和木、竹、藤、棕、草制品业	Processing of Timber, Manufacture of Wood, Bamboo, Rattan, Palm and Straw Products		

continued

(10 000 yuan)

负 债 Total Liabilities	#流动负债 Total Circulating Liabilities	所有者权益 Creditors' Equity	营业收入 Revenue	营业成本 Cost	税金及附加 Tax and Extra Charges	利润总额 Total After-tax Profits	利税总额 Total Pre-tax Profits	应付职工薪酬 Total Wages
69595051.4	**49817143.4**	**54413138.9**	**80004415.0**	**66864774.9**	**2328381.0**	**2723203.5**	**6591964.0**	**6271572.8**
62711998.3	44791690.5	49209091.2	67893108.8	56463918.9	2148430.1	3204939.7	6731884.0	5503505.7
2379667.3	1868023.8	1384722.1	1862328.6	1608511.9	11640.4	95053.7	131266.6	246070.8
2673472.3	1967921.4	3061793.4	5217229.2	4913718.2	20908.5	-147866.4	-90626.1	261239.3
4209580.8	3057531.5	2142254.3	6894077.0	5487137.8	159042.4	-333869.8	-49293.9	506827.8
2218707.6	1898687.3	3475797.5	5966466.1	2992260.8	1443928.8	516122.7	2326241.5	529688.1
67376343.8	47918456.1	50937341.4	74037948.9	63872514.1	884452.2	2207080.8	4265722.5	5741884.7
34056891.1	26700416.9	28533961.0	47744933.8	39659656.9	2028354.3	864405.5	3815595.5	3592183.3
15903818.8	12419945.6	11781254.4	17653856.7	14665443.8	185919.7	1106473.0	1624543.3	1400339.5
19634341.5	10696780.9	14097923.5	14605624.5	12539674.2	114107.0	752325.0	1151825.2	1279050.0
1454599.5	1127110.8	3419022.6	1816973.0	995338.7	120332.8	610207.9	764724.2	65344.2
725088.8	327959.7	986425.7	216082.6	174463.6	7604.9	15426.7	30394.3	19720.2
281986.5	220425.7	997195.5	641395.7	492781.3	4969.4	105293.7	129078.3	56315.3
182667.9	152928.0	158488.2	564045.3	478834.2	3359.9	32873.5	46583.8	57378.9
19095.3	18127.2	4947.1	9299.4	5554.3	101.8	-394.6	204.7	2478.3
249826.8	249292.0	1346843.3	2481309.1	676729.0	1412255.4	230001.2	1873783.1	146333.3
26622.8	21532.9	-2049.3	15630.4	15017.7	78.9	-1935.4	-1512.1	1005.1
2983.0	2983.0	5662.9	6499.1	4608.2	58.2	68.8	531.1	1204.7
35703.1	26322.7	23436.0	20952.3	16975.1	415.6	190.3	1385.7	4744.0

12-8 续表 3

单位：万元

指 标	Item	固定资产 Fixed Assets 原 值 Original Value	净 值 Net Value
家具制造业	Manufacture of Furniture		
造纸及纸制品业	Manufacture of Paper and Paper Products	32336.4	18764.8
印刷和记录媒介复制业	Printing and Reproduction of Recording Media	153900.6	22986.5
文教、工美、体育和娱乐用品制造业	Manufacture of Articles for Culture, Education, Arts and Crafts, Sport and Entertainment Activities		
石油、煤炭及其他燃料加工业	Processing of Petroleum, Coking and Processing of Nuclear Fuel	79306.6	32533.7
化学原料和化学制品制造业	Manufacture of Raw Chemical Materials and Chemical Products	4291694.6	1827733.2
医药制造业	Manufacture of Medicines	704664.2	383865.5
化学纤维制造业	Manufacture of Chemical Fibres	255.6	89.9
橡胶和塑料制品业	Manufacture of Rubber and Plastics Products	289123.6	61407.2
非金属矿物制品业	Manufacture of Non-metallic Mineral Products	3027918.1	1745490.6
黑色金属冶炼和压延加工业	Smelting and Pressing of Ferrous Metals	3780013.5	2708890.4
有色金属冶炼和压延加工业	Smelting and Pressing of Non-ferrous Metals	5592307.9	2771179.5
金属制品业	Manufacture of Metal Products	564260.4	236414.6
通用设备制造业	Manufacture of General Purpose Machinery	959825.3	513659.4
专用设备制造业	Manufacture of Special Purpose Machinery	654964.5	189210.4
汽车制造业	Manufacture of Automobiles	10381776.1	3259286.9
铁路、船舶、航空航天和其他运输设备制造业	Manufacture of Railway, Ship, Aerospace and Other Transport Equipment	1040388.2	293320.2
电气机械及器材制造业	Manufacture of Electrical Machinery and Apparatus	349648.0	216580.6
计算机、通信和其他电子设备制造业	Manufacture of Computers, Communication and Other Electronic Equipment	5989528.7	3699806.3
仪器仪表制造业	Manufacture of Measuring Instruments and Machinery	295631.0	148481.8
其他制造业	Other Manufacture	1030500.8	591772.2
废弃资源综合利用业	Utilization of Waste Resources	18998.6	12738.6
金属制品、机械和设备修理业	Repair Service of Metal Products, Machinery and Equipment	270.6	83.1
电力、热力的生产和供应业	Production and Supply of Electric Power and Heat Power	29948518.6	14610442.3
燃气生产和供应业	Production and Supply of Gas	1292737.6	712481.1
水的生产和供应业	Production and Supply of Water	4003549.6	2645678.7

continued

(10 000 yuan)

负 债 Total Liabilities	#流动负债 Total Circulating Liabilities	所有者权益 Creditors' Equity	营业收入 Revenue	营业成本 Cost	税金及附加 Tax and Extra Charges	利润总额 Total After-tax Profits	利税总额 Total Pre-tax Profits	应付职工薪酬 Total Wages
19692.3	14010.3	36413.4	40808.5	35540.7	261.8	1125.3	2269.9	4619.6
82454.8	80255.6	131635.0	160017.8	132875.0	1287.3	7418.7	13393.0	40386.1
58671.3	34018.2	84639.8	258472.1	210851.6	5147.5	20098.4	32457.7	15592.6
2971166.7	2536518.8	2505185.2	3682438.6	2984080.4	22446.1	131195.3	233877.5	354426.2
1048560.3	909020.4	456059.7	1313331.6	605854.9	16253.3	113947.0	218642.4	174151.2
1137.2	1044.3	3439.5	905.2	756.0		-226.4	-155.6	196.0
252854.2	193169.2	79756.7	627571.3	479941.8	2746.6	26394.8	34018.1	31570.3
3193890.6	2557221.5	1581994.1	2216365.3	1890637.3	20802.2	79045.2	147489.3	217836.4
1933033.2	1566986.1	2128844.4	4516049.6	4276790.7	17388.1	-167969.5	-124833.1	156801.6
4686104.8	3279462.3	2683996.8	6567322.3	6042588.6	28981.6	197599.1	277833.2	411785.5
1087439.4	950164.4	499994.5	1206429.3	1072469.5	6721.3	56789.5	89772.2	129431.0
1502932.2	1293102.7	1324164.7	1455392.6	1161282.2	13278.4	70775.5	116240.2	195179.1
1530126.4	1270796.5	1353240.8	1207395.5	990477.5	8683.3	91481.9	127533.0	115641.1
16646565.9	14034254.6	8628528.3	23919044.7	20289552.8	499723.7	-223029.7	615579.3	1608492.4
1070983.0	779385.9	383551.0	1097557.9	908628.5	7857.1	60917.0	89595.7	209386.4
3159265.4	2318145.1	967058.9	2573862.0	2353036.0	5472.6	14547.7	47754.3	107488.0
5263741.5	3204087.0	7055009.5	4403670.7	3625312.2	31725.4	346555.1	428731.9	409743.3
1068927.6	962902.9	681958.0	1250391.4	957562.8	8045.8	115938.8	161410.4	182294.3
1274014.7	1112488.5	1022639.0	898410.3	761079.4	5761.4	62521.9	85337.2	231835.8
12558.0	8642.5	27539.9	63490.1	58291.5	444.8	130.0	2968.7	5555.9
819.2	819.2	1100.6	2793.8	2500.7	4.5	128.5	205.8	550.2
14265410.3	7869708.4	10071205.4	12756817.4	11626989.4	55186.2	515166.7	858955.3	906451.0
1437737.8	961443.4	1163432.2	3071515.1	2827925.5	7761.6	132130.3	169535.1	187695.0
4048390.9	1732813.6	4601779.5	942175.0	709447.8	13223.5	78790.3	118179.4	219939.8

12-9 国有控股工业企业经济效益指标(2023年)
Indicators on Economic Benefit of State-holding Industrial Enterprises (2023)

单位：% (%)

指　　标	Item	总资产贡献率 Ratio of Total Assets to Industrial Output Value	资本保值增值率 Ratio of Assets Appreciation YOY	资　产负债率 Asset-liability Ratio
总　计	**Total**	**5.7**	**99.9**	**56.3**
按轻、重工业分	**By Light and Heavy Industries**			
轻工业	Light Industry	41.0	105.5	39.0
重工业	Heavy Industry	4.0	99.5	57.1
按企业规模分	**By Size**			
大型企业	Large	6.3	97.3	54.5
中型企业	Medium	6.3	99.4	57.8
小型微型企业	Small & Mini	4.0	104.8	58.2
按行业分	**By Sector**			
煤炭开采和洗选业	Mining and Washing of Coal		120.0	
石油和天然气开采业	Extraction of Petroleum and Natural Gas	16.1	116.0	29.9
黑色金属矿采选业	Mining and Processing of Ferrous Metal Ores			
有色金属矿采选业	Mining and Processing of Non-ferrous Metal Ores			
非金属矿采选业	Mining and Processing of Non-metal Ores	2.2	126.6	42.4
开采辅助活动	Support Activities for Mining			
其他采矿业	Mining of Other Ores			
农副食品加工业	Processing of Food from Agricultural Products	10.9	103.1	22.0
食品制造业	Manufacture of Foods	14.3	112.0	53.5
酒、饮料和精制茶制造业	Manufacture of Liquor, Beverages and Refined Tea	1.4	109.6	79.4
烟草制品业	Manufacture of Tobacco	116.8	104.4	15.7
纺织业	Manufacture of Textile	-2.3		108.3
纺织服装、服饰业	Manufacture of Textile Wearing Apparel and Accessories	6.1	100.0	34.5
皮革、毛皮、羽毛及其制品和制鞋业	Manufacture of Leather, Fur, Feather and Related Products and Footwear	2.8	77.2	60.4
木材加工和木、竹、藤、棕、草制品业	Processing of Timber, Manufacture of Wood, Bamboo, Rattan,Palm and Straw Products			
家具制造业	Manufacture of Furniture			
造纸及纸制品业	Manufacture of Paper and Paper Products	4.5	116.7	35.1
印刷和记录媒介复制业	Printing and Reproduction of Recording Media	6.5	126.6	38.5

12-9 续表 1 continued

单位：% (%)

指 标	Item	总资产贡献率 Ratio of Total Assets to Industrial Output Value	资本保值增值率 Ratio of Assets Appreciation YOY	资 产 负债率 Asset-liability Ratio
文教、工美、体育和娱乐用品制造业	Manufacture of Articles for Culture, Education, Arts and Crafts, Sport and Entertainment Activities			
石油、煤炭及其他燃料加工业	Processing of Petroleum, Coking and Processing of Nuclear Fuel	22.7	111.8	40.9
化学原料和化学制品制造业	Manufacture of Raw Chemical Materials and Chemical Products	4.3	102.0	54.3
医药制造业	Manufacture of Medicines	14.8	115.8	69.7
化学纤维制造业	Manufacture of Chemical Fibres	-3.4		24.9
橡胶和塑料制品业	Manufacture of Rubber and Plastics Products	10.3	34.3	76.0
非金属矿物制品业	Manufacture of Non-metallic Mineral Products	4.1	113.2	66.9
黑色金属冶炼和压延加工业	Smelting and Pressing of Ferrous Metals	-2.5	92.8	47.6
有色金属冶炼和压延加工业	Smelting and Pressing of Non-ferrous Metals	4.0	104.7	63.6
金属制品业	Manufacture of Metal Products	5.5	104.6	68.5
通用设备制造业	Manufacture of General Purpose Machinery	4.5	103.2	55.0
专用设备制造业	Manufacture of Special Purpose Machinery	4.1	65.3	53.1
汽车制造业	Manufacture of Automobiles	2.2	93.3	65.9
铁路、船舶、航空航天和其他运输设备制造业	Manufacture of Railway, Ship, Aerospace and Other Transport Equipment	6.9	104.4	80.6
电气机械及器材制造业	Manufacture of Electrical Machinery and Apparatus	1.6	110.6	76.6
计算机、通信和其他电子设备制造业	Manufacture of Computers, Communication and Other Electronic Equipment	3.6	84.8	42.7
仪器仪表制造业	Manufacture of Measuring Instruments and Machinery	9.3	110.0	61.1
其他制造业	Other Manufacture	3.7		57.8
废弃资源综合利用业	Utilization of Waste Resources	7.3	100.0	31.3
金属制品、机械和设备修理业	Repair Service of Metal Products, Machinery and Equipment	10.8	110.0	42.7
电力、热力的生产和供应业	Production and Supply of Electric Power and Heat Power	4.7	101.9	58.6
燃气生产和供应业	Production and Supply of Gas	6.8	108.2	55.3
水的生产和供应业	Production and Supply of Water	1.7	108.4	46.8

12-9 续表 2 continued

单位： % (%)

指　标	Item	流动资产周转率(次) Turnover Ratio of Circulating Assets (time)	成本费用利润率 Ratio of Profits to Cost	产　品销售率 Sales as Percentage of Output
总　计	**Total**	**1.4**	**3.8**	**97.4**
按轻、重工业分	**By Light and Heavy Industries**			
轻工业	Light Industry	1.6	13.3	98.8
重工业	Heavy Industry	1.4	3.2	97.3
按企业规模分	**By Size**			
大型企业	Large	1.6	2.0	97.3
中型企业	Medium	1.3	7.0	98.7
小型微型企业	Small & Mini	1.2	5.6	96.8
按行业分	**By Sector**			
煤炭开采和洗选业	Mining and Washing of Coal			
石油和天然气开采业	Extraction of Petroleum and Natural Gas	1.8	53.4	99.8
黑色金属矿采选业	Mining and Processing of Ferrous Metal Ores			
有色金属矿采选业	Mining and Processing of Non-ferrous Metal Ores			
非金属矿采选业	Mining and Processing of Non-metal Ores	0.4	7.8	99.8
开采辅助活动	Support Activities for Mining			
其他采矿业	Mining of Other Ores			
农副食品加工业	Processing of Food from Agricultural Products	0.7	19.4	93.7
食品制造业	Manufacture of Foods	2.9	6.1	99.0
酒、饮料和精制茶制造业	Manufacture of Liquor, Beverages and Refined Tea	1.3	-4.3	61.5
烟草制品业	Manufacture of Tobacco	2.0	28.7	99.6
纺织业	Manufacture of Textile	1.7	-11.9	95.0
纺织服装、服饰业	Manufacture of Textile Wearing Apparel and Accessories	0.9	1.0	100.0
皮革、毛皮、羽毛及其制品和制鞋业	Manufacture of Leather, Fur, Feather and Related Products and Footwear	0.5	0.9	89.8
木材加工和木、竹、藤、棕、草制品业	Processing of Timber, Manufacture of Wood, Bamboo, Rattan, Palm and Straw Products			
家具制造业	Manufacture of Furniture			
造纸及纸制品业	Manufacture of Paper and Paper Products	1.5	2.9	92.6
印刷和记录媒介复制业	Printing and Reproduction of Recording Media	1.3	5.0	98.3

12-9 续表 3 continued

单位：% (%)

指 标	Item	流动资产周转率(次) Turnover Ratio of Circulating Assets (time)	成本费用利润率 Ratio of Profits to Cost	产品销售率 Sales as Percentage of Output
文教、工美、体育和娱乐用品制造业	Manufacture of Articles for Culture, Education, Arts and Crafts, Sport and Entertainment Activities			
石油、煤炭及其他燃料加工业	Processing of Petroleum, Coking and Processing of Nuclear Fuel	3.7	8.8	97.0
化学原料和化学制品制造业	Manufacture of Raw Chemical Materials and Chemical Products	1.6	4.0	94.9
医药制造业	Manufacture of Medicines	1.7	9.8	101.2
化学纤维制造业	Manufacture of Chemical Fibres	0.2	-19.9	
橡胶和塑料制品业	Manufacture of Rubber and Plastics Products	3.0	5.3	98.0
非金属矿物制品业	Manufacture of Non-metallic Mineral Products	1.0	3.8	97.4
黑色金属冶炼和压延加工业	Smelting and Pressing of Ferrous Metals	5.4	-3.9	97.8
有色金属冶炼和压延加工业	Smelting and Pressing of Non-ferrous Metals	1.9	3.2	97.0
金属制品业	Manufacture of Metal Products	1.1	5.1	104.1
通用设备制造业	Manufacture of General Purpose Machinery	0.7	5.4	97.8
专用设备制造业	Manufacture of Special Purpose Machinery	0.6	8.4	88.3
汽车制造业	Manufacture of Automobiles	1.4	-1.0	95.8
铁路、船舶、航空航天和其他运输设备制造业	Manufacture of Railway, Ship, Aerospace and Other Transport Equipment	1.4	6.1	99.4
电气机械及器材制造业	Manufacture of Electrical Machinery and Apparatus	0.8	0.6	98.9
计算机、通信和其他电子设备制造业	Manufacture of Computers, Communication and Other Electronic Equipment	1.1	9.0	94.8
仪器仪表制造业	Manufacture of Measuring Instruments and Machinery	1.0	10.3	97.8
其他制造业	Other Manufacture	0.6	7.3	
废弃资源综合利用业	Utilization of Waste Resources	3.6	0.2	100.0
金属制品、机械和设备修理业	Repair Service of Metal Products, Machinery and Equipment	1.6	4.8	95.0
电力、热力的生产和供应业	Production and Supply of Electric Power and Heat Power	2.7	4.2	99.9
燃气生产和供应业	Production and Supply of Gas	2.8	4.5	100.2
水的生产和供应业	Production and Supply of Water	0.4	9.0	98.0

12-9 续表 4 continued

单位：% (%)

指 标	Item	销售利润率 Rate of Return on Sale	流动比率 Current Ratio	速动比率 Quick Ratio
总 计	**Total**	**3.4**	**1.1**	**1.0**
按轻、重工业分	**By Light and Heavy Industries**			
轻工业	Light Industry	8.7	1.9	1.2
重工业	Heavy Industry	3.0	1.1	1.0
按企业规模分	**By Size**			
大型企业	Large	1.8	1.1	1.0
中型企业	Medium	6.3	1.1	0.9
小型微型企业	Small & Mini	5.2	1.2	1.0
按行业分	**By Sector**			
煤炭开采和洗选业	Mining and Washing of Coal			
石油和天然气开采业	Extraction of Petroleum and Natural Gas	33.6	0.9	0.9
黑色金属矿采选业	Mining and Processing of Ferrous Metal Ores			
有色金属矿采选业	Mining and Processing of Non-ferrous Metal Ores			
非金属矿采选业	Mining and Processing of Non-metal Ores	7.1	1.7	1.7
开采辅助活动	Support Activities for Mining			
其他采矿业	Mining of Other Ores			
农副食品加工业	Processing of Food from Agricultural Products	16.4	4.0	3.4
食品制造业	Manufacture of Foods	5.8	1.3	0.8
酒、饮料和精制茶制造业	Manufacture of Liquor, Beverages and Refined Tea	-4.2	0.4	0.3
烟草制品业	Manufacture of Tobacco	9.3	4.9	1.6
纺织业	Manufacture of Textile	-12.4	0.4	0.4
纺织服装、服饰业	Manufacture of Textile Wearing Apparel and Accessories	1.1	2.4	1.9
皮革、毛皮、羽毛及其制品和制鞋业	Manufacture of Leather, Fur, Feather and Related Products and Footwear	0.9	1.6	1.0
木材加工和木、竹、藤、棕、草制品业	Processing of Timber, Manufacture of Wood, Bamboo, Rattan, Palm and Straw Products			
家具制造业	Manufacture of Furniture			
造纸及纸制品业	Manufacture of Paper and Paper Products	2.8	1.9	1.0
印刷和记录媒介复制业	Printing and Reproduction of Recording Media	4.6	1.6	1.2

12-9 续表 5 continued

单位：% (%)

指　　标	Item	销售利润率 Rate of Return on Sale	流动比率 Current Ratio	速动比率 Quick Ratio
文教、工美、体育和娱乐用品制造业	Manufacture of Articles for Culture, Education, Arts and Crafts, Sport and Entertainment Activities			
石油、煤炭及其他燃料加工业	Processing of Petroleum, Coking and Processing of Nuclear Fuel	7.8	2.1	1.0
化学原料和化学制品制造业	Manufacture of Raw Chemical Materials and Chemical Products	3.6	0.9	0.8
医药制造业	Manufacture of Medicines	8.7	0.9	0.6
化学纤维制造业	Manufacture of Chemical Fibres	-25.0	3.9	3.9
橡胶和塑料制品业	Manufacture of Rubber and Plastics Products	4.2	1.1	0.8
非金属矿物制品业	Manufacture of Non-metallic Mineral Products	3.6	0.9	0.8
黑色金属冶炼和压延加工业	Smelting and Pressing of Ferrous Metals	-3.7	0.5	0.3
有色金属冶炼和压延加工业	Smelting and Pressing of Non-ferrous Metals	3.0	1.1	0.8
金属制品业	Manufacture of Metal Products	4.7	1.2	1.0
通用设备制造业	Manufacture of General Purpose Machinery	4.9	1.6	1.3
专用设备制造业	Manufacture of Special Purpose Machinery	7.6	1.7	1.5
汽车制造业	Manufacture of Automobiles	-0.9	1.2	1.1
铁路、船舶、航空航天和其他运输设备制造业	Manufacture of Railway, Ship, Aerospace and Other Transport Equipment	5.6	1.0	0.8
电气机械及器材制造业	Manufacture of Electrical Machinery and Apparatus	0.6	1.4	1.3
计算机、通信和其他电子设备制造业	Manufacture of Computers, Communication and Other Electronic Equipment	7.9	1.3	1.1
仪器仪表制造业	Manufacture of Measuring Instruments and Machinery	9.3	1.4	1.1
其他制造业	Other Manufacture	7.0	1.3	1.1
废弃资源综合利用业	Utilization of Waste Resources	0.2	2.0	1.9
金属制品、机械和设备修理业	Repair Service of Metal Products, Machinery and Equipment	4.6	2.2	1.8
电力、热力的生产和供应业	Production and Supply of Electric Power and Heat Power	4.0	0.6	0.6
燃气生产和供应业	Production and Supply of Gas	4.3	1.1	1.0
水的生产和供应业	Production and Supply of Water	8.4	1.5	1.4

12-9 续表 6 continued

单位：% (%)

指 标	Item	产权比率 Equity Ratio	人均实现利税（元） Per Capita Pre-tax Profits (yuan)	从业人员人均工资（元） Per Capita Wages of Employees (yuan)
总 计	**Total**	**1.3**	**223684**	**212812**
按轻、重工业分	**By Light and Heavy Industries**			
轻工业	Light Industry	0.6	842841	191916
重工业	Heavy Industry	1.3	159705	214971
按企业规模分	**By Size**			
大型企业	Large	1.2	227797	214459
中型企业	Medium	1.4	222845	192090
小型微型企业	Small & Mini	1.4	211733	235119
按行业分	**By Sector**			
煤炭开采和洗选业	Mining and Washing of Coal			
石油和天然气开采业	Extraction of Petroleum and Natural Gas	0.4	3324888	284105
黑色金属矿采选业	Mining and Processing of Ferrous Metal Ores			
有色金属矿采选业	Mining and Processing of Non-ferrous Metal Ores			
非金属矿采选业	Mining and Processing of Non-metal Ores	0.7	253286	164335
开采辅助活动	Support Activities for Mining			
其他采矿业	Mining of Other Ores			
农副食品加工业	Processing of Food from Agricultural Products	0.3	234688	102391
食品制造业	Manufacture of Foods	1.2	133097	163940
酒、饮料和精制茶制造业	Manufacture of Liquor, Beverages and Refined Tea	3.9	6823	82610
烟草制品业	Manufacture of Tobacco	0.2	5353666	418095
纺织业	Manufacture of Textile	-13.0	-151210	100510
纺织服装、服饰业	Manufacture of Textile Wearing Apparel and Accessories	0.5	53110	120470
皮革、毛皮、羽毛及其制品和制鞋业	Manufacture of Leather, Fur, Feather and Related Products and Footwear	1.5	19796	67771
木材加工和木、竹、藤、棕、草制品业	Processing of Timber, Manufacture of Wood, Bamboo, Rattan,Palm and Straw Products			
家具制造业	Manufacture of Furniture			
造纸及纸制品业	Manufacture of Paper and Paper Products	0.5	56747	115490
印刷和记录媒介复制业	Printing and Reproduction of Recording Media	0.6	148811	448734

12-9 续表 7 continued

单位：% (%)

指 标	Item	产权比率 Equity Ratio	人均实现利税（元） Per Capita Pre-tax Profits (yuan)	从业人员人均工资（元） Per Capita Wages of Employees (yuan)
文教、工美、体育和娱乐用品制造业	Manufacture of Articles for Culture, Education, Arts and Crafts, Sport and Entertainment Activities			
石油、煤炭及其他燃料加工业	Processing of Petroleum, Coking and Processing of Nuclear Fuel	0.7	649154	311852
化学原料和化学制品制造业	Manufacture of Raw Chemical Materials and Chemical Products	1.2	150889	228662
医药制造业	Manufacture of Medicines	2.3	216478	172427
化学纤维制造业	Manufacture of Chemical Fibres	0.3		
橡胶和塑料制品业	Manufacture of Rubber and Plastics Products	3.2	161991	150335
非金属矿物制品业	Manufacture of Non-metallic Mineral Products	2.0	116133	171525
黑色金属冶炼和压延加工业	Smelting and Pressing of Ferrous Metals	0.9	-192051	241233
有色金属冶炼和压延加工业	Smelting and Pressing of Non-ferrous Metals	1.8	292456	433458
金属制品业	Manufacture of Metal Products	2.2	147168	212182
通用设备制造业	Manufacture of General Purpose Machinery	1.1	97681	164016
专用设备制造业	Manufacture of Special Purpose Machinery	1.1	174703	158412
汽车制造业	Manufacture of Automobiles	1.9	88192	230443
铁路、船舶、航空航天和其他运输设备制造业	Manufacture of Railway, Ship, Aerospace and Other Transport Equipment	2.8	99551	232652
电气机械及器材制造业	Manufacture of Electrical Machinery and Apparatus	3.3	75800	170616
计算机、通信和其他电子设备制造业	Manufacture of Computers, Communication and Other Electronic Equipment	0.8	169459	161954
仪器仪表制造业	Manufacture of Measuring Instruments and Machinery	1.6	163041	184136
其他制造业	Other Manufacture	1.3	74857	203365
废弃资源综合利用业	Utilization of Waste Resources	0.5	74217	138897
金属制品、机械和设备修理业	Repair Service of Metal Products, Machinery and Equipment	0.7		
电力、热力的生产和供应业	Production and Supply of Electric Power and Heat Power	1.4	199294	210313
燃气生产和供应业	Production and Supply of Gas	1.2	253037	280142
水的生产和供应业	Production and Supply of Water	0.9	96868	180279

12-10 私营工业企业主要经济指标(2023年)

单位：万元

指　　标	Item	单位数 (个) Number of Enterprises (unit)
总　计	**Total**	**6389**
按登记注册类型分	**By Status of Registration**	
私营独资企业	Solely Private-funded Enterprises	91
私营合伙企业	Private Partnership Enterprises	15
私营有限责任公司	Private Limited Liability Companies	5994
私营股份有限公司	Private Share-holding Companies	289
按轻、重工业分	**By Light and Heavy Industries**	
轻工业	Light Industry	1993
重工业	Heavy Industry	4396
按企业规模分	**By Size**	
大型企业	Large	66
中型企业	Medium	485
小型微型企业	Small & Mini	5838
按行业分	**By Sector**	
煤炭开采和洗选业	Mining and Washing of Coal	16
石油和天然气开采业	Extraction of Petroleum and Natural Gas	2
黑色金属矿采选业	Mining and Processing of Ferrous Metal Ores	
有色金属矿采选业	Mining and Processing of Non-ferrous Metal Ores	
非金属矿采选业	Mining and Processing of Non-metal Ores	130
开采辅助活动	Support Activities for Mining	
其他采矿业	Mining of Other Ores	
农副食品加工业	Processing of Food from Agricultural Products	480
食品制造业	Manufacture of Foods	192
酒、饮料和精制茶制造业	Manufacture of Liquor, Beverages and Refined Tea	62
烟草制品业	Manufacture of Tobacco	
纺织业	Manufacture of Textile	46
纺织服装、服饰业	Manufacture of Textile Wearing Apparel and Accessories	46
皮革、毛皮、羽毛及其制品和制鞋业	Manufacture of Leather, Fur, Feather and Related Products and Footwear	48
木材加工和木、竹、藤、棕、草制品业	Processing of Timber, Manufacture of Wood, Bamboo, Rattan, Palm and Straw Products	90

Main Economic Indicators of Private Industrial Enterprises (2023)

(10 000 yuan)

从业人员平均人数(万人) Average Employment (10 000 persons)	工业总产值 Gross Output Value	实收资本 Paid-in Capital	#国家资本 State Capital	#外商资本 Foreign Capital	资产 Total Assets	#流动资产 Circulating Assets
86.01	**130269687.2**	**17774032.2**	**647899.2**	**14603.7**	**124968424.8**	**70873272.7**
0.68	64.1	1.9	0.1		45.7	20.5
0.09	4.9	0.7			3.4	2.4
81.65	11877.0	1568.6	63.2	1.4	10768.7	6171.2
8.36	1081.1	206.2	1.6	0.0	1679.1	893.3
24.67	31171243.8	3729848.1	8544.7	750.0	30792144.0	17153518.7
61.33	99098443.4	14044184.1	639354.5	13853.7	94176280.8	53719754.0
14.48	34500803.6	4426559.3	178791.4		32370172.9	22440525.8
25.11	34740641.3	4022677.3	14176.3		36990249.6	19035483.0
46.41	61028242.3	9324795.6	454931.5	14603.7	55608002.3	29397263.9
0.06	230495.5	9484.2			317654.1	47269.3
0.0200	84277.7	200.0			51621.6	13500.2
0.67	847173.2	165964.3	350.0		2136743.4	628556.4
3.63	6534525.1	460182.8	34.0		3440970.8	1585247.0
2.49	2515087.9	272692.2	1981.0		2112887.1	1045840.9
0.65	913438.7	198493.1			862516.9	437343.4
0.53	483940.4	52635.6			412573.2	205514.9
0.88	379784.3	48745.4	4.0		228988.4	150161.2
0.66	425147.4	34728.8			225899.3	166629.2
0.78	1192777.0	60987.2	800.0		827169.5	256140.7

12-10 续表 1

单位：万元

指　　标	Item	单位数 (个) Number of Enterprises (unit)
家具制造业	Manufacture of Furniture	94
造纸及纸制品业	Manufacture of Paper and Paper Products	100
印刷和记录媒介复制业	Printing and Reproduction of Recording Media	97
文教、工美、体育和娱乐用品制造业	Manufacture of Articles for Culture, Education, Arts and Crafts, Sport and Entertainment Activities	58
石油、煤炭及其他燃料加工业	Processing of Petroleum, Coking and Processing of Nuclear Fuel	17
化学原料和化学制品制造业	Manufacture of Raw Chemical Materials and Chemical Products	192
医药制造业	Manufacture of Medicines	145
化学纤维制造业	Manufacture of Chemical Fibres	11
橡胶和塑料制品业	Manufacture of Rubber and Plastics Products	319
非金属矿物制品业	Manufacture of Non-metallic Mineral Products	690
黑色金属冶炼和压延加工业	Smelting and Pressing of Ferrous Metals	87
有色金属冶炼和压延加工业	Smelting and Pressing of Non-ferrous Metals	136
金属制品业	Manufacture of Metal Products	377
通用设备制造业	Manufacture of General Purpose Machinery	412
专用设备制造业	Manufacture of Special Purpose Machinery	280
汽车制造业	Manufacture of Automobiles	879
铁路、船舶、航空航天和其他运输设备制造业	Manufacture of Railway, Ship, Aerospace and Other Transport Equipment	454
电气机械及器材制造业	Manufacture of Electrical Machinery and Apparatus	280
计算机、通信和其他电子设备制造业	Manufacture of Computers, Communication and Other Electronic Equipment	393
仪器仪表制造业	Manufacture of Measuring Instruments and Machinery	77
其他制造业	Other Manufacture	12
废弃资源综合利用业	Utilization of Waste Resources	46
金属制品、机械和设备修理业	Repair Service of Metal Products, Machinery and Equipment	5
电力、热力的生产和供应业	Production and Supply of Electric Power and Heat Power	28
燃气生产和供应业	Production and Supply of Gas	75
水的生产和供应业	Production and Supply of Water	13

continued

(10 000 yuan)

从业人员平均人数(万人) Average Employment (10 000 persons)	工业总产值 Gross Output Value	实收资本 Paid-in Capital	#国家资本 State Capital	#外商资本 Foreign Capital	资产 Total Assets	#流动资产 Circulating Assets
0.94	747629.7	98451.1			689947.7	296298.2
1.00	1870853.7	156688.4			1302639.8	582005.8
1.08	1437793.8	124383.2			1076247.5	423310.8
0.44	396688.4	33332.7			308682.2	122640.4
0.10	215756.7	33854.4			128033.0	213567.1
2.20	5155384.7	1038147.0	25950.0	13414.7	5468728.8	2504319.4
2.47	3819961.8	708997.4	2225.7		5293542.0	2573798.8
0.38	1043819.0	117454.0		750.0	1113161.1	567115.5
2.82	3590912.0	643079.2			3035765.5	1483944.4
6.53	8482085.6	1874401.5	50665.0	439.0	10508818.2	5766668.0
1.20	8187282.9	397457.1	25000.0		3714358.8	1794478.0
1.53	6345339.6	607579.0	1240.0		3498533.1	2056538.9
3.88	4376854.5	486727.9	300.0		3189530.0	1804276.1
4.78	4985384.8	579701.0	4898.6		4288816.5	2179809.0
3.28	4396375.4	475184.5	1614.0		4750183.9	2546639.9
16.40	20484112.8	3661358.5	63231.0		23559463.2	15113113.7
8.11	8463066.3	1075333.3	925.7		8333128.1	5065307.3
5.76	9781163.8	1126595.6	5582.7		13594414.6	9947522.6
10.73	18553940.1	2127477.9	170217.0		14789986.2	9311419.2
1.00	810078.3	162278.5	127.5		994113.8	614412.6
0.06	38636.8	10648.9			35910.9	23008.1
0.31	764591.5	80393.9	2940.8		499926.3	272525.4
0.03	11378.8	4326.9			12409.6	8758.4
0.18	693552.3	516967.4	241771.4		2445232.6	437495.5
0.37	1961020.0	261697.2	24115.0		1442053.9	506734.9
0.07	49376.7	67402.1	23925.8		277773.2	121361.5

12-10 续表 2

单位：万元

指　　标	Item	固定资产 Fixed Assets 原值 Original Value	固定资产 Fixed Assets 净值 Net Value
总　计	**Total**	**57318953.1**	**31442638.1**
按登记注册类型分	**By Status of Registration**		
私营独资企业	Solely Private-funded Enterprises	30.8	15.0
私营合伙企业	Private Partnership Enterprises	1.9	1.1
私营有限责任公司	Private Limited Liability Companies	5138.3	2993.9
私营股份有限公司	Private Share-holding Companies	560.9	330.4
按轻、重工业分	**By Light and Heavy Industries**		
轻工业	Light Industry	14446028.1	7880694.0
重工业	Heavy Industry	42872925.0	23561944.1
按企业规模分	**By Size**		
大型企业	Large	10547789.0	5912223.3
中型企业	Medium	18145899.3	9728257.0
小型微型企业	Small & Mini	28625264.8	15802157.8
按行业分	**By Sector**		
煤炭开采和洗选业	Mining and Washing of Coal	276950.7	84288.5
石油和天然气开采业	Extraction of Petroleum and Natural Gas	42461.2	38110.3
黑色金属矿采选业	Mining and Processing of Ferrous Metal Ores		
有色金属矿采选业	Mining and Processing of Non-ferrous Metal Ores		
非金属矿采选业	Mining and Processing of Non-metal Ores	583707.2	354533.9
开采辅助活动	Support Activities for Mining		
其他采矿业	Mining of Other Ores		
农副食品加工业	Processing of Food from Agricultural Products	2168589.3	1197162.1
食品制造业	Manufacture of Foods	961447.2	544566.6
酒、饮料和精制茶制造业	Manufacture of Liquor, Beverages and Refined Tea	452282.3	269951.1
烟草制品业	Manufacture of Tobacco		
纺织业	Manufacture of Textile	268796.1	124548.0
纺织服装、服饰业	Manufacture of Textile Wearing Apparel and Accessories	93513.8	63206.3
皮革、毛皮、羽毛及其制品和制鞋业	Manufacture of Leather, Fur, Feather and Related Products and Footwear	107663.8	54885.7
木材加工和木、竹、藤、棕、草制品业	Processing of Timber, Manufacture of Wood, Bamboo, Rattan, Palm and Straw Products	840377.6	517134.8

continued

(10 000 yuan)

负　债 Total Liabilities	#流动负债 Total Circulating Liabilities	所有者权益 Creditors' Equity	营业收入 Revenue	营业成本 Cost	税金及附加 Tax and Extra Charges	利润总额 Total After-tax Profits	利税总额 Total Pre-tax Profits	应付薪酬 Total Wages
73476356.1	**57801247.3**	**51491361.8**	**131763532.1**	**110100982.4**	**826531.8**	**7568230.4**	**10756841.9**	**10263543.9**
19.6	13.8	26.1	62.0	50.4	0.7	4.5	6.9	6.8
1.0	0.7	2.4	4.6	3.5	0.0	0.4	0.6	0.7
6683.5	5296.4	4085.2	12045.0	10136.4	75.8	653.2	940.8	913.1
643.6	469.2	1035.4	1064.7	819.8	6.2	98.7	127.4	105.8
15821466.9	12559284.9	14970668.0	30547600.7	24140471.1	262247.4	2770236.7	3682146.0	2833510.6
57654889.2	45241962.4	36520693.8	101215931.4	85960511.3	564284.4	4797993.7	7074695.9	7430033.3
22326368.7	19898811.4	10043803.8	35836720.5	31215600.1	210424.7	824151.9	1506954.7	2007858.0
20419449.1	14473983.3	16570798.0	35817038.1	29106455.6	263840.1	3238022.7	4227559.0	3128960.6
30730538.3	23428452.6	24876760.0	60109773.5	49778926.7	352267.0	3506055.8	5022328.2	5126725.3
123573.4	107011.9	194080.7	244084.7	206987.9	498.4	17909.9	21555.6	6458.3
25725.7	7755.5	25895.9	84874.8	70906.8	186.8	6928.3	8557.0	1909.0
1144534.8	838023.8	992208.2	817254.1	615913.9	31448.4	49400.5	112307.9	66841.4
1687104.2	1252847.5	1753864.2	6350756.5	5435019.4	21119.1	354448.9	476757.3	419049.6
899666.6	623302.2	1213219.5	2476412.8	1896121.1	13122.8	258817.0	339886.6	247745.0
382065.5	297258.2	480451.6	870830.1	583455.2	114412.8	83105.6	222433.4	67550.9
247446.3	196116.9	165126.6	478716.4	406006.5	2039.2	29355.2	40087.8	54900.4
109838.0	98858.5	119150.4	363854.5	295340.7	1480.6	22752.7	31773.0	72837.2
105088.0	86148.3	120811.2	418401.0	353218.6	1096.5	29199.7	37080.3	55228.4
326476.3	213405.6	500693.1	1141829.2	925524.2	3797.8	62339.8	78254.0	119616.3

12-10 续表 3

单位：万元

指标	Item	固定资产 Fixed Assets 原值 Original Value	净值 Net Value
家具制造业	Manufacture of Furniture	477419.2	268900.6
造纸及纸制品业	Manufacture of Paper and Paper Products	916103.6	626057.6
印刷和记录媒介复制业	Printing and Reproduction of Recording Media	806933.9	402705.3
文教、工美、体育和娱乐用品制造业	Manufacture of Articles for Culture, Education, Arts and Crafts, Sport and Entertainment Activities	149462.4	98753.7
石油、煤炭及其他燃料加工业	Processing of Petroleum, Coking and Processing of Nuclear Fuel	86304.4	49559.1
化学原料和化学制品制造业	Manufacture of Raw Chemical Materials and Chemical Products	3437528.6	1928988.4
医药制造业	Manufacture of Medicines	2734140.1	1324916.1
化学纤维制造业	Manufacture of Chemical Fibres	697517.7	224705.1
橡胶和塑料制品业	Manufacture of Rubber and Plastics Products	1955122.7	1135752.1
非金属矿物制品业	Manufacture of Non-metallic Mineral Products	4921266.8	2714886.0
黑色金属冶炼和压延加工业	Smelting and Pressing of Ferrous Metals	2080958.7	1186471.3
有色金属冶炼和压延加工业	Smelting and Pressing of Non-ferrous Metals	1486272.6	993920.1
金属制品业	Manufacture of Metal Products	1667304.2	912586.5
通用设备制造业	Manufacture of General Purpose Machinery	2416689.1	1242834.5
专用设备制造业	Manufacture of Special Purpose Machinery	1944293.9	1047835.7
汽车制造业	Manufacture of Automobiles	9130176.4	4644017.3
铁路、船舶、航空航天和其他运输设备制造业	Manufacture of Railway, Ship, Aerospace and Other Transport Equipment	3283890.8	1761678.0
电气机械及器材制造业	Manufacture of Electrical Machinery and Apparatus	2862271.8	1533372.1
计算机、通信和其他电子设备制造业	Manufacture of Computers, Communication and Other Electronic Equipment	6786027.9	3793153.0
仪器仪表制造业	Manufacture of Measuring Instruments and Machinery	325775.1	176907.2
其他制造业	Other Manufacture	17059.9	10088.4
废弃资源综合利用业	Utilization of Waste Resources	429349.8	188741.5
金属制品、机械和设备修理业	Repair Service of Metal Products, Machinery and Equipment	4827.5	795.0
电力、热力的生产和供应业	Production and Supply of Electric Power and Heat Power	1814035.3	1294048.0
燃气生产和供应业	Production and Supply of Gas	925855.1	527931.1
水的生产和供应业	Production and Supply of Water	166576.4	104647.1

continued

(10 000 yuan)

负 债 Total Liabilities	#流动负债 Total Circulating Liabilities	所有者权益 Creditors' Equity	营业收入 Revenue	营业成本 Cost	税金及附加 Tax and Extra Charges	利润总额 Total After-tax Profits	利税总额 Total Pre-tax Profits	应付薪酬 Total Wages
326857.6	223473.6	363090.2	723802.5	568664.8	4339.4	35926.8	56069.4	96445.9
688839.7	456412.5	613799.4	1853409.3	1609840.6	5115.9	97995.8	120315.1	136884.8
512873.9	393017.1	563373.4	1393201.4	1104861.8	9248.0	116800.6	154154.5	141022.9
159272.7	95414.7	149408.9	384536.4	292420.0	3199.1	52613.3	67831.2	43009.5
65334.6	50952.9	62697.6	193950.4	150639.0	1124.2	9307.9	12828.6	13512.1
2798786.2	2280881.4	2669941.2	5055654.7	3881954.9	23125.6	376675.7	474283.7	345438.5
1891322.6	1397292.6	3402218.0	3489009.4	2138782.3	24152.4	417961.4	545036.6	363691.8
434968.5	338730.4	678192.6	1026116.2	752027.3	3121.0	74719.6	85301.1	101959.1
1595759.7	1126881.7	1440003.6	3470073.4	2857229.7	24525.6	275931.9	384849.9	313689.0
6137697.1	4869686.9	4370447.9	8191511.3	6703008.3	61994.0	456419.1	713636.0	729178.4
2429527.1	1752139.3	1284831.8	8180951.1	6834574.2	17486.8	289545.4	336682.0	197689.3
2074529.5	1254848.8	1424002.8	6432096.0	5676081.5	17633.6	316006.0	449194.5	239976.2
1793694.9	1331764.5	1395833.4	4289542.0	3584968.7	18816.7	313364.6	415715.6	472895.9
2228799.6	1723579.8	2060013.3	4956277.3	4008587.3	28872.7	358985.0	516033.7	572192.7
1917233.9	1536182.6	2832948.8	4360844.6	3331649.2	29148.0	390847.1	500636.8	452836.0
16734224.4	14271650.0	6825235.4	22032092.5	19183948.0	191266.8	176567.2	756514.9	1913386.7
4425707.3	3801427.8	3907417.0	8408868.4	7146763.4	49506.7	641137.4	887896.2	851449.2
9492911.0	7832386.8	4101501.3	11556531.3	9918752.1	42524.3	1104590.0	1346423.9	636733.8
9341989.3	7558875.2	5447994.2	18267099.1	16080992.7	62717.5	860223.9	1173982.7	1251155.9
472467.6	379693.9	521645.2	801562.0	590114.6	4984.8	72986.6	103266.9	106725.3
17987.3	15826.1	17923.5	36277.6	29017.7	165.0	3008.2	4232.5	4846.5
259128.8	201036.7	240797.0	726204.0	601533.3	2167.1	43300.7	58793.8	57822.6
6242.5	4888.4	6166.9	11256.2	7922.3	57.2	1079.1	1765.6	3133.7
1610661.9	703047.2	834570.6	697506.0	539681.7	4943.1	80873.4	114902.2	43872.1
830911.8	401491.6	611141.4	1922011.7	1671044.3	6741.7	82246.8	101416.6	51783.6
177107.8	78936.4	100665.0	56133.2	47428.4	352.2	4859.3	6385.0	10075.9

12-11 私营工业企业经济效益指标(2023年)
Indicators on Economic Benefit of Private Industrial Enterprises (2023)

单位：% (%)

指标	Item	总资产贡献率 Ratio of Total Assets to Industrial Output Value	资本保值增值率 Ratio of Assets Appreciation YOY	资产负债率 Asset-liability Ratio
总计	**Total**	**9.0**	**102.1**	**58.8**
按轻、重工业分	**By Light and Heavy Industries**			
轻工业	Light Industry	12.2	101.2	51.4
重工业	Heavy Industry	7.9	102.5	61.2
按企业规模分	**By Size**			
大型企业	Large	4.6	102.4	69.0
中型企业	Medium	11.8	108.7	55.2
小型微型企业	Small & Mini	9.6	97.5	55.3
按行业分	**By Sector**			
煤炭开采和洗选业	Mining and Washing of Coal	6.9	96.0	38.9
石油和天然气开采业	Extraction of Petroleum and Natural Gas	16.7	196.9	49.8
黑色金属矿采选业	Mining and Processing of Ferrous Metal Ores			
有色金属矿采选业	Mining and Processing of Non-ferrous Metal Ores			
非金属矿采选业	Mining and Processing of Non-metal Ores	5.7	86.2	53.6
开采辅助活动	Support Activities for Mining			
其他采矿业	Mining of Other Ores			
农副食品加工业	Processing of Food from Agricultural Products	14.5	83.3	49.0
食品制造业	Manufacture of Foods	16.7	95.9	42.6
酒、饮料和精制茶制造业	Manufacture of Liquor, Beverages and Refined Tea	26.5	84.4	44.3
烟草制品业	Manufacture of Tobacco			
纺织业	Manufacture of Textile	10.7	75.6	60.0
纺织服装、服饰业	Manufacture of Textile Wearing Apparel and Accessories	14.4	90.6	48.0
皮革、毛皮、羽毛及其制品和制鞋业	Manufacture of Leather, Fur, Feather and Related Products and Footwear	16.9	99.9	46.5
木材加工和木、竹、藤、棕、草制品业	Processing of Timber, Manufacture of Wood, Bamboo, Rattan, Palm and Straw Products	9.6	93.0	39.5
家具制造业	Manufacture of Furniture	8.9	91.3	47.4
造纸及纸制品业	Manufacture of Paper and Paper Products	9.7	93.3	52.9
印刷和记录媒介复制业	Printing and Reproduction of Recording Media	15.1	106.8	47.7

12-11 续表 1 continued

单位：% (%)

指标	Item	总资产贡献率 Ratio of Total Assets to Industrial Output Value	资本保值增值率 Ratio of Assets Appreciation YOY	资产负债率 Asset-liability Ratio
文教、工美、体育和娱乐用品制造业	Manufacture of Articles for Culture, Education, Arts and Crafts, Sport and Entertainment Activities	22.3	104.5	51.6
石油、煤炭及其他燃料加工业	Processing of Petroleum, Coking and Processing of Nuclear Fuel	10.8	57.1	51.0
化学原料和化学制品制造业	Manufacture of Raw Chemical Materials and Chemical Products	9.0	102.8	51.2
医药制造业	Manufacture of Medicines	10.4	107.5	35.7
化学纤维制造业	Manufacture of Chemical Fibres	7.4	111.1	39.1
橡胶和塑料制品业	Manufacture of Rubber and Plastics Products	13.1	84.4	52.6
非金属矿物制品业	Manufacture of Non-metallic Mineral Products	7.4	101.5	58.4
黑色金属冶炼和压延加工业	Smelting and Pressing of Ferrous Metals	9.5	183.2	65.4
有色金属冶炼和压延加工业	Smelting and Pressing of Non-ferrous Metals	13.7	92.6	59.3
金属制品业	Manufacture of Metal Products	13.6	98.7	56.2
通用设备制造业	Manufacture of General Purpose Machinery	12.5	99.6	52.0
专用设备制造业	Manufacture of Special Purpose Machinery	10.4	103.2	40.4
汽车制造业	Manufacture of Automobiles	3.6	111.5	71.0
铁路、船舶、航空航天和其他运输设备制造业	Manufacture of Railway, Ship, Aerospace and Other Transport Equipment	10.9	102.8	53.1
电气机械及器材制造业	Manufacture of Electrical Machinery and Apparatus	10.2	114.7	69.8
计算机、通信和其他电子设备制造业	Manufacture of Computers, Communication and Other Electronic Equipment	7.8	93.8	63.2
仪器仪表制造业	Manufacture of Measuring Instruments and Machinery	10.8	117.7	47.5
其他制造业	Other Manufacture	12.3	46.3	50.1
废弃资源综合利用业	Utilization of Waste Resources	13.0	93.8	51.8
金属制品、机械和设备修理业	Repair Service of Metal Products, Machinery and Equipment	14.7	104.3	50.3
电力、热力的生产和供应业	Production and Supply of Electric Power and Heat Power	6.5	66.4	65.9
燃气生产和供应业	Production and Supply of Gas	7.5	105.1	57.6
水的生产和供应业	Production and Supply of Water	2.3	123.9	63.8

12-11 续表 2 continued

单位：% (%)

指标	Item	流动资产周转率(次) Turnover Ratio of Circulating Assets (time)	成本费用利润率 Ratio of Profits to Cost	产品销售率 Sales as Percentage of Output
总计	**Total**	**1.9**	**6.4**	**95.9**
按轻、重工业分	**By Light and Heavy Industries**			
轻工业	Light Industry	1.8	10.4	95.5
重工业	Heavy Industry	1.9	5.2	96.0
按企业规模分	**By Size**			
大型企业	Large	1.6	2.5	94.0
中型企业	Medium	1.9	10.3	95.0
小型微型企业	Small & Mini	2.0	6.5	97.2
按行业分	**By Sector**			
煤炭开采和洗选业	Mining and Washing of Coal	5.2	8.1	99.5
石油和天然气开采业	Extraction of Petroleum and Natural Gas	6.3	9.6	100.8
黑色金属矿采选业	Mining and Processing of Ferrous Metal Ores			
有色金属矿采选业	Mining and Processing of Non-ferrous Metal Ores			
非金属矿采选业	Mining and Processing of Non-metal Ores	1.3	6.8	98.6
开采辅助活动	Support Activities for Mining			
其他采矿业	Mining of Other Ores			
农副食品加工业	Processing of Food from Agricultural Products	4.0	6.2	95.4
食品制造业	Manufacture of Foods	2.4	12.1	95.8
酒、饮料和精制茶制造业	Manufacture of Liquor, Beverages and Refined Tea	2.0	12.6	94.9
烟草制品业	Manufacture of Tobacco			
纺织业	Manufacture of Textile	2.3	6.7	97.8
纺织服装、服饰业	Manufacture of Textile Wearing Apparel and Accessories	2.4	6.9	96.8
皮革、毛皮、羽毛及其制品和制鞋业	Manufacture of Leather, Fur, Feather and Related Products and Footwear	2.5	7.7	97.5
木材加工和木、竹、藤、棕、草制品业	Processing of Timber, Manufacture of Wood, Bamboo, Rattan, Palm and Straw Products	4.5	6.2	98.5
家具制造业	Manufacture of Furniture	2.4	5.4	96.9
造纸及纸制品业	Manufacture of Paper and Paper Products	3.2	5.7	98.7
印刷和记录媒介复制业	Printing and Reproduction of Recording Media	3.3	9.6	98.9

12-11 续表 3 continued

单位：% (%)

指　　标	Item	流动资产周转率(次) Turnover Ratio of Circulating Assets (time)	成本费用利润率 Ratio of Profits to Cost	产品销售率 Sales as Percentage of Output
文教、工美、体育和娱乐用品制造业	Manufacture of Articles for Culture, Education, Arts and Crafts, Sport and Entertainment Activities	3.1	16.7	99.2
石油、煤炭及其他燃料加工业	Processing of Petroleum, Coking and Processing of Nuclear Fuel	0.9	5.9	99.3
化学原料和化学制品制造业	Manufacture of Raw Chemical Materials and Chemical Products	2.0	9.0	85.4
医药制造业	Manufacture of Medicines	1.4	14.4	90.8
化学纤维制造业	Manufacture of Chemical Fibres	1.8	9.7	83.5
橡胶和塑料制品业	Manufacture of Rubber and Plastics Products	2.3	9.0	96.2
非金属矿物制品业	Manufacture of Non-metallic Mineral Products	1.4	6.1	93.3
黑色金属冶炼和压延加工业	Smelting and Pressing of Ferrous Metals	4.6	4.2	98.3
有色金属冶炼和压延加工业	Smelting and Pressing of Non-ferrous Metals	3.1	5.4	97.7
金属制品业	Manufacture of Metal Products	2.4	8.2	97.9
通用设备制造业	Manufacture of General Purpose Machinery	2.3	8.2	98.1
专用设备制造业	Manufacture of Special Purpose Machinery	1.7	10.5	97.5
汽车制造业	Manufacture of Automobiles	1.5	0.9	97.9
铁路、船舶、航空航天和其他运输设备制造业	Manufacture of Railway, Ship, Aerospace and Other Transport Equipment	1.7	8.4	94.6
电气机械及器材制造业	Manufacture of Electrical Machinery and Apparatus	1.2	10.5	98.4
计算机、通信和其他电子设备制造业	Manufacture of Computers, Communication and Other Electronic Equipment	2.0	5.1	93.7
仪器仪表制造业	Manufacture of Measuring Instruments and Machinery	1.3	10.6	97.6
其他制造业	Other Manufacture	1.6	9.5	95.6
废弃资源综合利用业	Utilization of Waste Resources	2.7	6.8	94.3
金属制品、机械和设备修理业	Repair Service of Metal Products, Machinery and Equipment	1.3	11.0	99.7
电力、热力的生产和供应业	Production and Supply of Electric Power and Heat Power	1.6	13.6	100.0
燃气生产和供应业	Production and Supply of Gas	3.8	4.7	99.6
水的生产和供应业	Production and Supply of Water	0.5	9.0	100.0

12-11 续表 4 continued

单位：% (%)

指　　标	Item	销　售利润率 Rate of Return on Sale	流动比率 Current Ratio	速动比率 Quick Ratio
总　计	**Total**	**5.7**	**1.2**	**1.0**
按轻、重工业分	**By Light and Heavy Industries**			
轻工业	Light Industry	9.1	1.4	1.1
重工业	Heavy Industry	4.7	1.2	1.0
按企业规模分	**By Size**			
大型企业	Large	2.3	1.1	1.0
中型企业	Medium	9.0	1.3	1.1
小型微型企业	Small & Mini	5.8	1.3	1.0
按行业分	**By Sector**			
煤炭开采和洗选业	Mining and Washing of Coal	7.3	0.4	0.4
石油和天然气开采业	Extraction of Petroleum and Natural Gas	8.2	1.7	1.5
黑色金属矿采选业	Mining and Processing of Ferrous Metal Ores			
有色金属矿采选业	Mining and Processing of Non-ferrous Metal Ores			
非金属矿采选业	Mining and Processing of Non-metal Ores	6.0	0.8	0.7
开采辅助活动	Support Activities for Mining			
其他采矿业	Mining of Other Ores			
农副食品加工业	Processing of Food from Agricultural Products	5.6	1.3	0.9
食品制造业	Manufacture of Foods	10.5	1.7	1.3
酒、饮料和精制茶制造业	Manufacture of Liquor, Beverages and Refined Tea	9.5	1.5	0.8
烟草制品业	Manufacture of Tobacco			
纺织业	Manufacture of Textile	6.1	1.1	0.6
纺织服装、服饰业	Manufacture of Textile Wearing Apparel and Accessories	6.3	1.5	0.9
皮革、毛皮、羽毛及其制品和制鞋业	Manufacture of Leather, Fur, Feather and Related Products and Footwear	7.0	1.9	1.3
木材加工和木、竹、藤、棕、草制品业	Processing of Timber, Manufacture of Wood, Bamboo, Rattan, Palm and Straw Products	5.5	1.2	0.9
家具制造业	Manufacture of Furniture	5.0	1.3	0.9
造纸及纸制品业	Manufacture of Paper and Paper Products	5.3	1.3	1.0
印刷和记录媒介复制业	Printing and Reproduction of Recording Media	8.4	1.1	0.8

12-11 续表 5 continued

单位：% (%)

指 标	Item	销售利润率 Rate of Return on Sale	流动比率 Current Ratio	速动比率 Quick Ratio
文教、工美、体育和娱乐用品制造业	Manufacture of Articles for Culture, Education, Arts and Crafts, Sport and Entertainment Activities	13.7	1.3	1.0
石油、煤炭及其他燃料加工业	Processing of Petroleum, Coking and Processing of Nuclear Fuel	4.8	4.2	3.3
化学原料和化学制品制造业	Manufacture of Raw Chemical Materials and Chemical Products	7.5	1.1	0.9
医药制造业	Manufacture of Medicines	12.0	1.8	1.5
化学纤维制造业	Manufacture of Chemical Fibres	7.3	1.7	1.3
橡胶和塑料制品业	Manufacture of Rubber and Plastics Products	8.0	1.3	1.0
非金属矿物制品业	Manufacture of Non-metallic Mineral Products	5.6	1.2	1.0
黑色金属冶炼和压延加工业	Smelting and Pressing of Ferrous Metals	3.5	1.0	0.8
有色金属冶炼和压延加工业	Smelting and Pressing of Non-ferrous Metals	4.9	1.6	1.2
金属制品业	Manufacture of Metal Products	7.3	1.4	1.0
通用设备制造业	Manufacture of General Purpose Machinery	7.2	1.3	0.9
专用设备制造业	Manufacture of Special Purpose Machinery	9.0	1.7	1.3
汽车制造业	Manufacture of Automobiles	0.8	1.1	0.9
铁路、船舶、航空航天和其他运输设备制造业	Manufacture of Railway, Ship, Aerospace and Other Transport Equipment	7.6	1.3	1.1
电气机械及器材制造业	Manufacture of Electrical Machinery and Apparatus	9.6	1.3	1.1
计算机、通信和其他电子设备制造业	Manufacture of Computers, Communication and Other Electronic Equipment	4.7	1.2	1.0
仪器仪表制造业	Manufacture of Measuring Instruments and Machinery	9.1	1.6	1.3
其他制造业	Other Manufacture	8.3	1.5	0.9
废弃资源综合利用业	Utilization of Waste Resources	6.0	1.4	1.1
金属制品、机械和设备修理业	Repair Service of Metal Products, Machinery and Equipment	9.6	1.8	1.4
电力、热力的生产和供应业	Production and Supply of Electric Power and Heat Power	11.6	0.6	0.6
燃气生产和供应业	Production and Supply of Gas	4.3	1.3	1.2
水的生产和供应业	Production and Supply of Water	8.7	1.5	1.5

12-11 续表 6 continued

单位：% (%)

指　标	Item	产权比率 Equity Ratio	人均实现利税（元） Per Capita Pre-tax Profits (yuan)	从业人员人均工资（元） Per Capita Wages of Employees (yuan)
总　计	**Total**	**1.4**	**125065**	**119330**
按轻、重工业分	**By Light and Heavy Industries**			
轻工业	Light Industry	1.1	149256	114857
重工业	Heavy Industry	1.6	115355	121148
按企业规模分	**By Size**			
大型企业	Large	2.2	104071	138664
中型企业	Medium	1.2	168362	124610
小型微型企业	Small & Mini	1.2	108217	110466
按行业分	**By Sector**			
煤炭开采和洗选业	Mining and Washing of Coal	0.6	359260	107638
石油和天然气开采业	Extraction of Petroleum and Natural Gas	1.0	427850	95450
黑色金属矿采选业	Mining and Processing of Ferrous Metal Ores			
有色金属矿采选业	Mining and Processing of Non-ferrous Metal Ores			
非金属矿采选业	Mining and Processing of Non-metal Ores	1.2	167624	99763
开采辅助活动	Support Activities for Mining			
其他采矿业	Mining of Other Ores			
农副食品加工业	Processing of Food from Agricultural Products	1.0	131338	115441
食品制造业	Manufacture of Foods	0.7	136501	99496
酒、饮料和精制茶制造业	Manufacture of Liquor, Beverages and Refined Tea	0.8	342205	103924
烟草制品业	Manufacture of Tobacco			
纺织业	Manufacture of Textile	1.5	75637	103586
纺织服装、服饰业	Manufacture of Textile Wearing Apparel and Accessories	0.9	36106	82770
皮革、毛皮、羽毛及其制品和制鞋业	Manufacture of Leather, Fur, Feather and Related Products and Footwear	0.9	56182	83679
木材加工和木、竹、藤、棕、草制品业	Processing of Timber, Manufacture of Wood, Bamboo, Rattan, Palm and Straw Products	0.7	100326	153354
家具制造业	Manufacture of Furniture	0.9	59648	102602
造纸及纸制品业	Manufacture of Paper and Paper Products	1.1	120315	136885
印刷和记录媒介复制业	Printing and Reproduction of Recording Media	0.9	142736	130577

12-11 续表 7 continued

单位：% (%)

指　　标	Item	产权比率 Equity Ratio	人均实现利税（元） Per Capita Pre-tax Profits (yuan)	从业人员人均工资（元） Per Capita Wages of Employees (yuan)
文教、工美、体育和娱乐用品制造业	Manufacture of Articles for Culture, Education, Arts and Crafts, Sport and Entertainment Activities	1.1	154162	97749
石油、煤炭及其他燃料加工业	Processing of Petroleum, Coking and Processing of Nuclear Fuel	1.0	128286	135121
化学原料和化学制品制造业	Manufacture of Raw Chemical Materials and Chemical Products	1.1	215583	157017
医药制造业	Manufacture of Medicines	0.6	220663	147244
化学纤维制造业	Manufacture of Chemical Fibres	0.6	224477	268313
橡胶和塑料制品业	Manufacture of Rubber and Plastics Products	1.1	136472	111237
非金属矿物制品业	Manufacture of Non-metallic Mineral Products	1.4	109286	111666
黑色金属冶炼和压延加工业	Smelting and Pressing of Ferrous Metals	1.9	280568	164741
有色金属冶炼和压延加工业	Smelting and Pressing of Non-ferrous Metals	1.5	293591	156847
金属制品业	Manufacture of Metal Products	1.3	107143	121880
通用设备制造业	Manufacture of General Purpose Machinery	1.1	107957	119706
专用设备制造业	Manufacture of Special Purpose Machinery	0.7	152633	138060
汽车制造业	Manufacture of Automobiles	2.5	46129	116670
铁路、船舶、航空航天和其他运输设备制造业	Manufacture of Railway, Ship, Aerospace and Other Transport Equipment	1.1	109482	104988
电气机械及器材制造业	Manufacture of Electrical Machinery and Apparatus	2.3	233754	110544
计算机、通信和其他电子设备制造业	Manufacture of Computers, Communication and Other Electronic Equipment	1.7	109411	116604
仪器仪表制造业	Manufacture of Measuring Instruments and Machinery	0.9	103267	106725
其他制造业	Other Manufacture	1.0	70542	80775
废弃资源综合利用业	Utilization of Waste Resources	1.1	189657	186525
金属制品、机械和设备修理业	Repair Service of Metal Products, Machinery and Equipment	1.0	58853	104457
电力、热力的生产和供应业	Production and Supply of Electric Power and Heat Power	1.9	638346	243734
燃气生产和供应业	Production and Supply of Gas	1.4	274099	139956
水的生产和供应业	Production and Supply of Water	1.8	91214	143941

12-12　内资工业企业主要经济指标(2023年)

单位：万元

指　　标	Item	单位数（个）Number of Enterprises (unit)
总　计	**Total**	**7331**
按登记注册类型分	**By Status of Registration**	
#国有企业	State-owned	21
集体企业	Collective-owned	9
按轻、重工业分	**By Light and Heavy Industries**	
轻工业	Light Industry	2161
重工业	Heavy Industry	5170
按企业规模分	**By Size**	
大型企业	Large	119
中型企业	Medium	671
小型微型企业	Small&Mini	6541
按行业分	**By Sector**	
煤炭开采和洗选业	Mining and Washing of Coal	18
石油和天然气开采业	Extraction of Petroleum and Natural Gas	7
黑色金属矿采选业	Mining and Processing of Ferrous Metal Ores	
有色金属矿采选业	Mining and Processing of Non-ferrous Metal Ores	1
非金属矿采选业	Mining and Processing of Non-metal Ores	144
开采辅助活动	Support Activities for Mining	
其他采矿业	Mining of Other Ores	
农副食品加工业	Processing of Food from Agricultural Products	512
食品制造业	Manufacture of Foods	206
酒、饮料和精制茶制造业	Manufacture of Liquor, Beverages and Refined Tea	70
烟草制品业	Manufacture of Tobacco	3
纺织业	Manufacture of Textile	49
纺织服装、服饰业	Manufacture of Textile Wearing Apparel and Accessories	51
皮革、毛皮、羽毛及其制品和制鞋业	Manufacture of Leather, Fur, Feather and Related Products and Footwear	51
木材加工和木、竹、藤、棕、草制品业	Processing of Timber, Manufacture of Wood, Bamboo, Rattan, Palm and Straw Products	93
家具制造业	Manufacture of Furniture	98

Main Economic Indicators of Industrial Enterprises with Domestic Funds (2023)

(10 000 yuan)

从业人员平均人数(万人) Average Employment (10 000 persons)	工业总产值 Gross Output Value	实收资本 Paid-in Capital	#国家资本 State Capital	#外商资本 Foreign Capital	资产 Total Assets	#流动资产 Circulating Assets
121.12	**207628918.8**	**42213618.1**	**10309234.7**	**350598.8**	**243096162.8**	**126356825.7**
1.26	1827122.7	728332.0	202923.9		3669925.3	1940496.4
0.05	43256.0	2069.0			37843.4	26106.0
30.35	41558991.4	5469757.9	464569.2	15050.0	41845873.4	24558039.4
90.77	166069927.4	36743860.2	9844665.5	335548.8	201250289.4	101798786.3
31.54	74627469.2	15199747.7	4567916.1	227497.3	89495601.9	50953624.8
35.47	55923429.5	10156995.0	2371321.5	94647.8	64607128.1	32206560.9
54.10	77078020.1	16856875.4	3369997.1	28453.7	88993432.8	43196640.0
0.06	230495.5	9484.2			317654.1	47269.3
0.24	1919711.3	1334131.2	351765.2		4925243.8	1022880.4
	380.0	30.0			1177.5	-886.7
0.79	1059865.7	371657.4	126740.0		3139057.4	1048612.8
4.49	7659421.8	662122.8	44243.1		5047359.8	2720568.0
2.85	2975891.5	328220.3	11604.0		2497216.3	1227694.3
0.72	1008996.5	236937.9	11472.6		983495.7	478405.0
0.35	2396727.0	264186.0	166076.1		1596670.2	1221946.7
0.55	492803.8	61555.6	4700.0		440768.7	216862.9
0.98	440946.2	58155.5	414.1		269092.8	184428.9
0.78	460814.8	59886.8	20100.0		310065.5	230527.4
0.84	1217133.3	69815.6	800.0		848696.0	263678.3
1.00	779347.9	99425.3		100.0	707527.5	306606.3

12-12 续表 1

单位：万元

指 标	Item	单位数 (个) Number of Enterprises (unit)
造纸及纸制品业	Manufacture of Paper and Paper Products	110
印刷和记录媒介复制业	Printing and Reproduction of Recording Media	108
文教、工美、体育和娱乐用品制造业	Manufacture of Articles for Culture, Education, Arts and Crafts, Sport and Entertainment Activities	59
石油、煤炭及其他燃料加工业	Processing of Petroleum, Coking and Processing of Nuclear Fuel	21
化学原料和化学制品制造业	Manufacture of Raw Chemical Materials and Chemical Products	236
医药制造业	Manufacture of Medicines	177
化学纤维制造业	Manufacture of Chemical Fibres	12
橡胶和塑料制品业	Manufacture of Rubber and Plastics Products	337
非金属矿物制品业	Manufacture of Non-metallic Mineral Products	773
黑色金属冶炼和压延加工业	Smelting and Pressing of Ferrous Metals	90
有色金属冶炼和压延加工业	Smelting and Pressing of Non-ferrous Metals	164
金属制品业	Manufacture of Metal Products	418
通用设备制造业	Manufacture of General Purpose Machinery	452
专用设备制造业	Manufacture of Special Purpose Machinery	310
汽车制造业	Manufacture of Automobiles	1008
铁路、船舶、航空航天和其他运输设备制造业	Manufacture of Railway, Ship, Aerospace and Other Transport Equipment	486
电气机械及器材制造业	Manufacture of Electrical Machinery and Apparatus	315
计算机、通信和其他电子设备制造业	Manufacture of Computers, Communication and Other Electronic Equipment	439
仪器仪表制造业	Manufacture of Measuring Instruments and Machinery	101
其他制造业	Other Manufacture	20
废弃资源综合利用业	Utilization of Waste Resources	54
金属制品、机械和设备修理业	Repair Service of Metal Products, Machinery and Equipment	9
电力、热力的生产和供应业	Production and Supply of Electric Power and Heat Power	118
燃气生产和供应业	Production and Supply of Gas	118
水的生产和供应业	Production and Supply of Water	93

continued

(10 000 yuan)

从业人员平均人数(万人) Average Employment (10 000 persons)	工业总产值 Gross Output Value	实收资本 Paid-in Capital	#国家资本 State Capital	#外商资本 Foreign Capital	资产 Total Assets	#流动资产 Circulating Assets
1.11	2002409.3	214944.4	20516.7	4200.0	1473465.8	683785.9
1.29	1656243.5	223897.8	17645.0		1415754.5	605038.2
0.45	401757.0	34332.7			311290.5	123427.4
0.16	449532.6	69025.8	34340.8		272956.0	284545.1
3.97	10514084.7	2436828.2	560064.5	13414.7	11308891.1	5124834.2
3.99	5802515.9	1284876.6	119511.6		7969460.3	4028777.9
0.38	1044464.0	117456.0		750.0	1117737.9	571228.7
3.00	4197345.3	767490.6	25386.0		3458585.5	1709364.8
8.31	11717782.8	3235196.9	409562.9	439.0	16533118.6	8613656.7
1.21	8213905.5	404457.1	25000.0		3733350.6	1803487.6
2.68	13643587.5	1750120.4	107268.4		11031636.8	5692533.2
4.91	5815786.1	758939.0	75581.4		5059626.9	3095074.7
6.04	6449348.3	1171696.6	501796.9		7011411.9	4227236.0
4.30	5936748.8	1416425.2	525582.7		8074333.5	5025651.7
23.59	36296096.6	5960284.3	776836.2	223337.9	44735931.7	29419270.8
9.61	10619437.0	1405291.4	307856.3	63335.8	10463012.5	6240630.3
7.88	14030438.3	1599505.7	100151.1	10000.0	18048687.4	13388456.7
14.56	27202149.1	5997240.5	3451108.7		27982655.0	14502767.7
1.62	1480114.2	374505.9	61909.0		1973157.3	1353766.9
1.20	966008.3	339003.3	26222.0		2244001.6	1435204.5
0.42	950122.9	142999.3	10994.6		688242.9	357921.4
0.23	92172.2	34449.8	800.0		135985.9	113272.4
4.41	12435663.7	6914742.3	1807264.0	35021.4	24726411.8	4901095.9
0.90	4302711.3	559992.1	193423.3		3313616.9	1534821.0
1.23	765958.6	1444307.6	412497.5		8928814.6	2552382.4

12-12 续表 2

单位：万元

指 标	Item	固定资产 Fixed Assets 原 值 Original Value	净 值 Net Value
总 计	**Total**	**135093972.6**	**69341871.2**
按登记注册类型分	**By Status of Registration**		
#国有企业	State-owned	1405850.3	856319.9
集体企业	Collective-owned	20285.6	9874.9
按轻、重工业分	**By Light and Heavy Industries**		
轻工业	Light Industry	18721031.1	9909055.1
重工业	Heavy Industry	116372941.5	59432816.1
按企业规模分	**By Size**		
大型企业	Large	46171591.7	22651712.4
中型企业	Medium	39133488.3	18848952.6
小型微型企业	Small&Mini	49788892.6	27841206.2
按行业分	**By Sector**		
煤炭开采和洗选业	Mining and Washing of Coal	276950.7	84288.5
石油和天然气开采业	Extraction of Petroleum and Natural Gas	7411392.9	3198190.5
黑色金属矿采选业	Mining and Processing of Ferrous Metal Ores		
有色金属矿采选业	Mining and Processing of Non-ferrous Metal Ores	1671.8	640.9
非金属矿采选业	Mining and Processing of Non-metal Ores	802338.7	465807.1
开采辅助活动	Support Activities for Mining		
其他采矿业	Mining of Other Ores		
农副食品加工业	Processing of Food from Agricultural Products	2669460.6	1487411.9
食品制造业	Manufacture of Foods	1195765.2	646672.4
酒、饮料和精制茶制造业	Manufacture of Liquor, Beverages and Refined Tea	603428.5	343462.3
烟草制品业	Manufacture of Tobacco	651935.3	222856.0
纺织业	Manufacture of Textile	293624.2	142747.9
纺织服装、服饰业	Manufacture of Textile Wearing Apparel and Accessories	106468.0	67788.8
皮革、毛皮、羽毛及其制品和制鞋业	Manufacture of Leather, Fur, Feather and Related Products and Footwear	129030.4	66673.2
木材加工和木、竹、藤、棕、草制品业	Processing of Timber, Manufacture of Wood, Bamboo, Rattan, Palm and Straw Products	851400.0	526086.4
家具制造业	Manufacture of Furniture	486709.0	276031.4

continued

(10 000 yuan)

负 债 Total Liabilities	#流动负债 Total Circulating Liabilities	所有者权益 Creditors' Equity	营业收入 Revenue	营业成本 Cost	税金及附加 Tax and Extra Charges	利润总额 Total After-tax Profits	利税总额 Total Pre-tax Profits	应付职工薪酬 Total Wages
137348441.4	**105047020.7**	**106058743.9**	**213939471.7**	**177868422.1**	**3058679.3**	**12848957.7**	**19917322.2**	**16797270.9**
2379667.3	1868023.8	1384722.1	1862328.6	1608511.9	11640.4	95053.7	131266.6	246070.8
24876.7	21068.6	12966.7	36789.8	31068.5	593.7	-335.3	1162.7	5466.9
21561734.6	17653516.4	20284128.0	41999762.8	31615696.3	1740923.2	3695669.0	6599240.1	3735615.0
115786706.8	87393504.3	85774615.9	171939708.9	146252725.8	1317756.1	9153288.7	13318082.1	13061655.9
51890956.3	43433088.3	37729945.8	80754205.4	67994705.1	2105308.4	3700228.8	7232832.6	5301069.1
35352213.3	26622722.8	29441345.0	56800128.7	46276661.9	475620.6	4752793.0	6344555.9	4873305.5
50105271.8	34991209.6	38887453.1	76385137.6	63597055.1	477750.3	4395935.9	6339933.7	6622896.3
123573.4	107011.9	194080.7	244084.7	206987.9	498.4	17909.9	21555.6	6458.3
1480325.2	1134866.3	3444918.5	1901847.8	1066245.5	120519.6	617136.2	773281.2	67253.2
2516.5	1791.8	-1339.0	159.3		2.0	-611.5	-609.5	223.2
1708390.1	1057744.8	1430666.8	1040062.9	795013.2	39361.9	67160.1	144402.7	85662.7
2230588.4	1705260.7	2816768.5	7508322.4	6402884.8	27269.2	477694.7	628313.0	500895.6
1112106.3	773488.5	1385108.7	3084031.4	2408832.3	16803.6	300348.4	397369.0	306125.3
421407.7	327653.8	562088.1	955157.0	648235.4	116871.9	87738.4	231719.1	75337.7
249826.8	249292.0	1346843.3	2481309.1	676729.0	1412255.4	230001.2	1873783.1	146333.3
277194.6	219087.8	163573.8	495617.0	422196.7	2118.1	27326.7	38482.6	56470.6
133754.6	122775.1	135338.3	425037.5	345464.9	1828.9	28280.5	39837.2	84875.9
144586.8	116266.7	165478.6	452392.9	381091.6	1748.2	29540.0	39623.1	64174.6
335950.3	221598.1	512745.5	1166160.1	945681.9	4006.4	63487.0	80553.2	125813.1
340916.2	233135.4	366611.4	754998.5	595182.5	4465.1	37153.5	58152.6	101906.6

12-12 续表 3

单位：万元

指　　标	Item	固定资产 Fixed Assets 原 值 Original Value	净 值 Net Value
造纸及纸制品业	Manufacture of Paper and Paper Products	989354.7	672978.9
印刷和记录媒介复制业	Printing and Reproduction of Recording Media	1068326.1	476458.7
文教、工美、体育和娱乐用品制造业	Manufacture of Articles for Culture, Education, Arts and Crafts, Sport and Entertainment Activities	150982.2	100200.0
石油、煤炭及其他燃料加工业	Processing of Petroleum, Coking and Processing of Nuclear Fuel	166141.6	82586.3
化学原料和化学制品制造业	Manufacture of Raw Chemical Materials and Chemical Products	7840336.3	3905581.4
医药制造业	Manufacture of Medicines	3833635.1	1883560.6
化学纤维制造业	Manufacture of Chemical Fibres	697773.3	224795.0
橡胶和塑料制品业	Manufacture of Rubber and Plastics Products	2249343.0	1265795.7
非金属矿物制品业	Manufacture of Non-metallic Mineral Products	8757861.3	4779993.0
黑色金属冶炼和压延加工业	Smelting and Pressing of Ferrous Metals	2091920.9	1194698.5
有色金属冶炼和压延加工业	Smelting and Pressing of Non-ferrous Metals	7163682.2	3822116.6
金属制品业	Manufacture of Metal Products	2448286.1	1246940.6
通用设备制造业	Manufacture of General Purpose Machinery	3397352.6	1711366.2
专用设备制造业	Manufacture of Special Purpose Machinery	2786507.1	1374037.7
汽车制造业	Manufacture of Automobiles	16079750.9	7497629.9
铁路、船舶、航空航天和其他运输设备制造业	Manufacture of Railway, Ship, Aerospace and Other Transport Equipment	4539197.8	2169927.9
电气机械及器材制造业	Manufacture of Electrical Machinery and Apparatus	3953144.0	2142345.8
计算机、通信和其他电子设备制造业	Manufacture of Computers, Communication and Other Electronic Equipment	13141786.8	7555841.9
仪器仪表制造业	Manufacture of Measuring Instruments and Machinery	538409.5	280366.5
其他制造业	Other Manufacture	1049681.3	603254.4
废弃资源综合利用业	Utilization of Waste Resources	553626.6	260976.4
金属制品、机械和设备修理业	Repair Service of Metal Products, Machinery and Equipment	31796.6	15762.6
电力、热力的生产和供应业	Production and Supply of Electric Power and Heat Power	30157278.9	14696562.7
燃气生产和供应业	Production and Supply of Gas	1763191.7	971504.2
水的生产和供应业	Production and Supply of Water	4164430.7	2877932.4

continued

(10 000 yuan)

负 债 Total Liabilities	#流动负债 Total Circulating Liabilities	所有者权益 Creditors' Equity	营业收入 Revenue	营业成本 Cost	税金及附加 Tax and Extra Charges	利润总额 Total After-tax Profits	利税总额 Total Pre-tax Profits	应付职工薪酬 Total Wages
758917.6	509155.6	714547.5	1984436.7	1719751.8	6071.7	107141.6	132128.2	150084.2
639713.3	512050.5	776041.2	1631948.6	1304847.8	11303.2	124441.7	169896.5	192441.4
160617.6	96741.5	150672.2	389605.0	296602.6	3262.2	52686.4	68193.9	43608.0
124225.9	85071.1	148729.3	455416.3	362881.5	6280.1	30808.9	46701.5	29751.8
5847131.0	4846501.7	5461757.9	10017758.3	7845423.1	48538.0	559186.7	764003.6	768100.1
3381894.9	2651322.6	4587564.1	5268960.9	2964993.9	45760.1	607256.9	872490.5	623422.7
436105.7	339774.7	681632.1	1027021.4	752783.3	3121.0	74493.2	85145.5	102155.1
1847102.5	1321147.4	1611480.5	4071502.4	3318215.4	27338.7	304017.9	422274.7	338346.4
9789998.3	7882846.9	6742446.0	11435447.2	9371847.8	93151.0	632460.4	994945.9	1008365.9
2438158.0	1758981.5	1295192.7	8209394.8	6860699.2	17601.1	290225.6	337278.9	198663.5
6876343.3	4639036.3	4155292.5	13269380.9	11966788.6	47595.4	521772.6	739501.6	668876.8
3047830.1	2406698.7	2011794.9	5883187.7	4960210.0	29752.2	389595.6	538934.9	649315.0
3689177.7	2978031.1	3416694.0	6457494.8	5255714.4	40228.4	403221.8	610044.5	768456.8
3710798.6	3030286.1	4363533.7	5879072.8	4564805.5	39698.0	504751.5	656682.6	604530.1
28896657.9	25050357.7	15839259.8	42137934.4	36301744.0	535259.8	1286486.7	2465306.9	3246007.3
5926232.1	4978883.7	4662088.8	10309851.7	8769546.8	73984.6	744384.0	1053633.8	1121023.3
12810086.5	10918248.5	5238597.8	16845498.9	14431281.6	68800.6	1433068.4	1825815.2	931547.4
15089466.9	11403887.6	12893184.9	26654946.7	22969030.9	112314.6	1757210.0	2226991.8	1841492.9
1081406.9	916827.8	891749.3	1507263.6	1127893.3	9801.8	117769.8	173268.6	212192.7
1295256.9	1131569.5	1040715.0	936162.6	791223.8	5937.1	65318.9	89373.3	237043.1
363189.0	237166.9	325053.4	913487.8	752955.8	3531.1	60236.5	79352.8	77383.4
74536.3	72219.7	61449.3	92362.0	77674.3	691.6	4955.4	10108.6	38292.5
14471423.1	8142372.4	10254987.6	12806167.9	11628727.3	55283.7	542461.3	890275.7	923366.3
1935793.3	1129299.1	1377823.1	4351189.5	3884839.2	12888.1	188928.8	238604.6	188727.2
4095241.1	1738569.2	4833573.1	894798.2	693394.5	12736.5	62912.0	99905.2	212546.9

12-13 内资工业企业经济效益指标(2023年)
Indicators on Economic Benefit of Industrial Enterprises with Domestic Funds (2023)

单位： % (%)

指　　标	Item	总资产贡献率 Ratio of Total Assets to Industrial Output Value	资本保值增值率 Ratio of Assets Appreciation YOY	资产负债率 Asset-Liability Ratio
总　计	**Total**	**8.5**	**102.8**	**56.5**
按轻、重工业分	**By Light and Heavy Industries**			
轻工业	Light Industry	16.0	104.8	51.5
重工业	Heavy Industry	7.0	102.3	57.5
按企业规模分	**By Size**			
大型企业	Large	8.2	102.1	58.0
中型企业	Medium	10.2	107.3	54.7
小型微型企业	Small & Mini	7.7	100.7	56.3
按行业分	**By Sector**			
煤炭开采和洗选业	Mining and Washing of Coal	6.9	447.3	38.9
石油和天然气开采业	Extraction of Petroleum and Natural Gas	16.1	116.1	30.1
黑色金属矿采选业	Mining and Processing of Ferrous Metal Ores			
有色金属矿采选业	Mining and Processing of Non-ferrous Metal Ores	-51.8		213.7
非金属矿采选业	Mining and Processing of Non-metal Ores	5.1	100.1	54.4
开采辅助活动	Support Activities for Mining			
其他采矿业	Mining of Other Ores			
农副食品加工业	Processing of Food from Agricultural Products	13.1	91.4	44.2
食品制造业	Manufacture of Foods	16.5	107.8	44.5
酒、饮料和精制茶制造业	Manufacture of Liquor, Beverages and Refined Tea	24.2	83.2	42.9
烟草制品业	Manufacture of Tobacco	116.8	104.4	15.7
纺织业	Manufacture of Textile	9.8	88.3	62.9
纺织服装、服饰业	Manufacture of Textile Wearing Apparel and Accessories	15.2	92.2	49.7
皮革、毛皮、羽毛及其制品和制鞋业	Manufacture of Leather, Fur, Feather and Related Products and Footwear	13.2	96.2	46.6
木材加工和木、竹、藤、棕、草制品业	Processing of Timber, Manufacture of Wood, Bamboo, Rattan,Palm and Straw Products	9.7	98.6	39.6
家具制造业	Manufacture of Furniture	9.0	91.4	48.2
造纸及纸制品业	Manufacture of Paper and Paper Products	9.3	98.4	51.5
印刷和记录媒介复制业	Printing and Reproduction of Recording Media	12.6	110.1	45.2
文教、工美、体育和娱乐用品制造业	Manufacture of Articles for Culture, Education, Arts and Crafts, Sport and Entertainment Activities	22.2	104.4	51.6
石油、煤炭及其他燃料加工业	Processing of Petroleum, Coking and Processing of Nuclear Fuel	17.5	88.0	45.5
化学原料和化学制品制造业	Manufacture of Raw Chemical Materials and Chemical Products	7.2	104.4	51.7
医药制造业	Manufacture of Medicines	11.1	112.9	42.4
化学纤维制造业	Manufacture of Chemical Fibres	7.4	111.0	39.0
橡胶和塑料制品业	Manufacture of Rubber and Plastics Products	12.7	80.3	53.4
非金属矿物制品业	Manufacture of Non-metallic Mineral Products	6.7	104.0	59.2
黑色金属冶炼和压延加工业	Smelting and Pressing of Ferrous Metals	9.4	109.7	65.3
有色金属冶炼和压延加工业	Smelting and Pressing of Non-ferrous Metals	7.2	108.6	62.3
金属制品业	Manufacture of Metal Products	11.0	100.3	60.2
通用设备制造业	Manufacture of General Purpose Machinery	9.1	101.4	52.6
专用设备制造业	Manufacture of Special Purpose Machinery	8.0	104.8	46.0
汽车制造业	Manufacture of Automobiles	5.6	104.8	64.6
铁路、船舶、航空航天和其他运输设备制造业	Manufacture of Railway, Ship, Aerospace and Other Transport Equipment	10.3	101.7	56.6
电气机械及器材制造业	Manufacture of Electrical Machinery and Apparatus	10.4	111.2	71.0
计算机、通信和其他电子设备制造业	Manufacture of Computers, Communication and Other Electronic Equipment	7.9	91.4	53.9
仪器仪表制造业	Manufacture of Measuring Instruments and Machinery	9.2	111.5	54.8
其他制造业	Other Manufacture	3.9	56.2	57.7
废弃资源综合利用业	Utilization of Waste Resources	12.5	93.6	52.8
金属制品、机械和设备修理业	Repair Service of Metal Products, Machinery and Equipment	7.5	103.5	54.8
电力、热力的生产和供应业	Production and Supply of Electric Power and Heat Power	4.7	101.1	58.5
燃气生产和供应业	Production and Supply of Gas	7.6	109.4	58.4
水的生产和供应业	Production and Supply of Water	1.5	108.1	45.9

12-13 续表 1 continued

单位：% (%)

指　　标	Item	流动资产周转率(次) Turnover Ratio of Circulating Assets (time)	成本费用利润率 Ratio of Profits to Cost	产品销售率 Sales as Percentage of Output
总　计	**Total**	**1.7**	**6.7**	**96.3**
按轻、重工业分	**By Light and Heavy Industries**			
轻工业	Light Industry	1.7	10.4	95.9
重工业	Heavy Industry	1.7	5.9	96.4
按企业规模分	**By Size**			
大型企业	Large	1.6	5.1	95.4
中型企业	Medium	1.8	9.5	96.1
小型微型企业	Small & Mini	1.8	6.4	97.3
按行业分	**By Sector**			
煤炭开采和洗选业	Mining and Washing of Coal	5.2	8.1	99.5
石油和天然气开采业	Extraction of Petroleum and Natural Gas	1.9	50.8	99.8
黑色金属矿采选业	Mining and Processing of Ferrous Metal Ores			
有色金属矿采选业	Mining and Processing of Non-ferrous Metal Ores	-0.2	-81.2	100.0
非金属矿采选业	Mining and Processing of Non-metal Ores	1.0	7.3	98.9
开采辅助活动	Support Activities for Mining			
其他采矿业	Mining of Other Ores			
农副食品加工业	Processing of Food from Agricultural Products	2.8	7.0	95.5
食品制造业	Manufacture of Foods	2.5	11.0	96.5
酒、饮料和精制茶制造业	Manufacture of Liquor, Beverages and Refined Tea	2.0	11.9	93.7
烟草制品业	Manufacture of Tobacco	2.0	28.7	99.6
纺织业	Manufacture of Textile	2.3	6.0	96.8
纺织服装、服饰业	Manufacture of Textile Wearing Apparel and Accessories	2.3	7.3	97.2
皮革、毛皮、羽毛及其制品和制鞋业	Manufacture of Leather, Fur, Feather and Related Products and Footwear	2.0	7.2	97.2
木材加工和木、竹、藤、棕、草制品业	Processing of Timber, Manufacture of Wood, Bamboo, Rattan, Palm and Straw Products	4.4	6.1	98.6
家具制造业	Manufacture of Furniture	2.5	5.4	97.0
造纸及纸制品业	Manufacture of Paper and Paper Products	2.9	5.9	96.1
印刷和记录媒介复制业	Printing and Reproduction of Recording Media	2.7	8.6	98.6
文教、工美、体育和娱乐用品制造业	Manufacture of Articles for Culture, Education, Arts and Crafts, Sport and Entertainment Activities	3.2	16.5	99.2
石油、煤炭及其他燃料加工业	Processing of Petroleum, Coking and Processing of Nuclear Fuel	1.6	7.9	98.1
化学原料和化学制品制造业	Manufacture of Raw Chemical Materials and Chemical Products	2.0	6.6	90.9
医药制造业	Manufacture of Medicines	1.3	13.8	92.8
化学纤维制造业	Manufacture of Chemical Fibres	1.8	9.6	83.9
橡胶和塑料制品业	Manufacture of Rubber and Plastics Products	2.4	8.6	96.7
非金属矿物制品业	Manufacture of Non-metallic Mineral Products	1.3	6.1	94.2
黑色金属冶炼和压延加工业	Smelting and Pressing of Ferrous Metals	4.6	4.2	98.1
有色金属冶炼和压延加工业	Smelting and Pressing of Non-ferrous Metals	2.3	4.3	97.3
金属制品业	Manufacture of Metal Products	1.9	7.4	98.4
通用设备制造业	Manufacture of General Purpose Machinery	1.5	7.0	97.9
专用设备制造业	Manufacture of Special Purpose Machinery	1.2	9.9	96.8
汽车制造业	Manufacture of Automobiles	1.4	3.3	97.0
铁路、船舶、航空航天和其他运输设备制造业	Manufacture of Railway, Ship, Aerospace and Other Transport Equipment	1.7	8.0	94.9
电气机械及器材制造业	Manufacture of Electrical Machinery and Apparatus	1.3	9.3	98.4
计算机、通信和其他电子设备制造业	Manufacture of Computers, Communication and Other Electronic Equipment	1.8	7.3	93.6
仪器仪表制造业	Manufacture of Measuring Instruments and Machinery	1.1	8.9	97.4
其他制造业	Other Manufacture	0.7	7.4	96.1
废弃资源综合利用业	Utilization of Waste Resources	2.6	7.5	94.8
金属制品、机械和设备修理业	Repair Service of Metal Products, Machinery and Equipment	0.8	5.8	99.7
电力、热力的生产和供应业	Production and Supply of Electric Power and Heat Power	2.6	4.5	99.9
燃气生产和供应业	Production and Supply of Gas	2.8	4.7	100.0
水的生产和供应业	Production and Supply of Water	0.4	7.5	97.9

12-13 续表 2 continued

单位：% (%)

指标	Item	销售利润率 Rate of Return on Sale	流动比率 Current Ratio	速动比率 Quick Ratio
总计	**Total**	**6.0**	**1.2**	**1.0**
按轻、重工业分	**By Light and Heavy Industries**			
轻工业	Light Industry	8.8	1.4	1.1
重工业	Heavy Industry	5.3	1.2	1.0
按企业规模分	**By Size**			
大型企业	Large	4.6	1.2	1.0
中型企业	Medium	8.4	1.2	1.0
小型微型企业	Small & Mini	5.8	1.2	1.0
按行业分	**By Sector**			
煤炭开采和洗选业	Mining and Washing of Coal	7.3	0.4	0.4
石油和天然气开采业	Extraction of Petroleum and Natural Gas	32.5	0.9	0.9
黑色金属矿采选业	Mining and Processing of Ferrous Metal Ores			
有色金属矿采选业	Mining and Processing of Non-ferrous Metal Ores	-383.9	-0.5	-0.6
非金属矿采选业	Mining and Processing of Non-metal Ores	6.5	1.0	1.0
开采辅助活动	Support Activities for Mining			
其他采矿业	Mining of Other Ores			
农副食品加工业	Processing of Food from Agricultural Products	6.4	1.6	1.2
食品制造业	Manufacture of Foods	9.7	1.6	1.2
酒、饮料和精制茶制造业	Manufacture of Liquor, Beverages and Refined Tea	9.2	1.5	0.8
烟草制品业	Manufacture of Tobacco	9.3	4.9	1.6
纺织业	Manufacture of Textile	5.5	1.0	0.5
纺织服装、服饰业	Manufacture of Textile Wearing Apparel and Accessories	6.7	1.5	1.0
皮革、毛皮、羽毛及其制品和制鞋业	Manufacture of Leather, Fur, Feather and Related Products and Footwear	6.5	2.0	1.4
木材加工和木、竹、藤、棕、草制品业	Processing of Timber, Manufacture of Wood, Bamboo, Rattan, Palm and Straw Products	5.4	1.2	0.9
家具制造业	Manufacture of Furniture	4.9	1.3	0.9
造纸及纸制品业	Manufacture of Paper and Paper Products	5.4	1.3	1.1
印刷和记录媒介复制业	Printing and Reproduction of Recording Media	7.6	1.2	0.9
文教、工美、体育和娱乐用品制造业	Manufacture of Articles for Culture, Education, Arts and Crafts, Sport and Entertainment Activities	13.5	1.3	0.9
石油、煤炭及其他燃料加工业	Processing of Petroleum, Coking and Processing of Nuclear Fuel	6.8	3.3	2.4
化学原料和化学制品制造业	Manufacture of Raw Chemical Materials and Chemical Products	5.6	1.1	0.8
医药制造业	Manufacture of Medicines	11.5	1.5	1.2
化学纤维制造业	Manufacture of Chemical Fibres	7.3	1.7	1.3
橡胶和塑料制品业	Manufacture of Rubber and Plastics Products	7.5	1.3	1.0
非金属矿物制品业	Manufacture of Non-metallic Mineral Products	5.5	1.1	1.0
黑色金属冶炼和压延加工业	Smelting and Pressing of Ferrous Metals	3.5	1.0	0.8
有色金属冶炼和压延加工业	Smelting and Pressing of Non-ferrous Metals	3.9	1.2	0.9
金属制品业	Manufacture of Metal Products	6.6	1.3	1.0
通用设备制造业	Manufacture of General Purpose Machinery	6.2	1.4	1.1
专用设备制造业	Manufacture of Special Purpose Machinery	8.6	1.7	1.4
汽车制造业	Manufacture of Automobiles	3.1	1.2	1.0
铁路、船舶、航空航天和其他运输设备制造业	Manufacture of Railway, Ship, Aerospace and Other Transport Equipment	7.2	1.3	1.1
电气机械及器材制造业	Manufacture of Electrical Machinery and Apparatus	8.5	1.2	1.1
计算机、通信和其他电子设备制造业	Manufacture of Computers, Communication and Other Electronic Equipment	6.6	1.3	1.1
仪器仪表制造业	Manufacture of Measuring Instruments and Machinery	7.8	1.5	1.1
其他制造业	Other Manufacture	7.0	1.3	1.1
废弃资源综合利用业	Utilization of Waste Resources	6.6	1.5	1.3
金属制品、机械和设备修理业	Repair Service of Metal Products, Machinery and Equipment	5.4	1.6	1.2
电力、热力的生产和供应业	Production and Supply of Electric Power and Heat Power	4.2	0.6	0.6
燃气生产和供应业	Production and Supply of Gas	4.3	1.4	1.3
水的生产和供应业	Production and Supply of Water	7.0	1.5	1.4

12-13 续表 3 continued

单位：% (%)

指标	Item	产权比率 Equity Ratio	人均实现利税(元) Per Capita Pre-tax Profits (yuan)	从业人员人均工资(元) Per Capita Wages of Employees (yuan)
总计	**Total**	**1.3**	**164443**	**138683**
按轻、重工业分	**By Light and Heavy Industries**			
轻工业	Light Industry	1.1	217438	123085
重工业	Heavy Industry	1.4	146723	143898
按企业规模分	**By Size**			
大型企业	Large	1.4	229323	168074
中型企业	Medium	1.2	178871	137392
小型微型企业	Small & Mini	1.3	117189	122420
按行业分	**By Sector**			
煤炭开采和洗选业	Mining and Washing of Coal	0.6	359260	107638
石油和天然气开采业	Extraction of Petroleum and Natural Gas	0.4	3222005	280222
黑色金属矿采选业	Mining and Processing of Ferrous Metal Ores			
有色金属矿采选业	Mining and Processing of Non-ferrous Metal Ores	-1.9		
非金属矿采选业	Mining and Processing of Non-metal Ores	1.2	182788	108434
开采辅助活动	Support Activities for Mining			
其他采矿业	Mining of Other Ores			
农副食品加工业	Processing of Food from Agricultural Products	0.8	139936	111558
食品制造业	Manufacture of Foods	0.8	139428	107412
酒、饮料和精制茶制造业	Manufacture of Liquor, Beverages and Refined Tea	0.8	321832	104636
烟草制品业	Manufacture of Tobacco	0.2	5353666	418095
纺织业	Manufacture of Textile	1.7	69968	102674
纺织服装、服饰业	Manufacture of Textile Wearing Apparel and Accessories	1.0	40650	86608
皮革、毛皮、羽毛及其制品和制鞋业	Manufacture of Leather, Fur, Feather and Related Products and Footwear	0.9	50799	82275
木材加工和木、竹、藤、棕、草制品业	Processing of Timber, Manufacture of Wood, Bamboo, Rattan, Palm and Straw Products	0.7	95897	149778
家具制造业	Manufacture of Furniture	0.9	58153	101907
造纸及纸制品业	Manufacture of Paper and Paper Products	1.1	119034	135211
印刷和记录媒介复制业	Printing and Reproduction of Recording Media	0.8	131703	149179
文教、工美、体育和娱乐用品制造业	Manufacture of Articles for Culture, Education, Arts and Crafts, Sport and Entertainment Activities	1.1	151542	96907
石油、煤炭及其他燃料加工业	Processing of Petroleum, Coking and Processing of Nuclear Fuel	0.8	291884	185949
化学原料和化学制品制造业	Manufacture of Raw Chemical Materials and Chemical Products	1.1	192444	193476
医药制造业	Manufacture of Medicines	0.7	218669	156246
化学纤维制造业	Manufacture of Chemical Fibres	0.6	224067	268829
橡胶和塑料制品业	Manufacture of Rubber and Plastics Products	1.2	140758	112782
非金属矿物制品业	Manufacture of Non-metallic Mineral Products	1.5	119729	121344
黑色金属冶炼和压延加工业	Smelting and Pressing of Ferrous Metals	1.9	278743	164185
有色金属冶炼和压延加工业	Smelting and Pressing of Non-ferrous Metals	1.7	275933	249581
金属制品业	Manufacture of Metal Products	1.5	109763	132243
通用设备制造业	Manufacture of General Purpose Machinery	1.1	101001	127228
专用设备制造业	Manufacture of Special Purpose Machinery	0.9	152717	140588
汽车制造业	Manufacture of Automobiles	1.8	104506	137601
铁路、船舶、航空航天和其他运输设备制造业	Manufacture of Railway, Ship, Aerospace and Other Transport Equipment	1.3	109639	116652
电气机械及器材制造业	Manufacture of Electrical Machinery and Apparatus	2.5	231702	118217
计算机、通信和其他电子设备制造业	Manufacture of Computers, Communication and Other Electronic Equipment	1.2	152953	126476
仪器仪表制造业	Manufacture of Measuring Instruments and Machinery	1.2	106956	130983
其他制造业	Other Manufacture	1.2	74478	197536
废弃资源综合利用业	Utilization of Waste Resources	1.1	188935	184246
金属制品、机械和设备修理业	Repair Service of Metal Products, Machinery and Equipment	1.2	43950	166489
电力、热力的生产和供应业	Production and Supply of Electric Power and Heat Power	1.4	201877	209380
燃气生产和供应业	Production and Supply of Gas	1.4	265116	209697
水的生产和供应业	Production and Supply of Water	0.9	81224	172802

12-14 外商投资和港澳台投资工业企业主要经济指标(2023年)

单位：万元

指　　标	Item	单位数(个) Number of Enterprises (unit)
总　计	**Total**	**397**
按登记注册类型分	**By Status of Registration**	
港澳台投资企业	Funded by Hong Kong, Macao and Taiwan	129
外商投资企业	Foreign-funded	268
按轻、重工业分	**By Light and Heavy Industries**	
轻工业	Light Industry	92
重工业	Heavy Industry	305
按企业规模分	**By Size**	
大型企业	Large	56
中型企业	Medium	82
小型微型企业	Small & Mini	259
按行业分	**By Sector**	
煤炭开采和洗选业	Mining and Washing of Coal	
石油和天然气开采业	Extraction of Petroleum and Natural Gas	
黑色金属矿采选业	Mining and Processing of Ferrous Metal Ores	
有色金属矿采选业	Mining and Processing of Non-ferrous Metal Ores	
非金属矿采选业	Mining and Processing of Non-metal Ores	
开采辅助活动	Support Activities for Mining	
其他采矿业	Mining of Other Ores	
农副食品加工业	Processing of Food from Agricultural Products	13
食品制造业	Manufacture of Foods	4
酒、饮料和精制茶制造业	Manufacture of Liquor, Beverages and Refined Tea	10
烟草制品业	Manufacture of Tobacco	
纺织业	Manufacture of Textile	
纺织服装、服饰业	Manufacture of Textile Wearing Apparel and Accessories	5
皮革、毛皮、羽毛及其制品和制鞋业	Manufacture of Leather, Fur, Feather and Related Products and Footwear	
木材加工和木、竹、藤、棕、草制品业	Processing of Timber, Manufacture of Wood, Bamboo, Rattan, Palm and Straw Products	1
家具制造业	Manufacture of Furniture	1
造纸及纸制品业	Manufacture of Paper and Paper Products	14
印刷和记录媒介复制业	Printing and Reproduction of Recording Media	6
文教、工美、体育和娱乐用品制造业	Manufacture of Articles for Culture, Education, Arts and Crafts, Sport and Entertainment Activities	3
石油、煤炭及其他燃料加工业	Processing of Petroleum, Coking and Processing of Nuclear Fuel	
化学原料和化学制品制造业	Manufacture of Raw Chemical Materials and Chemical Products	22
医药制造业	Manufacture of Medicines	4
化学纤维制造业	Manufacture of Chemical Fibres	
橡胶和塑料制品业	Manufacture of Rubber and Plastics Products	15
非金属矿物制品业	Manufacture of Non-metallic Mineral Products	17
黑色金属冶炼和压延加工业	Smelting and Pressing of Ferrous Metals	4
有色金属冶炼和压延加工业	Smelting and Pressing of Non-ferrous Metals	3
金属制品业	Manufacture of Metal Products	10
通用设备制造业	Manufacture of General Purpose Machinery	18
专用设备制造业	Manufacture of Special Purpose Machinery	13
汽车制造业	Manufacture of Automobiles	108
铁路、船舶、航空航天和其他运输设备制造业	Manufacture of Railway, Ship, Aerospace and Other Transport Equipment	8
电气机械及器材制造业	Manufacture of Electrical Machinery and Apparatus	13
计算机、通信和其他电子设备制造业	Manufacture of Computers, Communication and Other Electronic Equipment	81
仪器仪表制造业	Manufacture of Measuring Instruments and Machinery	8
其他制造业	Other Manufacture	
废弃资源综合利用业	Utilization of Waste Resources	2
金属制品、机械和设备修理业	Repair Service of Metal Products, Machinery and Equipment	
电力、热力的生产和供应业	Production and Supply of Electric Power and Heat Power	4
燃气生产和供应业	Production and Supply of Gas	5
水的生产和供应业	Production and Supply of Water	5

Main Economic Indicators of Industrial Enterprises with Hong Kong, Macao, Taiwan and Foreign Funds (2023)

(10 000 yuan)

从业人员平均人数(万人) Average Employment (10 000 persons)	工业总产值 Gross Output Value	实收资本 Paid-in Capital			资 产 Total Assets	
			#国家资本 State Capital	#外商资本 Foreign Capital		#流动资产 Circulating Assets
21.43	**60666466.4**	**10557657.1**	**1165416.5**	**2940597.8**	**47818461.3**	**29323756.5**
8.97	30243156.2	5256625.4	563532.6	445595.2	23395905.4	13210187.7
12.46	30423310.2	5301031.7	601883.9	2495002.6	24422555.9	16113568.8
3.07	6542573.9	1891010.1	8576.0	293924.2	6627021.9	3912435.0
18.36	54123892.5	8666647.0	1156840.5	2646673.6	41191439.4	25411321.5
14.00	46059244.4	5117835.7	340195.9	945158.5	30702928.8	19141293.9
4.59	7013606.5	2699108.0	517787.3	742333.1	8967089.6	5333638.6
2.84	7593615.5	2740713.4	307433.3	1253106.2	8148442.9	4848824.0
0.16	2134391.6	120874.6	1024.2	14560.5	1155753.5	932700.1
0.23	220585.9	20457.1		11487.6	159155.2	88724.1
0.53	528286.4	220775.8	6183.6	125491.6	1189807.8	688241.9
0.07	54564.4	7148.0		332.5	26156.5	11188.5
0.06	59572.8	270.0			42518.0	22146.1
0.87	2368631.7	1163778.9		22232.3	2618414.5	1087000.2
0.12	152762.2	20751.4		1515.3	99601.9	71619.1
0.31	121284.7	21863.5			117684.7	74684.0
0.24	1287329.7	695472.3	107249.7	405465.2	1669593.4	818278.9
0.10	213163.8	51005.9		5850.0	385656.5	319532.8
0.54	732869.3	330435.2	55000.0	192252.7	604612.7	286004.7
0.56	864355.6	319346.0		109129.6	1195333.4	664855.1
0.66	4776290.5	1033229.9		53812.7	4051240.2	814340.6
0.09	390839.8	52182.3		47041.9	223986.3	132074.1
0.13	279232.8	103538.2		28913.6	274354.2	179183.3
0.64	1399183.9	392656.7	130747.9	204833.0	1556956.7	1148083.1
0.10	83225.7	78611.5	19992.9	37191.8	211638.2	138178.2
4.74	11397298.4	1680586.8	167273.9	688669.1	11441434.3	8464951.4
0.30	404574.9	76263.6	23930.5	25678.0	221690.6	146000.8
0.55	841228.4	181218.6	15639.0	112195.7	860138.7	614868.6
9.46	30551576.2	3286699.8	373500.0	598780.6	16384845.7	11204774.6
0.57	874748.6	70608.7	44135.7	17770.5	1191516.2	931750.8
0.02	18320.2	3301.4		1301.4	43402.9	24705.6
0.04	303715.5	227609.7	102359.5	107396.2	580927.9	119957.9
0.23	465324.4	162924.0	105467.4	35000.0	950214.9	195372.1
0.12	143109.0	236047.2	12912.2	93696.0	561826.4	144539.9

12-14 续表

单位：万元

指 标	Item	固定资产 Fixed Assets 原 值 Original Value	净 值 Net Value
总 计	**Total**	**28135484.0**	**13169479.1**
按登记注册类型分	**By Status of Registration**		
港澳台投资企业	Funded by Hong Kong, Macao and Taiwan	12320247.5	7262623.7
外商投资企业	Foreign-funded	15815236.5	5906855.4
按轻、重工业分	**By Light and Heavy Industries**		
轻工业	Light Industry	3696322.9	1753719.9
重工业	Heavy Industry	24439161.1	11415759.2
按企业规模分	**By Size**		
大型企业	Large	18595036.6	8453056.8
中型企业	Medium	4548859.3	2341963.2
小型微型企业	Small & Mini	4991588.1	2374459.1
按行业分	**By Sector**		
煤炭开采和洗选业	Mining and Washing of Coal		
石油和天然气开采业	Extraction of Petroleum and Natural Gas		
黑色金属矿采选业	Mining and Processing of Ferrous Metal Ores		
有色金属矿采选业	Mining and Processing of Non-ferrous Metal Ores		
非金属矿采选业	Mining and Processing of Non-metal Ores		
开采辅助活动	Support Activities for Mining		
其他采矿业	Mining of Other Ores		
农副食品加工业	Processing of Food from Agricultural Products	283484.1	170445.0
食品制造业	Manufacture of Foods	132055.5	49950.5
酒、饮料和精制茶制造业	Manufacture of Liquor, Beverages and Refined Tea	444473.1	136912.7
烟草制品业	Manufacture of Tobacco		
纺织业	Manufacture of Textile		
纺织服装、服饰业	Manufacture of Textile Wearing Apparel and Accessories	16382.4	10533.1
皮革、毛皮、羽毛及其制品和制鞋业	Manufacture of Leather, Fur, Feather and Related Products and Footwear		
木材加工和木、竹、藤、棕、草制品业	Processing of Timber, Manufacture of Wood, Bamboo, Rattan, Palm and Straw Products	36243.8	20171.9
家具制造业	Manufacture of Furniture		
造纸及纸制品业	Manufacture of Paper and Paper Products	2289226.7	1151232.9
印刷和记录媒介复制业	Printing and Reproduction of Recording Media	76527.8	23918.2
文教、工美、体育和娱乐用品制造业	Manufacture of Articles for Culture, Education, Arts and Crafts, Sport and Entertainment Activities	41749.5	26287.3
石油、煤炭及其他燃料加工业	Processing of Petroleum, Coking and Processing of Nuclear Fuel		
化学原料和化学制品制造业	Manufacture of Raw Chemical Materials and Chemical Products	1405166.9	648697.7
医药制造业	Manufacture of Medicines	72218.5	33069.0
化学纤维制造业	Manufacture of Chemical Fibres		
橡胶和塑料制品业	Manufacture of Rubber and Plastics Products	907970.5	265754.5
非金属矿物制品业	Manufacture of Non-metallic Mineral Products	745688.1	335800.8
黑色金属冶炼和压延加工业	Smelting and Pressing of Ferrous Metals	3784060.1	2716353.7
有色金属冶炼和压延加工业	Smelting and Pressing of Non-ferrous Metals	165272.2	52971.2
金属制品业	Manufacture of Metal Products	197441.8	64523.5
通用设备制造业	Manufacture of General Purpose Machinery	586257.3	277192.1
专用设备制造业	Manufacture of Special Purpose Machinery	62392.8	16858.7
汽车制造业	Manufacture of Automobiles	7085961.4	1825601.4
铁路、船舶、航空航天和其他运输设备制造业	Manufacture of Railway, Ship, Aerospace and Other Transport Equipment	151359.0	55232.3
电气机械及器材制造业	Manufacture of Electrical Machinery and Apparatus	332523.0	168731.3
计算机、通信和其他电子设备制造业	Manufacture of Computers, Communication and Other Electronic Equipment	7387971.6	3994277.2
仪器仪表制造业	Manufacture of Measuring Instruments and Machinery	146301.4	68181.3
其他制造业	Other Manufacture		
废弃资源综合利用业	Utilization of Waste Resources	24014.2	17158.1
金属制品、机械和设备修理业	Repair Service of Metal Products, Machinery and Equipment		
电力、热力的生产和供应业	Production and Supply of Electric Power and Heat Power	557510.8	378867.9
燃气生产和供应业	Production and Supply of Gas	549515.5	326402.6
水的生产和供应业	Production and Supply of Water	653716.0	334354.2

continued

(10 000 yuan)

负 债 Total Liabilities	#流动负债 Total Circulating Liabilities	所有者权益 Creditors' Equity	营业收入 Revenue	营业成本 Cost	税金及附加 Tax and Extra Charges	利润总额 Total After-tax Profits	利税总额 Total Pre-tax Profits	应付职工薪酬 Total Wages
27276167.5	**22265986.1**	**20542290.2**	**61405226.5**	**55258441.6**	**438190.6**	**1919456.3**	**2954223.1**	**3182025.3**
13531610.5	10867954.5	9864293.4	30067659.1	27717037.0	205113.6	1152199.3	1624926.3	1352263.2
13744557.0	11398031.6	10677996.8	31337567.4	27541404.6	233077.0	767257.0	1329296.8	1829762.1
3163132.9	2670444.0	3463888.3	6747870.8	5709169.8	59117.4	595135.5	804145.0	446982.8
24113034.6	19595542.1	17078401.9	54657355.7	49549271.8	379073.2	1324320.8	2150078.1	2735042.5
19225820.1	15619702.0	11477108.4	46331381.4	42575511.7	355931.3	851168.4	1520764.2	2082718.2
4210271.0	3519082.5	4756818.0	7021172.3	5821498.2	37028.2	577903.6	754379.1	661395.4
3840076.4	3127201.6	4308363.8	8052672.8	6861431.7	45231.1	490384.3	679079.8	437911.7
891303.7	881061.6	264449.8	2144868.8	2041918.4	2731.6	18958.1	31821.5	27965.2
111631.2	111209.3	47524.1	235743.5	190886.0	2005.2	14519.7	26157.4	29378.5
746317.3	738077.6	443490.5	910420.0	601795.7	23968.7	326267.0	385837.2	97274.4
15355.3	9383.7	10801.2	55243.7	48471.9	245.3	1306.6	1892.3	7292.7
10682.4	10682.4	31835.6	58874.8	46328.4	1087.0	7507.6	10044.8	5487.7
1047344.4	610726.2	1571069.8	2158915.5	1911226.8	16386.5	47717.5	124079.8	144858.6
45194.1	40084.2	54407.7	161096.8	126195.6	1129.4	20219.5	24555.2	15817.1
27508.6	22170.7	90176.1	116044.1	88773.2	1000.3	25908.0	29673.5	35358.0
476754.1	406238.1	1192839.4	1282548.4	947029.7	9496.1	176746.7	228515.9	49215.6
43231.4	40885.5	342425.0	210036.3	133223.6	865.0	51482.9	56499.7	11827.5
216827.7	200517.4	387784.9	721578.9	534109.3	7945.0	95525.0	116200.8	66361.9
394814.6	359758.0	800518.4	906214.2	660879.4	6867.8	145749.3	184840.8	91280.9
1947761.4	1580985.3	2103478.8	4387275.4	4147492.8	17207.4	-169886.8	-126916.6	157039.4
123863.8	109554.1	100122.5	356003.6	312334.9	590.6	19407.9	21462.9	23257.9
89606.7	40137.1	184747.4	314386.0	271536.2	1268.5	19415.9	24315.3	21559.5
804626.1	754870.3	752330.5	1457292.8	1113265.0	9049.9	191209.4	216444.1	124268.0
70128.8	60973.2	141509.4	84863.8	65862.0	554.8	-4933.5	-2285.1	15729.5
7052189.3	5927674.6	4389243.5	12551271.9	10321867.1	279138.4	80116.1	596184.8	780908.1
80578.3	80578.3	141112.1	405518.4	327853.1	1870.9	35080.6	44190.4	44714.9
319983.4	268982.4	540155.0	822459.2	691411.5	8831.7	64057.0	91925.9	71565.7
10971413.0	8841665.2	5413432.3	29942737.1	28921100.6	34083.1	536112.2	590973.9	1143961.0
704155.2	648619.3	487361.2	1033561.6	795663.7	5539.0	131963.5	167285.5	118129.3
6763.6	3913.6	36639.2	19516.1	11603.6	196.0	5856.8	6535.4	2514.3
351799.9	113572.9	229127.7	303422.7	271576.3	2046.1	17192.9	26784.0	9030.3
472780.5	331414.6	477434.4	578842.3	547582.1	2056.4	30695.9	39907.9	56685.7
253552.7	72250.5	308273.7	186490.6	128454.7	2029.9	31260.5	37295.8	30543.6

12−15 外商投资和港澳台投资工业企业经济效益指标(2023年)

单位：%

指　　标	Item	总资产贡献率 Ratio of Total Assets to Industrial Output Value
总　计	**Total**	**6.1**
按轻、重工业分	**By Light and Heavy Industries**	
轻工业	Light Industry	12.1
重工业	Heavy Industry	5.1
按企业规模分	**By Size**	
大型企业	Large	4.8
中型企业	Medium	8.5
小型微型企业	Small & Mini	8.3
按行业分	**By Sector**	
煤炭开采和洗选业	Mining and Washing of Coal	
石油和天然气开采业	Extraction of Petroleum and Natural Gas	
黑色金属矿采选业	Mining and Processing of Ferrous Metal Ores	
有色金属矿采选业	Mining and Processing of Non-ferrous Metal Ores	
非金属矿采选业	Mining and Processing of Non-metal Ores	
开采辅助活动	Support Activities for Mining	
其他采矿业	Mining of Other Ores	
农副食品加工业	Processing of Food from Agricultural Products	2.9
食品制造业	Manufacture of Foods	16.0
酒、饮料和精制茶制造业	Manufacture of Liquor, Beverages and Refined Tea	31.6
烟草制品业	Manufacture of Tobacco	
纺织业	Manufacture of Textile	
纺织服装、服饰业	Manufacture of Textile Wearing Apparel and Accessories	7.5
皮革、毛皮、羽毛及其制品和制鞋业	Manufacture of Leather, Fur, Feather and Related Products and Footwear	
木材加工和木、竹、藤、棕、草制品业	Processing of Timber, Manufacture of Wood, Bamboo, Rattan, Palm and Straw Products	24.5
家具制造业	Manufacture of Furniture	
造纸及纸制品业	Manufacture of Paper and Paper Products	5.1
印刷和记录媒介复制业	Printing and Reproduction of Recording Media	24.3
文教、工美、体育和娱乐用品制造业	Manufacture of Articles for Culture, Education, Arts and Crafts, Sport and Entertainment Activities	25.3
石油、煤炭及其他燃料加工业	Processing of Petroleum, Coking and Processing of Nuclear Fuel	
化学原料和化学制品制造业	Manufacture of Raw Chemical Materials and Chemical Products	12.1
医药制造业	Manufacture of Medicines	14.7
化学纤维制造业	Manufacture of Chemical Fibres	
橡胶和塑料制品业	Manufacture of Rubber and Plastics Products	19.5
非金属矿物制品业	Manufacture of Non-metallic Mineral Products	15.2
黑色金属冶炼和压延加工业	Smelting and Pressing of Ferrous Metals	-2.6
有色金属冶炼和压延加工业	Smelting and Pressing of Non-ferrous Metals	11.4
金属制品业	Manufacture of Metal Products	8.5
通用设备制造业	Manufacture of General Purpose Machinery	13.4
专用设备制造业	Manufacture of Special Purpose Machinery	-1.3
汽车制造业	Manufacture of Automobiles	5.3
铁路、船舶、航空航天和其他运输设备制造业	Manufacture of Railway, Ship, Aerospace and Other Transport Equipment	19.6
电气机械及器材制造业	Manufacture of Electrical Machinery and Apparatus	10.6
计算机、通信和其他电子设备制造业	Manufacture of Computers, Communication and Other Electronic Equipment	3.3
仪器仪表制造业	Manufacture of Measuring Instruments and Machinery	13.7
其他制造业	Other Manufacture	
废弃资源综合利用业	Utilization of Waste Resources	15.5
金属制品、机械和设备修理业	Repair Service of Metal Products, Machinery and Equipment	
电力、热力的生产和供应业	Production and Supply of Electric Power and Heat Power	6.4
燃气生产和供应业	Production and Supply of Gas	4.3
水的生产和供应业	Production and Supply of Water	7.4

Indicators on Economic Benefit of Industrial Enterprises with Hong Kong, Macao, Taiwan and Foreign Funds (2023)

(%)

资本保值增值率 Ratio of Assets Appreciation YOY	资产负债率 Asset-liability Ratio	流动资产周转率（次） Turnover Ratio of Circulating Assets (time)	成本费用利润率 Ratio of Profits to Cost	产品销售率 Sales as Percentage of Output
105.5	**57.0**	**2.1**	**3.3**	**97.8**
100.9	47.7	1.7	9.6	93.6
106.6	58.5	2.2	2.6	98.3
105.8	62.6	2.4	1.9	99.1
108.8	47.0	1.3	9.2	95.0
101.5	47.1	1.7	6.7	94.4
103.0	77.1	2.3	0.9	92.1
102.8	70.1	2.7	6.7	99.2
97.1	62.7	1.3	42.0	98.0
100.0				78.8
104.1	58.7	4.9	2.5	100.0
	25.1	2.7	14.9	
112.5				99.1
94.8	40.0	2.0	2.3	92.6
119.3	45.4	2.3	14.6	101.7
121.5	23.4	1.6	26.9	88.9
100.1	28.6	1.6	16.7	96.8
115.3	11.2	0.7	33.9	76.3
116.0	35.9	2.5	15.9	95.2
113.0	33.0	1.4	20.0	89.9
108.0	48.1	5.4	-4.0	102.2
99.8	55.3	2.7	6.0	93.0
101.9	32.7	1.8	6.8	100.9
104.7	51.7	1.3	15.6	97.9
94.3	33.1	0.6	-6.2	99.5
103.9	61.6	1.5	0.7	97.4
101.9	36.4	2.8	9.8	99.2
112.7	37.2	1.3	8.6	96.9
109.1	67.0	2.7	1.8	99.1
111.1	59.1	1.1	14.5	100.1
150.0	15.6	0.8	43.4	100.0
111.4	60.6	2.5	6.0	100.0
102.4	49.8	3.0	5.3	99.5
105.0	45.1	1.3	19.3	100.0

12-15 续表

单位： %

指　标	Item	销售利润率 Rate of Return on Sale
总　计	**Total**	**3.1**
按轻、重工业分	**By Light and Heavy Industries**	
轻工业	Light Industry	8.8
重工业	Heavy Industry	2.4
按企业规模分	**By Size**	
大型企业	Large	1.8
中型企业	Medium	8.2
小型微型企业	Small & Mini	6.1
按行业分	**By Sector**	
煤炭开采和洗选业	Mining and Washing of Coal	
石油和天然气开采业	Extraction of Petroleum and Natural Gas	
黑色金属矿采选业	Mining and Processing of Ferrous Metal Ores	
有色金属矿采选业	Mining and Processing of Non-ferrous Metal Ores	
非金属矿采选业	Mining and Processing of Non-metal Ores	
开采辅助活动	Support Activities for Mining	
其他采矿业	Mining of Other Ores	
农副食品加工业	Processing of Food from Agricultural Products	0.9
食品制造业	Manufacture of Foods	6.2
酒、饮料和精制茶制造业	Manufacture of Liquor, Beverages and Refined Tea	35.8
烟草制品业	Manufacture of Tobacco	
纺织业	Manufacture of Textile	
纺织服装、服饰业	Manufacture of Textile Wearing Apparel and Accessories	2.4
皮革、毛皮、羽毛及其制品和制鞋业	Manufacture of Leather, Fur, Feather and Related Products and Footwear	
木材加工和木、竹、藤、棕、草制品业	Processing of Timber, Manufacture of Wood, Bamboo, Rattan, Palm and Straw Products	12.8
家具制造业	Manufacture of Furniture	
造纸及纸制品业	Manufacture of Paper and Paper Products	2.2
印刷和记录媒介复制业	Printing and Reproduction of Recording Media	12.6
文教、工美、体育和娱乐用品制造业	Manufacture of Articles for Culture, Education, Arts and Crafts, Sport and Entertainment Activities	22.3
石油、煤炭及其他燃料加工业	Processing of Petroleum, Coking and Processing of Nuclear Fuel	
化学原料和化学制品制造业	Manufacture of Raw Chemical Materials and Chemical Products	13.8
医药制造业	Manufacture of Medicines	24.5
化学纤维制造业	Manufacture of Chemical Fibres	
橡胶和塑料制品业	Manufacture of Rubber and Plastics Products	13.2
非金属矿物制品业	Manufacture of Non-metallic Mineral Products	16.1
黑色金属冶炼和压延加工业	Smelting and Pressing of Ferrous Metals	-3.9
有色金属冶炼和压延加工业	Smelting and Pressing of Non-ferrous Metals	5.5
金属制品业	Manufacture of Metal Products	6.2
通用设备制造业	Manufacture of General Purpose Machinery	13.1
专用设备制造业	Manufacture of Special Purpose Machinery	-5.8
汽车制造业	Manufacture of Automobiles	0.6
铁路、船舶、航空航天和其他运输设备制造业	Manufacture of Railway, Ship, Aerospace and Other Transport Equipment	8.7
电气机械及器材制造业	Manufacture of Electrical Machinery and Apparatus	7.8
计算机、通信和其他电子设备制造业	Manufacture of Computers, Communication and Other Electronic Equipment	1.8
仪器仪表制造业	Manufacture of Measuring Instruments and Machinery	12.8
其他制造业	Other Manufacture	
废弃资源综合利用业	Utilization of Waste Resources	30.0
金属制品、机械和设备修理业	Repair Service of Metal Products, Machinery and Equipment	
电力、热力的生产和供应业	Production and Supply of Electric Power and Heat Power	5.7
燃气生产和供应业	Production and Supply of Gas	5.3
水的生产和供应业	Production and Supply of Water	16.8

continued

(%)

流动比率 Current Ratio	速动比率 Quick Ratio	产权比率 Equity Ratio	人均实现利税(元) Per Capita Pre-tax Profits (yuan)	从业人员人均工资(元) Per Capita Wages of Employees (yuan)
1.3	**1.1**	**1.3**	**137855**	**148485**
1.5	1.1	0.9	261936	145597
1.3	1.1	1.4	117107	148967
1.2	1.1	1.7	108626	148766
1.5	1.3	0.9	164353	144095
1.6	1.3	0.9	239113	154194
1.1	0.7	3.4	198884	174782
0.8	0.7	2.4	113728	127733
0.9	0.8	1.7	727995	183537
1.2	0.8	1.4	27033	104181
2.1	1.3	0.3	167413	91462
1.8	1.3	0.7	142620	166504
1.8	1.6	0.8	204627	131809
3.4	1.7	0.3	95721	114058
2.0	1.8	0.4	952150	205065
7.8	5.6	0.1	564997	118275
1.4	0.9	0.6	215187	122892
1.9	1.5	0.5	330073	163002
0.5	0.3	0.9	-192298	237938
1.2	1.0	1.2	238477	258421
4.5	3.7	0.5	187041	165842
1.5	1.2	1.1	338194	194169
2.3	1.7	0.5	-22851	157295
1.4	1.2	1.6	125777	164749
1.8	1.5	0.6	147301	149050
2.3	1.9	0.6	167138	130119
1.3	1.1	2.0	62471	120926
1.4	1.2	1.4	293483	207244
6.3	6.2	0.2	326770	125715
1.1	0.9	1.5	669600	225757
0.6	0.6	1.0	173513	246460
2.0	2.0	0.8	310798	254530

12-16 大中型工业企业主要经济指标(2023年)
Main Economic Indicators of Large & Medium-sized Industrial Enterprises (2023)

单位：万元 (10 000 yuan)

指　标	Item	单位数(个) Number of Enterprises (unit)	从业人员平均人数(万人) Average Employment (10 000 persons)	工业总产值 Gross Output Value	实收资本 Paid-in Capital	#国家资本 State Capital	外商资本 Foreign Capital
总　计	**Total**	**897**	**82.23**	**180240329.2**	**31561466.8**	**7153452.7**	**1946300.9**
按登记注册类型分	**By Status of Registration**						
内资企业	Domestic-funded Enterprises	759	63.64	127167478.3	23744523.1	6295469.5	258809.3
#国有企业	State-owned	1	0.04	1050648.8	60000.0	55688.4	
集体企业	Collective-owned						
港澳台投资企业	Funded by Hong Kong, Macao and Taiwan	54	8.14	27815026.2	4669510.3	537901.7	406095.1
外商投资企业	Foreign-funded	84	10.45	25257824.7	3147433.4	320081.5	1281396.5
按轻、重工业分	**By Light and Heavy Industries**						
轻工业	Light Industry	209	16.68	25965227.6	3863046.6	341012.7	151574.1
重工业	Heavy Industry	688	65.55	154275101.6	27698420.2	6812440.0	1794726.8

12-16 续表 1 continued

单位：万元 (10 000 yuan)

指　标	Item	资　产 Total Assets	#流动资产 Circulating Assets	固定资产原值 Original Value of Fixed Assets	固定资产净值 Net Value of Fixed Assets	负　债 Total Liabilities	#流动负债 Total Circulating Liabilities	所有者权益 Creditors' Equity
总　计	**Total**	**187069091.8**	**103105313.8**	**105170158.6**	**50924457.4**	**106695722.6**	**86041629.4**	**80373363.0**
按登记注册类型分	**By Status of Registration**							
内资企业	Domestic-funded Enterprises	147399073.4	78630381.3	82026262.7	40129437.4	83259631.5	66902844.9	64139436.6
#国有企业	State-owned	1027387.2	556345.1	57009.7	44591.0	824249.1	726137.0	203138.1
集体企业	Collective-owned							
港澳台投资企业	Funded by Hong Kong, Macao and Taiwan	21240942.3	11905926.2	11046142.2	6633605.2	12388079.0	9954416.5	8852862.4
外商投资企业	Foreign-funded	18429076.1	12569006.3	12097753.7	4161414.8	11048012.1	9184368.0	7381064.0
按轻、重工业分	**By Light and Heavy Industries**							
轻工业	Light Industry	30851744.0	19046355.0	12595769.5	6324086.8	15844737.1	13389329.0	15007005.4
重工业	Heavy Industry	156217347.8	84058958.8	92574389.1	44600370.6	90850985.5	72652300.4	65366357.6

12-16 续表 2 continued

单位：万元 (10 000 yuan)

指　标	Item	营业收入 Revenue	营业成本 Cost	税金及附加 Tax and Extra Charges	利润总额 Total After-tax Profits	利税总额 Total Pre-tax Profits	应付职工薪酬 Total Wages
总　计	**Total**	**187785486.4**	**160148643.8**	**2949979.6**	**9682621.3**	**15554714.3**	**12251558.4**
按登记注册类型分	**By Status of Registration**						
内资企业	Domestic-funded Enterprises	134432932.7	111751633.9	2557020.1	8253549.3	13279571.0	9507444.8
#国有企业	State-owned	1055953.1	971853.6	3397.6	39178.8	45147.6	15072.2
集体企业	Collective-owned						
港澳台投资企业	Funded by Hong Kong, Macao and Taiwan	27406687.1	25351900.4	191447.8	1022885.3	1447117.3	1228111.4
外商投资企业	Foreign-funded	25945866.6	23045109.5	201511.7	406186.7	828026.0	1516002.2
按轻、重工业分	**By Light and Heavy Industries**						
轻工业	Light Industry	26814091.2	19155939.2	1671227.5	3035513.8	5653784.4	2322152.3
重工业	Heavy Industry	160971395.2	140992704.6	1278752.1	6647107.5	9900929.9	9929406.1

12-17 大中型工业企业经济效益指标(2023年)
Indicators on Economic Benefit of Large & Medium-sized Industrial Enterprises (2023)

单位：% (%)

指标	Item	总资产贡献率 Ratio of Total Assets to Industrial Output Value	资本保值增值率 Ratio of Assets Appreciation YOY	资产负债率 Asset-Liability Ratio	流动资产周转率(次) Turnover Ratio of Circulating Assets (time)	成本费用利润率 Ratio of Profits to Cost	产品销售率 Sales as Percentage of Output
总　计	**Total**	**8.5**	**103.2**	**57.0**	**1.8**	**5.7**	**96.4**
按登记注册类型分	**By Status of Registration**						
内资企业	Domestic-funded Enterprises	9.2	104.5	56.5	1.7	6.9	95.7
#国有企业	State-owned	4.5	88.6	80.2	1.9	3.9	99.4
集体企业	Collective-owned		92.1				82.2
港澳台投资企业	Funded by Hong Kong, Macao and Taiwan	6.9	104.5	58.3	2.3	3.9	97.9
外商投资企业	Foreign-funded	4.3	104.5	60.0	2.1	1.7	99.0
按轻、重工业分	**By Light and Heavy Industries**						
轻工业	Light Industry	18.4	104.2	51.4	1.4	13.8	94.8
重工业	Heavy Industry	6.5	102.9	58.2	1.9	4.5	96.7

12-17 续表 continued

单位：% (%)

指标	Item	销售利润率 Rate of Return on Sale	流动比率 Current Ratio	速动比率 Quick Ratio	产权比率 Equity Ratio	人均实现利税(元) Per Capita Pre-tax Profits (yuan)
总　计	**Total**	**5.2**	**1.2**	**1.0**	**1.3**	**189161**
按登记注册类型分	**By Status of Registration**					
内资企业	Domestic-funded Enterprises	6.1	1.2	1.0	1.3	208667
#国有企业	State-owned	3.7	0.8	0.7	4.1	1128690
集体企业	Collective-owned					
港澳台投资企业	Funded by Hong Kong, Macao and Taiwan	3.7	1.2	1.0	1.4	177779
外商投资企业	Foreign-funded	1.6	1.4	1.1	1.5	79237
按轻、重工业分	**By Light and Heavy Industries**					
轻工业	Light Industry	11.3	1.4	1.2	1.1	338956
重工业	Heavy Industry	4.1	1.2	1.0	1.4	151044

12−18 规模以上工业企业主要产品产量(2022—2023年)
Output of Major Products of Industrial Enterprises above Designated Size (2022-2023)

产品名称	Item	2022	2023
化学纤维(万吨)	Chemical Fibre (10 000 tons)	23	33
纱(吨)	Yarn (ton)	40072	33900
布(万米)	Cloth (10 000 m)	28337	12911
印染布(万米)	Printed and Dyed Fabric (10 000 m)	12011	30835
毛　线(吨)	Knitting Wool (ton)	157	
蚕　丝(吨)	Silk (ton)	396	392
丝织品(蚕丝及交织机织物(含蚕丝≥50%))(万米)	Silk Products (silk and mixture fabric (with content of silk ≥50%)) (10 000 m)	2434	602
微型计算机设备(台)	Microcomputers (units)	86319196	74005309
#笔记本计算机	Laptops	74112059	70631065
显示器(万台)	Display(10 000 sets)	2352	2095
打印机(万台)	Marking Machine(10 000 sets)	102	26
移动通信手持机(手机)(万台)	Mobile Telephones(10 000 sets)	7449	8538
摩托车(万辆)	Motorcycles (10 000 units)	449	573
机制纸及纸板(吨)	Machine-made Paper and Paperboard (ton)	4177965	3976062
日用陶瓷制品(万件)	Household Ceramics(10 000 pcs)	657	1071
日用玻璃制品(吨)	Daily-use Glassware (ton)	476285	595705
合成洗涤剂(吨)	Synthetic Detergents (ton)	142665	210084
卷　烟(亿支)	Cigarettes (100 million pieces)	570	569
白　酒(万千升)	Liquor (10 000 kiloliters)	11	8
啤　酒(万千升)	Beer (10 000 kiloliters)	81	76
罐　头(吨)	Canned Food (ton)	56405	56347
精制食用植物油(吨)	Edible Vegetable Oil (ton)	1131323	830604
皮革鞋靴(万双)	Leather Shoes (10 000 pairs)	3446	2198
服　装(万件)	Garments (10 000 pcs)	10295	5485
乳制品(万吨)	Dairy Products (10 000 tons)	25	24
无酒精饮料(软饮料)(吨)	Non-alcoholic Beverage (soft) (ton)	2034145	2280884
焦　炭(万吨)	Coke (10 000 tons)	313	334
发电量(万千瓦时)	Electricity (10 000 kwh)	9978400	11202100
天然气(万立方米)	Natural Gas (10 000 cu.m)	1414500	1602400
生　铁(万吨)	Pig Iron (10 000 tons)	723	652
粗　钢(万吨)	Crude Steel (10 000 tons)	975	890
钢　材(万吨)	Steel Products (10 000 tons)	1691	2155
铝　材(吨)	Aluminum Product (ton)	2386422	2088613

12−18 续表 continued

产品名称	Item	2022	2023
硫　酸(吨)	Sulphuric Acid (ton)	934573	1070637
盐　酸(吨)	Hydrochloric Acid (ton)	32185	29267
烧　碱(吨)	Caustic Soda (ton)	369915	365155
精甲醇(商品量)(吨)	Fine Methyl Alcohol (commodities) (ton)	1937907	1967851
涂料(吨)	Paint (ton)	782388	940264
塑料制品(吨)	Plastics (ton)	3300095	11014296
合成橡胶(吨)	Synthetic Rubber (ton)	9908	19902
化学原料药(吨)	Chemical Raw Material (ton)	9366	9933
中成药(吨)	Traditional Chinese Medicine (ton)	75299	77238
轮胎外胎(万条)	Tire (10 000 units)	1143	1667
水　泥(万吨)	Cement (10 000 tons)	5317	5478
人造板(立方米)	Artificial Boards (cu.m)	556306	885946
矿山设备(吨)	Mining Equipment (ton)	74836	66494
起重设备(起重机)(吨)	Hoist and Derrick (ton)	36152	17787
房间空气调节器(台)	Air-conditioners (unit)	19160622	21829054
发电设备(千瓦)	Generating Equipment (kw)	697553	1162423
交流电动机(万千瓦)	AC Motors(10 000 kw)	362	327
变压器(万千伏安)	Transformer Products (10 000 kva)	5387	8182
金属切削机床(台)	Metal-cutting Machines (unit)	10236	5473
汽　车(辆)	Motor Vehicles (unit)	2091786	2316212
#轿　车	Cars	548647	678744
内燃机(发动机)(万千瓦)	Internal Combustion Engines (10 000 kw)	27164	31489
泵(台)	Industry Pumps (unit)	286472	404418
风　机(台)	Air Pumps (unit)	224968	139270
气体压缩机(台)	Gas Compressors (unit)	4909912	5034466
轴　承(万套)	Bearings (10 000 sets)	5172	5111
工业锅炉(蒸吨)	Industry Boilers (ton)	1014	914
民用钢质船舶(载重吨)	Civil Steel Ships (ton)	316031	247643
合成氨(吨)	Synthetic Ammonia (ton)	1304715	1398346
化肥(100%)(吨)	Chemical Fertilizer (100%) (ton)	1661560	2578229
#氮　肥	Nitrogen Fertilizer	1600916	1748143
配混合饲料(吨)	Mingled Forage (ton)	5602908	5400437
化学农药原药(吨)	Chemical Pesticides (ton)	907	14755

主要统计指标解释

工业 指从事自然资源的开采，对采掘品和农产品进行加工和再加工的物质生产部门。具体包括：(1) 对自然资源的开采，如采矿、晒盐等(但不包括禽兽捕猎和水产捕捞)；(2) 对农副产品的加工、再加工，如粮油加工、食品加工、缫丝、纺织、制革等；(3) 对采掘品的加工、再加工，如炼铁、炼钢、化工生产、石油加工、机器制造、木材加工等，以及电力、燃气及水的生产和供应等；(4) 对工业品的修理、翻新，如机器设备的修理等。

工业统计调查单位为工业法人单位。

工业法人单位指从事工业生产经营活动的法人单位。工业法人单位应同时具备以下条件：①依法成立，有自己的名称、组织机构和场所，能够独立承担民事责任；②独立拥有（或授权）使用资产，承担负债，有权与其他单位签订合同；③具有包括资产负债表在内的账户，或者能够根据需要编制账户。

工业总产值 指工业企业在本年内生产的以货币形式表现的工业最终产品和提供工业劳务活动的总价值量。

(1) 工业总产值计算应遵循的原则

①工业生产的原则。即凡是企业在本年内生产的最终产品和提供的劳务，均应包括在内。其中的最终产品，不管是否在本年内销售，只要是本年内生产的，就应包括在内。凡不是工业生产的产品，均不得计入工业总产值。

②最终产品的原则。即企业生产的成品价值必须是本企业生产的，经检验合格不需再进行任何加工的最终产品。企业对外销售的半成品也应视为最终产品计入工业总产值。而在本企业内各车间转移的半成品和在制品只能计算其期末期初差额价值。

③“工厂法”原则。即以法人工业企业作为一个整体计算工业总产值，是其本年内生产的最终产品和提供劳务的总价值量。

(2) 工业总产值的内容

包括三部分：生产的成品价值、对外加工费收入、自制半成品在制品期末期初差额价值。

①成品价值：指企业在本年内生产，并在本年内不再进行加工，经检验合格、包装入库的已经销售和准备销售的全部工业成品（包括半成品）价值合计。成品价值中包括企业生产的自制设备及提供给本企业在建工程、其他非工业部门和生活福利部门等单位使用的成品价值，但不包括用订货者来料加工的成品（半成品）价值。

工业总产值是按现行价格计算的。成品价值按成品实物量乘以本年不含应交增值税（销项税额）的产品实际销售平均单价计算。会计核算中按成本价格转账的自制设备和自产自用的成品，按成本价格计算生产成品价值。

②对外加工费收入：指企业在本年内完成的对外承做的工业品加工（包括用订货者来料加工生产）的加工费收入和对外工业品修理作业所收取的加工费收入和对内非工业部门提供的加工修理、设备安装等收入。对外加工费收入按不含应交增值税（销项税额）的价格计算。

对于以对外加工生产为主，对外加工费收入所占比重较大的企业，如果对外加工费收入出现跨年度支付的情况，为保证总产值生产口径计算的准确性，则应将对外加工费收入按实际情况调整，记录本年应实际收取的对外加工费收入。

③自制半成品在制品期末期初差额价值。为了使工业总产值与工业中间投入中的物耗价值一致，以便同口径地计算工业增加值，规定本指标的计算原则是：凡是企业会计产品成本核算中计算半成品、在制品成本，则工业总产值中必须包括自制半成品在制品期末期初差额价值。反之则不包括。

自制半成品在制品期末期初差额价值等于自制半成品在制品期末价值减去期初价值后的余额，如果期末价值小于期初价值，该指标为负值，企业在计算产值时，应按负值计算，不能作为零处理。

(3) 工业总产值计算的几种具体规定

①凡自备原材料，不论其加工繁简程度如何，一律按全价，即包括自备原材料的价值，计算工业总产值。

②凡来料加工，加工企业只收取加工费，则加工企业一律按财务上结算的加工费计算工业总产值，即不包括订货者来料的价值。一般分两种情况：a.工业企业之间的来料加工，加工企业（即承包单位）按财务上结算的加工费计算工业总产值；委托加工的企业（即发包单位）按全价计算工业总产值。b.工业企业与非工业企业之间的来料加工，当工业企业作为加工企业时一律按加工费计算工业总产值。

③自制半成品、在制品期末期初差额价值，原则上应计入工业总产值，但如果会计产品成本核算中不计算自制半成品、在制品成本，则不计入工业总产值；如果会计产品成本核算中计算自制半成品、在制品成本的，则计入工业总产值。

轻工业 指主要提供生活消费品和制作手工工具的工业。按其所使用的原料不同，可分为两大类：(1) 以农产品为原料的轻工业，是指直接或间接以农产品为基本原料的轻工业。主要包括食品制造、饮料制造、烟草加工、纺织、缝纫、皮革和毛皮制作、造纸以及印刷等工业；(2) 以非农产品为原料的轻工业，是指以工业品为原料的轻工业。主要包括文教体育用品、化学药品制造、合成纤维制造、日用化学制品、日用玻璃制品、日用金属制品、手工工具制造、医疗器械制造、文化和办公用机械制造等工业。

重工业 指为国民经济各部门提供物质技术基础的主要生产资料的工业。按其生产性质和产品用途，可以分为下列三类：(1) 采掘（伐）工业，是指对自然资源的开采，包括石油开采、煤炭开采、金属矿开采、非金属矿开采等工业；(2) 原材料工业，指向国民经济各部门提供基本材料、动力和燃料的工业。包括金属冶炼及加工、炼焦及焦炭、化学、化工原料、水泥、人造板以及电力、石油和煤炭加工等工业；(3) 加工工业，是指对工业原材料进行再加工制造的工业。包括装备国民经济各部门的机械设备制造工业、金属结构、水泥制品等工业，以及为农业提供的生产资料如化肥、农药等工业。

根据上述划分原则，修理业中以重工业产品为修理作业对象的划为重工业，反之划为轻工业。

国有控股企业 即原来的国有及国有控股企业，根据企业实收资本中国有经济成分的出资人的实际投资情况，或国有经济成分的出资人对企业资产的实际控制、支配程度进行分类。以下情况为国有控股：(1) 在企业的全部实收资本中，国有经济成分的出资人拥有的实收资本（股本）所占企业全部实收资本（股本）的比例大于 50%的国有绝对控股；(2) 在企业的全部实收资本中，国有经济成分的出资人拥有的实收资本（股本）所占比例虽未大于 50%，但相对大于其他任何一方经济成分的出资人所占比例的国有相对控股；或者虽不大于其他经济成分，但根据协议规定拥有企业实际控制权的国有协议控股；(3) 投资双方各占 50%，且未明确由谁绝对控股的企业，若其中一方为国有经济成分的，一律按国有控股处理。

本篇涉及的企业登记注册类型的解释详见综合篇。

出口交货值 指工业企业自营（委托）出口（包括销往香港、澳门、台湾）或交给外贸部门出口的产品价值，以及外商来样、来料加工、来件装配和补偿贸易等生产的产品价值。

资产总计 指企业过去的交易或者事项形成的、由企业拥有或者控制的、预期会给企业带来经济利益的资源。资产一般按流动性分为流动资产和非流动资产。其中流动资产可分为货币资金、交易性金融资产、应收票据、应收账款、预付款项、其他应收款、存货等；非流动资产可分为长期股权投资、固定资产、无形资产及其他非流动资产等。来源于会计“资产负债表”中“资产总计”项目的期末余额数。

流动资产合计 资产满足以下条件之一应归为流动资产：(1) 预计在一个正常营业周期中变现、出售或耗用，主要包括存货、应收账款等；(2) 主要为交易目的而持有；(3) 预计在资产负债表日起一年内（含一年）变现；(4) 自资产负债日起一年内，交换其他资产或清偿负债的能力不受限制的现金或现金等价物。包括货币资金、应收票据、应收账款、存货等项目。来源于会计“资产负债表”中“流动资产合计”项目的期末余额数。

负债合计 指企业过去的交易或者事项形成的，预期会导致经济利益流出企业的现时义务。包括银行贷款、借款、应付账款、应付职工工资、应付职工福利费、应交税金等企业负有偿还责任的债务。根据会计“资产负债表”中“负债合计”项目的期末余额数填报。负债一般按偿还期长短分为流动负债和非流动负债。

所有者权益 指企业资产扣除负债后由所有者享有的剩余权益。公司的所有者权益又称股东权益。包括实收资本、资本公积、盈余公积、未分配利润等。根据会计“资产负债表”中的“所有者权益合计”项的期末数填列。

营业收入 指企业经营主要业务和其他业务所确认的收入总额。营业收入包括“主营业务收入”和“其他业务收入”。来源于会计“利润表”中“营业收入”项目的本年累计数。

营业成本 指企业经营主要业务和其他业务所发生的成本总额。包括企业（单位）在报告期内从事销售商品、提供劳务等日常活动发生的各种耗费。包括“主营业务成本”和“其他业务成本”。来源于会计“利润表”中“营业成本”项目的本年累计数。

税金及附加 指企业因从事生产经营活动按税法规定应缴纳的消费税、城市维护建设税、资源税、环境保护税、教育费附加及房产税、土地使用税、车船使用税、印花税等相关税费。根据会计“利润表” 中“税金及附加”项目的本年累计数填报。

营业利润 指企业从事生产经营活动所取得的利润。根据会计“利润表”中“营业利润”项目的本年累计数填报。

应交增值税 指企业按税法规定，以销售货物、服务、无形资产、不动产或提供加工、修理修配劳务的增值额和货物进口金额为计税依据而课征的一种流转税。计算公式为：

本年应交增值税=销项税额－（进项税额－进项税额转出）－出口抵减内销产品应纳税额－减免税款+出口退税

利润总额 指企业在一定会计期间的经营成果，是生产经营过程中各种收入扣除各种耗费后的盈余，反映企业在报告期内实现的盈亏总额。来源于会计“利润表”中“利润总额”项目的本期金额数。

利税总额 指企业利润总额、税金及附加、应交增值税之和。

固定资产原值 指固定资产的成本，包括企业在购置、自行建造、安装、改建、扩建、技术改造某项固定资产时所发生的全部支出总额。

固定资产净额 指固定资产原值减去累计折旧、固定资产减值准备后的金额。

工业经济效益综合指数 是综合衡量地区工业经济效益总体水平的一种特殊相对数，是反映一定时期工业经济运行质量的主要指标。工业经济效益综合指数由总资产贡献率、资本保值增值率、资产负债率、流动资产周转率、成本费用利润率、全员劳动生产率和产品销售率的实际数值分别除以该项指标的全国标准值，并乘以各自的权数，加总后除以总权数求得。该指标可从静态水平和动态趋势上较为全面地反映各地区工业经济效益的变化情况，并可在一定程度上消除地区对比的不可比因素。

总资产贡献率 反映企业全部资产的获利能力，是企业经营业绩和管理水平的集中体现，是评价和考核企业盈利能力的核心指标。计算公式为：

总资产贡献率（%）=（利润总额+税金总额+利息支出）/平均资产总额×100%

资本保值增值率 反映企业净资产的变动状况，是企业发展能力的集中体现。计算公式为：

资本保值增值率（%）＝报告期期末所有者权益/上年同期期末所有者权益×100%

资产负债率 该指标既反映企业经营风险的大小，也反映企业利用债权人提供的资金从事经营活动的能力。计算公式为：资产负债率（%）=负债总额/资产总额×100%

流动资产周转次数 指在一定时期内流动资产完成的周转次数，反映流动资产的周转速度。计算公式为：

流动资产周转次数＝产品销售收入/全部流动资产平均余额

成本费用利润率 指在一定时期内实现的利润与成本费用之比，是反映工业生产成本及费用投入的经济效益指标，同时也是反映降低成本的经济效益的指标。计算公式为：

成本费用利润率（%）＝利润总额/成本费用总额×100%

全员劳动生产率 指根据产品的价值量指标计算的平均每一就业人员在单位时间内的产品生产量。是考核企业经济活动的重要指标，是企业生产技术水平、经营管理水平、职工技术熟练程度和劳动积极性的综合表现。目前，我国的全员劳动生产率是将工业企业的增加值除以同一时期全部就业人员的平均人数来计算的。计算公式为：

全员劳动生产率＝工业增加值/全部从业人员平均人数

产品销售率 指工业销售产值与同期全部工业总产值之比，反映工业产品已实现销售的程度，分析工业产销衔接情况，研究工业产品满足社会需求程度的指标。计算公式为：

产品销售率（%）＝现价工业销售产值/报告期现价工业总产值×100%

销售利润率 指企业利润与销售收入的比率。计算公式为：

销售利润率（%）＝利润/销售收入×100%

资本积累率 指企业所有者权益增长额与年初所有者权益的比率。计算公式为：

资本积累率（%）＝所有者权益增长额/年初所有者权益×100%

流动比率 指流动资产与流动负债的比率，它表明每一元流动负债有多少流动资产作为偿还的保证，反映企业用可在短期内转变为现金的流动资产偿还到期流动负债的能力。计算公式为：

流动比率＝流动资产/流动负债

速动比率 指企业速动资产与流动负债的比率。计算公式为：

速动比率＝速动资产/流动负债

产权比率 指企业负债总额与所有者权益的比率，是企业财务结构稳健与否的重要标志，也称资本负债率。计算公式为：

产权比率＝负债总额/所有者权益

平均用工人数 指报告期企业平均实际拥有的、参与本企业生产经营活动的人员数。

工业企业中大、中、小、微型的划分标准

期末从业人员数1000人及以上，并且营业收入在40000万元及以上的工业企业为大型企业；期末从业人员数300人及以上到1000人以下，并且营业收入在2000万元及以上到40000万元以下的工业企业为中型企业；期末从业人员数20人及以上到300人以下，并且营业收入在300万元及以上到2000万元以下的工业企业为小型企业；期末从业人员数20以下，或者营业收入在300万元以下的工业企业为微型企业。

Explanatory Notes on Main Statistical Indicators

Industry refers to the material production sector which is engaged in the extraction of natural resources and processing and reprocessing of minerals and agricultural products, including (1) extraction of natural resources, such as mining, salt production (but not including hunting and fishing); (2) processing and reprocessing of farm and sideline produces, such as grain and oil processing, food processing, silk reeling, spinning and weaving and leather making; (3) processing and reprocessing of mineral products, such as steel making, iron smelting, chemicals manufacturing, petroleum processing, machine building, timber processing, and production and supply of electricity, gas and water; (4) repairing and renovating of industrial products such as the machinery.

In industrial surveys, the units of enquiry are industrial corporate units.

Industrial corporate units refer to corporate units engaging in industrial production and operation activities, which meet the following requirements: (1) They are established legally, having their own names, organizations, location, and are able to take civil liability independently; (2) They possess (or are authorized to use) assets independently, assume liabilities and are entitled to sign contracts with other units; (3) They have accounts including the balance sheets or can compile the accounts according to the need.

Gross Industrial Output Value refers to the total volume of final industrial products produced and industrial services provided in this year.

(1)Principles for calculations

①Statistics on industrial production follow the principle that all products produced by the enterprises and accepted through quality check during the reference period are to be included no matter whether they are sold or not during the reference period.

②Determination of final products follows the principle that all products that are included in the calculation of gross industrial output value are the final products of the enterprise which have been accepted through quality check and require no further processing. If an enterprise has semi-finished products to sell, these intermediate products are considered as the final products of the enterprise.

Finished and semi-finished products which transfer in the workshop can only calculate the difference value between the end and the beginning.

③Gross industrial output value is calculated following the principle of factory approach, i.e. industrial enterprise is used as the basic accounting unit in calculating the gross industrial output value. By this approach, value of the same product is not to be double-counted, and the output value of different workshops (branch factories) within the enterprise should not be added. However, this approach allows the possibility of double counting between enterprises.

(2) Content

Gross industrial output value consists of 3 components: value of the finished products during the reference period, income from processing for external parties, and value of change in semi-finished products between the end and the beginning of the reference period.

①Value of finished products during the reference period: refers to the value of all finished (semi-finished) industrial products that are produced during the reference period without the need for further processing, checked for acceptance, packed and put into the warehouse of the enterprise, including the value of own-produced equipment and the value of products provided to the projects under construction of the enterprise, and to other non-industrial or welfare units. Value of finished products does not include the value of finished products (semi-finished products) that are produced using the materials from the clients who place the orders.

Value of finished products during the reference period is calculated by the quantity of products produced using own materials multiplied by the average unit prices at which products are sold (excluding value-added tax). Own-produced equipment and products produced for own use are valued at cost prices as in the case of enterprise accounting.

②External processing fee income: refers to the processing fee income of the industrial product processing undertaken by the enterprise within this year (including processing and producing with the supplied materials of the ordering party);Income from processing fees charged for repairing foreign industrial products and income from processing, repairing and equipment installation provided by domestic non-industrial sectors.External processing fee income is calculated at the price excluding VAT payable (output tax).

If the income from external processing is paid beyond one year, Enterprises which the share of income from processing service is significant should adjust and record actual income from external processing this year.

③Value of change in semi-finished products between the end and the beginning of the reference period. If the enterprise accounting excludes the cost of semi-finished products, then it should not be included in the gross industrial output value, and the reverse if otherwise.

Value of change in semi-finished products between the end and the beginning of the reference period: refers to the value of change in semi-finished products between the end and the beginning of the reference period. If the value of the end is less than the beginning, the index is negative and not dealt as zero.

(3) Method of calculation

①All products produced using own materials are to be

calculated with full value in reporting the gross industrial output value irrespective of the complexity of production.

②For processing of incoming materials, the processing enterprises only charge the processing fee, then the processing enterprises will calculate the total industrial output value according to the processing fee settled financially, which does not include the value of the incoming materials from the orderer.

③The value of change in semi-finished products should be included in the gross industrial output value if it is included in the accounting record of the enterprise, otherwise it should not be included.

Light Industry refers to the industry that produces consumer goods and hand tools. It consists of two categories, depending on the materials used:

(1) Industries using farm products as raw materials. These are the branches of light industry which directly or indirectly use farm products as basic raw materials, including the manufacture of food and beverages, tobacco processing, textile, clothing, fur and leather manufacturing, paper making, printing, etc.

(2) Industries using non-farm products as raw materials. These are the branches of light industry which use manufactured goods as raw materials, including the manufacture of cultural, educational articles and sports goods, chemicals, synthetic fiber, chemical products for daily use, glass products for daily use, metal products for daily use, hand tools, medical apparatus and instruments, and the manufacture of cultural and office machinery.

Heavy Industry refers to the industry which produces capital goods, and provides various sectors of the national economy with necessary material and technical basis for production. It consists of the following three branches according to the purpose of production or the use of products:

(1) Mining, quarrying and logging industry, which refers to the industry that extracts natural resources, including extraction of petroleum, coal, metal and non-metal ores.

(2) Raw materials industry refers to the industry that provides various sectors of the national economy with raw materials, fuels and power. It includes smelting and processing of metals, coking and coke chemistry, chemical materials and building materials such as cement, plywood, and power, petroleum refining and coal dressing.

(3) Manufacturing industry which refers to the industry that processes raw materials. It includes machine-building industries which equip sectors of the national economy; industries producing metal structure and cement products; and industries producing means of agricultural production, such as chemical fertilizers and pesticides.

In accordance with the above principles of classification, the repairing trades, which are engaged primarily in repairing products of heavy industry, are classified as heavy industry while those which are engaged in repairing products of light industry are classified as light industry.

State-holding Enterprises cover the original state-owned enterprises and state-holding enterprises. They are classified according to the actual investment made by the contributor of state-owned part in the paid-in capital of the enterprises, or the degree of control or dominance of the contributor on the assets of the enterprises. The following cases are regarded as state-holding: (1) Absolute state-holding in which the contributors of state-owned parts possess more than 50% of all the paid-in capital (stocks) of the enterprises; (2) Relative state-holding in which the contributors of state-owned parts possess no more than 50% of the paid-in capital (stocks) of the enterprises, but more than that of any other contributors; or Agreed state-holding in which the contributors of state-owned parts possess no more than other contributors but have actual control over the enterprises according to agreements; (3) In the case both contributors possess 50% and it is not clear which one is in absolute holding position, the enterprise is regarded as state-holding enterprise if one of the contributor has state-owned elements.

For explanation of types of registration covered in this chapter, please refer to General Survey.

Value of Export Delivery refers to the value of the products exported by the industrial enterprises themselves (including those sold to Hong Kong, Macao, Taiwan) or handed over to the foreign trade department, as well as the value of the products produced by the foreign businessmen, such as samples, processing with supplied materials, assembling with supplied parts and compensation trade.

Total Assets refer to all resources that are owned or controlled by enterprises through previous trades or transactions with expectation of making economic profits. Classified by the degree of liquidity, total assets include current assets and non-current assets. Current assets can be classified into monetary capital, trading financial assets, notes receivable, accounts receivable, advanced payments, other receivables and inventories. Non-current assets can be divided into long-term equity investment, fixed assets, intangible assets and other non-current assets. Data on this indicator can be obtained from the year-end figures of total assets in the Balance Sheet of accounting records.

Total Current Assets refer to the assets that meet one of the following requirements: (1) expected to be cashed, sold or used in a normal operation cycle, mainly including inventory and accounts receivable; (2) be owned for trading purpose mainly; (3) expected to be cashed in one year (including one year) from the day of the Balance Sheet; (4) unlimited cash or cash equivalents that can be exchanged with other assets or being capable of settling debts during one year since the day of the Balance Sheet. Included are monetary capital, notes receivable, accounts receivable and inventories. Data on this indicator can be obtained from the year-end figures of total current assets in the Balance Sheet of accounting records.

Total Liabilities refers to the current obligations of the enterprise formed in the past transactions or events that are expected to cause economic benefits to flow out of the enterprise. Including bank loans, borrowings, accounts payable, wages payable to employees, employee benefits payable, taxes payable and other debts that enterprises are responsible for repaying. According to the closing balance of the "total liabilities" item in the accounting "balance sheet". Liabilities are generally divided into current liabilities and non-current liabilities according to the length of the repayment period.

Creditors' Equity refers to the remaining equity enjoyed by the owner after deducting liabilities of corporate assets. The company's owner's equity is also called shareholders' equity. Including paid-in capital, capital reserves, surplus reserves, undistributed profits, etc. According to the ending number of the "total owner's equity" item in the accounting "balance sheet".

Business Revenue refers to the total revenue recognized by an enterprise in its principal business and other business operations. Business revenue includes "revenue from principal Business" and "revenue from other business". It comes from this year's cumulative report of "business revenue" items from the "income statement".

Business Cost refers to the total cost incurred by an enterprise in its principal business and other business operations. It includes various expenditures incurred by enterprises (units) in their daily activities of selling goods and providing labour services during the reporting period. It includes "Cost of principal business" and "Cost of other business". It comes from this year's cumulative report of "operating cost" items from the "income statement".

Taxes and Surcharges refers to consumption tax, urban maintenance and construction tax, resource tax, environmental protection tax, education surcharge, property tax, land use tax, vehicle and vessel use tax, stamp tax and other relevant taxes payable by enterprises for their production and business activities according to the tax law.The current year's accumulative count is reported according to the items of "taxes and Surcharges" in the accounting "income statement".

Profit from Business refers to the profits obtained by an enterprise from its production and business operations.The current year's cumulative counting is reported in accordance with the operating profit item in the accounting income statement.

Value Added Tax Payable refers to a type of turnover tax levied by an enterprise on the basis of taxation regulations based on the value-added amount of sales of goods, services, intangible assets, real estate, or the provision of processing, repair and replacement services, and the amount of goods imported. It is calculated as follows:

Value Added Tax Payable=Tax on Sales–(Tax on Purchases–Transferred Tax on Purchases) –Tax Credits–Tax Cut +Export Rebate

Total Profits refers to the operation results in a certain accounting period, and it is the balance of various incomes minus various spendings in the course of operation, reflecting the total profits and losses of enterprises in reference period. Data are obtained from the amount of total profits in the profit statement of the accounting record of enterprise.

Total Value of Profit and Tax (Pre-tax Profits) Refers to the sum of corporate profits, taxes and surcharges, and VAT payable.

Original value of fixed assets refers to the cost of fixed assets, including the total amount of expenditures incurred by an enterprise in the acquisition, self-construction, installation, alteration, expansion and technical renovation of a fixed asset.

Net fixed assets refers to the original value of fixed assets minus accumulated depreciation and fixed assets impairment provision.

Industrial Comprehensive Index of Economic Efficiency is a special kind of relative figure to comprehensively measure overall economic efficiency of regional industry, showing the quality of industrial economic efficiency of the reference period. Industrial comprehensive index of economic efficiency is calculated with 7 items of ratio of total assets to industrial output value, ratio of creditors' equity of current year to that of previous year, ratio of liabilities to assets, turnover ratio of output value, circulating funds, ratio of profits to cost, overall labor productivity, ratio of sales to products. The actual figure of every indicator above is divided by responding national standard numerical value, and the results multiply correlative weight coefficients, then the total number is divided by general weight coefficient. The index comprehensively reflects the changes of regional industrial economic efficiency in static and dynamic status, eliminating the incomparable factors at a certain extent.

Ratio of Total Assets to Industrial Output Value reflects the profit-making capability of all assets of the enterprise and is a key indicator manifesting the performance and management and evaluating the profit-making potential of the enterprise. It is calculated as follows:

Ratio of Total Assets to Industrial Output (%) = [(Total Profits + Total Taxes + Interest Payment) / Average Assets] × 100%

Capital Maintenance and Appreciation Rate reflects the changes of an enterprise's net assets. It epitomizes the growth capability of an enterprise. Its calculating formula is:

Capital Maintenance and Appreciation Rate = Ownership Equity at the end of the reporting period/Ownership Equity at the same period of the previous year

Ratio of Liabilities to Assets reflect both the operation risk and the capability of the enterprise in making use of the capital from the creditors. It is calculated as follows:

Ratio of Liabilities to Assets (%) = Total Liabilities/Total Assets×100%

Turnover Ratio of Circulating Funds refers to times of turnover of circulating funds in a given period of time, which reflects the speed of the turnover of working capital and is calculated as follows:

Turnover Ratio of Circulating Funds = Sales Revenue of Products/Average Balance of Total Circulating Funds

Ratio of Profits to Costs refers to the ratio of profits realized in a given period to the total costs in the same period, which reflects the economic efficiency of input cost and is calculated as follows:

Ratio of Profits to Cost (%) =Total Profits/Total Costs×100%

Overall Labor Productivity refers to the average output per employed person in industrial enterprises in value terms. At present, the value added and the average number of staff and workers of an industrial enterprises in a given period are used to calculate the overall labor productivity. The formula used is:

Overall Labor Productivity = (Value Added of Industry) / (Average Number of Staff and Workers)

Ratio of Sales to Products refers to the ratio of total sales in a given period to the gross output value in the same period, which reflects the extent of industrial output sold and is calculated as follows:

Ratio of Sales to Products (%) =Total Sales (at Current Prices) / Gross Output Value (at Current Prices) ×100%

Ratio of Profits to Sales refers to the ratio of total profits to the sales revenue in a given period and is calculated as follows:

Ratio of Profits to Sales (%) =Total Profits /Sales Revenue×100%

Ratio of Accumulated Capital to Original Capital refers to the ratio of the increased volume of creditors' equity to the creditors' equity at the year's beginning. The formula used is:

Ratio of Accumulated Capital to Original Capital (%) = Increased Volume of Creditors' Equity / Creditors' Equity at Year's Beginning×100%

Current Ratio refers to the ratio of the circulating assets to the circulating liabilities, i.e. the amount of circulating assets as the guarantee to pay off each yuan of circulating liabilities, which reflects the ability of the enterprise to pay off the due circulating liabilities with the circulating assets realizable in a short period of time. The formula is:

Current Ratio = Circulating Assets / Circulating Liabilities

Quick Ratio refers to the ratio of quick assets to circulating liabilities of the enterprise, and is calculated as the follows:

Quick Ratio = Quick Assets / Circulating Liabilities

Ratio of Equity to Production refers to the ratio of total liabilities to creditors' equity. It is the sign of financial stability of the enterprises, and also called ratio of total liabilities to total capital. The formula is:

Ratio of Equity to Production = Total Liabilities / Creditors' Equity

Annual Average Employees refers to the number of persons engaged in the enterprise production and operation activities in the reporting period, which are actually owned by the enterprise.

Standards for Dividing Large, Medium, Small and Micro Industries in Industrial Enterprises

At the end of the period, the number of employees is 1,000 or more, and the industrial enterprises with operating income of 40 million yuan or more are large enterprises; the number of employees at the end of the period is 300 or more and less than 1,000, and the operating income is 20 million or more and less than 40 million yuan Of industrial enterprises are medium-sized enterprises; industrial enterprises with a number of employees of 20 or more and less than 300 at the end of the period, and operating income of 3 million yuan or more to less than 20 million are small enterprises; Industrial enterprises with an income of less than 3 million yuan are micro-enterprises.

13 建筑业

CONSTRUCTION

简 要 说 明

本章资料包括全市按登记注册地统计的具体有总承包或专业承包资质建筑企业基本情况、建筑企业房屋施工及竣工面积主要指标、各类建筑施工企业主要经济指标等，由市统计局固定资产投资处提供。

Brief Introduction

The data in this chapter include the general information of all the construction enterprises with general contracting or professional contracting qualifications registered in Chongqing according to their registered locations, the main indicators on the floor space of buildings under construction and completed of construction enterprises, as well as the main economic indicators on various construction enterprises. The data in this chapter are provided by Division of Statistics of Investment in Fixed Assets, Chongqing Municipal Bureau of Statistics.

13-1 建筑业基本情况(1985—2023年)
Basic Statistics on Construction Industry (1985-2023)

年 份 Year	企业数 (个) Number of Enterprises (unit)	年末从业人数 (万人) Number of Employed Persons at Year-end (10 000 persons)	总产值 (万元) Gross Output Value (10 000 yuan)	房屋建筑施工面积 (万平方米) Floor Space of Buildings under Construction (10 000 sq.m)	房屋建筑竣工面积 (万平方米) Floor Space of Buildings Completed (10 000 sq.m)
1985	298	14.12	96201	684.85	340.18
1986	291	17.12	112719	674.54	345.37
1987	303	18.08	138515	740.55	350.79
1988	399	20.71	183070	866.76	372.69
1989	400	20.60	196510	853.54	391.35
1990	445	20.89	220685	905.58	450.19
1991	465	21.50	262155	915.31	458.23
1992	482	23.58	340256	1015.59	490.88
1993	607	22.47	426228	1238.22	537.78
1994	561	26.61	656959	1456.78	577.22
1995	556	28.24	810548	1678.02	656.38
1996	1473	64.43	2052964	4065.24	2276.97
1997	1501	68.98	2440552	4451.06	2562.73
1998	1655	80.46	2896198	5275.68	2837.02
1999	1735	75.49	3175927	5481.86	2974.82
2000	1785	73.37	3486579	6088.49	3083.72
2001	1721	83.99	4368064	7962.27	4341.38
2002	1778	82.05	5015839	8707.39	4711.06
2003	1760	81.80	5862095	9754.10	4939.62
2004	2442	86.91	6902774	10184.46	5167.65
2005	2310	83.10	7835658	10722.57	5155.18
2006	2455	86.72	8950918	11522.42	5309.27
2007	2486	96.97	11287118	13866.76	5750.65
2008	2483	105.42	14963195	15618.93	6485.30
2009	2465	118.88	19152495	16475.84	7473.16
2010	2467	139.33	25343196	19489.39	8292.00
2011	2530	134.84	33288252	21976.19	8989.56
2012	2575	138.59	39756696	26269.73	11601.82
2013	2578	170.45	47312167	29884.62	12240.32
2014	2591	167.45	55522069	32886.88	12815.64
2015	2628	177.17	62569430	32801.61	13542.58
2016	2736	181.41	70358133	32077.14	13751.59
2017	2908	187.28	76080004	33210.82	13448.18
2018	2968	196.70	78194241	35140.02	13780.06
2019	3159	216.18	82229592	36557.76	13618.26
2020	3465	216.62	89749662	38122.60	14050.13
2021	3726	205.54	99430050	37895.19	13931.83
2022	3914	195.56	97469574	34968.29	11769.81
2023	4241	185.42	95361470	31600.82	11839.87

注：1.1993年实行一套表制度，附营建筑企业有所增加；1996年以前口径范围包括全民、城镇集体建筑安装企业，1996—2001年为资质等级四级以上的建筑企业(下表同)。

2.2002年起建筑业执行新建筑资质，2002年房屋建筑施工、竣工面积和2003年起所有数据不含劳务分包企业(下表同)。

Note: a) As the system of one suit of tables was implemented in 1993, the affiliated construction enterprises increased. The statistics scope before 1996 included the whole people-owned, collective-owned construction and installation enterprises; while the statistics scope from 1996 to 2001 included the construction and installation enterprises of qualification Grade-4 and above (the same below).

b) The new grade system was carried out in construction in 2002. The data of floor space under construction and completed in 2002, and all the data since 2003 exclude the data of labor subcontractors (the same below).

13-2 建筑业企业房屋施工及竣工面积(2022—2023年)
Floor Space of Buildings under Construction and Completed by Construction Enterprises (2022-2023)

指　　标	Item	2022	2023
房屋建筑施工面积(万平方米)	**Floor Space of Buildings under Construction (10 000 sq.m)**	**34968.29**	**31600.82**
#本年新开工面积	Floor Space of Buildings Newly Started This Year	11113.42	9065.34
房屋建筑竣工面积(万平方米)	**Floor Space of Buildings Completed (10 000 sq.m)**	**11769.81**	**11839.87**
住宅房屋	Residential Buildings	8192.06	7851.04
商业及服务用房屋	Buildings for Business and Services	875.89	849.79
办公用房	Office Buildings	368.07	204.88
科研、教育、医疗用房屋	Buildings for Scientific Research, Education, Medical Cares	372.27	339.64
文化、体育和娱乐用房	Buildings for Culture, Sports and Entertainment	58.59	110.54
厂房及建筑物	Works and Buildings	1313.21	1431.05
仓库	Warehouses	41.00	42.14
其他未列明的房屋建筑物	Other Buildings	548.71	1010.79

13-3 建筑施工企业主要经济指标(2022—2023年)
Main Economic Indicators on Construction Enterprises (2022-2023)

指 标	Item	2022	2023
企业数(个)	**Number of Enterprises (unit)**	**3914**	**4241**
年末从业人数(万人)	**Number of Employed Persons at Year-end (10 000 persons)**	**195.56**	**185.42**
总产值(万元)	**Gross Output Value (10 000 yuan)**	**97469574**	**95361470**
按登记注册类型分	By Status of Registration		
内资企业	Domestic-funded Enterprises	97248155	95205860
港澳台投资企业	Hong Kong, Macau, and Taiwan Funded Enterprises	12822	4642
外商投资企业	Foreign-funded Enterprise	208598	150968
按构成分	By Constitution		
#建筑工程	Construction	87726583	84952604
安装工程	Installation	6539514	6699766
按行业分	By Sector		
#房屋和土木工程建筑业	Construction of Buildings and Civil Engineering	89753570	88509442
#房屋工程建筑业	Buildings	64862828	63064263
建筑安装业	Construction Installation	3216321	2897525
建筑装饰和装修业	Construction Decoration and Renovation	2578253	2717045
按资质等级分	By Grade		
施工总承包	General Contractors of Construction	89703681	88769142
#一 级	First Grade	38322095	38925457
二 级	Second Grade	19312466	18786340
专业承包	Specialized Contractors of Construction	7765893	6592328
#一 级	First Grade	2661982	2059284
二 级	Second Grade	1721511	2448685
竣工产值(万元)	**Output Value of Completed Construction (10 000 yuan)**	**42433881**	**39103115**
按登记注册类型分	By Status of Registration		
内资企业	Domestic-funded Enterprises	42433672	39102961
港澳台投资企业	Hong Kong, Macau, and Taiwan Funded Enterprises	209	154
外商投资企业	Foreign-funded Enterprise		
按行业分	By Sector		
#房屋和土木工程建筑业	Construction of Buildings and Civil Engineering	38387788	36662973
#房屋工程建筑业	Buildings	29423778	28422815
建筑安装业	Construction Installation	1221934	1162524
建筑装饰和装修业	Construction Decoration and Renovation	1044711	1016549
按资质等级分	By Grade		
施工总承包	General Contractors of Construction	39812244	37084934
#一 级	First Grade	15227924	16330643
二 级	Second Grade	8366119	7371251
专业承包	Specialized Contractors of Construction	2621637	2018180
#一 级	First Grade	849626	606436
二 级	Second Grade	743476	722571
房屋建筑施工面积(万平方米)	**Floor Space of Buildings under Construction (10 000 sq.m)**	**34968.29**	**31600.82**
房屋建筑竣工面积(万平方米)	**Floor Space of Buildings Completed (10 000 sq.m)**	**11769.81**	**11839.87**
年末自有机械设备台数(万台)	**Number of Machinery and Equipment Self-owned at Year-end (10 000 sets)**	**8.71**	**8.85**
年末自有机械设备总功率(万千瓦)	**Total Power of Machinery and Equipment Self-owned at Year-end (10 000 kw)**	**342.11**	**320.71**

13-4 内资建筑施工企业主要经济指标(2022—2023年)
Main Economic Indicators on Domestic-funded Construction Enterprises (2022-2023)

指　　标	Item	2022	2023
企业数(个)	**Number of Enterprises (unit)**	**3910**	**4238**
年末从业人数(万人)	**Number of Employed Persons at Year-end (10 000 persons)**	**195.49**	**185.36**
总产值(万元)	**Gross Output Value (10 000 yuan)**	**97248155**	**95205860**
按构成分	By Constitution		
#建筑工程	Construction	87617982	84798944
安装工程	Installation	6426904	6697971
按行业分	By Sector		
#房屋和土木工程建筑业	Construction of Buildings and Civil Engineering	89540555	88353987
#房屋工程建筑业	Buildings	64862828	63064263
建筑安装业	Construction Installation	3208125	2897525
建筑装饰和装修业	Construction Decoration and Renovation	2578044	2716891
按资质等级分	By Grade		
施工总承包	General Contractors of Construction	89482471	88613686
#一　级	First Grade	38109080	38770001
二　级	Second Grade	19312466	18786340
专业承包	Specialized Contractors of Construction	7765684	6592174
#一　级	First Grade	2661772	2059131
二　级	Second Grade	1721511	2448685
竣工产值(万元)	**Output Value of Completed Construction (10 000 yuan)**	**42433672**	**39102961**
按行业分	By Sector		
#房屋和土木工程建筑业	Construction of Buildings and Civil Engineering	38387788	36662973
#房屋工程建筑业	Buildings	29423778	28422815
建筑安装业	Construction Installation	1221934	1162524
建筑装饰和装修业	Construction Decoration and Renovation	1044502	1016396
按资质等级分	By Grade		
施工总承包	General Contractors of Construction	39812244	37084934
#一　级	First Grade	15227924	16330643
二　级	Second Grade	8366119	7371251
专业承包	Specialized Contractors of Construction	2621428	2018027
#一　级	First Grade	849417	606282
二　级	Second Grade	743476	722571
房屋建筑施工面积(万平方米)	**Floor Space of Buildings under Construction (10 000 sq.m)**	**34968.29**	**31600.82**
房屋建筑竣工面积(万平方米)	**Floor Space of Buildings Completed (10 000 sq.m)**	**11769.81**	**11839.87**
年末自有机械设备台数(万台)	**Number of Machinery and Equipment Self-owned at Year-end (10 000 sets)**	**8.68**	**8.81**
年末自有机械设备总功率(万千瓦)	**Total Power of Machinery and Equipment Self-owned at Year-end (10 000 kw)**	**341.54**	**320.10**

13-5 施工总承包建筑施工企业主要经济指标(2022—2023年)
Main Economic Indicators on General Contractors of Construction (2022-2023)

指 标	Item	2022	2023
企业数(个)	**Number of Enterprises (unit)**	**2770**	**3047**
年末从业人数(万人)	**Number of Employed Persons at Year-end (10 000 persons)**	**167.71**	**166.99**
总产值(万元)	**Gross Output Value (10 000 yuan)**	**89703681**	**88769142**
按登记注册类型分	By Status of Registration		
内资企业	Domestic-funded Enterprises	89482471	88613686
港澳台投资企业	Hong Kong, Macau, and Taiwan Funded Enterprises	12613	4488
外商投资企业	Foreign-funded Enterprise	208598	150968
按构成分	By Constitution		
#建筑工程	Construction	82405136	80510557
安装工程	Installation	4725218	5186239
按行业分	By Sector		
#房屋和土木工程建筑业	Construction of Buildings and Civil Engineering	87022383	85842444
#房屋工程建筑业	Buildings	63059308	61288579
建筑安装业	Construction Installation	1681796	1845951
建筑装饰和装修业	Construction Decoration and Renovation	459747	714181
按资质等级分	By Grade		
#一 级	First Grade	38322095	38925457
二 级	Second Grade	19312466	18786340
竣工产值(万元)	**Output Value of Completed Construction (10 000 yuan)**	**39812244**	**37084934**
按登记注册类型分	By Status of Registration		
内资企业	Domestic-funded Enterprises	39812244	37084934
港澳台投资企业	Hong Kong, Macau, and Taiwan Funded Enterprises		
外商投资企业	Foreign-funded Enterprise		
按行业分	By Sector		
#房屋和土木工程建筑业	Construction of Buildings and Civil Engineering	37499398	36015041
#房屋工程建筑业	Buildings	28805116	28001584
建筑安装业	Construction Installation	641439	753660
建筑装饰和装修业	Construction Decoration and Renovation	131215	235373
按资质等级分	By Grade		
#一 级	First Grade	15227924	16330643
二 级	Second Grade	8366119	7371251
房屋建筑施工面积(万平方米)	**Floor Space of Buildings under Construction (10 000 sq.m)**	**33223.60**	**30735.03**
房屋建筑竣工面积(万平方米)	**Floor Space of Buildings Completed (10 000 sq.m)**	**10573.46**	**11274.36**
年末自有机械设备台数(万台)	**Number of Machinery and Equipment Self-owned at Year-end (10 000 sets)**	**7.99**	**8.07**
年末自有机械设备总功率(万千瓦)	**Total Power of Machinery and Equipment Self-owned at Year-end (10 000 kw)**	**327.49**	**305.59**

13-6 专业承包建筑施工企业主要经济指标(2022—2023年)
Main Economic Indicators on Specialized Contractors of Construction (2022-2023)

指　　标	Item	2022	2023
企业数(个)	**Number of Enterprises (unit)**	**1144**	**1194**
年末从业人数(万人)	**Number of Employed Persons at Year-end (10 000 persons)**	**27.85**	**18.43**
总产值(万元)	**Gross Output Value (10 000 yuan)**	**7765893**	**6592328**
按登记注册类型分	By Status of Registration		
内资企业	Domestic-funded Enterprises	7765684	6592174
港澳台投资企业	Hong Kong, Macau, and Taiwan Funded Enterprises	209	154
外商投资企业	Foreign-funded Enterprise		
按构成分	By Constitution		
#建筑工程	Construction	5321447	4442047
安装工程	Installation	1814295	1513527
按行业分	By Sector		
#房屋和土木工程建筑业	Construction of Buildings and Civil Engineering	2731187	2666998
#房屋工程建筑业	Buildings	1803521	1775683
建筑安装业	Construction Installation	1534525	1051575
建筑装饰和装修业	Construction Decoration and Renovation	2118506	2002864
按资质等级分	By Grade		
#一　级	First Grade	2661982	2059284
二　级	Second Grade	1721511	2448685
竣工产值(万元)	**Output Value of Completed Construction (10 000 yuan)**	**2621637**	**2018180**
按登记注册类型分	By Status of Registration		
内资企业	Domestic-funded Enterprises	2621428	2018027
港澳台投资企业	Hong Kong, Macau, and Taiwan Funded Enterprises	209	154
外商投资企业	Foreign-funded Enterprise		
按行业分	By Sector		
#房屋和土木工程建筑业	Construction of Buildings and Civil Engineering	888390	647932
#房屋工程建筑业	Buildings	618662	421231
建筑安装业	Construction Installation	580495	408863
建筑装饰和装修业	Construction Decoration and Renovation	913495	781177
按资质等级分	By Grade		
#一　级	First Grade	849626	606436
二　级	Second Grade	743476	722571
房屋建筑施工面积(万平方米)	**Floor Space of Buildings under Construction (10 000 sq.m)**	**1744.69**	**865.79**
房屋建筑竣工面积(万平方米)	**Floor Space of Buildings Completed (10 000 sq.m)**	**1196.34**	**565.51**
年末自有机械设备台数(万台)	**Number of Machinery and Equipment Self-owned at Year-end (10 000 sets)**	**0.72**	**0.78**
年末自有机械设备总功率(万千瓦)	**Total Power of Machinery and Equipment Self-owned at Year-end (10 000 kw)**	**14.62**	**15.12**

13-7 房屋和土木工程建筑施工企业主要经济指标(2022—2023年)
Main Economic Indicators on Construction Enterprises of Buildings and Civil Engineering (2022-2023)

指　　标	Item	2022	2023
企业数(个)	**Number of Enterprises (unit)**	**2878**	**3180**
年末从业人数(万人)	**Number of Employed Persons at Year-end (10 000 persons)**	**174.95**	**167.77**
总产值(万元)	**Gross Output Value (10 000 yuan)**	**89753570**	**88509442**
按登记注册类型分	By Status of Registration		
内资企业	Domestic-funded Enterprises	89540555	88353987
港澳台投资企业	Hong Kong, Macau, and Taiwan Funded Enterprises	12613	4488
外商投资企业	Foreign-funded Enterprise	200402	150968
按构成分	By Constitution		
#建筑工程	Construction	82907837	80631676
安装工程	Installation	4191442	4554003
按资质等级分	By Grade		
施工总承包	General Contractors of Construction	87022383	85842444
#一　级	First Grade	37510039	38375360
二　级	Second Grade	18690462	18175272
专业承包	Specialized Contractors of Construction	2731187	2666998
#一　级	First Grade	526275	301060
二　级	Second Grade	402561	1201730
竣工产值(万元)	**Output Value of Completed Construction (10 000 yuan)**	**38387788**	**36662973**
按登记注册类型分	By Status of Registration		
内资企业	Domestic-funded Enterprises	38387788	36662973
港澳台投资企业	Hong Kong, Macau, and Taiwan Funded Enterprises		
外商投资企业	Foreign-funded Enterprise		
按资质等级分	By Grade		
施工总承包	General Contractors of Construction	37499398	36015041
#一　级	First Grade	13722873	16326701
二　级	Second Grade	8202012	7261892
专业承包	Specialized Contractors of Construction	888390	647932
#一　级	First Grade	158885	147177
二　级	Second Grade	109088	161052
房屋建筑施工面积(万平方米)	**Floor Space of Buildings under Construction (10 000 sq.m)**	**33160.03**	**30801.41**
房屋建筑竣工面积(万平方米)	**Floor Space of Buildings Completed (10 000 sq.m)**	**11132.21**	**11044.90**
年末自有机械设备台数(万台)	**Number of Machinery and Equipment Self-owned at Year-end (10 000 sets)**	**7.94**	**8.01**
年末自有机械设备总功率(万千瓦)	**Total Power of Machinery and Equipment Self-owned at Year-end (10 000 kw)**	**329.37**	**308.53**

13-8 建筑安装企业主要经济指标(2022—2023年)
Main Economic Indicators on Construction Enterprises of Installation (2022-2023)

指　　标	Item	2022	2023
企业数(个)	**Number of Enterprises (unit)**	**388**	**385**
年末从业人数(万人)	**Number of Employed Persons at Year-end (10 000 persons)**	**7.84**	**6.54**
总产值(万元)	**Gross Output Value (10 000 yuan)**	**3216321**	**2897525**
按登记注册类型分	By Status of Registration		
内资企业	Domestic-funded Enterprises	3208125	2897525
港澳台投资企业	Hong Kong, Macau, and Taiwan Funded Enterprises		
外商投资企业	Foreign-funded Enterprise	8196	
按构成分	By Constitution		
#建筑工程	Construction	1405554	1140921
安装工程	Installation	1724314	1676737
按资质等级分	By Grade		
施工总承包	General Contractors of Construction	1681796	1845951
#一　级	First Grade	405305	541829
二　级	Second Grade	384583	181251
专业承包	Specialized Contractors of Construction	1534525	1051575
#一　级	First Grade	647947	426245
二　级	Second Grade	464263	347162
竣工产值(万元)	**Output Value of Completed Construction (10 000 yuan)**	**1221934**	**1162524**
按登记注册类型分	By Status of Registration		
内资企业	Domestic-funded Enterprises	1221934	1162524
港澳台投资企业	Hong Kong, Macau, and Taiwan Funded Enterprises		
外商投资企业	Foreign-funded Enterprise		
按资质等级分	By Grade		
施工总承包	General Contractors of Construction	641439	753660
#一　级	First Grade	6101	
二　级	Second Grade	113315	23008
专业承包	Specialized Contractors of Construction	580495	408863
#一　级	First Grade	227479	113485
二　级	Second Grade	230154	174166
房屋建筑施工面积(万平方米)	**Floor Space of Buildings under Construction (10 000 sq.m)**	**568.52**	**410.33**
房屋建筑竣工面积(万平方米)	**Floor Space of Buildings Completed (10 000 sq.m)**	**222.72**	**160.12**
年末自有机械设备台数(万台)	**Number of Machinery and Equipment Self-owned at Year-end (10 000 sets)**	**0.58**	**0.64**
年末自有机械设备总功率(万千瓦)	**Total Power of Machinery and Equipment Self-owned at Year-end (10 000 kw)**	**7.43**	**6.31**

13−9 建筑装饰和装修企业主要经济指标(2022—2023年)
Main Economic Indicators on Construction Enterprises of Decoration (2022-2023)

指　　标	Item	2022	2023
企业数(个)	**Number of Enterprises (unit)**	**429**	**494**
年末从业人数(万人)	**Number of Employed Persons at Year-end (10 000 persons)**	**5.15**	**5.77**
总产值(万元)	**Gross Output Value (10 000 yuan)**	**2578253**	**2717045**
按登记注册类型分	By Status of Registration		
内资企业	Domestic-funded Enterprises	2578044	2716891
港澳台投资企业	Hong Kong, Macau, and Taiwan Funded Enterprises	209	154
外商投资企业	Foreign-funded Enterprise		
按构成分	By Constitution		
#建筑工程	Construction	1788791	2058264
安装工程	Installation	475305	422843
按资质等级分	By Grade		
施工总承包	General Contractors of Construction	459747	714181
#一　级	First Grade	55466	8268
二　级	Second Grade	196427	256522
专业承包	Specialized Contractors of Construction	2118506	2002864
#一　级	First Grade	1221058	1097292
二　级	Second Grade	730713	776585
竣工产值(万元)	**Output Value of Completed Construction (10 000 yuan)**	**1044711**	**1016549**
按登记注册类型分	By Status of Registration		
内资企业	Domestic-funded Enterprises	1044502	1016396
港澳台投资企业	Hong Kong, Macau, and Taiwan Funded Enterprises	209	154
外商投资企业	Foreign-funded Enterprise		
按资质等级分	By Grade		
施工总承包	General Contractors of Construction	131215	235373
#一　级	First Grade	10090	3942
二　级	Second Grade	50791	56351
专业承包	Specialized Contractors of Construction	913495	781177
#一　级	First Grade	441272	340085
二　级	Second Grade	392168	368354
房屋建筑施工面积(万平方米)	**Floor Space of Buildings under Construction (10 000 sq.m)**	**361.51**	**210.77**
房屋建筑竣工面积(万平方米)	**Floor Space of Buildings Completed (10 000 sq.m)**	**119.53**	**128.63**
年末自有机械设备台数(万台)	**Number of Machinery and Equipment Self-owned at Year-end (10 000 sets)**	**0.12**	**0.14**
年末自有机械设备总功率(万千瓦)	**Total Power of Machinery and Equipment Self-owned at Year-end (10 000 kw)**	**2.16**	**3.46**

13-10 建筑施工企业按资质等级分主要财务和经济效益指标(2023年) Main Indicators on Finance and Economic Benefit of Construction Enterprises by Grade (2023)

单位：万元 (10 000 yuan)

指　　标	Item	合　计 Total	施工总承包 General Contractors	专业承包 Specialized Contractors
企业数(个)	Number of Enterprises (unit)	4241	3047	1194
年末从业人数(万人)	Number of Employed Persons at Year-end (10 000 persons)	185.42	166.99	18.43
固定资产原价	Original Value of Fixed Assets Owned	5686410	5137980	548430
总产值	Gross Output Value	95361470	88769142	6592328
实收资本	Paid-in Capital	8349844	7401829	948015
资产合计	Total Assets	86777805	78439450	8338355
#流动资产	Current Assets	64282696	57500355	6782341
负债合计	Total Liabilities	63192626	57265658	5926968
#流动负债	Current Liabilities	49261573	45082848	4178725
#应付账款	Accounts payable	20711506	18948101	1763405
所有者权益	Creditors' Equity	23585179	21173792	2411387
利税总额	Total Pre-tax Profits	5414848	5025941	388907
#利润总额	Total Profits	2814557	2618952	195606
营业收入	Operating Revenue	73837948	67918343	5919606
#主营业务收入	Revenue from Major Business	70137729	65079946	5057783
房屋建筑施工面积(万平方米)	Floor Space of Buildings under Construction (10 000 sq.m)	31600.82	30735.03	865.79
房屋建筑竣工面积(万平方米)	Floor Space of Buildings Completed (10 000 sq.m)	11839.87	11274.36	565.51
全员劳动生产率：	Overall Labor Productivity			
按总产值计算(元/人)	In Terms of Gross Output Value (yuan/person)	438009	455975	286125
房屋建筑面积竣工率(%)	Rate of Floor Space of Buildings Completed (%)	37.5	36.7	65.3
资产负债率(%)	Asset-liability Ratio (%)	72.8	73.0	71.1

13-11 建筑施工企业按行业分主要财务和经济效益指标(2023年) Main Indicators on Finance and Economic Benefit of Construction Enterprises by Sector (2023)

单位：万元 (10 000 yuan)

指　　标	Item	合　计 Total	房屋和土木工程建筑业 Building and Civil Engineering	建筑安装业 Construction Installation	建筑装饰和装修业 Construction Decoration
企业数(个)	Number of Enterprises (unit)	4241	3180	385	494
年末从业人数(万人)	Number of Employed Persons at Year-end (10 000 persons)	185.42	167.77	6.54	5.77
固定资产原价	Original Value of Fixed Assets Owned	5686410	5140839	284545	163027
总产值	Gross Output Value	95361470	88509442	2897525	2717045
实收资本	Paid-in Capital	8349844	7417123	445702	303460
资产合计	Total Assets	86777805	78932958	3346334	3153090
#流动资产	Current Assets	64282696	57655315	2887871	2622122
负债合计	Total Liabilities	63192626	57512927	2321741	2320259
#流动负债	Current Liabilities	49261573	44874067	1979128	1641399
#应付账款	Accounts payable	20711506	18668252	910076	662689
所有者权益	Creditors' Equity	23585179	21420031	1024593	832831
利税总额	Total Pre-tax Profits	5414848	4991860	193451	140346
#利润总额	Total Profits	2814557	2616197	102628	56432
营业收入	Operating Revenue	73837948	67233961	3052595	2379433
#主营业务收入	Revenue from Major Business	70137729	64433260	2695984	1984718
房屋建筑施工面积(万平方米)	Floor Space of Buildings under Construction (10 000 sq.m)	31600.82	30801.41	410.33	210.77
房屋建筑竣工面积(万平方米)	Floor Space of Buildings Completed (10 000 sq.m)	11839.87	11044.90	160.12	128.63
全员劳动生产率：	Overall Labor Productivity				
按总产值计算(元/人)	In Terms of Gross Output Value (yuan/person)	438009	451971	388930	328940
房屋建筑面积竣工率(%)	Rate of Floor Space of Buildings Completed (%)	37.5	35.9	39.0	61.0
资产负债率(%)	Asset-liability Ratio (%)	72.8	72.9	69.4	73.6

主要统计指标解释

建筑业统计单位　指从事房屋、构筑物建造和设备安装活动的法人企业。建筑业法人企业应具有总承包或专业承包资质并能够独立核算，同时其应具备以下条件：①依法成立，有自己的名称、组织机构和场所，能够承担民事责任；②独立拥有和使用资产，承担负债，有权与其他单位签订合同；③独立核算盈亏，能够编制资产负债表。

建筑业总产值　是以货币形式表现的建筑业企业在一定时期内生产的建筑业产品和提供的服务的总和。建筑业总产值包括：

（1）建筑工程产值：指列入建筑工程预算内的各种工程价值。

（2）安装工程产值：指设备安装工程价值，不包括被安装设备本身的价值。

（3）其他产值：建筑业总产值中除建筑工程、安装工程以外的产值。包括房屋构筑物修理产值、非标准设备制造产值、总包企业向分包企业收取的管理费以及不能明确划分的施工活动所完成的产值。

a.房屋构筑物修理产值：指房屋和构筑物修理所完成的产值，但不包括被修理房屋、构筑物本身价值和生产设备的修理产值。

b.非标准设备制造产值：指加工制造没有定型的非标准生产设备的加工费和原材料价值（如化工厂、炼油厂用的各种罐、槽，矿井生产统一使用的各种漏斗、三角槽、阀门等）以及附属加工厂为本企业承建工程制作的非标准设备的价值。

房屋建筑施工面积　指在报告期内施过工的全部房屋建筑面积，包括本期新开工的房屋面积、上期施工跨入本期继续施工的房屋面积、上期停缓建在本期恢复施工的房屋面积、本期竣工的房屋面积及本期施工后又停缓建的房屋面积。

房屋建筑竣工面积　指在报告期内房屋建筑按照设计要求全部完工，达到了使用条件，经验收鉴定合格，正式移交使用单位的房屋建筑面积。

Explanatory Notes on Main Statistical Indicators

Statistical Unit in the Construction Industry refers to a corporate enterprise engaged in the construction of buildings and structures and in the installation of equipment. A corporate construction enterprise should have general contracting or professional contracting qualifications with independent accounting system, and should meet the following 3 requirements: a) being set up in line with relevant legal basis, having its full name, organization and location, and capable of taking civil liabilities; b) independently possessing and using its assets and assuming its liabilities, and entitled to sign contracts with other institutions; and c) making independent accounts of its profits and losses, and capable of compiling its own balance sheet.

Gross Output Value of Construction refers to total of construction products and services, expressed in money terms, produced or rendered by construction and installation enterprises during a given period of time. It includes:

(1) Output value of construction projects: the value of projects covered by the project budgets;

(2) Output value of installation projects: the value of the installation of equipment, (excluding the value of the equipment to be installed);

(3) Other output values: the output value of construction industry apart from that of construction projects and installation projects. It includes: output value of repair of buildings and structures; output value of non-standard equipment manufacturing; overhead expenses received by contracted enterprises from the sub-contracted enterprises and the completed output value of construction activities for which there is no clear definition.

a. Output value of repair of buildings and structures: the value created through the repairs of buildings or structures. It does not include the value of buildings or structures being repaired and the value of the repair of production equipment;

b. Output value of manufactured non-standard equipment: the value of non-standard production equipment, including raw materials and manufacturing cost, made for the construction project (i.e., chemical plant; kettles or tanks used by refineries; various fillers, triangle tanks, valves used by mines). It also includes the output value of equipment manufactured by subsidiary workshops.

Floor Space of Buildings Under Construction refers to floor space of buildings under construction during the reference period, including the floor space of buildings for which construction has newly started; buildings for which construction has started earlier and is continuing during the reference period; and buildings for which construction has been suspended earlier but has restarted during the reference period; buildings completed during the reference period; and buildings under construction but construction has subsequently been during the reference period.

Floor Space of Buildings Completed refers to the floor space of buildings that are completed in the reference period in accordance with the requirements of the design, up to the standard for being put into use, and having been checked and accepted by departments concerned as qualified ones.

14 运输和邮电

TRANSPORT, POSTAL AND TELECOMMUNICATION SERVICES

简要说明

本章反映全市交通运输业和邮电通信业情况，主要包括货物和旅客运输量、港口吞吐量、交通基础设施和运输营运工具、民用车辆和船舶、主要港口码头泊位和仓库、邮电业务、电信主要通信能力和邮电通信水平。本章资料由市统计局服务业统计处负责整理编辑。

交通运输有关资料来源于市交通局、市公安局、成都铁路局、民航重庆安全监督管理局和市统计局。邮电通信业资料来源于重庆邮政管理局和重庆通信管理局。

Brief Introduction

The data in this chapter show the conditions of transport, postal and telecommunication services, mainly covering the data of freight and passenger traffic, freight handled at ports, transport infrastructure and means, civil motor vehicles and transport vessels, berths and warehouses at major ports, business volume of postal and telecommunication services, main communication capacity of telecommunications and level of postal and telecommunication services. The data in this chapter are sorted and compiled by Division of Service Statistics, Chongqing Municipal Bureau of Statistics.

The data of transport are provided by Ministry of Transport of Chongqing, Chongqing Public Security Bureau, Chengdu Railway Bureau, CAAC Chongqing Safety Supervision and Administrative Bureau and Chongqing Municipal Bureau of Statistics. The data of postal and telecommunication services are provided by Post Bureau of Chongqing and Chongqing Communications Administration.

14-1 主要年份客货运输量及周转量

Passenger and Freight Traffic and Passenger-kilometers and Freight ton-Kilometers in Major Years

年 份 Year	客运量 (万人) Passenger Traffic (10 000 persons)	旅客周转量 (万人公里) Passenger-kilometers (10 000 passenger-km)	货运量 (万吨) Freight Traffic (10 000 tons)	货物周转量 (万吨公里) Freight Ton-kilometers (10 000 ton-km)
1952	82		134	31531
1957	121		842	632103
1962	965	12619	808	147390
1965	1707	23268	2365	141406
1970	2136	27461	2536	111415
1975	3602	40180	3226	276337
1978	5294	293741	4816	1189803
1980	7846	417025	4469	1106294
1985	16923	975571	13513	2004938
1986	18308	1119673	14860	2184266
1987	21002	1160714	15618	2296505
1988	21119	1206942	22881	2470614
1989	22692	1185786	20764	2676052
1990	20332	1068775	15546	2452448
1991	26598	1176783	16186	2702591
1992	32924	1543492	17419	3005694
1993	34025	1724473	18841	3282548
1994	36340	1890785	21130	3077590
1995	39731	2104270	22796	3359847
1996	42370	2094740	24339	3150421
1997	46199	2242533	23979	2972254
1998	49020	2346281	25328	2684566
1999	52442	2434000	25190	2742000
2000	56969	2577859	26852	3063900
2001	59244	2662900	28212	3253200
2002	61918	2776900	29787	3376300
2003	58290	2526100	32565	3680300
2004	63495	2994200	36434	5180300
2005	60436	3018038	39200	6248968
2006	61228	3015761	42808	8213853
2007	77187	3938936	49973	10497955
2008	107191	4430156	63651	14864332
2009	114598	4814394	68491	16442995
2010	126804	5497718	81385	20103977
2011	141499	6808274	96782	25302835
2012	157800	7553916	86398	26480626
2013	66645	6520061	87115	22932580
2014	70056	7257895	97287	25888734
2015	64164	7895976	103739	27063382
2016	63702	8337861	107847	29670457
2017	63298	8697933	115346	33707601
2018	63634	9053806	128234	35936344
2019	63659	9979708	112766	36106278
2020	39797	6338680	121390	35246991
2021	35250	6445740	144254	38416621
2022	21149	4360457	135433	38718953
2023	31252	8850338	140536	39171933

注：1.1996年起铁路数据按重庆现地域进行了调整。

2.2013年，据交通专项调查数据，对公路、水路客(货)运量和客(货)运周转量进行了调整。

Note: a) The data of railway have been adjusted according to present administrative divisions of Chongqing since 1996.

b) The data of freight traffic and freight ton-kilometers were adjusted according to the transport survey data in 2013.

14-2 主要年份港口吞吐量和公路线路里程
Volume of Freight Handled in Coastal Ports and Length of Highways in Major Years

年 份 Year	港口货物吞吐量 (万吨) Freight Handled in Coastal Ports (10 000 tons)	进 港 In-port	出 港 Out-port	公路线路里程 (公里) Length of Highways (km)	高速公路 Expressways
1952	61.80	26.60	35.20	743	
1957	356.10	73.10	283.00	1021	
1962	173.50	93.40	80.10	6044	
1965	217.10	115.70	101.40	7221	
1970	267.00	161.00	106.00	7538	
1975	228.90	108.90	120.00	9753	
1978	369.80	184.10	185.70	15421	
1980	378.20	194.10	184.10	16811	
1985	438.30	195.40	242.90	19377	
1986	532.70	303.40	229.30	19666	
1987	553.70	292.28	261.42	19942	
1988	570.30	296.14	274.16	20609	
1989	651.93	330.74	321.19	20944	
1990	572.50	275.70	296.80	21162	
1991	566.10	262.77	303.33	21474	
1992	664.90	326.80	338.10	21804	
1993	687.70	299.50	388.20	21990	
1994	665.65	289.26	376.39	22148	
1995	853.00	390.00	463.00	22556	
1996	1076.00	492.00	584.00	26892	114
1997	2548.70	977.20	1571.50	27045	114
1998	2477.30	1186.60	1290.70	27210	134
1999	2599.84	1610.44	989.40	28086	134
2000	2448.00	1485.00	963.00	30354	232
2001	2839.87	1690.39	1149.48	30654	320
2002	3004.00	1718.41	1285.59	31060	399
2003	3243.76	1796.24	1447.52	31407	580
2004	4539.00	2337.09	2201.91	32344	714
2005	5251.30	2758.11	2493.19	98218	748
2006	5420.43	2747.65	2672.78	100299	778
2007	6433.54	3330.46	3103.08	104705	1049
2008	7892.80	4349.38	3543.42	108632	1165
2009	8611.62	4833.29	3778.33	110951	1577
2010	9668.42	5682.24	3986.18	116949	1861
2011	11605.67	7338.72	4266.95	118562	1861
2012	12502.40	7670.01	4832.39	120728	1909
2013	13676.00	8618.55	5057.34	122846	2312
2014	14664.78	8946.76	5718.03	127392	2401
2015	15680.00	9499.00	6181.00	140551	2525
2016	17372.00	10037.00	7335.00	142921	2818
2017	19722.00	11935.00	7787.00	147881	3023
2018	20443.70	11469.34	8974.36	157483	3096
2019	17126.77	9055.68	8071.09	174284	3233
2020	16497.81	8926.65	7571.16	180796	3402
2021	19804.25	10168.28	9635.97	184106	3839
2022	20655.00	10360.00	10296.00	186137	4002
2023	22342.48	11538.45	10804.03	186598	4142

注：1.2006年起，公路线路里程包括村道，2005年数据按同口径进行了调整。
2.2019年起，水运港口吞吐量调整为交通运输部一套表联网直报数据(不含无营运证码头)。

Note: a) The length of highways has included village roads since 2006,and the data of 2005 has been adjusted according to the same scope.
b) Since 2019, water port throughput has been adjusted to the Ministry of Transport set of tables networking direct reporting data (excluding docks without operating licenses).

14−3 主要年份邮电通信指标
Indicators of Postal and Telecommunication Services in Major Years

年 份 Year	邮政局、所(个) Number of Postal Offices (unit)	邮电业务总量(万元) Total Business Volume of Postal and Telecommunication Services (10 000 yuan)	#电 信 Telecommunication Services	邮电业务收入(万元) Business Revenue from Postal and Telecommunication Services (10 000 yuan)	#电 信 Telecommunication Services
1952	1023	12		133	
1957	1846	33		874	
1962	1747	102		1000	
1965	1751	245		1461	
1970	2166	267		1371	
1975	1933	2190		1726	
1978	1925	2650		2103	
1980	1917	5071		2650	
1985	1853	7268		5796	
1986	1862	8264		6840	
1987	1896	9719		7675	
1988	1918	11853		10120	
1989	2025	14351		11734	
1990	2056	18999		14222	
1991	2047	23708		20585	
1992	2075	31305		27608	
1993	2041	47627		41653	
1994	1957	70543		71212	
1995	2220	109627		157568	
1996	2314	159929		167313	
1997	1821	233471	211458	223052	184899
1998	1958	345932	319375	264846	219493
1999	1958	519537	490494	401767	349001
2000	2018	858200	822824	544369	482075
2001	2154	706000	635041	663200	593050
2002	2202	867600	791573	770500	695409
2003	2218	1213062	1128172	870787	788000
2004	2121	1686491	1592416	1006050	918555
2005	2068	2101467	1996000	1121730	1030130
2006	2008	2761750	2634708	1197759	1099750
2007	1981	3658095	3505910	1315347	1194089
2008	1927	4247535	4065296	1518100	1397500
2009	1838	4898417	4646833	1633300	1477100
2010	1775	1997363	1795756	1790807	1598773
2011	1678	2426432	2167301	2023921	1776624
2012	1635	2771655	2458900	2311346	2006441
2013	1684	3298926	2907701	2573186	2187644
2014	1720	4180875	3710644	2696119	2218948
2015	1756	5523531	4913412	2824637	2220727
2016	1780	8875912	8083709	3219900	2453000

14-3 续表 continued

年 份 Year	营业网点 (处) number of business outlets (unit)	邮政业务总量 (万元) Total Business Volume of Postal and Telecommunication Services (10 000 yuan)	电信业务总量 (万元) Total Business Volume of Telecommunication Services (10 000 yuan)	邮电业务收入 (万元) Business Revenue from Postal and Telecommunication Services (10 000 yuan)	#电 信 Telecommunication Services
2017	6583	999506	6111920	3508500	2584000
2018	6790	1348300	15413072	3687892	2572892
2019	8834	1663100	26014863	3901000	2610000
2020	10164	2021000	3276938	4145900	2691400
2021	10644	1631900	3683339	4605964	2922064
2022	11066	1894536	3817443	5078300	3208700
2023	11440	2328948	3971263	5702245	3475243

注：1.邮政业务总量2001年前为1990年不变价，2001—2009年为2000年不变价口径,2010年及以后为2010年不变价口径(以下各表同)。2021年起为上一年不变价。

2.电信业务总量2001年前为1990年不变价，2001—2009年为2000年不变价口径,2010—2016年为2010年不变价口径,2017年及以后为2015年不变价口径2017—2019年为2015年不变价口径，2020年及以后为上年不变单价(以下各表同)。

3.2017年起，邮政局所个数改为营业网点处数。

Note: a) The data of total business volume of postal services before 2001 were calculated at 1990 constant price, the data from 2001 to 2009 were calculated at 2000 constant price, while the data of 2010 and afterwards were calculated at 2010 constant price(the same for the tables below).

b) The data of total business volume of telecommunication services before 2001 were calculated at 1990 constant price, the data from 2001 to 2009 were calculated at 2000 constant price, the data from 2010 to 2016 were calculated at 2010 constant price, the data of 2017 and afterwards were calculated at 2015 constant price, the data of 2020 and afterwards were calculated at the constant price of the last year (the same for the tables below).

c) Since 2017, the number of post offices has been changed to the number of business outlets.

14-4 邮电业务主要指标(1985—2023年)
Main Indicators of Postal and Telecommunication Services (1985-2023)

年 份 Year	函 件 (万件) Number of Letters (10 000 pcs)	特快专递 (万件) Pieces of Express Mail Services (10 000 pcs)	邮政部门报刊累计数 (万份) Accumulated Issue of Newspapers and Magazines (10 000 copies)	电话通话量 (万分钟) Calls (10 000 minutes)	移动电话用户 (万户) Mobile Telephone Subscribers (10 000 subscribers)	固定互联网络用户 (万户) Subscribers of Internet Services (10 000 subscribers)	本地固定电话用户年末用户 (万户) Subscribers of Local Telephone at Year-end (10 000 subscribers)
1985	8961		32750				3.80
1986	10210		34696				4.83
1987	11755	1	36902				5.39
1988	12432	1	40591				6.07
1989	11609	2	16162				6.62
1990	11544	2	16037		0.08		7.25
1991	11539	3	17540		0.09		8.87
1992	13618	7	18216		0.15		12.63
1993	16013	22	18464		0.59		18.53
1994	16519	40	15491		1.73		29.00
1995	14633	52	16453		3.62		37.24
1996	14100	63	15572		9.00	0.03	66.50
1997	12159	68	28025		19.15	0.20	126.25
1998	12715	97	30922		40.73	0.76	156.28
1999	13266	145	33532		79.90	2.49	197.88
2000	11542	210	31232		160.00	10.00	268.43
2001	13561	260	27506		245.80	28.60	337.70
2002	18038	235	27177		424.70	55.60	413.63
2003	20497	272	25945		619.40	88.65	533.40
2004	18426	334	19833		811.61	122.16	642.39
2005	12499	348	22369		943.40	128.66	688.91
2006	9553	386	22455		1064.60	140.60	725.50
2007	6579	520	22178		1176.90	169.30	723.13
2008	5476	1608	23475		1281.70	189.57	688.10
2009	5218	2240	25281		1440.92	203.80	627.73
2010	4927	2829	24942		1664.40	263.10	582.70
2011	6146	4068	31217		1801.19	326.78	571.25
2012	5706	5498	32440		2069.65	388.07	575.71
2013	5348	10615	34834		2380.78	505.00	580.33
2014	4700	13886	35824		2589.89	539.70	582.97
2015	3119	20525	36334		2788.78	696.50	564.98
2016	2301	28383	41273		2880.10	848.80	541.62
2017	1768	32875	40898		3274.88	1074.00	566.80
2018	1492	45795	37437	12805412	3650.70	1273.80	589.00
2019	1459	55322	33717	12317975	3678.80	1372.41	604.19
2020	2246	73105	29204	12192146	3640.06	1424.09	600.09
2021	1489	97900	27393	12537314	3751.11	1536.23	608.00
2022	1301	109177	29088	12955619	3962.16	1660.77	598.73
2023	1310	140858	28419	13063160	4385.57	1739.77	594.74

注：1.1985—2007年长途电话计量单位为(万次)；2008年起对长途电话通话时长统计口径作了调整，同时长途电话计量单位改为通话时长计量(万分钟)；2017年对长途电话通话时长统计口径进行了调整，长途电话(万分钟)仅包括去话通话时长，不再包括来话通话时长；2018年数据是“固定长途电话通话时长”“国内长途去话通话时长”“国际长途去话通话时长”相加。

2.2009年起特快专递包括快递公司数据，2008年数据按同口径进行了调整。

Note: a) From 1985 to 2007, the data of long-distance calls was calculated at 10 000 times. From 2008 to 2016, the data of long-distance calls has been calculated by hold-on time (10 000 min). In 2017, the data of long-distance calls has been calculated just by the length of outgoing call time (10 000 min), and the length of incoming call has been not included. Since 2018, the data of long-distance calls has been calculated by adding "Fixed Long-distance Call Time""Domestic Long-distance Call Time" and "International Long-distance Call Time".

b) Since 2009, the data of express mail services has included the data of express delivery companies and the data of 2008 has been adjusted according to the same scope.

14-5 交通基础设施和交通运输营运工具(2022—2023年)
Transport Infrastructure and Transport Means (2022-2023)

指标	Item	2022	2023
交通基础设施	**Transport Infrastructure**		
公路线路里程(公里)	Length of Highways (km)	186137	186598
按行政等级分	By Administrative Level		
#国　道	National	8400	8472
省　道	Provincial	10745	10808
按技术等级分	By Technical Level		
等级公路	Expressway and Class I-IV Highways	175802	177545
#高速公路	Expressway	4002	4142
一级公路	First Class	1268	1310
二级公路	Second Class	9616	9677
等外公路	Highways Below Class IV	10335	9054
公路桥梁数量(座)	Number of Highway-bridges (unit)	16561	17674
公路桥梁总延米(延米)	Extended Length of Highway-bridges (extended meter)	1678539	1952967
铁路营运里程(公里)	Length of Railways in Operation (km)	2781	2794
内河航道里程(公里)	Length of Navigable Inland Waterways (km)	4472	4472
#等级航道	Standard Waterways	1948	1948
与重庆正班通航点(个)	Number of Navigable Cities from Chongqing (city)	290	286
国　内	Domestic Routes	210	206
国　际(地区)	International (regional) Routes	80	80
交通运输营运工具	**Transport Means**		
公路营运载货汽车(辆)	Business Trucks (unit)	243090	227100
公路营运载客汽车(辆)	Business Buses and Cars (unit)	14322	14139
运输船舶实有数(艘)	Transportation Vessels (unit)	2741	2636
机动船	Motor Vessels	2716	2618
驳　船	Barges	25	18
重庆机场飞行起降架次(万架次)	Throughput of Civil Aircrafts in Chongqing Airport (10 000 flights)	19.96	32.91

注：从2018年起，出租车和公交车划入城市交通载客汽车，不再算作公路营运载客汽车。
Note: Since 2018, taxies and buses are considered as city business buses and cars, not as business buses and cars.

14-6 民用车辆、船舶拥有量(2022—2023年)
Possession of Civil Motor Vehicles and Transport Vessels (2022-2023)

指标	Item	2022	2023
民用车辆拥有量(辆)	**Possession of Civil Motor Vehicles (unit)**	**8913617**	**9289552**
#私人民用车辆拥有量	Private Vehicles	8209539	8553889
#载客汽车	Buses and Cars	4802882	5073176
载货汽车	Trucks	303800	313456
#汽　车	Motor Vehicles	5763997	6073706
载客汽车	Buses and Cars	5186875	5496120
载货汽车	Trucks	546904	547101
其他	Others	30218	30485
摩托车	Motorcycles	3093267	3161171
民用运输船舶拥有量(艘)	**Possession of Civil Transport Vessels (unit)**	**2741**	**2636**
#机动船	Motor Vessels	2716	2618
#客　船	Passenger Vessels	352	262
货　船	Cargo Vessels	2338	2334
#驳　船	Barges	25	18

14-7 客货运输量、周转量及港口吞吐量(2022—2023年)
Passenger and Freight Traffic, Passenger-kilometers and Freight Ton-kilometers and Volume of Freights Handled in Coastal Ports (2022-2023)

指　　标	Item	2022	2023
客运量总计(万人)	**Total Passenger Traffic (10 000 persons)**	**21149.01**	**31252.26**
铁　路	Railway	4823.61	9538.05
公　路	Highway	14432.14	17532.41
水　路	Waterway	377.76	872.47
民　航	Civil Aviation	1515.50	3309.33
旅客周转量总计(亿人公里)	**Total Passenger-kilometers (100 million passenger-km)**	**436.05**	**885.03**
铁　路	Railway	126.28	264.95
公　路	Highway	77.94	108.54
水　路	Waterway	1.25	5.52
民　航	Civil Aviation	230.56	506.02
货运量总计(万吨)	**Total Freight Traffic (10 000 tons)**	**135432.72**	**140536.08**
铁　路	Railway	1828.08	1937.36
公　路	Highway	111914.65	117583.76
水　路	Waterway	21677.69	21001.46
民　航	Civil Aviation	12.30	13.50
货物周转量总计(亿吨公里)	**Total Freight Ton-kilometers (100 million ton-km)**	**3871.90**	**3917.19**
铁　路	Railway	292.17	321.20
公　路	Highway	1063.30	1126.59
水　路	Waterway	2513.22	2467.11
民　航	Civil Aviation	3.20	2.30
港口货物吞吐量(万吨)	**Total Cargo Handled at Ports (10 000 tons)**	**20655.37**	**22342.48**
#集装箱	Containers	1844.97	1778.27
进港量	In-port	10359.86	11538.45
出港量	Out-port	10295.51	10804.02
空港吞吐量	**Throughput of Airports**		
旅　客(万人)	Passengers (10 000 persons)	2246.09	4589.12
货　物(万吨)	Cargo (10 000 tons)	41.58	38.89

注：1.2019年起，水运港口吞吐量调整为交通运输部一套表联网直报数据(不含无营运证码头)。
　　2.机场修正了2019年空港吞吐量数据。

Note: a) Since 2019, water port throughput has been adjusted to the Ministry of Transport set of tables networking direct reporting data (excluding docks without operating licenses).
b) The airport revised the airport throughput data in 2019.

14-8 港口码头泊位数(2022—2023年)
Number of Berths in Coastal Ports (2022-2023)

指　　标	Item	2022	2023
码头泊位长度(米)	**Length of Quay Berths(m)**	**54585**	**53424**
生产用	For Productive Use	47067	46136
非生产用	For Non-productive Use	7518	7288
泊位个数(个)	**Number of Berths (unit)**	**581**	**558**
生产用	For Productive Use	458	437
非生产用	For Non-productive Use	123	121

14-9 主要港口码头仓库(2022—2023年)
Warehouses in Main Coastal Ports (2022-2023)

指　　标	Item	2022	2023
集装箱吞吐量(吨)	Containers Handled in Coastal Ports (ton)	18449725	17782726
国际集装箱	International Containers	4772414	5195275
国内集装箱	Domestic Containers	13677311	12587451
集装箱吞吐量(TEU)	Containers Handled in Coastal Ports (TEU)	1291712	1317488
国际集装箱	International Containers	426934	478031
国内集装箱	Domestic Containers	864779	839457

注：TEU是“折合20英尺标准箱”的英文缩写。
Note: TEU is the abbreviation of "Twenty-foot Equivalent Unit".

14-10 邮电业务基本情况(2022—2023年)
Basic Conditions of Postal and Telecommunication Services (2022-2023)

指　　标	Item	2022	2023
邮政营业网点(处)	Number of post business outlets	11066	11440
邮电业务总量(万元)	Business Volume of Postal and Telecommunication Services (10 000 yuan)		
邮　政	Postal Services	1894536	2328948
电　信	Telecommunication Services	3817400	3971263
函件(万件)	Number of Letters (10 000 pcs)	1301	1310
包件(万件)	Number of Parcels (10 000 pcs)	33	56
特快专递(万件)	Pieces of Express Mail Services (10 000 pcs)	109177	140858
邮政部门报刊累计数(万份)	Accumulated Issue of Newspapers and Magazines (10 000 copies)	29088	28419
电话通话量(万分钟)	Telephone call volume (10 000 minutes)	12955619	13063160
本地固定电话用户(万户)	Number of Fixed Telephone Subscribers at Year-end (10 000 subscribers)	598.73	594.74
固定互联网宽带接入流量(万GB)	Flow Accessed to Fixed Broadband Subscribers(10 000 GB)	3847541.29	4026697.68
移动互联网用户接入流量(万GB)	Flow Accessed to Mobile Internet(10 000 GB)	645971.71	736887.71
移动电话年末用户(万户)	Mobile Telephone Subscribers at Year-end (10 000 subscribers)	3962.16	4385.57
固定互联网络用户(万户)	Internet Subscribers (10 000 subscribers)	1660.77	1739.77

注：1.2017年电信业务总量为2015年不变价口径，2016年为2010年不变价口径。
2.2017年长途电话(万分钟)仅包括去话通话时长，2016年包括去话和来话通话时长。
3.2018年开始，无公用电话指标。

Note: a)The data of total business volume of telecommunication services in 2016 was calculated at 2010 constant price, and services in 2017 was calculated at 2015 constant price.
b)Since 2017, the data of long-distance calls (10 000 min) has been calculated just by the length of outgoing call time, and the length of incoming call has been not included.
c)Since 2018, the public telephones has been are cancelled.

14-11 快递业务量(1997—2023年)
Business Volume of Express Services (1997-2023)

年 份 Year	快 递 (万件) Pieces of Express Mail Services (10 000 pcs)	快递业务收入 (亿元) Revenue from Express Service (100 million yuan)
1997	67.0	0.2
1998	98.0	0.3
1999	144.0	0.4
2000	208.0	0.8
2001	260.0	1.0
2002	229.0	0.7
2003	271.0	0.8
2004	335.0	0.8
2005	349.0	0.8
2006	385.0	1.1
2007	519.0	1.4
2008	1651.3	3.5
2009	2240.0	4.9
2010	2829.4	6.0
2011	4068.3	7.7
2012	5497.9	10.3
2013	10614.8	13.7
2014	13886.3	20.1
2015	20525.4	28.7
2016	28382.5	39.0
2017	32874.9	44.7
2018	45795.0	58.0
2019	55322.4	70.5
2020	73105.4	83.0
2021	97900.0	103.4
2022	109176.8	111.5
2023	140857.6	135.8

14−12 电信主要通信能力(2022—2023年)
Main Communication Capacity of Telecommunications (2022-2023)

指　　标	Item	2022	2023
移动电话交换机容量(万户)	Capacity of Mobile Telephone Exchanges (10 000 subscribers)	5285	5285
移动电话基站数(个)	Number of Base Stations of Mobile Telephones (unit)	274386	294973
光缆线路长度(万公里)	Length of Optical Cable Lines (10 000 km)	150	164

14−13 邮电通信水平(2022—2023年)
Postal and Telecommunication Services Available (2022-2023)

指　　标	Item	2022	2023
平均每一邮政营业网点服务面积(平方公里)	Average Area Served by Every Post Office (sq.km)	7.44	7.20
平均每一邮政营业网点服务人口(万人)	Average Population Served by Every Post Office (10 000 persons)	0.29	0.28
平均每人每年发函件数(件)	Annual Average Number of Letters Mailed Per Capita (piece)	0.40	0.41
平均每人每年自邮政部门订报刊数(份)	Annual Average Number of Newspapers and Magazines Subscribed from Postal Departments Per Capita (piece)	9.05	8.90
电话普及率(部/百人)	Telephone penetration rate (set/100 person)	141.98	152.49
移动电话普及率(部/百人)	Mobile phone penetration rate (set/100 person)	123.34	136.48

注：人均指标按年末常住人口计算。

Note: The per capital indicators are calculated upon the permanent population at year-end.

主要统计指标解释

货（客）运量 指在一定时期内，各种运输工具实际运送的货物（旅客）数量。是反映运输业为国民经济和人民生活服务的数量指标，也是制定和检查运输生产计划，研究运输发展规模和速度的重要指标。货运按吨计算，客运按人计算。货物不论运输距离长短或货物类别，均按实际重量统计；旅客不论行程远近或票价多少，均按一人一次作为客运量统计。半价票，小孩票也按一人统计。

货物（旅客）周转量 指在一定时期内，由各种运输工具运送的货物（旅客）数量与其相应运输距离的乘积之总和。是反映运输业生产总成果的重要指标，也是编制和检查运输生产计划，计算运输效率、劳动生产率以及核算运输单位成本的主要基础资料。通常以吨公里和人公里为计算单位。计算货物周转量通常按发出站与到达站之间的最短距离，也就是计费距离计算。计算公式为：

货物（旅客）周转量=∑货物（旅客）运输量×运输距离

公路里程 指报告期末公路的实际长度。统计范围：包括城间、城乡间、乡（村）间能行驶汽车的公共道路，公路通过城镇街道的里程，公路桥梁长度、隧道长度、渡口宽度。不包括城市街道里程，断头路里程，农（林）业生产用道路里程，工（矿）企业等内部道路里程。统计原则：按已竣工验收或交付使用的实际里程计算；两条或多条公路共同经由同一路段的重复里程，只计算一次。

内河航道里程 指在一定时期内，能通航运输船舶及排筏的天然河流、湖泊水库、运河及通航渠道的长度。包括全年季节性通航累计三个月以上的航道，不包括仅供零散流放竹、木排的河道。两省以河为界的航道里程，双方均按一半计算，以免重复。

民用汽车拥有量 指报告期末，在公安交通管理部门按照《机动车注册登记工作规范》，已注册登记领有民用车辆牌照的全部汽车数量。汽车拥有量统计的主要分类：根据汽车结构分为载客汽车、载货汽车及其他汽车；根据汽车所有者不同分为个人（私人）汽车、单位汽车；根据汽车的使用性质分为营运汽车、非营运汽车和特种汽车；根据汽车大小规格不同载客汽车分为大型、中型、小型和微型，载货汽车分为重型、中型、轻型和微型。

邮政、电信业务总量 指以货币形式表示的邮政、电信通信企业为社会提供各类邮政、电信通信服务的总数量。计算方法为各类业务的实物量分别乘以相应的不变单价，求出各类业务的货币量加总求得。没有不变单价的业务按其业务收入直接相加。

邮电业务总量=∑（各类邮电业务量×不变单价）＋出租代维及其他业务收入=邮政业务总量＋电信业务总量

固定电话用户 指在电信企业营业网点办理开户登记手续并已接入固定电话网上的全部电话用户。包括普通电话用户、无线市话用户、公用电话用户、窄带综合业务数字网（N-ISDN）用户、智能网专用接入终端用户等。

城市电话用户 指直辖市、省辖市、地级市、县级市的市区、市郊区及县城（包括县人民政府所在地的县城关区或行政建制相当于县人民政府所在地的镇）范围内接入局用交换机的电话用户数，包括分布在农村地区的独立工矿区、林区、驻军等接入局用交换机的电话用户数。

农村电话用户 指按行政区划属于城市范围以外的乡（镇）、村电话用户。

移动电话用户 指在电信运营企业营业网点办理开户登记手续，通过移动电话交换机进入移动电话网，占用移动电话号码的各类电话用户。包括各类签约用户、智能网预付费用户、无线上网卡用户。

局用交换机容量 指安装在电信企业内用于接续本地固定电话的电话交换机容量，包括接入网设备容量（安装在电信运营企业用于连接语音用户的远端节点的设备容量）。

移动电话交换机容量 指移动电话交换机根据一定话务模型和交换机处理能力计算出来的最大同时服务用户的数量。按报告期末已割接入网正式投入使用的设备实际容量统计。

铁路营业里程 又称营业长度，指投入客货运输营业或临时营业的线路长度。

电气化里程 指具备了电力机车牵引条件，并已交付运营的线路里程。

定期航班航线里程 指定期航班营运里程的总长度，以万公里为计算单位。航线里程的统计分为按重复距离计算和按不重复距离计算两种形式。“按重复距离计算”是指不同航线的相同航段距离可以重复累加；“按不重复距离计算”则不同航线相同航段只统计一次。

管道输油（气）里程 指油、气、成品油等各类介质实际输送距离，是反映运输管线长度的指标，也是计算周转量的依据。对于有复线和备用线的地段，原则上按单线计算管输里程。双线同时输送又不能分开计量的情况下，管输里程为双线长度之和除以2。

港口货物吞吐量 指经由水路进、出港区范围，并经过装卸的货物数量。按货物流向分为进港吞吐量和出港吞吐量，按货物的贸易性质分为内贸和外贸吞吐量。货物类别根据现行的交通行业《运输货物分类和代码》标准分类。

民用运输船舶拥有量 指报告期末在水路运输管理部门注册登记的从事水上客、货运输活动的我国企业或私人拥有的营业性运输船舶（含我国企业或私人拥有的悬挂外国旗的船舶）数量。不包括非运输船舶及农业、渔业生产船舶。

互联网上网人数 指过去半年内使用过互联网的6周岁及以上中国居民人数。

长途电话交换机容量 指电信企业用于接入长途电话网的电话交换机的设备额定容量。

互联网宽带接入端口 指用于接入互联网用户的各类实际安装运行的接入端口的数量,包括 xDSL 用户接入端口、LAN 接入端口、其他类型接入端口等，不包括窄带拨号接入端口。

Explanatory Notes on Main Statistical Indicators

Freight (Passenger) Traffic refers to the volume of freight (passenger) transported with various means. Freight transport is calculated in tons and passenger traffic is calculated in the number of persons. Despite the type of freight and traveling distance, the freight transport is calculated in the actual weight of the goods; and despite the traveling distance and ticket price, the passenger traffic is calculated by the principle that one person can be counted only once in one travel. The passenger who travels with a half-price ticket or a child ticket is also calculated as one person. The freight (passenger) traffic provides a quantitative measure to show how the transport industry serves the national economy and people, and is also an important indicator for planning the transport industry and for studying the development scale and speed of the transport industry.

Freight Ton-kilometers (Passenger-kilometers) refer to the sum of the products of the volume of transported cargo (passengers) multiplying by the transport distance. It is an important indicator to reflect the achievement of transportation industry. Normally, the shortest distance between the departure station and the destination station (i.e., the payable distance) is the basis to calculate the freight ton-kilometers. This is an important indicator to show the total results of the transport industry, to prepare and examine the transport plan and to measure the efficiency, the labour productivity and the unit cost of transport. The formula is as follows:

Freight Ton-kilometers (Passenger-kilometers) = ∑ [Freight (Passenger) Traffic × Distance of Transportation]

Length of Highways refers to the actual length of highways at the end of reference period. It covers public roads running vehicles among cities, city and rural areas, township (villages), highways passing through streets at small cities and towns, length of bridges and tunnels, width of ferry piers. It does not include the length of streets in cities, dead end highways, the length of streets built for agricultural (forest) production and inside factories (mines). It can only be calculated with the actual mileage having been completed, checked and accepted or put into operation. If two or more highways go the same section of the way, the length of the section is only calculated for once.

Length of Navigable Inland Waterways refers to the length of natural rivers, lakes, reservoirs and canals that are open to navigation for ships and rafts during a given period. It includes the channels with annual seasonal navigation for more than three months other than the waterways only for scattered bamboo and wooden rafts. If two provinces share one river as the border, the length of waterways will be half divided for each province to avoid duplication.

Possession of Civil Motor Vehicles refer to the total numbers of vehicles that are registered and received vehicles' license tags according to the Work Standard for Motor Vehicles Registration formulated by transport management office under department of public security at the end of reference period. They are divided into following categories according to the structure of motor vehicles: passenger vehicles, trucks and others; and private vehicles and vehicles for units use according to ownerships; working vehicles, non-working vehicles and special motor vehicles according to kind of usage; large passenger vehicles, medium passenger vehicles and small passenger vehicles, heavy trucks, light-heavy trucks and light trucks according to sizes of vehicles.

Business Volume of Post and Telecommunications refers to the total amount of postal and telecommunication services, expressed in value terms, provided by the post and telecommunications departments for society. Business volume of post and telecommunications is the sum of each service in kind multiplying with its correspondent unit price (constant price). Business without constant price add their business revenue directly.

Business Volume of Postal and Telecommunication Services = ∑ (Transaction of Post and Telecommunication Services × Constant Price) + Income from Leasing, Maintenance and Other Services = Business Volume of Postal Services + Business Volume of Telecommunication Services

Local Telephone Subscribers refer to all subscribers who have gone through registration procedures in the operation points of enterprises engaged in telecommunications and are hence connected to the local telecommunications service provider through fixed line network. Included are general subscribers, wireless local telephone subscribers, public telephones subscribers, N-ISDN subscribers and intelligent network terminal subscribers.

Urban Telephone Subscribers refer to subscribers telephone subscribers, located at municipalities, cities under the jurisdiction of province, cities at prefectural level, downtown and suburb of city at county level town and county towns (including country towns where county government located, and towns of county level according to the administrative organizational system), that are connected to the public line telephone network, including rural mineral area, forest area, military area.

Rural Telephone Subscribers refer to telephone subscribers, located at the towns and villages outside the coverage of urban areas according to the administrative division.

Mobile Telephone Subscribers refer to persons who have gone through registration procedures in the operation points of enterprises engaged in telecommunications and are hence connected with the mobile telephone communication network through the mobile telephone switchboards and occupy mobile phone numbers. Included are various types of subscriber, prepaid users for intelligent network and wireless network card users.

Capacity of Office Telephone Exchanges refers to the capacity (measured in gate) of telephone exchanges installed in the offices of telecommunication service providers for communication between fixed telephones. It includes the capacity of access network equipment (capacity of equipment installed in the offices of telecommunication service providers for connecting distant nodes of voice users).

Capacity of Mobile Telephone Exchanges refers to the capacity of the maximum services provided to subscribers at any one time as computed based on a certain model of calls distribution and transacting capacity of the mobile telephone exchanges. It is calculated based on the actual capacity of equipments connected to network through cutover and put into operation officially at the end of the reference period.

Length of Railways in Operation refers to the total length of the trunk line for passenger and freight transportation in full operation or temporary operation.

Length of Electrified Trunk Line refers to the length of the trunk line capable for the running of electrified locomotives and having been put into operation.

Length of Routes with Scheduled Flights refers to the total length of all routes for scheduled flights, which is calculated using million kilometres as the unit. There are usually two ways to calculate the route length: duplicated calculation and non-duplicated calculation. Duplicated calculation means that the same segment of different routes can be added duplicately, while the non-duplicated calculation allows the same segment of different routes be counted once only.

Length of Oil (Gas) Pipelines refers to the actual transport distance of oil, gas and oil products, an indicator reflecting the length of transportation routes and a reference to calculate the freight-kilometers. For those sections with double pipelines and alternate pipeline, the length will be calculated according to the length of single pipeline in principle. If the double pipelines perform the transportation at the same time and unable to be counted separately, the length of pipelines will be the length of double pipelines divided by 2.

Volume of Freight Handled in Coastal Ports refers to the volume of cargo passing in and out of the harbour area of the major coastal ports and having been loaded and unloaded. The volume of freight handled may be classified by direction of cargo flow as in-port freight and out-port freight, or by nature of cargo as freight for domestic trade and freight for foreign trade. It can also be classified by type of freight based on the existing standard classification for transportation industry *"Classification and Coding for Freight"*.

Possession of Civil Transport Vessels refers to the total number at the end of reference period of operating transport vessels owned by Chinese enterprises or privately that are registered in the water transportation management institutions and permitted to perform cargo transport activities (including vessels with foreign flags but owned by Chinese enterprises or citizens). Non-transport vessels and vessels used for agriculture and fishery are not included.

Internet Users refer to the number of Chinese citizens aged 6 and over who use the Internet in the past six months.

Capacity of Long Distance Telephone Exchanges refers to the rated capacity of telephone exchanges to connect long distance telephone network by enterprises engaged in telecommunications.

Broadband Connection Terminals refer to the connection terminals to internet users actually installed and put into operation, including connection terminals for XDSL, connection terminals for LAN, and other types of connection terminals. N-ISDN connection terminals are not included.

15 国内贸易

DOMESTIC TRADE

简 要 说 明

本章主要内容有社会消费品零售总额，批发和零售业商品销售总额，限额以上批发零售和住宿餐饮业企业财务状况、限额以上住宿业和限额以上餐饮业基本经营情况，以及限额以上批发和零售业、住宿和餐饮业连锁经营情况。本章资料由市统计局贸易外经处提供。

Brief Introduction

The data in this chapter cover the total sales of the consumer goods, total sales of wholesale and retail trade, the financial indicators of wholesale and retail, hotel and catering enterprises above designated size，the operation of hotels and the enterprises in catering trade above designated size, and the operation of chain enterprises above designated size in wholesale, retail, hotel and catering trade. All the data in this chapter are provided by Division of Trade and External Economic Relations Statistics, Municipal Bureau of Statistics.

15-1 社会消费品零售总额(1949—2023年)
Total Retail Sales of Consumer Goods (1949-2023)

单位：万元 (10 000 yuan)

年 份 Year	社会消费品零售总额 Total Retail Sales of Consumer Goods	年 份 Year	社会消费品零售总额 Total Retail Sales of Consumer Goods
1949	46167	1987	926227
1950	50695	1988	1191747
1951	55644	1989	1332450
1952	61973	1990	1371244
1953	77007	1991	1569138
1954	83302	1992	2031140
1955	84015	1993	2593587
1956	98852	1994	3395013
1957	108061	1995	4258168
1958	119981	1996	5141668
1959	141591	1997	5904049
1960	156655	1998	6485734
1961	133022	1999	7038055
1962	124248	2000	7655160
1963	112094	2001	8382287
1964	122995	2002	9216516
1965	134722	2003	10169616
1966	147697	2004	11762277
1967	155358	2005	13625978
1968	132702	2006	16010462
1969	152531	2007	19286416
1970	163612	2008	24392326
1971	172626	2009	28779444
1972	191113	2010	35149391
1973	195825	2011	43847652
1974	197474	2012	51410871
1975	217537	2013	59461565
1976	218022	2014	67628282
1977	233979	2015	76675890
1978	250188	2016	87284013
1979	301563	2017	97693917
1980	366349	2018	107052443
1981	405952	2019	116316743
1982	431269	2020	117872002
1983	466704	2021	139676742
1984	538909	2022	139260832
1985	690779	2023	151302535
1986	780787		

注：1993—2019年根据四经普调整。
Note: The data of 1993-2019 has been adjusted according to the result of the 4rd National Economic Census.

15-2 社会消费品零售总额(2022—2023年)
Total Retail Sales of Consumer Goods (2022-2023)

单位：万元 (10 000 yuan)

指　　标	Item	2022	2023
总　计	**Total**	**139260832**	**151302535**
按销售单位所在地分	**By Location**		
城　镇	City	119101442	128511337
#城　区	County	84590563	91349920
乡　村	Under County Level	20159390	22791198
按消费形态分	**By Consumption pattern**		
餐饮收入	From Meals	19154534	23106575
商品零售	Retail sales	120106298	128195960

15-3 限额以上住宿和餐饮业法人企业基本经营情况(2022—2023年)
Basic Conditions of Enterprises above Designated Size of Hotels and Catering Services (2022-2023)

指　　标	Item	2022	2023
营业额(万元)	Business Revenue (10 000 yuan)	2763373	3314827
客房收入	From Hotel Rooms	616381	807968
餐费收入	From Meals	1965308	2297340
商品销售收入	From Commodities	99764	107346
其他收入	Other Income	81920	102173
住宿餐饮设施	Infrastructure of Hotels and Catering Services		
床位数(个)	Number of Beds (unit)	221000	271375
餐位数(位)	Number of Catering Seats (unit)	1053524	1995248

15-4 批发和零售业商品销售总额(2023年)
Total Sales of Enterprises in Wholesale and Retail Trades (2023)

单位：万元 (10 000 yuan)

指标	Item	销售总额 Total Sales	零售 Retail
总计	**Total**	**453318520**	**128023249**
限额以上批发和零售法人企业	**Enterprises above Designated Size in Wholesales and Retail Trade**	**217180418**	**43236091**
按登记注册类型分	**By Status Registration**		
内资企业	Domestic-funded Enterprises	200813208	38152177
国有独资公司	Wholly State-owned Companies	2226487	248672
私营有限责任公司	Private Limited Liability Companies	117179368	21530577
其他有限责任公司	Other Limited Liability Companies	49564752	9111008
私营股份有限公司	Private Share Holding Limited Companies	12458481	3400225
其他股份有限公司	Other Share Holding Limited Liability Companies	9343446	3398214
全民所有制企业(国有企业)	Wholly People Owned Enterprises (State-owned Enterprises)	8935293	67234
集体所有制企业(集体企业)	Collective Owned Enterprises (Collective Enterprises)	59109	19414
股份合作企业	Cooperative Stock Enterprises	639031	20979
联营企业	Joint Venture Enterprises	3546	3546
个人独资企业	Sole Proprietorship Enterprises	389132	340166
合伙企业	Partnership Enterprises	14564	12143
港、澳、台商投资企业	Enterprises Funded by Hong Kong, Macao and Taiwan	5105489	1883913
港澳台投资有限责任公司	Limited Liability Companies Funded by Hong Kong, Macao and Taiwan	4882118	1676874
港澳台投资股份有限公司	Limited Liability Companies by Shares Funded by Hong Kong, Macao and Taiwan	223371	207040
外商投资企业	Foreign-funded Enterprises	11257054	3196272
外商投资有限责任公司	Foreign-funded Limited Liability Companies	7225394	1016999
外商投资股份有限公司	Foreign-funded Limited Liability Companies by Shares	4022241	2169854
外商投资合伙企业	Foreign-funded Partnership Enterprises	9419	9419
农民专业合作社(联合社)	Farmers' Professional Cooperative (Union)	4668	3729

15-4 续表 continued

单位：万元 (10 000 yuan)

指 标	Item	销售总额 Total Sales	零 售 Retail
按行业分	**By Sector**		
农、林、牧、渔产品批发	Wholesale of Farm, Forestry, Animal Husbandry and Fishery Products	1518199	56228
食品、饮料及烟草制品批发	Wholesale of Food, Beverages and Tobacco	19760055	944251
纺织、服装及家电用品批发	Wholesale of Textiles, Garments and Household Electrical Appliances	7701441	237302
文化、体育用品及器材批发	Wholesale of Cultural, Sports Appliances and Equipment	2200401	174586
医药及医疗器材批发	Wholesale of Medicines and Medical Appliances	16834687	118369
矿产品、建材及化工产品批发	Wholesale of Mineral Products, Building Materials and Chemical Products	77510714	2492632
机械设备、五金交电及电子产品批发	Wholesale of Machinery, Hardware and Electronic Products	41587501	1038595
贸易经纪与代理	Trade Broker and Agency	1318231	26145
其他批发	Other Wholesale not Classified Elsewhere	4348399	37728
综合零售	Retail Trades	7556368	7210195
食品、饮料及烟草制品专门零售	Special Retail of Food, Beverages and Tobacco	2753490	2237481
纺织、服装及日用品专门零售	Special Retail of Textiles, Garments and Daily Consumer Articles	1250758	1184745
文化、体育用品及器材专门零售	Retail of Cultural, Sports Appliances and Equipment	768871	489257
医药及医疗器材专门零售	Retail of Medicines and Medical Appliances	2002626	1580812
汽车、摩托车、零配件和燃料及其他动力销售	Retail of Motor Vehicles, Motorcycles, Fuel and Parts	20705336	16965690
家用电器及电子产品专门零售	Special Retail of Household Electrical Appliances and Electronic Products	2701123	2455546
五金、家具及室内装修材料专门零售	Special Retail of Hardware, Furniture and Decoration Materials	893920	795788
货摊、无店铺及其他零售	Stalls, Non-shop and Other Retails	5768300	5190741

15-5 限额以上批发和零售业单位主要商品分类销售额(2022—2023年)
Sales of Main Commodities of the Enterprises above Designated Size in Wholesale and Retail Trades by Category (2022-2023)

单位：亿元 (100 million yuan)

指 标	Item	销售额 Total Sales		零 售 Retail	
		2022	2023	2022	2023
总 计	**Total**	**20260.04**	**22908.66**	**4375.45**	**4571.04**
其中：通过互联网实现的商品销售	**Commodities Sold Over the Web**	**1983.57**	**2518.32**	**701.45**	**896.74**
粮油、食品类	Grain and Oil,Food	1705.40	1773.96	757.96	797.28
#粮油类	Grain and Oil	475.60	462.98	150.65	165.85
肉禽蛋类	Meat, Poultry and Eggs	231.38	268.26	100.08	111.93
水产品类	Aquatic Products	47.50	44.22	23.39	23.60
蔬菜类	Vegetables	144.43	151.28	67.26	72.38
干鲜果品类	Dried and Fresh Melons and Fruits	263.69	303.12	79.51	82.87
饮料类	Beverages	143.60	153.41	88.78	88.49
烟酒类	Tobacco and Liquor	1078.43	1120.33	105.81	108.94
服装鞋帽、针、纺织品类	Clothing, Shoes, Hats and Textiles	637.07	628.75	229.88	239.56
服装类	Clothing	473.06	469.04	174.19	183.11
鞋帽类	Shoes and Hats	122.06	120.89	37.92	38.23
针纺织品类	Knitwear and Textiles	41.95	38.83	17.77	18.22
化妆品类	Cosmetics	158.26	159.38	42.28	42.31
金银珠宝类	Gold, Silver and Jewelry	164.59	169.42	52.39	49.94
日用品类	Articles for Daily Use	333.42	324.92	177.74	182.98
#可穿戴智能设备	Wearable smart devices	5.04	4.99	2.31	2.28
五金、电料类	Hardware and Electrical Materials	390.35	479.34	31.49	28.33
体育、娱乐用品类	Sports and Recreation Articles	39.79	40.04	12.12	10.09
#照相器材类	Photographic Equipment	1.52	2.33	1.43	2.07
书报杂志类	Newspapers and Magazines	50.94	56.88	21.49	27.30
电子出版物及音像制品类	E-journal and Video Products	0.84	0.40	0.81	0.26
家用电器和音像器材类	Household Appliances and Video Appliances	429.80	396.33	284.62	274.46
#能效等级为1级和2级的商品	Commodities with energy efficiency grades 1 and 2	96.01	207.61	68.39	70.24
#智能家用电器和音像器材	Intelligent household appliances and audio-visual equipment	111.42	225.81	100.59	98.48
中西药品类	Traditional Chinese and Western Medicines	1343.87	1681.39	164.92	167.84
#西 药	Western Medicines	1107.35	1399.78	117.39	125.44
中草药及中成药	Traditional Chinese Medicines	115.93	141.14	25.58	25.23
文化办公用品类	Cultural and Office Articles	527.42	867.81	132.57	167.61
#计算机及其配套产品	Computer and Supporting Products	338.57	668.46	83.38	95.70
家具类	Furniture	66.78	70.91	57.35	54.74
通讯器材类	Communication Appliances	1103.22	1160.98	124.67	126.08
#智能手机	Intelligent mobile phone	941.91	1031.17	102.38	108.52
煤炭及制品类	Coal and Related Products	433.39	498.68	0.92	0.93
木材及制品类	Wood and Wooden Products	90.08	74.08		
石油及制品类	Petroleum and Related Products	1749.96	1752.14	569.52	603.02
化工材料及制品类	Chemical Materials and Related Products	1297.32	1381.17		
#化肥类	Fertilizers	344.46	366.34		
金属材料类	Metal Materials	3543.70	4362.96		
建筑及装潢材料类	Building and Decoration Materials	698.62	601.20	131.83	97.85
机电产品设备类	Mechanical and Electrical Products	488.54	1254.92	56.84	62.06
#农机类	Agricultural Machinery	7.00	6.83		
汽车类	Automobiles	3010.98	3174.33	1259.14	1355.63
#新能源汽车	New energy vehicle	701.29	1324.84	233.65	423.02
种子饲料类	Seed and Feedstuff	28.15	38.30		
棉麻类	Cotton, Hemp	24.04	43.71	0.14	0.06
其他类	Others	721.50	642.93	53.96	67.83

注：以上类值为快报数据。
Note: the above values are express data.

15-6 限额以上批发业法人企业财务状况(2023年)

单位：万元

指　　标	Item	法人企业数(个) Number of Enterprises (unit)
总　计	**Total**	**3873**
按行业小类分	**By Wholesale Sector**	
农、林、牧产品批发	Wholesale of Farm, Forestry and Animal Husbandry Products	92
谷物、豆及薯类批发	Wholesale of Cereal, Bean and Tubers	27
种子批发	Wholesale of Seeds	4
畜牧渔业饲料批发	Wholesale of Feedstuff	19
棉、麻批发	Wholesale of Cotton and Fiber Crops	4
林业产品批发	Wholesale of Forestry Products	8
牲畜批发	Wholesale of Livestock	5
渔业产品批发	Wholesale of fishery products	2
其他农牧产品批发	Wholesale of Other Farm Products and Livestock Products	23
食品、饮料及烟草制品批发	Wholesale of Food, Beverages and Tobacco	648
米、面制品及食用油批发	Wholesale of Rice, Flour and Edible Oil	109
糕点、糖果及糖批发	Wholesale of Cake, Candy and Sugar	20
果品、蔬菜批发	Wholesale of Fruits and Vegetables	161
肉、禽、蛋、奶及水产品批发	Wholesale of Meat, Poultry, Eggs and Aquatic Products	115
盐及调味品批发	Wholesale of Salts and Condiments	22
营养和保健品批发	Wholesale of Nutraceutical Products	8
酒、饮料及茶叶批发	Wholesale of Liquor, Beverages and Tea	97
烟草制品批发	Wholesale of Tobacco	38
其他食品批发	Wholesale of other Food	78
纺织、服装及家庭用品批发	Wholesale of Textiles, Garments and Household Articles	118
纺织品、针织品及原料批发	Wholesale of Textiles, Knitwear and Raw Materials	15
服装批发	Wholesale of Garments	12
鞋帽批发	Wholesale of Shoes and Hats	2
化妆品及卫生用品批发	Wholesale of Cosmetics and Sanitary Articles	16
厨具卫具及日用杂品批发	Wholesale of Kitchenware, sanitary ware and daily necessities	13
灯具、装饰物品批发	Wholesale of Light Fittings and Decorative Articles	5
家用视听设备批发	Wholesale of Household Audio-visual Equipments	5
日用家电批发	Wholesale of Household Electrical Appliances	35
其他家庭用品批发	Wholesale of Other Household Articles	15
文化、体育用品及器材批发	Wholesale of Cultural and Sports Articles and Equipment	48
文具用品批发	Wholesale of Cultural Articles	10
体育用品及器材批发	Wholesale of Sports Articles	3
图书批发	Wholesale of Books	6
报刊批发	Wholesale of Newspapers	
音像制品、电子和数字出版物批发	Wholesale of Audiovisual Products, Electronic and Digital Publications	
首饰、工艺品及收藏品批发	Wholesale of Jewelry, Handicrafts and Collections	26
乐器批发	Wholesale of Musical Instruments	
其他文化用品批发	Wholesale of Other Cultural Goods	3

Financial Indicators of Wholesale Enterprises above Designated Size (2023)

(10 000 yuan)

一、年初存货 Inventory at the Beginning of Year	二、期末资产负债 Assets and Liabilities					
	流动资产合计 Total Current Assets	应收账款 Accounts Receivable	存货 Inventory	固定资产原价 Total Original Value of Fixed Assets	房屋和构筑物 Buildings and Structures	机器设备 Machinery and Equipments
6521270.6	**57173260.4**	**17724764.0**	**6767202.9**	**4295566.4**	**1542309.0**	**1559320.5**
148793.5	608447.1	110785.7	185381.7	281526.0	83184.5	138080.0
51981.8	135750.9	25641.5	63593.7	138269.2	77520.6	15909.4
1735.8	12771.8	5758.2	3943.7	3351.4	3023.1	288.2
3598.9	42825.8	15614.4	6482.1	834.2		106.8
17520.3	52424.4	4878.7	8183.2	3175.3		115.0
6719.6	122869.2	33928.0	9297.8	1153.9	632.5	137.6
44004.3	86909.0	4445.1	54548.5	9580.7	531.4	
186.9	2473.2	423.2	387.9	103.5		44
23045.9	152422.8	20096.6	38944.8	125057.8	1476.9	121479.0
694451.8	5080244.9	1287236.5	712662.2	1105797.2	644794.8	184749.7
147689.5	714053.6	164412.3	113345.4	290269.8	178176.3	28393.5
27667.8	73158.1	9832.8	23003.9	11013.6	7267.7	1517.8
30860.2	1085092.7	838343.7	20036.3	28597.0	14687.1	5995.8
47484.5	353452.3	76412.0	63120.9	97030.3	25033.7	8155.0
15921.3	244373.2	18519.7	15534.6	29917.2	21605.1	2415.9
5014.3	31350.5	15098.9	5304.5	2661.1	244.7	2381.9
48196.0	311627.1	40512.0	56865.5	41498.5	7586.9	7300.0
312963.9	1874267.2	63829.4	352321.5	503979.6	307256.3	120859.7
58654.3	392870.2	60275.7	63129.6	100830.1	82937.0	7730.1
384958.9	2178095.3	994125.8	368948.3	41094.9	24881.2	5717.3
10133.5	71240.8	14364.9	16430.0	6753.3	5088.1	1442.0
188987.7	1451305.0	845918.5	154679.3	7514.4	6758.9	531.5
1138.3	6413.4	3960.8	1099.3	385.5	213.9	171.6
31436.8	131618.1	23104.6	37363.5	11019.3	7881.2	1358.1
26068.3	41649.3	4222.2	31260.4	6184.6	3267.2	1378.4
35270.5	66574.1	14015.1	40733.6	2126.2	20	107.1
10640.6	22725.6	3777.5	12902.4	483.8		5.7
24319.5	169273.3	54014.6	21256.2	5524.8	1537.3	552.1
56963.7	217295.7	30747.6	53223.6	1103.0	114.6	170.8
369198.0	1383224.6	344072.0	418019.7	28230.5	5716.2	8144.3
7077.0	399248.1	214916.6	7328.2	2627.9	563.1	1842.5
126.1	11193.7	8180.0	17.4	94.3		83.2
18876.2	47599.1	11928.3	21900.9	2427.9	1799.1	153.0
342035.1	921443.9	107843.4	387837.3	22136.8	2612.0	5991.5
1083.6	3739.8	1203.7	935.9	943.6	742.0	74.1

15-6 续表 1

单位：万元

指 标	Item	法人企业数(个) Number of Enterprises (unit)
医药及医疗器材批发	Wholesale of Medicines and Medical Appliances	481
西药批发	Wholesale of Western Medicines	275
中药批发	Wholesale of Traditional Chinese Medicines	34
动物用药品批发	Wholesale of Animal Drugs	5
医疗用品及器材批发	Wholesale of Medical Articles and Appliances	167
矿产品、建材及化工产品批发	Wholesale of Mineral Products, Building Materials and Chemical Products	1872
煤炭及制品批发	Wholesale of Coal and Related Products	165
石油及制品批发	Wholesale of Petroleum and Related Products	130
非金属矿及制品批发	Wholesale of Nonmetal Mineral and Related Products	18
金属及金属矿批发	Wholesale of Metal and Metal Mineral	645
建材批发	Wholesale of Building Materials	568
化肥批发	Wholesale of Fertilizers	62
农药批发	Wholesale of Pesticides	7
农用薄膜批发	Wholesale of Films for Agriculture	1
其他化工产品批发	Wholesale of Other Chemical Products	276
机械设备、五金产品及电子产品批发	Wholesale of Machinery, Hardware and Electronic Products	478
农业机械批发	Wholesale of Agricultural Machinery	6
汽车及零配件批发	Wholesale of Automobile Fittings	134
摩托车及零配件批发	Wholesale of Motorcycle and Fittings	74
五金产品批发	Wholesale of Hardware	41
电气设备批发	Wholesale of Electric Equipment	26
计算机、软件及辅助设备批发	Wholesale of Computers, Software and Assistant Equipment	30
通讯设备批发	Wholesale of Communication Equipment	60
广播影视设备批发	Wholesale of Broadcast and TV Equipment	5
其他机械设备及电子产品批发	Wholesale of Other Machinery and Electronic Products	102
贸易经纪与代理	Trade Broker and Agency	10
贸易代理	Trade Agency	10
一般物品拍卖	Auction of General Items	
艺术品、收藏品拍卖	Auction of Artworks and Collectibles	
艺术品代理	Art Agency	
其他贸易经纪与代理	Other Trade Broker and Agency	
其他批发业	Other Wholesales	126
再生物资回收与批发	Wholesale of Recycled Materials	86
宠物食品用品批发	Pet Food and Supplies Wholesale	2
互联网批发	Wholesale of Internet Device	14
其他未列明的批发	Other Wholesale not Classified Elsewhere	24
按登记注册类型分	**By Status of Registration**	
国有独资公司	Wholly State-owned Companies	19
私营有限责任公司	Private Limited Liability Companies	3367

continued

(10 000 yuan)

一、年初存货 Inventory at the Beginning of Year	二、期末资产负债 Assets and Liabilities					
	流动资产合计 Total Current Assets	应收账款 Accounts Receivable	存货 Inventory	固定资产原价 Total Original Value of Fixed Assets	房屋和构筑物 Buildings and Structures	机器设备 Machinery and Equipments
1639139.3	11163693.5	5098195.0	1786877.9	378462.7	174929.0	109079.0
1428372.4	9734794.8	4366900.0	1592539.4	238697.3	115305.4	59335.6
58127.5	252361.4	118079.6	53528.5	46795.4	34601.5	9647.7
2990.1	32849.4	5325.8	2035.0	5375.9	203.8	2.9
149649.3	1143687.9	607889.6	138775.0	87594.1	24818.3	40092.8
1658745.8	19475949.1	5447367.8	1567813.8	1718825.6	460797.4	714705.8
85934.1	1385881.4	434139.9	81225.9	111548.0	26139.6	34202.4
223860.9	1212804.2	196698.2	303641.7	751089.7	94708.5	539233.0
10841.4	102901.1	52507.6	7456.4	10800.6	8319.7	2095.6
567281.7	9192770.6	1705125.0	543422.7	480447.8	244988.3	60707.3
245725.1	3894549.9	2094607.0	231455.8	218741.0	47933.2	53467.7
340106.7	1213203.6	137696.5	228568.3	39695.5	14145.3	4382.7
3201.4	8308.8	3262.0	3731.4	3162.6	120.0	39.1
11.4	361.8	26.5	11.8	50.0		
181783.1	2465167.7	823305.1	168299.8	103290.4	24442.8	20578.0
1541284.6	16100773.4	4251777.2	1653357.1	608971.9	112559.6	323746.2
263.1	8500.3	2873.3	415.5	429.8	206.5	157.1
459897.7	7994773.4	1305850.7	581271.6	355181.8	23937.6	281038.1
34093.5	1170054.9	257081.0	41080.8	22649.9	4832.4	14005.1
16237.9	178196.7	120121.7	15923.5	21860.9	8388.0	4828.8
14009.2	104964.3	31985.4	22698.5	53581.0	45259.0	4790.9
568954.8	2382747.9	779528.3	444816.2	8099.1	5100.0	1857.2
272629.0	1625040.3	393226.9	266015.2	3298.9	646.4	1137.3
7281.0	17707.8	3809.2	7261.5	2838.8	921.1	1341.2
167918.4	2618787.8	1357300.7	273874.3	141031.7	23268.6	14590.5
8460.0	317745.0	50186.2	8948.1	782.0		278.8
8460.0	317745.0	50186.2	8948.1	782.0		278.8
76238.7	865087.5	141017.8	65194.1	131875.6	35446.3	74819.4
37794.4	308302.1	80495.4	37244.3	108544.2	28254.5	68301.3
10665.7	35013.2	5616.8	4241.5	2648.9		12.1
15102.1	417971.4	13814.0	7973.0	783.5		371.3
12676.5	103800.8	41091.6	15735.3	19899.0	7191.8	6134.7
81055.6	456776.1	183222.9	75058.3	70378.9	51512.0	11262.5
2627249.7	23868536.5	8282593.2	2800711.9	1745897.6	609167.3	601718.6

15-6 续表 2

单位：万元

指　　标	Item	法人企业数(个) Number of Enterprises (unit)
其他有限责任公司	Other Limited Liability Companies	340
私营股份有限公司	Private Share Holding Limited Companies	36
其他股份有限公司	Other Share Holding Limited Liability Companies	18
全民所有制企业(国有企业)	Wholly People Owned Enterprises (State-owned Enterprises)	38
集体所有制企业(集体企业)	Collective Owned Enterprises (Collective Enterprises)	3
股份合作企业	Cooperative Stock Enterprises	3
联营企业	Joint Venture Enterprises	
个人独资企业	Sole Proprietorship Enterprises	16
合伙企业	Partnership Enterprises	
其他内资企业	Other Domestic-funded Enterprises	
港澳台投资有限责任公司	Limited Liability Companies Funded by Hong Kong, Macao and Taiwan	15
港澳台投资股份有限公司	Limited Liability Companies by Shares Funded by Hong Kong, Macao and Taiwan	
港澳台投资合伙企业	Partnership Enterprises Funded by Hong Kong, Macao and Taiwan	
其他港澳台投资企业	Other Enterprises Funded by Hong Kong, Macao and Taiwan	
外商投资有限责任公司	Foreign-funded Limited Liability Companies	14
外商投资股份有限公司	Foreign-funded Limited Liability Companies by Shares	2
外商投资合伙企业	Foreign-funded Partnership Enterprises	
其他外商投资企业	Other Foreign-funded Enterprises	
农民专业合作社(联合社)	Farmers' Professional Cooperative (Union)	2
个体工商户	Individual Business	
其他市场主体	Other Market Entities	
按单位规模分	**By Size of Enterprise**	
大　型	Large	59
中　型	Medium	901
小　型	Small	2023
微　型	Micro	890
按控股情况分	**By Holding Entity of Share**	
国有控股	State-holding	336
集体控股	Collective-holding	17
私人控股	Private-holding	3490
港澳台商控股	Held by Corporation from Hong Kong, Macao and Taiwan	19
外商控股	Foreign-holding	11
其　他	Other	
按经营形式分	**By Form of Business**	
独立门店	Independent Store	2591
连锁总店(总部)	Central Shop of Chain Store (Headquarter)	13
连锁直营店	Direct-sale of Chain Store	9
连锁加盟店	Franchise Shop of Chain Store	6
其　他	Other	1254

continued

(10 000 yuan)

一、年初存货 Inventory at the Beginning of Year	二、期末资产负债 Assets and Liabilities					
	流动资产合计 Total Current Assets	应收账款 Accounts Receivable	存货 Inventory	固定资产原价 Total Original Value of Fixed Assets	房屋和构筑物 Buildings and Structures	机器设备 Machinery and Equipments
1495607.1	15946404.2	4476823.3	1480800.7	1127638.3	418143.0	257154.4
861673.6	6240012.2	3588821.6	924515.1	55243.2	37273.5	10097.6
248705.9	2815337.6	367081.9	170527.9	184782.8	69164.1	38127.3
313238.1	1882161.5	71224.0	352736.5	498721.0	302868.0	120668.0
681.4	4330.4	2144.2	1102.6	324.9		324.9
24946.9	91004.9	33585.0	21542.1	17558.9	13496.7	72.1
749.7	8558.2	2407.7	481.8	4109.4	1722.3	574.0
590538.1	1746550.2	362704.6	580804.4	94061.0	28344.3	54226.5
211511.4	3854393.6	351137.7	230642.8	15049.0	6326.3	5213.5
65312.5	258980.3	2999.4	128278.8	481552.7	4086.4	459837.5
0.6	214.7	18.5		248.7	205.1	43.6
1990939.5	14363154.3	5258198.4	2117742.9	1404435.7	399478.8	883725.6
3279708.0	22025413.9	6082824.9	3123015.3	1908241.1	857492.4	378523.9
966733.9	11550633.5	4680235.6	1162153.8	606216.2	225833.5	158713.9
283889.2	9234058.7	1703505.1	364290.9	376673.4	59504.3	138357.1
1770382.4	17868445.6	4320705.1	1832232.4	2317275.9	831773.0	899602.9
227863.3	669084.7	96412.5	207539.9	24660.8	6532.0	347.5
3728665.1	32972703.2	12577161.3	3917130.8	1825206.9	666758.6	599585.4
645419.3	4652862.3	467186.9	715195.2	93700.5	27930.7	54169.6
148940.5	1010164.6	263298.2	95104.6	34722.3	9314.7	5615.1
2756598.5	24111278.6	6492154.4	2820315.5	2346062.1	747845.7	753225.4
301544.1	1851577.3	97140.8	380256.0	759455.8	194019.8	564192.8
23714.4	-120097.9	14606.9	27222.5	16576.9	3314.1	1450.4
44532.6	108464.5	11138.2	54569.0	5188.5		3785.4
3394881	31222037.9	11109723.7	3484839.9	1168283.1	597129.4	236666.5

15-6 续表 3

单位：万元

指　　标	Item	二、期末资产负债	
		累计折旧 Cumulative Depreciation	本年折旧 Depreciation
总　计	**Total**	**1786498.5**	**253773.7**
按行业小类分	**By Wholesale Sector**		
农、林、牧产品批发	Wholesale of Farm, Forestry and Animal Husbandry Products	44437.9	8407.9
谷物、豆及薯类批发	Wholesale of Cereal, Bean and Tubers	32545.1	4051.8
种子批发	Wholesale of Seeds	3070.2	2372.8
畜牧渔业饲料批发	Wholesale of Feedstuff	516.4	303.1
棉、麻批发	Wholesale of Cotton and Fiber Crops	1117.7	155.8
林业产品批发	Wholesale of Forestry Products	499.6	75.3
牲畜批发	Wholesale of Livestock	2159.6	862.7
渔业产品批发	Wholesale of fishery products	36.7	12.5
其他农牧产品批发	Wholesale of Other Farm Products and Livestock Products	4492.6	573.9
食品、饮料及烟草制品批发	Wholesale of Food, Beverages and Tobacco	468283.5	50630.0
米、面制品及食用油批发	Wholesale of Rice, Flour and Edible Oil	64386.5	8652.4
糕点、糖果及糖批发	Wholesale of Cake, Candy and Sugar	4779.9	428.2
果品、蔬菜批发	Wholesale of Fruits and Vegetables	8817.4	2914.6
肉、禽、蛋、奶及水产品批发	Wholesale of Meat, Poultry, Eggs and Aquatic Products	21750.7	4777.0
盐及调味品批发	Wholesale of Salts and Condiments	18078.8	1575.4
营养和保健品批发	Wholesale of Nutraceutical Products	2085.7	125.9
酒、饮料及茶叶批发	Wholesale of Liquor, Beverages and Tea	16298.3	3487.4
烟草制品批发	Wholesale of Tobacco	300998.0	24471.8
其他食品批发	Wholesale of other Food	31088.2	4197.3
纺织、服装及家庭用品批发	Wholesale of Textiles, Garments and Household Articles	17952.9	2333.3
纺织品、针织品及原料批发	Wholesale of Textiles, Knitwear and Raw Materials	3644.3	328.5
服装批发	Wholesale of Garments	756.8	220.5
鞋帽批发	Wholesale of Shoes and Hats	176.1	1.0
化妆品及卫生用品批发	Wholesale of Cosmetics and Sanitary Articles	4860.7	654.1
厨具卫具及日用杂品批发	Wholesale of Kitchenware, sanitary ware and daily necessities	3042.0	224.8
灯具、装饰物品批发	Wholesale of Light Fittings and Decorative Articles	1144.2	184.2
家用视听设备批发	Wholesale of Household Audio-visual Equipments	405.0	35.9
日用家电批发	Wholesale of Household Electrical Appliances	3181.3	523.6
其他家庭用品批发	Wholesale of Other Household Articles	742.5	160.7
文化、体育用品及器材批发	Wholesale of Cultural and Sports Articles and Equipment	16278.3	3337.9
文具用品批发	Wholesale of Cultural Articles	1180.7	251.4
体育用品及器材批发	Wholesale of Sports Articles	61.0	17.5
图书批发	Wholesale of Books	492.2	122.3
报刊批发	Wholesale of Newspapers		
音像制品、电子和数字出版物批发	Wholesale of Audiovisual Products, Electronic and Digital Publications		
首饰、工艺品及收藏品批发	Wholesale of Jewelry, Handicrafts and Collections	14048.9	2911.7
乐器批发	Wholesale of Musical Instruments		
其他文化用品批发	Wholesale of Other Cultural Goods	495.5	35.0

continued

(10 000 yuan)

Assets and Liabilities						
固定资产净额 Net Value of Fixed Assets	在建工程 Construction in Progress	无形资产 Intangible Assets	土地使用权 Land Use Rights	资产总计 Total Assets	流动负债合计 Total Current Liabilities	应付账款 Accounts Payable
2012145.1	**691977.7**	**1247839.6**	**538971.1**	**69206154.5**	**43714203.5**	**16335603.3**
212987.1	7957.8	283009.3	23689.4	1237093.0	460176.8	82473.5
91269.2	7327.7	29415.3	23689.4	299872.3	129127.6	24267.9
18.6				13859.6	8003.4	304.3
171.3				44246.0	31236.1	13082.4
1937.7	105.4			97017.0	55570.5	1713.2
551.0		0.3		125229.5	83808.4	19993.9
46.7		4.1		100556.5	38379.1	11723.5
23.5				2540.1	2331.6	1109.8
118969.1	524.7	253589.6		553772.0	111720.1	10278.5
552050.3	50686.9	159407.8	114743.0	6700696.7	2175492.3	505688.4
219427.5	12931.5	82131.2	63970.3	1308180.4	457933.5	62861.6
4927.3		1118.3	1112.7	83622.0	59184.9	8885.4
15640.3	477.1	1626.5	86.0	1157756.2	184878.8	71119.3
31092.1	35.6	15205.3	650.0	469767.1	231378.6	68232.3
11140.1	26.5	3774.2	1597.2	403630.0	135558.9	11991.2
543.6		190.0		33508.5	20097.3	5316.2
17290.1	9.9	1247.9		352740.1	205551.0	45061.0
183626.2	36651.3	36805.8	30780.5	2367957.2	594969.5	83900.8
68363.1	555.0	17308.6	16546.3	523535.2	285939.8	148320.6
18654.7	130.2	702.9	218.4	2294685.9	1818435.7	1277436.9
1664.9		273.2	214.3	128096.8	113316.3	12346.7
6493.1		4.1	4.1	1476657.0	1262403.3	1163339.8
201.1				6622.8	5370.3	3315.3
6044.2	130.2	406.8		145921.1	60827.5	19410.8
2021.4		17.3		44238.0	34955.7	21728.9
367.8				69586.9	26722.5	12066.4
1.7				24998.7	16867.3	399.9
1756.7				179378.2	141112.0	41591.9
103.8		1.5		219186.4	156860.8	3237.2
4514.8	317.8	4973.6	4197.8	1484182.6	890715.7	387840.6
1194.2	317.8	4592.5	4044.8	472471.1	355276.2	269466.8
				11405.0	9097.9	3459.9
3.7		70.5		50832.7	58653.6	49988.8
2868.9		214.2	152.0	945072.3	465053.2	63559.3
448.0		96.4	1.0	4401.5	2634.8	1365.8

15-6 续表 4

单位：万元

指标	Item	二、期末资产负债	
		累计折旧 Cumulative Depreciation	本年折旧 Depreciation
医药及医疗器材批发	Wholesale of Medicines and Medical Appliances	159816.1	25937.4
西药批发	Wholesale of Western Medicines	99085.7	14975.5
中药批发	Wholesale of Traditional Chinese Medicines	10525.4	1961.4
动物用药品批发	Wholesale of Animal Drugs	3397.8	322.7
医疗用品及器材批发	Wholesale of Medical Articles and Appliances	46807.2	8677.8
矿产品、建材及化工产品批发	Wholesale of Mineral Products, Building Materials and Chemical Products	763795.1	116188.1
煤炭及制品批发	Wholesale of Coal and Related Products	53760.6	8506.8
石油及制品批发	Wholesale of Petroleum and Related Products	309548.1	40869.7
非金属矿及制品批发	Wholesale of Nonmetal Mineral and Related Products	4104.3	526.0
金属及金属矿批发	Wholesale of Metal and Metal Mineral	277389.8	42310.6
建材批发	Wholesale of Building Materials	58766.8	15340.5
化肥批发	Wholesale of Fertilizers	13241.1	1555.2
农药批发	Wholesale of Pesticides	1770.9	442.1
农用薄膜批发	Wholesale of Films for Agriculture	7.0	0.8
其他化工产品批发	Wholesale of Other Chemical Products	45206.5	6636.4
机械设备、五金产品及电子产品批发	Wholesale of Machinery, Hardware and Electronic Products	273765.7	38321.5
农业机械批发	Wholesale of Agricultural Machinery	371.7	19.3
汽车及零配件批发	Wholesale of Automobile Fittings	181488.7	20901.6
摩托车及零配件批发	Wholesale of Motorcycle and Fittings	5450.8	1021.2
五金产品批发	Wholesale of Hardware	11338.7	1503.8
电气设备批发	Wholesale of Electric Equipment	22415.7	3071.1
计算机、软件及辅助设备批发	Wholesale of Computers, Software and Assistant Equipment	3127.3	496.1
通讯设备批发	Wholesale of Communication Equipment	2012.7	347.3
广播影视设备批发	Wholesale of Broadcast and TV Equipment	1414.9	244.8
其他机械设备及电子产品批发	Wholesale of Other Machinery and Electronic Products	46145.2	10716.3
贸易经纪与代理	Trade Broker and Agency	536.2	86.6
贸易代理	Trade Agency	536.2	86.6
一般物品拍卖	Auction of General Items		
艺术品、收藏品拍卖	Auction of Artworks and Collectibles		
艺术品代理	Art Agency		
其他贸易经纪与代理	Other Trade Broker and Agency		
其他批发业	Other Wholesales	41632.8	8531.0
再生物资回收与批发	Wholesale of Recycled Materials	31598.0	7177.4
宠物食品用品批发	Pet Food and Supplies Wholesale	1984.4	1.2
互联网批发	Wholesale of Internet Device	438.4	111.9
其他未列明的批发	Other Wholesale not Classified Elsewhere	7612.0	1240.5
按登记注册类型分	**By Status of Registration**		
国有独资公司	Wholly State-owned Companies	19440.9	4586.7
私营有限责任公司	Private Limited Liability Companies	777401.2	139458.6

continued

(10 000 yuan)

Assets and Liabilities						
固定资产净额 Net Value of Fixed Assets	在建工程 Construction in Progress	无形资产 Intangible Assets	土地使用权 Land Use Rights	资产总计 Total Assets	流动负债合计 Total Current Liabilities	应付账款 Accounts Payable
170237.3	9724.3	28126.5	18160.9	13073901.0	7143743.1	2958362.1
104284.4	9364.4	20635.2	13907.8	11498517.9	6208000.8	2530050.1
35991.2	275.4	4567.4	4185.7	300078.5	187465.8	76909.4
1772.6		150.1	67.4	55819.3	32250.7	4200.3
28189.1	84.5	2773.8		1219485.3	716025.8	347202.3
679173.8	576138.3	500815.0	328903.6	24570553.8	14933365.3	3153130.1
20178.1	3161.2	15656.7	13454.0	1692577.4	1011033.3	215878.8
417834.4	68247.3	375147.8	277521.2	2282376.1	1062956.0	103700.1
3728.0	42.2	1447.5		121034.8	90724.4	43086.1
140265.9	410620.3	73425	23975	10903577.2	7110111.7	977552.2
57913.2	68481.9	23042.1	3412.3	5280466.9	2700189.1	626472.8
18406.5	14082.5	6211.8	6118.9	1408610.9	988230.3	221373.8
369.3				12400.2	5174.6	1890.3
				518.3		
20478.4	11502.9	5884.1	4422.2	2868992.0	1964945.9	963176.0
297586.5	41484.7	264273.5	47510.7	18386041.1	15247606.7	7838872.4
30.7		1.0		10615.9	6804.1	4569.7
156310.8	10179.3	224794.6	24656.2	9096024.7	8266654.6	4303930.2
14867.3	1205.5	913.2		1774720.7	1277752.5	600390.0
6098.7	19.8	727.1	59.5	217000.6	154747.4	99320.0
30535.1	122.3	4757.6	4515.8	148791.8	117033.7	35306.0
4629.4	28780.8	24015.6	17938.0	2628859.5	1957749.3	935039.4
807.9	198.4	8412.2		1695510.6	1196458.9	583005.6
155.2				22368.2	17283.8	2104.8
84151.4	978.6	652.2	341.2	2792149.1	2253122.4	1275206.7
244.4		73.8		322893.4	252143.5	17584.7
244.4		73.8		322893.4	252143.5	17584.7
76696.2	5537.7	6457.2	1547.3	1136107.0	792524.4	114214.6
66550.2	4787.2	914.2	212.1	520482.2	300240.0	30195.9
664.5	500.0	4030.8		56318.1	55315.5	11982.8
99.0				421231.5	377654.3	43364.0
9382.5	250.5	1512.2	1335.2	138075.2	59314.6	28671.9
48187.2	6038.3	18046.3	16547.4	615308.9	368666.6	62046.5
670310.4	33200.9	187868.2	90950.0	27113369.1	20203592.6	7832552.5

15-6 续表 5

单位：万元

指　　标	Item	二、期末资产负债 累计折旧 Cumulative Depreciation	本年折旧 Depreciation
其他有限责任公司	Other Limited Liability Companies	351123.6	39839.9
私营股份有限公司	Private Share Holding Limited Companies	18900.3	3653.0
其他股份有限公司	Other Share Holding Limited Liability Companies	59862.9	9183.5
全民所有制企业(国有企业)	Wholly People Owned Enterprises (State-owned Enterprises)	298435.4	24275.2
集体所有制企业(集体企业)	Collective Owned Enterprises (Collective Enterprises)	258.9	31.9
股份合作企业	Cooperative Stock Enterprises	8847.5	828.0
联营企业	Joint Venture Enterprises		
个人独资企业	Sole Proprietorship Enterprises	1124.6	205.2
合伙企业	Partnership Enterprises		
其他内资企业	Other Domestic-funded Enterprises		
港澳台投资有限责任公司	Limited Liability Companies Funded by Hong Kong, Macao and Taiwan	30642.3	6222.8
港澳台投资股份有限公司	Limited Liability Companies by Shares Funded by Hong Kong, Macao and Taiwan		
港澳台投资合伙企业	Partnership Enterprises Funded by Hong Kong, Macao and Taiwan		
其他港澳台投资企业	Other Enterprises Funded by Hong Kong, Macao and Taiwan		
外商投资有限责任公司	Foreign-funded Limited Liability Companies	9188.0	1262.8
外商投资股份有限公司	Foreign-funded Limited Liability Companies by Shares	211174.4	24220.7
外商投资合伙企业	Foreign-funded Partnership Enterprises		
其他外商投资企业	Other Foreign-funded Enterprises		
农民专业合作社(联合社)	Farmers' Professional Cooperative (Union)	98.5	5.4
个体工商户	Individual Business		
其他市场主体	Other Market Entities		
按单位规模分	**By Size of Enterprise**		
大　型	Large	702873.4	85670.0
中　型	Medium	737721.6	109821.2
小　型	Small	235604.3	46101.5
微　型	Micro	110299.2	12181.0
按控股情况分	**By Holding Entity of Share**		
国有控股	State-holding	937824.4	100793.6
集体控股	Collective-holding	7455.3	788.2
私人控股	Private-holding	794428.5	143865.6
港澳台商控股	Held by Corporation from Hong Kong, Macao and Taiwan	30673.2	6307.0
外商控股	Foreign-holding	16117.1	2019.3
其　他	Other		
按经营形式分	**By Form of Business**		
独立门店	Independent Store	987069.4	147218.8
连锁总店(总部)	Central Shop of Chain Store (Headquarter)	379159.9	38580.5
连锁直营店	Direct-sale of Chain Store	7237.2	709.6
连锁加盟店	Franchise Shop of Chain Store	2351.4	1267.1
其　他	Other	410680.6	65997.7

continued

(10 000 yuan)

Assets and Liabilities						
固定资产净额 Net Value of Fixed Assets	在建工程 Construction in Progress	无形资产 Intangible Assets	土地使用权 Land Use Rights	资产总计 Total Assets	流动负债合计 Total Current Liabilities	应付账款 Accounts Payable
625108.1	513162.1	641332.2	126018.0	21181180.2	12293479.8	3158417.5
25857.3	7086.9	7223.9	5068.4	6784851.5	2680669.0	1586465.8
117784.9	1345.5	25174.7	14554.4	4043326.2	2343502.5	409432.4
180926.5	36637.5	36805.8	30780.5	2373142.2	598242.8	86069.0
1.9				4426.3	3006.4	2185.1
8534.3				100726.3	67037.0	2061.0
1943.3		30.0	30.0	11866.1	3764.2	829.2
59763.2	1653.4	1520.3	321.1	2012620.7	1243878.9	427717.8
3356.1	28738.5	18143.6	17938.0	3979420.6	3652795.3	2818911.5
270371.9	64114.6	311694.6	236763.3	985587.7	255535.7	-51085.0
				328.7	32.7	
657713.2	92374.1	593893.2	343551.6	18711388.3	10387548.6	4300927.7
900911.4	188076.2	266700.4	137703.6	27563140.6	17229515.9	5903019.9
230774.1	32806.1	326758.6	53292.2	13141461.3	7935324.7	2419471.9
222746.4	378721.3	60487.4	4423.7	9790164.3	8161814.3	3712183.8
1207781.9	606992.9	857253.9	427004.3	25032478.1	12512574.4	2371902.6
15900.7	6660.8	6192.5	6118.9	835232.5	578860.6	14259.8
712790.4	45365.2	330853.9	87588.8	37215716.2	25723248.4	10790082.2
59437.0	1653.4	1481.4	321.1	4918517.0	4132359.2	2793114.1
16235.1	31305.4	52057.9	17938.0	1204210.7	767160.9	366244.6
1011772.1	527631.6	618880.0	148835.4	29119109.1	19330286.4	7841659.6
376586.1	81295.9	302893.7	256269.2	3326596.6	914691.6	238897.3
9148.7		3137.7	375.9	-107120.3	27745.6	30446.7
2837.0		155.3	152.0	115385.8	67317.2	18948.0
611801.2	83050.2	322772.9	133338.6	36752183.3	23374162.7	8205651.7

15-6 续表 6

单位：万元

指　　标	Item	二、期末资产负债 负债合计 Total Liabilities
总　计	**Total**	**48484909.9**
按行业小类分	**By Wholesale Sector**	
农、林、牧产品批发	Wholesale of Farm, Forestry and Animal Husbandry Products	533025.9
谷物、豆及薯类批发	Wholesale of Cereal, Bean and Tubers	148863.2
种子批发	Wholesale of Seeds	8190.9
畜牧渔业饲料批发	Wholesale of Feedstuff	36991.9
棉、麻批发	Wholesale of Cotton and Fiber Crops	63240.2
林业产品批发	Wholesale of Forestry Products	84288.1
牲畜批发	Wholesale of Livestock	55988.1
渔业产品批发	Wholesale of fishery products	2331.6
其他农牧产品批发	Wholesale of Other Farm Products and Livestock Products	133131.9
食品、饮料及烟草制品批发	Wholesale of Food, Beverages and Tobacco	2804070.4
米、面制品及食用油批发	Wholesale of Rice, Flour and Edible Oil	611625.5
糕点、糖果及糖批发	Wholesale of Cake, Candy and Sugar	64829.9
果品、蔬菜批发	Wholesale of Fruits and Vegetables	522143.4
肉、禽、蛋、奶及水产品批发	Wholesale of Meat, Poultry, Eggs and Aquatic Products	293904.3
盐及调味品批发	Wholesale of Salts and Condiments	149748.1
营养和保健品批发	Wholesale of Nutraceutical Products	21117.6
酒、饮料及茶叶批发	Wholesale of Liquor, Beverages and Tea	226539.8
烟草制品批发	Wholesale of Tobacco	606413.3
其他食品批发	Wholesale of other Food	307748.5
纺织、服装及家庭用品批发	Wholesale of Textiles, Garments and Household Articles	1856921.3
纺织品、针织品及原料批发	Wholesale of Textiles, Knitwear and Raw Materials	117164.9
服装批发	Wholesale of Garments	1266328.4
鞋帽批发	Wholesale of Shoes and Hats	5370.3
化妆品及卫生用品批发	Wholesale of Cosmetics and Sanitary Articles	64803.1
厨具卫具及日用杂品批发	Wholesale of Kitchenware, sanitary ware and daily necessities	39764.7
灯具、装饰物品批发	Wholesale of Light Fittings and Decorative Articles	34023.4
家用视听设备批发	Wholesale of Household Audio-visual Equipments	20194.7
日用家电批发	Wholesale of Household Electrical Appliances	150301.4
其他家庭用品批发	Wholesale of Other Household Articles	158970.4
文化、体育用品及器材批发	Wholesale of Cultural and Sports Articles and Equipment	910147.7
文具用品批发	Wholesale of Cultural Articles	360052.0
体育用品及器材批发	Wholesale of Sports Articles	9097.9
图书批发	Wholesale of Books	63332.4
报刊批发	Wholesale of Newspapers	
音像制品、电子和数字出版物批发	Wholesale of Audiovisual Products, Electronic and Digital Publications	
首饰、工艺品及收藏品批发	Wholesale of Jewelry, Handicrafts and Collections	475024.3
乐器批发	Wholesale of Musical Instruments	
其他文化用品批发	Wholesale of Other Cultural Goods	2641.1

continued

(10 000 yuan)

Assets and Liabilities			三、损益及分配 Profits and Losses			
所有者权益合计 Total Owner's Equity	实收资本 Paid-up Capital	个人资本 Personal Capital	营业收入 Gross Sales	主营业务收入 Main Business Income	营业成本 Operating Cost	税金及附加 Taxes and Surcharges
21549144.7	**7285418.5**	**810181.2**	**155648749.9**	**154841243.4**	**143876691.3**	**1293290.7**
704067.1	143183.9	5771.8	1429466.4	1419850.3	1356320.1	2685.2
151009.1	27207.0	2025.0	332251.7	325546.0	310606.5	1027.2
5668.7	4000.0		21260.5	20932.0	15735.7	23.0
7254.1	3444.8	1303.6	310011.5	309676.9	298653.0	473.8
33776.8	10050.0	50	276967.1	276854.0	275331.1	254.2
40941.4	26600.5	1100.0	66980.0	66975.9	59357.7	189.5
44568.4	7932.0		89813.2	89813.2	84254.6	98.2
208.5	1880.0		4828.5	4828.5	4616.4	1.1
420640.1	62069.6	1293.2	327353.9	325223.8	307765.1	618.2
3896626.3	518023.0	74871.7	18139007.2	18024008.2	15020465.7	1072700.3
696554.9	63484.8	8524.2	2492629.0	2471255.8	2347028.0	2955.2
18792.1	13403.0	5769.3	244854.8	242155.4	216229.0	496.1
635612.8	31767.3	9549.3	2802579.6	2799855.2	2559579.9	2953.4
175862.8	59389.0	12038.3	1155561.5	1154269.0	1034412.2	1472.4
253881.9	193778.8	5340.0	320028.3	314298.8	263818.9	1601.8
12390.9	5495.1	250.0	105968.4	105530.5	96672.6	160.6
126200.3	38444.5	13001.4	961946.0	953116.8	772811.6	2804.3
1761543.9	49015.1		8289738.5	8243794.8	6117519.6	1056905.4
215786.7	63245.4	20399.2	1765701.1	1739731.9	1612393.9	3351.1
437764.6	162508.3	10724.1	6842165.9	6822373.1	6273393.2	11597.5
10931.9	118772.8	1008.0	382506.3	381385.4	379513.1	261.3
210328.6	3879.2	1755.0	5102076.3	5093221.2	4729203.2	8033.8
1252.5	500.0		21166.6	21032.4	19090.8	148.7
81118.0	13950.0	450.0	274890.5	270333.8	221819.5	1099.1
4473.3	4912.1	1211.1	54282.1	53850.8	43423.4	115.6
35563.5	1156.7		99552.2	98820.2	81151.3	176.2
4804.0	1642.7	1596.0	36590.8	36535.0	29634.6	57.1
29076.8	13324.5	4480.0	625408.1	622379.0	584853.7	879.0
60216.0	4370.3	224.0	245693.0	244815.3	184703.6	826.7
574034.9	98759.3	26778.3	2036085.0	2013646.2	1709445.7	11748.3
112419.1	27468.0	26168.0	788350.7	785660.9	727430.7	1221.6
2307.1	500.0		6135.3	5145.9	4224.7	0.7
-12499.7	6097.5		48103.2	47284.6	35636.2	51.9
470048.0	64080.1	100.0	1185906.9	1168716.6	935947.7	10459.9
1760.4	613.7	510.3	7588.9	6838.2	6206.4	14.2

15-6 续表 7

单位：万元

指标	Item	二、期末资产负债 负债合计 Total Liabilities
医药及医疗器材批发	Wholesale of Medicines and Medical Appliances	7816268.8
西药批发	Wholesale of Western Medicines	6834156.2
中药批发	Wholesale of Traditional Chinese Medicines	192666.7
动物用药品批发	Wholesale of Animal Drugs	32359.3
医疗用品及器材批发	Wholesale of Medical Articles and Appliances	757086.6
矿产品、建材及化工产品批发	Wholesale of Mineral Products, Building Materials and Chemical Products	17707075.9
煤炭及制品批发	Wholesale of Coal and Related Products	1204701.3
石油及制品批发	Wholesale of Petroleum and Related Products	2046772.7
非金属矿及制品批发	Wholesale of Nonmetal Mineral and Related Products	95371.4
金属及金属矿批发	Wholesale of Metal and Metal Mineral	7967812.4
建材批发	Wholesale of Building Materials	3233651.5
化肥批发	Wholesale of Fertilizers	1079121.7
农药批发	Wholesale of Pesticides	8123.2
农用薄膜批发	Wholesale of Films for Agriculture	41.7
其他化工产品批发	Wholesale of Other Chemical Products	2071480.0
机械设备、五金产品及电子产品批发	Wholesale of Machinery, Hardware and Electronic Products	15766997.9
农业机械批发	Wholesale of Agricultural Machinery	7667.9
汽车及零配件批发	Wholesale of Automobile Fittings	8449233.1
摩托车及零配件批发	Wholesale of Motorcycle and Fittings	1372098.9
五金产品批发	Wholesale of Hardware	165187.0
电气设备批发	Wholesale of Electric Equipment	123277.5
计算机、软件及辅助设备批发	Wholesale of Computers, Software and Assistant Equipment	2010266.5
通讯设备批发	Wholesale of Communication Equipment	1257747.3
广播影视设备批发	Wholesale of Broadcast and TV Equipment	19327.3
其他机械设备及电子产品批发	Wholesale of Other Machinery and Electronic Products	2362192.4
贸易经纪与代理	Trade Broker and Agency	269253.4
贸易代理	Trade Agency	269253.4
一般物品拍卖	Auction of General Items	
艺术品、收藏品拍卖	Auction of Artworks and Collectibles	
艺术品代理	Art Agency	
其他贸易经纪与代理	Other Trade Broker and Agency	
其他批发业	Other Wholesales	821148.6
再生物资回收与批发	Wholesale of Recycled Materials	312200.0
宠物食品用品批发	Pet Food and Supplies Wholesale	57686.0
互联网批发	Wholesale of Internet Device	377674.3
其他未列明的批发	Other Wholesale not Classified Elsewhere	73588.3
按登记注册类型分	**By Status of Registration**	
国有独资公司	Wholly State-owned Companies	382096.5
私营有限责任公司	Private Limited Liability Companies	21388570.6

continued

(10 000 yuan)

Assets and Liabilities			三、损益及分配 Profits and Losses			
所有者权益合计 Total Owner's Equity	实收资本 Paid-up Capital	个人资本 Personal Capital	营业收入 Gross Sales	主营业务收入 Main Business Income	营业成本 Operating Cost	税金及附加 Taxes and Surcharges
5257632.2	945400.0	99403.8	15532899.0	15481009.0	13208430.7	44080.8
4664361.7	725137.9	61071.4	13283590.1	13240902.1	11301458.4	38076.0
107411.8	58612.8	9954.9	452415.2	450419.9	410498.7	1023.8
23460.0	12883.1		41368.0	41091.8	35670.0	94.2
462398.7	148766.2	28377.5	1755525.7	1748595.2	1460803.6	4886.8
7691378.0	3605823.1	394612.0	68700401.0	68370681.4	66426693.4	73381.2
487876.1	439176.4	24584.8	5415657.3	5370460.7	5016256.3	7793.4
1063503.5	697799.9	42947.1	9131970.9	8987528.0	8838243.5	9283.9
25663.4	31573.2	500.0	172497.2	171885.1	158310.8	369.8
2935764.8	1437819.8	191840.4	36183492.4	36103417.4	35560068.8	28550.9
2046815.4	586673.0	86679.7	5723925.7	5686896.0	5256403.5	16536.2
329489.2	154509.4	1656.7	3356983.1	3343602.7	3265725.5	3357.3
4277.0	1142.8	660.0	128775.0	128760.0	104612.4	37.0
476.6			8334.2	8334.2	7847.6	1.4
797512.0	257128.6	45743.3	8578765.2	8569797.3	8219225.0	7451.3
2619043.2	1568998.0	130862.0	37821526.8	37566475.4	34943924.8	64385.5
2948.0	652.0	252.0	43322.1	43322.1	38730.0	414.0
646791.6	680135.1	25233.9	12461386.4	12338279.3	11207134.2	31313.2
402621.8	284266.6	6786.1	3394727.7	3386542.7	3027755.7	8954.6
51813.6	28331.4	17193.5	513143.2	508283.8	471625.0	623.3
25514.3	28162.5	2858.0	260324.6	257233.1	228808.6	719.0
618593.0	192122.0	3410.0	6160508.1	6156273.5	5875456.7	6196.5
437763.3	123896.0	54586.6	9182453.2	9089537.2	8511786.2	10261.8
3040.9	4652.0	1006.0	138726.2	132388.4	117309.8	228.4
429956.7	226780.4	19535.9	5666935.3	5654615.3	5465318.6	5674.7
53640.0	15110.0	5000.0	1175836.6	1175748.2	1104879.8	587.3
53640.0	15110.0	5000	1175836.6	1175748.2	1104879.8	587.3
314958.4	227612.9	62157.5	3971362.0	3967451.6	3833137.9	12124.6
208282.2	142255.7	24780.5	1843915.1	1842403.7	1778662.3	8457.0
-1367.9	5500.0		87304.9	87222.6	84384.1	59.0
43557.2	32910.1	5600.0	1733807.5	1733807.5	1695443.0	1180.0
64486.9	46947.1	31777.0	306334.5	304017.8	274648.5	2428.6
233212.4	58989.4		1770994.1	1766835.2	1648735.6	52207.3
5724798.5	2630687.7	756330.9	85917849.6	85509008.8	80550602.3	115930.2

15-6 续表 8

单位：万元

指　　标	Item	二、期末资产负债 负债合计 Total Liabilities
其他有限责任公司	Other Limited Liability Companies	14062902.2
私营股份有限公司	Private Share Holding Limited Companies	3022626.5
其他股份有限公司	Other Share Holding Limited Liability Companies	3670136.9
全民所有制企业(国有企业)	Wholly People Owned Enterprises (State-owned Enterprises)	610686.6
集体所有制企业(集体企业)	Collective Owned Enterprises (Collective Enterprises)	3006.4
股份合作企业	Cooperative Stock Enterprises	67037.0
联营企业	Joint Venture Enterprises	
个人独资企业	Sole Proprietorship Enterprises	4830.0
合伙企业	Partnership Enterprises	
其他内资企业	Other Domestic-funded Enterprises	
港澳台投资有限责任公司	Limited Liability Companies Funded by Hong Kong, Macao and Taiwan	1244890.5
港澳台投资股份有限公司	Limited Liability Companies by Shares Funded by Hong Kong, Macao and Taiwan	
港澳台投资合伙企业	Partnership Enterprises Funded by Hong Kong, Macao and Taiwan	
其他港澳台投资企业	Other Enterprises Funded by Hong Kong, Macao and Taiwan	
外商投资有限责任公司	Foreign-funded Limited Liability Companies	3747295.5
外商投资股份有限公司	Foreign-funded Limited Liability Companies by Shares	280798.5
外商投资合伙企业	Foreign-funded Partnership Enterprises	
其他外商投资企业	Other Foreign-funded Enterprises	
农民专业合作社(联合社)	Farmers' Professional Cooperative (Union)	32.7
个体工商户	Individual Business	
其他市场主体	Other Market Entities	
按单位规模分	**By Size of Enterprise**	
大　型	Large	11426954.1
中　型	Medium	19390432.7
小　型	Small	8783791.9
微　型	Micro	8883731.2
按控股情况分	**By Holding Entity of Share**	
国有控股	State-holding	15607936.2
集体控股	Collective-holding	653245.9
私人控股	Private-holding	27228850.6
港澳台商控股	Held by Corporation from Hong Kong, Macao and Taiwan	4180555.2
外商控股	Foreign-holding	814322.0
其　他	Other	
按经营形式分	**By Form of Business**	
独立门店	Independent Store	22197511.8
连锁总店(总部)	Central Shop of Chain Store (Headquarter)	975663.6
连锁直营店	Direct-sale of Chain Store	36149.3
连锁加盟店	Franchise Shop of Chain Store	71927.1
其　他	Other	25203658.1

continued

(10 000 yuan)

Assets and Liabilities			三、损益及分配 Profits and Losses			
所有者权益合计 Total Owner's Equity	实收资本 Paid-up Capital	个人资本 Personal Capital	营业收入 Gross Sales	主营业务收入 Main Business Income	营业成本 Operating Cost	税金及附加 Taxes and Surcharges
7118278.0	3221917.6	11294.9	35073167.4	34911573.1	33595262.6	60971.2
3762225.0	401153.1	36975.0	8656764.7	8648008.5	7132572.4	25914.4
1201089.4	112186.5		4133567.3	4044442.8	3962714.7	6451.8
1762455.6	50015.1		7926429.4	7880544.4	5831529.9	1006580.0
1419.9	179.0		18577.5	18577.5	16544.5	23.0
33689.3	5000.0	5000.0	551426.2	547817.4	527661.4	516.7
7036.1	3740.9	393.8	32505.7	32494.8	27863.6	131.5
767730.2	212685.4	186.6	3514416.8	3501794.1	3253332.4	11264.7
232125.1	83363.6		5432882.0	5425113.9	4857661.8	9135.2
704789.2	505500.2		2619732.2	2554595.9	2471812.9	4163.1
296.0			437.0	437.0	397.2	1.6
7284434.2	1741690.5	63417.0	34779671.1	34422897.3	31207071.9	154690.6
8854335.1	3272590.5	287088.3	64523100.0	64289854.1	58647529.6	1067718.7
4357669.4	1729747.6	394231.2	30973333.4	30858888.8	29266687.8	43856.1
1052706.0	541389.9	65444.7	25372645.4	25269603.2	24755402.0	27025.3
10252442.0	3471802.7	2030.9	43532146.9	43157018.2	39915145.1	1120216.0
181986.6	51759.0		1683269.7	1669909.4	1602311.6	2284.2
9986865.6	3439077.7	808100.3	101100358.4	100713385.2	93960253.9	149230.9
737961.8	213968.9	50.0	6238975.7	6220643.3	5580921.2	15678.9
389888.7	108810.2		3093999.2	3080287.3	2818059.5	5880.7
7335936.3	3003840.6	502586.8	69557550.4	69231885.2	64781059.0	362106.1
2618221.2	520152.1	2000.0	8227212.4	8131421.9	6747723.4	549494.4
3003.3	6224.4	900.0	173801.3	110272.6	152758.7	291.6
43458.7	1269.5	230.0	146446.7	145614.6	98209.3	746.0
11548525.2	3753931.9	304464.4	77543739.1	77222049.1	72096940.9	380652.6

15-6 续表 9

单位：万元

指　　标	Item	三、损益及分配 其他业务利润 Other Business Profits
总　计	**Total**	**180299.2**
按行业小类分	**By Wholesale Sector**	
农、林、牧产品批发	Wholesale of Farm, Forestry and Animal Husbandry Products	1307.6
谷物、豆及薯类批发	Wholesale of Cereal, Bean and Tubers	952.6
种子批发	Wholesale of Seeds	
畜牧渔业饲料批发	Wholesale of Feedstuff	313.7
棉、麻批发	Wholesale of Cotton and Fiber Crops	
林业产品批发	Wholesale of Forestry Products	
牲畜批发	Wholesale of Livestock	
渔业产品批发	Wholesale of fishery products	
其他农牧产品批发	Wholesale of Other Farm Products and Livestock Products	41.3
食品、饮料及烟草制品批发	Wholesale of Food, Beverages and Tobacco	26862.3
米、面制品及食用油批发	Wholesale of Rice, Flour and Edible Oil	3104.2
糕点、糖果及糖批发	Wholesale of Cake, Candy and Sugar	
果品、蔬菜批发	Wholesale of Fruits and Vegetables	1783.9
肉、禽、蛋、奶及水产品批发	Wholesale of Meat, Poultry, Eggs and Aquatic Products	78.5
盐及调味品批发	Wholesale of Salts and Condiments	2279.0
营养和保健品批发	Wholesale of Nutraceutical Products	66.5
酒、饮料及茶叶批发	Wholesale of Liquor, Beverages and Tea	159.9
烟草制品批发	Wholesale of Tobacco	-1792.1
其他食品批发	Wholesale of other Food	21182.4
纺织、服装及家庭用品批发	Wholesale of Textiles, Garments and Household Articles	2377.3
纺织品、针织品及原料批发	Wholesale of Textiles, Knitwear and Raw Materials	750.7
服装批发	Wholesale of Garments	
鞋帽批发	Wholesale of Shoes and Hats	
化妆品及卫生用品批发	Wholesale of Cosmetics and Sanitary Articles	679.8
厨具卫具及日用杂品批发	Wholesale of Kitchenware, sanitary ware and daily necessities	250.3
灯具、装饰物品批发	Wholesale of Light Fittings and Decorative Articles	260.9
家用视听设备批发	Wholesale of Household Audio-visual Equipments	43.8
日用家电批发	Wholesale of Household Electrical Appliances	184.4
其他家庭用品批发	Wholesale of Other Household Articles	207.4
文化、体育用品及器材批发	Wholesale of Cultural and Sports Articles and Equipment	887.5
文具用品批发	Wholesale of Cultural Articles	
体育用品及器材批发	Wholesale of Sports Articles	
图书批发	Wholesale of Books	289.4
报刊批发	Wholesale of Newspapers	
音像制品、电子和数字出版物批发	Wholesale of Audiovisual Products, Electronic and Digital Publications	
首饰、工艺品及收藏品批发	Wholesale of Jewelry, Handicrafts and Collections	32.5
乐器批发	Wholesale of Musical Instruments	
其他文化用品批发	Wholesale of Other Cultural Goods	565.6

continued

(10 000 yuan)

Profits and Losses						
销售费用 Sales Expenses	管理费用 Management Expenses	研发费用 R&D expenses	财务费用 Financial Expenses			投资收益 Income from Investment
				利息收入 Interest Income	利息费用 Interest expenses	
4186930.4	**1598686.9**	**71021.4**	**152352.8**	**266010.4**	**334786.8**	**122948.0**
22420.8	25141.1	17.3	6417.5	741.8	7352.8	867.9
7315.1	12507.6		902.2	1797.9	2281.1	-115.9
1221.3	1420.9	2.1	26.0	0.1	8.3	
4277.1	3177.5		226.6	15.6	144.6	-511.3
106.4	651.5		1029.3	-1067.3	1981.7	904.5
1679.2	1628.9	14.6	64.2	2.4	57.4	-9.9
2657.7	1611.5		1753.3	14.2	493.4	-193.1
33.8	194.3	0.2	4.9		1.3	
5130.2	3948.9	0.4	2411.0	-21.1	2385.0	793.6
598539.6	552285.3	3823.5	-33843.4	66596.5	18379.9	24171.7
51552.3	47557.5	209.6	153.6	8718.3	7282.9	412.3
17658.8	7865.1	0.5	509.3	232.1	513.0	34.8
25230.6	29359.3	80.2	11519.9	6199.2	1116.5	637.0
67163.4	27993.7	59.2	4379.0	196.2	2494.4	1401.7
34790.0	9675.8	122.5	-1022.9	-3777.5	3316.0	21952.8
4475.2	3092.0		375.2	-3.5	453.2	
113361.9	30200.3	303.1	2143.3	99.8	1312.2	-659.3
210727.1	375119.3	3041.5	-53988.1	54847.9	837.9	310.9
73580.3	21422.3	6.9	2087.3	84.0	1053.8	81.5
247853.5	73635.0	45.5	-2563.3	10533.5	5433.3	1882.1
1893.8	1842.8	45.5	643.3	3640.0	4077.9	1049.5
141560.9	45568.9		-5037.2	5329.6	-40.8	432.4
431.9	952.1		16.3	-22.5	5	
45468.1	7101.3		373.5	236.4	490.9	321.8
3549.2	3444.8		281.0	8.2	128.3	9.9
7874.9	2956.1		551.5	66	1.1	
2542.2	3750.0		36.4	50.7	75.8	
27052.3	5058.5		-361.9	1148.1	649.1	68.5
17480.2	2960.5		933.8	77.0	46.0	
112990.8	33417.5	878.4	1517.5	510.9	2502.6	8685.0
12410.1	8488.5	344.9	404.7	749.8	991.9	8700.2
1095.0	947.6	495.6	30.1	8	18.1	-16.9
9089.5	1954.9	37.9	51.7	137.3	150.8	
90040.0	21181.7		1032.0	-387.7	1339.6	1.7
356.2	844.8		-1.0	3.5	2.2	

15-6 续表 10

单位：万元

指　　标	Item	三、损益及分配 其他业务利润 Other Business Profits
医药及医疗器材批发	Wholesale of Medicines and Medical Appliances	20520.7
西药批发	Wholesale of Western Medicines	16866.6
中药批发	Wholesale of Traditional Chinese Medicines	865.2
动物用药品批发	Wholesale of Animal Drugs	
医疗用品及器材批发	Wholesale of Medical Articles and Appliances	2788.9
矿产品、建材及化工产品批发	Wholesale of Mineral Products, Building Materials and Chemical Products	20775.6
煤炭及制品批发	Wholesale of Coal and Related Products	2546.0
石油及制品批发	Wholesale of Petroleum and Related Products	5193.5
非金属矿及制品批发	Wholesale of Nonmetal Mineral and Related Products	630.4
金属及金属矿批发	Wholesale of Metal and Metal Mineral	2871.8
建材批发	Wholesale of Building Materials	1724.6
化肥批发	Wholesale of Fertilizers	7100.9
农药批发	Wholesale of Pesticides	
农用薄膜批发	Wholesale of Films for Agriculture	
其他化工产品批发	Wholesale of Other Chemical Products	708.4
机械设备、五金产品及电子产品批发	Wholesale of Machinery, Hardware and Electronic Products	106858.5
农业机械批发	Wholesale of Agricultural Machinery	38.8
汽车及零配件批发	Wholesale of Automobile Fittings	31296.5
摩托车及零配件批发	Wholesale of Motorcycle and Fittings	1335.6
五金产品批发	Wholesale of Hardware	4318.7
电气设备批发	Wholesale of Electric Equipment	1331.4
计算机、软件及辅助设备批发	Wholesale of Computers, Software and Assistant Equipment	-3659.7
通讯设备批发	Wholesale of Communication Equipment	72833.2
广播影视设备批发	Wholesale of Broadcast and TV Equipment	
其他机械设备及电子产品批发	Wholesale of Other Machinery and Electronic Products	-636.0
贸易经纪与代理	Trade Broker and Agency	
贸易代理	Trade Agency	
一般物品拍卖	Auction of General Items	
艺术品、收藏品拍卖	Auction of Artworks and Collectibles	
艺术品代理	Art Agency	
其他贸易经纪与代理	Other Trade Broker and Agency	
其他批发业	Other Wholesales	709.7
再生物资回收与批发	Wholesale of Recycled Materials	565.8
宠物食品用品批发	Pet Food and Supplies Wholesale	4.1
互联网批发	Wholesale of Internet Device	
其他未列明的批发	Other Wholesale not Classified Elsewhere	139.8
按登记注册类型分	**By Status of Registration**	
国有独资公司	Wholly State-owned Companies	1051.9
私营有限责任公司	Private Limited Liability Companies	152734.3

continued

(10 000 yuan)

Profits and Losses						
销售费用 Sales Expenses	管理费用 Management Expenses	研发费用 R&D expenses	财务费用 Financial Expenses			投资收益 Income from Investment
				利息收入 Interest Income	利息费用 Interest expenses	
622923.7	272151.5	9307	78993.8	62216.6	120366.3	70121.3
488331.6	174581.2	4118.4	67357.2	60574.8	109001.1	66663.4
18199.4	13903.9	957.3	2295.1	176.5	1947.6	
4116.2	1815.6		207.0	19.2	367.4	2769.8
112276.5	81850.8	4231.3	9134.5	1446.1	9050.2	688.1
674966.2	378988.9	3654.1	146130.7	65657.9	131189.3	-8321.8
116419.5	40692.5	43.6	5872.9	3447.3	6649.3	-521.6
157191.7	62973.3	248.1	9526.7	3112.9	8166.3	6506.3
4632.4	5510.2		618.0	93.8	872.2	282.8
133279.8	105225.6	1052.5	73681.3	30824.0	62065.9	-9309.8
134198.3	88363.8	706.2	36428.9	10409.1	28298.5	-6556
22958.0	14783.2	423.0	8900.6	16664.2	13159.2	-4689.3
2686.3	2072.8		62.2	-0.3	62.0	
24.9	55.4		1.0			
103575.3	59312.1	1180.7	11039.1	1106.9	11915.9	5965.8
1851466.7	225867.1	51483.8	-52764.9	56418.4	41444.9	24862.4
1596.9	1042.5	0.5	181.9	1.3	181.2	
1165373.2	85129.1	49817.0	-31668.2	33960.9	9592.7	7120.4
105297.1	15778.9	112.0	-12267.4	5831.0	5619.6	-5919.9
23257.4	9571.0	79.9	1606.6	16.8	817.3	-98.3
11542.2	7596.3	176.8	1083.7	21.5	625.7	36.9
183694.7	20177.2	445.9	5033.1	4324.7	10759.8	3619.6
283281.6	50460.0	674	-13608.1	630.0	2823.0	19628.3
13347.4	2598.2		313.9	2.3	162.0	891
64076.2	33513.9	177.7	-3440.4	11629.9	10863.6	-415.6
13498.9	4626.9		2693.3	53.7	1913.5	
13498.9	4626.9		2693.3	53.7	1913.5	
42270.2	32573.6	1811.8	5771.6	3281.1	6204.2	679.4
12346.6	15250.0	0.1	4862.6	885.0	5744.0	908.2
7223.2	1735.6	829.3	766.7	-3.9	66.7	
11831.6	4945.8		-1506.4	2197.3	222.5	23.8
10868.8	10642.2	982.4	1648.7	202.7	171.0	-252.6
15198.6	20132.2	249.7	2282.5	1048.8	3089.7	-346.4
2396554.7	843485.9	46980.3	64108.6	81447.7	114490.1	39226.0

15-6 续表 11

单位：万元

指　　标	Item	三、损益及分配 其他业务利润 Other Business Profits
其他有限责任公司	Other Limited Liability Companies	20665.7
私营股份有限公司	Private Share Holding Limited Companies	2417.4
其他股份有限公司	Other Share Holding Limited Liability Companies	566.9
全民所有制企业(国有企业)	Wholly People Owned Enterprises (State-owned Enterprises)	-1792.1
集体所有制企业(集体企业)	Collective Owned Enterprises (Collective Enterprises)	
股份合作企业	Cooperative Stock Enterprises	194.9
联营企业	Joint Venture Enterprises	
个人独资企业	Sole Proprietorship Enterprises	
合伙企业	Partnership Enterprises	
其他内资企业	Other Domestic-funded Enterprises	
港澳台投资有限责任公司	Limited Liability Companies Funded by Hong Kong, Macao and Taiwan	2078.2
港澳台投资股份有限公司	Limited Liability Companies by Shares Funded by Hong Kong, Macao and Taiwan	
港澳台投资合伙企业	Partnership Enterprises Funded by Hong Kong, Macao and Taiwan	
其他港澳台投资企业	Other Enterprises Funded by Hong Kong, Macao and Taiwan	
外商投资有限责任公司	Foreign-funded Limited Liability Companies	-831.3
外商投资股份有限公司	Foreign-funded Limited Liability Companies by Shares	3213.3
外商投资合伙企业	Foreign-funded Partnership Enterprises	
其他外商投资企业	Other Foreign-funded Enterprises	
农民专业合作社(联合社)	Farmers' Professional Cooperative (Union)	
个体工商户	Individual Business	
其他市场主体	Other Market Entities	
按单位规模分	**By Size of Enterprise**	
大　型	Large	124118.3
中　型	Medium	32056.2
小　型	Small	22995.9
微　型	Micro	1128.8
按控股情况分	**By Holding Entity of Share**	
国有控股	State-holding	15046.0
集体控股	Collective-holding	7121.3
私人控股	Private-holding	151238.2
港澳台商控股	Held by Corporation from Hong Kong, Macao and Taiwan	7085.7
外商控股	Foreign-holding	-192.0
其　他	Other	
按经营形式分	**By Form of Business**	
独立门店	Independent Store	93149.2
连锁总店(总部)	Central Shop of Chain Store (Headquarter)	415.9
连锁直营店	Direct-sale of Chain Store	271.0
连锁加盟店	Franchise Shop of Chain Store	5.9
其　他	Other	86457.2

continued

(10 000 yuan)

Profits and Losses						
销售费用 Sales Expenses	管理费用 Management Expenses	研发费用 R&D expenses	财务费用 Financial Expenses	利息收入 Interest Income	利息费用 Interest expenses	投资收益 Income from Investment
491024.7	206204.5	16517.8	89176.0	56850.9	110513.6	-16906.5
241797.2	45514.9	3188.6	16544.4	12149.1	11933.8	11424.0
43812.9	36459.1	805.4	30090.8	51675.6	79553.0	59731.9
208261.6	369320.5	2984.1	-53852.3	54866.0	989.8	310.9
1230.1	853.0		4.4	11.4	-3.0	
6155.8	1573.0	5.2	139.1	476.2	279.6	
712.3	738.6	18.7	121.9	0.6	18.5	-1.8
117061.4	22973.1	212.8	7365.9	4246.6	11438.1	20831.4
567586.9	19842.7	1.2	-3480.8	779.8	273.3	3391.7
97531.8	31564.9	57.6	-148.0	2457.7	2210.0	5286.8
2.4	24.5		0.3		0.3	
1367420.2	295601.4	52992.8	14217.5	108961.7	105102.6	91613.5
1723857.4	890195.1	13662.6	45632.4	115605.9	139271.1	17919.7
598722.9	343490.0	4237.8	67776.3	22084.9	67101.6	-4906.2
496929.9	69400.4	128.2	24726.6	19357.9	23311.5	18321.0
635972.9	623613.3	5835.5	71862.1	154344.9	185100.3	53133.6
21774.7	7290.0	3.4	10804.6	16761.8	8295.1	128.9
2827208.9	920168.9	64968.5	67696.2	89683.2	129919.8	45314.4
531607.4	25784.1	214.0	7179.9	4322.3	11315.0	20831.4
170366.5	21830.6		-5190.0	898.2	156.6	3539.7
2018307.9	693217.5	40490.8	66869.2	73508.2	104470.9	21076.9
232868.3	247007.5	2813.6	-62244.4	64608.3	3365.3	5455.6
13540.1	3102.0		293.8	242.7	426.4	
22067.2	3521.8		927.5	-92.8	997.6	
1900146.9	651838.1	27717	146506.7	127744	225526.6	96415.5

15-6 续表 12

单位：万元

指　　标	Item	三、损益及分配 营业利润 Business Profits
总　计	**Total**	**4546314.1**
按行业小类分	**By Wholesale Sector**	
农、林、牧产品批发	Wholesale of Farm, Forestry and Animal Husbandry Products	26931.9
谷物、豆及薯类批发	Wholesale of Cereal, Bean and Tubers	10114.8
种子批发	Wholesale of Seeds	2831.5
畜牧渔业饲料批发	Wholesale of Feedstuff	2699.9
棉、麻批发	Wholesale of Cotton and Fiber Crops	323.0
林业产品批发	Wholesale of Forestry Products	3891.5
牲畜批发	Wholesale of Livestock	-678.3
渔业产品批发	Wholesale of fishery products	-22.0
其他农牧产品批发	Wholesale of Other Farm Products and Livestock Products	7771.5
食品、饮料及烟草制品批发	Wholesale of Food, Beverages and Tobacco	952476.9
米、面制品及食用油批发	Wholesale of Rice, Flour and Edible Oil	42878.3
糕点、糖果及糖批发	Wholesale of Cake, Candy and Sugar	2291.0
果品、蔬菜批发	Wholesale of Fruits and Vegetables	176067.0
肉、禽、蛋、奶及水产品批发	Wholesale of Meat, Poultry, Eggs and Aquatic Products	23283.5
盐及调味品批发	Wholesale of Salts and Condiments	34686.3
营养和保健品批发	Wholesale of Nutraceutical Products	1387.7
酒、饮料及茶叶批发	Wholesale of Liquor, Beverages and Tea	33927.1
烟草制品批发	Wholesale of Tobacco	583944.8
其他食品批发	Wholesale of other Food	54011.2
纺织、服装及家庭用品批发	Wholesale of Textiles, Garments and Household Articles	243070.9
纺织品、针织品及原料批发	Wholesale of Textiles, Knitwear and Raw Materials	-533.6
服装批发	Wholesale of Garments	183115.6
鞋帽批发	Wholesale of Shoes and Hats	526.8
化妆品及卫生用品批发	Wholesale of Cosmetics and Sanitary Articles	-122.7
厨具卫具及日用杂品批发	Wholesale of Kitchenware, sanitary ware and daily necessities	3661.5
灯具、装饰物品批发	Wholesale of Light Fittings and Decorative Articles	7392.5
家用视听设备批发	Wholesale of Household Audio-visual Equipments	570.5
日用家电批发	Wholesale of Household Electrical Appliances	8295.0
其他家庭用品批发	Wholesale of Other Household Articles	40165.3
文化、体育用品及器材批发	Wholesale of Cultural and Sports Articles and Equipment	181719.3
文具用品批发	Wholesale of Cultural Articles	51492.9
体育用品及器材批发	Wholesale of Sports Articles	-179.7
图书批发	Wholesale of Books	1291.8
报刊批发	Wholesale of Newspapers	
音像制品、电子和数字出版物批发	Wholesale of Audiovisual Products, Electronic and Digital Publications	
首饰、工艺品及收藏品批发	Wholesale of Jewelry, Handicrafts and Collections	128947.7
乐器批发	Wholesale of Musical Instruments	
其他文化用品批发	Wholesale of Other Cultural Goods	166.6

continued

(10 000 yuan)

Profits and Losses				四、人工成本及增值税 Labor cost and Value-added Tax		五、从事批发和零售业活动的从业人员平均人数（人） Annual Average Employees Engaged in wholesale and retail activities (person)
营业外收入 Non-business Income	营业外支出 Non-business Expenses	利润总额 Total Profits	所得税费用 Income Tax Payable	应付职工薪酬 Employee compensation	应交增值税 Value-added Tax	
153744.4	**61544.1**	**4640011.7**	**622385.1**	**1682644.5**	**1334931.4**	**118790**
1585.1	632.0	27845.0	2024.7	21217.7	5205.8	1995
677.1	96.6	10695.3	650.4	10200.8	1748.0	658
11.7	11.4	2831.8	153.4	468.9	219.2	72
51.2	110.1	2641.0	234.9	2141.5	689.5	216
	21.4	301.6	1.0	294.1	57.9	32
20.5	28.1	3883.9	572.6	1966.7	1254.3	275
47.5	167.3	-798.1	95.0	1616.5	25.4	200
7.0		-15.0	0.5	179.7	5.1	26
770.1	197.1	8304.5	316.9	4349.5	1206.4	516
13750.8	10045.9	956191.2	140692.0	571152.2	356018.5	28072
1796.1	929.6	43744.8	717.9	38678.9	10262.5	3519
344.2	1012.8	1657.8	633.9	12015.8	2695.7	1157
1633.5	269.5	177431.0	1749.7	28068.6	25717.7	4196
2357.0	438.3	25202.1	2956.7	24204.8	8309.6	3149
286.1	84.3	34888.1	1580.5	20636.7	5665.2	1386
54.9	49.0	1393.6	342.4	3468.1	858.4	291
2682.6	1034.4	35575.4	3959.4	39206.9	16359.1	3637
929.8	6279.7	578568.9	123339.2	373457.8	273209.0	7060
3666.6	-51.7	57729.5	5412.3	31414.6	12941.3	3677
3364.1	13860.2	232577.9	36612.4	55305.2	58822.7	5589
100.9	32.3	-465.0	57.9	2764.3	512.7	392
814.2	13518.2	170414.7	26288.2	4984.2	42023.4	471
2.6	14	515.4	9.9	598.3	937.4	102
473.7	171.0	180.0	187.2	13025.8	2372.4	1301
51.7	1.9	3711.3	195.1	3579.0	810.7	462
0.7	47.0	7346.2	1965.2	4969.3	1231.4	255
136.2	23.9	682.8	141.3	2730.3	439.0	727
102.2	38.6	8358.6	643.3	11498.1	4817.3	1331
1681.9	13.3	41833.9	7124.3	11155.9	5678.4	548
6849.2	609.8	187121.6	30582.8	72638.5	31565.2	5493
74.0	362.7	51204.2	9469.0	7594.8	11832.6	747
94.1	73.7	-159.3	1.3	1154.5	2.2	67
6.5	3.4	1294.9	197.3	4650.9	238.1	277
6660.8	163.8	134607.6	20909.3	58370.2	19371.7	4274
13.8	6.2	174.2	5.9	868.1	120.6	128

15-6 续表 13

单位：万元

指　　标	Item	三、损益及分配 营业利润 Business Profits
医药及医疗器材批发	Wholesale of Medicines and Medical Appliances	1326389.2
西药批发	Wholesale of Western Medicines	1233397.3
中药批发	Wholesale of Traditional Chinese Medicines	6241.6
动物用药品批发	Wholesale of Animal Drugs	2236.2
医疗用品及器材批发	Wholesale of Medical Articles and Appliances	84514.1
矿产品、建材及化工产品批发	Wholesale of Mineral Products, Building Materials and Chemical Products	933549.2
煤炭及制品批发	Wholesale of Coal and Related Products	166345.9
石油及制品批发	Wholesale of Petroleum and Related Products	70478.8
非金属矿及制品批发	Wholesale of Nonmetal Mineral and Related Products	-1818.8
金属及金属矿批发	Wholesale of Metal and Metal Mineral	266620.1
建材批发	Wholesale of Building Materials	186383.4
化肥批发	Wholesale of Fertilizers	38550.1
农药批发	Wholesale of Pesticides	19304.5
农用薄膜批发	Wholesale of Films for Agriculture	403.9
其他化工产品批发	Wholesale of Other Chemical Products	187281.3
机械设备、五金产品及电子产品批发	Wholesale of Machinery, Hardware and Electronic Products	808520.8
农业机械批发	Wholesale of Agricultural Machinery	2257.3
汽车及零配件批发	Wholesale of Automobile Fittings	-53308.4
摩托车及零配件批发	Wholesale of Motorcycle and Fittings	247288.0
五金产品批发	Wholesale of Hardware	5394.9
电气设备批发	Wholesale of Electric Equipment	10724.1
计算机、软件及辅助设备批发	Wholesale of Computers, Software and Assistant Equipment	122293.0
通讯设备批发	Wholesale of Communication Equipment	366775.0
广播影视设备批发	Wholesale of Broadcast and TV Equipment	5819.5
其他机械设备及电子产品批发	Wholesale of Other Machinery and Electronic Products	101277.4
贸易经纪与代理	Trade Broker and Agency	49650.2
贸易代理	Trade Agency	49650.2
一般物品拍卖	Auction of General Items	
艺术品、收藏品拍卖	Auction of Artworks and Collectibles	
艺术品代理	Art Agency	
其他贸易经纪与代理	Other Trade Broker and Agency	
其他批发业	Other Wholesales	24005.7
再生物资回收与批发	Wholesale of Recycled Materials	4349.8
宠物食品用品批发	Pet Food and Supplies Wholesale	-7407.0
互联网批发	Wholesale of Internet Device	22118.6
其他未列明的批发	Other Wholesale not Classified Elsewhere	4944.3
按登记注册类型分	**By Status of Registration**	
国有独资公司	Wholly State-owned Companies	43184.2
私营有限责任公司	Private Limited Liability Companies	1910598.5

continued

(10 000 yuan)

Profits and Losses				四、人工成本及增值税 Labor cost and Value-added Tax		五、从事批发和零售业活动的从业人员平均人数（人） Annual Average Employees Engaged in wholesale and retail activities (person)
营业外收入 Non-business Income	营业外支出 Non-business Expenses	利润总额 Total Profits	所得税费用 Income Tax Payable	应付职工薪酬 Employee compensation	应交增值税 Value-added Tax	
8648.6	11403.7	1326409.5	192905.0	285427.1	297219.2	25022
4526.9	9382.8	1231316.6	177475.3	213283.2	254364.4	19463
251.0	425.0	6067.5	1261.3	15389.9	3462.3	1542
1134.9	131.4	3239.7	9.2	2673.1	239.5	101
2735.8	1464.5	85785.7	14159.2	54080.9	39153.0	3916
29728.2	9840.8	951833.1	88840.2	335409.6	283864.1	28754
9415.3	1107.6	174653.2	34615.0	28345.1	36993.8	2191
3495.2	1701.8	72279.8	12773.9	95688.6	37677.9	5743
46.5	9.3	-1781.6	418.1	3452.8	1865.1	219
9111.0	2878.2	272515.9	19779.0	84218.0	78059.6	7100
4365.1	2372	188061.4	9219.0	65098.6	93580.1	7845
1321.1	737.5	39133.7	1745.4	16668.4	6255.1	1676
76.9	4.0	19377.4	57.7	344.4	830.0	51
		403.9	8.2	91.6	13.8	24
1897.1	1030.4	187189.4	10223.9	41502.1	28588.7	3905
87381.4	14235.0	882925.6	127974.4	305305.9	275458.2	20594
59.8		2317.1	171.9	517.3	435.1	65
54942.1	8182.3	-6548.6	19452.3	98787.1	96651.4	7057
1584.0	327.2	249676.5	14460.3	37796.1	16230.9	2435
384.7	95.9	5683.7	117.8	18241.2	10006.4	1316
86.3	310.2	10500.2	1008.5	10946.5	2765.8	898
1161.4	3157.1	120429.1	16669.3	31136.3	42997.2	1372
21096.1	1655.4	386215.6	55183.8	66777.7	70452.4	3872
1177.5	114.6	6882.4	945.8	3510.7	1513.5	479
6889.5	392.3	107769.6	19964.7	37593.0	34405.5	3100
20.9	187.7	49483.4	-640.4	1560.1	648.7	107
20.9	187.7	49483.4	-640.4	1560.1	648.7	107
2416.1	729.0	25624.4	3394.0	34628.2	26129.0	3164
1514.3	217.4	5646.7	1102.4	11414.9	20145.0	1534
368.8	410.0	-7448.2		4308.5	186.3	303
47.0	5.7	22091.5	74.1	10127.8	918.1	516
486.0	95.9	5334.4	2217.5	8777.0	4879.6	811
204.0	185.3	43202.9	3232.0	23896.2	14280.9	1133
61624.3	34246.2	1939188.9	191597.1	738894.1	569110.5	76422

15-6 续表 14

单位：万元

指　　标	Item	三、损益及分配 营业利润 Business Profits
其他有限责任公司	Other Limited Liability Companies	528197.4
私营股份有限公司	Private Share Holding Limited Companies	1181637.6
其他股份有限公司	Other Share Holding Limited Liability Companies	113939.1
全民所有制企业(国有企业)	Wholly People Owned Enterprises (State-owned Enterprises)	565139.3
集体所有制企业(集体企业)	Collective Owned Enterprises (Collective Enterprises)	-77.5
股份合作企业	Cooperative Stock Enterprises	15375.0
联营企业	Joint Venture Enterprises	
个人独资企业	Sole Proprietorship Enterprises	2945.8
合伙企业	Partnership Enterprises	
其他内资企业	Other Domestic-funded Enterprises	
港澳台投资有限责任公司	Limited Liability Companies Funded by Hong Kong, Macao and Taiwan	124802.4
港澳台投资股份有限公司	Limited Liability Companies by Shares Funded by Hong Kong, Macao and Taiwan	
港澳台投资合伙企业	Partnership Enterprises Funded by Hong Kong, Macao and Taiwan	
其他港澳台投资企业	Other Enterprises Funded by Hong Kong, Macao and Taiwan	
外商投资有限责任公司	Foreign-funded Limited Liability Companies	33432.2
外商投资股份有限公司	Foreign-funded Limited Liability Companies by Shares	27129.1
外商投资合伙企业	Foreign-funded Partnership Enterprises	
其他外商投资企业	Other Foreign-funded Enterprises	
农民专业合作社(联合社)	Farmers' Professional Cooperative (Union)	11.0
个体工商户	Individual Business	
其他市场主体	Other Market Entities	
按单位规模分	**By Size of Enterprise**	
大　型	Large	1763837.7
中　型	Medium	2106521.7
小　型	Small	659425.5
微　型	Micro	16529.2
按控股情况分	**By Holding Entity of Share**	
国有控股	State-holding	1162920.1
集体控股	Collective-holding	41333.3
私人控股	Private-holding	3100433.9
港澳台商控股	Held by Corporation from Hong Kong, Macao and Taiwan	100316.2
外商控股	Foreign-holding	141310.6
其　他	Other	
按经营形式分	**By Form of Business**	
独立门店	Independent Store	1646808.7
连锁总店(总部)	Central Shop of Chain Store (Headquarter)	525299.2
连锁直营店	Direct-sale of Chain Store	4242.7
连锁加盟店	Franchise Shop of Chain Store	20980.8
其　他	Other	2348982.7

continued

(10 000 yuan)

Profits and Losses				四、人工成本及增值税 Labor cost and Value-added Tax		五、从事批发和零售业活动的从业人员平均人数(人) Annual Average Employees Engaged in wholesale and retail activities (person)
营业外收入 Non-business Income	营业外支出 Non-business Expenses	利润总额 Total Profits	所得税费用 Income Tax Payable	应付职工薪酬 Employee compensation	应交增值税 Value-added Tax	
76993.5	13352.9	592986.1	105033.6	288080.2	179589.2	16509
967.4	3553.6	1179051.5	163839.0	79390.3	183223.8	5996
941.9	205.4	114675.7	551.2	38453.6	28845.3	2137
859.8	6175.0	559798.1	123339.4	366194.9	263331.4	6921
9.9		-67.6	3.1	1173.7	233.8	103
75.1	18.3	15431.8	8.0	902.2	912.7	126
7.3		2953.1	119.4	1337.0	533.5	234
5301.6	85.3	130018.7	18420.6	64610.0	22502.1	3709
5097.6	2781.9	34910.7	10649.6	30136.4	57609.5	3026
1662.0	940.2	27850.8	5591.0	49495.4	14745.4	2461
		11.0	1.1	80.5	13.3	13
17500.2	6501.3	1774836.6	244402.2	508741.5	363247.7	27225
55616.2	42975.3	2121150.3	302160.0	874222.2	667590.7	53351
30688.6	10409.4	678375.1	69424.6	267692.8	233487.4	31955
49939.4	1658.1	65649.7	6398.3	31988.0	70605.6	6259
24552.5	17392.2	1171202.5	208623.8	687939.0	468590.4	24261
1704.9	676.8	42361.4	4629.5	15063.8	6436.0	911
115962.7	40482.4	3177126.7	365041.3	875826.8	769144.2	86191
5942.3	129.5	105291.8	21333.8	70458.4	44671.6	6136
5582.0	2863.2	144029.3	22756.7	33356.5	46089.2	1291
92277.2	13424.6	1728634.6	164510.2	728159.1	550000.5	63410
2347.8	6143.0	521504.0	126195.2	242319.7	183530.2	5364
281.2	22.1	4501.9	457.1	8998.5	2316.9	759
1079.5	108.1	21952.2	3904.8	7596.6	3000.4	826
57758.7	41846.3	2363419	327317.8	695570.6	596083.4	48431

15−7 限额以上零售业法人企业财务状况(2023年)

单位：万元

指　　标	Item	法人企业数(个) Number of Enterprises (unit)
总　计	**Total**	**4274**
按行业小类分	**By Retail Sector**	
综合零售	Comprehensive Retails	404
百货零售	Department Stores	153
超级市场零售	Supermarkets	140
便利店零售	Convenience Stores	32
其他综合零售	Other Comprehensive Retails	79
食品、饮料及烟草制品专门零售	Special Retail of Food, Beverages and Tobacco	689
粮油零售	Retail of Grains and Edible Oil	73
糕点、面包零售	Retail of Cakes and Bread	19
果品、蔬菜零售	Retail of Fruits and Vegetables	166
肉、禽、蛋、奶及水产品零售	Retail of Meat, Poultry, Eggs and Aquatic Products	150
营养和保健品零售	Retail of Nutraceutical Products	7
酒、饮料及茶叶零售	Retail of Liquor, Beverages and Tea	110
烟草制品零售	Retail of Tobacco	7
其他食品零售	Retail of Other Food	157
纺织、服装及日用品专门零售	Special Retail of Textile, Garments and Daily Consumer Articles	179
纺织品及针织品零售	Retail of Textiles and Knitwear	16
服装零售	Retail of Garments	73
鞋帽零售	Retail of Shoes and Hats	11
化妆品及卫生用品零售	Retail of Cosmetics and Sanitary Articles	16
厨具卫具及日用杂品零售	Retail of Cooking Utensils, Bathroom Articles and Daily Groceries	20
钟表、眼镜零售	Retail of Clocks, Watches and Glasses	16
箱包零售	Retail of Suitcases and Bags	3
自行车零售	Retail of Bicycles	4
其他日用品零售	Retail of Other General Merchandise	20
文化、体育用品及器材专门零售	Special Retail of Cultural and Sports Articles	100
文具用品零售	Retail of Cultural Articles	47
体育用品及器材零售	Retail of Sports Articles	3
图书、报刊零售	Retail of Books, Newspapers and Magazines	11
音像制品及电子出版物零售	Wholesale of audio-visual products, electronic and digital publications	2
珠宝首饰零售	Retail of Jewelry	15
工艺美术品及收藏品零售	Retail of Handicrafts and Collections	12
乐器零售	Retail of Musical Instrument	2
照相器材零售	Retail of Photographic Equipment	3
其他文化用品零售	Retail of Other Cultural Goods	5
医药及医疗器材专门零售	Special Retail of Medicine and Medical Appliances	175
西药零售	Retail of Western Medicine	132
中药零售	Retail of Tradition Chinese Medicine	16
动物用药品零售	Retail of Animal Medicine	1
医疗用品及器材零售	Retail of Medical Articles and Appliances	26
保健辅助治疗器材零售	Retail of Health Auxiliary Treatment Appliances	
汽车、摩托车、燃料及零配件专门零售	Special Retail of Automobiles, Motorcycles, Fuel and Spare Parts	1386
汽车新车零售	Retail of New Automobiles	917
汽车旧车零售	Retail of Second-hand Automobiles	35

注：零售业态分为有店铺零售和无店铺零售两大类，涉及多选，有的企业会同时选择多种业态。

Note:Retail formats are divided into two categories: store retailing and non store retailing, involving multiple choices. Some enterprises will choose multiple formats at the same time.

Financial Indicators of Retail Enterprises above Designated Size (2023)

(10 000 yuan)

一、年初存货 Inventory at the Beginning of Year	二、期末资产负债 Assets and Liabilities					
	流动资产合计 Total Current Assets	应收账款 Accounts Receivable	存货 Inventory	固定资产原价 Total Original Value of Fixed Assets	房屋和构筑物 Buildings and Structures	机器设备 Machinery and Equipments
2823214.2	**11963607.4**	**1601525.9**	**3130371.4**	**4099533.9**	**1063953.8**	**522944.1**
509088.7	1790997.5	271659.2	470585.6	978965.4	44696.7	127965.4
262267.7	1091174.1	55792.5	259048.5	671174.6	12491.6	50557.2
222669.8	562400.0	161500.3	184402.3	225995.4	17053.1	50323.9
13749.6	81945.2	38541.7	15346.9	60311.8	4702.3	25042.7
10401.6	55478.2	15824.7	11787.9	21483.6	10449.7	2041.6
96837.0	728289.4	165044.7	121203.5	175380.2	47544.1	32123.5
7438.5	68319.6	15301.1	9089.9	40913.8	1836.0	2868.9
2499.7	25262.7	2733.8	2543.6	7798.1	166.1	3809.6
7375.3	138945.2	46285.5	17647.4	29765.4	7961.7	4645.1
11571.1	158668.5	43876.8	26284.2	22351.7	8737.4	4902.7
1467.1	2884.0	70.4	1515.2	856.8	310.0	176.3
39967.5	190424.2	22598.2	32373.6	32169.4	15284.2	3276.2
8586.1	27046.3	7987.0	9463.2	3544.5	102.2	3287.4
17931.7	116738.9	26191.9	22286.4	37980.5	13146.5	9157.3
208082.9	1018285.7	157992.5	212150.9	197185.8	103608.6	15370.4
8487.8	50819.7	994.2	9998.8	5061.4	767.6	3255.4
109040.7	735390.4	136365.1	110249.8	150618.6	83824.9	4615.6
30017.7	123379.5	1916.6	26103.7	14632.4	2844.0	933.5
14514.3	24605.6	5044.9	16213.2	2353.4	701.2	409.9
19107.0	28309.1	1818.4	21620.3	2439.5	351.1	887.4
22720.0	41429.2	9367.6	22780.9	20477.3	14459.2	4754.6
278.3	455.8	169.9	264.6	29.2		12.5
377.6	576.4	60.6	390.0	175.7	75.5	42.6
3539.5	13320.0	2255.2	4529.6	1398.3	585.1	458.9
175995.2	845722.3	74596.8	226437.0	175618.5	145520.7	8263.2
7407.6	60999.7	27949.4	7897.3	6536.6	2013.3	2200.3
1810.4	4483.2	2133.4	1339.5	1752.9	6.0	1746.9
125239.8	715995.3	40060.4	173821.6	160796.5	141331.3	3474.3
	97.3	20.5	10.5	11.1		11.1
37611.1	51893.3	5659.0	39249.3	3933.5	1835.3	391.7
1684.9	6810.1	357.8	1532.6	1576.5	331.1	235.2
983.1	1404.6	151.6	1007.5	85.4		20.1
666.3	1179.4	-2777.3	738.8	0.3		0.3
592.0	2859.4	1042.0	839.9	925.7	3.7	183.3
199600.2	690121.1	219055.2	204407.1	92175.9	34854.6	11984.1
192921.7	631089.6	200228.3	193320.3	81627.1	30574.4	8503.1
4325.2	13666.6	3992.7	7925.9	4804.9	3288.0	1466.3
51.9	72.5	17.4	12.6			
2301.4	45292.4	14816.8	3148.3	5743.9	992.2	2014.7
1242403.7	4950687.4	276082.9	1422068.5	2181652.3	584986.8	250313.5
913998.4	3389085.8	321485.5	1105759.6	608887.2	308649.4	125291.2
4679.6	19417.6	4512.5	6380.8	7209.5	4189.3	2502.9

15-7 续表 1

单位：万元

指　　标	Item	法人企业数(个) Number of Enterprises (unit)
汽车零配件零售	Retail of Automobile Fittings	35
摩托车及零配件零售	Retail of Motorcycles and Parts	88
机动车燃油零售	Retail of Motor Fuel	295
机动车燃气零售	Retail of Motor Gas	11
机动车充电零售	Retail of Motor Eletricity	5
家用电器及电子产品专门零售	Special Retail of Household Electrical Appliances and Electronic Products	485
家用视听设备零售	Retail of Household Audio and Video Appliances	80
日用家电设备零售	Retail of Household Electrical Appliances	146
计算机、软件及辅助设备零售	Retail of Computers, Software and Assistant Equipment	138
通信设备零售	Retail of Communication Equipment	88
其他电子产品零售	Retail of Other Electronic Products	33
五金、家具及室内装饰材料专门零售	Special Retail of Hardware, Furniture and Decoration Materials	443
五金零售	Retail of Hardware	126
灯具零售	Retail of Light Fittings	20
家具零售	Retail of Furniture	58
涂料零售	Retail of Paint	9
卫生洁具零售	Retail of Sanitary Ware	13
木质装饰材料零售	Retail of Wooden Decorative Materials	21
陶瓷、石材装饰材料零售	Retail of Ceramics and Stone Decorative Materials	43
其他室内装修材料零售	Retail of Other Indoor Decoration Materials	153
货摊、无店铺及其他零售业	Stall, Non-shop and Other Retails	413
流动货摊零售	Mobile Stall Retails	
互联网零售	E-commerce Retails	355
邮购及电视、电话零售	Mail Order, Television, and Telephone Retails	1
自动售货机零售	Vending Machine Retails	2
旧货零售	Retail of Used Goods	1
生活用燃料零售	Retail of Fuel for Daily Use	21
宠物食品用品零售	Retail of Pet Foods and Articles	
其他未列明的零售	Other Retails not Classified Elsewhere	33
按登记注册类型分	**By Status of Registration**	
国有独资公司	Wholly State-owned Companies	11
私营有限责任公司	Private Limited Liability Companies	3730
其他有限责任公司	Other Limited Liability Companies	220
私营股份有限公司	Private Share Holding Limited Companies	16
其他股份有限公司	Other Share Holding Limited Liability Companies	34
全民所有制企业(国有企业)	Wholly People Owned Enterprises (State-owned Enterprises)	4
集体所有制企业(集体企业)	Collective Owned Enterprises (Collective Enterprises)	5
股份合作企业	Cooperative Stock Enterprises	8
联营企业	Joint Venture Enterprises	1
个人独资企业	Sole Proprietorship Enterprises	183
合伙企业	Partnership Enterprises	8
其他内资企业	Other Domestic-funded Enterprises	
港澳台投资有限责任公司	Limited Liability Companies Funded by Hong Kong, Macao and Taiwan	27
港澳台投资股份有限公司	Limited Liability Companies by Shares Funded by Hong Kong, Macao and Taiwan	2
港澳台投资合伙企业	Partnership Enterprises Funded by Hong Kong, Macao and Taiwan	
其他港澳台投资企业	Other Enterprises Funded by Hong Kong, Macao and Taiwan	

continued

(10 000 yuan)

一、年初存货 Inventory at the Beginning of Year	二、期末资产负债 Assets and Liabilities					
	流动资产合计 Total Current Assets	应收账款 Accounts Receivable	存货 Inventory	固定资产原价 Total Original Value of Fixed Assets	房屋和构筑物 Buildings and Structures	机器设备 Machinery and Equipments
10113.9	44359.3	18428.2	10293.0	2601.8	405.6	1474.3
14310.3	42526.7	8536.0	18283.5	8494.3	1559.6	2445.1
297611.7	1070623.4	-86311.4	280709.1	1477529.5	267406.5	107047.5
1156.0	370584.9	304.4	331.2	35908.0	2776.4	4965.8
533.8	14089.7	9127.7	311.3	41022.0		6586.7
129647.6	549746.4	111893.5	148192.4	108859.7	30864.1	37181.8
27066.0	145190.3	16303.5	34779.6	34443.8	15398.5	5002.9
42459.2	177963.7	33977.5	47107.9	28506.1	4732.4	14266.8
16942.1	112509.1	40618.0	22508.2	18431.7	1795.2	11529.7
33501.8	85360.5	14227.4	33633.4	24411.1	8768.4	4818.2
9678.5	28722.8	6767.1	10163.3	3067.0	169.6	1564.2
44197.3	308109.4	131986.8	50311.9	117089.1	61849.0	16983.9
11951.3	85143.0	31694.5	13722.5	23169.4	5134.1	4292.4
2044.2	10674.9	2302.9	2642.3	2514.9	200.0	463.6
9559.9	48784.0	8293.5	10670.0	66554.1	51001.0	5670.7
945.3	10384.3	4603.0	1062.7	1724.9	385.1	1119.5
1515.5	7730.3	5266.9	1384.3	629.4	6.0	10.5
1724.1	8004.2	4293.6	1722.9	898.9	126.2	328.9
5470.2	48211.3	31964.7	5497.3	6568.5	400.5	2242.3
10986.8	89177.4	43567.7	13609.9	15029.0	4596.1	2856.0
217361.6	1081648.2	193214.3	275014.5	72607.0	10029.2	22758.3
211061.2	1029578.7	180322.1	265946.2	56275.6	8341.3	19653.0
	1691.5	359.6		30.1		30.1
329.0	1272.2	31.0	333.1	1211.8		873.3
	1025.0	84.1	102.3	55.8		
1152.3	10924.9	2315.8	1814.9	9112.5	434.9	858.0
4819.1	37155.9	10101.7	6818.0	5921.2	1253.0	1343.9
11016.6	-94957.0	-221398.9	36876.0	43992.2	10092.3	2023.3
1493187.6	5633133.0	997416.4	1684712.6	1215170.9	402940.6	290486.7
644810.8	3250310.9	490659.0	767455.6	698862.7	339411.0	84212.5
235191.3	808816.4	31784.0	230304.5	595400.0	7216.1	1756.6
259067.0	1304536.9	98308.4	239425.3	907036.5	54454.4	24117.2
2828.2	23759.5	20227.9	2922.4	32923.0	10257.5	2891.6
583.1	6869.0	1914.1	521.0	3502.5	1145.3	671.4
208.5	661.0	131.7	70.7	3226.1	1779.7	514.0
34.1	877.3		48.9	595.3		
19853.7	54456.1	13121.8	21635.6	30323.9	8192.5	7378.8
140.2	1706.0	216.9	160.6	1365.8	243.5	140.3
76030.8	552375.8	153399.2	64434.0	262804.2	100544.9	72278.6
5318.6	154711.4	2302.0	5314.5	47933.5	44713.4	3210.5

15-7 续表 2

单位：万元

指　　标	Item	法人企业数(个) Number of Enterprises (unit)
外商投资有限责任公司	Foreign-funded Limited Liability Companies	15
外商投资股份有限公司	Foreign-funded Limited Liability Companies by Shares	4
外商投资合伙企业	Foreign-funded Partnership Enterprises	1
其他外商投资企业	Other Foreign-funded Enterprises	
农民专业合作社(联合社)	Farmers' Professional Cooperative (Union)	5
个体工商户	Individual Business	
其他市场主体	Other Market Entities	
按单位规模分	**By Size of Enterprise**	
大　型	Large	58
中　型	Medium	512
小　型	Small	2019
微　型	Micro	1685
按零售业态分	**By Type of Retail Business**	
便利店	Convenience Store	214
超　市	Super Market	374
折扣店	Discount Store	11
仓储会员店	Warehouse Membership Store	27
百货店	Department Store	167
购物中心	Shopping Mall	38
专业店	Specialized Store	1782
品牌专卖店	Brand Store	858
集合店	Collection Store	41
无人值守商店	Unattended Store	5
网络零售	Online Retail	363
电视/广播零售	Television/Radio Retail	2
邮寄零售	Mailing Retail	15
无人售货设备零售	Unmanned Vending Equipment Retail	2.0
电话零售	Telephone Retail	27.0
直　销	Direct Sales	111.0
流动货摊零售	Mobile stall retail	
其　他	Others	237
按控股情况分	**By Holding Entity of Share**	
国有控股	State-holding	176
集体控股	Collective-holding	15
私人控股	Private-holding	4033
港澳台商控股	Held by Corporation from Hong Kong, Macao and Taiwan	30
外商控股	Foreign-holding	18
其　他	Other	1
按经营形式分	**By Form of Business**	
独立门店	Independent Store	3590
连锁总店(总部)	Central Shop of Chain Stores (Headquarter)	79
连锁直营店	Direct-sale Shop of Chain Stores	77
连锁加盟店	Branch Shop of Chain Stores	20
其　他	Others	508

continued

(10 000 yuan)

一、年初存货 Inventory at the Beginning of Year	二、期末资产负债 Assets and Liabilities					
	流动资产合计 Total Current Assets	应收账款 Accounts Receivable	存货 Inventory	固定资产原价 Total Original Value of Fixed Assets	房屋和构筑物 Buildings and Structures	机器设备 Machinery and Equipments
57746.9	240559.9	12102.7	61405.6	141057.5	67705.3	21947.6
16768.2	22589.3	696.8	14631.8	110322.0	14012.9	7541.6
281.9	2352.1	177.2	278.8	4328.7	844.4	3484.3
146.7	849.8	466.7	173.5	689.1	400.0	289.1
1060241.7	5432032.5	614954.4	1101911.6	1873406.6	243146.5	80508.8
1104414.5	3293539.0	171365.8	1238327.9	1310497.4	558349.5	260975.1
522432.7	2470364.0	616970.6	639026.3	702420.8	182166.9	146445.1
136125.3	767671.9	198235.1	151105.6	213209.1	80290.9	35015.1
268730.9	-702771.2	-96838.0	253521.1	991170.6	90785.9	62356.3
282990.8	866181.3	233536.9	246051.0	323998.7	53865.3	66353.2
5603.4	162847.4	364.3	5621.5	31283.2	30394.8	820.7
4076.8	19347.7	6459.1	3706.9	30441.2	6209.5	1845.9
323970.0	1164850.6	73441.6	320684.0	662032.0	4119.5	52693.2
19992.3	382113.6	31448.2	17429.4	74625.0	497.3	12228.8
719070.5	5560146.1	644835.5	824708.6	1185520.4	551021.6	153766.1
910515.0	3564749.9	319667.9	1075226.0	570710.0	284267.7	108093.4
17128.1	40331.3	4009.0	12115.8	4190.5	228.0	1599.0
251.4	11540.7	1853.1	151.0	382.7		105.6
116112.6	722581.3	166218.1	177531.2	52202.4	11404.4	13893.0
	1691.5	359.6		30.1		30.1
607.3	8335.9	5517.0	1189.0	7010.3	319.9	455.1
493.4	2338.9	46.0	441.3	3324.0		3037.2
2096.0	43098.4	9346.9	17776.9	2694.7	770.7	1133.8
106949.8	354715.2	99288.6	124686.8	41270.0	6835.7	17738.5
44625.9	-238491.2	101972.1	49530.9	118648.1	23233.5	26794.2
665326.7	3296952.8	145782.6	834798.2	1571765.7	356753.0	84949.1
13490.6	31481.3	5263.4	8259.0	22426.6	17420.7	2108.4
1994854.6	7763270.3	1278086.8	2146071.8	2067083.5	502391.4	329999.7
87375.6	572903.9	158352.8	78355.6	268514.9	100544.9	72278.6
62059.2	298543.5	13791.0	62779.1	169656.0	86843.8	33521.1
5.6	13.5	11.7	1.8	35.7		35.7
1567303.1	5984972.3	1051625.7	1857329.4	1915664.3	742810.8	368043.5
812898.9	3082905.6	416229.4	779835.7	1636528.4	241373.5	43290.4
100608.9	588249.7	49020.4	103924.7	98564	6870.2	50648.7
15089.8	28412.5	2721	14620.8	8027.4	2996.6	1458.5
327313.5	2279067.3	81929.4	374660.8	440749.8	69902.7	59503

15-7 续表 3

单位：万元

指 标	Item	二、期末资产负债 累计折旧 Cumulative Depreciation	本年折旧 Depreciation
总 计	**Total**	**1837087.8**	**263356.9**
按行业小类分	**By Retail Sector**		
综合零售	Comprehensive Retails	498007.5	53787.0
百货零售	Department Stores	326651.4	18388.3
超级市场零售	Supermarkets	142105.2	26885.6
便利店零售	Convenience Stores	22862.7	6656.7
其他综合零售	Other Comprehensive Retails	6388.2	1856.4
食品、饮料及烟草制品专门零售	Special Retail of Food, Beverages and Tobacco	52258.1	13700.5
粮油零售	Retail of Grains and Edible Oil	8820.0	2400.3
糕点、面包零售	Retail of Cakes and Bread	5497.2	844.8
果品、蔬菜零售	Retail of Fruits and Vegetables	9394.8	2175.0
肉、禽、蛋、奶及水产品零售	Retail of Meat, Poultry, Eggs and Aquatic Products	7778.3	2622.5
营养和保健品零售	Retail of Nutraceutical Products	365.9	62.5
酒、饮料及茶叶零售	Retail of Liquor, Beverages and Tea	8803.8	2640.4
烟草制品零售	Retail of Tobacco	593.7	113.6
其他食品零售	Retail of Other Food	11004.4	2841.4
纺织、服装及日用品专门零售	Special Retail of Textile, Garments and Daily Consumer Articles	60972.5	8016.7
纺织品及针织品零售	Retail of Textiles and Knitwear	2603.0	531.3
服装零售	Retail of Garments	36995.8	4752.1
鞋帽零售	Retail of Shoes and Hats	10669.1	1413.8
化妆品及卫生用品零售	Retail of Cosmetics and Sanitary Articles	1185.4	148.6
厨具卫具及日用杂品零售	Retail of Cooking Utensils, Bathroom Articles and Daily Groceries	796.9	98.1
钟表、眼镜零售	Retail of Clocks, Watches and Glasses	7833.0	945.4
箱包零售	Retail of Suitcases and Bags	10.1	5.8
自行车零售	Retail of Bicycles	52.9	10.0
其他日用品零售	Retail of Other General Merchandise	826.3	111.6
文化、体育用品及器材专门零售	Special Retail of Cultural and Sports Articles	77206.4	6853.1
文具用品零售	Retail of Cultural Articles	3187.4	706.6
体育用品及器材零售	Retail of Sports Articles	433.1	212.9
图书、报刊零售	Retail of Books, Newspapers and Magazines	70973.3	5514.8
音像制品及电子出版物零售	Wholesale of audio-visual products, electronic and digital publications	1.5	1.5
珠宝首饰零售	Retail of Jewelry	1591.1	106.7
工艺美术品及收藏品零售	Retail of Handicrafts and Collections	728.3	136.9
乐器零售	Retail of Musical Instrument	50.1	4.5
照相器材零售	Retail of Photographic Equipment	0.2	0.1
其他文化用品零售	Retail of Other Cultural Goods	241.4	169.1
医药及医疗器材专门零售	Special Retail of Medicine and Medical Appliances	40395.1	9927.7
西药零售	Retail of Western Medicine	37340.9	8916.4
中药零售	Retail of Tradition Chinese Medicine	1250.3	440.1
动物用药品零售	Retail of Animal Medicine		
医疗用品及器材零售	Retail of Medical Articles and Appliances	1803.9	571.2
保健辅助治疗器材零售	Retail of Health Auxiliary Treatment Appliances		
汽车、摩托车、燃料及零配件专门零售	Special Retail of Automobiles, Motorcycles, Fuel and Spare Parts	995921.6	145261.1
汽车新车零售	Retail of New Automobiles	250536.5	45023.5
汽车旧车零售	Retail of Second-hand Automobiles	2459.9	856.9

continued

(10 000 yuan)

Assets and Liabilities						
固定资产净额 Net Value of Fixed Assets	在建工程 Construction in Progress	无形资产 Intangible Assets	土地使用权 Land Use Rights	资产总计 Total Assets	流动负债合计 Total Current Liabilities	应付账款 Accounts Payable
1658593.6	**277725.0**	**691460.6**	**257677.5**	**19368180.7**	**11775920.8**	**2755672.7**
439443.0	3235.9	21440.5	1910.6	3786492.2	1910837.3	553991.8
329330.2	1737.5	17481.6	24.5	2449963.7	1195186.3	240547.0
65079.7	1307.6	1062.2	30.1	1042954.3	525351.4	275876.5
33338.1	43.9	2895.0	1856.0	185223.6	154321.1	22328.9
11695.0	146.9	1.7		108350.6	35978.5	15239.4
51908.4	33897.0	10226.3	5490.3	1093079.1	440352.9	147840.9
8477.6	11021.6	390.7	390.7	120097.4	45532.9	10202.6
1561.3	74.0	221.1		35605.2	22163.0	11864.9
7213.6	14903.7	4980.7	4566.4	227326.3	88104.8	37392.7
7648.2	852.4	164.6		195264.9	115469.0	51731.6
479.0		5.0		5035.7	1666.9	590.6
9177.9	7043.1	3027.6		263344.7	93229.8	13394.4
307.1		577.7		29905.0	7064.7	3415.8
17043.7	2.2	858.9	533.2	216499.9	67121.8	19248.3
131295.3	677.9	19410.1	19221.9	1291133.0	957278.8	229755.8
1681.8				69388.7	49686.3	6576.0
112612.2	563.3	19327.1	19221.9	946369.1	702986.0	92458.4
2752.8				129204.8	106345.2	102968.9
365.7				28095.1	26562.0	9182.8
923.0				30974.7	22206.0	2268.3
12402.9		83.0		71916.6	35283.1	11655.9
				525.5	969.6	430.1
26.0				723.4	295.2	20.8
530.9	114.6			13935.1	12945.4	4194.6
93987.8	172107.7	5226.8	4792.1	1251542.2	518528.1	139723.9
2107.1	4.5			66401.5	27215.7	15239.2
163.0				18414.4	9829.8	101.1
89739.6	172103.2	5036.7	4602.1	1094510.4	431132.1	94793.5
9.6				106.9	47.9	44.2
962.8		0.1		54718.8	38242.8	26376.9
327.5				10390.2	8299.3	2126.1
2.9				1580.3	1176.7	524.7
				1179.4	1192.1	184.5
675.3		190.0	190.0	4240.3	1391.7	333.7
38333.8		5732.4	842.0	959068.9	604377.6	260625.5
35748.6		5495.6	842.0	847444.8	565079.9	245302.4
352.4		79.9		16150.0	9996.5	1928.8
				81.5	28.6	
2232.8		156.9		95392.6	29272.6	13394.3
804611.8	60100.7	601469.9	203126.4	8570482.8	5930014.8	954636.2
241979.7	11663.8	79711.4	70806.9	4213349.6	3224321.8	692979.6
3982.1		0.1		25343.4	17493.2	7276.0

15-7 续表 4

单位：万元

指　　标	Item	二、期末资产负债	
		累计折旧 Cumulative Depreciation	本年折旧 Depreciation
汽车零配件零售	Retail of Automobile Fittings	1578.3	238.5
摩托车及零配件零售	Retail of Motorcycles and Parts	2872.0	735.2
机动车燃油零售	Retail of Motor Fuel	709709.4	91988.9
机动车燃气零售	Retail of Motor Gas	18759.5	1845.2
机动车充电零售	Retail of Motor Eletricity	10006.0	4572.9
家用电器及电子产品专门零售	Special Retail of Household Electrical Appliances and Electronic Products	43682.2	9540.6
家用视听设备零售	Retail of Household Audio and Video Appliances	13348.4	2431.2
日用家电设备零售	Retail of Household Electrical Appliances	12706.1	3171.7
计算机、软件及辅助设备零售	Retail of Computers, Software and Assistant Equipment	5441.9	1505.1
通信设备零售	Retail of Communication Equipment	10619.2	2023.6
其他电子产品零售	Retail of Other Electronic Products	1566.6	409.0
五金、家具及室内装饰材料专门零售	Special Retail of Hardware, Furniture and Decoration Materials	41748.1	7859.4
五金零售	Retail of Hardware	4455.3	1110.0
灯具零售	Retail of Light Fittings	793.9	410.4
家具零售	Retail of Furniture	28529.9	3610.2
涂料零售	Retail of Paint	827.5	190.6
卫生洁具零售	Retail of Sanitary Ware	333.9	91.8
木质装饰材料零售	Retail of Wooden Decorative Materials	265.6	205.9
陶瓷、石材装饰材料零售	Retail of Ceramics and Stone Decorative Materials	2477.4	701.2
其他室内装修材料零售	Retail of Other Indoor Decoration Materials	4064.6	1539.3
货摊、无店铺及其他零售业	Stall, Non-shop and Other Retails	26896.3	8410.8
流动货摊零售	Mobile Stall Retails		
互联网零售	E-commerce Retails	19277.5	6858.9
邮购及电视、电话零售	Mail Order, Television, and Telephone Retails	23.7	2.1
自动售货机零售	Vending Machine Retails	482.1	129.0
旧货零售	Retail of Used Goods	29.6	4.0
生活用燃料零售	Retail of Fuel for Daily Use	4740.8	883.9
宠物食品用品零售	Retail of Pet Foods and Articles		
其他未列明的零售	Other Retails not Classified Elsewhere	2342.6	532.9
按登记注册类型分	**By Status of Registration**		
国有独资公司	Wholly State-owned Companies	16245.5	2803.7
私营有限责任公司	Private Limited Liability Companies	457260.7	115414.9
其他有限责任公司	Other Limited Liability Companies	347291.8	50401.6
私营股份有限公司	Private Share Holding Limited Companies	272801.1	10209.3
其他股份有限公司	Other Share Holding Limited Liability Companies	468947.6	45480.6
全民所有制企业(国有企业)	Wholly People Owned Enterprises (State-owned Enterprises)	11233.3	1244.2
集体所有制企业(集体企业)	Collective Owned Enterprises (Collective Enterprises)	1692.8	200.2
股份合作企业	Cooperative Stock Enterprises	897.0	280.6
联营企业	Joint Venture Enterprises	391.8	22.8
个人独资企业	Sole Proprietorship Enterprises	11179.5	2119.9
合伙企业	Partnership Enterprises	510.2	89.3
其他内资企业	Other Domestic-funded Enterprises		
港澳台投资有限责任公司	Limited Liability Companies Funded by Hong Kong, Macao and Taiwan	111303.8	17047.3
港澳台投资股份有限公司	Limited Liability Companies by Shares Funded by Hong Kong, Macao and Taiwan	17326.1	1619.3
港澳台投资合伙企业	Partnership Enterprises Funded by Hong Kong, Macao and Taiwan		
其他港澳台投资企业	Other Enterprises Funded by Hong Kong, Macao and Taiwan		

continued

(10 000 yuan)

Assets and Liabilities						
固定资产净额 Net Value of Fixed Assets	在建工程 Construction in Progress	无形资产 Intangible Assets	土地使用权 Land Use Rights	资产总计 Total Assets	流动负债合计 Total Current Liabilities	应付账款 Accounts Payable
468.0		0.8		46308.2	35069.4	15642.6
2111.4		508.6	508.6	59223.4	27954.2	6932.7
549080.1	44365.6	498354.9	127866.7	3754720.9	1403621.1	219754.0
1372.2	1017.5	22894.0	3944.2	414595.4	1183655.2	536.2
5618.3	3053.8	0.1		56941.9	37899.9	11515.1
34521.1	776.3	4202.1	9.5	686589.7	423288.1	131716.6
3928.4				195219.8	97250.3	23993.6
11092.3	74.0	12.3	9.5	214069.6	168656.5	59953.2
9762.8	702.3	4189.8		140131.6	72968.3	29237.8
9021.4				105861.4	63000.9	10683.5
716.2				31307.3	21412.1	7848.5
45772.5	158.8	21866.6	21862.6	490840.8	180885.7	57141.2
8150.0	130.7	140.1	139.9	108164.2	52975.7	13966.6
297.4				12311.6	9363.5	2437.2
30716.8	12.2	21692.7	21692.7	109531.0	41374.6	17453.8
807.7		30.0	30.0	11807.8	8090.5	2599.9
52.7	15.9			8143.0	2973.5	1281.4
207.9				9492.9	3953.2	1301.5
1244.6				125880.5	13760.1	5303.5
4295.4		3.8		105509.8	48394.6	12797.3
18719.9	6770.7	1885.9	422.1	1238952.0	810357.5	280240.8
15955.0	5790.3	1667.5	216.9	1173070.0	779478.0	272210.7
6.4		1.6		1699.4	695.7	629.3
0.6				1561.5	764.7	746.1
				1025.0	102.5	84.1
225.0	135.5	205.2	205.2	17970.8	9675.0	1177.2
2532.9	844.9	11.6		43625.3	19641.6	5393.4
14507.0	20532.9	9596.6	9565.5	98252.2	-87466.2	4506.5
387096.6	28190.5	113999.2	76287.1	7308573.7	4757467.1	1035172.7
305266.0	193752.2	168799.6	51854.8	4730930.4	2890268.9	1103489.2
314318.0	4399.5	30504.1	12788.7	1959386.0	956405.4	202210.3
374296.9	21844.2	269282.2	39138.3	3186034.1	2370145.5	145713.9
21689.7		6388.4	6388.4	58213.5	2907.1	1314.6
1575.6				12860.0	3126.5	813.5
1534.9				4918.1	878.1	263.1
203.5		125.9	125.9	1206.8	65.9	32.3
7631.7	182.6	1943.4	774.6	85061.8	30888.7	10810.3
285.8		272.6	272.6	3272.3	1370.2	153.2
140055.4	570.6	12299.5	11924.1	969056.6	551227.4	175930.7
30607.4		10563.2	10482.3	214667.2	52063.3	34544.7

15-7 续表 5

单位：万元

指 标	Item	二、期末资产负债	
		累计折旧 Cumulative Depreciation	本年折旧 Depreciation
外商投资有限责任公司	Foreign-funded Limited Liability Companies	61875.7	6635.9
外商投资股份有限公司	Foreign-funded Limited Liability Companies by Shares	54512.5	9400.7
外商投资合伙企业	Foreign-funded Partnership Enterprises	3461.2	330.2
其他外商投资企业	Other Foreign-funded Enterprises		
农民专业合作社(联合社)	Farmers' Professional Cooperative (Union)	157.2	56.4
个体工商户	Individual Business		
其他市场主体	Other Market Entities		
按单位规模分	**By Size of Enterprise**		
大 型	Large	923962.4	88681.1
中 型	Medium	597603.1	92788.4
小 型	Small	241514.6	58362.7
微 型	Micro	74007.7	23524.7
按零售业态分	**By Type of Retail Business**		
便利店	Convenience Store	483824.8	61171.2
超 市	Super Market	181068.5	36985.5
折扣店	Discount Store	11113.6	918.0
仓储会员店	Warehouse Membership Store	5525.3	2118.0
百货店	Department Store	322202.7	16146.4
购物中心	Shopping Mall	16524.4	3615.1
专业店	Specialized Store	488890.2	77363.7
品牌专卖店	Brand Store	238885.8	43065.1
集合店	Collection Store	1909.8	362.5
无人值守商店	Unattended Store	237.4	25.5
网络零售	Online Retail	17593.1	5371.4
电视/广播零售	Television/Radio Retail	23.7	2.1
邮寄零售	Mailing Retail	1066.9	158.8
无人售货设备零售	Unmanned Vending Equipment Retail	1726.6	524.9
电话零售	Telephone Retail	1027.8	359.5
直 销	Direct Sales	16368.0	4247.5
流动货摊零售	Mobile stall retail		
其 他	Others	49099.2	10921.7
按控股情况分	**By Holding Entity of Share**		
国有控股	State-holding	767400.7	90212.5
集体控股	Collective-holding	5431.5	1001.5
私人控股	Private-holding	875936.7	146880.2
港澳台商控股	Held by Corporation from Hong Kong, Macao and Taiwan	114297.2	17846.8
外商控股	Foreign-holding	73990.1	7408.3
其 他	Other	5.2	1.4
按经营形式分	**By Form of Business**		
独立门店	Independent Store	769502.8	144165
连锁总店(总部)	Central Shop of Chain Stores (Headquarter)	819746.4	61456.2
连锁直营店	Direct-sale Shop of Chain Stores	52024.3	23054.8
连锁加盟店	Branch Shop of Chain Stores	1949.2	737.9
其 他	Others	193865.1	33943

continued

(10 000 yuan)

Assets and Liabilities						
固定资产净额 Net Value of Fixed Assets	在建工程 Construction in Progress	无形资产 Intangible Assets	土地使用权 Land Use Rights	资产总计 Total Assets	流动负债合计 Total Current Liabilities	应付账款 Accounts Payable
37476.9	3120.2	24779.3	24408.6	569894.7	173634.2	55214.0
20991.4	5132.3	42198.4	13666.6	160608.2	63140.9	-15903.4
867.5		595.4		3817.4	9343.1	1089.3
189.3		112.8		1427.7	454.7	317.8
862244.3	196404.1	227632.1	20205.9	8719900.8	4077229.2	1384071.9
436443.6	34354.6	314935.1	153033.3	6139121.7	5196252.8	643494.2
289725.0	33374.0	111853.2	57476.3	3457485.4	1962717.0	531392.9
70180.7	13592.3	37040.2	26962.0	1051672.8	539721.8	196713.7
402575.3	24029.4	290631.0	56354.7	559504.4	220215.5	208253.6
111329.1	10538.6	6323.5	1884.6	1508251.6	855930.8	341496.0
20101.1	15.6	10572.1	10482.3	198782.6	65448.8	42384.2
6322.9		2.2		47037.2	14907.6	5668.0
325758.8	1717.9	17428.9	23.3	2543917.4	1202992.1	265190.6
57284.0	531.4	51.8		498609.6	485674.6	18807.6
437215.5	209210.5	251166.5	105113.4	8325291.6	5485071.0	727045.9
238240.7	7287.3	67834.1	62984.3	4294050.7	2888826.6	775894.5
1047.7		1.7		45847.2	26577.6	2576.6
107.9				13588.8	10605.3	523.8
12003.6	2053.1	1622.7	27.2	821010.0	510941.4	149419.1
6.4		1.6		1699.4	695.7	629.3
1138.9		189.7	189.7	16217.3	3304.1	2912.7
875.1		47.0		3546.8	618.3	599.7
1271.8		12.3		45006.1	37054.4	20583.1
12180.3	569.7	2228.3		468187.1	276537.0	80107.6
31134.5	21771.5	43347.2	20618.0	-22367.1	-309480.0	113580.4
684293.2	238146.1	466219.0	94291.7	6411568.4	4008449.5	812860.0
15211.9	144.4	1651.2	1651.2	64646.7	34729.7	2631.5
780633.1	33727.5	172136.8	111735.3	11228132.0	6955615.4	1714814.3
140055.4	570.6	12299.5	11924.1	1008037.1	563310.1	181053.0
38344.4	5136.4	39041.3	38075.2	655153.3	213504.2	44103.9
30.5		112.8		162	15.5	15.5
681758.8	54559.6	321220.8	179430.7	8692821.1	4826034.5	1283626.7
772541.3	189856.9	223669.6	8046.3	5789505.6	3756953.3	815844.1
37227.7	1338.4	15353.8	14320.2	891069.1	589076.5	233067.8
3367.1		1555.3	1542.8	39551.8	28705.7	10274
163698.7	31970.1	129661.1	54337.5	3955233.1	2575150.8	412860.1

15-7 续表 6

单位：万元

指　　标	Item	二、期末资产负债 负债合计 Total Liabilities
总　计	**Total**	**14327109.6**
按行业小类分	**By Retail Sector**	
综合零售	Comprehensive Retails	2959117.0
百货零售	Department Stores	1856260.9
超级市场零售	Supermarkets	863383.0
便利店零售	Convenience Stores	197338.0
其他综合零售	Other Comprehensive Retails	42135.1
食品、饮料及烟草制品专门零售	Special Retail of Food, Beverages and Tobacco	628572.7
粮油零售	Retail of Grains and Edible Oil	66565.8
糕点、面包零售	Retail of Cakes and Bread	29719.3
果品、蔬菜零售	Retail of Fruits and Vegetables	142902.8
肉、禽、蛋、奶及水产品零售	Retail of Meat, Poultry, Eggs and Aquatic Products	133561.2
营养和保健品零售	Retail of Nutraceutical Products	2347.9
酒、饮料及茶叶零售	Retail of Liquor, Beverages and Tea	120683.8
烟草制品零售	Retail of Tobacco	9681.4
其他食品零售	Retail of Other Food	123110.5
纺织、服装及日用品专门零售	Special Retail of Textile, Garments and Daily Consumer Articles	1056586.4
纺织品及针织品零售	Retail of Textiles and Knitwear	63953.3
服装零售	Retail of Garments	777421.8
鞋帽零售	Retail of Shoes and Hats	109598.9
化妆品及卫生用品零售	Retail of Cosmetics and Sanitary Articles	28177.5
厨具卫具及日用杂品零售	Retail of Cooking Utensils, Bathroom Articles and Daily Groceries	22267.3
钟表、眼镜零售	Retail of Clocks, Watches and Glasses	40679.1
箱包零售	Retail of Suitcases and Bags	978.2
自行车零售	Retail of Bicycles	306.2
其他日用品零售	Retail of Other General Merchandise	13204.1
文化、体育用品及器材专门零售	Special Retail of Cultural and Sports Articles	569639.7
文具用品零售	Retail of Cultural Articles	29826.3
体育用品及器材零售	Retail of Sports Articles	19548.4
图书、报刊零售	Retail of Books, Newspapers and Magazines	466553.5
音像制品及电子出版物零售	Wholesale of audio-visual products, electronic and digital publications	47.9
珠宝首饰零售	Retail of Jewelry	40047.9
工艺美术品及收藏品零售	Retail of Handicrafts and Collections	9785.0
乐器零售	Retail of Musical Instrument	1176.7
照相器材零售	Retail of Photographic Equipment	1192.1
其他文化用品零售	Retail of Other Cultural Goods	1461.9
医药及医疗器材专门零售	Special Retail of Medicine and Medical Appliances	738200.1
西药零售	Retail of Western Medicine	677431.7
中药零售	Retail of Tradition Chinese Medicine	10312.4
动物用药品零售	Retail of Animal Medicine	28.6
医疗用品及器材零售	Retail of Medical Articles and Appliances	50427.4
保健辅助治疗器材零售	Retail of Health Auxiliary Treatment Appliances	
汽车、摩托车、燃料及零配件专门零售	Special Retail of Automobiles, Motorcycles, Fuel and Spare Parts	6668048.3
汽车新车零售	Retail of New Automobiles	3468998.9
汽车旧车零售	Retail of Second-hand Automobiles	18753.4

continued

(10 000 yuan)

Assets and Liabilities			三、损益及分配 Profits and Losses			
所有者权益合计 Total Owner's Equity	实收资本 Paid-up Capital	个人资本 Personal Capital	营业收入 Gross Sales	主营业务收入 Main Business Income	营业成本 Operating Cost	税金及附加 Taxes and Surcharges
6512049.4	**4332296.7**	**402097.5**	**40728671.6**	**39589925.6**	**36026299.2**	**118588.9**
827363.7	525588.5	23703.0	5778832.0	5513116.8	4591276.9	27987.3
593702.8	194353.4	6216.1	2554291.9	2386381.3	1925611.4	19200.3
179559.8	227358.6	11402.0	2642418.6	2567930.5	2181975.4	6119.5
-12114.4	77517.4	3137.2	325465.3	304347.2	269096.8	665.5
66215.5	26359.1	2947.7	256656.2	254457.8	214593.3	2002.0
464506.4	120588.7	33848.2	2595642.8	2585550.0	2204916.8	7101.1
53531.6	16217.6	4706.2	216300.7	215125.5	189178.6	354.8
5885.9	1798.2	200.0	77112.0	77068.1	54878.0	94.2
84423.5	32380.2	5158.7	411911.3	410964.8	347083.4	580.8
61703.7	16290.8	7168.4	825704.8	825050.0	735119.1	1412.3
2687.8	1848.8	16.0	17389.7	17082.1	13343.1	205.6
142660.9	32188.4	9343.2	504739.5	500942.3	416630.0	1887.6
20223.6	4917.0	517.0	61618.1	61220.8	48540.7	183.8
93389.4	14947.7	6738.7	480866.7	478096.4	400143.9	2382.0
234350.3	638316.7	8864.7	1161800.6	1118436.4	867192.0	5394.5
5435.4	1579.8	686.2	97937.0	97391.5	80901.5	152.0
168947.3	615945.6	5351.6	691351.8	654125.0	520540.6	3312.8
19605.9	3475.9	100.0	89999.6	89788.4	59539.0	438.4
-109.9	1999.6	109.6	47005.1	46488.9	33798.5	468.4
8707.4	1354.4	772.4	57271.6	54584.2	46091.9	247.0
31237.5	10795.9	226.2	114986.3	112416.0	73359.7	663.3
-452.7	800.0	800.0	4358.4	4357.2	3821.2	1.2
417.2	258.9	100.0	6901.6	6857.5	5636.6	26.0
562.2	2106.6	718.7	51989.2	52427.7	43503.0	85.4
681902.5	52963.6	7973.0	552392.7	538525.6	375777.0	4952.0
36575.2	19881.6	4358.0	113613.7	112514.5	96773.7	422.7
-1134.0	1296.2		33781.3	33777.0	20534.6	148.1
627956.9	16994.7	1127.1	319782.2	307387.3	193344.5	2438.3
59.0			524.1	524.1	406.5	0.3
14670.9	9985.7	1617.7	64108.3	63869.6	49206.4	1828.3
605.2	2130.3	30.0	9642.8	9512.8	6235.5	90.7
403.6	250.0	50.0	1232.1	1232.1	1073.8	0.5
-12.7			6119.4	6119.4	5800.7	1.8
2778.4	2425.1	790.2	3588.8	3588.8	2401.3	21.3
220868.8	156905.2	13193.2	1768038.2	1657311.2	1384338.2	6036.1
170013.1	109107.6	12155.9	1651733.3	1550277.9	1303533.2	5722.5
5837.6	4722.9	572.9	11788.5	11787.4	6844.9	43.2
52.9			682.4	682.4	626.5	0.1
44965.2	43074.7	464.4	103834.0	94563.5	73333.6	270.3
3373620.6	2357473.8	143288.5	20543406.3	19920624.1	19137904.6	52103.1
744350.6	1827128.8	112445.7	10958403.9	10729405.4	10307461.2	36164.6
6590.0	3739.7	1047.4	110530.2	109003.5	101761.2	137.6

15-7 续表 7

单位：万元

指标	Item	二、期末资产负债 负债合计 Total Liabilities
汽车零配件零售	Retail of Automobile Fittings	39236.4
摩托车及零配件零售	Retail of Motorcycles and Parts	33381.8
机动车燃油零售	Retail of Motor Fuel	1875977.9
机动车燃气零售	Retail of Motor Gas	1183077.2
机动车充电零售	Retail of Motor Eletricity	48622.7
家用电器及电子产品专门零售	Special Retail of Household Electrical Appliances and Electronic Products	497900.7
家用视听设备零售	Retail of Household Audio and Video Appliances	122816.8
日用家电设备零售	Retail of Household Electrical Appliances	193812.2
计算机、软件及辅助设备零售	Retail of Computers, Software and Assistant Equipment	84212.5
通信设备零售	Retail of Communication Equipment	73327.0
其他电子产品零售	Retail of Other Electronic Products	23732.2
五金、家具及室内装饰材料专门零售	Special Retail of Hardware, Furniture and Decoration Materials	277775.0
五金零售	Retail of Hardware	74649.0
灯具零售	Retail of Light Fittings	10069.2
家具零售	Retail of Furniture	93891.2
涂料零售	Retail of Paint	8123.0
卫生洁具零售	Retail of Sanitary Ware	3332.8
木质装饰材料零售	Retail of Wooden Decorative Materials	6529.5
陶瓷、石材装饰材料零售	Retail of Ceramics and Stone Decorative Materials	17751.0
其他室内装修材料零售	Retail of Other Indoor Decoration Materials	63429.3
货摊、无店铺及其他零售业	Stall, Non-shop and Other Retails	931269.7
流动货摊零售	Mobile Stall Retails	
互联网零售	E-commerce Retails	895358.2
邮购及电视、电话零售	Mail Order, Television, and Telephone Retails	695.7
自动售货机零售	Vending Machine Retails	1344.0
旧货零售	Retail of Used Goods	299.3
生活用燃料零售	Retail of Fuel for Daily Use	9988.6
宠物食品用品零售	Retail of Pet Foods and Articles	
其他未列明的零售	Other Retails not Classified Elsewhere	23583.9
按登记注册类型分	**By Status of Registration**	
国有独资公司	Wholly State-owned Companies	26430.1
私营有限责任公司	Private Limited Liability Companies	5508611.5
其他有限责任公司	Other Limited Liability Companies	3417799.9
私营股份有限公司	Private Share Holding Limited Companies	1304675.7
其他股份有限公司	Other Share Holding Limited Liability Companies	2614710.4
全民所有制企业(国有企业)	Wholly People Owned Enterprises (State-owned Enterprises)	2937.1
集体所有制企业(集体企业)	Collective Owned Enterprises (Collective Enterprises)	3136.9
股份合作企业	Cooperative Stock Enterprises	881.5
联营企业	Joint Venture Enterprises	67.3
个人独资企业	Sole Proprietorship Enterprises	36469.0
合伙企业	Partnership Enterprises	1645.0
其他内资企业	Other Domestic-funded Enterprises	
港澳台投资有限责任公司	Limited Liability Companies Funded by Hong Kong, Macao and Taiwan	813929.6
港澳台投资股份有限公司	Limited Liability Companies by Shares Funded by Hong Kong, Macao and Taiwan	116223.8
港澳台投资合伙企业	Partnership Enterprises Funded by Hong Kong, Macao and Taiwan	
其他港澳台投资企业	Other Enterprises Funded by Hong Kong, Macao and Taiwan	

continued

(10 000 yuan)

Assets and Liabilities			三、损益及分配 Profits and Losses			
所有者权益合计 Total Owner's Equity	实收资本 Paid-up Capital	个人资本 Personal Capital	营业收入 Gross Sales	主营业务收入 Main Business Income	营业成本 Operating Cost	税金及附加 Taxes and Surcharges
7071.8	1718.7	827.9	106567.8	106384.4	92517.9	131.6
25841.6	44151.9	2366.0	349290.0	348580.9	320287.0	896.9
2575708.9	457021.2	25438.4	8849152.5	8458647.3	8157877.5	14462.3
5738.5	3235.4	1163.1	142135.0	142083.0	130560.4	287.4
8319.2	20478.1		27326.9	26519.6	27439.4	22.7
188689.0	286898.0	131179.3	2313488.9	2292479.2	2061558.7	5692.5
72403.0	88978.3	3500.3	616322.6	608724.7	550919.7	1173.0
20257.4	41678.2	10876.5	616453.6	615782.1	562958.2	1688.1
55919.1	136709.0	108269.0	378983.3	377804.0	317248.2	1141.5
32534.4	15868.1	7724.1	590217.8	579382.3	530521.5	602.0
7575.1	3664.4	809.4	111511.6	110786.1	99911.1	1087.9
213065.8	67275.6	17582.3	816683.3	810194.6	668219.0	3804.6
33515.2	10027.2	6061.5	213633.5	213453.8	178729.6	706.9
2242.4	1246.5	540.7	20781.2	20750.4	15976.3	82.7
15639.8	36127.6	2818.8	259388.9	258913.5	207410.2	1697.1
3684.8	2279.3	1700.0	12877.4	12877.4	10247.5	30.6
4810.2	1241.9	410.9	26289.0	26289.0	23308.1	34.1
2963.4	322.4	106.8	32689.4	32679.1	26512.4	122.7
108129.5	3888.5	269.7	58479.6	58391.2	48593.1	144.6
42080.5	12142.2	5673.9	192544.3	186840.2	157441.8	985.9
307682.3	126286.6	22465.3	5198386.8	5153687.7	4735116.0	5517.7
277711.8	110858.5	20301.1	4986164.0	4943668.8	4556499.7	4813.8
1003.7	1000.0		3743.5	3743.5	1455.9	1.8
217.5	100.0		4925.4	4925.4	3696.6	16.7
725.7			1100.0	1100.0	771.5	4.2
7982.2	4446.3	430.0	70614.0	68412.1	60320.0	279.0
20041.4	9881.8	1734.2	131839.9	131837.9	112372.3	402.2
219869.4	18170.3		255891.0	252289.2	224141.4	1326.6
1799754.4	2844603.3	365424.8	19331508.0	19090562.1	17065685.0	59736.2
1313130.4	847672.9	10441.6	9224797.6	8940757.7	8220380.8	17773.1
654710.3	61096.3	13245.3	2022751.1	1874524.9	1517769.2	14872.4
1894462.6	15333.0	2776.5	6500450.6	6150982.5	6057657.9	8292.4
55276.4	2530.0		65921.8	62776.8	61107.8	341.3
9723.1	1065.6		37540.5	37540.5	34901.0	57.7
4036.6	3969.1	3160.0	13458.3	13391.0	9073.1	145.9
1139.5			3165.8	3089.7	2857.5	9.2
48592.8	13310.1	6364.3	319755.6	315851.7	263577.4	1157.7
1627.3	641.1	410.0	13761.5	13761.5	11958.2	64.8
155127.0	296807.8	60.0	961545.2	902686.4	806578.0	10354.5
98443.4	26100.0		215087.8	191248.0	145858.7	1044.2

15-7 续表 8

单位：万元

指标	Item	二、期末资产负债 负债合计 Total Liabilities
外商投资有限责任公司	Foreign-funded Limited Liability Companies	402459.5
外商投资股份有限公司	Foreign-funded Limited Liability Companies by Shares	67253.2
外商投资合伙企业	Foreign-funded Partnership Enterprises	9343.1
其他外商投资企业	Other Foreign-funded Enterprises	
农民专业合作社(联合社)	Farmers' Professional Cooperative (Union)	536.0
个体工商户	Individual Business	
其他市场主体	Other Market Entities	
按单位规模分	**By Size of Enterprise**	
大　型	Large	5221211.8
中　型	Medium	5995701.1
小　型	Small	2386275.2
微　型	Micro	723921.5
按零售业态分	**By Type of Retail Business**	
便利店	Convenience Store	421449.0
超　市	Super Market	1258323.3
折扣店	Discount Store	124677.7
仓储会员店	Warehouse Membership Store	17304.4
百货店	Department Store	1853058.1
购物中心	Shopping Mall	531391.6
专业店	Specialized Store	5934503.3
品牌专卖店	Brand Store	3285725.8
集合店	Collection Store	31550.4
无人值守商店	Unattended Store	12490.4
网络零售	Online Retail	582497.2
电视/广播零售	Television/Radio Retail	695.7
邮寄零售	Mailing Retail	4397.6
无人售货设备零售	Unmanned Vending Equipment Retail	4545.4
电话零售	Telephone Retail	38054.2
直　销	Direct Sales	343075.4
流动货摊零售	Mobile stall retail	
其　他	Others	-116629.9
按控股情况分	**By Holding Entity of Share**	
国有控股	State-holding	4550161.0
集体控股	Collective-holding	35977.8
私人控股	Private-holding	8471621.4
港澳台商控股	Held by Corporation from Hong Kong, Macao and Taiwan	837396.0
外商控股	Foreign-holding	431640.3
其　他	Other	15.5
按经营形式分	**By Form of Business**	
独立门店	Independent Store	6155237.5
连锁总店(总部)	Central Shop of Chain Stores (Headquarter)	4509158.9
连锁直营店	Direct-sale Shop of Chain Stores	768025.6
连锁加盟店	Branch Shop of Chain Stores	31858.4
其　他	Others	2862829.2

continued

(10 000 yuan)

Assets and Liabilities			三、损益及分配 Profits and Losses			
所有者权益合计 Total Owner's Equity	实收资本 Paid-up Capital	个人资本 Personal Capital	营业收入 Gross Sales	主营业务收入 Main Business Income	营业成本 Operating Cost	税金及附加 Taxes and Surcharges
167435.2	113095.6		1000224.8	988441.3	886208.0	2686.5
93355.0	67481.6		747761.9	737734.8	708570.4	697.5
-5525.7	20000.0		10885.5	10122.9	7016.0	16.4
891.7	420.0	215.0	4164.6	4164.6	2958.8	12.5
3498689.0	625898.5	5250.0	12581158.8	12042792.3	10880386.3	32130.0
1305019.1	1595239.2	86285.5	14942458.1	14498399.8	13470778.1	43013.7
1247945.2	917853.2	262133.8	8709830.7	8629523.0	7656339.8	33576.8
460396.1	1193305.8	48428.2	4495224.0	4419210.5	4018795.0	9868.4
1001750.3	360794.7	11598.2	6446883.2	6131577.8	5886491.0	10509.1
249916.8	327147.6	21121.2	3980694.0	3900961.7	3337981.3	10314.5
74104.9	28370.0	590.0	249224.5	221826.9	194475.3	837.2
29732.8	3468.3	1897.0	99898.7	99787.3	90513.0	160.2
690859.3	185180.0	5047.8	2630326.9	2460539.1	1974865.5	19441.9
-32782.0	44339.5	2388.3	415943.5	413563.1	370672.6	896.1
2626312.0	888624.1	121052.0	10808135.8	10508639.6	9477477.8	34474.7
1283062.6	2251730.4	181300.6	10881469.0	10672264.1	10102151.6	32273.9
14296.8	17804.9	3998.1	137012.5	133154.5	117812.9	247.5
1098.4	2150.0	50.0	7173.3	7173.3	6526.4	16.4
238512.8	79862.3	15272.9	3383121.3	3369632.7	3046161.9	3783.9
1003.7	1000.0		3743.5	3743.5	1455.9	1.8
11819.7	1834.0	110.0	35709.7	34936.3	31643.6	170.7
-998.6	1100.0		7504.8	7504.8	4723.0	11.9
6951.9	2662.7	1708.0	75153.1	73093.3	67943.3	184.8
125111.7	27905.2	8156.1	598085.1	595363.0	466832.9	2118.0
191296.3	108323.0	27807.3	968592.7	956164.6	848571.2	3146.3
3332593.6	676614.1	5739.9	12711697.6	12157165.4	11727956.6	22072.0
28668.9	10390.8	200.0	131780.5	129846.5	118759.5	347.8
2756302.7	3174856.8	396082.6	24408979.6	23904850.5	21059260.4	82534.6
170641.1	302807.8	60.0	1319517.4	1256684.3	1145668.6	11000.0
223513.0	167512.2		2155408.5	2140090.9	1973808.0	2626.8
146.5	100		525.8	525.8	269.1	3.8
3044595.7	3330285.3	355855.5	21891357.5	21470274.9	19574289.1	74626.1
2054567	451964.1	9803.5	8704455.7	8222860.9	7335309.9	27605.2
110282.9	174187.8	3394.6	1879034.2	1851913.9	1628439.6	2478.2
7693.4	7780.5	1129.8	56159.1	54969.8	45723.9	113.7
1294910.4	368079	31914.1	8197665.1	7989906.1	7442536.7	13765.7

15-7 续表 9

单位：万元

指　　标	Item	三、损益及分配 其他业务利润 Other Business Profits
总　计	**Total**	**254936.2**
按行业小类分	**By Retail Sector**	
综合零售	Comprehensive Retails	87997.8
百货零售	Department Stores	19859.7
超级市场零售	Supermarkets	66928.3
便利店零售	Convenience Stores	1149.5
其他综合零售	Other Comprehensive Retails	60.3
食品、饮料及烟草制品专门零售	Special Retail of Food, Beverages and Tobacco	1425.4
粮油零售	Retail of Grains and Edible Oil	633.8
糕点、面包零售	Retail of Cakes and Bread	
果品、蔬菜零售	Retail of Fruits and Vegetables	48.9
肉、禽、蛋、奶及水产品零售	Retail of Meat, Poultry, Eggs and Aquatic Products	
营养和保健品零售	Retail of Nutraceutical Products	
酒、饮料及茶叶零售	Retail of Liquor, Beverages and Tea	299.5
烟草制品零售	Retail of Tobacco	170.9
其他食品零售	Retail of Other Food	272.3
纺织、服装及日用品专门零售	Special Retail of Textile, Garments and Daily Consumer Articles	28761.8
纺织品及针织品零售	Retail of Textiles and Knitwear	
服装零售	Retail of Garments	27749.3
鞋帽零售	Retail of Shoes and Hats	
化妆品及卫生用品零售	Retail of Cosmetics and Sanitary Articles	74.1
厨具卫具及日用杂品零售	Retail of Cooking Utensils, Bathroom Articles and Daily Groceries	
钟表、眼镜零售	Retail of Clocks, Watches and Glasses	721.3
箱包零售	Retail of Suitcases and Bags	211.4
自行车零售	Retail of Bicycles	
其他日用品零售	Retail of Other General Merchandise	5.7
文化、体育用品及器材专门零售	Special Retail of Cultural and Sports Articles	11453.7
文具用品零售	Retail of Cultural Articles	58.5
体育用品及器材零售	Retail of Sports Articles	
图书、报刊零售	Retail of Books, Newspapers and Magazines	11339.1
音像制品及电子出版物零售	Wholesale of audio-visual products, electronic and digital publications	
珠宝首饰零售	Retail of Jewelry	8.6
工艺美术品及收藏品零售	Retail of Handicrafts and Collections	47.5
乐器零售	Retail of Musical Instrument	
照相器材零售	Retail of Photographic Equipment	
其他文化用品零售	Retail of Other Cultural Goods	
医药及医疗器材专门零售	Special Retail of Medicine and Medical Appliances	61564.0
西药零售	Retail of Western Medicine	2956.4
中药零售	Retail of Tradition Chinese Medicine	
动物用药品零售	Retail of Animal Medicine	
医疗用品及器材零售	Retail of Medical Articles and Appliances	58607.6
保健辅助治疗器材零售	Retail of Health Auxiliary Treatment Appliances	
汽车、摩托车、燃料及零配件专门零售	Special Retail of Automobiles, Motorcycles, Fuel and Spare Parts	61246.0
汽车新车零售	Retail of New Automobiles	55761.5
汽车旧车零售	Retail of Second-hand Automobiles	397.3

continued

(10 000 yuan)

Profits and Losses						
销售费用 Sales Expenses	管理费用 Management Expenses	研发费用 R&D expenses	财务费用 Financial Expenses			投资收益 Income from Investment
				利息收入 Interest Income	利息费用 Interest expenses	
2618974.3	**944395.4**	**11752.8**	**136313.3**	**41104.2**	**107065.2**	**13424.7**
719648.3	238774.3	2946.8	49247.8	12740.7	31897.2	-2370.0
321538.4	143515.9	2681.9	22655.7	12050.4	25225.4	-813.3
347629.0	68490.7	251.7	22789.2	461.5	4411.2	-1689.7
37183.5	17344.4	0.4	2687.3	210.2	1527.7	0.4
13297.4	9423.3	12.8	1115.6	18.6	732.9	132.6
119047.3	98365.1	2011.8	8207.3	649.3	4078.3	952.6
6154.6	6813.1	8.4	538.4	327.6	485.0	51.4
18542.5	5166.7	4.3	457.5	9.4	408.8	1.1
12962.0	19190.5	51.3	1838.1	-29.0	808.3	769.1
30627.6	26625.4	577.1	2152.6	92.6	822.3	2050.0
2094.0	820.3	25.7	133.0	0.2	3.0	9.2
15213.7	16476.6	319.8	1459.2	-26.6	791.1	10.7
4505.8	2477.1	0.1	-89.1	191.4	44.6	
28947.1	20795.4	1025.1	1717.6	83.7	715.2	-1938.9
169654.6	68706.1	24.2	8122.5	4100.4	9901.3	8513.6
13170.0	2396.1	1.9	667.2	3.5	613.4	8.5
89636.2	47736.1	14.1	5421.0	4049.8	7917.9	8063.0
22083.1	5043.2	0.3	230.1	2.0	180.5	525.6
7570.8	2183.1	2.5	257.4	1.6	49.1	
6908.6	1780.0	3.6	234.6	18.8	159.8	
25262.6	7253.9	1.5	1143.2	24.4	950.8	-83.5
425.8	246.6		0.4		0.1	
249.8	256.8		21.5		2.2	
4347.7	1810.3	0.3	147.1	0.3	27.5	
77186.8	51765.3	40.1	-2391.0	9086.1	4746.7	2487.5
7360.9	3580.6	0.9	330.5	6.2	192.0	-33.6
11458.0	501.5		597.0	-0.3	578.7	
47668.6	44221.1	14.9	-3952.7	9048.5	3935.9	2520.8
34.1	23.6		0.6		0.6	
9175.1	1953.7	0.7	255.5	27.7	36.9	
880.8	901.1	23.6	345.6	1.0	2.3	
41.2	111.1		0.3			0.3
139.8	147.4		31.1	0.1		
428.3	325.2		1.1	2.9	0.3	
246604.9	72403.0	192.8	6577.1	1587.4	5851.3	-1012.7
221544.6	66605.0	138.8	5604.7	1576.5	5494.7	-1014.1
1013.1	1752.4		179.5	9.6	193.5	
41.7	7.0		0.3			
24005.5	4038.6	54.0	792.6	1.3	163.1	1.4
834796.2	233374.8	1988.3	48178.2	8875.0	39667.4	5538.7
447371.7	177001.7	160.0	36808.7	3101.8	28020.2	5228.7
3358.5	3116.6	2.5	167.9	-0.6	136.1	

15-7 续表 10

单位：万元

指 标	Item	三、损益及分配 其他业务利润 Other Business Profits
汽车零配件零售	Retail of Automobile Fittings	
摩托车及零配件零售	Retail of Motorcycles and Parts	24.7
机动车燃油零售	Retail of Motor Fuel	4670.3
机动车燃气零售	Retail of Motor Gas	313.7
机动车充电零售	Retail of Motor Eletricity	78.5
家用电器及电子产品专门零售	Special Retail of Household Electrical Appliances and Electronic Products	2553.4
家用视听设备零售	Retail of Household Audio and Video Appliances	
日用家电设备零售	Retail of Household Electrical Appliances	749.2
计算机、软件及辅助设备零售	Retail of Computers, Software and Assistant Equipment	
通信设备零售	Retail of Communication Equipment	1787.4
其他电子产品零售	Retail of Other Electronic Products	16.8
五金、家具及室内装饰材料专门零售	Special Retail of Hardware, Furniture and Decoration Materials	90.5
五金零售	Retail of Hardware	
灯具零售	Retail of Light Fittings	
家具零售	Retail of Furniture	79.4
涂料零售	Retail of Paint	
卫生洁具零售	Retail of Sanitary Ware	11.1
木质装饰材料零售	Retail of Wooden Decorative Materials	
陶瓷、石材装饰材料零售	Retail of Ceramics and Stone Decorative Materials	
其他室内装修材料零售	Retail of Other Indoor Decoration Materials	
货摊、无店铺及其他零售业	Stall, Non-shop and Other Retails	-156.4
流动货摊零售	Mobile Stall Retails	
互联网零售	E-commerce Retails	-482.1
邮购及电视、电话零售	Mail Order, Television, and Telephone Retails	
自动售货机零售	Vending Machine Retails	
旧货零售	Retail of Used Goods	
生活用燃料零售	Retail of Fuel for Daily Use	
宠物食品用品零售	Retail of Pet Foods and Articles	
其他未列明的零售	Other Retails not Classified Elsewhere	325.7
按登记注册类型分	**By Status of Registration**	
国有独资公司	Wholly State-owned Companies	2.8
私营有限责任公司	Private Limited Liability Companies	55364.0
其他有限责任公司	Other Limited Liability Companies	133643.6
私营股份有限公司	Private Share Holding Limited Companies	
其他股份有限公司	Other Share Holding Limited Liability Companies	1878.7
全民所有制企业(国有企业)	Wholly People Owned Enterprises (State-owned Enterprises)	1236.1
集体所有制企业(集体企业)	Collective Owned Enterprises (Collective Enterprises)	
股份合作企业	Cooperative Stock Enterprises	
联营企业	Joint Venture Enterprises	
个人独资企业	Sole Proprietorship Enterprises	69.9
合伙企业	Partnership Enterprises	
其他内资企业	Other Domestic-funded Enterprises	
港澳台投资有限责任公司	Limited Liability Companies Funded by Hong Kong, Macao and Taiwan	31030.3
港澳台投资股份有限公司	Limited Liability Companies by Shares Funded by Hong Kong, Macao and Taiwan	22362.0
港澳台投资合伙企业	Partnership Enterprises Funded by Hong Kong, Macao and Taiwan	
其他港澳台投资企业	Other Enterprises Funded by Hong Kong, Macao and Taiwan	

continued

(10 000 yuan)

Profits and Losses						
销售费用 Sales Expenses	管理费用 Management Expenses	研发费用 R&D expenses	财务费用 Financial Expenses	利息收入 Interest Income	利息费用 Interest expenses	投资收益 Income from Investment
2537.0	6959.6	1176.6	256.4	8.5	159.5	-954.5
8392.6	7942.4	31.5	657.2	-6.2	237.9	-3365.5
364873.6	36384.5	617.7	10903.3	6772.0	10885.4	4737.3
7000.3	1249.0		-826.4	-1001.6	228.1	
1262.5	721.0		211.1	1.1	0.2	-107.3
119463.3	58267.1	2020.2	7319.9	589.4	3288.7	-1059.6
35694.9	11431.7	58.8	1767.7	73.8	537.6	38.5
32969.2	13899.7	17.7	2221.9	-75.5	932.5	-83.5
18623.3	14273.7	950.0	639.5	180.0	374.5	-258.3
29550.6	14490.8	429.6	2181.1	12.3	1401.2	-756.3
2625.3	4171.2	564.1	509.7	398.8	42.9	
42894.3	39286.7	112.3	5197.0	182.9	3717.8	-315.3
8166.2	7505.7	37.4	670.6	8.8	342.7	19.6
904.5	1714.6		110.7	-0.1	12.8	
21622.7	16418.9	46.3	3094.7	147.0	2830.5	-53.8
647.4	807.9	0.1	165.8	0.2	86.4	
1803.0	860.9	1.1	78.2	0.2	62.8	
663.2	1382.3	0.4	191.4	1.4	4.5	-47.4
1998.6	2505.6	1.1	116.4	2.9	60.1	
7088.7	8090.8	25.9	769.2	22.5	318.0	-233.7
289678.6	83453.0	2416.3	5854.5	3293.0	3916.5	689.9
280068.2	73087.9	2404.0	5255.3	3271.6	3669.6	-622.0
2262.5	20.2		0.2	0.1		
684.2	67.3		6.3	0.3	6.0	
20.0	105.5		1.0			
1914.6	2411.0	12.2	383.7	-0.4	191.7	211.1
4729.1	7761.1	0.1	208.0	21.4	49.2	1100.8
8795.1	3528.2	566.4	574.3	-66.6	706.3	1581.8
1065375.0	558147.2	5546.7	79907.7	5541.4	47583.1	-8148.0
815022.9	152196.4	922.1	16614.2	14901.2	15170.6	9938.9
275243.2	95711.4	3144.5	13781.3	11609.7	21338.4	1430.0
248626.7	-6236.9	185.4	870.2	5056.4	4061.6	3647.7
2644.4	1518.1		118.6	0.2	36.6	
263.3	899.7	1.1	-3.9	10.1	5.0	
1375.8	1216.4	53.7	480.2	6.0	303.1	
183.8	-31.2		-13.2			
18660.4	11217.9	453.1	1206.1	63.9	635.9	-2166.1
609.2	540.7	0.1	33.8	0.1	3.1	
79146.2	58980.2	0.1	9651.2	845.6	7234.0	6032.2
16191.2	19411.6		2419.7	2599.2	4536.6	31.3

15-7 续表 11

单位：万元

指　　标	Item	三、损益及分配 其他业务利润 Other Business Profits
外商投资有限责任公司	Foreign-funded Limited Liability Companies	8592.5
外商投资股份有限公司	Foreign-funded Limited Liability Companies by Shares	756.3
外商投资合伙企业	Foreign-funded Partnership Enterprises	
其他外商投资企业	Other Foreign-funded Enterprises	
农民专业合作社(联合社)	Farmers' Professional Cooperative (Union)	
个体工商户	Individual Business	
其他市场主体	Other Market Entities	
按单位规模分	**By Size of Enterprise**	
大　型	Large	144525.7
中　型	Medium	70094.9
小　型	Small	16144.7
微　型	Micro	24170.9
按零售业态分	**By Type of Retail Business**	
便利店	Convenience Store	2718.9
超　市	Super Market	69613.8
折扣店	Discount Store	22382.0
仓储会员店	Warehouse Membership Store	58.4
百货店	Department Store	20054.9
购物中心	Shopping Mall	65.2
专业店	Specialized Store	99106.7
品牌专卖店	Brand Store	39493.7
集合店	Collection Store	598.3
无人值守商店	Unattended Store	
网络零售	Online Retail	-436.3
电视/广播零售	Television/Radio Retail	
邮寄零售	Mailing Retail	0.3
无人售货设备零售	Unmanned Vending Equipment Retail	
电话零售	Telephone Retail	
直　销	Direct Sales	61.1
流动货摊零售	Mobile stall retail	
其　他	Others	1219.2
按控股情况分	**By Holding Entity of Share**	
国有控股	State-holding	26556.0
集体控股	Collective-holding	16.7
私人控股	Private-holding	187575.0
港澳台商控股	Held by Corporation from Hong Kong, Macao and Taiwan	31030.3
外商控股	Foreign-holding	9758.2
其　他	Other	
按经营形式分	**By Form of Business**	
独立门店	Independent Store	111743.6
连锁总店(总部)	Central Shop of Chain Stores (Headquarter)	69984.8
连锁直营店	Direct-sale Shop of Chain Stores	69097.2
连锁加盟店	Branch Shop of Chain Stores	6.1
其　他	Others	4104.5

continued

(10 000 yuan)

Profits and Losses						
销售费用 Sales Expenses	管理费用 Management Expenses	研发费用 R&D expenses	财务费用 Financial Expenses	利息收入 Interest Income	利息费用 Interest expenses	投资收益 Income from Investment
62553.9	37985.0	879.4	9675.9	512.4	5134.1	829.6
22884.3	4618.7		702.5			247.3
1178.7	4324.4		291.5	23.6	315.1	
220.2	367.6	0.2	3.2	1.0	1.7	
1269441.2	265842.2	3081.6	42631.1	26580.3	38716.0	17701.8
804512.4	305206.3	5232.6	46490.6	9848.5	38894.2	6859.9
373208.8	277442.8	2698.4	37209.8	1787.4	21446.9	-8768.0
171811.9	95904.1	740.2	9981.8	2888.0	8008.1	-2369.0
333779.7	30158.7	308.2	10411.0	3490.2	6551.6	3444.4
409876.3	117520.5	349.9	30464.6	875.0	8507.5	726.0
13500.3	18461.9	8.5	2080.0	2562.2	4200.8	
2673.9	3113.2	0.4	383.2	3.1	155.7	36.9
347378.6	147359.3	2686.2	20856.9	11939.3	23992.9	-1020.1
35611.0	20729.1	3.2	4812.0	1312.8	5439.8	2065.6
624495.3	287848.6	2451.2	22863.3	13747.2	26966.1	4202.3
525010.5	177853.7	679.7	33777.8	5762.5	25536.6	3782.2
11229.0	4710.5	0.2	341.3	132.0	235.0	
49.8	312.0		84.6	1.5	2.7	
207231.7	65443.0	2108.0	4881.3	1274.3	1986.5	-615.6
2262.5	20.2		0.2	0.1		
914.3	922.4	20.8	162.0	6.5	4.3	
2752.6	250.8		-2.5	0.2	0.1	
1728.4	2622.7	3.9	308.9	3.3	102.8	156.1
61205.6	30836.0	743.2	2140.3	-354.6	1148.3	-5.3
39274.8	36232.8	2389.4	2748.4	348.6	2234.5	652.2
643053.5	92209.6	1095.3	2168.7	18531.7	15321.3	12269.0
4567.9	3735.1	2.3	442.5	-48.9	495.8	
1754649.7	743599.5	9775.7	114010.1	21107.6	78472.7	-5706.1
89037.8	63170.2	0.1	9610.3	978.5	7234.0	6032.2
127552.1	41555.8	879.4	10080.0	534.3	5539.7	829.6
29.8	52.1		1.2		1.2	
1061517.9	571483.7	3213.8	92475.2	9019	62268.7	6378
930386.3	199833	3077.3	26045.5	25292.5	32094.7	8514.3
208032.2	44289.6	14.6	9733.7	939.1	5950.9	-1955.3
4124.8	4447.5	9.2	470.8	3.8	336.7	-1229.7
414913.1	124341.6	5437.9	7588.1	5849.8	6414.2	1717.4

15-7 续表 12

单位：万元

指 标	Item	三、损益及分配 营业利润 Business Profits
总 计	**Total**	**915057.2**
按行业小类分	**By Retail Sector**	
综合零售	Comprehensive Retails	188490.2
百货零售	Department Stores	156374.7
超级市场零售	Supermarkets	16764.9
便利店零售	Convenience Stores	-948.5
其他综合零售	Other Comprehensive Retails	16299.1
食品、饮料及烟草制品专门零售	Special Retail of Food, Beverages and Tobacco	160192.5
粮油零售	Retail of Grains and Edible Oil	14086.8
糕点、面包零售	Retail of Cakes and Bread	-1526.3
果品、蔬菜零售	Retail of Fruits and Vegetables	31128.2
肉、禽、蛋、奶及水产品零售	Retail of Meat, Poultry, Eggs and Aquatic Products	31252.3
营养和保健品零售	Retail of Nutraceutical Products	826.0
酒、饮料及茶叶零售	Retail of Liquor, Beverages and Tea	54157.3
烟草制品零售	Retail of Tobacco	5820.6
其他食品零售	Retail of Other Food	24447.6
纺织、服装及日用品专门零售	Special Retail of Textile, Garments and Daily Consumer Articles	52972.2
纺织品及针织品零售	Retail of Textiles and Knitwear	933.3
服装零售	Retail of Garments	32786.5
鞋帽零售	Retail of Shoes and Hats	3190.9
化妆品及卫生用品零售	Retail of Cosmetics and Sanitary Articles	2644.1
厨具卫具及日用杂品零售	Retail of Cooking Utensils, Bathroom Articles and Daily Groceries	2111.3
钟表、眼镜零售	Retail of Clocks, Watches and Glasses	7798.9
箱包零售	Retail of Suitcases and Bags	-136.8
自行车零售	Retail of Bicycles	729.7
其他日用品零售	Retail of Other General Merchandise	2914.3
文化、体育用品及器材专门零售	Special Retail of Cultural and Sports Articles	43727.1
文具用品零售	Retail of Cultural Articles	4847.8
体育用品及器材零售	Retail of Sports Articles	511.6
图书、报刊零售	Retail of Books, Newspapers and Magazines	35018.7
音像制品及电子出版物零售	Wholesale of audio-visual products, electronic and digital publications	59.0
珠宝首饰零售	Retail of Jewelry	1684.5
工艺美术品及收藏品零售	Retail of Handicrafts and Collections	1189.8
乐器零售	Retail of Musical Instrument	5.5
照相器材零售	Retail of Photographic Equipment	-1.4
其他文化用品零售	Retail of Other Cultural Goods	411.6
医药及医疗器材专门零售	Special Retail of Medicine and Medical Appliances	52434.8
西药零售	Retail of Western Medicine	49426.5
中药零售	Retail of Tradition Chinese Medicine	1957.2
动物用药品零售	Retail of Animal Medicine	6.8
医疗用品及器材零售	Retail of Medical Articles and Appliances	1044.3
保健辅助治疗器材零售	Retail of Health Auxiliary Treatment Appliances	
汽车、摩托车、燃料及零配件专门零售	Special Retail of Automobiles, Motorcycles, Fuel and Spare Parts	220184.7
汽车新车零售	Retail of New Automobiles	-35055.2
汽车旧车零售	Retail of Second-hand Automobiles	2025.6

continued

(10 000 yuan)

Profits and Losses				四、人工成本及增值税 Labor cost and Value-added Tax		五、从事批发和零售业活动的从业人员平均人数（人） Annual Average Employees Engaged in wholesale and retail activities (person)
营业外收入 Non-business Income	营业外支出 Non-business Expenses	利润总额 Total Profits	所得税费用 Income Tax Payable	应付职工薪酬 Employee compensation	应交增值税 Value-added Tax	
54371.7	**30770.8**	**918589.3**	**81696.3**	**1602895.8**	**495000**	**178362**
9063.7	6183.7	190778.6	16283.4	442416.0	91513	53179
3480.0	2041.0	157672.1	13203.7	225969.2	43476	18580
4763.4	3308.7	17769.5	2844.5	176492.7	28815	29530
648.0	602.4	-902.8	-1246.0	29642.8	13205	3006
172.3	231.6	16239.8	1481.2	10311.3	6016	2063
2577.8	5232.7	157384.5	13910.7	107948.2	27076	14954
52.5	720.7	13418.6	380.0	6121.5	1651	1068
87.4	677.0	-2115.9	30.7	16262.0	398	1798
393.8	400.7	30968.2	1048.6	16368.9	1912	2635
642.7	1061.0	30834.0	1426.7	29774.8	4066	3929
32.4	3.5	854.9	23.1	1606.0	365	195
922.4	1544.8	53534.8	8496.3	13493.7	10437	1994
54.4	0.3	5874.7	920.2	5224.1	2843	378
392.2	824.7	24015.2	1585.1	19097.2	5404	2957
7439.5	507.4	59904.6	8136.3	98994.4	21260	12616
23.7	55.3	901.7	31.9	8182.4	1040	927
6042.9	386.2	38443.2	6143.9	51996.7	12829	6184
1071.7	4.5	4258.0	224.6	10968.1	3412	1584
118.1	3.9	2758.3	416.5	4536.1	852	829
46.3	6.4	2151.2	59.9	5601.9	965	705
76.5	33.9	7841.5	1215.5	14198.9	1183	1817
1.2		-135.6	0.1	378.8	19	65
		729.7	17.0	249.3	120	43
59.1	17.2	2956.6	26.9	2882.2	839	462
5090.5	834.8	47983.4	869.0	83632.7	5909	6072
127.3	89.9	4885.8	558.2	6654.5	2052	1030
	2.8	508.8	86.0	5083.4	1132	552
4867.9	736.9	39149.7	-96.0	66014.4	1251	3621
		59.0	2.9	37.2	5	9
38.6	1.7	1721.4	263.6	3990.6	1098	590
15.3	2.0	1203.1	36.1	1037.1	283	163
0.1		5.6	0.3	107.6	8	19
0.4	0.1	-1.1	0.3	178.4	17	29
40.9	1.4	451.1	17.6	529.5	63	59
2370.2	1269.1	53445.7	9440.6	146253.5	24442	20450
1975.6	1192.6	50209.6	9351.0	130242.4	22487	18263
0.1	9.3	1948.0	83.6	2513.1	268	490
		6.8	0.3	30.2	0	7
394.5	67.2	1281.3	5.7	13467.8	1687	1690
22829.7	14149.8	212494.4	20007.1	531051.8	257925	45878
12978.1	5332.3	-44004.0	5974.4	298457.3	81207	27916
99.8	439.4	1799.8	62.5	3437.7	676	525

15-7 续表 13

单位：万元

指标	Item	三、损益及分配 营业利润 Business Profits
汽车零配件零售	Retail of Automobile Fittings	3206.9
摩托车及零配件零售	Retail of Motorcycles and Parts	7729.2
机动车燃油零售	Retail of Motor Fuel	239052.1
机动车燃气零售	Retail of Motor Gas	5135.7
机动车充电零售	Retail of Motor Eletricity	-1909.6
家用电器及电子产品专门零售	Special Retail of Household Electrical Appliances and Electronic Products	60004.2
家用视听设备零售	Retail of Household Audio and Video Appliances	16980.7
日用家电设备零售	Retail of Household Electrical Appliances	3335.5
计算机、软件及辅助设备零售	Retail of Computers, Software and Assistant Equipment	24511.3
通信设备零售	Retail of Communication Equipment	12076.8
其他电子产品零售	Retail of Other Electronic Products	3099.9
五金、家具及室内装饰材料专门零售	Special Retail of Hardware, Furniture and Decoration Materials	58562.0
五金零售	Retail of Hardware	17872.7
灯具零售	Retail of Light Fittings	1992.8
家具零售	Retail of Furniture	9025.2
涂料零售	Retail of Paint	978.2
卫生洁具零售	Retail of Sanitary Ware	814.6
木质装饰材料零售	Retail of Wooden Decorative Materials	3769.5
陶瓷、石材装饰材料零售	Retail of Ceramics and Stone Decorative Materials	5120.2
其他室内装修材料零售	Retail of Other Indoor Decoration Materials	18988.8
货摊、无店铺及其他零售业	Stall, Non-shop and Other Retails	78489.5
流动货摊零售	Mobile Stall Retails	
互联网零售	E-commerce Retails	64660.0
邮购及电视、电话零售	Mail Order, Television, and Telephone Retails	2.9
自动售货机零售	Vending Machine Retails	454.3
旧货零售	Retail of Used Goods	197.8
生活用燃料零售	Retail of Fuel for Daily Use	5363.8
宠物食品用品零售	Retail of Pet Foods and Articles	
其他未列明的零售	Other Retails not Classified Elsewhere	7810.7
按登记注册类型分	**By Status of Registration**	
国有独资公司	Wholly State-owned Companies	19784.1
私营有限责任公司	Private Limited Liability Companies	497654.2
其他有限责任公司	Other Limited Liability Companies	14605.6
私营股份有限公司	Private Share Holding Limited Companies	149066.3
其他股份有限公司	Other Share Holding Limited Liability Companies	167482.6
全民所有制企业(国有企业)	Wholly People Owned Enterprises (State-owned Enterprises)	492.8
集体所有制企业(集体企业)	Collective Owned Enterprises (Collective Enterprises)	1421.6
股份合作企业	Cooperative Stock Enterprises	1113.2
联营企业	Joint Venture Enterprises	159.7
个人独资企业	Sole Proprietorship Enterprises	21232.2
合伙企业	Partnership Enterprises	554.8
其他内资企业	Other Domestic-funded Enterprises	
港澳台投资有限责任公司	Limited Liability Companies Funded by Hong Kong, Macao and Taiwan	3038.8
港澳台投资股份有限公司	Limited Liability Companies by Shares Funded by Hong Kong, Macao and Taiwan	30746.2
港澳台投资合伙企业	Partnership Enterprises Funded by Hong Kong, Macao and Taiwan	
其他港澳台投资企业	Other Enterprises Funded by Hong Kong, Macao and Taiwan	

continued

(10 000 yuan)

Profits and Losses				四、人工成本及增值税 Labor cost and Value-added Tax		五、从事批发和零售业活动的从业人员平均人数（人） Annual Average Employees Engaged in wholesale and retail activities (person)
营业外收入 Non-business Income	营业外支出 Non-business Expenses	利润总额 Total Profits	所得税费用 Income Tax Payable	应付职工薪酬 Employee compensation	应交增值税 Value-added Tax	
131.5	92.7	3245.7	61.8	5656.2	807	615
156.7	55.7	7830.2	679.1	5144.3	2469	914
9122.3	8058.7	240226.3	13292.7	210976.0	156422	15225
325.5	45.9	5415.3	31.1	4519.1	16260	420
15.8	125.1	-2018.9	-94.5	2861.2	84	263
1215.3	340.9	60760.3	2992.3	73543.5	17503	11006
772.0	48.1	17704.6	706.0	13952.7	3369	2026
2.6	71.9	3266.2	526.4	20887.3	4736	2895
194.2	21.8	24683.7	1194.2	13455.3	3642	1996
134.2	174.0	11918.7	281.0	21222.0	4206	3530
112.3	25.1	3187.1	284.7	4026.2	1551	559
575.7	685.8	57589.6	2555.0	35618.8	13363	5402
309.7	266.4	17955.6	946.1	8563.9	3711	1384
18.9	3.0	2008.7	59.3	1805.2	753	227
69.4	7.1	8967.7	333.9	12064.4	4083	1529
4.4	5.1	977.5	35.6	1284.0	236	179
4.7	5.8	813.5	33.3	829.6	150	157
11.4	0.2	3780.7	23.8	807.9	403	125
77.0	19.1	5177.4	224.1	3076.8	649	481
80.2	379.1	17908.5	898.9	7187.0	3380	1320
3209.3	1566.6	78248.2	7501.9	83436.9	36010	8805
3108.2	1506.0	64369.8	7059.1	75530.2	34214	7618
0.1	0.7	2.3		17.5	52	2
	0.1	454.2	2.2	263.8	8	35
		197.8	3.0	115.2	4	20
13.7	0.8	5376.7	92.6	2602.2	459	424
87.3	59.0	7847.4	345.0	4908.0	1273	706
1441.1	168.1	19177.1	3859.2	6447.4	11533	567
22151.9	13648.2	504469.4	32878.0	726569.3	203478	102863
10674.7	5976.4	2672.7	15494.7	405647.5	65792	39178
3431.1	1847.4	150650.0	11197.2	192201.2	35585	14452
7679.9	6789.5	168372.9	6006.2	151811.6	101207	8697
67.4	26.0	534.2		1717.8	7347	132
26.3	1.9	1446.0	4.0	606.1	472	107
0.2	0.1	1113.3	34.7	553.9	433	109
4.1		163.8	5.8	126.1	39	13
97.2	270.2	21056.1	800.6	12467.9	3651	2484
1.7	13.5	543.0	14.2	435.2	199	77
6882.9	451.3	9470.3	2639.1	46937.7	24596	4707
70.2	30.5	30785.9	4528.3	9593.1	3426	990

15-7 续表 14

单位：万元

指 标	Item	三、损益及分配 营业利润 Business Profits
外商投资有限责任公司	Foreign-funded Limited Liability Companies	-552.5
外商投资股份有限公司	Foreign-funded Limited Liability Companies by Shares	9605.4
外商投资合伙企业	Foreign-funded Partnership Enterprises	-1941.5
其他外商投资企业	Other Foreign-funded Enterprises	
农民专业合作社(联合社)	Farmers' Professional Cooperative (Union)	593.7
个体工商户	Individual Business	
其他市场主体	Other Market Entities	
按单位规模分	**By Size of Enterprise**	
大 型	Large	148329.6
中 型	Medium	260952.2
小 型	Small	320631.0
微 型	Micro	185144.4
按零售业态分	**By Type of Retail Business**	
便利店	Convenience Store	153924.1
超 市	Super Market	80309.7
折扣店	Discount Store	19843.5
仓储会员店	Warehouse Membership Store	3118.8
百货店	Department Store	155098.3
购物中心	Shopping Mall	-14284.0
专业店	Specialized Store	361555.2
品牌专卖店	Brand Store	20677.6
集合店	Collection Store	2922.6
无人值守商店	Unattended Store	248.4
网络零售	Online Retail	53751.6
电视/广播零售	Television/Radio Retail	2.9
邮寄零售	Mailing Retail	1876.6
无人售货设备零售	Unmanned Vending Equipment Retail	-225.6
电话零售	Telephone Retail	2515.9
直 销	Direct Sales	34869.3
流动货摊零售	Mobile stall retail	
其 他	Others	38852.3
按控股情况分	**By Holding Entity of Share**	
国有控股	State-holding	205146.8
集体控股	Collective-holding	3940.7
私人控股	Private-holding	700288.7
港澳台商控股	Held by Corporation from Hong Kong, Macao and Taiwan	7720.8
外商控股	Foreign-holding	-2233.8
其 他	Other	169.8
按经营形式分	**By Form of Business**	
独立门店	Independent Store	507739.2
连锁总店(总部)	Central Shop of Chain Stores (Headquarter)	233122.6
连锁直营店	Direct-sale Shop of Chain Stores	-12595.3
连锁加盟店	Branch Shop of Chain Stores	37.6
其 他	Others	186753.1

continued

(10 000 yuan)

Profits and Losses				四、人工成本及增值税 Labor cost and Value-added Tax		五、从事批发和零售业活动的从业人员平均人数（人） Annual Average Employees Engaged in wholesale and retail activities (person)
营业外收入 Non-business Income	营业外支出 Non-business Expenses	利润总额 Total Profits	所得税费用 Income Tax Payable	应付职工薪酬 Employee compensation	应交增值税 Value-added Tax	
1324.2	1264.2	-492.5	4204.8	35052.0	36167	2884
462.9	203.3	10025.0		10790.0	929	758
55.2	79.9	-1966.2		1615.2	92	288
0.7	0.3	568.3	29.5	323.8	55	56
23795.4	14327.4	157797.6	21141.1	797467.1	179439	75565
14608.0	9602.6	249367.0	27593.7	465047.4	180701	51632
13713.7	5297.7	326511.0	19759.8	284651.7	91724	42217
2254.6	1543.1	184913.7	13201.7	55729.6	43136	8948
8259.0	7046.1	155297.1	7846.5	193194.4	145437	14595
6069.4	5954.5	79831.5	5446.1	241385.6	38567	39727
4249.2	66.0	24026.7	3479.1	3289.4	3620	397
27.6	6.2	3140.2	300.7	2267.7	607	407
3112.9	1717.4	156493.8	13468.6	237626.3	45862	20738
103.1	26.2	-14326.9	1265.0	27301.8	3138	2309
17448.7	8343.3	370016.7	22049.9	442129.4	124365	52915
10186.1	4583.2	9535.5	15390.6	311137.3	86608	30973
113.2	44.0	2991.8	215.5	12289.4	910	967
6.7	3.3	251.8	10.0	217.7	79	24
2923.1	1419.1	53363.2	5407.9	62482.5	30749	6910
0.1	0.7	2.3		17.5	52	2
80.7	82.4	1874.9	294.6	1397.3	284	246
0.2	0.1	-226	2.2	429.7	86.9	46
31.7	75.9	2317	67.8	2844.7	1173.1	406
487.4	290.6	35066	4892	26558.9	3256.8	2827
1272.6	1111.8	38932.8	1559.8	38326.2	10204	4873
16764.8	10019.6	210012.0	17915.3	394008.4	157373	26458
120.0	39.2	3995.7	52.6	3832.7	1213	465
28532.8	18878.7	691619.9	56217.1	1116198.8	269707	143208
7137.9	473.1	14385.5	3375.9	56333.5	26828	5104
1815.9	1360.0	-1617.9	4124.8	32349.0	39861	3107
		169.8	8.5	51	15.7	10
28087	12677.9	503069.7	49589.5	710089.4	269327.5	90547
19865.9	11484.1	241504.5	20802.8	591052.3	126099.1	56347
2081.9	1537.3	-12050.6	-125.6	124912.4	34414.2	13860
56.9	16.1	78.4	275.1	4338.8	875.5	731
4280	5055.4	185987.3	11154.5	172502.9	64283.3	16877

15−8 限额以上住宿业法人企业财务状况(2023年)

单位：万元

指　标	Item	法人企业数(个) Number of Enterprises (unit)
总计	**Total**	**729**
按行业小类分	**By Classification of Hotels**	
旅游饭店	Tourist Hotels	308
一般旅馆	General Hotels	375
经济型连锁酒店	Economical Chain Hotels	112
其他一般旅馆	Other General Hotels	263
民宿服务	Homestay Services	11
露营地服务	Campsite Services	
其他住宿业	Other Hotels	35
按登记注册类型分	**By Status of Registration**	
国有独资公司	Wholly State-owned Companies	5
私营有限责任公司	Private Limited Liability Companies	588
其他有限责任公司	Other Limited Liability Companies	69
私营股份有限公司	Private Share Holding Limited Companies	1
其他股份有限公司	Other Share Holding Limited Liability Companies	3
全民所有制企业(国有企业)	Wholly People Owned Enterprises (State-owned Enterprises)	1
集体所有制企业(集体企业)	Collective Owned Enterprises (Collective Enterprises)	5
股份合作企业	Cooperative Stock Enterprises	1
联营企业	Joint Venture Enterprises	
个人独资企业	Sole Proprietorship Enterprises	45
合伙企业	Partnership Enterprises	2
其他内资企业	Other Domestic-funded Enterprises	
港澳台投资有限责任公司	Limited Liability Companies Funded by Hong Kong, Macao and Taiwan	4
港澳台投资股份有限公司	Limited Liability Companies by Shares Funded by Hong Kong, Macao and Taiwan	
港澳台投资合伙企业	Partnership Enterprises Funded by Hong Kong, Macao and Taiwan	
其他港澳台投资企业	Other Enterprises Funded by Hong Kong, Macao and Taiwan	
外商投资有限责任公司	Foreign-funded Limited Liability Companies	5

Financial Indicators of Enterprises above Designated Size of Hotels (2023)

(10 000 yuan)

一、年初存货 Inventory at the Beginning of Year	二、期末资产负债 Assets and Liabilities					
	流动资产合计 Total Current Assets	应收账款 Accounts Receivable	存货 Inventory	固定资产原价 Total Original Value of Fixed Assets	房屋和构筑物 Buildings and Structures	机器设备 Machinery and Equipments
33060.2	**1852190.9**	**135860.5**	**458491.9**	**1746276.5**	**814012.1**	**179903.6**
24610.5	1536347.5	86210	448869.4	1370834.9	684755	142113.5
7773.4	293219.9	46343.9	8609.4	319457.7	117435.8	33920.7
1385.4	55599.1	13830.7	1004.3	102918.1	12758.6	6490.5
6388.0	237620.8	32513.2	7605.1	216539.6	104677.2	27430.2
211.7	7741.9	1126.0	414.0	8700.3	5593.0	888.2
464.6	14881.6	2180.6	599.1	47283.6	6228.3	2981.2
110.3	2760	1108	321.9	20948.9	15134.1	4671.4
20322.3	664282.7	73654.4	22088.7	840592.4	392664.8	109786.3
11143.8	1070226	56725.9	433464.5	642021	326886.1	46744.2
25	567.2	95	24.9	277.5		146
173.9	7506.3	1349.6	1050.8	28118.3		40
	4745	43	47	6966.8		
278.2	1724.1	68.8	243.4	10188.2	3367	248.6
	219.4			409.5		409.5
419.8	5651.6	1259	738.8	21062.4	9511.3	1024.8
65.5	621.6	275.4	37	2538	2500	38
259.7	13771.2	445.5	296.3	85431.7	21415.9	15766.6
261.7	80115.8	835.9	178.6	87721.8	42532.9	1028.2

15-8 续表 1

单位：万元

指　　标	Item	法人企业数(个) Number of Enterprises (unit)
外商投资股份有限公司	Foreign-funded Limited Liability Companies by Shares	
外商投资合伙企业	Foreign-funded Partnership Enterprises	
其他外商投资企业	Other Foreign-funded Enterprises	
农民专业合作社(联合社)	Farmers' Professional Cooperative (Union)	
个体工商户	Individual Business	
其他市场主体	Other Market Entities	
按单位规模分	**By Size of Enterprise**	
大　型	Large	7
中　型	Medium	76
小　型	Small	525
微　型	Micro	121
按星级分	**By Star of Hotel**	
一　星	1-Star	4
二　星	2-Star	12
三　星	3-Star	82
四　星	4-Star	63
五　星	5-Star	31
其　他	Other	537
按控股情况分	**By Holding Entity of Share**	
国有控股	State-holding	58
集体控股	Collective-holding	6
私人控股	Private-holding	658
港澳台商控股	Held by Corporation from Hong Kong, Macao and Taiwan	3
外商控股	Foreign-holding	4
其　他	Other	
按经营形式分	**By Form of Business**	
独立门店	Independent Store	566
连锁总店(总部)	Central Shop of Chain Stores (Headquarter)	1
连锁直营店	Direct-sale Shop of Chain Stores	13
连锁加盟店	Branch Shop of Chain Stores	115
其　他	Other	34

continued

(10 000 yuan)

一、年初存货 Inventory at the Beginning of Year	二、期末资产负债 Assets and Liabilities					
	流动资产合计 Total Current Assets	应收账款 Accounts Receivable	存货 Inventory	固定资产原价 Total Original Value of Fixed Assets	房屋和构筑物 Buildings and Structures	机器设备 Machinery and Equipments
1092.4	88941.2	7437.8	809.9	207330.6	183855.6	3848.9
10722.1	1139046.7	61148.8	433839.8	924518.2	331096.7	107067.9
20528.5	609845.4	64416.5	22595.3	593085.3	290239.9	65123.3
717.2	14357.6	2857.4	1246.9	21342.4	8819.9	3863.5
44.7	3717.9	60.6	45.8	729.8	535.6	80.9
110.4	2570.5	384.8	162.6	4155.3	610.8	891.6
2339.4	586538.8	41209.3	425331.3	89475.1	39399.3	13028.2
3061.4	126297.7	12851.3	4004.1	293066.2	135800.6	28209.9
5051.7	330594.5	14629.5	5077.3	636475.4	340500.1	63427.4
22452.6	802471.5	66725	23870.8	722374.7	297165.7	74265.6
7403.3	891208.7	44321.1	430782.6	587127.1	304376.7	29989.3
290.5	7810.2	4998.7	252.7	29941.6	21885.9	1483.1
24976.3	868926.2	85514.3	27145	956054.3	423800.7	131636.4
128.4	4130.0	190.5	133.0	85431.7	21415.9	15766.6
261.7	80115.8	835.9	178.6	87721.8	42532.9	1028.2
27263	1517763	114549	452655	1408265	668394	163024
11	2321	65	11	18		
42	8085	889	50	4464	936	229
1286	44889	6917	1354	112596	19478	8319
4458	279133	13441	4423	220934	125205	8332

15-8 续表 2

单位：万元

指　　标	Item	二、期末资产负债	
		累计折旧 Cumulative Depreciation	本年折旧 Depreciation
总计	**Total**	**763371.5**	**80773.3**
按行业小类分	**By Classification of Hotels**		
旅游饭店	Tourist Hotels	636565.2	56561.8
一般旅馆	General Hotels	117808.9	21052.7
经济型连锁酒店	Economical Chain Hotels	29762.3	7977.8
其他一般旅馆	Other General Hotels	88046.6	13074.9
民宿服务	Homestay Services	1284.2	478.4
露营地服务	Campsite Services		
其他住宿业	Other Hotels	7713.2	2680.4
按登记注册类型分	**By Status of Registration**		
国有独资公司	Wholly State-owned Companies	13440	1256.6
私营有限责任公司	Private Limited Liability Companies	322223	45558.6
其他有限责任公司	Other Limited Liability Companies	294313.8	23838.3
私营股份有限公司	Private Share Holding Limited Companies	144.7	76.8
其他股份有限公司	Other Share Holding Limited Liability Companies	2034.5	1170.4
全民所有制企业(国有企业)	Wholly People Owned Enterprises (State-owned Enterprises)	4.3	4.3
集体所有制企业(集体企业)	Collective Owned Enterprises (Collective Enterprises)	6355.8	426.4
股份合作企业	Cooperative Stock Enterprises	333	8.6
联营企业	Joint Venture Enterprises		
个人独资企业	Sole Proprietorship Enterprises	8437.4	930.3
合伙企业	Partnership Enterprises	443.2	136.8
其他内资企业	Other Domestic-funded Enterprises		
港澳台投资有限责任公司	Limited Liability Companies Funded by Hong Kong, Macao and Taiwan	55544.9	5035.5
港澳台投资股份有限公司	Limited Liability Companies by Shares Funded by Hong Kong, Macao and Taiwan		
港澳台投资合伙企业	Partnership Enterprises Funded by Hong Kong, Macao and Taiwan		
其他港澳台投资企业	Other Enterprises Funded by Hong Kong, Macao and Taiwan		
外商投资有限责任公司	Foreign-funded Limited Liability Companies	60096.9	2330.7

continued

(10 000 yuan)

Assets and Liabilities						
固定资产净额 Net Value of Fixed Assets	在建工程 Construction in Progress	无形资产 Intangible Assets	土地使用权 Land Use Rights	资产总计 Total Assets	流动负债合计 Total Current Liabilities	应付账款 Accounts Payable
575218.3	**86562.8**	**196664.5**	**185319.1**	**3809266.8**	**1543693.9**	**141256.6**
507449.1	60238.4	65496.2	55873.4	2982213.1	1041681.7	93928.1
50952	26324.4	131149.7	129445.7	739825.9	476955.1	43637.5
5478.5		1023	769.3	152211.1	132189.3	4688
45473.5	26324.4	130126.7	128676.4	587614.8	344765.8	38949.5
6758.4		11.9		22009.9	10443.9	1068.4
10058.8		6.7		65217.9	14613.2	2622.6
7443.6		6.5		11109	9983.8	2287.6
252149	50629.9	52243.6	48580.1	1579236.8	780289.3	86871.5
281178.6	27083.8	141200.9	134082.6	1890371.5	674964.4	34410.1
132.8		12.7		4564.3	4023.6	1154.3
1718	2442.1			50852.7	4789.4	1955.3
	6263			17964	7930	
2741.9				8264.1	1533.9	272.9
				326.6	52.9	1.3
3761.2		43.2		25378.6	4954.6	1231.4
5.9				3521.8	131.2	78.4
18184.9		1683.1	1419	48591.1	36168.2	3975.4
7902.4	144	1474.5	1237.4	169086.3	18872.6	9018.4

15-8 续表 3

单位：万元

指标	Item	二、期末资产负债	
		累计折旧 Cumulative Depreciation	本年折旧 Depreciation
外商投资股份有限公司	Foreign-funded Limited Liability Companies by Shares		
外商投资合伙企业	Foreign-funded Partnership Enterprises		
其他外商投资企业	Other Foreign-funded Enterprises		
农民专业合作社(联合社)	Farmers' Professional Cooperative (Union)		
个体工商户	Individual Business		
其他市场主体	Other Market Entities		
按单位规模分	**By Size of Enterprise**		
大型	Large	65325.5	5850.5
中型	Medium	447567	38068.2
小型	Small	244824.3	35580.2
微型	Micro	5654.7	1274.4
按星级分	**By Star of Hotel**		
一星	1-Star	97.5	22.2
二星	2-Star	1557.0	387.5
三星	3-Star	49740.6	5109.1
四星	4-Star	136318.4	12557.6
五星	5-Star	261633.9	21833.8
其他	Other	314024.1	40863.1
按控股情况分	**By Holding Entity of Share**		
国有控股	State-holding	221025.9	22049.3
集体控股	Collective-holding	16600.7	1402
私人控股	Private-holding	410103.1	49955.8
港澳台商控股	Held by Corporation from Hong Kong, Macao and Taiwan	55544.9	5035.5
外商控股	Foreign-holding	60096.9	2330.7
其他	Other		
按经营形式分	**By Form of Business**		
独立门店	Independent Store	662952	65076
连锁总店(总部)	Central Shop of Chain Stores (Headquarter)	10	2
连锁直营店	Direct-sale Shop of Chain Stores	3266	339
连锁加盟店	Branch Shop of Chain Stores	26207	8560
其他	Other	70936	6797

continued

(10 000 yuan)

Assets and Liabilities						
固定资产净额 Net Value of Fixed Assets	在建工程 Construction in Progress	无形资产 Intangible Assets	土地使用权 Land Use Rights	资产总计 Total Assets	流动负债合计 Total Current Liabilities	应付账款 Accounts Payable
142005.1	7480.3	34272.4	27768.6	355397.5	69444.2	10436.8
228964.1	23740.4	24439.6	22190.3	1779166.1	678140.9	59118
199286.5	51663.2	137867.8	135360.2	1636932.7	782774.9	70501.7
4962.6	3678.9	84.7		37770.5	13333.9	1200.1
278.5				4204.2	3239	1848.3
491.9		5.0		7158.8	2508.1	477.9
19277.5	7446.4	3057.2	2220.7	656603.9	66270.7	9700.0
132674.4	1563.2	1123	938.8	359642.9	247589.6	19398.5
256822.8	22888.8	45695.1	38857.5	947598.4	382145.1	30157.3
165673.2	54664.4	146784.2	143302.1	1834058.6	841941.4	79674.6
292442.2	42056.9	163554.8	156938.2	1776690.6	509233.7	26867.7
2741.9		1268.5	1268.5	25127.2	3778.3	664.9
253946.9	44361.9	28683.6	24456	1799703.9	982585.8	101660.6
18184.9		1683.1	1419.0	38658.8	29223.5	3045.0
7902.4	144	1474.5	1237.4	169086.3	18872.6	9018.4
460358	85468	183696	179343	2895008	1295858	118604
7				2337		
105		51		16563	12780	1497
7383	749	261		176802	176181	17762
107366	346	12657	5976	718557	58875	3394

15-8 续表 4

单位：万元

指　　标	Item	二、期末资产负债 负债合计 Total Liabilities
总计	**Total**	**2919759.1**
按行业小类分	**By Classification of Hotels**	
旅游饭店	Tourist Hotels	2244461.3
一般旅馆	General Hotels	635548
经济型连锁酒店	Economical Chain Hotels	153264.9
其他一般旅馆	Other General Hotels	482283.1
民宿服务	Homestay Services	14673.3
露营地服务	Campsite Services	
其他住宿业	Other Hotels	25076.5
按登记注册类型分	**By Status of Registration**	
国有独资公司	Wholly State-owned Companies	10890.2
私营有限责任公司	Private Limited Liability Companies	1184222.3
其他有限责任公司	Other Limited Liability Companies	1541278.1
私营股份有限公司	Private Share Holding Limited Companies	4023.7
其他股份有限公司	Other Share Holding Limited Liability Companies	14932.7
全民所有制企业(国有企业)	Wholly People Owned Enterprises (State-owned Enterprises)	9130
集体所有制企业(集体企业)	Collective Owned Enterprises (Collective Enterprises)	7293.8
股份合作企业	Cooperative Stock Enterprises	52.9
联营企业	Joint Venture Enterprises	
个人独资企业	Sole Proprietorship Enterprises	13606
合伙企业	Partnership Enterprises	376.4
其他内资企业	Other Domestic-funded Enterprises	
港澳台投资有限责任公司	Limited Liability Companies Funded by Hong Kong, Macao and Taiwan	109306.5
港澳台投资股份有限公司	Limited Liability Companies by Shares Funded by Hong Kong, Macao and Taiwan	
港澳台投资合伙企业	Partnership Enterprises Funded by Hong Kong, Macao and Taiwan	
其他港澳台投资企业	Other Enterprises Funded by Hong Kong, Macao and Taiwan	
外商投资有限责任公司	Foreign-funded Limited Liability Companies	24646.5

continued

(10 000 yuan)

Assets and Liabilities			三、损益及分配 Profits and Losses			
所有者权益合计 Total Owner's Equity	实收资本 Paid-up Capital	个人资本 Personal Capital	营业收入 Gross Sales	主营业务收入 Main Business Income	营业成本 Operating Cost	税金及附加 Taxes and Surcharges
889507.7	**1111589.7**	**140707.9**	**1077965.6**	**1057841.1**	**553051.8**	**14300.6**
737751.8	992981.9	116105.5	679030.6	667717.9	342626.6	10678.7
104277.9	105241.5	23121.9	366825.8	359332.6	190799.3	2918.1
-1053.8	21461.6	2982.2	96990.9	95603	44668.3	884.7
105331.7	83779.9	20139.7	269834.9	263729.6	146131.0	2033.4
7336.6	4739.6	209.6	4704.1	3788.2	2810.9	64.2
40141.4	8626.7	1270.9	27405.1	27002.4	16815	639.6
218.8	9779.8		9145.2	8853.9	6672.9	224.4
395014.5	884370.4	136460.1	741582.8	729376.8	367232.8	7929
349093.4	142134.8	405.5	222229.1	216380	119452.8	3937.8
540.6	1000		4862.7	4451.9	2758.7	1.2
35920	5100		4227.6	4129.7	2439.5	466.6
8834	8823.4		313	313	112	
970.3	4756	330.7	6212.9	5965.4	3949.9	15.9
273.7	34		1135.1	1135.1	360.4	0.5
11772.6	3137.9	1664.7	22963.8	22733.6	15993.7	301.5
3145.4	3346.9	1846.9	776.7	775.7	549	0.6
-60715.4	35422.9		34711.4	34170.6	18180.7	354.4
144439.8	13683.6		29805.3	29555.4	15349.4	1068.7

15-8 续表 5

单位：万元

指　　标	Item	二、期末资产负债 负债合计 Total Liabilities
外商投资股份有限公司	Foreign-funded Limited Liability Companies by Shares	
外商投资合伙企业	Foreign-funded Partnership Enterprises	
其他外商投资企业	Other Foreign-funded Enterprises	
农民专业合作社(联合社)	Farmers' Professional Cooperative (Union)	
个体工商户	Individual Business	
其他市场主体	Other Market Entities	
按单位规模分	**By Size of Enterprise**	
大　型	Large	165225.1
中　型	Medium	1355072.6
小　型	Small	1380179.9
微　型	Micro	19281.5
按星级分	**By Star of Hotel**	
一　星	1-Star	3239
二　星	2-Star	5364.1
三　星	3-Star	281617.1
四　星	4-Star	330226.2
五　星	5-Star	731590.7
其　他	Other	1567722
按控股情况分	**By Holding Entity of Share**	
国有控股	State-holding	1193693.7
集体控股	Collective-holding	20315.2
私人控股	Private-holding	1578741.9
港澳台商控股	Held by Corporation from Hong Kong, Macao and Taiwan	102361.8
外商控股	Foreign-holding	24646.5
其　他	Other	
按经营形式分	**By Form of Business**	
独立门店	Independent Store	2185427
连锁总店(总部)	Central Shop of Chain Stores (Headquarter)	2659
连锁直营店	Direct-sale Shop of Chain Stores	16675
连锁加盟店	Branch Shop of Chain Stores	193012
其　他	Other	521987

continued

(10 000 yuan)

Assets and Liabilities			三、损益及分配 Profits and Losses			
所有者权益合计 Total Owner's Equity	实收资本 Paid-up Capital	个人资本 Personal Capital	营业收入 Gross Sales	主营业务收入 Main Business Income	营业成本 Operating Cost	税金及附加 Taxes and Surcharges
190172.4	33373.6		97538.7	96995.1	37733.5	1935.6
424093.5	264592	45883.8	392869.1	383107.9	182409.8	6272.3
256752.8	794513.7	90117.3	553493.4	544566.2	312287.9	5853.2
18489	19110.4	4706.8	34064.4	33171.9	20620.6	239.5
965.2	383.1	276.6	2962.6	2962.6	1546.6	5.2
1794.7	246.2	150.0	6653.8	6528.3	3769.6	18.1
374986.8	34103.3	7386.8	132724.0	130677.6	90108.5	1527.1
29416.7	99428	24103.8	149952.1	146162.3	70652.3	1550.3
216007.7	132034.5	28262.2	164552.2	161467.6	52920.6	5221.5
266336.6	845394.6	80528.5	621120.9	610042.7	334054.2	5978.4
582996.9	123860.3		211988.4	206500	112797.9	4318.9
4812	4756	330.7	10354.8	10107.3	5755.1	20.4
220962	935866.9	140377.2	806106.7	792508.8	410954.7	8550
-63703.0	33422.9		19710.4	19169.6	8194.7	342.6
144439.8	13683.6		29805.3	29555.4	15349.4	1068.7
709581	1058048	132622	863292	845878	447200	11021
-322			3536	3536	149	7
-112	1037	87	17016	16956	10187	25
-16209	30998	6813	118283	116601	60492	940
196570	21507	1187	75839	74870	35025	2308

15-8 续表 6

单位：万元

指　　标	Item	三、损益及分配 其他业务利润 Other Business Profits
总计	**Total**	**3243.7**
按行业小类分	**By Classification of Hotels**	
旅游饭店	Tourist Hotels	2450.9
一般旅馆	General Hotels	698
经济型连锁酒店	Economical Chain Hotels	89.9
其他一般旅馆	Other General Hotels	608.1
民宿服务	Homestay Services	
露营地服务	Campsite Services	
其他住宿业	Other Hotels	94.8
按登记注册类型分	**By Status of Registration**	
国有独资公司	Wholly State-owned Companies	
私营有限责任公司	Private Limited Liability Companies	1528.1
其他有限责任公司	Other Limited Liability Companies	1653.8
私营股份有限公司	Private Share Holding Limited Companies	
其他股份有限公司	Other Share Holding Limited Liability Companies	
全民所有制企业(国有企业)	Wholly People Owned Enterprises (State-owned Enterprises)	
集体所有制企业(集体企业)	Collective Owned Enterprises (Collective Enterprises)	
股份合作企业	Cooperative Stock Enterprises	
联营企业	Joint Venture Enterprises	
个人独资企业	Sole Proprietorship Enterprises	9
合伙企业	Partnership Enterprises	
其他内资企业	Other Domestic-funded Enterprises	
港澳台投资有限责任公司	Limited Liability Companies Funded by Hong Kong, Macao and Taiwan	52.8
港澳台投资股份有限公司	Limited Liability Companies by Shares Funded by Hong Kong, Macao and Taiwan	
港澳台投资合伙企业	Partnership Enterprises Funded by Hong Kong, Macao and Taiwan	
其他港澳台投资企业	Other Enterprises Funded by Hong Kong, Macao and Taiwan	
外商投资有限责任公司	Foreign-funded Limited Liability Companies	

continued

(10 000 yuan)

Profits and Losses						
销售费用 Sales Expenses	管理费用 Management Expenses	研发费用 R&D expenses	财务费用 Financial Expenses	利息收入 Interest Income	利息费用 Interest expenses	投资收益 Income from Investment
192235.7	**258254.1**	**127**	**32138.1**	**268.6**	**25732.7**	**-290.3**
126480.6	166982.7	89.4	27075	66.6	21799.7	75.5
63944.6	83280.3	33.2	4465.5	169.3	3487.8	-365.8
17996.2	25534.5	0.4	1431.6	10	1208.6	4.7
45948.4	57745.8	32.8	3033.9	159.3	2279.2	-370.5
251.3	2726.7		25.2	-0.4	5.8	
1559.2	5264.4	4.4	572.4	33.1	439.4	
305.3	1870.8		310.6	30.7	328	
144941.4	168249.2	122.6	17982.8	219.2	12820.5	-84.5
35959.2	65909.4	2	11828.1	-35	11085.9	79.7
200.1	1678		6.4			
127.8	1418		571.7	2.7	553.7	
87	96		5		4	
1358.6	790		64.7	6.1	17.8	32.8
23.7	635		-0.1	-0.1		
1060.4	1546.6	2.4	306.9	8.5	153.7	-318.3
14.4	175.5		21.5		2.5	
6555	9596.5		1001.2	31.5	766.6	
1602.8	6289.1		39.3	5		

15-8 续表 7

单位：万元

指　　标	Item	三、损益及分配 其他业务利润 Other Business Profits
外商投资股份有限公司	Foreign-funded Limited Liability Companies by Shares	
外商投资合伙企业	Foreign-funded Partnership Enterprises	
其他外商投资企业	Other Foreign-funded Enterprises	
农民专业合作社(联合社)	Farmers' Professional Cooperative (Union)	
个体工商户	Individual Business	
其他市场主体	Other Market Entities	
按单位规模分	**By Size of Enterprise**	
大　型	Large	
中　型	Medium	2243.5
小　型	Small	983.8
微　型	Micro	16.4
按星级分	**By Star of Hotel**	
一　星	1-Star	
二　星	2-Star	
三　星	3-Star	155.9
四　星	4-Star	240.3
五　星	5-Star	360.2
其　他	Other	2487.3
按控股情况分	**By Holding Entity of Share**	
国有控股	State-holding	1555.2
集体控股	Collective-holding	
私人控股	Private-holding	1635.7
港澳台商控股	Held by Corporation from Hong Kong, Macao and Taiwan	52.8
外商控股	Foreign-holding	
其　他	Other	
按经营形式分	**By Form of Business**	
独立门店	Independent Store	3098
连锁总店(总部)	Central Shop of Chain Stores (Headquarter)	
连锁直营店	Direct-sale Shop of Chain Stores	0
连锁加盟店	Branch Shop of Chain Stores	22
其　他	Other	125

continued

(10 000 yuan)

Profits and Losses						
销售费用 Sales Expenses	管理费用 Management Expenses	研发费用 R&D expenses	财务费用 Financial Expenses	利息收入 Interest Income	利息费用 Interest expenses	投资收益 Income from Investment
24630.1	26867.1		4256.6	-21.4	4207.9	180.6
82354.7	107429.8	45.1	15683.9	195.5	12347	-126.3
82890.9	118621.1	55.3	11968.2	71.0	9033.7	-26.3
2360	5336.1	26.6	229.4	23.5	144.1	-318.3
664.8	724.4	0.1	3.9	1		
675.1	1144.5	5.1	3.2	16.1	6.4	
14769.9	17575.2	23.3	3330.2	-180.7	3220.4	-1.8
36145.3	45061.3	27.5	2881.8	223.9	2118.2	51.2
39761.6	55170.6	1.6	12808.7	39.5	12543.3	289.2
100219	138578.1	69.4	13110.3	168.8	7844.4	-628.9
40944.8	56396.7	1.6	8548.6	18.8	7856.1	175.1
1490.3	2264.6		69.4	13.4	17.8	32.8
142655.2	186338.8	125.4	22486.8	233.6	17092.2	-498.2
5542.6	6964.9		994.0	-2.2	766.6	
1602.8	6289.1		39.3	5		
154721.7	196759.3	126.2	26538.6	275.2	21086.6	-459.5
3024	373.4		5.3			
2244	3943.3	0.1	222	0.5	199	
21002	33553.6	0.2	1140	-25.5	706	
11245	23624.5	0.5	4232.2	18.4	3741.1	169.2

15-8 续表 8

单位：万元

指　　标	Item	三、损益及分配 营业利润 Business Profits
总计	**Total**	**29900.7**
按行业小类分	**By Classification of Hotels**	
旅游饭店	Tourist Hotels	7756.4
一般旅馆	General Hotels	20798.5
经济型连锁酒店	Economical Chain Hotels	6086.1
其他一般旅馆	Other General Hotels	14712.4
民宿服务	Homestay Services	-1074.2
露营地服务	Campsite Services	
其他住宿业	Other Hotels	2420
按登记注册类型分	**By Status of Registration**	
国有独资公司	Wholly State-owned Companies	-254.2
私营有限责任公司	Private Limited Liability Companies	35817.5
其他有限责任公司	Other Limited Liability Companies	-12661.7
私营股份有限公司	Private Share Holding Limited Companies	218.3
其他股份有限公司	Other Share Holding Limited Liability Companies	-790.4
全民所有制企业(国有企业)	Wholly People Owned Enterprises (State-owned Enterprises)	13
集体所有制企业(集体企业)	Collective Owned Enterprises (Collective Enterprises)	66.6
股份合作企业	Cooperative Stock Enterprises	115.6
联营企业	Joint Venture Enterprises	
个人独资企业	Sole Proprietorship Enterprises	3300.4
合伙企业	Partnership Enterprises	15.7
其他内资企业	Other Domestic-funded Enterprises	
港澳台投资有限责任公司	Limited Liability Companies Funded by Hong Kong, Macao and Taiwan	-976.4
港澳台投资股份有限公司	Limited Liability Companies by Shares Funded by Hong Kong, Macao and Taiwan	
港澳台投资合伙企业	Partnership Enterprises Funded by Hong Kong, Macao and Taiwan	
其他港澳台投资企业	Other Enterprises Funded by Hong Kong, Macao and Taiwan	
外商投资有限责任公司	Foreign-funded Limited Liability Companies	5036.3

continued

(10 000 yuan)

Profits and Losses				四、人工成本及增值税 Labor cost and Value-added Tax		五、从事住宿和餐饮业活动的从业人员平均人数（人） Annual Average Employees Engaged in accommodation and catering activities (person)
营业外收入 Non-business Income	营业外支出 Non-business Expenses	利润总额 Total Profits	所得税费用 Income Tax Payable	应付职工薪酬 Employee compensation	应交增值税 Value-added Tax	
8012.6	**2207.5**	**35661.9**	**5045.9**	**253490.1**	**24013**	**35450**
5596.1	1345.6	12022.2	3827.8	168932.3	16389.2	22448
2287.9	599.5	22427.7	1072.4	77797	6778.9	11964
249.3	41	6285	40.6	20989.2	1706.2	3167
2038.6	558.5	16142.7	1031.8	56807.8	5072.7	8797
86.8	187.6	-1175.0	24.8	2055.9	92.6	206
41.8	74.8	2387	120.9	4704.9	752.3	832
15.9	21.6	-259.9	5.6	4111.5	168.2	512
4465.1	881.1	39347.5	3352.1	155766	16543.5	24274
3265.2	700.9	-10087.3	271.4	67901.7	5763.2	7414
31.9		250.2		1160.7	9.4	141
26.4	77.3	-841.3	2.3	1877.7	44.5	293
		13		167	4	25
		66.6	2.3	1409.4	68.8	261
3.6		119.2		172.5	8.3	27
37.5	16.2	3321.7	91.8	2888.9	274.7	632
	28.9	-13.2		230.3	7.2	31
142.8	59.9	-893.5	127	9625.5	315.6	1007
24.2	421.6	4638.9	1193.4	8178.9	805.6	833

15-8 续表 9

单位：万元

指标	Item	三、损益及分配 营业利润 Business Profits
外商投资股份有限公司	Foreign-funded Limited Liability Companies by Shares	
外商投资合伙企业	Foreign-funded Partnership Enterprises	
其他外商投资企业	Other Foreign-funded Enterprises	
农民专业合作社(联合社)	Farmers' Professional Cooperative (Union)	
个体工商户	Individual Business	
其他市场主体	Other Market Entities	
按单位规模分	**By Size of Enterprise**	
大　型	Large	2788.3
中　型	Medium	0.9
小　型	Small	21864.9
微　型	Micro	5246.6
按星级分	**By Star of Hotel**	
一　星	1-Star	17.6
二　星	2-Star	1038.2
三　星	3-Star	5070.0
四　星	4-Star	-5366.8
五　星	5-Star	-1411.8
其　他	Other	30553.5
按控股情况分	**By Holding Entity of Share**	
国有控股	State-holding	-8528.2
集体控股	Collective-holding	787.8
私人控股	Private-holding	34933.2
港澳台商控股	Held by Corporation from Hong Kong, Macao and Taiwan	-2328.4
外商控股	Foreign-holding	5036.3
其　他	Other	
按经营形式分	**By Form of Business**	
独立门店	Independent Store	28948
连锁总店(总部)	Central Shop of Chain Stores (Headquarter)	-22.6
连锁直营店	Direct-sale Shop of Chain Stores	403.5
连锁加盟店	Branch Shop of Chain Stores	1366.5
其　他	Other	-794.7

continued

(10 000 yuan)

Profits and Losses				四、人工成本及增值税 Labor cost and Value-added Tax		五、从事住宿和餐饮业活动的从业人员平均人数（人） Annual Average Employees Engaged in accommodation and catering activities (person)
营业外收入 Non-business Income	营业外支出 Non-business Expenses	利润总额 Total Profits	所得税费用 Income Tax Payable	应付职工薪酬 Employee compensation	应交增值税 Value-added Tax	
277.8	132.8	2933.3	1038.3	27873.6	1468.0	2686
5221.8	1007	4215.8	2879.9	112698.5	10003.1	14066
2467.2	1056.1	23231.4	952.6	109688.5	12012.0	17999
45.8	11.6	5281.4	175.1	3229.5	529.9	699
17.4	2.5	32.5	1.9	699.4	40.8	123
7.3	2.0	1043.5	43.4	1022.8	85.6	244
742.8	460.0	5353.2	294.9	18626.3	2377.4	3340
1450.3	155.6	-4062.1	603.2	42700.3	3962.3	5691
1341.3	660.4	-730.9	2442.2	47091.3	4461.7	5332
4453.5	927	34025.7	1660.3	143350	13085.2	20720
3351.9	595.2	-5761.5	403.1	68420.8	5226.5	7299
3.4		791.2	2.3	2789.5	120	437
4490.3	1130.8	38238.8	3447.1	167665.2	17593.7	26217
142.8	59.9	-2245.5		6435.7	267.2	664
24.2	421.6	4638.9	1193.4	8178.9	805.6	833
7272.4	1979.4	34207.1	5105.3	204026.2	20031.3	28645
11	45.2	-56.8		1051.6	66.2	130
18.2	8.5	413.2	-213.2	3763.5	298	464
457.2	78.8	1744.9	55.9	25387.4	1915.6	3858
253.8	95.6	-646.5	97.9	19261.4	1701.9	2353

15-9 限额以上餐饮业法人企业财务状况(2023年)

单位：万元

指 标	Item	法人企业数(个) Number of Enterprises (unit)
总计	**Total**	**1547**
按行业小类分	**By Sector**	
正餐服务	Dinner Services	1463
快餐服务	Fast Food Services	24
饮料及冷饮服务	Beverages and Cold Beverage Services	32
茶馆服务	Teahouse Services	
咖啡馆服务	Cafe Services	4
酒吧服务	Bar Services	1
其他饮料及冷饮服务	Other Beverages and Cold Beverage Services	27
餐饮配送及外卖送餐服务	Catering delivery and delivery service	16
餐饮配送服务	Catering distribution	8
外卖送餐服务	Delivery service	8
其他餐饮业	Other Catering Services	12
小吃服务	Snack Services	7
其他未列明餐饮业	Other Catering Business	5
按登记注册类型分	**By Status of Registration**	
国有独资公司	Wholly State-owned Companies	4
私营有限责任公司	Private Limited Liability Companies	1179
其他有限责任公司	Other Limited Liability Companies	48
私营股份有限公司	Private Share Holding Limited Companies	4
其他股份有限公司	Other Share Holding Limited Liability Companies	1
全民所有制企业(国有企业)	Wholly People Owned Enterprises (State-owned Enterprises)	
集体所有制企业(集体企业)	Collective Owned Enterprises (Collective Enterprises)	5
股份合作企业	Cooperative Stock Enterprises	
联营企业	Joint Venture Enterprises	
个人独资企业	Sole Proprietorship Enterprises	296
合伙企业	Partnership Enterprises	3
其他内资企业	Other Domestic-funded Enterprises	

Financial Indicators of Enterprises above Designated Size of Catering Services (2023)

(10 000 yuan)

一、年初存货 Inventory at the Beginning of Year	二、期末资产负债 Assets and Liabilities					
	流动资产合计 Total Current Assets	应收账款 Accounts Receivable	存货 Inventory	固定资产原价 Total Original Value of Fixed Assets	房屋和构筑物 Buildings and Structures	机器设备 Machinery and Equipments
43503.7	**856235.5**	**78601.4**	**51402**	**579521.9**	**237910.8**	**110177.3**
36209	733447	70502.4	44563.1	530985.9	217075.4	90955.8
5871.6	90416.1	4128.8	5235.9	41483.7	20344.3	16244
683.9	22520.9	919.8	877	2635.5		2111.7
54.4	2165.5	5.3	79.3	603.8		197.8
	426.4		2.8			
629.5	19929	914.5	794.9	2031.7		1913.9
584	6590.1	2906.7	567.7	3186.4	100.6	660.6
411.7	5017.2	2720.2	553.8	2612.2		546.4
172.3	1572.9	186.5	13.9	574.2	100.6	114.2
155.2	3261.4	143.7	158.3	1230.4	390.5	205.2
110.5	2578.8	73.6	105.1	195.6		159.6
45	683	70	53	1035	391	46
81.1	26360.3	789.3	96.2	2490		95.1
32012.5	469640	59076.9	36969.8	369884.2	131498.6	71732.5
6559.7	276395.2	11281.5	5792	91905.5	41728.4	18480.1
1038	29850.2	2374.4	1018.5	59085.1	44010	13405.1
	19300.9	51.3		2316.7	2269.5	47.2
29.1	806.5	330.6	26.2	747.3	212	
2932.2	24672.1	4528.8	6809.6	48216.7	18192.3	6215.2
188.1	1364.5	21.7	51.8	584.3		0.1

15-9 续表 1

单位：万元

指　　标	Item	法人企业数(个) Number of Enterprises (unit)
港澳台投资有限责任公司	Limited Liability Companies Funded by Hong Kong, Macao and Taiwan	4
港澳台投资股份有限公司	Limited Liability Companies by Shares Funded by Hong Kong, Macao and Taiwan	
港澳台投资合伙企业	Partnership Enterprises Funded by Hong Kong, Macao and Taiwan	
其他港澳台投资企业	Other Enterprises Funded by Hong Kong, Macao and Taiwan	
外商投资有限责任公司	Foreign-funded Limited Liability Companies	2
外商投资股份有限公司	Foreign-funded Limited Liability Companies by Shares	
外商投资合伙企业	Foreign-funded Partnership Enterprises	
其他外商投资企业	Other Foreign-funded Enterprises	
农民专业合作社(联合社)	Farmers' Professional Cooperative (Union)	1
个体工商户	Individual Business	
其他市场主体	Other Market Entities	
按单位规模分	**By Size of Enterprise**	
大　型	Large	14
中　型	Medium	53
小　型	Small	1006
微　型	Micro	474
按控股情况分	**By Holding Entity of Share**	
国有控股	State-holding	16
集体控股	Collective-holding	5
私人控股	Private-holding	1518
港澳台商控股	Held by Corporation from Hong Kong, Macao and Taiwan	4
外商控股	Foreign-holding	3
其　他	Other	1
按经营形式分	**By Form of Business**	
独立门店	Independent Store	1373
连锁总店(总部)	Central Shop of Chain Stores (Headquarter)	24
连锁直营店	Direct-sale Shop of Chain Stores	62
连锁加盟店	Branch Shop of Chain Stores	9
其　他	Other	79

continued

(10 000 yuan)

一、年初存货 Inventory at the Beginning of Year	二、期末资产负债 Assets and Liabilities					
	流动资产合计 Total Current Assets	应收账款 Accounts Receivable	存货 Inventory	固定资产原价 Total Original Value of Fixed Assets	房屋和构筑物 Buildings and Structures	机器设备 Machinery and Equipments
617.1	6242.6	-453.5	583.1	4144.5		171
14.9	1423.4	597.8	50	133.3		16.7
31	179.8	2.6	4.8	14.3		14.3
8024.2	143472.8	12123.7	8016.8	107618	63801.2	36506.1
5267.9	166169.2	22461.6	4919.5	94343.8	34942.6	10990.3
25112.6	470243.3	35931.2	30522.6	326904.3	123689.4	49151.7
5099	76350.2	8084.9	7943.1	50655.8	15477.6	13529.2
1209.7	151174.2	3529.4	987.2	55322.6	17208.9	8426.8
29.1	806.5	330.6	26.2	747.3	212	
41594	696116.9	74592.2	49739.9	519064.8	220489.9	101453.4
617	6243	-454	583	4145		171
22.8	1715.5	600.1	60.8	228.4		111.8
31.0	179.8	2.6	4.8	14.3		14.3
28674	572792	49734	36670	434898	167635	65596
9309	138206	3784	9431	99187	65439	26979
1844	37855	4820	1641	24111		14173
474	3660	735	565	1922	380	1292
3203	103722.4	19527.5	3095.6	19405.3	4457.1	2138.2

15-9 续表 2

单位：万元

指　　标	Item	二、期末资产负债 累计折旧 Cumulative Depreciation	本年折旧 Depreciation
总计	**Total**	**254577.8**	**48791.6**
按行业小类分	**By Sector**		
正餐服务	Dinner Services	233338.3	44249
快餐服务	Fast Food Services	17153.5	3932.9
饮料及冷饮服务	Beverages and Cold Beverage Services	1400.3	280.1
茶馆服务	Teahouse Services		
咖啡馆服务	Cafe Services	427	46.8
酒吧服务	Bar Services		
其他饮料及冷饮服务	Other Beverages and Cold Beverage Services	973.3	233.3
餐饮配送及外卖送餐服务	Catering delivery and delivery service	2263.6	212.5
餐饮配送服务	Catering distribution	2019.7	135.9
外卖送餐服务	Delivery service	243.9	76.6
其他餐饮业	Other Catering Services	422.1	117.1
小吃服务	Snack Services	79.9	31.2
其他未列明餐饮业	Other Catering Business	342	86
按登记注册类型分	**By Status of Registration**		
国有独资公司	Wholly State-owned Companies	952.8	389.6
私营有限责任公司	Private Limited Liability Companies	171020.5	36856.5
其他有限责任公司	Other Limited Liability Companies	32055	6093.3
私营股份有限公司	Private Share Holding Limited Companies	32012.9	1995.6
其他股份有限公司	Other Share Holding Limited Liability Companies	987.6	94.7
全民所有制企业(国有企业)	Wholly People Owned Enterprises (State-owned Enterprises)		
集体所有制企业(集体企业)	Collective Owned Enterprises (Collective Enterprises)	11.6	2.7
股份合作企业	Cooperative Stock Enterprises		
联营企业	Joint Venture Enterprises		
个人独资企业	Sole Proprietorship Enterprises	16975.3	3296.7
合伙企业	Partnership Enterprises	242.8	15.2
其他内资企业	Other Domestic-funded Enterprises		

continued

(10 000 yuan)

Assets and Liabilities						
固定资产净额 Net Value of Fixed Assets	在建工程 Construction in Progress	无形资产 Intangible Assets	土地使用权 Land Use Rights	资产总计 Total Assets	流动负债合计 Total Current Liabilities	应付账款 Accounts Payable
202245.7	**45121.5**	**72976.4**	**46926.6**	**1808622.1**	**687168.6**	**140366.8**
178168.2	44729.5	71258.2	46926.6	1582514.9	608900.5	125922.8
22494.2	367.7	1716.2		163323.5	43722	9834.4
1155	24.3	2		48387.7	29871.3	3264.9
116.4		2		2676	1764.9	1205.4
				426.4	390.7	
1038.6	24.3			45285.3	27715.7	2059.5
362.9				8065.1	2280.9	1033.2
266				6032.3	1443.5	751.1
96.9				2032.8	837.4	282.1
65.4				6330.9	2393.9	311.5
54.7				2847.9	2148.2	223.6
11				3483	246	88
49	16741.3	20814.8		258820.5	13746.2	186.2
128401.1	12747.7	4662	1341.4	850553.3	416863.7	106043.8
28978.4	9618.4	21914.2	21781.6	438685.9	188050	24294.6
26764	5600.2	23843.6	23702.6	139108.4	36233.2	3536.1
				21927.4	4674.2	20
202.9				1768.8	431	69.4
13619	57.8	152.5	101	68153.4	12263.3	5580.5
285.1				2341.3	564.3	45

15-9 续表 3

单位：万元

指　　标	Item	二、期末资产负债	
		累计折旧 Cumulative Depreciation	本年折旧 Depreciation
港澳台投资有限责任公司	Limited Liability Companies Funded by Hong Kong, Macao and Taiwan	201.8	40.2
港澳台投资股份有限公司	Limited Liability Companies by Shares Funded by Hong Kong, Macao and Taiwan		
港澳台投资合伙企业	Partnership Enterprises Funded by Hong Kong, Macao and Taiwan		
其他港澳台投资企业	Other Enterprises Funded by Hong Kong, Macao and Taiwan		
外商投资有限责任公司	Foreign-funded Limited Liability Companies	113	5.8
外商投资股份有限公司	Foreign-funded Limited Liability Companies by Shares		
外商投资合伙企业	Foreign-funded Partnership Enterprises		
其他外商投资企业	Other Foreign-funded Enterprises		
农民专业合作社(联合社)	Farmers' Professional Cooperative (Union)	4.5	1.3
个体工商户	Individual Business		
其他市场主体	Other Market Entities		
按单位规模分	**By Size of Enterprise**		
大　型	Large	51746.7	6582
中　型	Medium	47351.8	6938.5
小　型	Small	136006	30746.1
微　型	Micro	19473.3	4525
按控股情况分	**By Holding Entity of Share**		
国有控股	State-holding	19234.4	3423.8
集体控股	Collective-holding	11.6	2.7
私人控股	Private-holding	234945.8	45303.8
港澳台商控股	Held by Corporation from Hong Kong, Macao and Taiwan	202	40
外商控股	Foreign-holding	179.7	19.8
其　他	Other	4.5	1.3
按经营形式分	**By Form of Business**		
独立门店	Independent Store	179252	37742
连锁总店(总部)	Central Shop of Chain Stores (Headquarter)	47920	5344
连锁直营店	Direct-sale Shop of Chain Stores	15338	3124
连锁加盟店	Branch Shop of Chain Stores	1123	288
其　他	Other	10944.1	2293.1

continued

(10 000 yuan)

Assets and Liabilities						
固定资产净额 Net Value of Fixed Assets	在建工程 Construction in Progress	无形资产 Intangible Assets	土地使用权 Land Use Rights	资产总计 Total Assets	流动负债合计 Total Current Liabilities	应付账款 Accounts Payable
3938	356.1	1589.3		25444.5	9529.3	461
8.2				1618.5	4812.8	130.2
				200.1	0.6	
50077.1	6149.4	25545.1	23702.6	361643.3	135620.9	33068.8
42100.3	2069.4	24948.5	22721.1	283320.4	148850.5	26785.2
93360.9	31717.7	22328.8	399.8	1035378.5	376187.7	74683.2
16707.4	5185	154	103.1	128279.9	26509.5	5829.6
5737.6	26259.5	42603.5	21781.6	465329.5	115069.8	2529.1
202.9				1768.8	431	69.4
192330.6	18505.9	28783.6	25145	1313860.9	556657.6	136693.6
3938	356	1589		25445	9529	461
36.6				2018.3	5480.3	613.7
				200.1	0.6	
146507	33728	47094	23224	1262839	458644	98797
49033	5953	25569	23703	354118	129240	15506
1849	251	34		57121	32926	6818
645				8480	6499	770
4212.1	5190.2	279.9		126063.9	59860.1	18476.1

15-9 续表 4

单位：万元

指　　标	Item	二、期末资产负债 负债合计 Total Liabilities
总计	**Total**	**991926.8**
按行业小类分	**By Sector**	
正餐服务	Dinner Services	859491
快餐服务	Fast Food Services	75460.3
饮料及冷饮服务	Beverages and Cold Beverage Services	49665.2
茶馆服务	Teahouse Services	
咖啡馆服务	Cafe Services	2564.9
酒吧服务	Bar Services	390.7
其他饮料及冷饮服务	Other Beverages and Cold Beverage Services	46709.6
餐饮配送及外卖送餐服务	Catering delivery and delivery service	4660.3
餐饮配送服务	Catering distribution	3727.8
外卖送餐服务	Delivery service	932.5
其他餐饮业	Other Catering Services	2650
小吃服务	Snack Services	2221.4
其他未列明餐饮业	Other Catering Business	429
按登记注册类型分	**By Status of Registration**	
国有独资公司	Wholly State-owned Companies	36147.8
私营有限责任公司	Private Limited Liability Companies	509605.2
其他有限责任公司	Other Limited Liability Companies	317541.3
私营股份有限公司	Private Share Holding Limited Companies	75516.2
其他股份有限公司	Other Share Holding Limited Liability Companies	12240.8
全民所有制企业(国有企业)	Wholly People Owned Enterprises (State-owned Enterprises)	
集体所有制企业(集体企业)	Collective Owned Enterprises (Collective Enterprises)	545.2
股份合作企业	Cooperative Stock Enterprises	
联营企业	Joint Venture Enterprises	
个人独资企业	Sole Proprietorship Enterprises	16005.6
合伙企业	Partnership Enterprises	1707.4
其他内资企业	Other Domestic-funded Enterprises	

continued

(10 000 yuan)

Assets and Liabilities			三、损益及分配 Profits and Losses			
所有者权益合计 Total Owner's Equity	实收资本 Paid-up Capital	个人资本 Personal Capital	营业收入 Gross Sales	主营业务收入 Main Business Income	营业成本 Operating Cost	税金及附加 Taxes and Surcharges
816695.4	**378753.3**	**105662.8**	**2072446.1**	**2045394.4**	**1450444.9**	**10682.2**
723023.9	316239.4	101371.7	1649701	1629094.8	1130972.5	10144.8
87863.3	55886.6	2741	270313.3	264346.8	214108.4	293.3
-1277.5	1985.3	500	106157.3	106118.1	68834.3	78.2
111.1	100		3116.4	3112.7	1051	5.1
35.7			752.9	752.9	533.1	0.4
-1424.3	1885.3	500	102288	102252.5	67250.2	72.7
3404.8	1379.6	676.9	36768.3	36329.5	29143.8	156.4
2304.5	774.9	472.2	25578	25578	20714.6	105.6
1100.3	604.7	204.7	11190.3	10751.5	8429.2	50.8
3680.9	3262.4	373.2	9506.2	9505.2	7385.9	9.5
626.5	90.0	40.0	4930.3	4930.3	3988.8	2.1
3054	3172	333	4576	4575	3397	7
222672.7	10500		3692.6	3416.2	3484.3	65.6
340948.1	224599.3	89814.1	1464203.6	1451481.3	996017.5	8987.7
121144.6	106481.1	50	302535.5	296429.8	236808.4	699.7
63592.2	3900	3900	44416.2	40265.1	29037.1	57.3
9686.6	10000		902.2	902.2	554.2	3.9
1223.6	3		10105.6	10105.6	9846.7	4.5
52147.9	15265.3	11898.7	169851.2	167392.9	122457.1	811.9
633.9			1818.2	1818.2	989.4	24.4

15-9 续表 5

单位：万元

指　　标	Item	二、期末资产负债 负债合计 Total Liabilities
港澳台投资有限责任公司	Limited Liability Companies Funded by Hong Kong, Macao and Taiwan	17040.8
港澳台投资股份有限公司	Limited Liability Companies by Shares Funded by Hong Kong, Macao and Taiwan	
港澳台投资合伙企业	Partnership Enterprises Funded by Hong Kong, Macao and Taiwan	
其他港澳台投资企业	Other Enterprises Funded by Hong Kong, Macao and Taiwan	
外商投资有限责任公司	Foreign-funded Limited Liability Companies	5575.9
外商投资股份有限公司	Foreign-funded Limited Liability Companies by Shares	
外商投资合伙企业	Foreign-funded Partnership Enterprises	
其他外商投资企业	Other Foreign-funded Enterprises	
农民专业合作社(联合社)	Farmers' Professional Cooperative (Union)	0.6
个体工商户	Individual Business	
其他市场主体	Other Market Entities	
按单位规模分	**By Size of Enterprise**	
大　型	Large	216186.6
中　型	Medium	176153.6
小　型	Small	546602.2
微　型	Micro	52984.4
按控股情况分	**By Holding Entity of Share**	
国有控股	State-holding	197071.4
集体控股	Collective-holding	545.2
私人控股	Private-holding	771025.4
港澳台商控股	Held by Corporation from Hong Kong, Macao and Taiwan	17041
外商控股	Foreign-holding	6243.4
其　他	Other	0.6
按经营形式分	**By Form of Business**	
独立门店	Independent Store	658451
连锁总店(总部)	Central Shop of Chain Stores (Headquarter)	212522
连锁直营店	Direct-sale Shop of Chain Stores	37335
连锁加盟店	Branch Shop of Chain Stores	8448
其　他	Other	75171.3

continued

(10 000 yuan)

Assets and Liabilities			三、损益及分配 Profits and Losses			
所有者权益合计 Total Owner's Equity	实收资本 Paid-up Capital	个人资本 Personal Capital	营业收入 Gross Sales	主营业务收入 Main Business Income	营业成本 Operating Cost	税金及附加 Taxes and Surcharges
8403.7	380		52400.9	51063	31926	16.6
-3957.4	7624.6		21843.6	21843.6	18687.9	10
199.5			676.5	676.5	636.3	0.6
145456.7	78955.9	14486	562084.1	555969.2	437125.2	860.4
107166.8	114942.5	27042.5	300257.7	298173.4	191295.1	2073.5
488776.4	146614.5	57161.7	1056016.5	1038582.6	717103.2	7129.6
75295.5	38240.4	6972.6	154087.8	152669.2	104921.4	618.7
268258.1	58010.8		21674.8	20224.6	15080.5	377.5
1223.6	3		10105.6	10105.6	9846.7	4.5
542835.6	312034.9	105662.8	1964655	1940410.1	1373991.9	10272.5
8404	380		52401	51063	31926	17
-4225.1	8324.6		22933.3	22914.6	18963.5	10.5
199.5			676.5	676.5	636.3	1
604388	239751	75576	1334200	1319754	932866	9123
141596	70563	14485	396754	386429	293918	844
19786	24670	11123	137502	137041	67484	433
33	3132	398	22013	22000	10756	44
50892.6	40638	4081.1	181977.2	180170.3	145421.8	237.9

15-9 续表 6

单位：万元

指　　标	Item	三、损益及分配 其他业务利润 Other Business Profits
总计	**Total**	**3787.6**
按行业小类分	**By Sector**	
正餐服务	Dinner Services	3557.2
快餐服务	Fast Food Services	48.9
饮料及冷饮服务	Beverages and Cold Beverage Services	181.5
茶馆服务	Teahouse Services	
咖啡馆服务	Cafe Services	
酒吧服务	Bar Services	
其他饮料及冷饮服务	Other Beverages and Cold Beverage Services	181.5
餐饮配送及外卖送餐服务	Catering delivery and delivery service	
餐饮配送服务	Catering distribution	
外卖送餐服务	Delivery service	
其他餐饮业	Other Catering Services	
小吃服务	Snack Services	
其他未列明餐饮业	Other Catering Business	
按登记注册类型分	**By Status of Registration**	
国有独资公司	Wholly State-owned Companies	
私营有限责任公司	Private Limited Liability Companies	3055.4
其他有限责任公司	Other Limited Liability Companies	480.7
私营股份有限公司	Private Share Holding Limited Companies	
其他股份有限公司	Other Share Holding Limited Liability Companies	
全民所有制企业(国有企业)	Wholly People Owned Enterprises (State-owned Enterprises)	
集体所有制企业(集体企业)	Collective Owned Enterprises (Collective Enterprises)	
股份合作企业	Cooperative Stock Enterprises	
联营企业	Joint Venture Enterprises	
个人独资企业	Sole Proprietorship Enterprises	251.5
合伙企业	Partnership Enterprises	
其他内资企业	Other Domestic-funded Enterprises	

continued

(10 000 yuan)

Profits and Losses						
销售费用 Sales Expenses	管理费用 Management Expenses	研发费用 R&D expenses	财务费用 Financial Expenses			投资收益 Income from Investment
				利息收入 Interest Income	利息费用 Interest expenses	
242701.4	**180660.8**	**875.7**	**14499**	**764.3**	**9293**	**2019.3**
196459.5	153621.1	870.8	12533.5	296.4	8021.9	-377.7
23934.7	13611.2	0.5	1146.8	439.1	1100.5	2443.6
20535.8	8522.9	0.9	641.3	25.7	164.7	-46.6
1718.6	237.6	0.6	54.5	24.1	78.5	-46.6
54.5	194.6		4.5			
18762.7	8090.7	0.3	582.3	1.6	86.2	
874.5	4564.5	3.5	153.8	2.9	5.6	
715.1	3338.4	3	33.5	2.9	5.2	
159.4	1226.1	0.5	120.3		0.4	
896.9	341.1		23.6	0.2	0.3	
149.4	316.3		16.5	0.1	0.3	
748	25		7	0		
178.9	812.1		-0.5	1.9		
189875.1	136225.2	751.3	10517.6	84.4	6688.1	241.3
25840.4	21426	35.4	1169.4	632.4	1120.3	2452.3
7116.8	6535.6	9	1215.7	2.9	1135	
4.6	167.5		-5.2	-5.2		
17.9	35.2	0.3	3.6	1.1		
6919.6	8088.6	79.2	993.9	46.1	221	-674.3
385.4	175	0.5	16.5			

15-9 续表 7

单位：万元

指　　标	Item	三、损益及分配 其他业务利润 Other Business Profits
港澳台投资有限责任公司	Limited Liability Companies Funded by Hong Kong, Macao and Taiwan	
港澳台投资股份有限公司	Limited Liability Companies by Shares Funded by Hong Kong, Macao and Taiwan	
港澳台投资合伙企业	Partnership Enterprises Funded by Hong Kong, Macao and Taiwan	
其他港澳台投资企业	Other Enterprises Funded by Hong Kong, Macao and Taiwan	
外商投资有限责任公司	Foreign-funded Limited Liability Companies	
外商投资股份有限公司	Foreign-funded Limited Liability Companies by Shares	
外商投资合伙企业	Foreign-funded Partnership Enterprises	
其他外商投资企业	Other Foreign-funded Enterprises	
农民专业合作社(联合社)	Farmers' Professional Cooperative (Union)	
个体工商户	Individual Business	
其他市场主体	Other Market Entities	
按单位规模分	**By Size of Enterprise**	
大　型	Large	222.2
中　型	Medium	94.4
小　型	Small	3433
微　型	Micro	38
按控股情况分	**By Holding Entity of Share**	
国有控股	State-holding	
集体控股	Collective-holding	
私人控股	Private-holding	3779.4
港澳台商控股	Held by Corporation from Hong Kong, Macao and Taiwan	
外商控股	Foreign-holding	8.2
其　他	Other	
按经营形式分	**By Form of Business**	
独立门店	Independent Store	3404
连锁总店(总部)	Central Shop of Chain Stores (Headquarter)	159
连锁直营店	Direct-sale Shop of Chain Stores	11
连锁加盟店	Branch Shop of Chain Stores	173
其　他	Other	39.9

continued

(10 000 yuan)

Profits and Losses						
销售费用 Sales Expenses	管理费用 Management Expenses	研发费用 R&D expenses	财务费用 Financial Expenses			投资收益 Income from Investment
				利息收入 Interest Income	利息费用 Interest expenses	
12308.1	4743.8		458.2			
49.1	2426.4		129.3	0.7	128.1	
5.5	25.4		0.5		0.5	
67228.6	27398.6	180.4	3056.1	331.7	2630.9	2467.1
50486.3	41281.8	226.6	4180.2	-9.5	3978.5	1972.1
112355.6	101636.9	380.8	6330.4	419.4	2434.8	-1628
12630.9	10343.5	87.9	932.3	22.7	248.8	-791.9
3498.8	5358.2	0.2	39.6	175.4	97.9	
17.9	35.2	0.3	3.6	1.1		
225961.8	168021.8	875.2	13867.4	587.1	9066.5	2019.3
12308.1	4743.8		458.2			
909.3	2476.4		129.7	0.7	128.1	
5.5	25.4		0.5		0.5	
119012.3	126427.5	636	10501.1	340.2	6212	-2659.7
53021.3	24727.3	180.9	3167.1	466.8	2645.4	5051.3
48749.9	10384.3	35	412.4	3.1	172.4	8.7
10383.2	1742.2		117.6	-0.5	102	
11534.7	17379.5	23.8	300.8	-45.3	161.2	-381

15-9 续表 8

单位：万元

指 标	Item	三、损益及分配 营业利润 Business Profits
总计	**Total**	**172196**
按行业小类分	**By Sector**	
正餐服务	Dinner Services	141555.2
快餐服务	Fast Food Services	20424.6
饮料及冷饮服务	Beverages and Cold Beverage Services	7586.6
茶馆服务	Teahouse Services	
咖啡馆服务	Cafe Services	3
酒吧服务	Bar Services	-34.2
其他饮料及冷饮服务	Other Beverages and Cold Beverage Services	7617.8
餐饮配送及外卖送餐服务	Catering delivery and delivery service	1753.2
餐饮配送服务	Catering distribution	667.8
外卖送餐服务	Delivery service	1085.4
其他餐饮业	Other Catering Services	876.4
小吃服务	Snack Services	485.4
其他未列明餐饮业	Other Catering Business	391
按登记注册类型分	**By Status of Registration**	
国有独资公司	Wholly State-owned Companies	-846.3
私营有限责任公司	Private Limited Liability Companies	118867.2
其他有限责任公司	Other Limited Liability Companies	20180.6
私营股份有限公司	Private Share Holding Limited Companies	444.7
其他股份有限公司	Other Share Holding Limited Liability Companies	177.2
全民所有制企业(国有企业)	Wholly People Owned Enterprises (State-owned Enterprises)	
集体所有制企业(集体企业)	Collective Owned Enterprises (Collective Enterprises)	197.7
股份合作企业	Cooperative Stock Enterprises	
联营企业	Joint Venture Enterprises	
个人独资企业	Sole Proprietorship Enterprises	29764.9
合伙企业	Partnership Enterprises	42.2
其他内资企业	Other Domestic-funded Enterprises	

continued

(10 000 yuan)

Profits and Losses				四、人工成本及增值税 Labor cost and Value-added Tax		五、从事住宿和餐饮业活动的从业人员平均人数（人） Annual Average Employees Engaged in accommodation and catering activities (person)
营业外收入 Non-business Income	营业外支出 Non-business Expenses	利润总额 Total Profits	所得税费用 Income Tax Payable	应付职工薪酬 Employee compensation	应交增值税 Value-added Tax	
5103.2	**2491.2**	**174767**	**9128.6**	**346088.2**	**21745.6**	**61417**
4316.9	1618	144250.4	5532.5	257111.4	22019.5	46684
517.7	672.6	20232.4	2893.6	53195.9	456.1	10269
134.4	195.3	7525.7	521.2	21895.3	-1175.1	2033
14	117.2	-100.2	1	673.1	61.5	129
0.8		-33.4	0.5	315.3	7.5	60
119.6	78.1	7659.3	519.7	20906.9	-1244.1	1844
133	2.1	1884.1	163.6	11975.2	430.1	2148
123	0.1	790.7	128.6	5113	167.7	628
10	2	1093.4	35	6862.2	262.4	1520
1.2	3.2	874.4	17.7	1910.4	15	283
0.1	0.1	485.4	17.3	1007.0	12.7	109
1	3	389	0	903	2	174
-37.5	12.6	-896.4		577.9	87	154
3582.9	1455.5	120951.2	5556.6	226988.3	18480.5	41296
714.3	841.2	20053.7	2333.7	60731.4	-219.5	8667
174.4	12.1	607	131	21158.3	1307	3262
7.5	4.7	180		41.8	9.4	8
0.1	0.1	197.7	0.2	1830.5	2.5	354
461.5	44	30184.8	645.9	15675	1952.1	3415
1	0.8	42.4	3.6	327.1	24.3	72

15-9 续表 9

单位：万元

指　　标	Item	三、损益及分配 营业利润 Business Profits
港澳台投资有限责任公司	Limited Liability Companies Funded by Hong Kong, Macao and Taiwan	2818.7
港澳台投资股份有限公司	Limited Liability Companies by Shares Funded by Hong Kong, Macao and Taiwan	
港澳台投资合伙企业	Partnership Enterprises Funded by Hong Kong, Macao and Taiwan	
其他港澳台投资企业	Other Enterprises Funded by Hong Kong, Macao and Taiwan	
外商投资有限责任公司	Foreign-funded Limited Liability Companies	540.9
外商投资股份有限公司	Foreign-funded Limited Liability Companies by Shares	
外商投资合伙企业	Foreign-funded Partnership Enterprises	
其他外商投资企业	Other Foreign-funded Enterprises	
农民专业合作社(联合社)	Farmers' Professional Cooperative (Union)	8.2
个体工商户	Individual Business	
其他市场主体	Other Market Entities	
按单位规模分	**By Size of Enterprise**	
大　型	Large	30362.5
中　型	Medium	13402.6
小　型	Small	104967.3
微　型	Micro	23463.6
按控股情况分	**By Holding Entity of Share**	
国有控股	State-holding	-2635.5
集体控股	Collective-holding	197.7
私人控股	Private-holding	171363
港澳台商控股	Held by Corporation from Hong Kong, Macao and Taiwan	2818.7
外商控股	Foreign-holding	443.9
其　他	Other	8.2
按经营形式分	**By Form of Business**	
独立门店	Independent Store	129082.9
连锁总店(总部)	Central Shop of Chain Stores (Headquarter)	26974.7
连锁直营店	Direct-sale Shop of Chain Stores	10526.1
连锁加盟店	Branch Shop of Chain Stores	-1048.6
其　他	Other	6660.9

continued

(10 000 yuan)

Profits and Losses				四、人工成本及增值税 Labor cost and Value-added Tax		五、从事住宿和餐饮业活动的从业人员平均人数(人) Annual Average Employees Engaged in accommodation and catering activities (person)
营业外收入 Non-business Income	营业外支出 Non-business Expenses	利润总额 Total Profits	所得税费用 Income Tax Payable	应付职工薪酬 Employee compensation	应交增值税 Value-added Tax	
146.5	112	2853.2	450.1	11745.4	28.2	2705
52.5	8.2	585.2	2	6958.6	73.5	1477
		8.2	5.5	53.9	0.6	7
1332.4	625.2	31069.7	3632.2	117408.6	1659.2	19225
847.5	346.5	13815.8	658.9	61383.7	4367.5	10611
2695.1	1345.2	106364	4078.5	152422.4	14442.1	28665
228.2	174.3	23517.5	759	14873.5	1276.8	2916
121.7	71.2	-2585	58.9	5301.4	408.9	802
0.1	0.1	197.7	0.2	1830.5	2.5	354
4743.8	2284.7	173781.1	8611.9	319809.8	21229.7	56021
146.5	112	2853.2	450.1	11745.4	28.2	2705
91.1	23.2	511.8	2	7347.2	75.7	1528
		8.2	5.5	53.9	0.6	7
2647.9	906.5	130775.8	5224.4	189409.8	18658.1	35410
810.3	776.3	27008.7	2664.8	89363.4	616	14453
1003.7	586.4	10943.4	767.8	26909.3	525.2	4538
56.3	2.2	-994.5	-17.9	5392.1	272.1	823
585	219.8	7033.6	489.5	35013.6	1674.2	6193

15-10 按行业和业态分连锁零售企业基本情况(2023年)

指 标	Item	总店数 (个) Number of Head Stores (unit)
总计	**Total**	**58**
按行业分	**By Sector**	
#综合零售	Integrated Retail	17
食品、饮料及烟草制品专门零售	Retail of Food, Beverages and Tobacco	5
纺织、服装及日用品专门零售	Special Retail of Textiles, Garments and Daily Consumer Articles	4
文化、体育用品及器材专门零售	Retail of Cultural, Sports Appliances and Equipments	2
医药及医疗器材专门零售	Retail of Medicines and Medical Appliances	27
汽车、摩托车、燃料及零配件专门零售	Retail of Motor Vehicles, Motorcycles, Fuel and Parts	
家用电器及电子产品专门零售	Special Retail of Household Electrical Appliances and Electronic Products	3
五金、家具及室内装修材料专门零售	Special Retail of Hardware,Furniture and Decoration Materials	
无店铺及其他零售	Non-shop and Other Retails	
按业态分	**By Business Categories**	
便利店	Convenience Store	2
折扣店	Discount Store	
超 市	Super Market	7
大型超市	Hyper Market	
仓储会员店	Warehouse Club	1
百货店	Department Store	1
专业店	Specialty Store	37
#加油站	Gas Station	
专卖店	Franchised Store	8
集合店	Collection Store	1
无人值守店	Unattended Store	
其 他	Other Store	

注：数据为初步数据。
Note:Data is preliminary.

Basic Conditions of Chain Retail Enterprises by Sector and Business Categories (2023)

门店总数 (个) Number of Stores (unit)	年末从业人数 (人) Engaged Persons at Year-end (person)	年末零售营业面积 (平方米) Operating Area of Retail Enterprises at Year-end (sq.m)	商品销售额 (万元) Total Sales of Commodities (10 000 yuan)	商品购进总额 (万元) Purchases Value (10 000 yuan)	统一配送商品购进额 (万元) Centralized Purchase and Delivery (10 000 yuan)
6691	**53060**	**3943511**	**6955455**	**6277209**	**6053279**
1523	34827	3409538	5431287	5122606	4908757
557	1634	26043	138757	104212	104212
211	1166	32467	74734	35500	31999
154	2264	38759	214503	210053	210053
4215	12802	426579	1061224	773022	772900
31	367	10125	34950	31818	25358
626	2721	55073	119877	92969	13452
240	3518	154054	240797	197890	63558
13	148	5200	13812	13701	13701
145	13873	1028700	1201041	1037212	1037212
4775	26962	2442055	4540413	4196592	4190012
514	4029	223801	642468	583168	579667
363	1166	9853	41112	21851	21851

15-11　按行业分连锁餐饮企业基本情况(2023年)
Basic Conditions of Chain Catering Enterprises by Sector (2023)

指　　标	Item	总店数 (个) Number of Head Stores (unit)	门店总数 (个) Number of Stores (unit)	年末从业人员 (人) Engaged Persons at Year-end (person)	年末餐饮营业面积 (平方米) Operating Area of Catering Enterprises at Year-end (sq.m)
总计	**Total**	**14**	**2021**	**33584**	**633198**
正餐服务业	Restaurant	9	746	23623	457352
快餐服务业	Fast Food	3	843	8952	153991
饮料及冷饮服务业	Beverages and Cold Drinks				
其他餐饮服务业	Others	2	432	1009	21855

15-11　续表　continued

指　　标	Item	餐位数 (位) Number of Dining-seats (unit)	营业额 (万元) Business Revenue (10 000 yuan)	商品购进总额 (万元) Total Purchases Value (10 000 yuan)	统一配送商品购进额 (万元) Centralized Purchase and Delivery (10 000 yuan)
总计	**Total**	**181194**	**959271**	**369422**	**248826**
正餐服务业	Restaurant	105295	556193	197313	76717
快餐服务业	Fast Food	72332	337559	120785	120785
饮料及冷饮服务业	Beverages and Cold Drinks				
其他餐饮服务业	Others	3567	65519	51324	51324

15−12 批发和零售业连锁经营情况(2022—2023年)
Operation of Chain Enterprises in Wholesale and Retail Trades (2022-2023)

指　　标	Item	合计 Total		#直营店 Regular Chain	
		2022	2023	2022	2023
门店总数(个)	Number of Stores (unit)	6956	8323	5366	6117
年末从业人员数(人)	Engaged Persons at Year-end (person)	60996	61009	58041	55855
年末零售营业面积(平方米)	Business Area of Catering Services at Year-end (sq.m)	4486380	4556828	4323625	4350067
连锁门店商品购进额(万元)	Total Purchases Value of Chain Retail Stores (10 000 yuan)	8937303	9671565	8735313	9360566
#统一配送商品购进额	Centralized Purchase and Delivery	6709160	7321182	6587209	7174207
#自有配送中心配送商品购进额	Purchases of Self-owned Delivery Center	5161333	5574342	5060932	5474278
非自有配送中心配送商品购进额	Purchases of Non-self-owned Delivery Center	1299009	1480323	1297720	1477694
连锁门店商品销售额(万元)	Total Sales (Wholesale & Retail) of Chain Retail Stores (10 000 yuan)	10126365	10574009	9913063	10223843
#零售额	Retail Sales	7990594	8199380	7835145	8015969

注：数据为初步数据。
Note:Data is preliminary.

15−13 住宿和餐饮业连锁经营情况(2022—2023年)
Operation of Chain Enterprises in Hotels and Catering Services (2022-2023)

指　　标	Item	合计 Total		#直营店 Regular Chain	
		2022	2023	2022	2023
门店总数(个)	Number of Stores (unit)	1182	2021	591	1062
年末从业人员数(人)	Engaged Persons at Year-end (person)	27776	33584	11973	13768
年末餐饮营业面积(平方米)	Business Area of Catering Enterprises at Year-end (sq.m)	500772	633198	271433	306048
客房数(间)	Number of Rooms (room)	357	331	357	331
床位数(个)	Number of beds (unit)	635	622	635	622
餐位数(位)	Number of Dinning-seats (unit)	130602	181194	67730	79108
连锁门店商品购进额(万元)	Total Purchases Value of Chain Retail Stores (10 000 yuan)	246530	369422	129635	204769
#统一配送商品购进额	Centralized Purchase and Delivery	154166	248826	113752	186613
#自有配送中心配送商品购进额	Purchases of Self-owned Delivery Center	80952	92043	80017	84922
非自有配送中心配送商品购进额	Purchases of Non-self-owned Delivery Center	70183	99123	30703	46246
连锁门店营业额(万元)	Business Revenue of Chain Retail Stores (10 000 yuan)	722504	959271	339868	427624
#餐费收入	From Meals	698234	937628	320827	407510
商品销售额	Total Sales of Commodities	24271	20047	19041	18518

主要统计指标解释

社会消费品零售总额　指企业（单位、个体户）通过交易直接售给个人、社会集团非生产、非经营用的实物商品金额，以及提供餐饮服务所取得的收入金额。个人包括城乡居民和入境人员，社会集团包括机关、社会团体、部队、学校、企事业单位、居委会或村委会等。

批发业　指向其他批发或零售单位（含个体经营者）及其他企事业单位、机关团体等批量销售生活用品、生产资料的活动，以及从事进出口贸易和贸易经纪与代理的活动，包括拥有货物所有权，并以本单位（公司）的名义进行交易活动,也包括不拥有货物的所有权，收取佣金的商品代理、商品代售活动；还包括各类商品批发市场中固定摊位的批发活动，以及以销售为目的的收购活动。

零售业　指百货商店、超级市场、专门零售商店、品牌专卖店、售货摊等主要面向最终消费者（如居民等）的销售活动，以互联网、邮政、电话、售货机等方式的销售活动，还包括在同一地点，后面加工生产，前面销售的店铺（如面包房）；谷物、种子、饲料、牲畜、矿产品、生产用原料、化工原料、农用化工产品、机械设备（乘用车、计算机及通信设备除外）等生产资料的销售不作为零售活动；多数零售商对其销售的货物拥有所有权，但有些则是充当委托人的代理人，进行委托销售或以收取佣金的方式进行销售。

批发和零售业商品购进、销售、库存额　指各种登记注册类型的批发和零售业企业（单位）以本企业（单位）为总体的，从国内、国外市场购进的商品总量，销售和出口的商品总量，库存的商品总量等情况。该指标可以反映商品流转过程中商品的购进、销售、库存之间的比例关系和存在的问题。

商品销售额　指对本单位以外的单位和个人出售的商品金额（包括售给本单位消费用的商品，含增值税）。商品销售包括：(1) 售给个人和社会集团消费用的商品；(2) 售给农业、工业、建筑业、服务业等国民经济各行业用于生产、经营用的商品，包括售予批发和零售业作为转卖或加工后转卖的商品；(3) 对国（境）外直接出口的商品。不包括：(1) 未通过买卖行为付出的商品，如因机构变动移交给其他企业单位的商品、借出的商品、归还受其他单位委托代保管的商品、付出的加工原料和赠送给其他单位的样品等；(2) 促销返券所销售的、不计入营业收入的商品；(3) 经本单位介绍，由买卖双方直接结算，本单位只收取手续费的业务；(4) 未发生所有权转移的商品预付卡销售，如加油卡；(5) 汽车维修、电话卡销售等服务性经济活动；(6) 购货退回的商品；(7) 商品损耗和损失；(8) 出售本单位自用的废旧物资；(9) 期货交易商品；(10) 自来水供应企业、电力企业、天然气供应企业提供的水、电、气。

住宿业　指有偿为顾客提供临时住宿的服务活动。不包括提供长期住宿场所的活动，如出租房屋、公寓等（列入房地产开发经营）。

餐饮业　指在一定场所，对食物进行现场烹饪、调制，并出售给顾客主要供现场消费的服务活动。

营业额　指住宿和餐饮业单位在经营活动中，因提供服务或销售商品等取得的全部收入（含增值税），收入主要来源于提供客房、餐费服务、商品销售和其他服务，如商务服务。不包括多产业法人企业附营的其他行业产业活动单位的餐费收入、商品销售收入等各项收入。

连锁总店（总部）　指负责连锁企业资源（商号、商誉、经营模式、服务标准、管理模式等）的开发、配置、控制或使用等功能的企业核心管理机构。连锁经营是指经营同类商品或服务，使用统一商号的若干店铺，在同一总店（总部）的管理下，采取统一采购或特许经营等方式，实现规模效益的组织形式，包括直营连锁、特许连锁和自愿连锁三种形式。其中，直营连锁是指连锁店铺由连锁公司全资或控股开设，在总部的直接控制下，开展统一经营的连锁经营形式；特许连锁是指拥有注册商标、企业标志、专利、专有技术等经营资源的企业（特许人），以合同形式将其拥有的经营资源许可其他经营者（被特许人）使用，被特许人按合同约定在统一的经营模式下开展经营，并向特许人支付特许经营费用的连锁经营形式；自愿连锁是指若干个店铺或企业自愿组合起来，在不改变各自资产所有权关系的情况下，以同一个品牌形象面对消费者，以共同进货为纽带开展的连锁经营形式。

Explanatory Notes on Main Statistical Indicators

Total Retail Sales of Consumer Goods refer to the amount obtained by enterprises (units, self-employed individuals) through direct sales of non-production and non-business physical commodity to individuals, social institutions, and revenue from providing catering services. Individuals include rural and urban households, population from abroad, social institutions include government agencies, social organizations, military units, schools, institutions, neighborhood (village) committees.

Wholesale Trade refers to the activities of selling wholesale commodities for daily use and capital goods to enterprises of wholesale and retail trades (including self-employed individuals) and other enterprises, institutions and government organs and organizations, and the activities of engaging in import and export and acting as a trade agent. The wholesaler may have the ownership of the commodities for wholesale and trade in the name of its own (a company), and the wholesaler can act as commission agent or commodity broker without the ownership of commodities. Also included are the wholesale activities at the fixed stalls in wholesale market and the acquisition for sales purpose.

Retail Trade refers to the activities of department store, supermarket, franchised store, brand store, retail stall and on-the-spot-making-selling store selling commodities to the final consumers (residents) by any means including internet, post, telephone, sales machine. It also includes shops with sales and production located in the same places (such as bakeries). Retail trade excludes the activities of sales of capital goods such as grain, seed, feed, livestock, mineral products, raw material for production, industrial chemicals, and chemical products for agricultural use, machine and equipment (excluding vehicles, computers and communication equipment). Most retailers have the ownership of commodities to sell, but some are acting as agents or brokers to make transactions for a commission.

Purchase, Sales and Stock of Commodities by Wholesale and Retail Trades refer to the total volume of commodities purchased, total volume of sales and exports, and the stock of commodities by wholesale and retail enterprises (establishments) of different status of registration from domestic and overseas markets. This indicator reflects the relationship among purchase, sales and stock of commodities in the circulation of goods and reveals the existing problems.

Total Sales of Commodities refer to value of commodities sold by the establishments to other establishments and individuals (including goods sold for self-consumption, including the value-added tax). The commodities include: (1) commodities sold to residents and social groups for their consumption; (2) commodities sold to establishments in all industries for their production and operation, including agriculture, industry, construction, and catering services including commodities sold to wholesale and retail establishments for re-selling, with or without further processing; and (3) commodities for direct export to abroad. Excluded are (1) extended commodities without trading, such as goods handed over to other enterprises and institutions because of the change of organizations, lent goods, returned goods preserved for others, extended processing materials and samples donated to others, (2) goods sold by sales promotion which are not included in operating revenue, (3) goods of direct settlement between buyer and seller with handling fees introduced by others, (4) goods prepaid card without proprietary rights exchange, such as fuel card, (5) service economic activity, such as car repair and phone card sale, (6) goods returned after purchase, (7) damaged and spoiled goods, (8) waste and used goods of self-use, (9) future traded commodities, (10) water, electricity and natural gas provided by water enterprises, electricity enterprises and natural gas enterprises.

Hotel Services refer to the charged accommodation services provided to customers, excluding the long term accommodation service activities such as rental housing and apartments (it is under real estate development and management).

Catering Services refer to the activities of enterprises providing on-the-spot services of selling food cooked and prepared to the customer in certain sites.

Business Revenue refers to revenue of hotels and catering services received from providing services or selling commodities (including added-value tax) through business activities, including income from providing hotels and catering services, from selling of commodities and from other services, such as business services. It does not include catering income, selling income of commodity and other income by attached operation holding by multi-industrial corporation.

Chain Head Stores (Headquarters) refer to thecore leading stores responsible for development, allocation, administration and utilization of resources (name of stores, brand of stores, operation model, service standard, management way, etc.) of chain stores. Chain stores refer to the stores engaged in providing homogeneous commodities or services, with the central leadership of the headstores (headquarters) and guided by common policies, conduct centralized purchase and distributed selling of commodities, in order to gain better efficiency through standardized operation. The chain stores include regular chain stores,franchise chain stores and voluntary chain stores.

Regular chain store refers to chain stores that are invested or controlled by the headquarters. They operate under direct and unified management from the headquarters.

Franchise chain store refers to the chain stores (franchisees) which are franchised with operation resources such as trade marks, names, patent and operation know-how by the franchisors in form of contract, and pay the operation fees to the franchisors.

Voluntary chain store refers to the stores operating jointly on the voluntary basis while maintaining their status of independent legal entities with full ownership of their assets. They sell goods of same brand from same channel of resources to the consumers.

16 对外经济贸易和旅游业

INTERNATIONAL TRADE AND ECONOMIC COOPERATION AND TOURISM

简 要 说 明

本章内容包括全市进出口、利用外资、对外投资合作、旅游情况。进出口、利用外资、对外投资合作、旅游资料由市统计局贸易外经统计处分别根据重庆海关、市商务委、市文化旅游委有关资料整理。

Brief Introduction

This chapter includes the city's import and export, utilization of foreign capital, foreign investment and cooperation, and tourism. Import and export, foreign investment, foreign investment and tourism data are processed and sorted by the Trade and Foreign Economic Statistics Division of the Municipal Bureau of Statistics according to the relevant data of the Chongqing Customs, the Municipal Commission of Commerce, and the Municipal Commission of Culture and Tourism.

16-1 人民币汇率（年平均价）(1985—2023年)
Reference Exchange Rate of RMB (period average) (1985-2023)

单位：人民币元　　(RMB yuan)

年 份 Year	100美元 100 US Dollars	100日元 100 Japanese Yen	100港元 100 Hong Kong Dollars	100欧元 100 Euros
1985	293.67	1.2457	37.57	
1986	345.28	2.0694	44.22	
1987	372.21	2.5799	47.74	
1988	372.21	2.9082	47.70	
1989	376.51	2.7360	48.28	
1990	478.32	3.3233	61.39	
1991	532.33	3.9602	68.45	
1992	551.46	4.3608	71.24	
1993	576.20	5.2020	74.41	
1994	861.87	8.4370	111.53	
1995	835.10	8.9225	107.96	
1996	831.42	7.6352	107.51	
1997	828.98	6.8600	107.09	
1998	827.91	6.3488	106.88	
1999	827.83	7.2932	106.66	
2000	827.84	7.6864	106.18	
2001	827.70	6.8075	106.08	
2002	827.70	6.6237	106.07	800.58
2003	827.70	7.1466	106.24	936.13
2004	827.68	7.6552	106.23	1029.00
2005	819.17	7.4484	105.30	1019.53
2006	797.18	6.8570	102.62	1001.90
2007	760.40	6.4632	97.46	1041.75
2008	694.51	6.7427	89.19	1022.27
2009	683.10	7.2986	88.12	952.70
2010	676.95	7.7279	87.13	897.25
2011	645.88	8.1050	82.97	900.11
2012	631.25	7.9037	81.38	810.67
2013	619.32	6.3323	79.85	822.19
2014	614.28	5.8196	79.22	816.51
2015	622.84	5.1543	80.34	691.41
2016	664.23	6.1243	85.58	734.26
2017	675.18	6.0244	86.64	763.03
2018	661.74	5.9890	84.43	780.16
2019	689.85	6.3347	88.05	772.55
2020	689.76	6.4626	88.93	787.55
2021	645.15	5.8735	83.00	762.93
2022	672.61	5.1261	85.89	707.21
2023	704.67	5.0350	90.02	764.25

16-2 进出口总值(1987—2023年)
Total Value of Imports and Exports (1987-2023)

年 份 Year	万元人民币 RMB 10 000yuan				万美元 USD 10 000			
	进出口总值 Total	出口 Exports	进口 Imports	进出口差额 Balance	进出口总值 Total	出口 Exports	进口 Imports	进出口差额 Balance
1987					29681	17446	12235	5211
1988					41078	22171	18907	3264
1989					60299	29052	31247	-2195
1990					68095	32729	35366	-2637
1991					61950	39249	22701	16548
1992					74244	40867	33377	7490
1993					85470	41160	44310	-3150
1994					123957	71527	52430	19097
1995					141859	84733	57126	27607
1996					158543	59365	99178	-39813
1997					167843	78015	89828	-11813
1998					103386	51411	51975	-564
1999					121044	49039	72005	-22966
2000					178547	99522	79025	20497
2001					183384	110248	73136	37112
2002					179401	109119	70282	38837
2003					259488	158509	100979	57530
2004					385735	209119	176616	32503
2005					429283	252054	177229	74825
2006					547013	335192	211821	123371
2007					744546	450772	293774	156998
2008					952121	572182	379939	192243
2009					770859	428008	342851	85157
2010					1242634	748875	493759	255116
2011					2921786	1983813	937973	1045840
2012					5320358	3857043	1463315	2393728
2013					6870410	4679749	2190661	2489088
2014	58632248	38947663	19684585	19263078	9545024	6340935	3204089	3136846
2015	46154929	34170285	11984644	22185641	7447656	5518994	1928662	3590332
2016	41403855	26779585	14624271	12155314	6277125	4069415	2207710	1861705
2017	45082489	28837099	16245390	12591709	6660391	4259899	2400492	1859407
2018	52226127	33952757	18273370	15679387	7904012	5137710	2766302	2371408
2019	57927807	37129167	20798640	16330527	8396406	5379892	3016514	2363378
2020	65133630	41874831	23258798	18616033	9417635	6052869	3364767	2688102
2021	80005889	51683270	28322619	23360651	12383293	8000637	4382656	3617981
2022	81583530	52453186	29130344	23322842	12282956	7908905	4374051	3534854
2023	71373948	47821928	23552020	24269908	10155792	6802338	3353453	3448885

16-3 利用外资基本情况(1985—2023年)
Basic Statistics on Utilization of Foreign Capital (1985-2023)

单位：万美元 (USD 10 000)

年 份 Year	新设外商投资企业数 (个) Number of Newly Established Foreign-invested Enterprises (unit)	合同外资金额 Value of Contractual Foreign Capital	实际使用外资额 Realized FDI Value
1985			427
1986	6	1528	790
1987	10	774	1924
1988	18	1913	2069
1989	15	7141	756
1990	55	6245	332
1991	80	4252	977
1992	443	37919	10247
1993	681	72892	25915
1994	364	47932	44953
1995	280	74567	37926
1996	160	24232	21878
1997	229	46017	38466
1998	222	47577	43107
1999	169	50688	23893
2000	190	35716	24436
2001	172	44261	25649
2002	148	50215	28089
2003	187	55301	31112
2004	258	66315	40508
2005	208	80213	51575
2006	223	111558	69595
2007	240	440499	102857
2008	135	208757	245196
2009	161	244278	337577
2010	232	402848	304264
2011	326	624570	582575
2012	248	505724	352418
2013	192	382459	414353
2014	203	448258	423348
2015	242	466628	377183
2016	224	401022	279037
2017	238	383207	222004
2018	232	907480	325030
2019	223	313177	236529
2020	287	579291	210119
2021	351	469016	223584
2022	268	199462	185744
2023	387	1171151	105260

注： 2004年起，新签利用外资协议(合同)数、合同外资金额均不含对外借款。

Note: Foreign loans have been excluded from the number of newly signed agreements (contracts) of foreign capital utilization and the value of agreements and contracts since 2004.

16–4 对外承包工程(1985—2023年)
Foreign Contracting Projects (1985-2023)

单位：万美元 (USD 10 000)

年 份 Year	新签合同数 (个) Number of Newly Signed Contracts (unit)	新签合同额 Value of Newly Signed Contracts	完成营业额 Completed Turnover
1985	9	2109	572
1986	18	1571	337
1987	15	1540	572
1988	13	2640	2683
1989	27	2605	2574
1990	14	2971	2189
1991	16	4329	2436
1992	19	3765	2896
1993	13	9440	2704
1994	45	4106	4132
1995	33	4032	3757
1996	35	6654	3160
1997	22	2607	2725
1998	24	1969	3203
1999	235	4591	3842
2000	231	9232	5806
2001	232	11590	6700
2002	117	12200	7959
2003	94	13450	8810
2004	81	14805	10078
2005	70	18498	12138
2006	72	21447	16050
2007	67	30714	20585
2008	55	86398	30673
2009	80	104463	36885
2010	48	81560	45074
2011	49	66797	43738
2012	42	107550	58406
2013	104	111288	103450
2014	132	117065	103488
2015	91	136003	120872
2016	105	275360	133546
2017	92	211179	170089
2018	79	324400	102619
2019	119	66904	100603
2020	58	48251	57223
2021	39	45188	42509
2022	54	36323	30883
2023	58	55699	39199

注：2011年起数据仅为对外承包工程，不再包含对外劳务合作。

Note: Due to the modification of statistics system, the data only includes the contracted projects with foreign countries and territories since 2011, and foreign labor cooperation not included.

16−5 国际旅游人数和国际旅游收入(1983—2023年)
Number of International Tourists and Earnings from International Tourism (1983-2023)

年份 Year	接待入境旅游人数(人次) Number of Overseas Visitor Arrivals Received (person-time)	#外国人 Foreigners	#港澳台同胞 Chinese Compatriots from Hong Kong, Macao and Taiwan	国际旅游收入(万美元) Earnings from International Tourism (USD 10 000)	入境旅游者人均逗留天数(天) Average Staying Period of Overseas Visitors Per Capita (day)
1983	23032	18706	3997	26	1.3
1984	28094	21110	6505	259	1.7
1985	49508	40460	8370	527	2.1
1986	55152	44290	8904	860	1.7
1987	60894	52177	8253	1063	1.5
1988	64181	45193	18711	1281	1.5
1989	41248	21454	19595	1027	1.6
1990	69609	19913	49570	1823	1.3
1991	81745	29625	51950	2354	1.6
1992	141165	52949	88050	3997	1.3
1993	135596	59140	76025	4819	1.4
1994	138593	93408	44180	5432	1.5
1995	142892	93625	48942	6333	2.0
1996	161761	108163	53238	7090	2.3
1997	259414	154919	103720	10548	2.7
1998	163738	116288	47211	8837	3.2
1999	184936	133629	51173	9726	3.2
2000	266081	192863	73218	13837	3.2
2001	313254	219214	94040	16341	3.1
2002	461484	310934	150550	21802	2.7
2003	234521	181744	52777	11323	2.8
2004	434423	338892	95531	20308	2.7
2005	523872	418076	105796	26436	3.0
2006	603239	488249	114990	30872	3.2
2007	761676	622427	139249	38231	3.2
2008	871907	742792	129115	44977	3.0
2009	1048125	847967	200158	53721	3.0
2010	1370231	1039598	330633	70320	3.4
2011	1864016	1326135	537881	96806	3.9
2012	2242834	1526320	716514	116832	3.4
2013	2422605	1619340	803265	126831	3.1
2014	2637590	1686523	951067	135444	2.7
2015	2825339	1888294	937045	146857	2.5
2016	3165843	2084166	1081677	168682	2.5
2017	3583545	2174307	1409238	194759	2.6
2018	3880233	2201956	1678277	218989	2.8
2019	4113439	2349382	1764057	252483	2.8
2020	146342	76512	69830	10792	4.6
2021	99062	49035	50027	8159	5.1
2022	65501	42803	22698	1166	1.7
2023	450094	250487	199607	31192	4.3

16-6 按商品类章别分的进出口总值(2022—2023年)

单位：万元

商品分类	Commodity (by HS Section and Division)
总　值	**Total Value**
第1章 活动物	Chapter 1 Live Animals
第2章 肉及食用杂碎	Chapter 2 Meat and Edible Meat Offal
第3章 鱼、甲壳动物、软体动物及其他水生无脊椎动物	Chapter 3 Fish, Crustaceans, Molluscs and Other Aquatic Invertebrates
第4章 乳品；蛋品；天然蜂蜜；其他食用动物产品	Chapter 4 Dairy Produce; Bards' Eggs; Natural Honey; Edible Products of Animal Origin, Not Elsewhere Specified or Included
第5章 其他动物产品	Chapter 5 Products of Animal Origin, not Elsewhere Specified or Included
第6章 活树及其他活植物；鳞茎、根及类似品；插花及装饰用簇叶	Chapter 6 Live Tree and Other Plants; Bulbs, Roots and the like;Cut Flowers and Omamental Foliage
第7章 食用蔬菜、根及块茎	Chapter 7 Edible Vegetables and Certain Roots and Tubers
第8章 食用水果及坚果；甜瓜或柑橘属水果的果皮	Chapter 8 Edible Fruits and Nuts; Peel of Citrus Fruits or Melons
第9章 咖啡、茶、马黛茶及调味香料	Chapter 9 Coffee, Tea, Mate and Spices
第10章 谷物	Chapter 10 Cereals
第11章 制粉工业产品；麦芽；淀粉；菊粉；面筋	Chapter 11 Products of The Milling Industry; Malt; Starches; Inulin;Wheat Gluten
第12章 含油子仁及果实；杂项子仁及果仁；工业用或药用植物；稻草、秸秆及饲料	Chapter 12 Oil Seeds and Oleaginous Fruits; Miscellaneous Grains, Seeds and Fruit; Industrial or Medicinal Plants; Straw and Fodder
第13章 虫胶；树胶、树脂及其他植物液、汁	Chapter 13 Lacs; Gums, Resins and Other Vegetable Saps and Extracts
第14章 编结用植物材料；其他植物产品	Chapter 14 Vegetable Plaiting Materials; Vegetable Products, Not Elsewhere Specified or Included
第15章 动、植物或微生物油、脂及其分解产品；精制的食用油脂；动、植物蜡	Chapter 15 Animal or Vegetable Fats and Oils and Their Cleavage Products; Prepared Edible Fats; Animal or Vegetable Waxes
第16章 肉、鱼、甲壳动物、软体动物及其他水生无脊椎动物、昆虫的制品	Chapter 16 Preparations of Meat,of Fish or of Crustaceans, Molluscs or Other Aquatic Invertebrates
第17章 糖及糖食	Chapter 17 Sugar and Sugar Confectionery
第18章 可可及可可制品	Chapter 18 Cocoa and Cocoa Preparations
第19章 谷物、粮食粉、淀粉或乳的制品；糕饼点心	Chapter 19 Preparations of Cereals, Flour, Starch or Milk; Pastry-Cooks' Products
第20章 蔬菜、水果、坚果或植物其他部分的制品	Chapter 20 Preparations of Vegetables, Fruits, Nuts or Other Parts of Plants
第21章 杂项食品	Chapter 21 Miscellaneous Edible Preparations
第22章 饮料、酒及醋	Chapter 22 Beverages, Spirits and Vinegar
第23章 食品工业的残渣及废料；配制的动物饲料	Chapter 23 Residues and Waste from The Food Industries; Prepared Animal Fodder
第24章 烟草、烟草及烟草代用品的制品；非经燃烧吸用的产品，不论是否含有尼古丁；其他供人体摄入尼古丁的含尼古丁的产品	Chapter 24 Tobacco, Tobacco and Manufactured Tobacco Substitutes;Products for Non-combustion inhalation, Whether or Not Containing Nicotine; Other Nicotine-Containing Products Intended for Human Ingestion of Nicotine
第25章 盐；硫磺；泥土及石料；石膏料、石灰及水泥	Chapter 25 Salt; Sulphur; Earths and Stone; Plastering Materials, Lime and Cement
第26章 矿砂、矿渣及矿灰	Chapter 26 Ores, Slag and Ash
第27章 矿物燃料、矿物油及其蒸馏产品；沥青物质；矿物蜡	Chapter 27 Mineral Fuels, Mineral Oils and Products of Their Distillation; Bituminous Substances; Mineral Waxes
第28章 无机化学品；贵金属、稀土金属、放射性元素及其同位素的有机及无机化合物	Chapter 28 Inorganic Chemicals; Organic or Inorganic Compounds of Precious Metals, of Rare-Earth Metals, of Radioactive Elements or of Isotopes
第29章 有机化学品	Chapter 29 Organic Chemicals
第30章 药品	Chapter 30 Pharmaceutical Products
第31章 肥料	Chapter 31 Fertilizers
第32章 鞣料浸膏及染料浸膏；鞣酸及其衍生物；染料、颜料及其他着色料；油漆及清漆；油灰及其他类似胶粘剂；墨水、油墨	Chapter 32 Tanning or Dyeing Extracts; Tannins and Their Derivatives; Dyes, Pigments and Other Colouring Matter; Paints and Varnishes; Putty and Other Mastics; Inks

International Trade in Goods by HS Section and Division (2022-2023)

(10 000 yuan)

进出口 Exports		出 口 Exports		进 口 Imports	
2022	2023	2022	2023	2022	2023
81583530	**71373948**	**52453186**	**47821928**	**29130344**	**23552020**
	2227				2227
423028	378489	1431	2114	421596	376376
146811	96533	316	203	146495	96330
63202	51980	130	1633	63073	50347
14264	13055	7762	7854	6502	5201
437	2556	421	2121	16	435
12877	10541	12531	9272	346	1269
487742	437710	15624	18669	472119	419040
19898	12191	4884	4481	15014	7710
6015	5585	1448	1121	4567	4464
4903	4006	3718	3135	1185	871
197682	267768	1221	2030	196461	265738
2222	2530	1391	1325	831	1205
1121	510	1068	487	54	23
13592	23404	57	297	13535	23107
10824	8289	10824	8184		105
6824	3555	1529	335	5296	3220
1450	735	1		1449	735
72802	63744	3269	3023	69533	60721
19694	16879	17342	14820	2352	2059
68348	88372	5722	6244	62626	82129
9570	7120	4303	1452	5267	5668
54381	49354	21990	22210	32392	27144
7220	135	7220	135		
30433	15072	12451	2093	17982	12979
1882151	1558667	9312	2296	1872839	1556372
156953	142589	760	1047	156193	141542
1382460	1091532	1281094	1047692	101366	43840
1122492	791548	1019359	671588	103133	119960
2006346	333986	108678	83064	1897668	250922
122462	111033	120520	103808	1942	7225
68189	54325	17359	8970	50830	45355

16-6 续表 1

单位：万元

商品分类	Commodity (by HS Section and Division)
第33章 精油及香膏；芳香料制品及化妆盥洗品	Chapter 33 Essential Oils and Retinoid; Perfumery, Cosmetic or Toilet Preparations
第34章 肥皂、有机表面活性剂、洗涤剂、润滑剂、人造蜡、调制蜡、光洁剂、蜡烛及类似品、塑型用膏、“牙科用蜡”及牙科用熟石膏制剂	Chapter 34 Soap,Organic Surface-Active Agents,Washing Preparations, Lubricating Preparations, Artificial Waxes, Prepared Waxes, Polishing or Scouring Preparations, Candles and Similar Articles, Modelling Pastes, "Dental Waxes" And Dental Preparations With a Basis of Plast
第35章 蛋白类物质；改性淀粉；胶；酶	Chapter 35 Albuminoidal Substances; Modified Starches; Glues; Enzymes
第36章 炸药；烟火制品；引火合金；易燃材料制品	Chapter 36 Explosives; Pyrotechnic Products; Matches; Pyrophoric Alloys; Certain Combustible Preparations
第37章 照相及电影用品	Chapter 37 Photographic or Cinematographic Goods
第38章 杂项化学产品	Chapter 38 Miscellaneous Chemical Products
第39章 塑料及其制品	Chapter 39 Plastics and Articles Thereof
第40章 橡胶及其制品	Chapter 40 Rubber and Articles Thereof
第41章 生皮(毛皮除外)及皮革	Chapter 41 Raw Hides and Skins(Other Than Fur Skins) and Leather
第42章 皮革制品；鞍具及挽具；旅行用品、手提包及类似容器；动物肠线(蚕胶丝除外)制品	Chapter 42 Articles of Leather; Saddlery and Harness;Ravel Goods, Handbags and Similar Containers; Articles of Animal Gut(Other Than Silk-Worm Gut)
第43章 毛皮、人造毛皮及其制品	Chapter 43 Fur Skins and Artificial Fur; Manufactures Thereof
第44章 木及木制品；木炭	Chapter 44 Wood and Articles of Wood; Wood Charcoal;
第45章 软木及软木制品	Chapter 45 Cork and Articles of Cork
第46章 稻草、秸秆、针茅或其他编结材料制品；篮筐及柳条编结品	Chapter 46 Manufactures of Straw, of Esparto or of Other Plaiting Materials; Basket Ware and Wickerwork
第47章 木浆及其他纤维状纤维素浆；回收(废碎)纸及纸板	Chapter 47 Pulp of Wood or of Other Fibrous Cellulosic Material; Waste and Scrap of Paper or Paperboard
第48章 纸及纸板；纸浆、纸或纸板制品	Chapter 48 Paper and Paperboard; Articles of Paper Pulp, of Paper or Paperboard
第49章 书籍、报纸、印刷图画及其他印刷品；手稿、打字稿及设计图纸	Chapter 49 Printed Books, Newspapers, Pictures and Other Products of The Printing Industry; Manuscripts, Typescripts and Plans
第50章 蚕丝	Chapter 50 Silk
第51章 羊毛、动物细毛或粗毛；马毛纱线及其机织物	Chapter 51 Wool, Fine or Coarse Animal Hair;Horsehair Yam and Woven Fabric
第52章 棉花	Chapter 52 Cotton
第53章 其他植物纺织纤维；纸纱线及其机织物	Chapter 53 Other Vegetable Textile Fibres; Paper Yam and Woven Fabrics of Paper Yam
第54章 化学纤维长丝；化学纤维纺织材料制扁条及类似品	Chapter 54 Man-Made Filaments;Flat Strips and Similar Products of Chemical Fiber Textile Materials
第55章 化学纤维短纤	Chapter 55 Man-Made Short Fibres
第56章 絮胎、毡呢及无纺织物；特种纱线；线、绳、索、缆及其制品	Chapter 56 Wadding, Felt and Nonwoven; Special Yams; Twine,Cordage, Ropes and Cables and Articles Thereof
第57章 地毯及纺织材料的其他铺地制品	Chapter 57 Carpets and Other Textile Floor Coverings
第58章 特种机织物；簇绒织物；花边；装饰毯；装饰带；刺绣品	Chapter 58 Special Woven Fabrics; Tufted Textile Fabrics;Lace; Tapestries; Trimmings; Embroidery
第59章 浸渍、涂布、包覆或层压的纺织物；工业用纺织制品	Chapter 59 Impregnated, Coated, Covered or Laminated Textile Fabrics; Textile Articles of a Kind Suitable for Industrial Use
第60章 针织物及钩编织物	Chapter 60 Knitted or Crocheted Fabrics
第61章 针织或钩编的服装及衣着附件	Chapter 61 Articles of Apparel and Clothing Accessories, Knitted or Crocheted
第62章 非针织或非钩编的服装及衣着附件	Chapter 62 Articles of Apparel and Clothing Accessories,not Knitted or Crocheted
第63章 其他纺织制成品；成套物品；旧衣着及旧纺织品；碎织物	Chapter 63 Other Made Up Textile Articles;Sets; Worn Clothing And Worn Textile Articles; Rags Articles; Rags
第64章 鞋靴、护腿和类似品及其零件	Chapter 64 Footwear, Gaiters and The Like; Parts of Such Articles
第65章 帽类及其零件	Chapter 65 Headgear and Parts Thereof

continued

(10 000 yuan)

进出口 Exports		出　口 Exports		进　口 Imports	
2022	2023	2022	2023	2022	2023
111559	279949	6361	94465	105198	185485
50338	34688	27946	15017	22391	19671
31519	20181	10032	8409	21487	11771
81	63	80	63		
88447	86995	26911	27845	61536	59151
345796	362947	268806	202272	76990	160675
831733	556233	637107	407212	194627	149020
264813	267747	188864	225864	75950	41883
1434	4294	1321	1988	113	2306
167656	114492	150988	97700	16668	16791
567	102	567	100		2
175152	92353	28841	15691	146311	76662
65	18	62	12	4	6
3075	624	3075	624		
787879	1122398	379	24	787499	1122374
175682	114829	118481	80768	57202	34061
121844	119923	14978	13424	106866	106499
10219	8229	10213	8228	6	1
87	128	52	32	36	96
8701	6353	8333	5503	368	850
2021	319	1991	315	29	4
56165	40171	54936	38283	1229	1888
33470	23087	31738	21938	1732	1149
29447	22782	24620	19827	4828	2954
6897	4156	6858	4007	39	149
16268	9845	13890	7129	2378	2716
26141	27296	11020	7105	15120	20191
21454	7319	17549	6848	3905	471
236608	167762	229898	160680	6710	7082
187868	145578	179892	136920	7975	8658
86888	52232	86164	51299	724	934
150695	118678	143024	113517	7670	5161
16508	7109	16330	6935	178	174

16-6 续表 2

单位：万元

商 品 分 类	Commodity (by HS Section and Division)
第66章 雨伞、阳伞、手杖、鞭子、马鞭及其零件	Chapter 66 Umbrellas, Sun Umbrellas, Walking-Sticks,Seat-Sticks, Whips, Riding-Crops And Parts Thereof
第67章 已加工羽毛、羽绒及其制品；人造花；人发制品	Chapter 67 Prepared Feathers and Down and Articles;Made of Feathers or of Down; Artificial Flowers; Articles of Human Hair
第68章 石料、石膏、水泥、石棉、云母及类似材料的制品	Chapter 68 Articles of Stone, Plaster, Cement,Asbestos, Mica or Similar Materials
第69章 陶瓷产品	Chapter 69 Ceramic Products
第70章 玻璃及其制品	Chapter 70 Glass and Glassware
第71章 天然或养殖珍珠、宝石或半宝石、贵金属、包贵金属及其制品；仿首饰；硬币	Chapter 71 Natural or Cultured Pearls, Precious or Semi-Precious Stones, Precious Metals, Metals Clad With Metal and Articles Thereof; Imitation Jewellery; Coin
第72章 钢铁	Chapter 72 Iron and Steel
第73章 钢铁制品	Chapter 73 Articles of Iron or Steel
第74章 铜及其制品	Chapter 74 Copper and Articles Thereof
第75章 镍及其制品	Chapter 75 Nickel and Articles Thereof
第76章 铝及其制品	Chapter 76 Aluminium and Articles Thereof
第78章 铅及其制品	Chapter 78 Lead and Articles Thereof
第79章 锌及其制品	Chapter 79 Zinc and Articles Thereof
第80章 锡及其制品	Chapter 80 Tin and Articles Thereof
第81章 其他贱金属、金属陶瓷及其制品	Chapter 81 Other Base Metals; Cermets; Articles Thereof
第82章 贱金属工具、器具、利口器、餐匙、餐叉及其零件	Chapter 82 Tools, Implements, Cutlery, Spoons and Forks,of Base Metal; Parts Thereof of Base Metal
第83章 贱金属杂项制品	Chapter 83 Miscellaneous Articles of Base Metal
第84章 核反应堆、锅炉、机器、机械器具及零件	Chapter 84 Nuclear Reactors, Boilers, Machinery and Mechanical Appliances; Parts Thereof
第85章 电机、电气设备及其零件；录音机及放声机、电视图像、声音的录制和重放设备及其零件、附件	Chapter 85 Electrical Machinery and Equipment and Parts Thereof; Sound Recorders and Reproducers, Television Image and Sound Recorders and Reproducers, and Parts and Accessories of Such Articles
第86章 铁道及电车道机车、车辆及其零件；铁道及电车道轨道固定装置及其零件；附件；各种机械(包括电动机械)交通信号设备	Chapter 86 Railway or Tramway Locomotives, Rolling-Stock and Parts Thereof; Railway or Tramway Track Fixtures And Fittings and Parts Thereof;Mechanical (Including Electro-Mechanical) Traffic Signalling Equipment of All Kinds
第87章 车辆及其零件、附件，但铁道及电车道车辆除外	Chapter 87 Vehicles Other Than Railway or Tramway Rolling-Stock, and Parts and Accessories Thereof
第88章 航空器、航天器及其零件	Chapter 88 Aircraft, Spacecraft, and Parts Thereof
第89章 船舶及浮动结构体	Chapter 89 Ships, Boats and Floating Structures
第90章 光学、照相、电影、计量、检验、医疗或外科用仪器及设备、精密仪器及设备；上述物品的零件、附件	Chapter 90 Optical, Photographic, Cinematographic, Measuring,Checking, Precision Medical or Surgical Instruments and Apparatus; Parts and Accessories Thereof
第91章 钟表及其零件	Chapter 91 Clocks and Watches and Parts Thereof
第92章 乐器及其零件、附件	Chapter 92 Musical Instruments; Parts and Accessories of Such Articles
第93章 武器、弹药及其零件、附件	Chapter 93 Arms and Ammunition; Parts and Accessories Thereof
第94章 家具；寝具、褥垫、弹簧床垫、软坐垫及类似的填充制品；未列名灯具及照明装置；发光标志、发光铭牌及类似品；活动房屋	Chapter 94 Furniture; Bedding, Mattresses, Mattress Supports,Cushions and Similar Stuffed Furnishings; Lamps and Lighting Fittings, not Elsewhere Specified or Included; Illuminated Signs, Illuminated
第95章 玩具、游戏品、运动用品及其零件、附件	Chapter 95 Toys, Games and Sports Requisites; Parts and Accessories Thereof
第96章 杂项制品	Chapter 96 Miscellaneous Manufactured Articles
第97章 艺术品、收藏品及古物	Chapter 97 Works of Art, Collectors' Pieces and Antiques
第98章 特殊交易品及未分类商品	Commodities and Transactions not Classified
第99章 跨境电商B2B简化申报商品	Simplified Declaration of Cross-border E-commerce B2B Commodities

continued

(10 000 yuan)

进出口 Exports		出 口 Exports		进 口 Imports	
2022	2023	2022	2023	2022	2023
3888	2804	3883	2800	5	4
77293	42118	73360	36856	3933	5262
71003	39355	63813	33862	7190	5493
346282	300298	327651	283951	18631	16347
546254	476125	211962	165930	334292	310195
74184	505350	22427	15045	51757	490305
586653	134623	213704	55074	372949	79550
456662	332208	421889	302378	34773	29830
917291	509017	107176	84114	810115	424902
8357	6459	3029	5703	5328	756
505057	406590	409464	298207	95593	108382
44508	62329	43885	61093	623	1236
15050	15968	12831	316	2219	15652
5395	5222	97	1054	5298	4168
17090	14334	14349	12230	2741	2104
131518	89558	126084	84692	5434	4866
191303	151001	178481	140605	12822	10396
29868661	24934081	25491767	21777839	4376894	3156242
27084674	24311744	12657913	12255339	14426760	12056405
11014	7545	10759	7515	255	31
4837668	6362838	4438144	5845301	399525	517537
3422	31656	1037	11921	2386	19734
37765	1502	37764	1502	1	
1098680	845280	573217	437877	525462	407404
23166	39529	16373	7474	6793	32055
6234	2780	5968	2523	266	256
2769	1318	2768	1313	1	5
543949	457053	531927	448656	12022	8396
1241029	1373659	1236018	1370067	5011	3592
64762	37575	63449	35859	1314	1716
237913	272209	125493	125700	112420	146509
60563	136874	11461	97335	49103	39539
	47		47		

16-7 按贸易方式分的进出口总值(2022—2023年)
Total Value of Imports and Exports by Customs Regime (2022-2023)

单位：万元 (10 000 yuan)

指　　标	Item	进出口总值 Total Imports and Exports		出口 Exports		进口 Imports	
		2022	2023	2022	2023	2022	2023
总　计	**Total**	**81583530**	**71373948**	**52453186**	**47821928**	**29130344**	**23552020**
一般贸易	Ordinary Trade	29281562	27759918	19209224	19075085	10072339	8684834
其他捐赠物资	Other Donations from Abroad	421	23	413	23	7	
加工贸易	Processing Trade	35399523	29429266	28604624	23798459	6794899	5630807
来料加工贸易	Compensation Trade	4181343	3940278	1082507	845314	3098836	3094964
进料加工贸易	Processing and Assembling Trade	31218179	25488988	27522117	22953146	3696062	2535843
寄售代销贸易	Consignment Sales Trade	223		148		75	
对外承包工程出口货物	Consignment Trade	4903	44709	4903	44709		
租赁贸易	Petty Trade in Border Areas (excluding the barter trade between border residents)	160	15446	160	10		15436
外商投资企业作为投资进口的设备、物品	Goods Exportation for Contracted Projects with Foreign Countries	36093	12790			36093	12790
出料加工贸易	Leasing Trade	270	551	116	551	154	
保税物流	Imported Equipment and Materials as Investment of Foreign-funded Enterprises	16591187	13827676	4603395	4769158	11987792	9058518
海关保税监管场所进出境货物	Outward Processing Trade	837617	742137	262246	328616	575371	413521
海关特殊监管区域物流货物	Barter Trade	15753570	13085539	4341149	4440543	11412421	8644997
海关特殊监管区域进口设备	Tax-free Commodities on Foreign Exchange	162999	64168			162999	64168
其他贸易	Bonded Logistics	106180	219400	30194	133932	75985	85468

16-8 按国别(地区)分的进出口总值(2022-2023年)
Imports and Exports by Countries or Regions (2022-2023)

单位：万元 (10 000 yuan)

国别(地区)	Country (Region)	进出口总额 Total Imports and Exports		出口 Exports		进口 Imports	
		2022	2023	2022	2023	2022	2023
进出口贸易总值	**Total Import-Export Value**	**81583530**	**71373948**	**52453186**	**47821928**	**29130344**	**23552020**
亚洲	**Asia**	**43550819**	**38079914**	**22455992**	**21006507**	**21094826**	**17073407**
阿富汗	Afghanistan	2045	3530	2045	3530		
巴林	Bahrain	22002	15737	21911	15736	91	1
孟加拉国	Bangladesh	163495	119675	163222	119600	273	75
不丹	Bhutan	219	186	219	186		
文莱	Brunei	2765	2531	2765	2531		
缅甸	Myanmar	116966	149992	111521	142371	5444	7622
柬埔寨	Cambodia	130574	118551	128638	104694	1936	13857
塞浦路斯	Cyprus	3659	2873	3659	2873		
朝鲜	Korea DPR	499		499			
中国香港	Hong Kong, China	5610899	5547772	5602866	5535662	8033	12110
印度	India	2340992	2275991	2289900	2218981	51092	57009
印度尼西亚	Indonesia	1512949	1101343	1049213	787351	463736	313992
伊朗	Iran	64386	48055	64359	48031	27	25
伊拉克	Iraq	101817	88141	101455	88141	362	
以色列	Israel	132252	156309	106483	99213	25769	57096
日本	Japan	3027902	2552026	1587604	1366450	1440298	1185577
约旦	Jordan	38124	45635	38123	45634	1	1
科威特	Kuwait	76027	61415	76027	61415		
老挝	Laos	47537	62009	25934	52240	21603	9769
黎巴嫩	Lebanon	20264	17058	20264	17058		
中国澳门	Macao, China	7314	44360	7165	44360	149	
马来西亚	Malaysia	2419538	1898797	779074	763268	1640464	1135528
马尔代夫	Maldives	4199	2049	4199	2049		
蒙古	Mongolia	167873	221324	13573	9197	154300	212128
尼泊尔	Nepal	28425	28219	28425	28219		
阿曼	Oman	28904	35889	28826	35723	78	166
巴基斯坦	Pakistan	407073	239122	405445	238454	1628	668
巴勒斯坦	Palestine	1737	2896	1737	2896		
菲律宾	Philippines	905334	659118	747216	561592	158118	97525
卡塔尔	Qatar	32585	28960	32472	24456	113	4504
沙特阿拉伯	Saudi Arabia	748608	672845	721526	631439	27082	41405
新加坡	Singapore	814772	791838	544147	625872	270625	165966
韩国	Republic of Korea	7856899	6828383	2671418	2240084	5185480	4588299
斯里兰卡	Sri Lanka	18402	16587	18383	15630	18	957
叙利亚	Syria	2136	1132	2136	1131		1
泰国	Thailand	1850346	1619010	710973	762020	1139372	856990
土耳其	Türkiye	477076	568710	453004	549038	24072	19672
阿联酋	United Arab Emirates	864182	868466	856181	862641	8001	5825
也门	Yemen	9454	7956	9454	7956		
越南	Vietnam	4862418	3982583	1426085	1225087	3436333	2757496
中国	P. R. China	2073659	1925358			2073659	1925358
中国台湾	Taiwan, China	6251000	4768884	1462498	1193920	4788502	3574964
东帝汶	Timor-Leste	1975	1806	1975	1806		
哈萨克斯坦	Kazakhstan	255710	211737	87542	183202	168168	28535
吉尔吉斯斯坦	Kirghizia	3307	83424	3307	83417		7
塔吉克斯坦	Tadzhikistan	823	2235	823	2235		

16-8 续表 1 continued

单位：万元 (10 000 yuan)

国别(地区)	Country (Region)	进出口总额 Total Imports and Exports		出口 Exports		进口 Imports	
		2022	2023	2022	2023	2022	2023
土库曼斯坦	Turkmenistan	3305	1413	3305	1413		
乌兹别克斯坦	Uzbekistan	38394	128579	38394	128550		28
格鲁吉亚	Georgia	30825	25908	30630	25716	195	191
亚美尼亚	Armenia	3353	3228	3284	3221	69	7
阿塞拜疆	Azerbaijan	22432	40268	22432	40218		51
非洲	**Africa**	**2463705**	**2514873**	**1774805**	**1753851**	**688900**	**761022**
阿尔及利亚	Algeria	22990	53338	22350	53338	640	
安哥拉	Angola	74884	69868	74884	69868		
贝宁	Benin	10118	13353	10118	13353		
博茨瓦纳	Botswana	803	372	803	372		
布隆迪	Burundi	4576	3375	4576	3375		
喀麦隆	Cameroon	27032	31921	27032	31819		103
加那利群岛	Canary Is.		16		16		
佛得角	Cape Verde	171	45	171	45		
中非	Central Africa	1091	3684	1091	3684		
乍得	Chad	9748	8875	9748	8875		
科摩罗	Comoros	292	616	292	616		
刚果共和国	Congo	27759	15876	7094	9989	20665	5888
吉布提	Djibouti	25397	14700	25397	14700		
埃及	Egypt	72121	59079	69196	56703	2925	2376
赤道几内亚	Eq. Guinea	411	949	411	949		
埃塞俄比亚	Ethiopia	34955	21977	12579	11537	22376	10439
加蓬	Gabon	21956	29176	3039	2236	18917	26940
冈比亚	Gambia	5208	2383	5208	2383		
加纳	Ghana	64093	83563	64093	83563		
几内亚	Guinea	194383	356000	20315	27547	174068	328453
几内亚比绍	Guinea-Bissau	2155	791	2155	791		
科特迪瓦	Cote d'Ivoire	67456	62773	47139	54426	20317	8347
肯尼亚	Kenya	82327	84179	82063	83916	264	262
利比里亚	Liberia	7961	9324	7961	9324		
利比亚	Libya	24777	20738	24777	20738		
马达加斯加	Madagascar	22707	25341	22672	25306	35	35
马拉维	Malawi	6482	6245	6482	6245		
马里	Mali	25745	41355	25745	41355		
毛里塔尼亚	Mauritania	4846	4410	4846	4410		
毛里求斯	Mauritius	8053	7823	8048	7823	5	
摩洛哥	Morocco	71362	71022	67393	68579	3969	2443
莫桑比克	Mozambique	151013	127615	52782	74208	98231	53408
纳米比亚	Namibia	4651	3966	4651	3966		
尼日尔	Niger	6923	6999	6885	6997	38	1
尼日利亚	Nigeria	394550	278844	394228	278151	322	694
留尼汪	Reunion	3532	1575	3532	1575		
卢旺达	Rwanda	8816	9743	8816	9743		
圣多美和普林西比	Sao Tome & Principe	58	78	58	78		
塞内加尔	Senegal	49152	64974	49152	62023		2951
塞舌尔	Seychelles	556	661	556	661		
塞拉利昂	Sierra Leone	31137	22447	2699	3082	28439	19365
索马里	Somalia	6246	6382	6246	6382		

16-8 续表 2 continued

单位：万元 (10 000 yuan)

国别(地区)	Country (Region)	进出口总额 Total Imports and Exports		出口 Exports		进口 Imports	
		2022	2023	2022	2023	2022	2023
南非	South Africa	411358	372617	314217	290396	97141	82221
苏丹	Sudan	7735	4197	7735	4111		86
坦桑尼亚	Tanzania	92968	87154	71218	82357	21750	4797
多哥	Togo	37495	60372	37495	60372		
突尼斯	Tunisia	42195	46363	41451	45413	744	950
乌干达	Uganda	8320	5598	8320	5598		
布基纳法索	Burkina Faso	25107	29809	25107	29809		
刚果民主共和国	Congo, DR	205588	250491	43448	44621	162140	205871
赞比亚	Zambia	24391	15415	15703	10503	8688	4912
津巴布韦	Zimbabwe	21990	15562	21989	15081		481
莱索托	Lesotho	19	85	19	85		
斯威士兰	Eswatini	5	109	5	109		
厄立特里亚	Eritrea	7393	71	167	71	7226	
马约特	Mayotte	83	12	83	12		
南苏丹	Republic of South Sudan	564	457	564	457		
非洲其他国家（地区）	Other African Territories		106		106		
欧洲	**Europe**	**15561163**	**14382184**	**12395055**	**11746328**	**3166109**	**2635856**
比利时	Belgium	206683	216662	189632	143164	17051	73498
丹麦	Denmark	71096	48830	40622	18217	30474	30613
英国	United Kingdom	1172074	1000854	1073046	916889	99027	83965
德国	Germany	5121374	4407177	4524347	3685253	597027	721924
法国	France	764102	938132	615733	694789	148369	243344
爱尔兰	Ireland	1121639	163684	123710	28988	997929	134696
意大利	Italy	544767	579443	416893	417078	127874	162365
卢森堡	Luxembourg	2508	1843	272	1198	2236	645
荷兰	Netherlands	1412681	1236881	1345700	1166740	66981	70141
希腊	Greece	414666	407168	414133	407000	534	169
葡萄牙	Portugal	56899	65345	51339	46545	5559	18800
西班牙	Spain	430850	339179	398517	281456	32332	57723
阿尔巴尼亚	Albania	5649	6393	5266	6210	382	183
奥地利	Austria	213356	185638	130621	101670	82735	83968
保加利亚	Bulgaria	16933	26206	15644	19885	1289	6321
芬兰	Finland	57553	54450	26018	15627	31535	38823
匈牙利	Hungary	190591	122850	179923	117692	10667	5157
冰岛	Iceland	3031	1198	2741	1196	290	2
列支敦士登	Liechtenstein	339	15			339	15
马耳他	Malta	6238	5440	2078	2325	4161	3115
摩纳哥	Monaco	2	6			2	6
挪威	Norway	18786	27523	12574	23433	6212	4091
波兰	Poland	820508	695320	802313	685883	18194	9436
罗马尼亚	Romania	129167	134235	110865	110876	18302	23358
圣马力诺	San Marino	1	85		85	1	
瑞典	Sweden	150617	115598	99548	71467	51069	44131
瑞士	Switzerland	438616	422089	380587	349211	58029	72878
爱沙尼亚	Estonia	15542	11347	14504	11224	1038	123
拉脱维亚	Latvia	13923	15377	13889	15219	34	157
立陶宛	Lithuania	22660	24200	22659	24090	2	109

16-8 续表 3 continued

单位：万元 (10 000 yuan)

国别(地区)	Country (Region)	进出口总额 Total Imports and Exports		出口 Exports		进口 Imports	
		2022	2023	2022	2023	2022	2023
白俄罗斯	Byelorussia	50646	101508	31552	76862	19094	24646
摩尔多瓦	Moldavia	4066	3631	3999	3555	67	76
俄罗斯	Russia	1270969	2322906	667745	1787995	603224	534912
乌克兰	Ukraine	48541	48632	44376	46964	4165	1668
斯洛文尼亚	Slovenia	33227	35166	30271	34460	2957	706
克罗地亚	Croatia	20911	25123	20729	24913	182	210
捷克	Czech	494439	365033	470190	349711	24249	15322
斯洛伐克	Slovak	139243	201165	41674	45962	97569	155203
北马其顿	North Macedonia	3696	3253	3695	3253		1
波斯尼亚和黑塞哥维那	Bosnia & Herzegovina	2125	2048	1826	1826	299	222
法罗群岛	Faroe Islands	4210	144		10	4210	134
塞尔维亚	Serbia	8722	19718	8570	6717	152	13001
黑山	Montenegro	883	690	881	689	1	1
欧洲其他国家（地区）	Other European Territories	27		27			
拉丁美洲和加勒比	**Latin America**		**5549073**		**4176465**		**1372608**
安提瓜和巴布达	Antigua and Barbuda	200	189	200	189		
阿根廷	Argentina	236959	196042	155389	139501	81570	56541
阿鲁巴	Aruba	2020	1249	2020	1249		
巴哈马	Bahamas	462	284	460	283	2	1
巴巴多斯	Barbados	183	640	183	640		
伯利兹	Belize	3406	5048	3406	5048		
玻利维亚	Bolivia	32893	40415	30898	30967	1995	9448
巴西	Brazil	1159019	1263553	513951	453334	645068	810219
开曼群岛	Cayman Is.	1494	2207	1494	2207		
智利	Chile	671383	538013	500350	369151	171033	168862
哥伦比亚	Colombia	490473	360017	481523	344551	8950	15466
多米尼克	Dominica	72	8	72	8		1
哥斯达黎加	Costa Rica	62597	98692	59607	96990	2990	1701
古巴	Cuba	7747	2363	3084	2363	4663	
库拉索	Curacao		198		198		
多米尼加	Dominica	79271	91583	79269	91573	2	10
厄瓜多尔	Ecuador	264132	227069	179381	196196	84751	30873
法属圭亚那	French Guyana	13	100	13	100		
格林纳达	Granada	161	75	161	75		
瓜德罗普	Guadeloupe	60	206	60	206		
危地马拉	Guatemala	112274	120098	112253	120087	20	11
圭亚那	Guyana	14972	63858	6219	46761	8752	17097
海地	Haiti	4356	2190	4352	2174	4	15
洪都拉斯	Honduras	49156	70170	49156	70169	1	1
牙买加	Jamaica	5970	5162	5970	5162		
马提尼克	Martinique	278	229	278	229		
墨西哥	Mexico	1364016	1531666	1258166	1487955	105851	43711
尼加拉瓜	Nicaragua	13294	22059	13294	22059		
巴拿马	Panama	143134	113705	141835	113705	1299	
巴拉圭	Paraguay	35642	56498	34840	56435	802	63
秘鲁	Peru	441673	379182	394509	334678	47163	44504
波多黎各	Puerto Rico	4721	5738	4721	5737		1

16-8 续表 4 continued

单位：万元 (10 000 yuan)

国别(地区)	Country (Region)	进出口总额 Total Imports and Exports		出口 Exports		进口 Imports	
		2022	2023	2022	2023	2022	2023
圣卢西亚	Saint Lucia	52	107	52	107		
法属圣马丁	Collectivité de Saint-Martin		155		155		
圣文森特和格林纳丁斯	Saint Vincent & Grenadines	74	54	74	54		
萨尔瓦多	El Salvador	34940	44496	34938	44453	2	43
苏里南	Suriname	1416	1799	1416	1799		
特立尼达和多巴哥	Trinidad and Tobago	2310	1808	2310	1808		
特克斯和凯科斯群岛	Turks & Caicos Is.	29		29			
乌拉圭	Uruguay	154204	155822	48805	62458	105399	93365
委内瑞拉	Venezuela	96924	138675	36596	57999	60328	80675
英属维尔京群岛	Virgin Is. (E)	203	387	203	387		
圣基茨和尼维斯	St. Kitts and Nevis	134	128	134	128		
博纳尔，圣俄斯塔休斯和萨巴	Bonaire, St. Eustatius and Saba		614		614		
荷属圣马丁	Eilandgebied Sint Maarten		6522		6522		
美属维尔京群岛	US Virgin Islands		1		1		
拉丁美洲其他国家(地区)	Other Latin American Territories	3		3			
北美洲	**North America**	**12185853**	**9218581**	**10643832**	**8222164**	**1542021**	**996417**
加拿大	Canada	826613	631361	756641	552116	69972	79244
美国	United States	11347831	8559685	9887191	7670014	1460640	889671
格陵兰	Greenland	11409	27525		23	11409	27502
百慕大	Bermuda		8		8		
圣皮埃尔和密克隆	Saint Pierre and Miquelon		3		3		
大洋洲	**Oceania**	**2325090**	**1607890**	**1020839**	**916613**	**1304251**	**691277**
澳大利亚	Australia	2029056	1365305	866969	778690	1162087	586616
库克群岛	Cook Is.		2		2		
斐济	Fiji	1577	2775	1565	2768	12	7
瑙鲁	Nauru	152	104	152	104		
新喀里多尼亚	New Caledonia (Fr)	2084	2880	2068	2849	16	32
瓦努阿图	Vanuatu	514	616	514	609		7
新西兰	New Zealand	276382	221532	134956	117451	141426	104081
巴布亚新几内亚	Papua New Guinea	7241	8178	7082	8178	159	
所罗门群岛	Solomon Is.	2217	1170	2217	1170		
汤加	Tonga	112	346	112	346		
萨摩亚	Samoa	501	144	501	144		
基里巴斯	Kiribati	1186	878	1186	878		
图瓦卢	Tuvalu	170	158	170	158		
密克罗尼西亚联邦	Micronesia Commonwealth	145	199	145	199		
马绍尔群岛	Marshall Is.	674	610	674	610		
帕劳	Republic of Palau	185	86	185	86		
法属波利尼西亚	Polynesia (F)	2332	2078	1781	1544	551	535
美属萨摩亚	American Samoa		93		93		
关岛	Guam		49		49		
北马里亚纳群岛	Northern Mariana Islands		65		65		
美国本土外小岛屿	US Minor Outlying Islands		91		91		
大洋洲其他国家（地区）	Other Oceanian Territories	563	530	563	530		
国家(地区)不明	Country (Region) not Clear	3592	21433		1	3592	21432
东盟(10国)	ASEAN (10 Countries)	12663198	10385772	5525566	5027026	7137632	5358746
欧盟	EU	12475830	10424363	10105482	8524307	2370348	1900056

16-9 主要商品出口数量和金额(2023年)
Main Export Commodities in Volume and Value (2023)

单位：万元 (10 000 yuan)

品名	Commodity	数量 Volume 2023	金额 Value 2023
出口重点商品	**Key import commodities**		
农产品	Agricultural Products	7816	116314
肉类(包括杂碎)(万千克)	Meat (Including Chop Suety)(10 000 kg)	115	6559
水产品(万千克)	Aquatic Products (10 000 kg)	10	294
食用水产品(万千克)	Edible Aquatic Products (10 000 kg)	10	294
蔬菜及食用菌(万千克)	Vegetables and Edible Fungi (10 000 kg)	2393	22157
鲜或冷藏蔬菜(万千克)	Fresh or Frozen Vegetables (10 000 kg)	449	3522
干鲜瓜果及坚果(万千克)	Dried Fresh Fruits and Nuts (10 000 kg)	2021	18665
苹果(万千克)	Apples (10 000 kg)	23	191
茶叶(万千克)	Tea (10 000 kg)	542	3578
粮食(万千克)	Grains (10 000 kg)	26	136
罐头(万千克)	Canned Goods (10 000 kg)	462	8445
蔬菜罐头(万千克)	Canned Vegetables (10 000 kg)	111	1423
酒类及饮料	Alcohol and Beverages	37	1693
果蔬汁(万千克)	Fruit and Vegetable Juice (10 000 kg)	7	282
啤酒(万升)	Beer (10 000 litres)	2	20
烟草及其制品(万千克)	Tobacco and Its Products (10 000 kg)	2	52
制盐(万千克)	Salt Production (10 000 kg)	93	250
水泥及水泥熟料(万千克)	Cement and Cement Clinker (10 000 kg)	6	3
钨品(万千克)	Tungsten (10 000 kg)	0.0043	4
煤及褐煤(万千克)	Coal and Lignite (10 000 kg)	3	5
成品油(万千克)	Refined Oil (10 000 kg)	18	1009
氧化铝(万千克)	Alumina (10 000 kg)	1	17
稀土及其制品(万千克)	Rare Earth and Its Products (10 000 kg)	25	506
稀土(万千克)	Rare Earth (10 000 kg)	24	217
基本有机化学品(万千克)	Basic Organic Chemicals	31897	533941
柠檬酸(万千克)	Citric Acid (10 000 kg)		
医药材及药品(万千克)	Medicinal Materials and Medicines (10 000 kg)	514	133796
中药材(万千克)	Chinese Herbal Medicine (10 000 kg)	13	2026
中式成药(万千克)	Chinese Patent Medicine (10 000 kg)	3	412
人用疫苗	Human Vaccine		
抗菌素(制剂除外)(万千克)	Antibiotics (Except Preparations) (10 000 kg)	16	22821
医用敷料(万千克)	Medical Dressing (10 000 kg)	10	601
肥料(万千克)	Fertilizer (10 000 kg)	71169	104079
矿物肥料及化肥(万千克)	Mineral Fertilizer and Chemical Fertilizer (10 000 kg)	71022	103725
尿素(万千克)	Urea (10 000 kg)	4431	12781
硫酸铵(万千克)	Ammonium Sulfate (10 000 kg)	59822	63868
磷酸氢二铵(万千克)	Diammonium Hydrogen Phosphate (10 000 kg)	3345	14002
磷酸二氢铵(万千克)	Ammonium Dihydrogen Phosphate (10 000 kg)	58	296
合成有机染料(万千克)	Synthetic Organic Dye (10 000 kg)	73	3734
美容化妆品及洗护用品(万千克)	Cosmetics and Toiletries (10 000 kg)	53	93589
塑料制品(万千克)	Plastic Products (10 000 kg)	4010	260772
橡胶轮胎(万千克)	Rubber Tyre (10 000 kg)	6809	169627
新的充气橡胶轮胎(万千克)	New Pneumatic Rubber Tyre (10 000 kg)	6683	166964
皮革、毛皮及其制品	Leather, Fur and Products Thereof	59	6907
裘皮服装(万千克)	Fur Clothing (10 000 kg)		
箱包及类似容器(万千克)	Cases and Similar Containers (10 000 kg)	890	92697

16-9 续表 1 continued

单位：万元 (10 000 yuan)

品　名	Commodity	数量 Volume 2023	金额 Value 2023
皮革箱包及类似容器(万千克)	Leather Cases and Similar Containers (10 000 kg)	13	1965
木及其制品(万千克)	Wood and Wood Products (10 000 kg)	1751	15691
家用或装饰用木制品(万千克)	Household or Decorative Wood Products (10 000 kg)	58	4925
胶合板及类似多层板(万千克)	Plywood and Similar Laminates (10 000 kg)	154	996
植物材料编结品(万千克)	Braid of Plant Material (10 000 kg)	8	624
纸浆、纸及其制品(万千克)	Pulp, Paper and Its Products (10 000 kg)	2680	80793
纺织原料(万千克)	Textile Raw Materials (10 000 kg)	852	18120
化学纤维纺织原料(万千克)	Chemical Fiber Textile Raw Materials (10 000 kg)	846	15304
纺织纱线、织物及其制品	Textile Yarns, Fabrics and Their Products	5947	150159
纺织纱线(万千克)	Textile Yarn (10 000 kg)	1175	33419
纺织织物	Textile Fabric	2964	33072
纺织制品	Textile Products	1808	83667
服装及衣着附件	Clothing and Clothing Accessories	16937	301971
服装	Clothing	12702	283822
鞋靴(万千克)	Shoes and Boots (10 000 kg)	1223	108748
帽类(万个)	Hats (10 000 units)	528	6784
伞(万千克)	Umbrella (10 000 kg)	35	2296
花岗岩石材及其制品(万千克)	Granite Stone and Its Products (10 000 kg)	156	4485
陶瓷产品(万千克)	Ceramic Products (10 000 kg)	8239	283951
日用陶瓷(万千克)	Ceramics for Daily Use (10 000 kg)	3929	227431
建筑用陶瓷(万千克)	Ceramics for Construction (10 000 kg)	4270	55479
玻璃及其制品	Glass and Its Products	12143	170418
珍珠、宝石及半宝石	Pearls, Precious Stones and Semi-precious Stones	2049	7268
贵金属或包贵金属的首饰(万克)	Precious Metal or Jewelry Covered With Precious Metal (10 000 grams)	19	59
铁合金(万千克)	Ferroalloy (10 000 kg)	6	1313
钢材(万千克)	Steel (10 000 kg)	6336	64801
钢铁棒材(万千克)	Steel Bar (10 000 kg)	1075	5480
角钢及型钢(万千克)	Angle and Section Steel (10 000 kg)	166	1133
钢铁板材(万千克)	Steel Sheet (10 000 kg)	4006	45226
钢铁线材(万千克)	Iron and Steel Wire (10 000 kg)	61	372
未锻轧铜及铜材(万千克)	Unwrought Copper and Copper (10 000 kg)	1248	83284
未锻轧铝及铝材(万千克)	Unwrought Aluminium and Aluminium (10 000 kg)	12489	271858
家具及其零件	Furniture and Its Parts	722	148796
玩具	Toy	62063	793491
体育用品及设备	Sporting Goods and Equipment	393	29981
笔及其零件	Pen and Its Parts	2334	3644
机电产品	Mechanical and Electrical Products	739789	42005600
机械基础件	Mechanical Foundation	5022	75578
紧固件(万千克)	Fasteners (10 000 kg)	732	26469
轴承(万套)	Bearing (10 000 sets)	3293	20627
手用或机用工具(万千克)	Hand or Machine Tools (10 000 kg)	1121	53246
农业机械	Agricultural Machinery	201	199521
拖拉机(辆)	Tractors (10 000 units)	2949	1815
食品加工机械(万台)	Food processing machinery (10 000 units)	8	11949
包装机械(万台)	Packaging machinery (10 000 units)	8	9269
印刷、装订机械及其零件	Printing and Binding Machinery and Parts Thereof	363	37142
打印机、复印机及一体机(万台)	Printers, Copiers and All-in-one Machines (10 000 units)	35	22691

16-9 续表 2 continued

单位：万元 (10 000 yuan)

品名	Commodity	数量 Volume 2023	金额 Value 2023
通用机械设备	General Machinery and Equipment	1794	256216
泵(万台)	Pumps (10 000 units)	694	81556
压缩机(万台)	Compressor (10 000 units)	102	48752
分离设备	Separation Equipment	28	28403
阀门及类似装置(万套)	Valves and Similar Devices (10 000 units)	303	27942
纺织机械及其零件	Textile Machinery and Its Parts	2281	8800
缝制机械及其零件	Sewing Machinery and Its Parts	25	2985
机床(万台)	Machine Tools (10 000 units)	58	65112
自动数据处理设备及其零部件	Automatic Data Processing Equipment and Its Components	12285	19799146
自动数据处理设备(万台)	Automatic Data Processing Equipment (10 000 units)	5779	17249375
平板电脑(万台)	Tablets (10 000 units)	329	614514
笔记本电脑(万台)	Notebook Computers (10 000 units)	5245	15992218
中央处理部件(万台)	Central Processing Components (10 000 units)	421	976784
存储部件(万台)	Storage Components (10 000 units)	426	82824
自动数据处理设备的零件、附件(万千克)	Automatic Data Processing Equipment Parts, Accessories (10 000 kg)	1234	726556
液晶监视器(万台)	LCD Monitor (10 000 units)	623	336610
3D打印机(台)	3D Printers (10 000 units)	1382	219
电工器材	Electrical Equipment	26838	1200752
变压器(万个)	Transformer (10 000 units)	5673	52835
原电池(万个)	Galvanic Cell (10 000 units)	1872	1256
蓄电池(万个)	Battery (10 000 units)	5229	514091
锂离子蓄电池(万个)	Lithium Ion Battery (10 000 units)	5171	496925
电气控制装置	Electrical Control Unit	3912	316861
高压开关及控制装置	High Voltage Switch and Control Device	25	4831
低压开关及控制装置	Low Voltage Switch and Control Device	3886	312030
电线及电缆(万千克)	Wire and Cable (10 000 kg)	592	58913
手机(万台)	Mobile Phones (10 000 units)	15303	3771791
家用电器	Household Appliances	738	92590
电扇(台)	Electric Fan (10 000 units)	1448928	16020
空调(台)	Air Conditioner (10 000 units)	9023	1225
冰箱(台)	Refrigerators (10 000 units)	232008	4271
洗衣机(台)	Washing Machine (10 000 units)	6693	182
吸尘器(台)	Vacuum Cleaners (10 000 units)	497100	7407
微波炉	Microwave Oven (10 000 units)	17388	476
电视机(台)	TV	36342	3195
液晶电视机(台)	LCD TV (10 000 units)	29227	3077
音视频设备及其零件	Audio and Video Equipment and Its Parts	1560	158898
电视摄像机，数字照相机及视频摄录一体机(万台)	TV Camera, Digital Camera and Video Recording Machine (10 000 units)	1408	98071
数字照相机(万台)	Digital Camera (10 000 units)	54	38863
无线电广播接收设备(万台)	Radio Receiving Equipment (10 000 units)	65	8257
音视频设备的零件	Parts for Audio and Video Equipment	51	40507
平板显示模组(万个)	Flat Panel Display Module	7237	409816
液晶平板显示模组(万个)	Liquid Crystal Display Panel (10 000 units)	6867	320081
有机发光二极管(OLED)平板显示模组(万个)	Organic Light-emitting Diode Display (10 000 kg)	310	80207
电子元件	Electronic Components	565061	3782804
印刷电路(万块)	Printed Circuit (10 000 units)	33395	491085
二极管及类似半导体器件(万个)	Diode and Similar Semiconductor Devices (10 000 units)	427006	144406

16-9 续表 3 continued

单位：万元 (10 000 yuan)

品名	Commodity	数量 Volume 2023	金额 Value 2023
太阳能电池(万个)	Solar Cells (10 000 units)	14	7397
集成电路(万个)	Integrated Circuits (10 000 units)	73056	2764868
集装箱(个)	Containers (10 000 units)	1	2
摩托车(万辆)	Motorcycles (10 000 units)	412	1624348
内燃机摩托车(万辆)	Internal Combustion Engine Motorcycle (10 000 units)	405	1560118
电动摩托车及脚踏车(万辆)	Electric Motorcycles and Bicycles (10 000 units)	7	64196
自行车(万辆)	Bicycles (10 000 units)	2	1609
摩托车及自行车的零配件	Spare Parts for Motorcycles and Bicycles	7538	247369
汽车(包括底盘)	Automobile (Including Chassis)	37	3316791
乘用车(辆)	Passenger Cars (10 000 units)	274654	2512400
商用车	Commercial Vehicle	93636	804391
客车(十座及以上)(辆)	Passenger Cars (10 Seats and Above) (10 000 units)	4953	23398
货车(辆)	Freight Cars (10 000 units)	87489	724286
专用汽车(辆)	Special Purpose Vehicles (10 000 units)	175	6472
汽车零配件	Auto Parts	21666	945313
车用发动机(万台)	Automotive Engine (10 000 units)	75	150261
汽车轮胎(万千克)	Car Tyre (10 000 kg)	6373	160805
婴孩车及其零件(万千克)	Baby Carriage and Its Parts (10 000 kg)	11	935
飞机及其他航空器(架)	Airplane and Other Aircraft (10 000 units)	6	3799
无人驾驶航空器(架)	Unmanned Aerial Aircraft (10 000 units)	2	20
船舶(艘)	Ship and Boat	47	945
液货船(艘)	Liquid Cargo Ship (10 000 units)		
眼镜及其零件	Glasses and Its Parts	574	6132
计量检测分析自控仪器及器具	Automatic Control Instruments and Instruments for Measurement, Testing and Analysis	1297	334648
分析仪器(万台)	Analytical Instruments (10 000 units)	21	17921
医疗仪器及器械	Medical Instruments and Instruments	6195	53023
钟表及其零件	Clocks and Watches and Their Parts	362	7474
手表(万只)	Watches (10 000 units)	234	2889
灯具、照明装置及其零件	Lamps, Lighting Installations and Their Parts	1262	274982
游戏机及其零附件	Game Consoles and Accessories	288	505960
高新技术产品	High-tech Products	479602	29258385
生物技术(万千克)	Biotechnology (10 000 kg)	1	322
生命科学技术	Life Science and Technology	1316	315243
光电技术	Photoelectric Technology	7111	355774
计算机与通信技术	Computer and Communication Technology	32410	24739255
电子技术	Electronic Technology	437725	3663598
计算机集成制造技术	Computer Integrated Manufacturing Technology	887	115389
材料技术(万千克)	Material Technology (10 000 kg)	21	27356
航空航天技术	Aerospace Technology	20	23706
其他技术	Other Technologies	111	17742
电动载人汽车(辆)	Electric Manned vehicle (10 000 units)	26500	377505
纯电动客车(10座及以上)(辆)	Pure Electric Bus (10 Seats and above) (10 000 units)	136	1655
非插电式混合动力乘用车(辆)	Non-plug-in Hybrid Passenger Vehicles (10 000 units)	6643	57164
插电式混合动力乘用车(辆)	Plug-in Hybrid Passenger Vehicles (10 000 units)	1800	45414
纯电动乘用车(辆)	Pure Electric Passenger Cars (10 000 units)	17921	273272
文化产品	Cultural Products	68738	1682531
食品	Food	6766	78567

16−10 主要商品进口数量和金额(2023年)
Main Import Commodities in Volume and Value (2023)

单位：万元 (10 000 yuan)

品　　名	Commodity	数　量 Volume 2023	金　额 Value 2023
进口重点商品	**Key import commodities**		
农产品	Agricultural Products	103113	1441297
肉类(包括杂碎)(万千克)	Meat (including entrails)(10 000 kg)	12351	380900
牛肉及牛杂碎(万千克)	Beef and Entrails of beef (10 000 kg)	8290	272386
牛肉(万千克)	Beef (10 000 kg)	8235	270225
猪肉及猪杂碎(万千克)	Pork and Chop Suety (10 000 kg)	614	10512
猪肉(万千克)	Pork (10 000 kg)	300	4856
羊肉及羊杂碎(万千克)	Mutton and Chop Suety (10 000 kg)	2360	67435
羊肉(万千克)	Mutton (10 000 kg)	2342	66969
禽肉及禽杂碎(万千克)	Poultry Meat and Chop Suety (10 000 kg)	1022	27420
禽肉(万千克)	Poultry Meat (10 000 kg)	210	4962
水产品(万千克)	Aquatic Products (10 000 kg)	2396	96450
食用水产品(万千克)	Edible Aquatic Products (10 000 kg)	2396	96450
冻鱼(万千克)	Frozen Fish (10 000 kg)	170	3394
乳品(万千克)	Dairy Products (10 000 kg)	1548	97741
奶粉(万千克)	Milk Powder (10 000 kg)	574	68822
干鲜瓜果及坚果(万千克)	Dried Fresh Fruits and Nuts (10 000 kg)	20554	419040
粮食(万千克)	Grains (10 000 kg)	63169	261787
谷物及谷物粉(万千克)	Cereals and Cereal Meal (10 000 kg)	1226	4464
小麦(万千克)	Wheat (10 000 kg)		
玉米(万千克)	Barley (10 000 kg)	81	173
稻谷及大米(万千克)	Paddy and Rice(10 000 kg)	1145	4291
豆类(万千克)	Beans (10 000 kg)	61943	257322
大豆(万千克)	Soybeans (10 000 kg)	61785	256117
食用油(万千克)	Edible Oil (10 000 kg)	404	22078
食用植物油(万千克)	Palm Oil (10 000 kg)	255	2037
菜子油及芥子油(万千克)	Rapeseed and Mustard Oil (10 000 kg)	78	696
食糖(万千克)	Sugar (10 000 kg)		
酒类及饮料	Alcohol and Beverages	215	7671
啤酒(万升)	Beer (10 000 litres)	63	767
葡萄酒(万升)	Grape Wine (10 000 litres)	51	2150
制盐(万千克)	Salt Production (10 000 kg)		
金属矿及矿砂(万千克)	Metallic Ore and Ore Sand (10 000 kg)	1893545	1556515
铁矿砂及其精矿(万千克)	Iron Ore and Concentrate (10 000 kg)	582511	475632
铜矿砂及其精矿(万千克)	Copper Ore and Concentrate (10 000 kg)	22247	276513
铝矿砂及其精矿(万千克)	Aluminium Ore and Concentrate (10 000 kg)	1131168	479494
煤及褐煤(万千克)	Coal and Lignite (10 000 kg)	72666	37891
成品油　(万千克)	Refined Oil Product (10 000 kg)	134	4553
天然气(万千克)	Natural Gas (10 000 kg)	991	3985
液化天然气　(万千克)	Liquefied Natural Gas (10 000 kg)	991	3985
多晶硅(万千克)	Polysilicon (10 000 kg)	20	6836
稀土(万千克)	Rare Earth (10 000 kg)	0.04	43
基本有机化学品	Basic Organic Chemicals	8930	87317
二甲苯(万千克)	Xylene (10 000 kg)	1000	7035
乙二醇(万千克)	Ethylene Glycol (10 000 kg)	50	167
医药材及药品(万千克)	Pharmaceutical Materials and Drugs (10 000 kg)	1025	285804
中药材(万千克)	Traditional Chinese Medicine (10 000 kg)	867	6555
人用疫苗(万千克)	Human Vaccine (10 000 kg)	12	157915
肥料(万千克)	Chemical Fertilizers (10 000 kg)	2096	7225
矿物肥料及化肥(万千克)	Mineral Fertilizer and Chemical Fertilizer (10 000 kg)	2096	7225

16-10 续表 1 continued

单位：万元 (10 000 yuan)

品　名	Commodity	数量 Volume 2023	金额 Value 2023
氯化钾(万千克)	Potassium Chloride (10 000 kg)	2096	7225
美容化妆品及洗护用品(万千克)	Beauty Cosmetics and Toiletries (10 000 kg)	356	187377
初级形状的塑料(万千克)	Plastic in Primary Shape (10 000 kg)	5673	75258
塑料制品(万千克)	Plastic Articles (10 000 kg)	485	76989
天然及合成橡胶(包括胶乳)(万千克)	Natural and Synthetic Rubber (Including Latex) (10 000 kg)	2260	27493
皮革、毛皮及其制品(万千克)	Leather, Fur and Their Products	49	12716
牛皮革及马皮革　(万千克)	Cow and Horse leather (10 000 kg)	36	2306
木及其制品(万千克)	Wood and Its Products (10 000 kg)	36816	62742
原木(万千克)	Logs (10 000 kg)	26573	29521
锯材(万千克)	Converted Timber (10 000 kg)	7445	22591
纸浆、纸及其制品(万千克)	Pulp, Paper and Its Products (10 000 kg)	250085	1156435
纸浆　(万千克)	Pulp (10 000 kg)	243067	1122374
纺织原料(万千克)	Textile Raw Materials (10 000 kg)	28	1035
纺织纱线、织物及其制品	Textile Yarn, Fabric and Its Products	575	30367
纺织纱线(万千克)	Textile Yarn (10 000 kg)	82	2243
棉纱线(万千克)	Cotton Yarn	73	756
合成纤维纱线(万千克)	Synthetic Fiber Yarn (10 000 kg)	5	831
服装及衣着附件	Articles of Apparel and Clothing Accessories	185	18308
玻璃及其制品	Glass and Its Products	9282	310199
玻璃纤维及其制品(万千克)	Glass fiber and Its Products (10 000 kg)	219	22878
珍珠、宝石及半宝石	Pearls, Precious Stones and Semi-precious Stones	0.53	192454
钻石(万克拉)	Diamond (10 000 Carats)	0.06	137905
钢材(万千克)	Rolled Steel (10 000 kg)	2191	21279
未锻轧铜及铜材(万千克)	Unwrought Copper and Copper Products (10 000 kg)	6839	421681
未锻轧铝及铝材(万千克)	Unwrought Aluminum and Aluminum Products (10 000 kg)	2589	46855
机电产品	Mechanical and Electrical Products	1923344	16255635
机械基础件	Mechanical Foundation	3206	67816
农业机械	Agricultural Machinery	0.0786	181
收获机械(万台)	Harvesting Machinery (10 000 units)	0.0002	6
拖拉机(万辆)	Tractor (10 000 units)	0.0002	31
食品加工机械(万台)	Food processing machinery (10 000 units)	0.0051	1503
包装机械(万台)	Packaging machinery (10 000 units)	0.0166	10287
印刷、装订机械及其零件	Printing and Binding Machinery and Its Parts	88	12891
打印机、复印机及一体机(万台)	Printer, Copier and All-in-one Machine (10 000 units)	3	10425
通用机械设备	General Machinery and Equipment	358	72224
泵(万台)	Pumps (10 000 units)	17	14572
压缩机(万台)	Compressor (10 000 units)	1	1582
分离设备	Separation Equipment	37	8808
阀门及类似装置(万套)	Valves and Similar Devices (10 000 units)	286	22136
机床(万台)	Machine Tools (10 000 units)	0.04	96372
自动数据处理设备及其零部件	Automatic Data Processing Equipment and Its Parts	5462	1956040
自动数据处理设备(万台)	Automatic Data Processing Equipment (10 000 units)	0.33	2064
中央处理部件(万台)	Central Processing Unit (10 000 units)	14	21816
存储部件(万台)	Storage Unit (10 000 units)	5235	1302658
自动数据处理设备的零件、附件(万千克)	Parts and Accessories of Automatic Data (10 000 kg)	116	608436
半导体制造设备(万台)	Semiconductor Manufacturing Equipment (10 000 units)	0.0572	406392
制造单晶柱或晶圆用的机器及装置(万台)	Machines and Devices for Manufacturing Single Crystal Columns or Wafers (10 000 units)	0.0038	22681
制造半导体器件或集成电路用的机器及装置(万台)	Machines and Devices for Manufacturing Semiconductor Devices or Integrated Circuits (10 000 units)	0.0246	207674
制造平板显示器用的机器及装置(万台)	Machines and Devices for Manufacturing Flat Panel Displays (10 000 units)	0.0071	149368
电工器材	Electrical Equipment	33276	381148

16−10 续表 2 continued

单位：万元 (10 000 yuan)

品 名	Commodity	数 量 Volume 2023	金 额 Value 2023
变压器(万个)	Transformer (10 000 units)	205	2627
蓄电池(万个)	Electric Accumulators (10 000 units)	206	12841
锂离子蓄电池(万个)	Lithium-ion Battery (10 000 units)	206	12624
电气控制装置	Electrical Control Device	31212	286791
电线及电缆(万千克)	Wires and CablesWire and Cable (10 000 kg)	50	28167
家用电器	Household Electric Appliances	4.03	5696
电视机(万台)	TV (10 000 units)	0.89	2427
液晶电视机(万台)	LCD TV (10 000 units)	0.0001	
音视频设备及其零件	Audio and Video Equipment and Its Parts	63	75141
电视摄像机，数字照相机及视频摄录一体机(万台)	TV Camera, Digital Camera and Video Recorder Digital camera (10 000 units)	58	48716
音视频设备的零件(万千克)	Parts of Audio and Video Equipment	4	25813
平板显示模组(万个)	Flat Panel Display Module(10 000 units)	2779	466645
液晶平板显示模组(万个)	LCD Flat Panel Display Module (10 000 units)	1684	180402
有机发光二极管(OLED)平板显示模组(万个)	Organic Light Emitting Diode Display Flat Panel Display (10 000 kg)	1037	222777
电子元件	Electronic Components	1873261	10897989
电容器(万千克)	Capacitor (10 000 kg)	36	110728
印刷电路(万块)	Printed Circuit (10 000 units)	57767	219933
二极管及类似半导体器件(万个)	Diode and Semi Conductors (10 000 units)	965562	208918
集成电路(万个)	Integrated Circuits (10 000 units)	792137	10321296
汽车(包括底盘)(万辆)	Automobile (Including Chassis)	1	419776
乘用车(万辆)	Passenger Car (10 000 units)	1	418823
商用车(万辆)	Commercial Vehicle (10 000 units)	0.0030	953
货车(万辆)	Trucks (10 000 units)	0.0023	416
汽车零配件	Auto Parts	1278	123095
车用发动机(万台)	Vehicle Engine (10 000 units)	0.0012	38
汽车轮胎(万千克)	Automobile Tire (10 000 kg)	32	536
飞机及其他航空器(万架)	Airplanes and Other Aircraft (10 000 units)	0.0001	15436
空载重量超过2吨的飞机(万架)	Plane with an Unloaded Weight Exceeding 2 tons (10 000 units)	0.0001	15436
航空器零部件	Aircraft Parts	2	6765
计量检测分析自控仪器及器具	Automatic Control Instruments and Apparatus for Measurement, Detection and Analysis	363	307706
医疗仪器及器械	Medical Instruments and Appliances	9.43	36416
钟表及其零件	Clocks and Watches and Their Parts	10.14	32055
手表(万只)	Wrist Watches (10 000 units)	10.08	31066
电动手表(万只)	Electric Watch (10 000 pieces)	10.07	25391
机械手表(万只)	Mechanical Watch (10 000 pieces)	0.0170	5675
高新技术产品	High-tech Products	1775532	14415022
生物技术(万千克)	Biotechnology (10 000 kg)	11.54	157970
生命科学技术	Life Science and Technology	222	123005
光电技术	Photoelectric Technology	1748	345296
计算机与通信技术	Computer and Communication Technology	5764	2100064
电子技术	Electronic Technology	1767700	10998042
计算机集成制造技术	Computer Integrated Manufacturing Technology	71	633258
材料技术(万千克)	Material Technology (10 000 kg)	13	23452
航空航天技术	Aerospace Technology	1.43	32979
其他技术	Other Technologies	0.0163	956
电动载人汽车(万辆)	Electric Manned vehicle (10 000 units)	0.0546	38201
插电式混合动力乘用车(万辆)	Plug in Hybrid Passenger Car (10 000 units)	0.0531	37216
纯电动乘用车(万辆)	Pure Electric Passenger Cars (10 000 units)	0.0015	985
文化产品	Cultural Products	96	492367
食品	Food	101702	1400622

16−11 利用外资情况(2022—2023年)
Value of Foreign Capital Actually Used (2022-2023)

单位：万美元 (USD 10 000)

指 标	Item	2022	2023
新签利用外资协议(合同)数(个)	Number of Newly Signed Agreements (Contracts) of Foreign Capital Utilization (unit)	268	387
合同外资金额	Value of Agreements (Contracts)	199462	1171151
实际使用外资金额	Realized FDI Value	185744	105260

注：2004年起，新签利用外资协议(合同)数、合同外资金额均不含对外借款。

Note: Foreign loans have been excluded from the number of newly signed agreements (contracts) of foreign capital utilization and the value of agreements and contracts since 2004.

16−12 对外投资合作(2022—2023年)
Outward Investment and Cooperation (2022-2023)

指 标	Item	2022	2023
对外直接投资额(万美元)	Value of Outward Direct Investment (USD 10 000)	106270	67374
#货币投资	Currency Investment	87908	66667
对外承包工程新签合同数(个)	Number of Newly Signed Contracts for Outward Contracting Projects (unit)	54	58
对外承包工程新签合同额(万美元)	Value of Newly Signed Contracts for Outward Contracting Projects (USD 10 000)	36323	55699
对外承包工程完成营业额(万美元)	Completed Turnover of Outward Contracted Projects (USD 10 000)	30883	39199
对外劳务合作派出人数(人)	Number of People Dispatched for Outward Labor Service Cooperation (person)	706	578

16−13　新设外商投资企业数、合同外资金额和实际使用外资金额 (2022—2023年)

Number of Newly Established Foreign-invested Enterprises, Value of Contractual and Actually Utilized Foreign Capital (2022-2023)

单位：万美元　　(USD 10 000)

指　　标	Item	新设外商投资企业数(个) Number of Newly Established Foreign-invested Enterprises (unit)		合同外资金额 Value of Contractual Foreign Capital		实际使用外资金额 Actually Utilized Value of Foreign Capital	
		2022	2023	2022	2023	2022	2023
总　计	**Total**	**268**	**387**	**199462**	**1171151**	**185744**	**105260**
按投资方式分	**By Investment Mode**						
中外合资经营企业	Sino-foreign Joint Venture Enterprises	136	193	68531	243809	27802	10932
中外合作经营企业	Sino-Foreign Co-operative Enterprises						
外商独资经营企业	Wholly Foreign Owned Enterprises	112	168	134282	932437	150433	83030
外商投资股份有限公司	Foreign-invested Company Limited By Shares		2	618	394	1409	
中外合作开发项目	Sino-foreign Co-operative Development Projects						
合伙企业	Partnership Enterprises	20	24	-3969	-5489	6100	11298
按行业分	**By Sector**						
第一产业	Primary Industry	3	4	205	345	1032	1562
第二产业	Secondary Industry	27	40	88523	59626	46331	19493
制造业	Manufacturing	20	27	50777	52544	46139	19348
电力、热力、燃气及水生产和供应业	Production and Supply of Electricity, Heat, Gas and Water	3	8	327	7024	193	145
建筑业	Construction	4	5	37419	58		
第三产业	Tertiary Industry	238	343	110734	1111180	138380	84205
批发和零售业	Wholesale and Retail Trades	58	93	2790	441334	40641	3327
交通运输、仓储和邮政业	Transport, Storage, Post and Communication	3	3	7019	1862	497	766
住宿和餐饮业	Hotels and Catering Services	9	8	70	1206	12	313
信息传输、软件和信息技术服务业	Information Transmission,Computer Services and Softwares	45	33	58798	213925	26342	3745
金融业	Financial Intermediation	2	2	-29055	11882	17274	58574
房地产业	Real Estate	2	1	9784	-27533	9948	2349
租赁和商务服务业	Leasing and Business Services	60	101	47632	168805	42273	8543
科学研究和技术服务业	Scientific Research, Technical Service and Geologic Prospecting	38	73	11165	276667	583	5384
水利、环境和公共设施管理业	Management of Water Conservancy, Environment and Public Facilities		1		1		56

16-13 续表 continued

单位：万美元 (USD 10 000)

指 标	Item	新设外商投资企业数(个) Number of Newly Established Foreign-invested Enterprises (unit)		合同外资金额 Value of Contractual Foreign Capital		实际使用外资金额 Actually Utilized Value of Foreign Capital	
		2022	2023	2022	2023	2022	2023
居民服务、修理和其他服务业	Services to Households and Other Services	4	2	1122	4	21	7
教 育	Education		1		7		
卫生和社会工作	Health and Social Service	1	3	883	1481	789	1140
文化、体育与娱乐业	Culture, Sports and Entertainment	16	22	526	21539		
公共管理、社会保障和社会组织	Public Management and Social Organizations						
按主要国别(地区)分	**By Country ,region**						
中国香港	Hong Kong, China	90	139	97885	1127543	135926	79700
印度尼西亚	Indonesia				5		
日 本	Japan	7	3	11608	1865	8338	107
韩 国	Republic of Korea	9	16	1397	5479	406	211
中国澳门	Macao,China	6	9	110	219		
马来西亚	Malaysia	6	10	3026	588		500
中国台湾	Taiwan,China	66	85	6189	4163		947
泰 国	Thailand		1		118	16	20
新加坡	Singapore	15	23	37335	9833	27306	21419
德 国	Germany	2	3	46	50	353	722
法 国	France		3		31		
瑞 典	Sweden				27		
瑞 士	Switzerland	1		640		828	
英 国	United Kingdom	4	7	1374	5437	31	12
美 国	United States	16	22	852	2761	1137	1049
加拿大	Canada	3	10	5032	1086	34	164
澳大利亚	Australia	2	2	1540	12	1	
新西兰	New Zealand		1		1		

16-14 旅游基本情况(2022—2023年)
Basic Statistics on Tourism (2022-2023)

指　　标	Item	2022	2023
接待入境旅游人数(人次)	**Number of Overseas Visitor Arrival Received (person-time)**	**65501**	**450094**
外国人	Foreigners	42803	250487
#亚洲	Asia	19641	160770
#日本	Japan	3224	15158
韩国	Republic of Korea	5538	18410
印度尼西亚	Indonesia	150	22822
马来西亚	Malaysia	4903	33532
新加坡	Singapore	3554	18334
泰国	Thailand	738	25893
欧洲	Europe	9513	33295
#英国	United Kingdom	2025	4639
法国	France	598	3298
德国	Germany	1337	6141
意大利	Italy	1978	2875
俄罗斯	Russia	612	5675
西班牙	Spain	2721	1691
美洲	America	5555	37050
#美国	United States	3569	24156
加拿大	Canada	1568	8424
大洋洲	Oceania	1107	10783
#澳大利亚	Australia	906	8797
非洲	Africa	226	4488
香港同胞	Compatriots from Hong Kong	9398	96305
澳门同胞	Compatriots from Macao	1667	17402
台湾同胞	Compatriots from Taiwan	11633	85900
来渝国际旅游者平均逗留天数(天)	**Average Period Foreign Tourists Staying in Chongqing (day)**	**1.70**	**4.28**
国际旅游收入(万美元)	**Earnings from International Tourism (USD 10 000)**	**1166**	**31192**
星级饭店数(个)	**Number of Star-rated Hotel (unit)**	**139**	**124**
年末旅行社数(个)	**Number of Travel Agencies at Year-end (unit)**	**818**	**1101**
出境旅行社	International Travel Agencies	92	91
一般旅行社	Domestic Travel Agencies	726	1010

16-15 星级饭店基本情况(2022—2023年)
Basic Statistics on Star-rated Hotels (2022-2023)

指　　标	Item	2022	2023
星级饭店数(个)	**Number of Star-rated Hotels (unit)**	**139**	**124**
按星级分	By Star Level		
#五星级	5-star	27	26
四星级	4-star	44	40
三星级	3-star	58	51
按注册类型分	By Registration		
内　资	Domestic Funded	130	120
外商及港澳台投资	Foreign-funded and Funded by Hong Kong, Macao and Taiwan	9	6
按饭店客房规模分	By Capacity		
300间以上	With 300 Rooms and Above	17	16
200−299间	With 200-299 Rooms	16	23
100−199间	With 100-199 Rooms	44	42
99间以下	With Less Than 100 Rooms	62	45
星级饭店客房数(间)	**Number of Rooms in Star-rated Hotels (unit)**	**20975**	**20073**
#五星级	5-star	8420	8345
四星级	4-star	7246	7131
三星级	3-star	4409	4251
星级饭店床位数(张)	**Number of Beds in Star-rated Hotels (unit)**	**33961**	**31200**
#五星级	5-star	12480	11626
四星级	4-star	12435	11593
三星级	3-star	7704	7054

主要统计指标解释

货物进出口总额 指实际进出我国关境的货物总金额。包括对外贸易实际进出口货物，来料加工装配进出口货物，国家间、联合国及国际组织无偿援助物资和赠送品，华侨、港澳台同胞和外籍华人捐赠品，租赁期满归承租人所有的租赁货物，进料加工进出口货物，边境地方贸易及边境地区小额贸易进出口货物，中外合资企业、中外合作经营企业、外商独资经营企业进出口货物和公用物品，到、离岸价格在规定限额以上的进出口货样和广告品（无商业价值、无使用价值和免费提供出口的除外），从保税仓库提取在中国境内销售的进口货物，以及其他进出口货物。该指标可以观察一个国家在货物贸易方面的总规模。我国规定出口货物按离岸价格统计，进口货物按到岸价格统计。

商品收发货人所在地进、出口额 指在所在地海关注册登记的有进出口经营权的企业实际进、出口额。

进出口统计国别（地区） 进口货物统计原产国（地），出口货物统计最终目的国（地）。原产国指进口货物的生产、开采或加工制造的国家。对经过几个国家加工制造的进口货物，以最后一个对货物进行经济上可以视为实质性加工的国家作为该货物的原产国。原产国确实不详时，按“国别不详”统计。最终目的国指出口货物已知的消费、使用或进一步加工制造的国家。最终目的国不能确定时，按货物出口时尽可能预知的最后运往国统计。

商品目的地进口额和商品货源地出口额 目的地进口额指进口货物的消费、使用或最终抵运地的实际进口额；货源地出口额指出口货物的产地或原始发货地的实际出口额。

合同外资金额 是指外商投资企业（机构）的外方投资者认缴的注册资本、营运资金和投资者股权转让的溢折价。包括新设立企业合同外资和原有企业的增资/减资，但增资减资不对企业（项目）个数进行调整。

实际使用外资金额 是指合同外资金额的实际执行数，包括境外投资者实际缴付的注册资本、营运资金，以及受让境内投资者股权实际支付的交易对价。

外商直接投资 是指境外投资者在中国境内通过投资设立公司、合伙企业、分行（限境外银行）、分公司（限境外保险公司），单独或与境内投资者共同进行石油、天然气和煤层气等资源的勘探开发等方式进行的投资。上市公司中，单个境外投资者所占股权比例不低于 10%。

对外直接投资 对外直接投资是境内投资者以控制国（境）外企业的经营管理权为核心的经济活动，体现在一经济体通过投资于另一经济体而实现其持久利益的目标。

对外直接投资额 指境内投资者在报告期内直接向其境外企业实现的投资，包括股权投资、收益再投资以及债务工具三部分。

对外承包工程 根据《对外承包工程管理条例》，对外承包工程是指中国的企业或者其他单位承包境外建设工程项目的活动。

对外劳务合作 指组织劳务人员赴其他国家或地区为国外的企业或机构工作的经营性活动。

入境游客 指报告期内来中国（大陆）观光游览、休闲度假、探亲访友、保健疗养、购物娱乐、学习交流、会议培训或开展经济、文化、体育、宗教等活动的外国人、港澳台同胞等游客（即入境旅游人数）。入境游客包括入境过夜游客和入境一日游客。

国际旅游收入 指入境游客在中国（大陆）境内旅行、游览过程中用于交通、参观游览、住宿、餐饮、购物、娱乐等全部花费。

出境人数（出境游客） 指中国（大陆）公民因公民出境前往其他国家、中国香港特别行政区、澳门特别行政区和台湾省观光、度假、探亲访友、就医疗养、购物、参加会议或从事经济、文化、体育、宗教活动的人数（即出境游客）。统计时，出境游客按每出境 1 次统计 1 人次。

星级饭店 指设备、设施、服务符合《旅游饭店星级的划分与评定》，通过相关旅游管理部门评定，并取得星级饭店称号的饭店（含预备星级饭店）。

Explanatory Notes on Main Statistical Indicators

Total Import and Export of Goods refer to the real value of commodities imported and exported across the border of China. They include the actual imports and exports through foreign trade, imported and exported goods under the processing and assembling trades and materials, supplies and gifts as aid given gratis between governments and by the United Nations and other international organizations, and contributions donated by overseas Chinese, compatriots in Hong Kong and Macao and Chinese with foreign citizenship, leasing commodities owned by tenant at the expiration of leasing period, the imported and exported commodities processed with imported materials, commodities trading in border areas, the imported and exported commodities and articles for public use of the Sino-foreign joint ventures, cooperative enterprises and ventures with sole foreign investment. Also included is import or export of samples and advertising goods for which CIF or FOB value are beyond the permitted ceiling (excluding goods of no trading or use value and free commodities for export), imported goods sold in China from bonded warehouses and other imported or exported goods. The indicator of the total imports and exports at customs can be used to observe the total size of external trade in a country. In accordance with the stipulation of the Chinese government, imports are calculated at CIF, while exports are calculated at FOB.

Import or Export Value by Location of China's Foreign Trade Managing Units refers to actual value of imports and exports carried out by corporations which have been registered by the local Customs house and are vested with right to run import export business.

Imports and Exports by Countries (Regions) refers to the origin countries (regions) of imports and the destination countries (regions) of export. The origin countries refer to the countries where the imported products were produced, exploited, processed or manufactured. As for the imported products processed and manufactured by more than one country, the country where those products were actually processed from the economic point of view for the last time should be regarded as the origin country. Where the origin is unclear, it should be calculated as "Origin Unknown". The destination countries refer to the countries where the exported products will be consumed, used or further processed and manufactured. Where the final destination is unclear, it should be calculated as the last known destination.

Import Value of Commodities by Place of Destination and Export Value of Commodities by Place of Origin in China the former indicator refers to the value of import commodities of the places of their consumption, utilization or the places of their final destination. The latter indicator refers to the value of export commodities of the places of their origin or the places of the commodities dispatched.

Contractual Foreign Capital Amount refers to the registered capital, working capital subscribed by the foreign investor of the foreign-invested enterprise (institution) and the premium and discount of the equity transfer of the investor. This includes the contractual foreign investment of newly established enterprises and the capital increase/decrease of existing enterprises, but the number of enterprises (projects) will not be adjusted for capital increase/decrease.

Actually Used Foreign Capital Amount refers to the actually executed amount of the contract foreign capital amount, including the registered capital and working capital actually paid by the foreign investor, as well as the transaction consideration actually paid for the transfer of the equity of the domestic investor.

Foreign Direct Investment refers to the investment made by foreign investors in China through the establishment of companies, partnership enterprises, branches of banks (limited to overseas banks), branches of insurance companies (limited to overseas insurance companies), and the exploration and development of resources such as oil, natural gas, and coalbed methane, either individually or jointly with domestic investors. In a listed company, the proportion of equity held by a single overseas investor shall not be less than 10%.

Outward Direct Investment refers to the economic activities of domestic investors focussing on controlling the operation and management of overseas enterprises. The content of overseas direct investment mainly reflects goal of lasting interest of one economic entity by investing in another economic entity.

Outward Direct Investment Amount refers to the investments made by domestic investors directly to their overseas enterprises during the reporting period, including equity investment, income reinvestment, and debt instruments.

Overseas Contracted Projects refer to activities of contracting overseas construction projects by Chinese enterprises or any other units, which are stipulated in the *Regulations on Administration of Foreign Contracted Project.*

Overseas Labour Services refer to operational activities of organizing labour force to go abroad providing services to foreign enterprises or agencies.

Inbound Tourists refer to foreigners, compatriots from Hong Kong, Macao and Taiwan who are in China (mainland) for sightseeing, leisure and vacation, visiting relatives and friends, health care, shopping and entertainment, learning exchanges, conferences and training, or conducting economic, cultural, sports, religious and other activities during the reporting period. Tourists (the number of inbound tourists). Inbound tourists include inbound overnight tourists and inbound one-day tourists.

Foreign Exchange Earnings from International

Tourism refer to the total expenditure of foreigners, overseas Chinese, Chinese compatriots from Hong Kong, Macao and Taiwan during their stay in the mainland of China on transportation, sighting, accommodation, food, shopping and entertainment.

Outbound Number (Outbound Tourists) refers to the number of Chinese (mainland) citizens who go to other countries, Hong Kong Special Administrative Region, Macao Special Administrative Region and Taiwan Province for sightseeing, vacation, visiting relatives and friends, medical care, shopping, attending meetings or engaging in economic, cultural, physical education and religious activities due to their outbound citizens (outbound tourists). In compiling statistics, each time of leaving is counted as one person-time.

Star-rated Hotels refer to hotels whose equipment, facilities and services conform to the "Classification and Evaluation of Star Ratings for Tourist Hotels", which have been assessed by relevant tourism management departments and have obtained the title of star-rated hotels (including pre-star hotels).

17 金融业

FINANCIAL INTERMEDIATION

简 要 说 明

本章资料包括全市金融机构信贷收支、证券和保险业情况，由市统计局综合处根据有关部门资料整理编辑。资料分别来源于市委金融办、中国人民银行重庆市分行、重庆证监局、国家金融监督管理总局重庆监管局。

Brief Introduction

The data in this chapter include the statistics on credit funds balance of financial institutions, securities and insurance, which are sorted and compiled by Division of Comprehensive Statistics, Chongqing Municipal Bureau of Statistics. The data are provided by Chongqing Municipal Committee Financial Work Office, Chongqing Branch of the People's Bank of China, Chongqing Securities Regulatory Bureau, Chongqing Regulatory Bureau of the State Administration of Financial Supervision and Administration.

17-1 主要金融机构数(2022—2023年)
Number of Main Financial Institutions (2022-2023)

单位：个 (unit)

指　　标	Item	2022	2023
银行机构	**Banks**		
法人机构	Legal Entity	57	53
市级分行	Provincial branches	49	49
保险机构	**Insurance Institutions**		
法人机构	Legal Entity	4	4
市级分公司	Provincial branches	62	66
证券机构	**Security Institutions**		
证券公司总部	Security Companies	1	1
证券分公司	Branch Companies	53	55
营业部	Business Departments	200	198

17-2 地方金融市场运行情况(2022—2023年)
Operation of Local Financial Market (2022-2023)

指　　标	Item	2022	2023
融资担保行业	**Financing Guarantee**		
单位数(个)	Unit Number (unit)	101	103
实缴资本(亿元)	Paid-in capital (100 million Yuan)	415.55	487.58
在保余额(亿元)	Guaranteed Balance (100 million yuan)	3254.53	3300.65
小额贷款公司行业单位数	**Small Loan Companies**		
单位数(个)	Unit Number (unit)	245	234
注册资本(亿元)	Registered Capital (100 million yuan)	1187.68	1064.37
贷款余额(亿元)	Balance of Loans (100 million yuan)	2376.03	1160.20
上市与挂牌	**Listed Companies**		
境内外上市公司(个)	Domestic and Overseas Listed Companies (unit)	90	99
境内外上市公司市值(亿元)	Market Value of Companies Listed Overseas (100 million yuan)	12472.00	12034.60
新三板挂牌数(个)	Number of Companies Listed in NEEQ Market (unit)	79	72
重庆股份转让中心挂牌数(个)	Number of Companies Listed in Chongqing Share Transfer Center (unit)	1961	2395
股权投资类企业	**Equity Investment Companies**		
备案单位数(个)	Number of Units Registered (unit)	848	882
注册及认缴资本(亿元)	Registered and Subscribed Capital (100 million yuan)	4541.69	5664.04
金融要素市场	**Financial Factor Market**		
单位数(个)	Unit Number (unit)	12	12
交易量(亿元)	Turnover (100 million yuan)	4596.26	5031.50

注：1.境外企业是指在其他国家和地区上市的企业。
　　2.股权投资类企业为按照地方口径，在市金融办备案的企业。
　　3.金融要素市场的交易量为当年累计交易量。

Note: a) Overseas companies refer to the companies listed in the stock market of other countries or regions.
　b) Equity investment companies refer to those registered with Chongqing Financial Affairs Office according to the local statistic scope.
　c) The turnover of financial factor market refers to the accumulative turnover of the year.

17−3 金融机构(含外资)存贷款年末余额(1980—2023年)
Year-end Deposit and Loan Balance of Financial Institutions (including foreign-funded institutions) (1980-2023)

单位：亿元 (100 million yuan)

年 份 Year	本外币存款余额 Total Deposit Balance of RMB and Foreign Currencies	人民币存款余额 Total Deposit Balance of RMB	本外币贷款余额 Total Loan Balance of RMB and Foreign Currencies	人民币贷款余额 Total Loan Balance of RMB	短期贷款 Short-term Loans	中长期贷款 Medium & Long-term Loans
1980		29.15		42.19	40.96	1.23
1981		33.98		50.29	47.69	2.21
1982		38.66		55.30	51.50	3.05
1983		45.22		63.25	58.14	4.32
1984		70.86		84.53	70.42	11.76
1985		62.38		101.56	84.85	14.89
1986		84.57		131.70	110.61	18.86
1987		110.37		163.63	125.85	22.99
1988		123.47		183.32	141.01	25.90
1989		146.71		214.41	167.66	29.65
1990		198.00		268.40	205.63	38.30
1991		253.57		336.85	249.51	58.82
1992		315.70		408.64	294.63	78.75
1993		386.86		495.71	357.59	98.88
1994		518.27		596.96	409.16	136.46
1995		676.70		755.39	501.66	185.89
1996	885.91	846.43	968.71	913.93	601.10	219.05
1997	1147.92	1098.67	1224.01	1156.13	873.14	248.06
1998	1359.52	1306.04	1443.65	1358.61	978.51	299.59
1999	1638.21	1580.80	1693.64	1611.68	1093.09	398.22
2000	1982.21	1904.71	1966.40	1881.29	1246.81	470.70
2001	2377.99	2294.05	1969.97	1871.98	1043.84	631.26
2002	2903.42	2821.04	2338.17	2244.72	1191.70	754.57
2003	3512.82	3438.61	2976.67	2774.81	1378.85	1010.69
2004	4105.09	4039.61	3309.13	3246.28	1362.75	1346.91
2005	4784.76	4727.72	3779.28	3719.52	1471.86	1810.83
2006	5587.50	5519.75	4443.84	4388.28	1510.73	2392.26
2007	6662.36	6576.68	5197.08	5131.69	1597.12	3220.70
2008	8102.00	8021.95	6384.03	6320.81	1617.52	4093.50
2009	11084.82	10933.00	8856.56	8766.06	1499.85	6563.63
2010	13613.97	13454.98	10999.87	10888.15	1686.11	8705.32
2011	16128.87	15832.81	13195.16	13001.39	2529.81	9968.14
2012	19423.90	18934.83	15594.18	15131.22	3626.89	10919.76
2013	22789.17	22202.10	18005.69	17381.55	4613.86	12105.13
2014	25160.11	24501.54	20630.69	20011.50	5404.51	13615.01
2015	28778.80	28094.37	22955.21	22393.93	5539.43	15394.18
2016	32160.09	31216.45	25524.17	24785.19	5383.08	17657.00
2017	34853.53	33718.98	28417.46	27871.89	5517.30	20764.52
2018	36887.34	35651.57	32247.75	31425.87	5371.10	23949.57
2019	39483.20	37953.11	37105.02	36233.20	6091.24	27571.85
2020	42854.31	41270.20	41908.91	40960.64	6692.63	31492.83
2021	45908.04	44270.21	46927.61	46043.22	7597.31	34516.69
2022	49567.20	48218.18	50051.89	49365.86	7736.89	36193.43
2023	53562.75	52613.04	56730.17	55909.32	11387.95	38573.76

17-4 金融机构(含外资)本外币信贷收支表(2022—2023年)
Sources and Uses of RMB and Foreign Currencies Credit Funds of Financial Institutions (including foreign-funded institutions) (2022-2023)

单位:亿元 (100 million yuan)

指　　标	Item	2022	2023
各项存款余额	Total Deposit Balance	49567.20	53562.75
境内存款	Domestic Deposit	49504.25	53511.33
住户存款	Deposits of Households	25539.60	28899.16
活期存款	Demand Deposits	7296.36	7320.49
定期及其他存款	Time & Other Deposits	18243.24	21578.67
非金融企业存款	Deposits of Non-financial Enterprises	12887.84	13796.44
活期存款	Demand Deposits	4321.91	4537.41
定期及其他存款	Time & Other Deposits	8565.93	9259.03
机关团体存款	Deposits of Government Departments & Organizations	6025.80	5817.56
财政性存款	Fiscal Deposits	1223.56	1373.92
非银行业金融机构存款	Deposits of Non-banking Financial Institutions	3827.45	3624.25
境外存款	Overseas Deposits	62.95	51.42
各项贷款余额	Total Loan Balance	50051.89	56730.17
境内贷款	Domestic Loans	49972.57	56573.25
住户贷款	Loans to Households	19201.10	22390.62
短期贷款	Short-term Loans	3224.53	6487.04
消费贷款	Consumption Loans	1403.53	4543.83
经营贷款	Operating Loans	1821.01	1943.22
中长期贷款	Mid & Long-term Loans	15976.57	15903.58
消费贷款	Consumption Loans	14183.77	13869.12
经营贷款	Operating Loans	1792.80	2034.46
企(事)业单位贷款	Loans to enterprises (Institutions)	30737.46	34131.37
短期贷款	Short-term Loan	4926.11	5443.64
中长期贷款	Mid & Long-term Loans	20420.83	22861.39
票据融资	Paper Financing	3485.81	3669.57
融资租赁	Financial Leases	1877.03	2137.06
各项垫款	Total Advances	27.69	19.70
非银行业金融机构贷款	Loans of Non-banking Financial Institutions	34.01	51.26
境外贷款	Overseas Loans	79.33	156.91

注：外币折本币所用汇率为当年最后一个交易日的中间汇率。
Note: The exchange rates between foreign currencies and RMB are the middle rates on the last trading day in current year.

17−5 金融机构(含外资)人民币信贷收支表(2022—2023年)
Sources and Uses of RMB Credit Funds of Financial Institutions (including foreign-funded institutions) (2022-2023)

单位：亿元 (100 million yuan)

指 标	Item	2022	2023
各项存款余额	Total Deposit Balance	48218.18	52613.04
境内存款	Domestic Deposit	48178.35	52571.57
住户存款	Deposits of Households	25458.85	28819.14
活期存款	Demand Deposits	7247.35	7276.94
定期及其他存款	Time & Other Deposits	18211.49	21542.20
非金融企业存款	Deposits of Non-financial Enterprises	11645.39	12939.78
活期存款	Demand Deposits	4106.48	4371.82
定期及其他存款	Time & Other Deposits	7538.91	8567.96
机关团体存款	Deposits of Government Departments & Organizations	6023.81	5815.23
财政性存款	Fiscal Deposits	1223.56	1373.92
非银行业金融机构存款	Deposits of Non-banking Financial Institutions	3826.74	3623.50
境外存款	Overseas Deposits	39.83	41.47
各项贷款余额	Total Loan Balance	49365.86	55909.32
境内贷款	Domestic Loans	49318.44	55782.25
住户贷款	Loans to Households	19200.66	22390.06
短期贷款	Short-term Loans	3224.13	6486.49
消费贷款	Consumption Loans	1403.12	4543.27
经营贷款	Operating Loans	1821.01	1943.22
中长期贷款	Mid & Long-term Loans	15976.54	15903.57
消费贷款	Consumption Loans	14183.74	13869.11
经营贷款	Operating Loans	1792.80	2034.46
企(事)业单位贷款	Loans to Enterprises and Institutions	30083.77	33340.92
短期贷款	Short-term Loan	4478.76	4850.20
中长期贷款	Mid & Long-term Loans	20216.89	22670.19
票据融资	Paper Financing	3485.81	3669.57
融资租赁	Financial Leases	1877.03	2134.23
各项垫款	Total Advances	25.29	16.74
非银行业金融机构贷款	Loans of Non-banking Financial Institutions	34.01	51.26
境外贷款	Overseas Loans	47.42	127.08

17-6 按行业分金融机构(含外资)本外币贷款结构(2022—2023年)

Loan Composition of RMB and Foreign Currencies of Financial Institutions (including foreign-funded institutions) by Sector (2022-2023)

单位：亿元 (100 million yuan)

指 标	Item	2022	2023
贷款总计	**Total Loans**	**47664**	**53408**
按行业分	**By Sector**		
#农、林、牧、渔业	Farming, Forestry, Animal Husbandry and Fishery	159	169
采矿业	Mining and Quarrying	169	118
制造业	Manufacturing	3362	3157
电力、燃气及水的生产和供应业	Production and Supply of Electricity, Gas & Water	1116	1279
建筑业	Construction	1805	1916
批发和零售业	Wholesale and Retail Trades	1407	1615
交通运输、仓储和邮政业	Transport, Storage and Post	5483	6198
住宿和餐饮业	Hotels and Catering Services	81	96
信息传输、软件和信息技术服务业	Information Transmission, Software and IT Services	113	155
金融业	Financial Intermediation	1567	1724
房地产业	Real Estate	1758	1808
租赁和商务服务业	Leasing and Business Services	5401	6257
科学研究和技术服务业	Scientific Research and Technology Services	62	112
水利、环境和公共设施管理业	Administration of Water Conservancy, Environment and Public tilities	5451	5788
居民服务、修理和其他服务业	Household Services and Repairs and Other Services	35	48
教育	Education	122	137
卫生和社会工作	Health and Social Work	160	170
文化、体育和娱乐业	Culture, Sports and Entertainment	122	134
公共管理、社会保障和社会组织	Public Administration, Social Security and Social Organization	10	9
对境外贷款	Loans Abroad	79	127
个人贷款及透支	Individual Loans and Overdraft	19201	22390

17-7 金融机构(含外资)房地产贷款投向表(2022—2023年)

Loans to Real Estate from Financial Institutions (including foreign-funded institutions) (2022-2023)

单位：亿元 (100 million yuan)

指 标	Item	2022	2023
合 计	Total Loans	14829.1	14183.7
房地产开发贷款	Loans to Real Estate Development	2526.1	2558.7
地产开发贷款	Loans to Land Development	575.3	543.6
#政府土地储备机构贷款	Loans to Government Land Reserve Institutions	10.8	6.5
房产开发贷款	Loans to Housing Development	1950.8	2015.1
住房开发贷款	Loans to Residential Housing Development	1602.1	1558.8
#保障性住房开发贷款	Loans to Low-income Housing Development	597.1	539.6
商业用房开发贷款	Loans to Housing for Commercial Use	348.7	456.3
其他房产开发贷款	Loans to Other Housing Development		
购房贷款	Housing Purchase Loan	12302.9	11625.0
企业购房贷款	Enterprise Housing Purchase Loan	132.9	195.6
商业用房贷款	Loan for Housing for Commercial Use	127.3	184.0
住房贷款	Loan for Housing for Residential Use	5.6	11.6
个人购房贷款	Individual Housing Loan	12170.0	11429.4
个人商业用房贷款	Loan for Housing for Commercial Use	194.1	136.1
个人住房贷款	Loan for Housing for Residential Use	11975.9	11293.3
新建房贷款	Loan for Newly Built Housing	8670.9	7830.6
#抵押贷款	Mortgage Loan	8632.6	7795.7
再交易房贷款	Loan for Second-hand Housing	3305.0	3462.7
个人购买保障性住房贷款	Individual Loan for Purchasing Low-income Housing	6.5	5.9

17-8 金融机构(含外资)境内大中小型企业人民币贷款情况统计表(2022—2023年)

Statistics on the RMB Loans to the Domestic Large, Medium and Small Enterprises from Financial Institutions (including foreign-funded institutions) (2022-2023)

单位：亿元 (100 million yuan)

指标	Item	大型企业贷款 Large		中型企业贷款 Medium		小型企业贷款 Small	
		2022	2023	2022	2023	2022	2023
境内企业贷款合计	**Total Loans to Domestic Enterprises**	**8498.3**	**8027.4**	**10436.5**	**11635.8**	**7153.0**	**8494.2**
#农、林、牧、渔业	Farming, Forestry, Animal Husbandry and Fishery	30.9	35.1	64.6	64.8	52.2	51.1
采矿业	Mining and Quarrying	96.8	54.1	45.1	22.2	20.2	28.2
制造业	Manufacturing	1712.7	1277.3	774.0	769.1	755.6	917.9
电力、燃气及水的生产和供应业	Production and Supply of Electricity, Gas & Water	296.2	319.0	372.2	407.3	412.7	481.3
建筑业	Construction	661.8	609.7	718.0	788.8	329.1	386.3
批发和零售业	Wholesale and Retail Trades	286.0	262.6	437.6	500.2	554.6	653.4
交通运输、仓储和邮政业	Transport, Storage and Post	2559.4	2711.0	1429.6	1752.4	1291.5	1502.6
住宿和餐饮业	Hotels and Catering Services	2.5	2.2	28.8	26.3	41.5	58.4
信息传输、计算机服务和软件业	Information Transmission, Computer Services and Software	19.9	22.2	35.2	44.3	44.1	65.8
金融业	Financial Intermediation	168.5	143.9	105.1	168.9	38.2	79.0
房地产业	Real Estate	238.6	194.3	1335.0	1402.8	91.0	108.5
租赁和商务服务业	Leasing and Business Services	1389.7	1347.2	2143.2	2621.3	1818.3	2204.2
科学研究和技术服务业	Scientific Research and Technology Service	6.4	12.2	16.9	34.5	30.5	47.5
水利、环境和公共设施管理业	Administration of Water Conservancy, Environment and Public Utilities	952.9	959.7	2864.2	2943.3	1593.0	1821.7
居民服务、修理和其他服务业	Household Services and Other Services	0.9	0.5	4.2	5.0	21.6	32.6
教育	Education	20.5	24.7	26.9	29.0	11.9	10.1
卫生和社会工作	Health and Social Work	7.7	8.6	14.8	20.6	10.5	12.3
文化、体育和娱乐业	Culture, Sports and Entertainment	46.8	43.4	21.0	34.9	36.4	33.4
境内企业贷款合计	**Total Loans to Domestic Enterprises**	**8498.3**	**8027.4**	**10436.5**	**11635.8**	**7153.0**	**8494.2**
正常类贷款	Pass Loan	8125.9	7761.2	9939.3	11109.5	6931.9	8295.9
关注类贷款	Special Mention Loan	167.7	167.2	313.5	367.5	134.7	121.3
次级类贷款	Substandard Loan	115.9	52.2	87.4	60.0	37.5	22.9
可疑类贷款	Doubtful Loan	74.5	31.9	76.9	64.4	23.2	24.2
损失类贷款	Loss Loan	14.3	14.9	19.4	34.5	25.7	29.9
境内企业贷款合计	**Total Loans to Domestic Enterprises**	**8498.3**	**8027.4**	**10436.5**	**11635.8**	**7153.0**	**8494.2**
信用贷款	Fiduciary Loan	3540.3	3675.9	3029.4	3743.7	1469.1	1860.8
保证贷款	Guaranteed Loan	1614.2	1495.8	3006.9	3376.2	3292.8	3995.3
抵(质)押贷款	Mortgage Loan	3343.8	2855.8	4400.3	4516.0	2391.1	2638.1
境内企业贷款合计	**Total Loans to Domestic Enterprises**	**8498.3**	**8027.4**	**10436.5**	**11635.8**	**7153.0**	**8494.2**
国有控股企业	State-holding Enterprise	6952.9	6910.8	8267.9	9455.1	5402.1	6454.5
集体控股企业	Collective-holding Enterprise	38.5	45.0	99.2	98.9	21.5	15.6
私人控股企业	Private-holding Enterprise	797.0	738.3	1664.5	1698.2	1655.0	1915.6
港澳台商控股企业	Hong Kong, Macao or Taiwan-holding Enterprise	418.1	193.2	313.9	276.2	33.5	72.4
外商控股企业	Foreign-holding Enterprise	291.6	140.0	91.0	107.5	40.9	36.1

17-9　上市公司情况(1993—2023年)
Statistics on Listed Companies (1993-2023)

单位：个 (unit)

年　份 Year	全市总计 Total	上交所 Shanghai Stock Exchange	深交所 Shenzhen Stock Exchange	仅发A股公司 A Share Only	发A、B股公司 A & B Shares	仅发B股公司 B Share Only	发A、H股公司 A & H Shares
1993	3	1	2	3			
1994	5	2	3	5			
1995	7	3	4	6		1	
1996	11	4	7	10		1	
1997	19	8	11	17	1	1	
1998	19	8	11	17	1	1	
1999	22	9	13	20	1	1	
2000	25	11	14	23	1	1	
2001	26	12	14	24	1	1	
2002	27	13	14	25	1	1	
2003	27	13	14	25	1	1	
2004	29	14	15	27	1	1	
2005	29	14	15	27	1	1	
2006	29	14	15	27	1	1	
2007	30	15	15	27	1	1	1
2008	31	15	16	28	1	1	1
2009	31	15	16	28	1	1	1
2010	34	16	18	31	1	1	1
2011	36	20	16	33	1	1	1
2012	37	19	18	34	1	1	1
2013	37	19	18	34	1	1	1
2014	40	21	19	37	1	1	1
2015	43	21	22	40	1	1	1
2016	44	22	22	41	1	1	1
2017	50	26	24	47	1	1	1
2018	50	26	24	47	1	1	1
2019	54	28	26	50	1	1	2
2020	57	29	28	53	1	1	2
2021	63	31	30	58	1	1	3
2022	70	34	32	65	1	1	3
2023	79	36	37	74	1	1	3

注：本表不包括仅发H股的公司。
Note: Companies with H share only are not included in this table.

17-10 有价证券发行情况(1981—2023年)
Issuance of Securities (1981-2023)

单位：亿元

年 份 Year	股票筹资额 Raised Capital	A 股 A Shares	B 股 B Shares
1981			
1982			
1983			
1984			
1985			
1986			
1987			
1988			
1989			
1990			
1991			
1992			
1993	2.08	2.08	
1994	1.13	1.13	
1995	5.30	0.52	4.78
1996	10.41	4.56	5.85
1997	26.76	26.76	
1998	3.75	3.75	
1999	7.21	7.21	
2000	22.63	22.63	
2001	4.73	4.73	
2002	3.16	3.16	
2003	3.74	3.74	
2004	15.65	15.65	
2005			
2006	14.63	14.63	
2007	26.37	26.37	
2008	12.73	12.73	
2009	17.56	17.56	
2010	149.00	149.00	
2011	158.02	158.02	
2012	30.00	30.00	
2013	131.23	131.23	
2014	180.88	180.83	
2015	127.01	127.01	
2016	443.56	443.56	
2017	102.97	102.97	
2018	34.84	34.84	
2019	148.11	148.11	
2020	250.49	250.49	
2021	173.00	173.00	
2022	173.00	173.00	
2023	127.00	127.00	

注：股票发行量和筹资额均不含H股。
Note: The amount of issued shares and raised capital don't include H share.

17-11 保险业务基本情况(1996—2023年)
Basic Statistics on Insurance Business (1996-2023)

单位：亿元 (100 million yuan)

年 份 Year	保费收入 Premium	财产保险 Property Insurance	人身保险 Life Insurance	赔款及给付 Claim and Payments	财产保险 Property Insurance	人身保险 Life Insurance
1996	12.82	8.05	4.77	6.48	4.44	2.04
1997	19.52	9.03	10.49	7.18	4.39	2.79
1998	22.77	9.31	13.46	10.64	6.55	4.09
1999	25.39	10.04	15.35	8.91	4.96	3.95
2000	27.71	10.72	16.99	8.27	5.28	2.99
2001	33.72	11.32	22.40	11.25	5.91	5.34
2002	46.17	13.31	32.86	14.20	7.57	6.63
2003	57.93	15.24	42.69	14.53	8.56	5.97
2004	66.51	17.45	49.06	16.25	9.43	6.82
2005	73.10	19.46	53.64	17.59	10.54	7.05
2006	93.24	24.17	69.07	20.51	12.08	8.43
2007	124.68	33.10	91.58	35.25	18.44	16.81
2008	200.55	37.76	162.80	45.64	22.59	23.05
2009	244.70	47.05	197.65	56.63	28.88	27.75
2010	321.08	65.96	255.12	62.10	32.05	30.05
2011	311.81	81.63	230.19	73.98	39.31	34.66
2012	331.03	95.20	235.83	91.78	52.23	39.55
2013	359.23	112.52	246.71	124.60	62.98	61.62
2014	407.26	138.87	268.39	151.43	74.07	77.36
2015	514.58	155.93	358.65	220.19	84.65	135.54
2016	601.61	165.23	436.38	250.16	90.37	159.79
2017	744.75	183.87	560.88	256.83	96.46	160.37
2018	806.24	202.48	603.76	277.37	108.62	168.75
2019	916.46	220.22	696.24	278.99	115.95	163.05
2020	987.62	230.20	757.40	296.09	125.50	169.90
2021	969.53	213.70	752.32	305.61	147.70	154.50
2022	981.09	226.63	754.45	342.99	145.19	197.80
2023	1055.76	244.40	811.37	443.76	172.97	270.79

17-12 按险种分的保险业务指标(2022—2023年)
Statistics on Insurance Business by Classification (2022-2023)

单位：万元 (10 000 yuan)

指标	Item	保费 Premium 2022	保费 Premium 2023	赔款及给付 Claim and Payment 2022	赔款及给付 Claim and Payment 2023
合计	**Total**	**9810858**	**10557626**	**3429943**	**4437580**
财产保险	**Property Insurance**	**2266345**	**2443972**	**1451920**	**1729698**
企业财产保险	Enterprise Property Insurance	63990	65561	26785	29711
家庭财产保险	Family Property Insurance	23526	41553	3737	3826
机动车辆保险	Motor Vehicle Insurance	1650881	1739673	1045108	1197795
工程保险	Engineering Insurance	22918	29564	12372	13970
责任保险	Liability Insurance	183660	192831	84033	106923
信用保险	Export Credit Insurance	39491	114362	16353	60052
保证保险	Guarantee Insurance	105025	39464	143452	141305
船舶保险	Ship Insurance	9286	9023	4405	4607
货物运输保险	Freight Transport Insurance	17119	23105	7481	12194
特殊风险保险	Special Risks Insurance	1709	3158	475	928
农业保险	Agriculture Insurance	123445	148664	96725	145596
其他保险	Other Insurances	25296	37013	10993	12792
人身保险	**Life Insurance**	**7544514**	**8113655**	**1978023**	**2707882**
健康保险	Health Insurance	2127076	2147125	1150130	1167022
意外伤害保险	Personal Accident Insurance	215897	183654	75141	78679

主要统计指标解释

各项存款 金融机构资金来源的主要项目，包括住户存款、非金融企业存款、机关团体存款、财政性存款、非银行业金融机构存款和境外存款。

各项贷款 金融机构资金运用的主要项目，包括住户贷款、非金融企业及机关团体贷款、非银行业金融机构贷款和境外贷款。

保险公司 在中国境内的、经过保险监督管理部门批准设立，并依法登记注册的各类商业保险公司。

保险金额 指保险人承担赔偿或者给付保险金责任的最高限额。

保费 指投保人为取得保险人在约定范围内所承担赔偿责任而支付给保险人的费用。

赔款 指保险人根据保险合同的规定，向被保险人支付的赔偿保险责任损失的金额。

给付 包括死伤医疗给付和满期给付。死伤医疗给付是指保险人根据人寿保险及长期健康保险合同的规定，因被保险人在保险期内发生保险责任范围内的保险事故支付给被保险人（或受益人）的金额。满期给付是指被保险人生存期满，保险人按人寿保险合同规定支付给被保险人的满期保险金额。

社会融资规模增量 指一定时期内实体经济从金融体系获得的资金总额。主要包括：人民币贷款、外币贷款（折合人民币）、委托贷款、信托贷款、未贴现的银行承兑汇票、企业债券、政府债券、非金融企业境内股票融资、投资性房地产、保险公司赔偿等。

社会融资规模存量 指一定时期末（月末、季末或年末）实体经济从金融体系获得的资金余额。主要包括：人民币贷款、外币贷款（折合人民币）、委托贷款、信托贷款、未贴现的银行承兑汇票、企业债券、政府债券、非金融企业境内股票融资、投资性房地产等。

境内上市公司数 指在统计期末其发行的股票在沪、深交易所上市的股份有限公司的数量。以股票上市日进行统计，同时发行A、B股的上市公司，按一家计算。

股票总发行股本 也称上市公司总股本，是指统计期末上市公司在境内发行的全部股份数量合计，包括A股股本、B股股本和其他不流通的境内股本。

股票市价总值 指统计期末根据上市公司股票价格和对应股票数量计算的股权价值合计。具体统计口径和计算方法如下：如当日无交易价格，采用最后交易日的收盘价；暂停上市股票的价格以零计算；未股改公司的非流通股以流通A股价格计算市值；仅发行B股的上市公司，其非流通股不进行股票市值计算；对当日除权股票进行市值计算时需要包含在途股份（已登记未上市）的市值。

交易所债券发行额 指统计期内各类债券发行票面金额合计。按发行首日口径计算。

债券成交额 指统计期内各类债券成交金额合计，包括债券现货成交金额和债券回购成交金额。

证券投资基金只数 指统计期末基金市场上基金产品的只数。自基金合同生效日（基金成立日）纳入统计，自基金合同终止日从统计中剔除。一般根据证监会主代码（基金主合同）口径统计。

Explanatory Notes on Main Statistical Indicators

Total Deposits are the main items of financial sources of financial institutions, which include deposits of households, deposits of non-financial enterprises, deposits of government departments & organizations, fiscal deposits, deposits of non-banking financial institutions and overseas deposits.

Total Loans are the main items of financial uses of financial institutions, which include loans to households, loans to non-financial enterprises and government departments & organizations, loans to non-banking financial institutions and overseas loans.

Insurance Companies refer to commercial insurance companies of various forms registered by law and established in China with the approval of insurance regulatory agencies.

Amount Insured refers to the maximum that the insurant will get for the claim of the case insured.

Premium is the fee paid by the insurant to the insurer to obtain the obligation of compensation from the insurance within the agreed terms.

Settled Claim is the compensation paid by the insurer to the insurant in accordance with the insurance contract.

Payment includes payment for death, injury or medical treatment and payment at maturity. Payment for death, injury or medical treatment refers to the money paid to the insurant (or the beneficiary) in accordance with the life or health insurance contract when the insurant encounters accidents within the insured period covered in the contract. Payment at maturity refers to the payment to the insurant in accordance with the life insurance contract at the end of the insured period.

Aggregate Financing to the Real Economy (Flow) refers to the total volume of financing provided by the financial system to the real economy over a period of time. It includes: RMB loans, foreign currency-denominated loans (RMB equivalent), credit loans, entrusted loans, undiscounted banker's acceptances, corporate bonds, government bonds, domestic equity financing of non-financial enterprises, investment real estate, premium of insurance, etc.

Aggregate Financing to the Real Economy (Stock) refers to the total volume of financing provided by the financial system to the real economy at the end of a period (at the end of month, quarter or year). It includes: RMB loans, foreign currency-denominated loans (RMB equivalent), credit loans, entrusted loans, undiscounted banker's acceptances, corporate bonds, government bonds, domestic equity financing of non-financial enterprises, investment real estate, etc.

Number of Domestic Listed Companies refers to the number of limited companies whose stocks issued are listed on the Shanghai or Shenzhen exchanges at the end of the statistical period. A listed company that issues both A and B shares at the same time are counted as one company by the date of listing.

Total Issued Capital also known as total stock of listed companies, refers to the total number of shares issued by domestic listed companies at the end of the statistical period, including A share capital, B share capital and other non-tradable domestic equity.

Total Market Capitalization refers to the total stock value according to the stock price of listed companies and the corresponding stock quantity at the end of the statistical period. Specific statistical coverage and calculation methods are as follows: if there is no trading price on the day, the closing price on the last trading day shall be adopted; the price of suspended listed shares shall be calculated at zero; the non-tradable shares of non-equity-restructured companies shall be calculated at the price of circulating A shares; the non-tradable shares of listed companies that issue only B shares shall not be calculated at the market value of their non-tradable shares on the same day. When calculating the market value of the right stock, the market value of the shares in transit (registered and unlisted) should be included.

Value of Bonds in the Exchanges Issued refers to the total amount of coupon issued by various types of bonds during the statistical period. It is calculated at the coverage of the first day of issue.

Bonds Trading Turnover refers to the total amount of all kinds of bonds traded during the statistical period, including the spot amount of bonds traded and the amount of bond repurchase traded.

Number of Securities Investment Funds refers to the number of fund products in the fund market at the end of the period. It is counted since the effective date of the fund contract (the establishment date of the fund), and is excluded from the statistics since the termination date of the fund contract. It is generally counted at the coverage of the main code of the Securities Regulatory Commission (the main contract of the fund).

18 教育、科技和文化业

EDUCATION，SCIENCE & TECHNOLOGY AND CULTURE

简 要 说 明

本章资料主要包括全市教育事业、科学技术活动和文化事业的基本情况，由市统计局社会科技统计处根据调查资料和有关部门资料整理编辑。

教育部分包括各类教育的学校、教师和学生情况，由市教育委员会提供；专利资料由市知识产权局提供；商标申请注册来源于市市场监督管理局；文化部分主要包括图书馆、文物、群众艺术文化、广播电视、新闻出版等情况，资料主要来自市文化和旅游发展委员会。

Brief Introduction

The data in this chapter include the basic statistics on education, scientific & technological activities and culture undertakings. All the data are compiled by Division of Social and Technology Statistics, Chongqing Municipal Bureau of Statistics on the basis of the data from survey and related departments.

The statistics of education cover the data of schools, teachers and students of various kinds, which were provided by Chongqing Education Commission. The data of patent are provided by Chongqing Intellectual Property Office. The data of sampling supervision & check on quality of products are provided by Chongqing Administration for Market Regulation. The data of culture mainly include public libraries, cultural relics, mass arts & culture, radio and television, and press and publication, which are provided by Commission of Culture and Tourism of Chongqing.

18-1 主要年份各级各类学校数
Number of Schools by Level and Type in Major Years

单位：所 (unit)

年 份 Year	普通高等学校 Regular Institutions of Higher Education	普通中学 Regular Secondary Schools	小 学 Primary Schools	特殊教育学校 Special Schools	幼儿园 Kindergartens
1952	7	128	12920		
1957	9	249	16201		
1962	10	402	14148		
1965	11	696	31503		
1970	11	1700	21253		
1975	8	1366	25465		
1978	13	2948	25002		
1980	16	1989	25120		
1985	18	1788	22793	7	5800
1986	19	1739	22486	19	5230
1987	19	1759	22094	18	5542
1988	20	1753	21629	20	5009
1989	20	1751	20972	23	4726
1990	20	1753	20248	24	5232
1991	20	1762	19829	29	4486
1992	20	1766	19496	32	4814
1993	20	1746	18849	30	4061
1994	20	1725	18175	31	4094
1995	22	1638	19637	30	6046
1996	22	1651	16779	36	5538
1997	22	1606	16261	37	5741
1998	22	1555	15737	37	5412
1999	23	1552	15223	42	6007
2000	22	1568	14730	42	6659
2001	29	1607	13076	44	3726
2002	29	1574	12031	38	3477
2003	33	1564	10966	41	3093
2004	34	1511	10409	43	3408
2005	35	1414	9558	43	3287
2006	38	1373	8754	44	3376
2007	38	1361	7990	43	3351
2008	47	1325	7575	41	3582
2009	51	1304	7096	36	3700
2010	53	1273	5544	36	4105
2011	59	1259	5248	36	4114
2012	60	1231	4810	36	4401
2013	63	1200	4728	36	4547
2014	63	1179	4586	36	4669
2015	64	1167	4170	36	4816
2016	65	1120	2979	36	5109
2017	65	1118	2954	36	5210
2018	65	1122	2893	38	5607
2019	65	1127	2860	39	5660
2020	68	1132	2754	39	5704
2021	69	1123	2717	39	5684
2022	70	1120	2637	39	5667
2023	72	1123	2482	39	5514

注：1.2001年起幼儿园资料按教育部对幼儿园数的认定标准统计，与以往年数不可比(下表同)。
2.2008年学校数含"独立学院"数。

Note: a) The data of kindergartens have been calculated in accordance with the definition by Ministry of Education since 2001, not comparable with that of previous years (the same below).
b) Number of schools in 2008 includes the number of "non-university tertiary".

18-2 主要年份各级各类学校在校学生数
Number of Students Enrollment by Level and Type in Major Years

单位：人 (person)

年 份 Year	普通高等学校 Regular Institutions of Higher Education	普通中学 Regular Secondary Schools	小 学 Primary Schools	特殊教育学校 Special Schools	幼儿园 Kindergartens
1952	6437	61345	1524145		
1957	15211	181423	1539805		
1962	21173	163628	1640036		
1965	17408	266504	1967997		
1970	4235	651232	2130534		
1975	10194	963304	3415196		
1978	16357	1631581	4035934		
1980	25349	1323181	4316902		
1985	39871	1102702	3857331	418	296336
1986	44454	1107545	3610433	543	306591
1987	47644	1122462	3279059	571	409209
1988	49981	1124510	2858642	669	389185
1989	48449	1111706	2581889	831	351175
1990	49331	1080755	2393235	803	413552
1991	49964	978204	2314986	1179	505799
1992	54121	868431	2361261	1966	549271
1993	63795	790396	2500362	1850	445940
1994	71118	876008	2595400	1415	534177
1995	73398	977079	2638555	1783	577162
1996	79929	1012654	2737051	1832	588854
1997	83764	1002915	2854307	1706	590464
1998	86913	1083691	2884385	2325	613298
1999	101601	1282599	2802741	9007	625666
2000	132512	1477861	2761308	21160	640804
2001	170006	1540317	2777859	18383	599282
2002	211221	1574357	2797557	17199	587645
2003	255266	1663728	2779441	14483	572538
2004	303913	1707489	2718999	15973	544759
2005	357926	1735166	2609754	12463	536266
2006	405118	1794129	2523824	12151	530842
2007	445800	1834364	2384527	11773	535457
2008	485013	1907856	2243916	12172	574187
2009	523279	1920158	2081367	13189	632170
2010	565868	1908158	1999407	14618	708711
2011	613026	1838917	1954818	16978	842846
2012	670174	1747002	1943177	13083	892635
2013	707610	1678976	1989128	15622	893338
2014	740534	1627301	2034165	13893	894679
2015	767114	1583562	2073320	14059	915616
2016	784631	1572832	2098191	16079	932584
2017	805208	1592207	2099536	18585	958667
2018	827945	1653294	2095361	21405	963121
2019	907426	1732325	2062948	25362	982526
2020	998650	1776046	2024671	27006	1007833
2021	1100122	1772254	2030863	27446	995239
2022	1171607	1750773	2031938	26605	961364
2023	1212072	1725114	2058660	25459	875734

注：本章普通高等学校数据均含研究生(以下各表同)。
Note: The data of regular institutions of higher education in this chapter include postgraduates(the same applies to the following tables).

18-3 主要年份各级各类学校专任教师数
Number of Full-time Teachers by Level and Type in Major Years

单位：人 (person)

年 份 Year	普通高等学校 Regular Institutions of Higher Education	普通中学 Regular Secondary Schools	小 学 Primary Schools	特殊教育学校 Special Schools	幼儿园 Kindergartens
1952	839	3385	41698		
1957	2193	7940	52530		
1962	3297		55213		
1965	3336		78503		
1970	3177	24970	73695		
1975	3574	42893			
1978	3914				
1980	5025	60953	125304		
1985	8061	58886	119119	74	11937
1986	8236	55071	113724	101	12054
1987	8622	57044	112163	113	15090
1988	8823	60450	111596	145	15873
1989	8726	61938	109691	186	15898
1990	8677	64056	110580	186	17443
1991	8596	64934	111305	277	19313
1992	8696	65030	111667	321	19244
1993	8777	63555	113834	326	18388
1994	9186	65316	116603	360	19729
1995	9409	67498	117497	353	19948
1996	9400	69503	117711	383	20111
1997	9432	70661	119881	411	20665
1998	9498	72333	121062	400	20962
1999	9987	76158	120229	469	21088
2000	10449	81766	119014	569	22598
2001	12125	85030	118623	474	12067
2002	13954	87427	117543	510	11666
2003	16013	89560	115212	543	12141
2004	18214	92051	114007	541	12351
2005	20184	93997	114326	556	13220
2006	23717	95782	113724	584	13615
2007	26089	99807	119831	652	14270
2008	28398	103111	119161	670	15507
2009	29883	106544	117460	699	16579
2010	31070	109303	116057	715	19966
2011	33110	110951	115343	763	22807
2012	35744	112452	114036	804	26735
2013	37130	113880	115204	852	30199
2014	38944	114076	116360	878	32921
2015	39891	114709	118897	889	36979
2016	40583	115217	123066	926	41009
2017	41708	115645	125270	965	44327
2018	42946	117159	126513	995	47880
2019	45537	121078	128777	1050	50522
2020	49174	124305	130610	1072	52482
2021	52097	128078	133259	1120	61978
2022	55343	129754	134050	1152	62247
2023	60443	129899	134488	1189	59888

18−4 研究生基本情况(1996—2023年)
Basic Statistics on Postgraduates (1996-2023)

单位：人 (person)

年 份 Year	在校学生数 Total Enrollment	招生数 New Enrollment	毕业生数 Graduates
1996	2953	1052	762
1997	3199	1108	847
1998	3726	1389	862
1999	5032	2132	991
2000	6233	2686	1084
2001	8358	3410	1401
2002	11110	4423	1616
2003	14763	6392	2715
2004	19367	8202	3426
2005	24363	9436	4193
2006	29000	10475	5492
2007	32145	11312	7483
2008	35005	12376	8925
2009	39080	14159	9759
2010	43149	14851	10347
2011	45213	15341	12351
2012	46569	15925	13844
2013	48210	16324	14189
2014	48979	16647	14915
2015	50534	17231	14866
2016	52156	17562	15378
2017	58349	22437	15517
2018	65134	24148	16510
2019	72562	25267	16677
2020	83094	30724	19309
2021	97402	33147	22291
2022	105474	34657	23141
2023	111902	36179	27658

18–5 主要年份文化机构数
Number of Cultural Institutions in Major Years

单位：个 (unit)

年 份 Year	艺术表演团体 Specialized Troupes	文化馆、艺术馆 Cultural Centers and Art Centers	图书馆 Libraries
1975	54	33	10
1978	54	36	10
1980	55	35	21
1985	54	35	25
1986	52	35	26
1987	51	35	26
1988	45	35	27
1989	44	35	35
1990	42	39	36
1991	42	39	38
1992	42	39	38
1993	41	39	41
1994	36	40	41
1995	36	40	42
1996	39	46	42
1997	39	47	42
1998	39	47	42
1999	36	46	42
2000	35	44	42
2001	36	44	42
2002	32	44	43
2003	32	44	44
2004	29	44	44
2005	29	42	43
2006	78	41	43
2007	84	41	43
2008	177	41	43
2009	160	41	43
2010	381	41	43
2011	282	41	43
2012	244	41	43
2013	443	41	43
2014	512	41	43
2015	730	41	43
2016	770	41	43
2017	1283	41	43
2018	1571	41	43
2019	1646	41	43
2020	1265	41	43
2021	1286	41	43
2022	1190	41	43
2023	1072	41	43

注：艺术表演团体数据2006年起统计口径调整为含系统内、系统外两部分。
Note: The data of specialized troupes has included the units either inside or outside the public-owned system since 2006.

18-6 教育事业基本情况(2022—2023年)
Basic Statistics on Education (2022-2023)

单位：人 (person)

指　　标	Item	2022	2023
学校数(所)	**Number of Schools (unit)**		
高等学校	Higher Education	75	77
普通高等学校	Regular Higher Education Institutions	70	72
本科院校	HEIs Offering Degree Programs	26	27
#独立学院	Independent Institutions	1	1
专科院校	Higher Vocational Colleges	44	45
成人高等学校	Adult Higher Education Institutions	3	3
高中阶段学校	Senior Secondary Education	455	459
普通高中	Regular Senior Secondary Schools	277	280
中等职业学校	Vocational Secondary Schools	178	179
义务教育学校	Compulsory Education	3480	3410
普通初中	Regular Junior Secondary Schools	843	843
普通小学	Regular Primary Schools	2637	2567
特殊教育学校	Special Education	39	39
幼儿园	Kindergartens	5667	5514
专门学校	Special School	2	5
在校学生数	**Total Enrollment**		
高等教育	Higher Education	1393942	1387850
研究生	Postgraduates	105474	111902
博　士	Doctor's Degree	9806	11094
硕　士	Master's Degree	95668	100808
普通本专科	Undergraduate in Regular HEIs	1066133	1100170
本　科	Normal Courses	543958	564618
专　科	Short-cycle Courses	522175	535552
成人本专科	Undergraduate in Adult HEIs	61143	77033
本　科	Normal Courses	22934	34260
专　科	Short-cycle Courses	38209	42773
网络本专科	Web-based Undergraduates	161192	98745
本　科	Normal Courses	126440	76454
专　科	Short-cycle Courses	34752	22291
高中阶段教育	Senior Secondary Education	1151008	1153730
普通高中	Regular Senior Secondary Schools	663252	678960
中等职业教育	Vocational Secondary Education	487756	474770
义务教育	Compulsory Education	3119459	3104814
普通初中	Regular Junior Secondary Schools	1087521	1046154
普通小学	Regular Primary Schools	2031938	2058660
特殊教育	Special Education	26605	25459
学前教育	Pre-school Education	961364	875734
工读学校	Correctional Work-Study Schools	42	85
招生数	**New Enrollment**		
高等教育	Higher Education	488229	422665
研究生	Postgraduates	34657	36179

18-6 续表 1 continued

单位：人 (person)

指　标	Item	2022	2023
博　士	Doctor's Degree	2521	2916
硕　士	Master's Degree	32136	33263
普通本专科	Undergraduate in Regular HEIs	350615	348459
本　科	Normal Courses	158368	160899
专　科	Short-cycle Courses	192247	187560
成人本专科	Undergraduate in Adult HEIs	28784	38027
本　科	Normal Courses	10139	19242
专　科	Short-cycle Courses	18645	18785
高中阶段教育	Senior Secondary Education	403752	388655
普通高中	Regular Senior Secondary Schools	232081	231430
中等职业教育	Vocational Secondary Education	171671	157225
义务教育	Compulsory Education	688144	696739
普通初中	Regular Junior Secondary Schools	350526	340095
普通小学	Regular Primary Schools	337618	356644
特殊教育	Special Education	4605	4453
学前教育	Pre-school Education	241359	211175
工读学校	Correctional Work-Study Schools	40	102
毕业生数	**Graduates**		
高等教育	Higher Education	373640	403480
研究生	Postgraduates	23141	27658
博　士	Doctor's Degree	1374	1369
硕　士	Master's Degree	21767	26289
普通本专科	Undergraduate in Regular HEIs	271002	299414
本　科	Normal Courses	123394	135363
专　科	Short-cycle Courses	147608	164051
成人本专科	Undergraduate in Adult HEIs	21022	19517
本　科	Normal Courses	7980	7453
专　科	Short-cycle Courses	13042	12064
网络本专科	Web-based Undergraduates	58475	56891
本　科	Normal Courses	41591	47681
专　科	Short-cycle Courses	16884	9210
高中阶段教育	Senior Secondary Education	339997	349519
普通高中	Regular Senior Secondary Schools	205272	214581
中等职业教育	Vocational Secondary Education	134725	134938
义务教育	Compulsory Education	740774	713299
普通初中	Regular Junior Secondary Schools	396746	380320
普通小学	Regular Primary Schools	344028	332979
特殊教育	Special Education	6067	5923
学前教育	Pre-school Education	339196	350426
工读学校	Correctional Work-Study Schools	51	55
教职工数	**Teachers and Staff**		
高等学校	Higher Education	74493	78388

18-6 续表 2 continued

单位：人 (person)

指　　标	Item	2022	2023
普通高等学校	Regular Higher Education Institutions	74377	78289
本科院校	HEIs Offering Degree Programs	45154	46298
#独立学院	Independent Institutions	781	842
本科层次职业学校	Vocational School at Undergraduate Level	1001	1046
专科院校	Higher Vocational Colleges	28222	30945
成人高等学校	Adult Higher Education Institutions	116	99
高中阶段、义务教育学校	Senior Secondary Education and Compulsory Education	313304	318383
普通中学	Regular Secondary Schools	150461	152478
中等职业	Vocational Secondary Schools	25561	27583
普通小学	Regular Primary Schools	137282	138322
特殊教育学校	Special Education	1293	1364
幼儿园	Pre-school Education	114920	110943
工读学校	Correctional Work-Study Schools	29	101
专任教师数	**Full-time Teachers**		
高等学校	Higher Education	55343	60443
普通高等学校	Regular Higher Education Institutions	55304	60407
本科院校	HEIs Offering Degree Programs	33172	34097
#独立学院	Independent Institutions	599	638
本科层次职业学校	Vocational School at Undergraduate Level	793	881
专科院校	Higher Vocational Colleges	21339	25429
成人高等学校	Adult Higher Education Institutions	39	36
高中阶段学校	Senior Secondary Education	67088	68872
普通高中	Regular Senior Secondary Schools	44213	45327
中等职业教育	Vocational Secondary Schools	22875	23545
义务教育	Compulsory Education	219591	219060
普通初中	Regular Junior Secondary Schools	85541	84572
普通小学	Regular Primary Schools	134050	134488
特殊教育学校	Special Education	1152	1189
幼儿园	Kindergartens	62247	59888
工读学校	Correctional Work-Study Schools	27	69
每一教师负担学生数	**Student-Teacher Ratio**		
小　学	Primary Schools	15.0	15.3
普通初中	Regular Junior Secondary Schools	13.0	12.4
普通高中	Regular Senior Secondary Schools	15.0	15.0
中职(不含技工校)	Secondary Vocational Schools (not including technical schools)	21.0	20.2
普通高等学校	Regular Higher Education Institutions	18.0	17.7
每十万人口在校学生数	**Student Enrollment per 100 000 population**		
高等教育	Higher Education	3837	4012
高中阶段	Senior Secondary Education	3583	3590
初中阶段	Junior Secondary Education	3385	3256
小　学	Primary Education	6325	6407
幼儿园	Kindergartens	2993	2725

18-7 各级学校入学率及升学率(2022—2023年)
Net Enrollment Ratio and Promotion Rate of Schools by Level (2022-2023)

单位：% (%)

指　　标	Item	2022	2023
小学学龄儿童入学率	Net Enrollment Ratio of Primary Schools	99.99	99.99
初中适龄人口入学率	Net Enrollment Ratio of Junior Secondary Schools	99.91	99.91
高中阶段毛入学率	Gross Enrollment Ratio of Senior Secondary Schools	98.99	98.72
高等教育毛入学率	Gross Enrollment Ratio of Higher Education	62.60	63.50
初中毕业生升普通高中率	Promotion Rate of Junior Secondary School Graduates to Regular Senior Secondary Schools	58.50	60.62
小学毕业生升学率	Promotion Rate of Primary School Graduates	100.00	100.00

18-8 普通高等学校分科学生数(2023年)
Student Enrollment in Regular Higher Education Institutions by Field of Study (2023)

单位：人 (person)

指　　标	Item	在校学生数 Total Enrollment	#本　科 Undergraduate Courses	招生数 New Enrollment	#本　科 Undergraduate Courses	毕业生数 Graduates	#本　科 Undergraduate Courses
总　计	**Total**	**676334**	**564618**	**196954**	**160899**	**163001**	**135363**
哲　学	Philosophy	629	283	179	75	145	61
经济学	Economics	30293	27294	9071	7916	8072	7037
法　学	Law	35275	26591	9370	6418	9117	6422
教育学	Education	40689	22168	10919	6105	9139	5549
文　学	Literature	80181	74646	21845	19825	20098	18319
历史学	History	3246	2651	853	652	742	578
理　学	Science	35606	29688	9329	7317	9356	7783
工　学	Engineering	225984	189619	67669	55527	51890	42943
农　学	Agriculture	13113	8911	3962	2495	3142	2075
医　学	Medicine	30116	21220	8416	5357	6649	4133
管理学	Administrators	111881	95369	34644	29611	28579	25261
艺术学	Art	55533	52390	15320	14224	13156	12286
职业本科	Vocational Undergraduate	13788	13788	5377	5377	2916	2916

注：1.本表仅指研究生、普通本科学生。不含普通专科、成人本专科学生、网络本专科学生和在职人员攻读学位人员。
2.不含在渝军事院校。

Note: a) The table here above only covers the data of postgraduates and undergraduates. The data of junior college, adult undergraduates and web-based undergraduates are not included.
b) The data of military universities in Chongqing are not included.

18−9 中等职业教育学校分科学生情况(2023年)
Students in Vocational Secondary Schools by Field of Study (2023)

单位：人 (person)

指　　标	Item	毕业生数 Graduates	招生数 New Enrollment	在校学生数 Total Enrollment
总　计	**Total**	**226154**	**261776**	**757600**
农林类	Agriculture and Forestry	3996	5560	13492
资源与环境类	Resources and Environment	1790	1698	3950
能源类	Energy	400	454	1460
土木水利工程类	Civil and Hydraulic Engineering	10076	6928	26280
加工制造类	Manufacturing	27408	40202	110902
石油化工类	Petroleum and Chemical	342	654	1776
轻纺食品类	Light Industry, Textile and Food	3076	4808	13794
交通运输类	Communication & Transportation	34182	33984	97120
信息技术类	Information Technologies	49702	52868	161606
医药卫生类	Medicine and Health	25110	36504	100700
休闲保健类	Leisure and Health			
财经商贸类	Finance and Trade	19814	21186	62986
旅游类	Tourism	15636	16058	45878
文化艺术类	Culture and Arts	5298	14082	32016
教育与体育类	Education and Sports	22704	20514	65834
司法类	Judicature	998	994	2912
社会公共事务类	Social and Public Affairs	4022	3382	11868
其　他	Others	1600	1900	5026

注：1.本表不含技工学校。
　　2.将“体育类”“教育类”合并为“教育与体育大类”。
Note:a) The data of vestibule schools are not included in this table.
　　b) Merge "Sports" and "Education" into "Education and Sports".

18-10 各级学校在校女学生和女专任教师数(2022—2023年)
Number of Female Students and Female Full-time Teachers by School Level (2022-2023)

单位：人 (person)

指　　标	Item	2022	2023
女学生数	**Number of Female Students**	**3188133**	**3152824**
高等教育	Higher Education	687716	693249
#研究生	Postgraduate	59738	62472
普通本专科学校	Undergraduate in Regular HEIs	526251	549496
高中教育阶段	High School Education	542094	547896
普通高中	Regular High School	338111	344498
中等职业教育	Vocational Secondary Schools	203983	203398
义务教育	Compulsory Education	1487177	1483025
普通初中	Regular Junior Secondary School	514847	497148
普通小学	Regular Primary School	972330	985877
女学生占学生总数的百分比(%)	**Percentage of Female Students to Total Students (%)**	**47.9**	**48.2**
高等教育	Higher Education	49.3	50.0
#研究生	Postgraduate	56.6	55.8
普通本专科学校	Undergraduate in Regular HEIs	49.4	49.9
高中教育阶段	High School Education	47.1	47.5
普通高中	Regular High School	51.0	50.7
中等职业教育	Vocational Secondary Schools	41.8	42.8
义务教育	Compulsory Education	47.7	47.8
普通初中	Regular Junior Secondary School	47.3	47.5
普通小学	Regular Primary School	47.9	47.9
女专任教师数	**Number of Female Full-time Teachers**	**261879**	**267201**
普通高等学校	Regular Higher Education Institutions	27839	30688
高中阶段学校	High School Education	36457	38377
普通高中	Regular High School	23585	24760
中等职业学校	Vocational Secondary Schools	12872	13617
义务教育学校	Compulsory Education	135176	138146
普通初中	Regular Junior Secondary School	46875	47648
普通小学	Regular Primary School	88301	90498
女专任教师占专任教师总数的百分比(%)	**Percentage of Female Full-time Teachers to Total Full-time Teachers(%)**	**64.6**	**65.3**
普通高等学校	Regular Higher Education Institutions	50.3	50.8
高中阶段学校	High School Education	54.3	55.7
普通高中	Regular High School	53.3	54.6
中等职业学校	Vocational Secondary Schools	56.3	57.8
义务教育学校	Compulsory Education	61.6	63.1
普通初中	Regular Junior Secondary School	54.8	56.3
普通小学	Regular Primary School	65.9	67.3

18−11 科技经费、科技奖励情况(2022—2023年)
Funds and Rewards for Scientific and Technological Research (2022-2023)

单位：项 (item)

指　　标	Item	2022	2023
科技奖励情况(项)	**Rewards for Scientific and Technological Research**		
国家科学技术奖励	**National Rewards for Scientific and Technological Research**		**6**
最高科学技术奖	Top Science and Technology Award		
自然科学奖	Award for Natural Sciences		1
一等奖	1st Prize		
二等奖	2nd Prize		1
技术发明奖	Award for Technological Invention		
一等奖	1st Prize		
二等奖	2nd Prize		
科技进步奖	Award for Science and Technology Progress		5
特等	Special Prize		
一等奖	1st Prize		
二等奖	2nd Prize		5
国际科学技术合作奖	**International Science and Technology Cooperation Award**		
重庆市科学技术奖励	**Chongqing Rewards for Scientific and Technological Research**	**110**	**112**
科技突出贡献奖	Prize for The Outstanding Contribution in Science and Technology Research		2
自然科学奖	Award for Natural Sciences	24	24
一等奖	1st Prize	7	5
二等奖	2nd Prize	10	12
三等奖	3rd Prize	7	7
技术发明奖	Award for Technological Invention	7	7
一等奖	1st Prize	3	4
二等奖	2nd Prize	3	2
三等奖	3rd Prize	1	1
科技进步奖	Award for Science and Technology Progress	69	67
一等奖	1st Prize	15	15
二等奖	2nd Prize	27	28
三等奖	3rd Prize	27	24
企业技术创新奖	Award for Enterprise Technology Innovation	10	10
国际科学技术合作奖	Award for International Science and Technology Cooperation		2

注：2022年国家科学技术奖未评比。
Note: The 2022 National Science and Technology Award has not been evaluated.

18-12 科学技术协会活动情况(2023年)
Activities of Science and Technology Associations (2023)

指标	Item	合计 Total	市级科协 Science and Technology Associations at Municipal Level	市级学会 Learned Societies at Municipal Level	区县科协 Science and Technology Associations below Municipal Level
国内学术会议	**Domestic Academic Meetings**				
举办次数(次)	Number of Meetings (time)	782	5	747	30
参加人数(人次)	Number of Participants (person-times)	1047206	1100	236960	809146
交流论文数(篇)	Number of Theses Presented (piece)	9950	29	9571	350
境内国际学术会议	**International Academic Conference in Chongqing**				
举办次数	Number of Conferences	14	4	5	5
参加人数(人次)	Number of Participants (person-time)	636854	1320	1852	633682
境外专家学者(人次)	Foreign Experts and Scholars (person-time)	539	99	13	427
交流论文(篇)	Number of Theses Presented (piece)	427	281	83	63
科普活动	**Science Popularization Activities**				
举办科普宣讲活动(次)	Number of Science Popularization Lectures (time)	17586	3257	10056	4273
宣讲活动受众人数(万人次)	Number of Audience (10 000 person-time)	6587.41	2437.55	3874.37	275.49
举办青少年科学营(次)	Number of Science and Technology Summer (Winter) Camps for Teenagers (time)	7	1	2	4
参加人数(人次)	Number of Participants (person-time)	644	220	250	144
举办青少年科技竞赛(项)	Number of Teenagers Science and Technology Competitions (time)	129	8	26	95
参加人数(万人次)	Number of Participants (10 000 person-time)	169.94	74.32	56.95	38.66

18-13 研究与试验发展(R&D)活动基本情况(2022年)
Basic Statistics on R&D Activities (2022)

指标	Item	合计 Total	科研机构 Research Institutes	高等院校 Colleges & Universities	企业 Enterprises	其他 Others
有R&D活动的单位数(个)	Units Engaged in R&D Activities (unit)	4061	34	137	3610	280
R&D经费内部支出(万元)	Inner Expenditure of R&D Funds (10 000 yuan)	6866481	416279	675483	5490598	284122
#基础研究	Basic Research	350799	50238	262283	6082	32196
应用研究	Application Research	840965	245024	343643	159170	93129
试验发展	Testing Development	5674717	121017	69558	5325346	158797
#日常性支出	Daily Expenditure	6294935	349580	528647	5206617	210091
#人员劳务费	Remuneration for Personnel	2211242	115367	160370	1821835	113670
#资产性支出	Expenditure for Assets	571546	66699	146836	283980	74031
#仪器和设备	Facilities	460261	40098	87383	277297	55484
#政府资金	Funds from Government	940654	252468	316751	145970	225466
企业资金	Funds from Enterprises	5634831	19731	250923	5338292	25886
境外资金	Foreign Funds	1807		558	1249	
其他资金	Others	289189	144080	107251	5088	32770
R&D人员(人)	R&D Personnel (person)	203515	9185	41711	143221	9398
#女性	Female	53286	3197	15464	31755	2870
#全时人员	Full-time Employees	130703	7797	12752	104255	5899
R&D人员全时当量(人年)	Full-time Personnel (person-year)	128878	8365	16261	96859	7393
#研究人员	Researchers	58065	5805	13924	32827	5509
#基础研究	Personnel of Basic Research	8474	1279	6465	94	636
应用研究	Personnel of Application Research	19641	4504	8688	3650	2800
试验发展	Personnel of Testing Development	100764	2582	1109	93115	3958

18-14 大中型工业企业科技机构情况(2022年)
Scientific and Technological Institutions of Large & Medium-sized Industrial Enterprises (2022)

指 标	Item	科技机构数 (个) Number of Institutions (unit)	科技机构科技活动人数 (人) Personnel of Institutions (person)	科技机构经费内部支出 (万元) Inner Expenditure for Science and Technology (10 000 yuan)
总 计	**Total**	**732**	**59065**	**3236839**
按隶属关系分	**By Relationship**			
中 央	Central	100	14584	1115963
地 方	Local	632	44481	2120876
按登记注册类型分	**By Registration**			
内资企业	Domestic-funded	675	52568	2833193
国有企业	State-owned	29	2097	104700
集体企业	Collective-owned	1	20	1200
股份合作企业	Cooperative Enterprise	1	48	1385
联营企业	Joint Ownership Enterprises	1	42	3349
有限责任公司	Limited Liability Corporations	180	15839	747087
股份有限公司	Share Holding Limited Corporations	60	10053	733086
私营企业	Private Enterprises	403	24469	1242385
其他企业	Others			
港、澳、台商投资企业	Enterprises Funded by Hong Kong, Macao and Taiwan	24	1918	88114
合资经营企业	Joint-venture Enterprises	9	500	14420
合作经营企业	Cooperative Enterprises			
独资经营企业	Enterprises with Sole Funded from Hong Kong, Macao and Taiwan	12	1064	39421
投资股份有限公司	Share-holding Corporations Ltd. with Investment from Hong Kong, Macao and Taiwan	2	219	26979
其他港澳台投资企业	Others	1	135	7294
外商投资企业	Foreign Funded Enterprises	33	4579	315532
中外合资经营企业	Joint-venture Enterprises	18	2231	236603
中外合作经营企业	Cooperation Enterprises			
外资企业	Enterprises with Sole Fund	13	2009	73217
外商投资股份有限公司	Share-holding Corporations Ltd. with Foreign Investment	1	327	5484
其他外商投资企业	Others	1	12	228
按行业分	**By Sector**			
采矿业	Mining	1	18	135
煤炭开采和洗选业	Mining and Washing of Coal			
石油和天然气开采业	Extraction of Petroleum and Natural Gas			
黑色金属矿采选业	Mining and Processing of Ferrous Metal Ores			
有色金属矿采选业	Mining and Processing of Non-Ferrous Metal Ores			
非金属矿采选业	Mining and Processing of Nonmetal Ores	1	18	135
开采辅助活动	Mining Support Activities			
其他采矿业	Mining of Other Ores			
制造业	Manufacture	727	58934	3234227

18-14 续表 continued

指　　标	Item	科技机构数（个）Number of Institutions (unit)	科技机构科技活动人数（人）Personnel of Institutions (person)	科技机构经费内部支出（万元）Inner Expenditure for Science and Technology (10 000 yuan)
农副食品加工业	Processing of Food from Agricultural Products	18	448	14868
食品制造业	Manufacture of Foods	12	439	16372
酒、饮料和精制茶制造业	Liquor, Beverages and Refined Tea	5	554	15866
烟草制品业	Manufacture of Tobacco	2	117	10813
纺织业	Manufacture of Textile	2	37	3693
纺织服装、服饰业	Manufacture of Textile Wearing Apparel,Footwear and Caps	5	135	6580
皮革、毛皮、羽毛及其制品和制鞋业	Manufacture of Leather, Fur, Feather and Related Products	7	129	1714
木材加工和木、竹、藤、棕、草制品业	Processing of Timber, Manufacture of Wood, Bamboo, Rattan, Palm and Straw Products	4	117	1599
家具制造业	Manufacture of Furniture	1	70	1063
造纸和纸制品业	Manufacture of Paper and Paper Products	5	368	27393
印刷和记录媒介复制业	Printing, Reproduction of Recording Media	6	133	7013
文教、工美、体育和娱乐用品制造业	Manufacture of Culture, Education, Handicraft, Fine Arts,Sports and Entertainment Articles	4	338	6752
石油加工、炼焦和核燃料加工业	Processing of Petroleum, Coking,Processing of Nuclear Fuel	1	30	5305
化学原料和化学制品制造业	Manufacture of Raw Chemical Materials and Chemical Products	45	2263	129612
医药制造业	Manufacture of Medicines	44	3982	182269
化学纤维制造业	Manufacture of Chemical Fibers	3	473	33800
橡胶和塑料制品业	Manufacture of Rubber and Plastics	16	566	29986
非金属矿物制品业	Manufacture of Non-metallic Mineral Products	37	1879	70533
黑色金属冶炼和压延加工业	Smelting and Pressing of Ferrous Metals	8	834	122490
有色金属冶炼和压延加工业	Smelting and Pressing of Nonferrous Metals	19	931	88455
金属制品业	Manufacture of Metal Products	23	1099	56061
通用设备制造业	Manufacture of General Purpose Machinery	61	3370	173171
专用设备制造业	Manufacture of Special Purpose Machinery	31	2533	122825
汽车制造业	Manufacture of Motor Vehicles	131	18398	1211095
铁路、船舶、航空航天和其他运输设备制造业	Manufacture of Railway, Ship, Aviation and Other Transporting Equipment	54	3929	121293
电气机械和器材制造业	Manufacture of Electrical Machinery and Equipment	34	2785	171951
计算机、通信和其他电子设备制造业	Manufacture of Communication Equipment,Computers and Other Electronic Equipment	103	9541	452366
仪器仪表制造业	Manufacture of Measuring Instruments and Machinery	30	2088	69607
其他制造业	Other Manufacture	15	1214	78120
废弃资源综合利用业	Comprehensive Utilization of Waste Resources			
金属制品、机械和设备修理业	Repair of Metal Products, Machinery and Equipment	1	134	1565
电力、热力、燃气及水生产和供应业	Production and Supply of Electric Power, Heat Power and Gas	4	113	2478
电力、热力生产和供应业	Production and Supply of Electric Power and Heat Power	2	26	2224
燃气生产和供应业	Production and Supply of Gas	1	80	34
水的生产和供应业	Production and Supply of Water	1	7	220

18－15 规模以上工业企业科技机构情况(2022年)
Scientific and Technological Institutions of Industrial Enterprises above Designated Size (2022)

指标	Item	科技机构数 (个) Number of Institutions (unit)	科技机构科技活动人数 (人) Personnel of Institutions (person)	科技机构经费内部支出 (万元) Inner Expenditure for Science and Technology (10 000 yuan)
总计	**Total**	**2469**	**88031**	**4262516**
按隶属关系分	**By Relationship**			
中央	Central	128	15193	1141440
地方	Local	2341	72838	3121076
按登记注册类型分	**By Registration**			
内资企业	Domestic-funded	2370	80305	3803968
国有企业	State-owned	39	2355	112702
集体企业	Collective-owned	2	26	1220
股份合作企业	Cooperative Enterprise	3	72	1725
联营企业	Joint Ownership Enterprises	2	42	3454
有限责任公司	Limited Liability Corporations	365	20288	908265
股份有限公司	Share Holding Limited Corporations	81	10600	750251
私营企业	Private Enterprises	1878	46922	2026353
其他企业	Others			
港、澳、台商投资企业	Enterprises Funded by Hong Kong, Macao and Taiwan	40	2350	105535
合资经营企业	Joint-venture Enterprises	18	767	23094
合作经营企业	Cooperative Enterprises			
独资经营企业	Enterprises with Sole Funded from Hong Kong, Macao and Taiwan	19	1229	48168
投资股份有限公司	Share-holding Corporations Ltd. with Investment from Hong Kong, Macao and Taiwan	2	219	26979
其他港澳台投资企业	Others	1	135	7294
外商投资企业	Foreign Funded Enterprises	59	5376	353013
中外合资经营企业	Joint-venture Enterprises	36	2821	264333
中外合作经营企业	Cooperation Enterprises			
外资企业	Enterprises with Sole Fund	19	2174	81133
外商投资股份有限公司	Share-holding Corporations Ltd. with Foreign Investment	3	369	7320
其他外商投资企业	Others	1	12	228
按行业分	**By Sector**			
采矿业	Mining	16	180	13305
煤炭开采和洗选业	Mining and Washing of Coal	2	13	50
石油和天然气开采业	Extraction of Petroleum and Natural Gas	2	66	10895
黑色金属矿采选业	Mining and Processing of Ferrous Metal Ores			
有色金属矿采选业	Mining and Processing of Non-Ferrous Metal Ores			
非金属矿采选业	Mining and Processing of Nonmetal Ores	12	101	2361
开采辅助活动	Mining Support Activities			
其他采矿业	Mining of Other Ores			
制造业	Manufacture	2431	87275	4231428

18-15 续表 continued

指 标	Item	科技机构数 (个) Number of Institutions (unit)	科技机构科技活动人数 (人) Personnel of Institutions (person)	科技机构经费内部支出 (万元) Inner Expenditure for Science and Technology (10 000 yuan)
农副食品加工业	Processing of Food from Agricultural Products	116	1301	47825
食品制造业	Manufacture of Foods	57	1115	35859
酒、饮料和精制茶制造业	Liquor, Beverages and Refined Tea	27	806	23845
烟草制品业	Manufacture of Tobacco	2	117	10813
纺织业	Manufacture of Textile	18	242	9669
纺织服装、服饰业	Manufacture of Textile Wearing Apparel, Footwear and Caps	9	208	7454
皮革、毛皮、羽毛及其制品和制鞋业	Manufacture of Leather, Fur, Feather and Related Products	15	249	3833
木材加工和木、竹、藤、棕、草制品业	Processing of Timber, Manufacture of Wood, Bamboo, Rattan, Palm and Straw Products	13	240	8917
家具制造业	Manufacture of Furniture	18	319	8306
造纸和纸制品业	Manufacture of Paper and Paper Products	35	940	45947
印刷和记录媒介复制业	Printing, Reproduction of Recording Media	35	673	23725
文教、工美、体育和娱乐用品制造业	Manufacture of Culture, Education, Handicraft, Fine Arts, Sports and Entertainment Articles	23	505	13941
石油加工、炼焦和核燃料加工业	Processing of Petroleum, Coking, Processing of Nuclear Fuel	4	69	6438
化学原料和化学制品制造业	Manufacture of Raw Chemical Materials and Chemical Products	114	3652	185300
医药制造业	Manufacture of Medicines	115	5415	240403
化学纤维制造业	Manufacture of Chemical Fibers	5	543	36621
橡胶和塑料制品业	Manufacture of Rubber and Plastics	93	1732	70303
非金属矿物制品业	Manufacture of Non-metallic Mineral Products	191	3759	143278
黑色金属冶炼和压延加工业	Smelting and Pressing of Ferrous Metals	23	1108	133755
有色金属冶炼和压延加工业	Smelting and Pressing of Nonferrous Metals	64	1863	154095
金属制品业	Manufacture of Metal Products	141	2848	122052
通用设备制造业	Manufacture of General Purpose Machinery	181	5616	234571
专用设备制造业	Manufacture of Special Purpose Machinery	143	4436	180398
汽车制造业	Manufacture of Motor Vehicles	399	23527	1380850
铁路、船舶、航空航天和其他运输设备制造业	Manufacture of Railway, Ship, Aviation and Other Transporting Equipment	158	5688	175664
电气机械和器材制造业	Manufacture of Electrical Machinery and Equipment	115	3862	214052
计算机、通信和其他电子设备制造业	Manufacture of Communication Equipment, Computers and Other Electronic Equipment	223	12067	544530
仪器仪表制造业	Manufacture of Measuring Instruments and Machinery for Cultural Activity and Office Work	64	2826	83808
其他制造业	Other Manufacture	18	1250	78793
废弃资源综合利用业	Comprehensive Utilization of Waste Resources	10	159	4733
金属制品、机械和设备修理业	Repair of Metal Products, Machinery and Equipment	2	140	1650
电力、热力、燃气及水生产和供应业	Production and Supply of Electric Power, Heat Power and Gas	22	576	17783
电力、热力生产和供应业	Production and Supply of Electric Power and Heat Power	11	276	12808
燃气生产和供应业	Production and Supply of Gas	7	234	3552
水的生产和供应业	Production and Supply of Water	4	66	1423

18－16 大中型工业企业R&D人员情况(2022年)
Statistics on R&D Personnel in Large & Medium-sized Industrial Enterprises (2022)

指　　标	Item	R&D人员数(人) R&D Personnel (person)	#参加项目人员 Researchers	#R&D全时人员 Full-time Employees
总　计	**Total**	**82313**	**77031**	**61291**
按隶属关系分	**By Relationship**			
中　央	Central	18985	17716	14904
地　方	Local	63328	59315	46387
按登记注册类型分	**By Registration**			
内资企业	Domestic-funded	69366	65306	51338
国有企业	State-owned	2108	1985	1708
集体企业	Collective-owned	22	20	20
股份合作企业	Cooperative Enterprise	58	55	46
联营企业	Joint Ownership Enterprises	75	67	27
有限责任公司	Limited Liability Corporations	21752	20504	15153
股份有限公司	Share Holding Limited Corporations	13430	12547	10881
私营企业	Private Enterprises	31921	30128	23503
其他企业	Others			
港、澳、台商投资企业	Enterprises Funded by Hong Kong, Macao and Taiwan	5855	5038	4858
合资经营企业	Joint-venture Enterprises	953	919	654
合作经营企业	Cooperative Enterprises			
独资经营企业	Enterprises with Sole Funded from Hong Kong, Macao and Taiwan	4532	3765	3914
投资股份有限公司	Share-holding Corporations Ltd. with Investment from ong Kong, Macao and Taiwan	253	242	224
其他港澳台投资企业	Others	117	112	66
外商投资企业	Foreign Funded Enterprises	7092	6687	5095
中外合资经营企业	Joint-venture Enterprises	3253	3051	2544
中外合作经营企业	Cooperation Enterprises	41	39	26
外资企业	Enterprises with Sole Fund	3225	3076	2338
外商投资股份有限公司	Share-holding Corporations Ltd. with Foreign Investment	565	513	180
其他外商投资企业	Others	8	8	7
按行业分	**By Sector**			
采矿业	Mining	98	92	48
煤炭开采和洗选业	Mining and Washing of Coal			
石油和天然气开采业	Extraction of Petroleum and Natural Gas	22	20	20
黑色金属矿采选业	Mining and Processing of Ferrous Metal Ores			
有色金属矿采选业	Mining and Processing of Non-Ferrous Metal Ores			
非金属矿采选业	Mining and Processing of Nonmetal Ores	76	72	28
开采辅助活动	Mining Support Activities			
其他采矿业	Mining of Other Ores			
制造业	Manufacture	81821	76583	61184

18−16 续表 1 continued

指　　标	Item	R&D人员数(人) R&D Personnel (person)	#参加项目人员 Researchers	#R&D全时人员 Full-time Employees
农副食品加工业	Processing of Food from Agricultural Products	577	538	355
食品制造业	Manufacture of Foods	654	622	318
酒、饮料和精制茶制造业	Liquor, Beverages and Refined Tea	689	628	280
烟草制品业	Manufacture of Tobacco	22	21	20
纺织业	Manufacture of Textile	44	41	35
纺织服装、服饰业	Manufacture of Textile Wearing Apparel, Footwear and Caps	266	252	183
皮革、毛皮、羽毛及其制品和制鞋业	Manufacture of Leather, Fur, Feather and Related Products	158	152	123
木材加工和木、竹、藤、棕、草制品业	Processing of Timber, Manufacture of Wood, Bamboo, Rattan, Palm and Straw Products	210	177	104
家具制造业	Manufacture of Furniture	118	94	93
造纸和纸制品业	Manufacture of Paper and Paper Products	586	569	520
印刷和记录媒介复制业	Printing, Reproduction of Recording Media	423	403	315
文教、工美、体育和娱乐用品制造业	Manufacture of Culture, Education, Handicraft, Fine Arts, Sports and Entertainment Articles	353	349	282
石油加工、炼焦和核燃料加工业	Processing of Petroleum, Coking, Processing of Nuclear Fuel	37	35	33
化学原料和化学制品制造业	Manufacture of Raw Chemical Materials and Chemical Products	2688	2576	1582
医药制造业	Manufacture of Medicines	3580	3450	2957
化学纤维制造业	Manufacture of Chemical Fibers	429	428	368
橡胶和塑料制品业	Manufacture of Rubber and Plastics	818	783	637
非金属矿物制品业	Manufacture of Non-metallic Mineral Products	2899	2676	1631
黑色金属冶炼和压延加工业	Smelting and Pressing of Ferrous Metals	2279	2241	1650
有色金属冶炼和压延加工业	Smelting and Pressing of Nonferrous Metals	1868	1780	840
金属制品业	Manufacture of Metal Products	1933	1803	1488
通用设备制造业	Manufacture of General Purpose Machinery	4351	4124	2798
专用设备制造业	Manufacture of Special Purpose Machinery	2882	2715	2069
汽车制造业	Manufacture of Motor Vehicles	24364	22742	19745
铁路、船舶、航空航天和其他运输设备制造业	Manufacture of Railway, Ship, Aviation and Other Transporting Equipment	5476	5170	3842
电气机械和器材制造业	Manufacture of Electrical Machinery and Equipment	3270	2928	2446
计算机、通信和其他电子设备制造业	Manufacture of Communication Equipment, Computers and Other Electronic Equipment	17611	16254	13888
仪器仪表制造业	Manufacture of Measuring Instruments and Machinery	1833	1690	1323
其他制造业	Other Manufacture	1386	1328	1248
废弃资源综合利用业	Comprehensive Utilization of Waste Resources			
金属制品、机械和设备修理业	Repair of Metal Products, Machinery and Equipment	17	14	11
电力、热力、燃气及水生产和供应业	Production and Supply of Electric Power, Heat Power and Gas	394	356	59
电力、热力生产和供应业	Production and Supply of Electric Power and Heat Power	394	356	59
燃气生产和供应业	Production and Supply of Gas			
水的生产和供应业	Production and Supply of Water			

18-16 续表 2 continued

指　　标	Item	R&D人员折合全时当量(人年) Full-time Personnel (person-year)	#试验发展人员 Personnel of Testing Development
总　计	**Total**	**56976**	**54736**
按隶属关系分	**By Relationship**		
中　央	Central	13406	11934
地　方	Local	43570	42802
按登记注册类型分	**By Registration**		
内资企业	Domestic-funded	48331	46127
国有企业	State-owned	1342	1340
集体企业	Collective-owned	20	20
股份合作企业	Cooperative Enterprise	37	37
联营企业	Joint Ownership Enterprises	43	43
有限责任公司	Limited Liability Corporations	14633	13978
股份有限公司	Share Holding Limited Corporations	9815	8601
私营企业	Private Enterprises	22441	22109
其他企业	Others		
港、澳、台商投资企业	Enterprises Funded by Hong Kong, Macao and Taiwan	4192	4180
合资经营企业	Joint-venture Enterprises	593	582
合作经营企业	Cooperative Enterprises		
独资经营企业	Enterprises with Sole Funded from Hong Kong, Macao and Taiwan	3309	3308
投资股份有限公司	Share-holding Corporations Ltd. with Investment from ong Kong, Macao and Taiwan	205	205
其他港澳台投资企业	Others	85	85
外商投资企业	Foreign Funded Enterprises	4453	4430
中外合资经营企业	Joint-venture Enterprises	2277	2277
中外合作经营企业	Cooperation Enterprises	27	27
外资企业	Enterprises with Sole Fund	1858	1835
外商投资股份有限公司	Share-holding Corporations Ltd. with Foreign Investment	284	284
其他外商投资企业	Others	8	8
按行业分	**By Sector**		
采矿业	Mining	77	35
煤炭开采和洗选业	Mining and Washing of Coal		
石油和天然气开采业	Extraction of Petroleum and Natural Gas	20	20
黑色金属矿采选业	Mining and Processing of Ferrous Metal Ores		
有色金属矿采选业	Mining and Processing of Non-Ferrous Metal Ores		
非金属矿采选业	Mining and Processing of Nonmetal Ores	57	15
开采辅助活动	Mining Support Activities		
其他采矿业	Mining of Other Ores		
制造业	Manufacture	56720	54524

18-16 续表 3 continued

指 标	Item	R&D人员折合全时当量（人年）Full-time Personnel (person-year)	#试验发展人员 Personnel of Testing Development
农副食品加工业	Processing of Food from Agricultural Products	323	320
食品制造业	Manufacture of Foods	287	287
酒、饮料和精制茶制造业	Liquor, Beverages and Refined Tea	321	321
烟草制品业	Manufacture of Tobacco	7	7
纺织业	Manufacture of Textile	21	21
纺织服装、服饰业	Manufacture of Textile Wearing Apparel, Footwear and Caps	214	214
皮革、毛皮、羽毛及其制品和制鞋业	Manufacture of Leather, Fur, Feather and Related Products	104	104
木材加工和木、竹、藤、棕、草制品业	Processing of Timber, Manufacture of Wood, Bamboo, Rattan, Palm and Straw Products	115	91
家具制造业	Manufacture of Furniture	58	58
造纸和纸制品业	Manufacture of Paper and Paper Products	471	471
印刷和记录媒介复制业	Printing, Reproduction of Recording Media	277	277
文教、工美、体育和娱乐用品制造业	Manufacture of Culture, Education, Handicraft, Fine Arts, Sports and Entertainment Articles	269	269
石油加工、炼焦和核燃料加工业	Processing of Petroleum, Coking, Processing of Nuclear Fuel	9	9
化学原料和化学制品制造业	Manufacture of Raw Chemical Materials and Chemical Products	1848	1794
医药制造业	Manufacture of Medicines	2576	2418
化学纤维制造业	Manufacture of Chemical Fibers	319	319
橡胶和塑料制品业	Manufacture of Rubber and Plastics	550	545
非金属矿物制品业	Manufacture of Non-metallic Mineral Products	1861	1722
黑色金属冶炼和压延加工业	Smelting and Pressing of Ferrous Metals	1565	1565
有色金属冶炼和压延加工业	Smelting and Pressing of Nonferrous Metals	1103	1066
金属制品业	Manufacture of Metal Products	1313	1296
通用设备制造业	Manufacture of General Purpose Machinery	3289	3288
专用设备制造业	Manufacture of Special Purpose Machinery	1817	1807
汽车制造业	Manufacture of Motor Vehicles	17669	16404
铁路、船舶、航空航天和其他运输设备制造业	Manufacture of Railway, Ship, Aviation and Other Transporting Equipment	3831	3627
电气机械和器材制造业	Manufacture of Electrical Machinery and Equipment	1978	1966
计算机、通信和其他电子设备制造业	Manufacture of Communication Equipment, Computers and Other Electronic Equipment	12158	11895
仪器仪表制造业	Manufacture of Measuring Instruments and Machinery	1191	1184
其他制造业	Other Manufacture	1166	1166
废弃资源综合利用业	Comprehensive Utilization of Waste Resources		
金属制品、机械和设备修理业	Repair of Metal Products, Machinery and Equipment	14	14
电力、热力、燃气及水生产和供应业	Production and Supply of Electric Power, Heat Power and Gas	179	177
电力、热力生产和供应业	Production and Supply of Electric Power and Heat Power	179	177
燃气生产和供应业	Production and Supply of Gas		
水的生产和供应业	Production and Supply of Water		

18-17 规模以上工业企业R&D人员情况(2022年)
Statistics on R&D Personnel in Industrial Enterprises above Designated Size (2022)

指　　标	Item	R&D人员数(人) R&D Personnel (person)	#参加项目人员 Researchers	#R&D全时人员 Full-time Employees
总　计	**Total**	**123872**	**115357**	**90630**
按隶属关系分	**By Relationship**			
中　央	Central	20065	18722	15639
地　方	Local	103807	96635	74991
按登记注册类型分	**By Registration**			
内资企业	Domestic-funded	108554	101436	78735
国有企业	State-owned	2500	2342	2024
集体企业	Collective-owned	36	34	29
股份合作企业	Cooperative Enterprise	86	81	65
联营企业	Joint Ownership Enterprises	75	67	27
有限责任公司	Limited Liability Corporations	27933	26232	19392
股份有限公司	Share Holding Limited Corporations	14072	13134	11315
私营企业	Private Enterprises	63852	59546	45883
其他企业	Private Limited Liability Corporations			
港、澳、台商投资企业	Enterprises Funded by Hong Kong, Macao and Taiwan	6343	5497	5237
合资经营企业	Joint-venture Enterprises	1243	1194	897
合作经营企业	Cooperative Enterprises			
独资经营企业	Enterprises with Sole Funded from Hong Kong, Macao and Taiwan	4730	3949	4050
投资股份有限公司	Share-holding Corporations Ltd. with Investment from Hong Kong, Macao and Taiwan	253	242	224
其他港澳台投资企业	Others	117	112	66
外商投资企业	Foreign Funded Enterprises	8975	8424	6658
中外合资经营企业	Joint-venture Enterprises	4305	4004	3394
中外合作经营企业	Cooperation Enterprises	49	45	33
外资企业	Enterprises with Sole Fund	3628	3453	2667
外商投资股份有限公司	Share-holding Corporations Ltd. with Foreign Investment	604	549	215
其他外商投资企业	Others	389	373	349
按行业分	**By Sector**			
采矿业	Mining	424	396	225
煤炭开采和洗选业	Mining and Washing of Coal			
石油和天然气开采业	Extraction of Petroleum and Natural Gas	222	212	116
黑色金属矿采选业	Mining and Processing of Ferrous Metal Ores			
有色金属矿采选业	Mining and Processing of Non-Ferrous Metal Ores			
非金属矿采选业	Mining and Processing of Nonmetal Ores	202	184	109
开采辅助活动	Mining Support Activities			
其他采矿业	Mining of Other Ores			
制造业	Manufacture	122322	113915	89834

18-17 续表 1 continued

指　　标	Item	R&D人员数（人）R&D Personnel (person)	#参加项目人员 Researchers	#R&D全时人员 Full-time Employees
农副食品加工业	Processing of Food from Agricultural Products	1869	1723	1179
食品制造业	Manufacture of Foods	1485	1385	894
酒、饮料和精制茶制造业	Liquor, Beverages and Refined Tea	938	859	476
烟草制品业	Manufacture of Tobacco	22	21	20
纺织业	Manufacture of Textile	229	213	152
纺织服装、服饰业	Manufacture of Textile Wearing Apparel, Footwear and Caps	376	356	266
皮革、毛皮、羽毛及其制品和制鞋业	Manufacture of Leather, Fur, Feather and Related Products	371	346	297
木材加工和木、竹、藤、棕、草制品业	Processing of Timber, Manufacture of Wood, Bamboo, Rattan, Palm and Straw Products	453	398	256
家具制造业	Manufacture of Furniture	396	354	258
造纸和纸制品业	Manufacture of Paper and Paper Products	1353	1277	1071
印刷和记录媒介复制业	Printing, Reproduction of Recording Media	1106	1017	724
文教、工美、体育和娱乐用品制造业	Manufacture of Culture, Education, Handicraft, Fine Arts, Sports and Entertainment Articles	558	536	404
石油加工、炼焦和核燃料加工业	Processing of Petroleum, Coking, Processing of Nuclear Fuel	89	82	71
化学原料和化学制品制造业	Manufacture of Raw Chemical Materials and Chemical Produ	4480	4216	2777
医药制造业	Manufacture of Medicines	5233	4996	4182
化学纤维制造业	Manufacture of Chemical Fibers	535	531	455
橡胶和塑料制品业	Manufacture of Rubber and Plastics	2872	2664	2080
非金属矿物制品业	Manufacture of Non-metallic Mineral Products	5767	5292	3613
黑色金属冶炼和压延加工业	Smelting and Pressing of Ferrous Metals	2527	2469	1804
有色金属冶炼和压延加工业	Smelting and Pressing of Nonferrous Metals	3380	3183	1831
金属制品业	Manufacture of Metal Products	4519	4178	3295
通用设备制造业	Manufacture of General Purpose Machinery	7493	7031	5028
专用设备制造业	Manufacture of Special Purpose Machinery	5251	4906	3785
汽车制造业	Manufacture of Motor Vehicles	32182	29935	25397
铁路、船舶、航空航天和其他运输设备制造业	Manufacture of Railway, Ship, Aviation and Other Transporting Equipment	7761	7265	5460
电气机械和器材制造业	Manufacture of Electrical Machinery and Equipment	5133	4637	3743
计算机、通信和其他电子设备制造业	Manufacture of Communication Equipment, Computers and Other Electronic Equipment	21452	19848	16776
仪器仪表制造业	Manufacture of Measuring Instruments and Machinery	2752	2546	2046
其他制造业	Other Manufacture	1446	1382	1297
废弃资源综合利用业	Comprehensive Utilization of Waste Resources	256	234	173
金属制品、机械和设备修理业	Repair of Metal Products, Machinery and Equipment	38	35	24
电力、热力、燃气及水生产和供应业	Production and Supply of Electric Power, Heat Power and Gas	1126	1046	571
电力、热力生产和供应业	Production and Supply of Electric Power and Heat Power	737	684	268
燃气生产和供应业	Production and Supply of Gas	305	283	240
水的生产和供应业	Production and Supply of Water	84	79	63

18−17 续表 2 continued

指 标	Item	R&D人员折合全时当量(人年) Full-time Personnel (person-year)	#试验发展人员 Personnel of Testing Development
总 计	**Total**	**83623**	**80584**
按隶属关系分	**By Relationship**		
中 央	Central	14070	12596
地 方	Local	69553	67988
按登记注册类型分	**By Registration**		
内资企业	Domestic-funded	73614	70637
国有企业	State-owned	1557	1549
集体企业	Collective-owned	32	32
股份合作企业	Cooperative Enterprise	57	57
联营企业	Joint Ownership Enterprises	43	43
有限责任公司	Limited Liability Corporations	18574	17709
股份有限公司	Share Holding Limited Corporations	10236	9016
私营企业	Private Enterprises	43116	42232
其他企业	Private Limited Liability Corporations		
港、澳、台商投资企业	Enterprises Funded by Hong Kong, Macao and Taiwan	4498	4479
合资经营企业	Joint-venture Enterprises	767	750
合作经营企业	Cooperative Enterprises		
独资经营企业	Enterprises with Sole Funded from Hong Kong, Macao and Taiwan	3440	3439
投资股份有限公司	Share-holding Corporations Ltd. with Investment from Hong Kong, Macao and Taiwan	205	205
其他港澳台投资企业	Others	85	85
外商投资企业	Foreign Funded Enterprises	5511	5468
中外合资经营企业	Joint-venture Enterprises	2970	2966
中外合作经营企业	Cooperation Enterprises	33	33
外资企业	Enterprises with Sole Fund	2145	2107
外商投资股份有限公司	Share-holding Corporations Ltd. with Foreign Investment	305	305
其他外商投资企业	Others	59	57
按行业分	**By Sector**		
采矿业	Mining	291	249
煤炭开采和洗选业	Mining and Washing of Coal		
石油和天然气开采业	Extraction of Petroleum and Natural Gas	145	145
黑色金属矿采选业	Mining and Processing of Ferrous Metal Ores		
有色金属矿采选业	Mining and Processing of Non-Ferrous Metal Ores		
非金属矿采选业	Mining and Processing of Nonmetal Ores	146	104
开采辅助活动	Mining Support Activities		
其他采矿业	Mining of Other Ores		
制造业	Manufacture	82671	79704

18-17 续表 3 continued

指　　标	Item	R&D人员折合全时当量（人年）Full-time Personnel (person-year)	#试验发展人员 Personnel of Testing Development
农副食品加工业	Processing of Food from Agricultural Products	1129	1085
食品制造业	Manufacture of Foods	822	808
酒、饮料和精制茶制造业	Liquor, Beverages and Refined Tea	472	472
烟草制品业	Manufacture of Tobacco	7	7
纺织业	Manufacture of Textile	139	123
纺织服装、服饰业	Manufacture of Textile Wearing Apparel, Footwear and Caps	289	253
皮革、毛皮、羽毛及其制品和制鞋业	Manufacture of Leather, Fur, Feather and Related Products	216	216
木材加工和木、竹、藤、棕、草制品业	Processing of Timber, Manufacture of Wood, Bamboo, Rattan, Palm and Straw Products	250	219
家具制造业	Manufacture of Furniture	250	250
造纸和纸制品业	Manufacture of Paper and Paper Products	948	948
印刷和记录媒介复制业	Printing, Reproduction of Recording Media	661	649
文教、工美、体育和娱乐用品制造业	Manufacture of Culture, Education, Handicraft, Fine Arts, Sports and Entertainment Articles	396	391
石油加工、炼焦和核燃料加工业	Processing of Petroleum, Coking, Processing of Nuclear Fuel	35	35
化学原料和化学制品制造业	Manufacture of Raw Chemical Materials and Chemical Products	3094	2915
医药制造业	Manufacture of Medicines	3675	3499
化学纤维制造业	Manufacture of Chemical Fibers	387	387
橡胶和塑料制品业	Manufacture of Rubber and Plastics	1837	1813
非金属矿物制品业	Manufacture of Non-metallic Mineral Products	3645	3416
黑色金属冶炼和压延加工业	Smelting and Pressing of Ferrous Metals	1746	1746
有色金属冶炼和压延加工业	Smelting and Pressing of Nonferrous Metals	2018	1933
金属制品业	Manufacture of Metal Products	3056	2942
通用设备制造业	Manufacture of General Purpose Machinery	5300	5236
专用设备制造业	Manufacture of Special Purpose Machinery	3383	3374
汽车制造业	Manufacture of Motor Vehicles	22569	21246
铁路、船舶、航空航天和其他运输设备制造业	Manufacture of Railway, Ship, Aviation and Other Transporting Equipment	5285	5059
电气机械和器材制造业	Manufacture of Electrical Machinery and Equipment	3200	3170
计算机、通信和其他电子设备制造业	Manufacture of Communication Equipment, Computers and Other Electronic Equipment	14704	14386
仪器仪表制造业	Manufacture of Measuring Instruments and Machinery	1791	1762
其他制造业	Other Manufacture	1192	1192
废弃资源综合利用业	Comprehensive Utilization of Waste Resources	156	156
金属制品、机械和设备修理业	Repair of Metal Products, Machinery and Equipment	18	17
电力、热力、燃气及水生产和供应业	Production and Supply of Electric Power, Heat Power and Gas	661	631
电力、热力生产和供应业	Production and Supply of Electric Power and Heat Power	404	374
燃气生产和供应业	Production and Supply of Gas	207	207
水的生产和供应业	Production and Supply of Water	50	50

18−18 大中型工业企业R&D活动经费支出与项目情况(2022年)
Expenditure and Projects of Scientific & Technological Activities of Large & Medium-sized Industrial Enterprises (2022)

单位：万元 (10 000 yuan)

指标	Item	研究与发展经费内部支出 Internal Expenses for R&D	技术改造经费支出 Expenditure for Technical Transformation	技术引进经费支出 Expenditure for Technical Recommendation	购买境内技术用款 Purchases of Civil Technology
总计	**Total**	**3480858**	**556639**	**172681**	**44237**
按隶属关系分	**By Relationship**				
中央	Central	996011	95037	156579	243
地方	Local	2484847	461602	16103	43994
按登记注册类型分	**By Registration**				
内资企业	Domestic-funded	2928737	499502	10276	42221
国有企业	State-owned	109150	9311		20
集体企业	Collective-owned	638	18		
股份合作企业	Cooperative Enterprise	1383			
联营企业	Joint Ownership Enterprises	3058	1389		
有限责任公司	Limited Liability Corporations	1018598	158732	520	6855
股份有限公司	Share Holding Limited Corporations	560375	232392		23038
私营企业	Private Enterprises	1235535	97661	9756	12308
其他企业	Others				
港、澳、台商投资企业	Enterprises Funded by Hong Kong, Macao and Taiwan	190771	371		
合资经营企业	Joint-venture Enterprises	33002	329		
合作经营企业	Cooperative Enterprises				
独资经营企业	Enterprises with Sole Funded from Hong Kong, Macao and Taiwan	128426	42		
投资股份有限公司	Share-holding Corporations Ltd. with Investment from Hong Kong, Macao and Taiwan	26413			
其他港澳台投资企业	Others	2930			
外商投资企业	Foreign Funded Enterprises	361350	56766	162406	2016
中外合资经营企业	Joint-venture Enterprises	262568	52417	159558	
中外合作经营企业	Cooperation Enterprises	652			
外资企业	Enterprises with Sole Fund	86799	4349	2848	2016
外商投资股份有限公司	Share-holding Corporations Ltd. with Foreign Investment	11180			
其他外商投资企业	Others	150			
按行业分	**By Sector**				
采矿业	Mining	2346	6413		192
煤炭开采和洗选业	Mining and Washing of Coal				
石油和天然气开采业	Extraction of Petroleum and Natural Gas	828			
黑色金属矿采选业	Mining and Processing of Ferrous Metal Ores				
有色金属矿采选业	Mining and Processing of Non-Ferrous Metal Ores				
非金属矿采选业	Mining and Processing of Nonmetal Ores	1518	6413		192
开采辅助活动	Mining Support Activities				
其他采矿业	Mining of Other Ores				
制造业	Manufacture	3458202	546683	172681	44020

18-18 续表 continued

单位：万元 (10 000 yuan)

指 标	Item	研究与发展经费内部支出 Internal Expenses for R&D	技术改造经费支出 Expenditure for Technical Transfor-mation	技术引进经费支出 Expenditure for Technical Recomme-ndation	购买境内技术用款 Purchases of Civil Techno-logy
农副食品加工业	Processing of Food from Agricultural Products	20033	1879		1
食品制造业	Manufacture of Foods	13242	1400		
酒、饮料和精制茶制造业	Liquor, Beverages and Refined Tea	11786			
烟草制品业	Manufacture of Tobacco	1110	30		
纺织业	Manufacture of Textile	1344			
纺织服装、服饰业	Manufacture of Textile Wearing Apparel, Footwear and Caps	8539			
皮革、毛皮、羽毛及其制品和制鞋业	Manufacture of Leather, Fur, Feather and Related Products	3922			
木材加工和木、竹、藤、棕、草制品业	Processing of Timber, Manufacture of Wood, Bamboo, Rattan, Palm and Straw Products	5010	911		
家具制造业	Manufacture of Furniture	3394	17		
造纸和纸制品业	Manufacture of Paper and Paper Products	20328			
印刷和记录媒介复制业	Printing, Reproduction of Recording Media	15273			
文教、工美、体育和娱乐用品制造业	Manufacture of Culture, Education, Handicraft, Fine Arts, Sports and Entertainment Articles	4133	42		
石油加工、炼焦和核燃料加工业	Processing of Petroleum, Coking, Processing of Nuclear Fuel	2100			
化学原料和化学制品制造业	Manufacture of Raw Chemical Materials and Chemical Products	108540	125178		21482
医药制造业	Manufacture of Medicines	150545	11780	520	19881
化学纤维制造业	Manufacture of Chemical Fibers	30930	9		
橡胶和塑料制品业	Manufacture of Rubber and Plastics	33108	713		
非金属矿物制品业	Manufacture of Non-metallic Mineral Products	65726	15677	28	98
黑色金属冶炼和压延加工业	Smelting and Pressing of Ferrous Metals	79933	168752		
有色金属冶炼和压延加工业	Smelting and Pressing of Nonferrous Metals	59547	934		
金属制品业	Manufacture of Metal Products	88710	1449		35
通用设备制造业	Manufacture of General Purpose Machinery	202270	27329	2979	278
专用设备制造业	Manufacture of Special Purpose Machinery	147502	6434		155
汽车制造业	Manufacture of Motor Vehicles	1275391	114249	156579	1031
铁路、船舶、航空航天和其他运输设备制造业	Manufacture of Railway, Ship, Aviation and Other Transporting Equipment	151355	13073	136	214
电气机械和器材制造业	Manufacture of Electrical Machinery and Equipment	109029	29422	8668	646
计算机、通信和其他电子设备制造业	Manufacture of Communication Equipment, Computers and Other Electronic Equipment	688061	5752	3773	199
仪器仪表制造业	Manufacture of Measuring Instruments and Machinery	72896	7511		
其他制造业	Other Manufacture	84220	14143		
废弃资源综合利用业	Comprehensive Utilization of Waste Resources				
金属制品、机械和设备修理业	Repair of Metal Products, Machinery and Equipment	227			
电力、热力、燃气及水生产和供应业	Production and Supply of Electric Power, Heat Power and Gas	20310	3544		24
电力、热力生产和供应业	Production and Supply of Electric Power and Heat Power	20310	3544		24
燃气生产和供应业	Production and Supply of Gas				
水的生产和供应业	Production and Supply of Water				

18－19　规模以上工业企业R&D活动经费支出与项目情况(2022年)
Expenditure and Projects of Scientific & Technological Activities of Industrial Enterprises above Designated Size (2022)

单位：万元　　(10 000 yuan)

指　标	Item	研究与发展经费内部支出 Internal Expenses for R&D	技术改造经费支出 Expenditure for Technical Transformation	技术引进经费支出 Expenditure for Technical Recommendation	购买境内技术用款 Purchases of Civil Technology
总　计	**Total**	**4793346**	**626258**	**173812**	**46680**
按隶属关系分	**By Relationship**				
中　央	Central	1078892	99958	157602	243
地　方	Local	3714454	526301	16209	46437
按登记注册类型分	**By Registration**				
内资企业	Domestic-funded	4155612	561302	10307	43992
国有企业	State-owned	120543	9371		20
集体企业	Collective-owned	978	18		
股份合作企业	Cooperative Enterprise	1715			
联营企业	Joint Ownership Enterprises	3058	1389		
有限责任公司	Limited Liability Corporations	1253544	173238	534	7155
股份有限公司	Share Holding Limited Corporations	580951	232487		23038
私营企业	Private Enterprises	2194824	144799	9773	13780
其他企业	Others				
港、澳、台商投资企业	Enterprises Funded by Hong Kong, Macao and Taiwan	212982	3502		672
合资经营企业	Joint-venture Enterprises	45510	1230		672
合作经营企业	Cooperative Enterprises				
独资经营企业	Enterprises with Sole Funded from Hong Kong, Macao and Taiwan	138130	2273		
投资股份有限公司	Share-holding Corporations Ltd. With Investment from Hong Kong,Macao and Taiwan	26413			
其他港澳台投资企业	Others	2930			
外商投资企业	Foreign Funded Enterprises	424752	61454	163505	2016
中外合资经营企业	Joint-venture Enterprises	302402	57083	160658	
中外合作经营企业	Cooperation Enterprises	1009			
外资企业	Enterprises with Sole Fund	95938	4372	2848	2016
外商投资股份有限公司	Share-holding Corporations Ltd. with Foreign Investment	12317			
其他外商投资企业	Others	13086			
按行业分	**By Sector**				
采矿业	Mining	52454	6494		229
煤炭开采和洗选业	Mining and Washing of Coal				
石油和天然气开采业	Extraction of Petroleum and Natural Gas	47349			
黑色金属矿采选业	Mining and Processing of Ferrous Metal Ores				
有色金属矿采选业	Mining and Processing of Non-Ferrous Metal Ores				
非金属矿采选业	Mining and Processing of Nonmetal Ores	5105	6494		229
开采辅助活动	Mining Support Activities				
其他采矿业	Mining of Other Ores				
制造业	Manufacture	4692129	614522	173812	46427
农副食品加工业	Processing of Food from Agricultural Products	63359	3521		7

18-19 续表 continued

单位：万元 (10 000 yuan)

指 标	Item	研究与发展经费内部支出 Internal Expenses for R&D	技术改造经费支出 Expenditure for Technical Transformation	技术引进经费支出 Expenditure for Technical Recommendation	购买境内技术用款 Purchases of Civil Technology
食品制造业	Manufacture of Foods	29302	3541		
酒、饮料和精制茶制造业	Liquor, Beverages and Refined Tea	16249	185		
烟草制品业	Manufacture of Tobacco	1110	30		
纺织业	Manufacture of Textile	4287			
纺织服装、服饰业	Manufacture of Textile Wearing Apparel, Footwear and Caps	10392	43		
皮革、毛皮、羽毛及其制品和制鞋业	Manufacture of Leather, Fur, Feather and Related Products	10669	213		
木材加工和木、竹、藤、棕、草制品业	Processing of Timber, Manufacture of Wood, Bamboo, Rattan, Palm and Straw Products	16537	1389		52
家具制造业	Manufacture of Furniture	12903	41		
造纸和纸制品业	Manufacture of Paper and Paper Products	34399	2734		
印刷和记录媒介复制业	Printing, Reproduction of Recording Media	39998	1163		19
文教、工美、体育和娱乐用品制造业	Manufacture of Culture, Education, Handicraft, Fine Arts, Sports and Entertainment Articles	7886	62		
石油加工、炼焦和核燃料加工业	Processing of Petroleum, Coking, Processing of Nuclear Fuel	3423	368		
化学原料和化学制品制造业	Manufacture of Raw Chemical Materials and Chemical Products	149991	127646	76	21507
医药制造业	Manufacture of Medicines	208711	15325	520	19982
化学纤维制造业	Manufacture of Chemical Fibers	34555	9		
橡胶和塑料制品业	Manufacture of Rubber and Plastics	103629	3764		41
非金属矿物制品业	Manufacture of Non-metallic Mineral Products	128820	27597	28	126
黑色金属冶炼和压延加工业	Smelting and Pressing of Ferrous Metals	85895	168836		2
有色金属冶炼和压延加工业	Smelting and Pressing of Nonferrous Metals	120006	3005		672
金属制品业	Manufacture of Metal Products	183676	3073	17	97
通用设备制造业	Manufacture of General Purpose Machinery	288467	34697	2979	278
专用设备制造业	Manufacture of Special Purpose Machinery	229997	9584		155
汽车制造业	Manufacture of Motor Vehicles	1513147	126007	157616	1671
铁路、船舶、航空航天和其他运输设备制造业	Manufacture of Railway, Ship, Aviation and Other Transporting Equipment	219851	16575	136	220
电气机械和器材制造业	Manufacture of Electrical Machinery and Equipment	173608	31386	8668	896
计算机、通信和其他电子设备制造业	Manufacture of Communication Equipment, Computers and Other Electronic Equipment	815038	9012	3773	599
仪器仪表制造业	Manufacture of Measuring Instruments and Machinery	91775	10160		103
其他制造业	Other Manufacture	86266	14143		
废弃资源综合利用业	Comprehensive Utilization of Waste Resources	7691	416		
金属制品、机械和设备修理业	Repair of Metal Products, Machinery and Equipment	495			
电力、热力、燃气及水生产和供应业	Production and Supply of Electric Power, Heat Power and Gas	48763	5242		24
电力、热力生产和供应业	Production and Supply of Electric Power and Heat Power	38595	4606		24
燃气生产和供应业	Production and Supply of Gas	7973			
水的生产和供应业	Production and Supply of Water	2195	636		

18−20 大中型工业企业新产品开发情况(2022年)
New Products Development of Large & Medium-sized Industrial Enterprises (2022)

单位：万元 (10 000 yuan)

指 标	Item	新产品项目数(项) Projects of New Products (unit)	新产品开发经费支出 Development Funds of New Products	新产品销售收入 Sales Revenue of New Products	#新产品出口 Exports of New Products
总 计	**Total**	**10457**	**3799310**	**53386357**	**12816083**
按隶属关系分	**By Relationship**				
中 央	Central	1900	895534	13576491	1050732
地 方	Local	8557	2903776	39809866	11765351
按登记注册类型分	**By Registration**				
内资企业	Domestic-funded	9357	3245165	41531407	5473095
国有企业	State-owned	381	115265	639723	21639
集体企业	Collective-owned	2	1440	9595	
股份合作企业	Cooperative Enterprise	2	1383	4500	
联营企业	Joint Ownership Enterprises	14	4294		
有限责任公司	Limited Liability Corporations	3517	1163475	13478651	1953757
股份有限公司	Share Holding Limited Corporations	1110	494225	11293723	892738
私营企业	Private Enterprises	4331	1465083	16105215	2604962
其他企业	Others				
港、澳、台商投资企业	Enterprises Funded by Hong Kong, Macao and Taiwan	319	185934	1838464	359016
合资经营企业	Joint-venture Enterprises	113	51444	589789	64268
合作经营企业	Cooperative Enterprises				
独资经营企业	Enterprises with Sole Funded from Hong Kong, Macao and Taiwan	133	100582	882683	293538
投资股份有限公司	Share-holding Corporations Ltd. with Investment from Hong Kong, Macao and Taiwan	62	26804	227677	1211
其他港澳台投资企业	Others	11	7103	138315	
外商投资企业	Foreign Funded Enterprises	781	368212	10016486	6983972
中外合资经营企业	Joint-venture Enterprises	445	292065	2831065	149112
中外合作经营企业	Cooperation Enterprises	4	948	2518	
外资企业	Enterprises with Sole Fund	249	63915	7166140	6834861
外商投资股份有限公司	Share-holding Corporations Ltd.with Foreign Investment	80	11133	7544	
其他外商投资企业	Others	3	150	9219	
按行业分	**By Industrial Sector**				
采矿业	Mining and Quarrying	4	528	13168	
煤炭开采和洗选业	Coal Mining and Dressing				
石油和天然气开采业	Petroleum and Natural Gas Extraction			12512	
黑色金属矿采选业	Ferrous Metals Mining and Dressing				
有色金属矿采选业	Nonferrous Metals Mining and Dressing				
非金属矿采选业	Nonmetal Minerals Mining and Dressing	4	528	656	
开采辅助活动	Other Minerals Mining				
其他采矿业	Other Mining and Quarrying				
制造业	Manufacture	10293	3774767	53370007	12816083

18-20 续表 continued

单位：万元 (10 000 yuan)

指 标	Item	新产品项目数(项) Projects of New Products (unit)	新产品开发经费支出 Development Funds of New Products	新产品销售收入 Sales Revenue of New Products	#新产品出口 Exports of New Products
农副食品加工业	Processing of Food from Agricultural Products	97	24536	420357	3687
食品制造业	Manufacture of Foods	66	23449	134272	16346
酒、饮料和精制茶制造业	Liquor, Beverages and Refined Tea	53	14752	57615	234
烟草制品业	Manufacture of Tobacco	27	3681	21043	
纺织业	Manufacture of Textile	8	3234	4384	
纺织服装、服饰业	Manufacture of Textile Wearing Apparel,Footwear and Caps	23	8539	125675	3062
皮革、毛皮、羽毛及其制品和制鞋业	Manufacture of Leather, Fur, Feather and Related Products	30	4349	89447	312
木材加工和木、竹、藤、棕、草制品业	Processing of Timber, Manufacture of Wood,Bamboo, Rattan, Palm and Straw Products	15	4643	127574	
家具制造业	Manufacture of Furniture	34	4328	30388	
造纸和纸制品业	Manufacture of Paper and Paper Products	57	42867	646384	1211
印刷和记录媒介复制业	Printing, Reproduction of Recording Media	25	14610	166145	16653
文教、工美、体育和娱乐用品制造业	Manufacture of Culture, Education, Handicraft, Fine Arts, Sports and Entertainment Articles	24	6443	60048	28428
石油加工、炼焦和核燃料加工业	Processing of Petroleum, Coking,Processing of Nuclear Fuel	23	3301	610	
化学原料和化学制品制造业	Manufacture of Raw Chemical Materials and Chemical Products	353	141965	2538363	351941
医药制造业	Manufacture of Medicines	799	167008	2379731	598321
化学纤维制造业	Manufacture of Chemical Fibers	30	34222	516015	4364
橡胶和塑料制品业	Manufacture of Rubber and Plastics	130	35646	493769	
非金属矿物制品业	Manufacture of Non-metallic Mineral Products	337	90243	1541291	41225
黑色金属冶炼和压延加工业	Smelting and Pressing of Ferrous Metals	271	212418	1757583	
有色金属冶炼和压延加工业	Smelting and Pressing of Nonferrous Metals	241	130862	1987916	15936
金属制品业	Manufacture of Metal Products	403	85615	680716	26690
通用设备制造业	Manufacture of General Purpose Machinery	674	213140	1794001	336920
专用设备制造业	Manufacture of Special Purpose Machinery	596	108173	902024	67107
汽车制造业	Manufacture of Motor Vehicles	2495	1220510	17040391	1009247
铁路、船舶、航空航天和其他运输设备制造业	Manufacture of Railway, Ship, Aviation and Other Transporting Equipment	859	174731	2349588	771412
电气机械和器材制造业	Manufacture of Electrical Machinery and Equipment	407	163399	3697886	186048
计算机、通信和其他电子设备制造业	Manufacture of Communication Equipment, Computers and Other Electronic Equipment	1514	662882	12813797	9300021
仪器仪表制造业	Manufacture of Measuring Instruments and Machinery	499	94068	598886	16493
其他制造业	Other Manufacture	203	81152	393400	20425
废弃资源综合利用业	Comprehensive Utilization of Waste Resources				
金属制品、机械和设备修理业	Repair of Metal Products, Machinery and Equipment			708	
电力、热力、燃气及水生产和供应业	Production and Supply of Electric Power, Heat Power and Gas	160	24015	3182	
电力、热力生产和供应业	Production and Supply of Electric Power and Heat Power	158	23883	182	
燃气生产和供应业	Production and Supply of Gas	1	27	3000	
水的生产和供应业	Production and Supply of Water	1	105		

18−21 规模以上工业企业新产品开发情况(2022年)
New Products Development of Industrial Enterprises above Designated Size (2022)

单位：万元 (10 000 yuan)

指　　标	Item	新产品项目数(项) Projects of New Products (unit)	新产品开发经费支出 Development Funds of New Products	新产品销售收入 Sales Revenue of New Products	#新产品出口 Exports of New Products
总　计	**Total**	**22057**	**5440210**	**67957239**	**13546392**
按隶属关系分	**By Relationship**				
中　央	Central	2275	980531	15071288	1056408
地　方	Local	19782	4459679	52885950	12489984
按登记注册类型分	**By Registration**				
内资企业	Domestic-funded	20408	4758323	54971405	5967166
国有企业	State-owned	471	127319	735686	21639
集体企业	Collective-owned	5	1915	9595	
股份合作企业	Cooperative Enterprise	9	1767	5216	
联营企业	Joint Ownership Enterprises	16	4421	250	125
有限责任公司	Limited Liability Corporations	5033	1431055	16872185	2012483
股份有限公司	Share Holding Limited Corporations	1318	518877	11444670	901374
私营企业	Private Enterprises	13556	2672969	25903804	3031546
其他企业	Others				
港、澳、台商投资企业	Enterprises Funded by Hong Kong, Macao and Taiwan	432	211689	2295939	495883
合资经营企业	Joint-venture Enterprises	188	67806	950801	176584
合作经营企业	Cooperative Enterprises				
独资经营企业	Enterprises with Sole Funded from Hong Kong, Macao and Taiwan	171	109975	979146	318088
投资股份有限公司	Share-holding Corporations Ltd. with Investment from Hong Kong, Macao and Taiwan	62	26804	227677	1211
其他港澳台投资企业	Others	11	7103	138315	
外商投资企业	Foreign Funded Enterprises	1217	470199	10689895	7083343
中外合资经营企业	Joint-venture Enterprises	758	348784	3363870	237184
中外合作经营企业	Cooperation Enterprises	9	1430	13147	1004
外资企业	Enterprises with Sole Fund	340	75336	7289486	6845155
外商投资股份有限公司	Share-holding Corporations Ltd. with Foreign Investment	97	12623	9245	
其他外商投资企业	Others	13	32026	14147	
按行业分	**By Sector**				
采矿业	Mining	81	50965	1055714	
煤炭开采和洗选业	Mining and Washing of Coal	1	64		
石油和天然气开采业	Extraction of Petroleum and Natural Gas	63	46942	1028123	
黑色金属矿采选业	Mining and Processing of Ferrous Metal Ores				
有色金属矿采选业	Mining and Processing of Non-Ferrous Metal Ores				
非金属矿采选业	Mining and Processing of Nonmetal Ores	17	3959	27591	
开采辅助活动	Mining Support Activities				
其他采矿业	Mining of Other Ores				
制造业	Manufacture	21721	5347855	66738591	13546392

18-21 续表 continued

单位：万元 (10 000 yuan)

指标	Item	新产品项目数(项) Projects of New Products (unit)	新产品开发经费支出 Development Funds of New Products	新产品销售收入 Sales Revenue of New Products	#新产品出口 Exports of New Products
农副食品加工业	Processing of Food from Agricultural Products	409	77094	939975	9789
食品制造业	Manufacture of Foods	273	53403	392702	35775
酒、饮料和精制茶制造业	Liquor, Beverages and Refined Tea	112	27883	153569	234
烟草制品业	Manufacture of Tobacco	27	3681	21043	
纺织业	Manufacture of Textile	47	8903	89124	5558
纺织服装、服饰业	Manufacture of Textile Wearing Apparel, Footwear and Caps	36	10246	150349	3062
皮革、毛皮、羽毛及其制品和制鞋业	Manufacture of Leather, Fur, Feather and Related Products	64	12135	113171	4097
木材加工和木、竹、藤、棕、草制品业	Processing of Timber, Manufacture of Wood, Bamboo, Rattan, Palm and Straw Products	99	17881	302573	
家具制造业	Manufacture of Furniture	129	15300	165312	2401
造纸和纸制品业	Manufacture of Paper and Paper Products	174	67981	899778	10384
印刷和记录媒介复制业	Printing, Reproduction of Recording Media	174	37008	580266	32579
文教、工美、体育和娱乐用品制造业	Manufacture of Culture, Education, Handicraft, Fine Arts,Sports and Entertainment Articles	88	20523	166437	34446
石油加工、炼焦和核燃料加工业	Processing of Petroleum, Coking, Processing of Nuclear Fuel	46	5795	40328	
化学原料和化学制品制造业	Manufacture of Raw Chemical Materials and Chemical Products	735	217361	3198724	368502
医药制造业	Manufacture of Medicines	1328	233565	2937191	706592
化学纤维制造业	Manufacture of Chemical Fibers	46	37413	561091	21557
橡胶和塑料制品业	Manufacture of Rubber and Plastics	617	108644	1277887	23596
非金属矿物制品业	Manufacture of Non-metallic Mineral Products	965	195841	2512982	42332
黑色金属冶炼和压延加工业	Smelting and Pressing of Ferrous Metals	363	229239	1905438	
有色金属冶炼和压延加工业	Smelting and Pressing of Nonferrous Metals	505	233282	2976923	24841
金属制品业	Manufacture of Metal Products	1033	176935	1606478	136404
通用设备制造业	Manufacture of General Purpose Machinery	1512	314673	2690832	354202
专用设备制造业	Manufacture of Special Purpose Machinery	1700	209495	1547150	119188
汽车制造业	Manufacture of Motor Vehicles	4865	1510631	19118618	1045492
铁路、船舶、航空航天和其他运输设备制造业	Manufacture of Railway, Ship, Aviation and Other Transporting Equipment	1509	251750	2910620	895435
电气机械和器材制造业	Manufacture of Electrical Machinery and Equipment	1094	250868	4515272	216649
计算机、通信和其他电子设备制造业	Manufacture of Communication Equipment, Computers and Other Electronic Equipment	2662	808331	13705821	9408974
仪器仪表制造业	Manufacture of Measuring Instruments and Machinery	844	121285	837954	23805
其他制造业	Other Manufacture	221	83855	401953	20500
废弃资源综合利用业	Comprehensive Utilization of Waste Resources	37	6595	16284	
金属制品、机械和设备修理业	Repair of Metal Products, Machinery and Equipment	7	259	2747	
电力、热力、燃气及水生产和供应业	Production and Supply of Electric Power, Heat Power and Gas	255	41390	162934	
电力、热力生产和供应业	Production and Supply of Electric Power and Heat Power	225	34117	121874	
燃气生产和供应业	Production and Supply of Gas	20	5650	33979	
水的生产和供应业	Production and Supply of Water	10	1623	7080	

18-22 专利授权量(2022—2023年) Applications Granted (2022-2023)

单位：件 (pcs)

指 标	Item	2022	2023
总 计	**Total**	**66467**	**54136**
按种类分	**By Type**		
发 明	Inventions	12207	13600
实用新型	Utility Models	46556	34110
外观设计	Designs	7704	6426
按对象分	**By Applicant**		
个 人	Individuals	5311	3709
大专院校	Universities and Colleges	8878	6110
科研单位	Research Institutions	1109	779
工矿企业	Industrial and Mineral Enterprises	49102	40794
机关团体	Government Agencies and Organizations	2067	2744

18-23 新华书店系统图书发行流转及销售情况(2022—2023年) Xinhua Bookstore System Book Distribution Circulation and Sales Statistics (2022-2023)

指 标	Item	册 数 (万册) Number of Books (10 000 copies)		金 额 (万元) Value (10 000 yuan)	
		2022	2023	2022	2023
购 进	**Purchases**	**30593**	**33984**	**355423**	**409379**
销 售	**Sales**	**32199**	**34173**	**373484**	**406673**
零 售	Retail	17151	17185	192410	201909
#县以下	Below County	1890	1991	22839	24351
批 发	Wholesale	15048	16988	181075	204764
库 存	**Inventory**	**2441**	**2247**	**28491**	**31089**

18-24　各类技术合同签定及执行情况(2023年)
Signing and Implementation of Technical Contracts by Type (2023)

指　标	Item	合同数 (项) Number of Contracts (item)	合同成交金额 (万元) Value of Contracts (10 000 yuan)	#技术交易额 (万元) Technology Transaction Value (10 000 yuan)	技术交易额比重 (%) As Percentage of Contract Value (%)
总　计	**Total**	**11281**	**8650928.79**	**3911639.76**	**45.22**
技术开发	Technical Development	4068	1299431.59	955063.84	73.50
技术转让	Technical Transfer	416	413609.36	413053.74	99.87
技术许可	Technology License	74	1199515.93	1199408.84	99.99
技术咨询	Technical Consultation	696	664463.76	124207.11	18.69
技术服务	Technical Services	6027	5073908.15	1219906.22	24.04

18-25　新闻出版机构和人员数(2022—2023年)
Number of Institutions and Persons Engaged in Press and Publication (2022-2023)

指　标	Item	2022	2023
书报刊电子音像出版社	**Books, newspapers and periodicals electronic audiovisual publishing house**		
机构数(个)	Institutions (unit)	194	194
从业人员(人)	Personnel (person)	8427	3264
出版物和专项印刷厂	**Publications and special printing houses**		
机构数(个)	Institutions (unit)	106	140
从业人员(人)	Personnel (person)	4500	4379
国有书店	**State-owned Book Stores**		
机构数(个)	Institutions (unit)	21	44
从业人员(人)	Personnel (person)	798	1536

18-26 地震监测情况(1997—2023年)
Situation of Earthquake Monitoring (1997-2023)

单位：个 (unit)

年份 Year	地震台数总数 Number of Seismic Stations	国家级台 Number of National Stations	省级台 Number of Provincial Stations	市、县级台 Number of Municipality/County-level Stations	企业台 Number of Enterprise Stations	强震观测点 Number of Strong Motion Observation Spots	宏观观测点 Number of Macro-observation Spots
1997	7	1		6			
1998	7	1		6			
1999	8	1		7			
2000	8	1		7			
2001	8	1		7			
2002	8	1		7			
2003	7	1		6			
2004	7	1		6			
2005	7	1		6			
2006	7	1		6			
2007	15	1	13			1	
2008	44	1	35		6	2	
2009	44	1	35		6	2	
2010	44	1	35		6	2	
2011	44	1	35		6	2	
2012	44	1	35		6	2	
2013	45	1	33	4	7	34	
2014	45	1	33	4	7	4	
2015	45	1	33	4	7	4	
2016	45	1	37		7	4	
2017	45	1	37		7	4	
2018	45	1	37		7	4	
2019	45	1	37		7	4	
2020	41	1	33		7	4	
2021	60	1	52		7	49	
2022	441	72	362		7	432	
2023	441	72	362		7	432	

注：2014年的数据做了调整。
Note: the data of 2014 has been adjusted.

18-27 图书、期刊和报纸出版情况(2022—2023年)
Publication of Books, Magazines and Newspapers (2022-2023)

指　　标	Item	2022	2023
图　书	**Books Published**		
种　数(种)	Number of Publications (kind)	5405	5498
总印数(万册、万张)	Printed Copies (10 000 copies)	14370	13831
总印张数(万印张)	Printed Sheets (10 000 sheets)	112416	111352
期　刊	**Magazines Published**		
种　数(种)	Number of Publications (kind)	139	139
每期平均印数(万册)	Average Printed Copies Per Issue (10 000 copies)	132.9	138
总印数(万册)	Printed Copies (10 000 copies)	3372.23	3572
总印张数(万印张)	Printed Sheets (10 000 sheets)	18022.44	19342
报　纸	**Newspapers Published**		
种　数(种)	Number of Publications (kind)	27	27
每期平均印数(万份)	Average Printed Copies Per Issue (10 000 copies)	88	70
总印数(万份)	Printed Copies (10 000 copies)	16138	13399
总印张数(万印张)	Printed Sheets (10 000 sheets)	31204	29479

18-28 气象业务站点及观测项目情况（1997—2023年）
Status of Operational Meteorological Stations and Their Observation Items (1997-2023)

单位：个 (unit)

年 份 Year	地面观测业务 Surface Observation Stations	高空探测业务 Upper-air Observation Stations	自动气象站 Automatic Weather Stations	天气雷达观测业务 Weather Radar Observation Stations	大气成分观测业务 Atmospheric Composition Observation Stations	农业气象观测业务 Agro-Meteorological Observation Stations	生态与农业气象试验业务 Eco- & Agro-Meteorological Observation Stations
1997	35	1		1		13	
1998	35	1		1		13	
1999	35	1		1		13	
2000	35	1		1		13	
2001	35	1		1		13	
2002	35	1		1		13	
2003	35	1		1		13	
2004	35	1	63	1		13	
2005	35	1	83	1		13	
2006	35	1	109	1		13	
2007	35	1	257	2		13	
2008	35	1	302	3		13	
2009	35	1	41	3		13	
2010	35	1	41	3		13	
2011	35	1	655	3		13	
2012	35	1	356	4	1	13	1
2013	35	1	1759	3		13	
2014	35	1	1924	4	1	13	
2015	35	1	1924	4	7	13	
2016	35	1	1924	4	7	13	
2017	35	1	1924	4	7	13	1
2018	35	1	1924	4	7	13	1
2019	35	1	1924	4	7	13	1
2020	35	1	1924	4	7	13	1
2021	35	1	1929	5	7	13	1
2022	35	1	1929	5	7	13	1
2023	35	1	1969	5	7	13	1

18−28 续表 continued

单位：个 (unit)

年 份 Year	大 气 本底站 Atmospheric Background Stations	闪电定位 监测业务 Lightning Position Monitoring Stations	太阳辐射 观测业务 Solar Radiation Observation Stations	紫外线 观测业务 UV Observation	酸雨观测 业 务 Acid Rain Observation	臭氧观测 业 务 Ozone Observation	卫星云图 接收业务 Satellite Cloud Images Receiving Stations
1997			1		4		1
1998			1		4		1
1999			1		4		1
2000			1		4		1
2001			1		4		1
2002			1		4		1
2003			1		4		1
2004			1	1	35		1
2005		5	1	1	35		1
2006		5	1	1	35		1
2007		5	1	1	35		1
2008		5	1	1	35		1
2009		5	1	1	35		1
2010		5	1	1	35		1
2011		5	1	1	35		1
2012		5	1	1	35		1
2013		5	1	1	35		1
2014		5	1	1	35		1
2015		5	14	7	35		1
2016		5	14	7	35		1
2017		5	14	7	35		1
2018		5	14	7	35		2
2019		5	14	7	35		2
2020		5	14	7	4		2
2021		5	14	7	4		2
2022		5	14	7	4		2
2023		5	14	7	4		2

18-29 文化机构和人员数(2022—2023年)
Number and Personnel in Culture and Cultural Relics Institutions (2021-2022)

指　　标	Item	2022	2023
机构数(个)	**Number of Institutions (unit)**	**6584**	**5870**
文化合计	**Cultural**	**6367**	**5677**
艺术表演团体	Art Performance Troupes	1190	1039
艺术表演场所	Art Performance Places	67	68
公共图书馆	Public Libraries	43	43
文化馆	Cultural Centers	41	41
文化站	Cultural Stations	1031	1031
艺术展览创作机构	Art Exhibition and Creative Institutions	17	17
艺术教育业	Culture and Education	2	2
文化科研机构	Art Research Institutions	1	1
文化市场经营机构	Institutions of Bussiness of Culture	3877	3340
文化行政主管部门	Administrative Department of Culture	40	40
其他文化机构	Other Cultural Institutions	58	55
文物合计	**Cultural Relics**	**217**	**193**
博物馆	Museums	130	106
文物保护管理机构	Agencies of Cultural Relics Preservation	38	38
文物科研机构	Scientific and Research Agencies	1	1
文物行政机构	Cultural Relics Administrative Agencies	41	41
其他文物机构	Other Cultural Relics Agencies	7	7
从业人员数	**Number of Employed Persons (person)**	**58281**	**57260**
文化合计	**Cultural**	**54568**	**53863**
艺术表演团体	Art Performance Troupes	17442	15259
艺术表演场所	Art Performance Places	1706	1083
公共图书馆	Public Libraries	1045	1079
文化馆	Cultural Centers	932	932
文化站	Cultural Stations	4056	4068
艺术展览创作机构	Art Exhibition and Creative Institutions	132	132
艺术教育业	Culture and Education	525	638
文化科研机构	Art Research Institutions	37	39
文化市场经营机构	Institutions of Bussiness of Culture	25563	27728
文化行政主管部门	Administrative Department of Culture	1706	1789
其他文化机构	Other Cultural Institutions	1424	1116
文物合计	**Cultural Relics**	**3713**	**3397**
博物馆	Museums	3322	2987
文物保护管理机构	Agencies of Cultural Relics Preservation	137	123
文物科研机构	Scientific and Research Agencies	179	184
文物行政机构	Cultural Relics Administrative Agencies	33	30
其他文物机构	Other Cultural Relics Agencies	42	73

18−30　公共图书馆情况(2022—2023年)
Basic Statistics on Public Libraries (2022-2023)

指　　标	Item	总　计 Total		#市　级 At Municipal Level	
		2022	2023	2022	2023
总藏量(万册、件)	Total Collections (10 000 volumes)	2727.01	2915.66	552.83	547.69
有效借书证数(万个)	Number of Valid Library Cards (10 000 units)	305.03	357	60.07	5.9
图书流通情况	Circulation of Books				
总流通人次(万人次)	Total Number of Circulation (10 000 person-times)	1552.09	2534.91	196.58	285.38
书刊外借册次(万册次)	Number of Books Borrowed by Readers (10 000 volume-times)	1149.50	1580.69	132.65	159.29
总支出(万元)	Total Expenditure (10 000 yuan)	35015.30	35467.00	10787.10	7668.90
#新增藏量购置费	Purchase Expenses	2934.20	3218.60	1043.40	954.30
新增数字资源购置费	New Digital Resource Purchase Expenses	1003.00	1053.50	629.00	616.90
本年新增藏量(万册)	Number of Books Purchased During Current Year (10 000 volumes)	301.57	163.83	33.41	12.26
本年新增电子图书		282.94	478.21	117.62	221.68
实际使用房屋建筑面积(万平方米)	Floor Space of Public Buildings actually used (10 000 sq.m)	41.06	41.38	5.61	5.84
#书　库	Stack Rooms	7.65	7.61	1.07	1.07
阅览室座席(个)	Seating Capacity of Reading Rooms (seat)	36878	41165	2615	2615
#少儿座席	Children's seats	7888	8951	901	901

注：图书总藏量的统计口径变化，不包含电子图书。
Note: due to the change of the statistic scope of the data of total collection of books.

18−31　文物业情况(2023年)
Statistics on Cultural Relics (2023)

指　　标	Item	文物业 Cultural Relics	#博物馆 Museums	#文物保护管理机构 Protection and Management Agencies
藏　品(件/套)	Number of Collections(piece/set)	664643	613742	1300
#一级品	Grade One	1194	1194	
经费支出(万元)	Total Expenditure(10 000 yuan)	127544.4	103807.8	9537.2

18−32 群众艺术馆和文化馆(站)情况(2023年)
Mass Art Centers and Cultural Centers (2023)

指　　标	Item	合　计 Total	群众艺术馆 Mass Art Centers	文化馆 Cultural Centers	乡镇(街道)综合文化服务中心 Township (Subdistrict) Comprehensive Cultural Service Center
单位数(个)	Number of Units (unit)	1072	1	40	1031
举办展览个数(个)	Conducting Exhibitions (unit)	5471	21	653	4797
组织文艺活动次数(次)	Art Performances (time)	26026	33	3035	22958
举办培训班班次(次)	Training Courses (time)	16652	70	4672	11910

18−33 艺术表演团体演出情况(2023年)
Basic Statistics on Art Performance Troupes (2023)

指　　标	Item	国内演出场数(万场) Number of Performances in China (10 000show)	国内演出观众人数(万人次) Number of Spectators of the Performances in China (10 000 person-times)
总　计	**Total**	**11.68**	**2066.85**
按登记注册类型分	**By Registration**		
国　有	State-owned		
集　体	Collective-owned		
其　他	Others		
按剧种分	**By Art Troupes**		
话剧、儿童剧、滑稽剧团	Drama, Plays for Children and Comedy Troupes	0.03	5.52
歌舞、音乐类	Song and Dance Troupes, Musicals	0.09	64.82
京剧、昆曲类	Peking Opera and Kunqu Opera	0.01	7.61
#京剧	Peking Opera Troupes	0.01	7.61
地方戏曲类	Local Opera Troupes	0.61	93.72
杂技、魔术、马戏类	Acrobatics, Performing Magic and Circus Troupes	0.05	25.54
曲艺类	Folk Arts	0.07	17.80
综合性艺术表演团体	Comprehensive Art Performance	10.81	1851.86

注：艺术表演团体统计口径调整为含系统内、系统外两部分。
Note: The scope of art performance troupes includes the troupes either inside or outside the public-owned system.

18-34 广播电台、电视台情况(2022—2023年)
Statistics on Radio and TV Stations (2022-2023)

指　　标	Item	2022	2023
广播电台情况	**Statistics on Radio Stations**		
公共广播节目套数(套)	Number of Programs (set)	31	32
广播节目综合人口覆盖率(%)	Radio Coverage of Population (%)	99.55	99.57
中短波转播发射台(座)	Transmission and Relaying Stations of Medium and Short Wave Broadcast(unit)	6	5
中短波广播发射功率(千瓦)	Power of Transmitters of Medium and Short Wave Broadcast (kw)	120	120
调频转播发射台(座)	Number of Transmission and Relaying Stations of Frequency Modulation Broadcast (unit)	60	58
调频发射功率(千瓦)	Power of Transmitters of Frequency Modulation Broadcast (kw)	140.05	141.55
全年公共广播节目播出时间(小时)	Public Programs Broadcasting Hours of the Year (hour)	207648	208839
#新闻资讯	News Programs	46155	45181
专题服务	Special Subject Programs	56650	62500
综　艺	General Entertainment Programs	38129	32083
广播剧	TV Play Programs	14141	11953
广　告	Advertising Programs	12697	13008
电视台情况	**Statistics on TV Stations**		
公共电视节目套数(套)	Number of Programs (unit)	45	45
电视节目综合人口覆盖率(%)	TV Coverage of Population (%)	99.65	99.69
有线电视实际用户数(万户)	Number of Cable Television Coverage Users (Ten thousand households)	613.68	621.46
#数字电视实际用户数	Number of Digital Television Coverage Users	549.17	556.81
全年公共电视节目播出时间(小时)	Public Programs Broadcasting Hours of the Year (hour)	298860	296600
#新闻资讯	News Programs	42504	44315
专题服务	Special Subject Programs	62553	66652
综艺益智	General Entertainment Programs	19965	17726
影视剧	TV Play Programs	99802	96413
广　告	Advertising Programs	35218	36420

主要统计指标解释

普通高等学校 指按照国家规定的设置标准和审批程序批准举办的，通过全国普通高等学校统一招生考试，招收高中毕业生为主要培养对象，实施高等教育的全日制大学、独立设置的学院和高等专科学校、高等职业学校和其他机构。

大学、独立设置的学院主要实施本科层次以上教育，高等专科学校、高等职业学校实施专科层次教育，其他机构是承担国家普通招生计划任务不计校数的机构。包括普通高等学校分校和批准筹建的普通高等学校等。

成人高等学校 指按照国家规定的设置标准和审批程序批准举办的，通过全国成人高等学校统一招生考试，招收具有高中毕业或同等学历的在职从业人员为主要培养对象，利用函授、业余、脱产等多种形式对其实施高等学历教育的学校。包括职工高等学校、农民高等学校、管理干部学院、教育学院、独立函授学院、广播电视大学、其他机构等。其他机构是承担国家成人招生计划任务不计校数的机构。

小学学龄儿童入学率 指调查范围内已入小学学习的学龄儿童占校内外学龄儿童总数（包括智障儿童在内，但不包括盲聋哑儿童）的比重。计算公式：

小学学龄儿童入学率＝已入学的小学学龄儿童数/校内外小学学龄儿童总数×100%

专利 是专利权的简称，是对发明人的发明创造经审查合格后，由专利局依据专利法授予发明人和设计人对该项发明创造享有的专有权。包括发明、实用新型和外观设计。反映拥有自主知识产权的科技和设计成果情况。

有专利申请的企业 指在报告年内向国家知识产权局或中国以外的国家知识产权局（地区专利组织）提交专利申请，并收到《专利申请受理通知书》和缴纳相关费用的工业企业。

有专利授权的企业 指报告年内获得国家知识产权局或中国以外的国家知识产权局（地区专利组织）《专利授权通知书》并缴纳相关费用的工业企业。

拥有有效专利的企业（累计值） 指截至报告年末，有专利权处于维持状态的工业企业。

专利产品产值（当年价格） 工业企业在报告年度内生产的以货币形式表现的工业最终专利产品的总价值量。专利产品产值计算参照国家关于"工业总产值"的计算方法。

专利产品销售收入 工业企业在报告期内销售专利产品的货币收入总额。

新产品销售收入 指报告期企业销售新产品实现的销售收入。新产品是指采用新技术原理、新设计构思研制、生产的全新产品，或在结构、材质、工艺等某一方面比原有产品有明显改进，从而显著提高了产品性能或扩大了使用功能的产品。既包括经政府有关部门认定并在有效期内的新产品，也包括企业自行研制开发，未经政府有关部门认定，从投产之日起一年之内的新产品。

发明（专利） 指对产品、方法或者其改进所提出的新的技术方案。是国际通行的反映拥有自主知识产权技术的核心指标。

实用新型（专利） 指对产品的形状、构造或者其结合所提出的适于实用的新的技术方案。反映具有一定技术含量的技术成果情况。

外观设计（专利） 指对产品的形状、图案、色彩或者其结合所作出的富有美感并适于工业上应用的新设计。反映拥有自主知识产权的外观设计成果情况。

驰名商标 是指在市场上享有较高声誉并为相关公众所熟知的注册商标，也是一种法律保护手段。

著名商标 著名商标的知名度介于驰名商标和普通商标之间的商标群落，是驰名商标坚实的后备力量。

文化市场经营机构 指经文化市场行政部门审批或已申报登记并领取相关许可证的、从事文化经营和文化服务活动的机构。

艺术表演团体 指由文化部门主办或实行行业管理（经文化行政部门审批或已申报登记并领取相关许可证），专门从事表演艺术等活动的各类专业艺术表演团体，含民间职业剧团。不包括群众业余文艺表演团体。

艺术表演场馆 指由文化部门主办或实行行业管理（经文化市场行政部门审批或已申报登记并领取相关许可证），有观众席、舞台、灯光设备，公开售票、专供文艺团体演出的文化活动场所。

研究与试验发展（R&D） 指在科学技术领域，为增加知识总量，以及运用这些知识去创造新的应用进行的系统的创造性的活动，包括基础研究、应用研究、试验发展三类活动。国际上通常采用 R&D 活动的规模和强度指标反映一国的科技实力和核心竞争力。

R&D 人员 指参与研究与试验发展项目研究、管理和辅助工作的人员，包括项目（课题）组人员，企业科技行政管理人员和直接为项目（课题）活动提供服务的辅助人员。反映投入从事拥有自主知识产权的研究开发活动的人力规模。

R&D 人员全时当量 指全时人员数加非全时人员按工作量折算为全时人员数的总和。例如：有两个全时人员和三个非全时人员（工作时间分别为 20%、30%和 70%），则全时当量为 2+0.2+0.3+0.7=3.2 人年。为国际上比较科技人力投入而制定的可比指标。

R&D 经费支出合计 指调查单位用于内部开展 R&D 活动（基础研究、应用研究和试验发展）的实际支出。包括用于 R&D 项目（课题）活动的直接支出，以及间接用于 R&D 活动的管理费、服务费、与 R&D 有关的基本建设支出以及外协加工费等。不包括生产性活动支出、归还贷款支出以及与外单位合作或委托外单位进行 R&D 活动而转拨给对方的经费支出。

R&D 经费支出中政府资金 指 R&D 经费内部支出中来自各级政府部门的各类资金，包括财政科学技术拨款、科学基金、教育等部门事业费以及政府部门预算外资金的实际支出。

R&D 经费支出中企业资金 指 R&D 经费内部支出中来自本企业的自有资金和接受其他企业委托而获得的经费，以及科研院所、高校等事业单位从企业获得的资金的实际支出。

R&D 项目（课题）数 指在当年立项并开展研究工作、以前年份立项仍继续进行研究的研发项目（课题）数，包括当年完成和年内研究工作已告失败的研发项目（课题），但不包括委托外单位进行的研发项目（课题）数。

R&D 项目（课题）人员全时当量 指实际参加研发项目（课题）活动人员折合的全时当量。

R&D 项目（课题）经费支出 指调查单位内部在报告年度进行研发项目（课题）研究和试制等的实际支出。包括劳务费、其他日常支出、固定资产购建费、外协加工费等，不包括委托或与外单位合作进行项目（课题）研究而拨付给对方使用的经费。

广播／电视节目综合人口覆盖率 指根据国家广播电视总局制定的《广播电视人口覆盖率统计技术标准和方法》进行统计调查的，在对象区内能接收到由中央、省、地市或县通过无线、有线或卫星等各种技术方式转播的各级广播/电视节目的人口数占全国总人口数的百分比。

Explanatory Notes on Main Statistical Indicators

Regular Institutions of Higher Education refer to educational establishments set up according to the government evaluation and approval procedures, enrolling graduates from senior secondary schools and providing higher education courses and training for senior professionals. They include full-time universities, colleges, high professional schools, high professional vocational schools and others.

Universities and colleges are mainly providing undergraduate courses; those high professional schools and high professional vocational schools are mainly providing professional trainings; and others refer to educational establishments, which are responsible for enrolling students but not covered in the total number of schools, including: branch schools of universities and colleges, and universities and colleges that have been proved and prepared to construct.

Institutions of Higher Learning for Adults refer to educational establishments, set up in line with relevant rules approved by the government, enrolling staff and workers with senior secondary school or equivalent education, and providing higher education courses in many forms of correspondence, spare time, or full time for adults. Professionals thus trained receive a qualification equivalent to graduates studying regular courses at regular universities, colleges and professional colleges. Institutions of higher learning for adults include schools of high education for staff and workers, schools of high education for peasants, colleges for management cadres, pedagogical colleges, independent correspondence colleges, Radio and TV universities and other educational establishments. Other educational establishments are responsible for enrolling adult students but not covered in the number of schools.

Enrollment Rate of Primary School-aged Children refers to the proportion of school-aged children enrolled at schools to the total number of school-age children both in and outside schools (including retarded children, but excluding blind, deaf and mute children). The formula is:

Enrollment Rate of Primary School-aged Children =Total Primary School-aged Children at Schools/Total Primary School-age Children Both at and outside Schools×100%

Patent is an abbreviation for the patent right and refers to the exclusive right of ownership by the inventors or designers for the creation or inventions, given from the patent offices after due process of assessment and approval in accordance with the Patent Law. Patents are granted for inventions, utility models and designs. This indicator reflects the achievements of S&T and design with independent intellectual property.

Enterprise with Patent Application refers to the industrial enterprise which has submitted patent application to the State Intellectual Property Office or the national intellectual property administration outside China (regional patent organization), received the "Notification of Patent Application Acceptance" and paid off the related fees within the year of report.

Enterprise with Patent Granted refers to the industrial enterprise which has received the "Notification of Patent Granted" from the State Intellectual Property Office or the national intellectual property administration outside China (regional patent organization) and paid off the related fees within the year of report.

Enterprise with Valid Patents (Cumulative Value) refers to the industrial enterprise with patents in the status of maintenance by the end of the year of report.

Output Value of Patented Products (Current Price) refers to the total value of the final patented industrial products produced by the industrial enterprises in the year of report in the form of currency. Refer to the calculation method of "gross industrial output value" stipulated by the state for the calculation of the output value of patented products

Sales Revenue of Patented Products refers to the total revenue of currency from the sales of the patented products by the industrial enterprises within the year of report.

Sales Income of New Products refers to the sales income of new products of the enterprises at the reference period. New products refer to products developed and produced with new technologies and designs or improved in structure, material, process or other aspects so that their performance are improved or their functions expanded. New products include those affirmed by government authorities in their validity period and also those developed by enterprises without the affirmation of government authorities within one year after they are put into production.

Patented Inventions refer to new technical proposals to the products or methods or their modifications. This is universal core indicator reflecting the technologies with independent intellectual property.

Patented Utility Models refer to the practical and new technical proposals on the shape and structure of the product or the combination of both. This indicator reflects the condition of technological results with certain technical content.

Designs refer to the aesthetics and industrially applicable new designs for the shape, pattern and colour of the product, or their combinations. This indicator reflects the appearance design achievements with independent intellectual property.

Famous Trade Marks refer to trade marks publicly known with higher honors. It is also a legal protection.

Well-known Trade Marks their fames are between famous trademarks and ordinary trademarks. And they are tough reserve force of famous trademarks.

Cultural Market Operating Units refer to the units dealing in culture and cultural services, which registered and permitted with the relative certificate by cultural market administration.

Arts Performance Troupes refer to the various professional performing arts groups, which sponsored by the cultural sectors or guided by the cultural society (approved by the cultural administration authority, or registered and permitted with the relative certificate), including non-governmental troupes. The mass amateur arts performance troupes are not included.

Arts Performance Places refer to the various sites for cultural activities, which sponsored by the cultural sectors or guided by the cultural society (approved by the cultural market administration, or registered and permitted with the relative certificate), with the facility of auditorium, stage and lighting, and selling tickets in public.

Research and Development (R&D) refers to systematic and creative activities in the field of science and technology aiming at increasing the knowledge and using the knowledge for new application. R&D includes 3 categories of activities: basic research, applied research and experiments and development. The scale and intensity of R&D are widely used internationally to reflect the strength of S&T and the core competitiveness of a country in the world.

R & D Personnel refer to persons engaged in research, management and supporting activities of R & D, including persons in the project teams, persons engaged in the management of S&T activities of enterprises and supporting staff providing direct service to the research projects. This indicator reflects the size of personnel engaged in R&D activities with independent intellectual property.

Full-time Equivalent of R&D Personnel refers to the sum of the full-time persons and the full-time equivalent of part-time persons converted by workload. For instance, if there are 2 full-time persons and 3 part-time workers (20%, 30% and 70% of working hours respectively on R&D activities), the full-time equivalent are 2+0.2+0.3+0.7=3.2 person-years. This is an internationally comparable indicator of S&T manpower input.

Total Expenditure of Funds on R&D refers to the real expenditure of surveyed units on their own R&D activities (basic research, applied research, experiments and development) including direct expenditure on R&D activities, indirect expenditure of management and services on R&D activities, expenditure on capital construction and material processing by others. Excluding the expenditure on production activities, return of loan, and fees transferred to cooperated or entrusted agencies on R&D activities.

Expenditure of Government Funds on R&D refers to the expenditure of funds on R&D activities from government agencies at different levels, including appropriate funds on science and technology from financial departments, scientific funds, operating expenses from education departments and the real expenditure of extra budgetary funds from government agencies.

Expenditure of Funds of Enterprises on R&D refers to the expenditure of funds on R&D activities from self-raised funds of enterprises and funds from other enterprises through entrustment, and the expenditure of funds of institutions, such as institution of scientific research and universities, from enterprises.

Number of R&D Projects (subjects) refers to the number of R&D projects (subjects) set up and implemented at the reference year, and the number of R&D projects (subjects) set up in former years and under implementation, including the projects (subjects) finished and failed at the reference year, excluding the projects (subjects) implemented by others through entrustment.

Full-time Equivalent of R&D Personnel refers to the full-time equivalent of persons actually engaged in R&D projects (subjects).

Expenditure of Funds on R&D Projects (subjects) refers to the real expenditure of internal funds of the surveyed units on research and test of R&D projects (subjects) at the reference year, including service fee, other daily expenditure, cost for fixed assets, cost of external process; excluding expenditure of funds transferred to other cooperated or entrusted units of the projects.

The Population Coverage Rate of Radio/Television refers to the percentage of the whole country's population who can receive radio/television programmers transmitted by national, provincial, municipal or county stations through wireless, cable or satellite techniques, according to *Statistical Standard and Method on Television and Radio Coverage of Population* established by the State Administration of Radio and Television.

19 卫生、体育和其他社会活动

PUBLIC HEALTH，SPORTS AND OTHER SOCIAL ACTIVITIES

简 要 说 明

本章资料主要包括卫生事业、体育事业、民政事业、劳动和社会保障事业、公检法司情况、安全生产情况、火灾事故和道路交通事故等内容，由市统计局社会科技统计处根据有关部门资料整理提供。

卫生资料来自市卫生健康委员会，体育资料来源于市体育局，民政和劳动社会保障有关资料分别由市民政局、市人力资源和社会保障局提供，公检法司资料分别由市公安局、市人民检察院、市高级人民法院和市司法局提供，安全生产情况来自市应急管理局，火灾事故和道路交通事故分别由市消防总队和市公安交通管理局提供。

Brief Introduction

The data in this chapter mainly cover public health, sports, civil affairs, labor & social securities, public security, procuratorial, legal & judicial affairs, work safety, and fires & highway traffic accidents. The data are sorted and compiled by Division of Social and Technology Statistics, Chongqing Municipal Bureau of Statistics on the basis of the data provided by other related departments.

The data on public health are provided by Health Commission of Chongqing; the data on sports are provided by Chongqing Administration of Sports; the data on civil affairs and labor & social securities are provided by Chongqing Civil Affairs Bureau and Chongqing Administration of Labor and Social Security; the data on public security, procuratorial and legal affairs are provided by Chongqing Public Security Bureau, Chongqing People's Procuratorate, Higher People's Court and Chongqing Justice Bureau; the data on work safety are provided by Department of Emergency Management of Chongqing; and the data on fires & highway traffic accidents are provided by Chongqing Fire Brigade and Chongqing Bureau of Traffic Administration.

19-1 主要年份卫生事业情况
Statistics on Public Health Care in Major Years

年 份 Year	机构数 (个) Number of Institutions (unit)	#医院、卫生院 Hospitals and Health Centers	床位数 (张) Number of Beds in Health Care Institutions (bed)	卫生技术人员 (人) Medical Technical Personnel (person)	#执业(助理)医师 Licensed (Assistant) Doctors	#注册护士 Registered Nurses
1952	742		5031	19807		
1957	2185		10255	30290		
1962	3591		22971	35681		
1965	3938		20314	36762	10234	
1970	3579	2183	25038	39813	10475	
1975	4221	2286	37300	51536	12442	
1978	4789	2294	48948	59934	12870	
1980	4686	2316	51194	65441	12806	
1985	4796	2170	54054	76486	12577	11724
1986	5095	2140	54801	77437	12895	11921
1987	5136	2136	57178	78382	13201	12156
1988	5148	2151	59514	80153	21004	13688
1989	5229	2152	61912	81219	27789	16027
1990	5248	2154	62568	82690	28824	16929
1991	5326	2153	64057	83973	28652	17163
1992	5328	2160	64978	85204	28643	17557
1993	4807	2114	65859	84125	29516	17714
1994	4795	2590	66891	85586	30915	18298
1995	4801	2505	67243	86041	31169	18692
1996	4777	2567	66339	87542	30733	19289
1997	4743	2553	69591	88423	43178	19593
1998	4643	2438	65934	83696	43423	19804
1999	4552	2351	66003	88569	44453	20263
2000	4382	2250	65666	88619	44940	20773
2001	4151	2020	64981	86430	44666	20533
2002	2725	1717	61875	79850	37873	20729
2003	2705	1682	63287	78628	37122	20629
2004	2539	1574	63899	77516	36603	20249
2005	2447	1463	64674	78780	37321	20842
2006	2478	1450	68298	79805	37511	21269
2007	2410	1447	74785	83736	38739	23972
2008	2258	1396	81950	88746	39417	26799
2009	2425	1404	92689	97199	41943	31756
2010	17495	1449	103624	111079	47969	37611
2011	17660	1407	115627	120169	49585	42767
2012	17961	1405	130813	131658	51990	49823
2013	18923	1502	147436	142218	55221	55417
2014	18766	1510	160446	154091	58007	62662
2015	19805	1568	176674	166812	61013	69996
2016	19933	1606	190850	179346	64700	77463
2017	19615	1640	206080	191254	68419	84768
2018	20524	1684	220104	209237	76361	95104
2019	21058	1693	231895	224687	83307	103167
2020	20922	1675	235560	237726	88728	109428
2021	21361	1677	240741	246615	92131	114011
2022	22261	1667	250832	253241	94609	117336
2023	23389	1669	255591	272035	102267	128142

注：1.2002年起卫生统计制度变更，其指标名称和统计口径变化，与往年不可比：从2002年起卫生机构、床位、卫生技术人员统计范围均不含“医学院校”、“卫生学校”和“计生站”。卫生技术人员中，2002年前为医生和护师(士)，2002年后改为执业(助理)医师和注册护士(表18—1至18—5同)。

2.2011年卫生统计口径变化，与往年不可比：从2010年起卫生机构、卫生技术人员、执业(助理医师)、注册护士统计范围均含“村卫生室”和“个体办诊所”。

Note: a) Due to the changes of health care statistic system since 2002, the indicators and statistic scopes were changed, not comparable with the previous years: since 2002, the scope of the number of health care institutions, the number of beds and the number of medial technical personnel has not included the data of "medical universities", "health schools" and "family plan service stations". The indicators of "doctor" and "nurse" before 2002 have been replaced by "licensed (assistant) doctors" and "registered nurses" since 2002 (the same applies to the tables from 18-1 to 18-5).

b) Due to the change of statistic scope, the date are not comparable with the previous years. The data of "village health station" and "individual-run clinics" are included in the data of health institutions, medical technical personnel, licensed (assistant) doctors and registered nurses since 2010.

19-2 卫生事业情况(2022—2023年)
Statistics on Public Health Care (2022-2023)

指标	Item	2022	2023
执业(助理)医师数(人)	Number of Licensed (Assistant) Doctors (person)	94609	102267
医院床位数(张)	Number of Beds in Hospitals (bed)	186135	189881
孕产妇死亡率(1/10万)	Mortality Rate of Pregnant Women (per 100 000 persons)	7.56	6.84
新生儿死亡率(‰)	Mortality Rate of New Infants (‰)	1.44	1.16
甲乙类传染病发病率(1/10万)	Incidence Disease Rate of Class A and B Infections Diseases (per 100 000 persons)	227.06	455.24
农村自来水普及率(%)	Rate of Access to Tap Water in Rural Area (%)	89.0	90.5

19-3 医院、卫生院、社区诊疗情况(2023年)
Statistics on Visits and Inpatients in Hospitals, Health Stations and Community Health Centers (2023)

机构类别	Type of Institution	诊疗人次(万人次) Number of Visits (10 000 person -times)	#门诊急诊 Outpatients and Emergency Treatment	健康检查人数(万人) Medical Examination (10 000 patients)	出院人数(万人) Number of Discharged Patients (10 000 patients)	每百门急诊次的入院人数(人) Number of Inpatients per 100 Visits (person)
医院	**Hospitals**	**8672.59**	**8474.75**	**625.18**	**586.63**	**6.90**
#综合医院	General Hospitals	5682.41	5560.62	476.23	398.60	7.14
中医医院	Hospitals Specialized in Traditional Chinese Medicine	1635.17	1605.20	94.12	119.27	7.41
中西医结合医院	Hospitals of Integrated Traditional Chinese with Western Medicine	132.64	124.43	10.69	14.30	11.52
口腔医院	Stomatological Hospitals	197.67	197.36	0.59	0.31	0.16
肿瘤医院	Cancer Hospitals	70.61	62.38	9.06	11.77	18.81
妇产(科)医院	OB/GYN Hospitals	56.03	55.60	0.95	2.22	3.99
儿科医院	Children's Hospital	448.99	446.74	3.83	13.14	2.96
精神病院	Mental Hospitals	123.48	113.06	2.56	7.46	6.76
传染病院	Hospitals for Infectious Diseases	23.25	23.25	2.41	2.31	10.05
社区卫生服务中心(站)	**Community Health Service Center (Station)**	**1923.37**	**1759.15**	**159.57**	**45.61**	**2.59**
卫生院	**Health Centers**	**2437.96**	**2292.11**	**156.95**	**178.49**	**7.79**
#乡镇卫生院	Township Health Centers	2423.49	2277.64	156.77	177.67	7.81

19-4 卫生机构、床位、人员数(2023年)
Number of Health Care Institutions, Beds and Personnel (2023)

机构类别	Type of Institutions	机构数(个) Health Care Institutions (unit)	床位数(张) Beds (bed)	人员合计(人) Total Personnel (person)
总 计	**Total**	**23389**	**255591**	**334725**
医院、卫生院	Total Number of Hospitals	1669	236120	232116
医 院	Hospitals	862	189881	195272
#综合医院	General Hospitals	434	110406	124173
中医医院	Hospitals Specialized in Traditional Chinese Medicine	142	34776	33788
中西医结合医院	Hospitals of Integrated Traditional Chinese with Western Medicine	56	6350	5044
口腔医院	Stomatological Hospitals	28	381	2315
肿瘤医院	Cancer Hospitals	3	2384	3132
胸科医院	Chest Hospitals			
妇产(科)医院	OB/GYN Hospitals	18	1104	2003
儿童医院	Children's Hospital	9	2979	5230
精神病院	Mental Hospitals	46	22374	6341
传染病院	Hospitals for Infectious Diseases	1	720	1106
卫生院	Health Centers	807	46239	36844
街道卫生院	Urban Subdistrict Health Centers	3	296	228
乡镇卫生院	Township Health Centers	804	45943	36616
门诊部	Outpatient Department	633	88	8321
采供血机构	Blood Centers	14		762
妇幼保健院(所、站)	Women and Children Care Centers	41	5156	10943
专科疾病防治院(所)	Specialized Disease Prevention & Treatment Institutions	11	122	306
疾病预防控制中心	Centers for Disease Control	41		4091
医学科学研究机构	Research Institutes of Medical Sciences			
医学在职培训机构	Training Institutes for Medical Staff and Workers	2		17
健康教育所(中心)	Health Care Training Centers	9		165
疗养院	Sanatoriums	6	418	293
社区卫生服务中心(站)	Community Health Service Centers	637	13687	20010
卫生监督所	Health Supervision Institutes	39		1202
其他卫生机构	Other Health Care Institutions	92	418	3321
村卫生室	Village Health Stations	9496		17387
诊所、卫生所、医务室	Clinics, Health Centers and Hygienic Centers	10706		36092

注：本表机构数包含个体办诊所、村卫生室。
Note: The number of institutions in this table includes individual-run clinics.

19-4 续表 continued

机构类别	Type of Institutions	卫生技术人员 Medical Technical Personnel	其他技术人员 Other Technical Personnel	管理人员 Management Personnel	工勤人员 Logistic Workers
总 计	**Total**	**272035**	**10041**	**32216**	**25023**
医院、卫生院	Total Number of Hospitals	192586	7452	25031	20551
医 院	Hospitals	160436	6108	21188	18274
#综合医院	General Hospitals	104027	3226	12995	10450
中医医院	Hospitals Specialized in Traditional Chinese Medicine	28879	1093	3495	2237
中西医结合医院	Hospitals of Integrated Traditional Chinese with Western Medicine	4022	186	630	615
口腔医院	Stomatological Hospitals	1813	122	291	179
肿瘤医院	Cancer Hospitals	2604	247	496	130
胸科医院	Chest Hospitals				
妇产(科)医院	OB/GYN Hospitals	1399	45	245	440
儿童医院	Children's Hospital	4221	169	546	465
精神病院	Mental Hospitals	4995	280	879	643
传染病院	Hospitals for Infectious Diseases	904	44	165	54
卫生院	Health Centers	32150	1344	3843	2277
街道卫生院	Urban Subdistrict Health Centers	213	3	33	11
乡镇卫生院	Township Health Centers	31937	1341	3810	2266
门诊部	Outpatient Department	6755	214	827	950
采供血机构	Blood Centers	560	63	157	74
妇幼保健院(所、站)	Women and Children Care Centers	8841	498	1314	998
专科疾病防治院(所)	Specialized Disease Prevention & Treatment Institutions	213	18	80	33
疾病预防控制中心	Centers for Disease Control	2984	453	716	242
医学科学研究机构	Research Institutes of Medical Sciences				
医学在职培训机构	Training Institutes for Medical Staff and Workers	1	8	8	
健康教育所(中心)	Health Care Training Centers	67	53	54	6
疗养院	Sanatoriums	225	1	42	38
社区卫生服务中心(站)	Community Health Service Centers	17258	672	2292	1301
卫生监督所	Health Supervision Institutes	1042	82	73	23
其他卫生机构	Other Health Care Institutions	2000	336	631	492
村卫生室	Village Health Stations	4802			
诊所、卫生所、医务室	Clinics, Health Centers and Hygienic Centers	34922	200	1041	349

19-5 卫生机构各类人员数(2022—2023年)
Number of Employed Persons in Health Institutions (2022-2023)

人员分类	Type of Personnel	人数(人) Personnel (person)		构成(%) Composition (%)	
		2022	2023	2022	2023
总　计	**Total**	**315904**	**334725**	**100.0**	**100.0**
卫生技术人员	Medical Technical Personnel	253241	272035	80.2	81.3
执业(助理)医师	Practicing (Assistant) Physician	94609	102267	29.9	30.6
#执业医师	Practicing Physician	79092	86095	25.0	25.7
注册护士	Registered Nurses	117336	128142	37.1	38.3
药剂人员	Pharmacists	10677	11066	3.4	3.3
技　师(士)	Technical Workers	16017	17288	5.1	5.2
其他人员	Others	13679	13272	4.3	4.0
其他技术人员	Other Technical Personnel	10111	10041	3.2	3.0
管理人员	Management Personnel	28784	32216	9.1	9.6
工勤技能人员	Workforce Skilled Personnel	25388	25023	8.0	7.5
每万人口拥有卫生技术人员	**Number of Medical Technical Personnel per 10 000 Population**	**78.81**	**85.2**	**-**	**-**

19-6 结婚登记和离婚登记情况(2022—2023年)
Statistics on Marriages and Divorces (2022-2023)

指　　标	Item	2022	2023
登记结婚件数(件)	Registered Marriages (couple)	174039	183661
内地居民	Registered Marriages in the Mainland	173789	182862
涉外及华侨、港澳台居民	Registered Marriages with Foreigner or Citizen of Hong Kong, Macao and Taiwan	250	799
登记结婚人数(人)	Registered Newly Married People (person)	348078	367322
初　婚	First Marriages	236418	253204
再　婚	Remarriages	111660	114118
登记离婚件数(件)	Registered Divorces (couple)	71635	83586
#内地居民	Registered Divorces in the Mainland	71582	83510

19-7 民政事业情况(2022—2023年)
Statistics on Civil Affairs (2022-2023)

指　　标	Item	2022	2023
民政经费支出(万元)	Expenditure for Civil Affairs (10 000 yuan)	1230563.00	1315379.10
城市居民最低生活保障人数(万人)	Number of Persons Receiving Minimum Living Allowance in Urban Areas (10 000 persons)	21.8	21.06
农村居民最低生活保障人数(万人)	Number of Persons Receiving Minimum Living Allowance in Rural Areas (10 000 persons)	55.8	56.75
农村特困供养人数(万人)	Number of Persons Receiving Livelihood Guaranteed in Five Aspects in Rural Areas (10 000 persons)	9.7	10.09
享受城市居民最低生活保障人数占非农业人口比重(%)	Number of Persons Receiving Minimum Living Allowance in Urban Areas as Percentage to Total Non-agricultural Population (%)	0.96	0.92
提供住宿的社会服务机构床位数(张)	Number of Beds in the Social Service Institutions Providing Accommodation (pcs)	133672	135819
提供住宿的社会服务机构(个)	Number of Social Service Institutions Providing Accommodation (unit)	1255	1276
儿童福利机构数(个)	Number of Child Welfare Institutions(unit)	5	5
社区服务机构(个)	Community Service Institutions(unit)	18006	18227
福利彩票销售额(万元)	Sales of Welfare Lotteries (10 000 yuan)	341783	441239

注：非农人口使用的是常住人口中的城镇人口，比往年不可比。
Note: The non-agricultural population uses the urban population among the permanent population, which is not comparable to previous years.

19-8 优抚对象基本情况(2022—2023年)
Statistics on Special Cares for Servicemen (2022-2023)

单位：人 (person)

指　　标	Item	2022	2023
优抚对象	Residents Receiving Special Cares for Serviceman	176068	171767
享受定期抚恤金人数	Persons Receiving Regular Pensions	2685	2570
享受定期补助人数	Persons Receiving Regular Subvention	152508	148065
#在乡复员军人	Demobilized Soldiers in the Countryside	4788	3485
带病回乡退伍军人	Veterans in the Countryside	50274	47653
伤残人员	Wounded and Disabled Servicemen	20875	21132

19—9　社会福利事业、企业单位数和工作人员数(2022—2023年)
Number of Social Welfare Institutions & Enterprises and Employed Persons (2022-2023)

指　　标	Item	机 构 (个) Number of Institutions and Enterprises (unit)		工作人员 (人) Number of Personnel (person)	
		2022	2023	2022	2023
提供住宿的社会服务机构	Social Service Institutions Providing ccommodation	1255	1276	16118	17027
救助管理站	Salvation Management Stations	37	36	364	335
殡葬事业单位	Funeral and Interment Institutions	115	130	2329	2358
福利彩票发行单位	Welfare Lottery Issuing Units	1	1	187	188
社区服务中心	Community Service Centers	311	328	4099	4326

19—10　提供住宿的社会服务基本情况(2023年)
Basic Statistics on the Social Service Institutions Providing Accommodation (2023)

指　　标	Item	院数 (个) Number of Institutions (unit)	工作人员 (人) Number of Staff and Workers (person)	床位数 (张) Number of Beds (bed)	年末在院人数 (人) Number of Residents at Year-end (person)
提供住宿的社会服务机构	**Social Service Institutions Providing Accommodation**	**1276**	**17027**	**135819**	**68479**
养老机构	Elderly Care Institutions	1223	15910	127751	65012
精神疾病服务机构	Mental Illness Service Institutions	5	387	3249	2604
儿童福利和救助保护机构	Child Welfare and Assistance Protection Institutions	5	278	2531	501
其他提供住宿机构	Other Institutions Providing Accommodation	43	452	2288	362

19—11　社会活动参与情况(2022—2023年)
Participation in Social Activities (2022-2023)

指　　标	Item	2022	2023
省级人大代表人数(人)	Number of Municipal Deputies of People's Congress (person)	867	862
#女　性	Female	267	264
省级政协委员人数(人)	Number of Municipal Deputies of People's Political Consultative Conferences (person)	853	854
#女　性	Female	202	223
基层地方妇联组织数(个)	Number of Local Women's Federation Unions (unit)	12297	12311
工会基层组织数(个)	Number of Grassroots Trade Unions (unit)	43886	44039
工会会员人数(万人)	Membership of Trade Unions (10 000 persons)	529	541

19—12 基本养老保险情况(2022—2023年)
Statistics on Basic Pension Insurance (2022-2023)

单位：万人 (10 000 persons)

指　　标	Item	2022	2023
城镇企业职工基本养老保险参保人数	Number of Contributors to Urban Enterprise Basic Pension Insurance	1316.20	1358.05
#参保职工	Employees	904.52	928.31
#企　业	Enterprises	670.47	683.56
城镇企业职工基本养老保险基金收入(亿元)	Total Revenue of Urban Enterprise Basic Pension Insurance (100 million yuan)	1412.84	1340.06
城镇企业职工基本养老保险基金支出(亿元)	Expenditure of Urban Enterprise Basic Pension Insurance (100 million yuan)	1234.67	1338.03
离休、退休人员年末人城镇企业数	Number of Retires at Year-end	411.68	429.74
机关事业单位社会养老保险参保人数	Number of Contributors to Social Pension Insurance in Government and Public Institutions	115.56	117.31
城乡居民社会养老保险参保人数	Number of Urban and Rural Residents Participating in Social Pension Insurance	1140.32	1174.97

注：机关事业单位社会养老保险参保人数含市级、区县级机关事业单位参保人数。

Note: The number of contributors to social pension insurance in government and public institutions includes the contributors from the governments and public institutions at municipal, district and county levels.

19—13 失业保险基本情况(2022—2023年)
Statistics on Unemployment Insurance (2022-2023)

指　　标	Item	2022	2023
年末失业保险参保人数(万人)	Unemployment Insurance Contributors at Year-end (10 000 persons)	614.24	625.15
企　业	Enterprises	538.36	563.38
事业单位	Institutions	34.88	36.54
其　他	Others	41.00	25.23
失业保险基金总收入(亿元)	Total Revenue of Unemployment Insurance (100 million yuan)	31.32	34.79
失业保险费总收入(亿元)	Total Premium of Unemployment Insurance (100 million yuan)	30.60	33.49
失业保险基金总支出(亿元)	Total Expenditure of Unemployment Insurance (100 million yuan)	35.59	37.43
失业保险金总支出(亿元)	Total Payment of Unemployment Insurance (100 million yuan)	16.50	20.12
失业保险基金当年末结余额(亿元)	Year-end Balance of Unemployment Insurance (100 million yuan)	38.93	36.43
年末城镇登记失业人员数(万人)	Year-end Registered Urban Unemployment (10 000 persons)	21.88	18.69
城镇登记失业人员再就业人数(万人)	Registered Urban Unemployment Reemployed (10 000 persons)	24.46	27.48
领取失业保险人数(万人)	Actual Beneficiaries of Unemployment Insurance (10 000 persons)	16.29	20.20
本年领取失业保险金人次数(万人次)	Person-times of Reception of Unemployment Insurance in Current Year (10 000 Person-times)	101.27	119.55

19—14 基本医疗保险情况(2022—2023年)
Statistics on Basic Medical Care Insurance (2022-2023)

单位：万人 (10 000 persons)

指　　标	Item	2022	2023
城镇职工基本医疗保险参保人数	Basic Urban Workers Medical Care Insurance Contributors at Year-end	808.00	813.00
在职职工	Staff and Workers	597.00	593.03
退休人员	Retirees	212.00	219.97
城镇职工基本医疗保险基金总收入(亿元)	Total Revenue of Urban Workers Basic Medical Care Insurance (10 000 yuan)	461.03	483.75
城镇职工基本医疗保险基金总支出(亿元)	Total Expenses of Urban Workers Basic Medical Care Insurance (10 000 yuan)	343.26	381.80

19—15 体育事业基本情况(2022—2023年)
Statistics on Mass Sports (2022-2023)

指　　标	Item	2022	2023
体育经费(万元)	Sports Expenditures (10 000 yuan)	234367	295724
体育彩票销售额(万元)	Sales Value of Sports Lotteries (10 000 yuan)	719059	1126484
等级运动员(人)	Graded Athletes (person)	2561	4001
国际级运动健将	International Masters of Sports		
运动健将	Masters of Sports		
一级运动员	First Grade Athletes	399	991
二级运动员	Second Grade Athletes	2162	3010
获得全国最高水平比赛奖牌(个)	Number of Medals Won in the Domestic Top Competitions (Unit)	33	139
#金牌	Gold	6	41
银牌	Silver	9	57
铜牌	Copper	18	41
获得世界三大赛奖牌(个)	Number of Medals Won in the Three Biggest World Games (Unit)	9	18
#金牌	Gold	4	5
银牌	Silver	4	9
铜牌	Copper	1	4
农民体育健身工程(个)	Community Fitness Centers (unit)	455	455

注：体育经费包括体育事业费和体育基建支出。
Note: Sports expenditures include sports funds and expenditure for sports infrastructure.

19—16 律师、公证、调解工作基本情况(2022—2023年)
Statistics on Lawyers, Notarization and Mediation (2022-2023)

指　　标	Item	2022	2023
律师工作	**Lawyers**		
律师事务所(所)	Number of Law Offices (unit)	955	1005
执业律师(人)	Number of Licensed Lawyers (person)	16069	17540
#专　职	Full-time Lawyers	12427	13599
聘请担任法律顾问单位(家)	Number of Units with Permanent Legal Advisors (unit)	24531	27835
民事商事诉讼代理(件)	Agent of Civil Cases (case)	197402	229602
刑事辩护(件)	Defender of Criminal Cases (case)	16051	22134
行政诉讼代理(件)	Agent of Administrative Action (case)	5903	5720
非诉讼法律事务(件)	Cases of Non-litigious Legal Affairs (case)	44030	87927
涉外及涉港澳台法律事务(件)	Legal affairs concerning foreign affairs and Hong Kong, Macao and Taiwan (case)	514	129
仲裁业务(件)	Arbitration Business (cases)	6688	9023
提供法律援助(件)	Provide legal aid (cases)	17296	22799
参加社会公益事业和社会活动情况(次)	Participation in social welfare undertakings and social activities (times)	24288	35108
公证工作	**Notarization**		
公证处(个)	Number of Notary Offices (unit)	41	41
公证员(人)	Public Notaries (person)	281	297
公证员助理(人)	Notary Assistant (person)	307	332
办理公证书(件)	Notarized Documents (case)	250295	334758
人民调解工作	**Number of People's Mediation**		
人民调解委员会(个)	Number of People's Mediation Committees (unit)	13050	13107
人民调解员(人)	Number of Mediators (person)	68075	66299
调解纠纷(件)	Number of Disputes Mediated (case)	402193	578301
司法所建设	**Construction of Judicial Institute**		
司法所(个)	Judicial Institute (unit)	1034	1034
司法所工作人员(人)	Judicial Staff(person)	4566	4500
安置帮教对象(人)	Persons Resettled and Helped (person)	109595	112503
基层法律服务	**Legal Service at Grassroots Level**		
基层法律服务所(个)	Legal Service Institute at Grassroots Level (unit)	303	302
基层法律工作者(人)	Grassroots Legal Service Workers (person)	1730	1720
担任法律顾问(家)	Acting as Legal Adviser(times)	2045	1754
代理诉讼事务(件)	Acting litigation affairs (cases)	27819	29732
代理非诉讼事务(件)	Acting for non-litigation affairs (cases)	3531	2026
办理法律援助(件)	Legal Assistance Handled (case)	5852	5754

注：“安置帮教对象”口径由当年新收调整为当年在册。
Note: The caliber of "Persons Resettled and Helped" has been adjusted from newly received in the current year to registered in the current year.

19－17 国内外公证文书(2022—2023年)
Domestic and Foreign-Related Notarial Documents (2022-2023)

单位：件 (case)

指 标	Item	国内公证文书 Domestic Notarial Documents			
		办证件数 Number of Notarial Documents Issued		比 重 (%) Percentage (%)	
		2022	2023	2022	2023
办理公证总数	**Total**	**250295**	**334758**	**100.0**	**100.0**
按国内外分类	Classification at home and abroad				
国内公证数	Domestic Notarial Documents	213614	274611	85.3	82.0
涉外公证数	Foreign-related Notarial Documents	34959	56172	14.0	16.8
涉港澳公证数	Notarial Documents Related to Hong Kong and Macao	505	1046	0.2	0.3
涉台公证数	Notarial Documents Related to Taiwan	1217	2929	0.5	0.9
按内容分类	Categorization by content				
合同(协议)	Contract (Agreement)	9275	11632	3.7	3.5
继 承	Inheritance	39087	46053	15.6	13.8
委 托	Consignment	54913	69662	21.9	20.8
声 明	Declaration	29613	37317	11.8	11.1
赠 与	Bestowal	1762	2453	0.7	0.7
遗 嘱	Testament	2392	3256	1.0	1.0
现成监督	On-the-spot supervision	324	923	0.1	0.3
婚姻状况、亲属关系、收养关系	Marital Status,Kinship Confirmation and Adoptive Relationship	3181	7504	1.3	2.2
出生、生存、死亡	Birth,Living and Death	3293	5000	1.3	1.5
身份、经历、学历、学位、职务、职称	Identity,Experience,Education Background,Degree,Post, Professional Title	232	438	0.1	0.1
有无违法犯罪记录	Illegal and Criminal Record Check	4292	6395	1.7	1.9
公司章程	Corporation Constitutions		2		0.0
保全证据	Preservation of evidence	15580	29948	6.2	8.9
证书、执照	Certificate,License	19974	31595	8.0	9.4
签名、印鉴	Signature ,Stamp	2941	3475	1.2	1.0
文本相符	Conformity of Documentation	7858	10357	3.1	3.1
赋予强制执行效力	Executor Force	52511	63907	21.0	19.1
执行证书	Certificate of Execution	2280	3983	0.9	1.2
抵押登记	Mortgage Registration	1	2	0.0	0.0
提 存	Drawing	241	697	0.1	0.2
保 管	Storage				
其 他	Others	545	159	0.2	0.0

19－18 公安机关立案的刑事案件情况(2022—2023年)
Criminal Cases Registered in Public Security Organs(2022-2023)

指　　标	Item	2022	2023
刑事案件立案数(起)	Total Registered Criminal Cases (case)	106122	83749
刑事案件破案率(%)	Rate of Solved Criminal Cases (%)	33.7	48.5

19－19 检察机关审查批准、决定逮捕犯罪嫌疑人和提起公诉被告人情况(2023年)
Arrests of Criminal Suspects and Defendants under Public Prosecution Approved by People's Procuratorate (2023)

案件类别	Category of Cases	批捕、决定逮捕合计 Total of Arrests		决定起诉合计 Total of Public Prosecutions	
		件 (case)	人 (person)	件 (case)	人 (person)
合　计	**Total**	**11239**	**15147**	**23431**	**33660**
危害国家安全案	Offences Against State Security	2	2	4	5
危害公共安全案	Offences Against Public Security	105	113	5234	5281
破坏社会主义市场经济秩序案	Offences Against Socialist Economic Order	345	718	660	1308
侵犯公民人身、民主权利案	Offences Against Citizens' Personal and Democratic Rights	1485	1631	1951	2273
侵犯财产案	Offences Against Properties	3836	5098	5919	8814
妨害社会管理秩序案	Offences Against Social Management of Order	5457	7576	9411	15689
危害国防利益案	Offences Against National Defense	1	1	5	5
军人违反职责案	Offences on Dereliction of Duty by Servicemen				
贪污贿赂案	Offences on Corruption and Bribery			228	257
渎职案	Offences on Abuse and Dereliction of Duty	8	8	19	28

19－20 人民法院刑事一审案件收结案情况(2022—2023年)
First Trial Criminal Cases Accepted and Settled by Courts (2022-2023)

单位：件　　(case)

案件类别	Category of Cases	收　案 Accepted Cases		结　案 Settled Cases	
		2022	2023	2022	2023
合　计	**Total**	**25233**	**26011**	**23427**	**24807**
危害公共安全罪	Offences against Public Security	5652	5357	5592	5292
破坏社会主义市场经济秩序罪	Offences against Socialist Economic Order	768	873	547	713
侵犯公民人身权利、民主权利罪	Offences against Citizens' Personal and Democratic Rights	2130	2414	1781	2143
侵犯财产罪	Offences against Properties	5859	6530	5473	6287
妨害社会管理秩序罪	Offences against social Management of Order	10485	10469	9805	10082
危害国防利益罪	Offences against National Defense	3	5	3	5
贪污贿赂罪	Offences on Corruption and Bribery	297	316	209	250
渎职罪	Offences on Dereliction of Duty	32	37	16	28
危害国家安全罪	Offences against Country Safety				
其　他	Others	7	10	1	7

注：收结案中含上年结转。

Note: The numbers of accepted and settled cases include the cases turned over from the previous year.

19-21 人民法院民事、行政一审案件收结案情况(2022—2023年)
First Trial Civil and Administrative Cases Accepted and Settled by Courts (2022-2023)

单位：件 (case)

案件类别	Category of Cases	收案 Accepted Cases 2022	收案 Accepted Cases 2023	结案 Settled Cases 2022	结案 Settled Cases 2023
民事一审案件	**First Trial of Civil Cases**	**597178**	**592062**	**540457**	**539748**
婚姻家庭、继承纠纷	Disputes of Marriages and Family Affairs	51395	57430	48269	54266
物权纠纷	Disputes of Inheritance	9175	9005	7787	7682
合同纠纷	Disputes of Contracts	417565	415121	381619	380644
劳动争议、人事争议		29461	29081	25241	25180
侵权责任纠纷	Disputes of Ownership and Infringement of Right	33577	29040	29101	25139
其他民事一审案件		56005	52385	48440	46837
行政一审案件	**First Trial of Administrative Cases**	**8915**	**8852**	**7766**	**7798**

注：收案中含上年结转。
Note: The number of accepted cases includes the cases turned over from the previous year.

19-22 安全生产情况(2002—2022年)
Basic Statistics on Work Safety (2002-2023)

年份 Year	亿元地区生产总值生产安全事故死亡率 Mortality Rate of Work Safety Accident Per 100 Billion Yuan GDP	煤炭生产百万吨死亡率 Mortality Rate Per 1 Million Tons of Coal Production
2002	1.440	21.080
2003	1.410	17.820
2004	0.890	12.240
2005	0.750	13.730
2006	0.610	9.300
2007	0.470	7.640
2008	0.340	6.820
2009	0.300	5.440
2010	0.230	4.000
2011	0.170	3.000
2012	0.130	2.730
2013	0.118	2.390
2014	0.097	2.597
2015	0.080	1.260
2016	0.070	3.340
2017	0.050	0.286
2018	0.044	1.229
2019	0.044	0.424
2020	0.038	5.041
2021	0.031	
2022	0.021	
2023	0.019	

19-23 道路交通事故情况(2023年)
Basic Statistics on Traffic Accidents (2023)

类别	Type	发生数(起) Number of Traffic Accidents (case)	死亡人数(人) Number of Deaths (person)	受伤人数(人) Number of Injuries (person)	损失折款(万元) Losses Converted into Cash (10 000 yuan)
总计	**Total**	**4474**	**915**	**4498**	**3879.97**
#死亡事故	Deaths	866	915	334	1810.45
伤人事故	Injuries	3170		4164	1821.53
财产损失事故	Assets Losses	438			247.99
#机动车	Motor Vehicles	4051	814	4074	3665.39
#汽车	Automobiles	2567	608	2424	3439.21
摩托车	Motorcycles	1142	196	1297	210.53
拖拉机	Tractors	6	3	5	1.80
非机动车	Non-motor-driven Vehicles	246	43	291	24.36
#自行车	Bicycles	24	1	26	1.96
行人乘车人	Pedestrians and Passengers	177	58	133	190.22

19-24 火灾事故情况(2023年)
Basic Statistics on Fires (2023)

指标	Item	合计 Total	按事故发生程度分 By Serious Degree of Fires			
			特大 Extra-Serious	重大 Serious	较大 Large	一般 Ordinary
发生(起)	Fires (case)	17702				17702
死亡(人)	Deaths (person)	71				71
受伤(人)	Injuries (person)	77				77
损失折款(万元)	Losses Converted into Cash (10 000 yuan)	15173.12				15173.12
平均每起事故损失(万元)	Average Loss Per Fire (10 000 yuan)	0.86				0.86

注：损失折款指直接经济损失(下表同)。
Note: The losses converted into cash refer to direct losses (the same for tables below).

主要统计指标解释

等级运动员人数 指经考核正式批准授予等级运动员称号的人数。运动员等级分为国际级运动健将、运动健将、一级运动员、二级运动员、三级运动员、少年级运动员。

等级裁判员人数 指经考核正式批准授予等级裁判员称号的人数。裁判员等级分为国际裁判、国家级裁判、一级裁判、二级裁判、三级裁判。

医疗卫生机构 指从卫生（卫生计生）行政部门取得《医疗机构执业许可证》《计划生育技术服务许可证》，或从民政、工商行政、机构编制管理部门取得法人单位登记证书，为社会提供医疗服务、公共卫生服务或从事医学科研和医学在职培训等工作的单位。医疗卫生机构包括医院、基层医疗卫生机构、专业公共卫生机构、其他医疗卫生机构。

医院 包括综合医院、中医医院、中西医结合医院、民族医院、各类专科医院和护理院，不包括专科疾病防治院、妇幼保健院和疗养院，包括医学院校附属医院。

卫生技术人员 包括执业医师、执业助理医师、注册护士、药师（士）、检验技师（士）、影像技师、卫生监督员和见习医（药、护、技）师（士）等卫生专业人员。不包括从事管理工作的卫生技术人员（如院长、副院长、党委书记等）。

执业医师 指《医师执业证》“级别”为“执业医师”且实际从事医疗、预防保健工作的人员，不包括实际从事管理工作的执业医师。执业医师类别分为临床、中医、口腔和公共卫生四类。

执业（助理）医师 指《医师执业证》“级别”为“执业助理医师”且实际从事医疗、预防保健工作的人员，不包括实际从事管理工作的执业助理医师。执业助理医师类别分为临床、中医、口腔和公共卫生四类。

社会福利企业单位 指以安置城镇有一定劳动能力的盲、聋、哑和肢体残疾人员就业为目的，享受国家减免税待遇的国有或集体企业。包括福利工厂、福利商业和服务业、假肢厂和安置农场等单位。该指标主要反映我国对残疾人照顾的特殊政策。

城镇职工基本养老保险

1.参保职工人数 指报告期末按照国家法律、法规和有关政策规定参加城镇职工基本养老保险并在社保经办机构已建立缴费记录档案的职工人数，包括中断缴费但未终止养老保险关系的职工人数，不包括只登记未建立缴费记录档案的人数。

2.离退休人员人数 指报告期末参加城镇职工基本养老保险的离休、退休和退职人员的人数。

3.基金收入 指根据国家有关规定，由纳入职工基本养老保险范围的缴费单位和个人按国家规定的缴费基数和缴费比例缴纳的养老保险费，以及通过其他方式取得的形成基金来源的收入。包括单位和职工个人缴纳的基本养老保险费、基本养老保险基金利息收入、委托投资收益、上级补助收入、下级上解收入、转移收入、财政补贴和其他收入。

4.基金支出 指按照国家政策规定的开支范围和开支标准从职工基本养老保险基金中支付给参加职工基本养老保险的个人养老保险待遇支出，以及由于保险关系转移、上下级之间补助、上解等原因而发生的支出。其他支出包括基本养老金、医疗补助金、丧葬补助金和抚恤金、病残津贴、补助下级支出、上解上级支出、转移支出和其他支出等。

5.基金累计结余 指职工基本养老保险基金收支相抵后的期末累计余额。

城乡居民基本养老保险

1.参保人数 指报告期末，参加城乡居民养老保险（在经办机构参保登记并已建立缴费记录以及制度实施当年已经年满 60 周岁并在经办机构参保登记）的人数（不包括已经办理注销登记手续的人数）。

2.基金收入 指根据国家有关规定，由参加城乡居民基本养老保险的个人按规定缴费的城乡居民基本养老保险费，以及通过集体补助、财政补助等其他方式取得的形成基金来源的收入。包括个人缴费收入、集体补助收入、政府补贴收入、利息收入、委托投资收益、转移收入、上级补助收入、下级上解收入和其他收入。

3.基金支出 指按照国家政策规定的开支范围和开支标准从城乡居民基本养老保险基金中支付给参加城乡居民基本养老保险的个人养老保险待遇支出，以及由于参保人员跨统筹地区或跨制度流动而发生的支出等。包括养老保险待遇支出、转移支出、补助下级支出、上解上级支出和其他支出。

4.基金累计结余 指城乡居民基本养老保险基金收支相抵后的期末累计余额。

离休、退休、退职人员 指正式办理了离休、退休、退职手续，并享受相应的离休、退休、退职待遇的人员。

失业保险

1.参保人数 指报告期末按照国家法律、法规和有关政策规定参加了失业保险的城镇企业、事业单位的职工及地方政府规定参加失业保险的其他人员的人数。

2.基金收入 指报告期内筹集的失业保险基金的总额，包括失业保险费收入、利息收入、财政补贴收入、其他收入、转移收入、上级补助收入、下级上解收入。

3.基金支出 指报告期内为保障失业人员基本生活、促进其再就业等支出的基金总额，包括失业保险金支出、医疗补助金支出、丧葬补助金和抚恤金支出、职业培训和职业介绍补贴支出、农民合同制工人一次性生活补助支出、其他支出、转移支出、上级补助支出、下级上解支出。

4.基金累计结余 指截至报告期末失业保险基金收支

相抵后的累计余额。

基本医疗保险

1.参保人数 指报告期末按国家有关规定参加职工基本医疗保险和城乡居民基本医疗保险人员的合计。

2.基金收入 指由用人单位和个人按照国家规定的缴费基数、缴费比例或缴费标准缴纳的基本医疗保险费，财政补贴资金以及通过其他方式取得的形成基金来源的款项，包括：单位缴纳收入、个人缴纳收入、财政补贴收入、利息收入、上级补助收入、下级上解收入和其他收入。

3.基金支出 指按照国家政策规定的开支范围和开支标准，从基本医疗保险基金中支付给参保人员的医疗保险待遇支出，以及其他支出。包括住院费用支出、门诊费用支出、大病保险支出、生育保险与职工基本医疗保险合并实施的统筹地区生育待遇支出、补助下级支出、上解上级支出和其他支出。

4.基金累计结余 指基本医疗保险基金收支相抵后的期末累计结余金额。

律师 指依法取得律师执业证书，担任法律顾问，民事（刑事、行政）案件代理人、刑事案件辩护人、办理非诉讼业务，解答法律询问，代写法律事务文书等，为社会提供法律服务的人员。

公证人员 指在公证处工作的人员总称，包括公证处主任、副主任、公证员、公证员助理（助理公证员）和其他从事辅助性工作的人员。

公证文书 指公证处根据当事人申请，依照事实和法律，按照法定程序制作的，具有法律效力的司法证明文书。

调解员 指在人民调解委员会担负调解民间纠纷工作的人员，包括调解委员会的委员和调解小组的调解员。

调解民间纠纷 指调解委员会按照法律规定，根据自愿原则，用说服教育的方法调解民间发生的有关民事权利和义务争执的件数，包括调解成功数和调解未成功数。

基层医疗卫生机构 包括社区卫生服务中心、社区卫生服务站、街道卫生院、乡镇卫生院、村卫生室、门诊部、诊所（医务室）。

专业公共卫生机构 包括疾病预防控制中心、专科疾病防治机构、妇幼保健机构（含妇幼保健计划生育服务中心）、健康教育机构、急救中心（站）、采供血机构、卫生监督机构、取得《医疗机构执业许可证》或《计划生育技术服务许可证》的计划生育技术服务机构。

卫生人员 指在医院、基层医疗卫生机构、专业公共卫生机构及其他医疗卫生机构工作的职工，包括卫生技术人员、乡村医生和卫生员、其他技术人员、管理人员和工勤人员。一律按支付年底工资的在岗职工统计，包括各类聘任人员（含合同工）及返聘本单位半年以上人员，不包括临时工、离退休人员、退职人员、离开本单位仍保留劳动关系人员、本单位返聘和临聘不足半年人员。

Explanatory Notes on Main Statistical Indicators

Number of Athletes in Grades refers to the number of athletes who have been given titles through examination. The titles of athletes include international masters of sports, masters of sports, first-grade, second-grade and third-grade sportsmen and young athletes.

Number of Referees in Grades refers to the number of referees who have been given titles after examination. They are classified as international referees, national referees and referees of the first, second and third grades.

Medical and Health Care Institutions refer to the units which have been qualified the Certification of Health Care Institution, certification of family planning technical service by the administration of public health (family planning), or qualified the Certification of Corporate Unit by the civil affairs, administration for industry and commerce, commission office for public sector reform, and engaging in medical health care services, public health services, or medicine research and on-job training, etc., including: hospitals, health care institutions at grass-root level, specialized public health institutions, and other medical and health care institutions.

Hospitals include general hospitals, hospitals specialized in traditional Chinese medicine, hospitals of integrated traditional Chinese and western medicine, ethnic hospitals, specialized hospitals and nursing hospitals, excluding specialized disease prevention and treatment institutes, maternal and child health care hospitals and convalescent hospitals, including affiliated hospital of medical college.

Medical Technical Personnel refer to the professional staff engaged in health care, including licensed doctors, licensed assistant doctors, registered nurses, pharmacists, laboratory technicians, imaging staff, health care supervisors and intern doctors, pharmacists, nurses, and technical personnel, excluding the medical technical personnel engaged in managerial job (e.g. president, vice president and secretary of the party committee etc.).

Licensed Doctors refer to the medical workers who have obtained the licenses of qualified doctors and are employed in medical treatment, disease prevention or healthcare institutions, excluding the licensed doctors engaged in management job. The licensed doctors are divided into 4 categories: clinician, Chinese medicine physicians, dentist and public health physicians.

Licensed Assistant Doctors refer to the medical workers who have obtained the licenses of qualified assistant doctors and are employed in medical treatment, disease prevention or healthcare institutions, excluding the licensed assistant doctors engaged in management job. The classification of licensed assistant doctors is clinician, Chinese medicine, dentist and public health.

Social Welfare Enterprises are collective owned enterprises which employ the blind, deaf-mute, and other handicapped people who are able to work in cities and towns and enjoy exemption from state taxes, including welfare plants, welfare commercial services, artificial limb plants and farms, etc. This indicator reflects the preferential policies toward disabled persons.

Basic Pension Insurance for Urban Staff and Workers

1. **Number of staff and workers covered** refers to staff and workers participating in the basic pension insurance for urban staff and workers program according to national laws, regulations and related policies at the end of the reference period, who have already had payment records in social security management agencies, including those who have interrupt payment without terminating the insurance program. Those who have registered in the program but with no payment records are not included.

2. **Number of retirees** refers to the number of retirees participating in the basic pension insurance for urban staff and workers programs by the end of the reference period.

3. **Revenue of the basic pension insurance program** refers to payments made by employers and individuals participating in the pension insurance program of staff in accordance with the basis and proportion stipulated in State regulations, and income from other sources that become the source of pension insurance fund, including the premium paid by employers and staff and workers, interest income, entrusted investment income, subsidies from higher level agencies, income as transfer from subordinate agencies, transferred income, government financial subsidies and other income.

4. **Expenditure of basic pension insurance program** refer to personal pension insurance payment made on pensions subsidies to those covered in pension insurance programs of staff according to related national policies on scope and standard of expenditure, also included are expenditure which arises due to shift of the insurance relationship or adjustment of funds among agencies, transfer to agencies at higher level. Other expenditure includes: basic pension insurance, medical fees, funeral subsidies, compensation payments, disability allowance, expenses on subsidies to lower subordinates, expenses as transfer to agencies at higher level, transferred expenditure and other expenditure.

5. **Balance of basic pension insurance program** refers to the balance of staff basic pension insurance funds at the end of the reference period after deducting expenses from revenue.

Basic Pension Insurance for Urban and Rural Residents

1. **Number of participants** refers to people participating in the basic pension insurance for urban and rural residents program who registered with the participation and established payment records, and who were 60 years old or above when the system was established and registered with the participation. Those who cancelled their registration are not included.

2. **Revenue of the insurance program** refers to the

revenue from the payments made, in accordance with related regulations of the government, by individuals participating in the basic pension insurance for urban and rural residents programme and from the subsidies contributed by collective subsidies, public finance and other sources. It includes the payment by individual participants, collective subsidies, government subsidies, interest income, entrusted investment income, transferred income, subsidies from higher levels, contributions from lower levels, and income from other sources.

3. **Expenditure of the insurance program** refers to payment made to those covered in the basic pension insurance for urban and rural residents according to related national policies on scope and standard of expenditure. Also included are expenditures which arise due to movement of participants among different locations or system. It includes the payment to the individual participants, transferred expenditures, expenses on subsidies to lower subordinates, expenses as transfer to agencies at higher level, and other expenditures.

4. **Balance of insurance program** refers to the balance of basic pension insurance funds for urban and rural residents at the end of the reference period after deducting expenses from revenue.

Retired or Resigned Personnel refers to people who have formally gone through the formalities for their retirement or quitting work and enjoy the corresponding treatments.

Unemployment Insurance

1. **Number of people covered** refers to staff and workers in urban enterprises or institutions who have participated in the unemployment insurance program according to relevant policies and regulations, and other people who have participated according to local government regulations at the end of the reference period.

2. **Revenue of the unemployment insurance program** refers to the total unemployment insurance funds raised in the reference period, including unemployment insurance premium, interest income, financial subsidies, other incomes, transferred income, subsidies from higher level agencies and income as transfer from subordinate agencies.

3. **Expenditure of the unemployment insurance program** refers to total expenses during the reference period to guarantee the basic livelihood of unemployed people, and to encourage their re-employment. Included are unemployment relief, medical fees, funeral subsidies, compensation payments, training expenses, job placement expenses, one-time subsistence allowance for contracted migrant workers, other expenditures, transferred expenditure, expenses as transfer to higher level agencies and subsidies to lower level agencies.

4. **Balance of the unemployment insurance program** refers to the balance of revenue of the program after deducting expenses at the end of the reference period.

Basic Medical Care Insurance

1. **Number of people participating in the insurance program** refers to the total number of basic medical insurance for employees and the basic medical insurance for urban and rural residents participating in the basic medical care insurance program according to related regulations at the end of the reference period.

2. **Revenue of the insurance program** refers to payments made by employers and individuals participating in the medical care insurance program in accordance with the basis and proportion stipulated in State regulations, government subsidies and income from other sources that become the source of medical insurance fund, including payment by employers and individuals, financial subsidies, interest income, subsidies from higher level agencies, income as transfer from subordinate agencies, and other incomes.

3. **Expenditure of the insurance program** refers to medical care payment made to people covered in basic medical care insurance program within the scope and standards of expenditure according to related national policies, and other expenses, including combined regional maternity expenditure of medical expenses of hospital inpatients, medical expenses for outpatients patients, serious illness insurance expenditure, maternity insurance, basic medical insurance for staff and workers, and other expenditure.

4. **Balance of the basic medical care insurance program** refers to the balance of medical care insurance funds at the end of the reference period after deducting expenses from revenue.

Lawyers are certified legal workers according to law, and who are employed by legal counseling firms to act as legal advisers, agents in criminal or civil lawsuits, or defenders in criminal lawsuits, or to handle non-litigious legal affairs, to advise on matters of law or to write legal papers for others, and provide service to the public.

Notary Personnel refers to people working for notary offices including: directors, deputy director, notaries, assistant notaries, and other people providing assistance.

Notary Documents refer to the judicatory notary documents drawn up by the request of the party and are in accordance with facts and laws and following certain legal proceedings.

Mediators refer to workers on people mediation committees responsible for mediating in civil disputes and cases of slight infraction of the law. They include members of the mediation committees and mediators of mediation groups.

Mediation of Civil Disputes refers to number of cases made by mediation committees in mediating in civil disputes concerning civil rights and duties through persuasion and education in accordance with the provisions of law on a voluntary basis, so as to solve disputes by helping the parties involved come to an agreement and understanding, including those unsuccessful ones.

Health Care Institutions at Grass-root Level include community health service centers, community health service stations, urban health centers, township health centers, village clinics, outpatient departments and clinics (health centers).

Specialized Public Health Institutions include centers for disease control and prevention, specialized disease prevention and treatment institutions, women and children care agencies(including women and children health care family planning service center), health education institutions, first aid centers, blood gathering and supplying institutions, health supervision and inspection agencies, and family planning technical service centers that obtained the Certification of Health Care Institution or certification of family planning technical service centers.

Health Care Employees refer to all employees engaged in the health care institutions, such as hospitals, health care institutions at grass-root level, specialized public health institutions, and other medical and health care institutions, including medical technical personnel, village doctors and assistants, other technical personnel, managerial and service staff. The data is based on the year end payroll, including personnel hired (including contract labor) and re-employed after retirement by the institution for over half a year and excluding temporary workers, retired personnel, resigned personnel, personnel who have left the institution but kept the contract relation and personnel who are re-employed after retirement or temporarily employed for less than half a year.

20 区　县

DISTRICTS，COUNTIES

简 要 说 明

本章资料包括按“主城都市区（中心城区、渝西地区、渝东新城）、渝东北三峡库区、渝东南武陵山区”三个分组的全市38个区县（自治县）的主要经济社会统计资料。

“中心城区”包括渝中区、大渡口区、江北区、沙坪坝区、九龙坡区、南岸区、北碚区、渝北区、巴南区，即主城九区；“渝西地区”包括江津区、合川区、永川区、大足区、璧山区、铜梁区、潼南区、荣昌区；“渝东新城”包括涪陵区、南川区、长寿区、綦江区和垫江县；“渝东北三峡库区”包括万州区、开州区、梁平区、城口县、丰都县、忠县、云阳县、奉节县、巫山县和巫溪县；“渝东南武陵山区”包括黔江区、武隆区、石柱县、秀山县、酉阳县和彭水县。

为便于排版，对资料中各区县名称均采用简称，即：石柱土家族自治县、秀山土家族苗族自治县、酉阳土家族苗族自治县、彭水苗族土家族自治县统一简称为：石柱县、秀山县、酉阳县、彭水县。

本章资料分别由市统计局人口就业处、核算处、工业处、服务业处、固定资产投资处、贸易外经处、社会科技处、能源资源统计处、普查中心、综合处和国家统计局重庆调查总队根据有关专业统计资料、各区县统计局资料和市级有关部门的区县资料整理编辑。

Brief Introduction

This chapter includes the main economic and social indicators of 38 districts and counties (autonomous counties) grouped by the "The city proper of Chongqing (The central urban area of Chongqing , The western of Chongqing and The eastern of Chongqing), Three gorges reservoir area in northeast Chongqing, Wuling mountain area in southeast Chongqing".

The central urban area of Chongqing covers the 9 central urban districts, namely Yuzhong, Dadukou, Jiangbei, Shapingba, Jiulongpo, Nan'an, Beibei, Yubei and Banan. The western of Chongqing 8 districts and counties of Jiangjin, Hechuan, Yongchuan, Dazu, Bishan, Tongliang, Tongnan, Rongchang. The eastern of Chongqing 4 districts and counties of Fuling, Changshou, Nanchuan, Qijiang, and Dianjiang. "Three gorges reservoir area in northeast Chongqing" covers 11 districts and counties of Wanzhou, Kaizhou, Liangping, Chengkou, Fengdu, Zhongxian, Yunyang, Fengjie, Wushan and Wuxi. "Wuling mountain area in southeast Chongqing" covers 6 districts and counties of Qianjiang, Wulong, Shizhu, Xiushan Youyang and Pengshui.

For the convenience of layout, shorter terms are used for the name of some districts and counties. Shizhu Tujia Autonomous County, Xiushan Tujia&Miao Autonomous County, Youyang Tujia&Miao Autonomous County and Pengshui Miao&Tujia Autonomous County are uniformly called as Shizhu County, Xiushan County, Youyang County and Pengshui County.

The data in this chapter are prepared and compiled by Division of Population and Employment Statistics, Division of National Economic Accounting, Division of Industry Statistics, Division of Service Statistics, Division of Statistics of Investment in Fixed Assets, Division of Trade and Foreign Economic Relations Statistics, Division of Social and Technology Statistics, Division of Energy and Natural Resources Statistics, Census Center, Division of Comprehensive Statistics of Chongqing Municipal Bureau of Statistics as well as the NBS Survey Office in Chongqing on the basis of the data provided by the related divisions of Municipal Bureau of Statistics, the statistical bureaus of districts and counties and the related municipal departments.

20-1 各区县户数和人口(2023年)
Households and Population by Region (2023)

区 县	Region	年末总户数(户籍统计)(万户) Year-end Households (registration statistics) (10 000 households)	年末总人口(户籍统计)(万人) Year-end Population (registration statistics) (10 000 persons)	#城镇人口 Non-agricultural	#女 性 Female
全 市	**Total**	**1297.20**	**3409.35**	**1707.14**	**1669.36**
主城都市区	The city proper of Chongqing	822.89	2065.47	1239.80	1027.09
中心城区	The central urban area of Chongqing	319.70	752.37	640.26	383.95
渝西地区	The western of Chongqing	317.84	837.93	395.52	410.00
渝东新城	The eastern of Chongqing	185.35	475.17	204.02	233.14
渝东北三峡库区	Three gorges reservoir area in northeast Chongqing	351.04	971.95	346.53	466.25
渝东南武陵山区	Wuling mountain area in southeast Chongqing	123.27	371.93	120.81	176.02
万州区	Wanzhou District	68.70	169.92	71.29	83.82
黔江区	Qianjiang District	20.29	55.38	22.95	26.21
涪陵区	Fuling District	44.00	111.60	51.20	54.95
渝中区	Yuzhong District	20.66	49.01	49.01	25.19
大渡口区	Dadukou District	13.45	29.60	29.60	15.23
江北区	Jiangbei District	28.40	66.07	64.51	33.91
沙坪坝区	Shapingba District	39.95	98.01	90.11	50.26
九龙坡区	Jiulongpo District	43.37	101.95	86.97	52.28
南岸区	Nan'an District	33.33	82.20	77.47	42.28
北碚区	Beibei District	28.50	66.58	49.55	33.85
渝北区	Yubei District	68.76	160.63	129.67	81.52
巴南区	Ba'nan District	43.28	98.32	63.37	49.43
长寿区	Changshou District	38.15	86.39	37.99	42.74
江津区	Jiangjin District	61.89	145.37	70.24	71.49
合川区	Hechuan District	57.37	146.61	72.09	71.38
永川区	Yongchuan District	41.47	113.13	52.38	56.32
南川区	Nanchuan District	25.05	67.49	29.21	33.29
綦江区	Qijiang District	45.04	115.68	58.93	56.96
#綦江区(不含万盛)	Qijiang District (excluding Wansheng)	34.68	89.94	40.91	44.00
大足区	Dazu District	32.78	106.34	51.79	51.39
璧山区	Bishan District	26.43	65.63	35.08	32.78
铜梁区	Tongliang District	32.38	83.71	40.24	41.01
潼南区	Tongnan District	34.07	93.65	30.93	44.43
荣昌区	Rongchang District	31.45	83.49	42.77	41.20
开州区	Kaizhou District	56.62	164.96	64.36	78.75
梁平区	Liangping District	31.96	90.55	37.64	43.47
武隆区	Wulong District	13.91	40.15	10.83	19.24
城口县	Chengkou County	8.77	24.76	7.11	11.69
丰都县	Fengdu County	27.28	78.98	24.43	37.94
垫江县	Dianjiang County	33.11	94.01	26.69	45.20
忠 县	Zhongxian County	34.04	94.30	32.46	45.14
云阳县	Yunyang County	45.41	130.67	45.86	62.17
奉节县	Fengjie County	36.12	103.18	27.99	48.80
巫山县	Wushan County	23.02	61.81	16.51	29.38
巫溪县	Wuxi County	19.12	52.82	18.88	25.09
石柱县	Shizhu County	19.02	54.18	16.18	26.18
秀山县	Xiushan County	21.52	67.44	22.46	32.14
酉阳县	Youyang County	26.18	85.02	27.87	39.84
彭水县	Pengshui County	22.35	69.76	20.52	32.41

20-1 续表 1 continued

区 县	Region	按年龄组分 By Age			
		0-17岁 Aged 0-17	18-35岁 Aged 18-35	35-59岁 Aged 35-59	60岁及以上 Aged 60 and Over
全 市	**Total**	**590.81**	**694.72**	**1346.94**	**776.88**
主城都市区	The city proper of Chongqing	355.89	377.67	828.84	503.07
中心城区	The central urban area of Chongqing	144.48	122.32	298.65	186.92
渝西地区	The western of Chongqing	137.99	159.59	336.17	204.18
渝东新城	The eastern of Chongqing	73.42	95.76	194.02	111.97
渝东北三峡库区	Three gorges reservoir area in northeast Chongqing	162.56	221.93	380.67	206.79
渝东南武陵山区	Wuling mountain area in southeast Chongqing	72.36	95.12	137.43	67.02
万州区	Wanzhou District	24.74	32.16	71.38	41.64
黔江区	Qianjiang District	10.78	13.87	21.22	9.51
涪陵区	Fuling District	18.14	20.56	48.28	24.62
渝中区	Yuzhong District	6.01	6.44	17.89	18.67
大渡口区	Dadukou District	5.70	4.75	11.64	7.51
江北区	Jiangbei District	11.28	10.22	26.38	18.19
沙坪坝区	Shapingba District	21.19	15.92	37.59	23.31
九龙坡区	Jiulongpo District	19.91	16.02	40.63	25.39
南岸区	Nan'an District	17.25	13.11	32.34	19.50
北碚区	Beibei District	10.36	10.05	27.26	18.91
渝北区	Yubei District	35.79	29.28	66.35	29.21
巴南区	Ba'nan District	16.99	16.53	38.57	26.23
长寿区	Changshou District	11.47	16.51	35.99	22.42
江津区	Jiangjin District	22.04	26.49	58.13	38.71
合川区	Hechuan District	20.82	26.26	60.18	39.35
永川区	Yongchuan District	20.52	20.44	45.67	26.50
南川区	Nanchuan District	11.17	13.07	27.87	15.38
綦江区	Qijiang District	17.36	22.93	45.64	29.75
#綦江区(不含万盛)	Qijiang District (excluding Wansheng)	13.68	18.12	35.09	23.05
大足区	Dazu District	21.02	22.05	41.55	21.72
璧山区	Bishan District	10.75	12.03	26.50	16.35
铜梁区	Tongliang District	13.86	15.41	33.84	20.60
潼南区	Tongnan District	15.71	20.84	35.48	21.62
荣昌区	Rongchang District	13.27	16.07	34.82	19.33
开州区	Kaizhou District	30.24	40.24	62.48	32.00
梁平区	Liangping District	14.71	19.37	36.67	19.80
武隆区	Wulong District	6.62	8.72	16.04	8.77
城口县	Chengkou County	4.90	5.66	9.44	4.76
丰都县	Fengdu County	11.85	19.13	31.31	16.69
垫江县	Dianjiang County	15.28	22.69	36.24	19.80
忠 县	Zhongxian County	15.53	19.29	37.12	22.36
云阳县	Yunyang County	22.39	32.53	49.35	26.40
奉节县	Fengjie County	17.55	26.72	38.45	20.46
巫山县	Wushan County	10.94	14.70	24.39	11.78
巫溪县	Wuxi County	9.71	12.13	20.08	10.90
石柱县	Shizhu County	9.05	13.73	20.60	10.80
秀山县	Xiushan County	13.98	17.83	24.30	11.33
酉阳县	Youyang County	18.21	22.28	30.12	14.41
彭水县	Pengshui County	13.72	18.69	25.15	12.20

20-1 续表 2 continued

区 县	Region	出生(户籍统计) Birth (registration statistics)		死亡(户籍统计) Mortality (registration statistics)	
		人数(万人) Population (10 000 persons)	出生率(‰) Birth ate (‰)	人数(万人) Population (10 000 persons)	死亡率(‰) Mortality ate (‰)
全 市	**Total**	**20.71**	**6.07**	**27.48**	**8.05**
主城都市区	The city proper of Chongqing	12.41	6.01	16.57	8.02
中心城区	The central urban area of Chongqing	5.46	7.31	4.63	6.20
渝西地区	The western of Chongqing	4.48	5.34	7.83	9.30
渝东新城	The eastern of Chongqing	2.47	5.16	4.11	8.62
渝东北三峡库区	Three gorges reservoir area in northeast Chongqing	5.50	5.64	8.11	8.33
渝东南武陵山区	Wuling mountain area in southeast Chongqing	2.80	7.54	2.80	7.51
万州区	Wanzhou District	0.81	4.74	1.38	8.13
黔江区	Qianjiang District	0.41	7.46	0.39	7.09
涪陵区	Fuling District	0.55	4.88	1.01	8.98
渝中区	Yuzhong District	0.23	4.79	0.27	5.46
大渡口区	Dadukou District	0.21	7.18	0.19	6.39
江北区	Jiangbei District	0.45	6.92	0.31	4.65
沙坪坝区	Shapingba District	0.75	7.76	0.42	4.36
九龙坡区	Jiulongpo District	0.69	6.76	0.44	4.37
南岸区	Nan'an District	0.61	7.43	0.29	3.56
北碚区	Beibei District	0.39	5.89	0.55	8.35
渝北区	Yubei District	1.47	9.26	1.09	6.87
巴南区	Ba'nan District	0.66	6.71	1.07	10.93
长寿区	Changshou District	0.41	4.70	0.60	6.91
江津区	Jiangjin District	0.71	4.86	1.58	10.84
合川区	Hechuan District	0.70	4.77	1.47	9.96
永川区	Yongchuan District	0.59	5.18	0.99	8.75
南川区	Nanchuan District	0.35	5.17	0.58	8.64
綦江区	Qijiang District	0.63	5.39	1.11	9.59
#綦江区(不含万盛)	Qijiang District (excluding Wansheng)	0.50	5.52	0.89	9.90
大足区	Dazu District	0.65	6.10	0.88	8.23
璧山区	Bishan District	0.38	5.80	0.60	9.07
铜梁区	Tongliang District	0.45	5.39	0.80	9.57
潼南区	Tongnan District	0.57	6.13	0.78	8.27
荣昌区	Rongchang District	0.43	5.14	0.73	8.67
开州区	Kaizhou District	0.96	5.83	1.33	8.07
梁平区	Liangping District	0.50	5.48	0.82	9.01
武隆区	Wulong District	0.22	5.41	0.37	9.08
城口县	Chengkou County	0.15	6.01	0.20	8.24
丰都县	Fengdu County	0.40	5.03	0.74	9.31
垫江县	Dianjiang County	0.53	5.60	0.81	8.58
忠 县	Zhongxian County	0.46	4.89	0.87	9.17
云阳县	Yunyang County	0.85	6.47	1.03	7.84
奉节县	Fengjie County	0.69	6.68	0.80	7.72
巫山县	Wushan County	0.36	5.77	0.47	7.63
巫溪县	Wuxi County	0.32	6.03	0.47	8.90
石柱县	Shizhu County	0.35	6.44	0.41	7.57
秀山县	Xiushan County	0.59	8.79	0.52	7.67
酉阳县	Youyang County	0.68	7.96	0.59	6.93
彭水县	Pengshui County	0.55	7.95	0.52	7.42

20-1 续表 3 continued

区 县	Region	自然增长(户籍统计) Natural Growth (registration statistics) 人数(万人) Population (10 000 persons)	自然增长率(‰) Natural Growth Rate (‰)	常住人口(万人) Resident Population (10 000 persons)	城镇化率(%) Urban Rate (%)
全 市	**Total**	**-6.77**	**-1.98**	**3191.43**	**71.67**
主城都市区	The city proper of Chongqing	-4.16	-2.01	2177.98	79.56
中心城区	The central urban area of Chongqing	0.83	1.11	1050.93	93.43
渝西地区	The western of Chongqing	-3.35	-3.96	730.72	66.12
渝东新城	The eastern of Chongqing	-1.64	-3.46	396.33	67.54
渝东北三峡库区	Three gorges reservoir area in northeast Chongqing	-2.61	-2.69	728.66	55.67
渝东南武陵山区	Wuling mountain area in southeast Chongqing	0.00	0.03	284.79	52.34
万州区	Wanzhou District	-0.57	-3.39	154.59	71.01
黔江区	Qianjiang District	0.02	0.37	49.35	61.68
涪陵区	Fuling District	-0.46	-4.10	110.46	74.20
渝中区	Yuzhong District	-0.04	-0.67	57.63	100.00
大渡口区	Dadukou District	0.02	0.79	43.73	97.83
江北区	Jiangbei District	0.14	2.27	94.74	99.45
沙坪坝区	Shapingba District	0.33	3.40	149.07	97.18
九龙坡区	Jiulongpo District	0.25	2.39	154.02	94.28
南岸区	Nan'an District	0.32	3.87	121.00	96.98
北碚区	Beibei District	-0.16	-2.46	84.31	87.81
渝北区	Yubei District	0.38	2.39	225.79	90.18
巴南区	Ba'nan District	-0.41	-4.22	120.64	84.72
长寿区	Changshou District	-0.19	-2.21	68.14	71.90
江津区	Jiangjin District	-0.87	-5.98	133.45	62.94
合川区	Hechuan District	-0.77	-5.19	122.06	65.83
永川区	Yongchuan District	-0.40	-3.57	114.70	72.46
南川区	Nanchuan District	-0.23	-3.47	55.35	63.13
綦江区	Qijiang District	-0.48	-4.20	98.69	69.61
#綦江区(不含万盛)	Qijiang District (excluding Wansheng)	-0.39	-4.38	75.75	66.51
大足区	Dazu District	-0.23	-2.13	82.05	63.39
璧山区	Bishan District	-0.22	-3.27	76.56	73.51
铜梁区	Tongliang District	-0.35	-4.18	67.96	64.94
潼南区	Tongnan District	-0.21	-2.14	67.92	61.51
荣昌区	Rongchang District	-0.30	-3.53	66.02	62.84
开州区	Kaizhou District	-0.37	-2.24	118.56	53.34
梁平区	Liangping District	-0.32	-3.53	62.89	52.84
武隆区	Wulong District	-0.15	-3.67	35.19	52.00
城口县	Chengkou County	-0.05	-2.23	19.65	43.00
丰都县	Fengdu County	-0.34	-4.28	54.42	51.89
垫江县	Dianjiang County	-0.28	-2.98	63.69	51.94
忠 县	Zhongxian County	-0.41	-4.28	69.78	51.53
云阳县	Yunyang County	-0.18	-1.37	91.31	55.63
奉节县	Fengjie County	-0.11	-1.04	73.49	52.33
巫山县	Wushan County	-0.11	-1.86	45.94	46.71
巫溪县	Wuxi County	-0.15	-2.87	38.03	42.23
石柱县	Shizhu County	-0.06	-1.13	38.82	59.40
秀山县	Xiushan County	0.07	1.12	49.86	48.32
酉阳县	Youyang County	0.09	1.03	59.98	44.73
彭水县	Pengshui County	0.03	0.53	51.59	51.08

20—2 各区县生产总值(2023年)
Gross Domestic Product by Region (2023)

(上年=100) (preceding year=100)

区 县	Region	地区生产总值指数(可比价) Indices of GDP (constant prices)	第一产业 Primary Industry	第二产业 Secondary Industry	第三产业 Tertiary Industry	人均地区生产总值指数 Indices of Per Capita GDP
全 市	**Total**	**106.1**	**104.6**	**106.5**	**105.9**	**106.4**
主城都市区	The city proper of Chongqing	106.1	104.5	106.2	106.2	106.2
中心城区	The central urban area of Chongqing	105.3	104.7	103.7	106.1	104.7
渝西地区	The western of Chongqing	106.7	104.5	107.4	106.6	107.4
渝东新城	The eastern of Chongqing	107.1	104.3	108.6	105.8	108.2
渝东北三峡库区	Three gorges reservoir area in northeast Chongqing	106.2	104.7	107.7	105.6	107.2
渝东南武陵山区	Wuling mountain area in southeast Chongqing	106.6	104.7	108.8	105.8	106.9
万州区	Wanzhou District	106.9	104.8	113.1	104.0	107.7
黔江区	Qianjiang District	106.2	104.6	109.6	104.2	105.7
涪陵区	Fuling District	108.0	104.6	109.9	105.4	108.7
渝中区	Yuzhong District	105.2		94.7	106.1	106.3
大渡口区	Dadukou District	100.3	105.2	94.3	108.7	98.8
江北区	Jiangbei District	106.7	103.8	109.7	105.6	105.7
沙坪坝区	Shapingba District	105.3	105.6	107.8	104.3	105.1
九龙坡区	Jiulongpo District	106.5	104.3	104.4	107.7	106.1
南岸区	Nan'an District	106.7	102.8	106.8	106.6	106.4
北碚区	Beibei District	104.3	105.0	100.7	107.7	103.9
渝北区	Yubei District	104.2	104.8	101.4	105.8	103.0
巴南区	Ba'nan District	105.2	104.6	105.5	104.9	104.3
长寿区	Changshou District	107.1	104.5	107.9	106.3	107.9
江津区	Jiangjin District	107.0	104.4	107.6	106.7	108.1
合川区	Hechuan District	105.0	104.8	104.1	105.6	106.0
永川区	Yongchuan District	108.1	104.4	109.6	106.8	108.2
南川区	Nanchuan District	105.3	104.0	104.5	106.4	107.1
綦江区	Qijiang District	106.4	104.1	108.3	105.4	107.8
#綦江区(不含万盛)	Qijiang District (excluding Wansheng)	106.5	104.1	107.9	106.2	107.8
大足区	Dazu District	106.5	104.4	108.2	105.7	107.5
璧山区	Bishan District	107.2	104.5	107.7	106.8	106.7
铜梁区	Tongliang District	106.3	104.4	105.2	108.2	107.0
潼南区	Tongnan District	106.8	104.7	107.9	107.2	107.7
荣昌区	Rongchang District	106.6	104.5	107.5	106.3	107.4
开州区	Kaizhou District	106.7	104.6	107.7	106.5	107.5
梁平区	Liangping District	103.0	104.9	99.1	106.2	104.3
武隆区	Wulong District	105.5	104.8	106.3	105.1	106.2
城口县	Chengkou County	106.0	104.4	106.8	106.1	106.4
丰都县	Fengdu County	106.5	104.5	108.2	105.6	107.6
垫江县	Dianjiang County	106.9	104.0	108.3	106.3	108.0
忠 县	Zhongxian County	106.7	104.1	108.1	106.0	108.4
云阳县	Yunyang County	106.8	104.2	108.1	106.5	107.9
奉节县	Fengjie County	105.8	105.1	105.3	106.3	106.7
巫山县	Wushan County	106.5	105.7	105.8	107.1	107.0
巫溪县	Wuxi County	106.5	104.7	113.0	104.0	107.7
石柱县	Shizhu County	108.1	105.1	111.1	107.5	108.1
秀山县	Xiushan County	106.4	104.6	108.7	105.5	106.1
酉阳县	Youyang County	105.5	104.7	106.7	105.4	106.1
彭水县	Pengshui County	108.2	104.6	109.8	107.9	109.1

20-3 各区县农业和农村经济(2023年)
Agriculture and Rural Economy by Region (2023)

区 县	Region	农林牧渔业总产值(万元) Gross Output Value (10 000 yuan)	农 业 Farming	林 业 Forestry	牧 业 Animal Husbandry
全 市	**Total**	**31542931**	**19780383**	**1881052**	**7666206**
主城都市区	The city proper of Chongqing	17955709	11477648	844396	4208622
中心城区	The central urban area of Chongqing	1881996	1425301	75238	185492
渝西地区	The western of Chongqing	10215222	6181964	452667	2767591
渝东新城	The eastern of Chongqing	5858491	3870383	316490	1255539
渝东北三峡库区	Three gorges reservoir area in northeast Chongqing	9767991	5931068	724143	2488614
渝东南武陵山区	Wuling mountain area in southeast Chongqing	3819231	2371667	312513	968970
万州区	Wanzhou District	1759493	1225016	99531	337349
黔江区	Qianjiang District	607746	357118	53714	171947
涪陵区	Fuling District	1460267	1054530	78876	231982
渝中区	Yuzhong District				
大渡口区	Dadukou District	18845	12255	3417	1078
江北区	Jiangbei District	18875	10432	6387	894
沙坪坝区	Shapingba District	91768	59249	1446	4063
九龙坡区	Jiulongpo District	113114	83847	1102	7054
南岸区	Nan'an District	63899	55839	1925	1464
北碚区	Beibei District	274965	232674	4590	21264
渝北区	Yubei District	474647	355237	33582	44430
巴南区	Ba'nan District	825881	615766	22790	105244
长寿区	Changshou District	1012275	542034	20823	315373
江津区	Jiangjin District	1970828	1436752	62192	369591
合川区	Hechuan District	1743659	972426	64574	543039
永川区	Yongchuan District	1322891	797721	58866	343058
南川区	Nanchuan District	997515	618807	85829	237027
綦江区	Qijiang District	1325494	954655	97514	225601
#綦江区(不含万盛)	Qijiang District (excluding Wansheng)	1115290	812934	58962	201201
大足区	Dazu District	1080945	631658	82999	279202
璧山区	Bishan District	671490	367122	8275	255552
铜梁区	Tongliang District	1046929	483579	36105	394431
潼南区	Tongnan District	1349968	945987	89606	215910
荣昌区	Rongchang District	1028512	546719	50051	366808
开州区	Kaizhou District	1483184	895818	82288	370171
梁平区	Liangping District	1027451	622769	53702	282789
武隆区	Wulong District	558735	363224	28339	128625
城口县	Chengkou County	226210	114495	28356	74806
丰都县	Fengdu County	889704	433296	111058	287174
垫江县	Dianjiang County	1062939	700357	33448	245555
忠 县	Zhongxian County	959323	569682	56724	267852
云阳县	Yunyang County	1233724	654071	88678	371350
奉节县	Fengjie County	1100889	800017	33142	229398
巫山县	Wushan County	637662	361448	105964	147059
巫溪县	Wuxi County	450350	254454	64699	120667
石柱县	Shizhu County	604516	445458	31410	98933
秀山县	Xiushan County	595079	341981	44028	169734
酉阳县	Youyang County	735055	409752	100123	205233
彭水县	Pengshui County	718101	454135	54899	194498

20-3 续表 1 continued

区　县	Region	渔 业 Fishery	农林牧渔专业及辅助性活动 Farming, Forestry,Animal Husbandry and Fishery Services	农林牧渔业总产值指数(可比价)(上年=100) Indices of Gross Output (constant prices) (preceding year=100)	农作物播种面积(公顷) Sown Areas of Farm Crops (hectare)
全 市	**Total**	**1428649**	**786641**	**104.5**	**3506193**
主城都市区	The city proper of Chongqing	1015006	410037	104.6	1680318
中心城区	The central urban area of Chongqing	113283	82682	104.9	139788
渝西地区	The western of Chongqing	629963	183037	104.7	952657
渝东新城	The eastern of Chongqing	271760	144319	104.4	587872
渝东北三峡库区	Three gorges reservoir area in northeast Chongqing	340679	283487	104.5	1171459
渝东南武陵山区	Wuling mountain area in southeast Chongqing	72964	93117	104.9	654416
万州区	Wanzhou District	61932	35664	104.9	173423
黔江区	Qianjiang District	10269	14698	104.8	82041
涪陵区	Fuling District	60003	34876	104.8	184332
渝中区	Yuzhong District				
大渡口区	Dadukou District	472	1623	105.5	976
江北区	Jiangbei District	564	598	104.0	864
沙坪坝区	Shapingba District	9925	17085	106.2	5687
九龙坡区	Jiulongpo District	13530	7582	104.2	7061
南岸区	Nan'an District	2440	2230	103.1	891
北碚区	Beibei District	7924	8513	105.1	18898
渝北区	Yubei District	18805	22593	105.2	38537
巴南区	Ba'nan District	59624	22457	104.8	66874
长寿区	Changshou District	110719	23326	104.6	84633
江津区	Jiangjin District	70160	32133	104.6	154625
合川区	Hechuan District	133773	29847	105.0	178231
永川区	Yongchuan District	104193	19052	104.6	109707
南川区	Nanchuan District	30096	25755	104.1	91115
綦江区	Qijiang District	28718	19006	104.3	119526
#綦江区(不含万盛)	Qijiang District (excluding Wansheng)	25196	16997	104.3	100106
大足区	Dazu District	72840	14246	104.5	117225
璧山区	Bishan District	31438	9103	104.6	58198
铜梁区	Tongliang District	103140	29674	104.6	93620
潼南区	Tongnan District	82890	15575	104.8	159023
荣昌区	Rongchang District	31529	33406	104.8	82028
开州区	Kaizhou District	94790	40117	104.9	177285
梁平区	Liangping District	48345	19845	105.1	101555
武隆区	Wulong District	15259	23287	105.0	90408
城口县	Chengkou County	2139	6414	104.7	42893
丰都县	Fengdu County	37976	20200	104.8	108203
垫江县	Dianjiang County	42224	41356	104.2	108266
忠　县	Zhongxian County	45814	19251	104.3	113841
云阳县	Yunyang County	34585	85041	104.6	138714
奉节县	Fengjie County	8851	29482	105.3	134153
巫山县	Wushan County	2886	20305	105.9	89871
巫溪县	Wuxi County	3361	7168	104.8	91520
石柱县	Shizhu County	20906	7809	105.3	83636
秀山县	Xiushan County	15567	23769	104.9	117301
酉阳县	Youyang County	8328	11620	104.9	149190
彭水县	Pengshui County	2635	11934	104.8	131840

20−3 续表 2 continued

区县	Region	#粮食 Grain	农用化肥施用量(折纯)(吨) Consumption of Chemical Fertilizer (net) (ton)	农药使用量(吨) Consumption of Chemical Pesticides (ton)	粮食产量(吨) Output of Grain (ton)
全市	**Total**	**2025932**	**884400**	**15905**	**10958975**
主城都市区	The city proper of Chongqing	933719	442470	8278	5759853
中心城区	The central urban area of Chongqing	74571	39277	575	403673
渝西地区	The western of Chongqing	521942	242199	4941	3443237
渝东新城	The eastern of Chongqing	337207	160994	2762	1912943
渝东北三峡库区	Three gorges reservoir area in northeast Chongqing	734300	286947	5121	3554177
渝东南武陵山区	Wuling mountain area in southeast Chongqing	357913	154983	2506	1644945
万州区	Wanzhou District	100061	37652	1060	499703
黔江区	Qianjiang District	48388	23052	576	234252
涪陵区	Fuling District	92746	38238	1260	451670
渝中区	Yuzhong District				
大渡口区	Dadukou District	225	828	8	1032
江北区	Jiangbei District	492	324	6	2337
沙坪坝区	Shapingba District	2661	2394	26	11065
九龙坡区	Jiulongpo District	2710	1769	97	11510
南岸区	Nan'an District	382	1152	8	2063
北碚区	Beibei District	9249	7610	180	45067
渝北区	Yubei District	20981	11447	79	111975
巴南区	Ba'nan District	37872	13754	172	218623
长寿区	Changshou District	60497	19698	258	330563
江津区	Jiangjin District	96846	46582	1009	643520
合川区	Hechuan District	112067	28909	521	698472
永川区	Yongchuan District	66113	50946	1619	483909
南川区	Nanchuan District	49103	32137	370	311223
綦江区	Qijiang District	69163	37013	431	408137
#綦江区(不含万盛)	Qijiang District (excluding Wansheng)	58082	29392	294	356528
大足区	Dazu District	62612	26419	500	423932
璧山区	Bishan District	27515	8945	105	170828
铜梁区	Tongliang District	55687	34503	385	355907
潼南区	Tongnan District	56432	32390	344	376692
荣昌区	Rongchang District	44672	13505	458	289977
开州区	Kaizhou District	115063	50562	667	582414
梁平区	Liangping District	65845	42011	1168	362999
武隆区	Wulong District	48867	16206	274	192083
城口县	Chengkou County	25650	5329	38	92683
丰都县	Fengdu County	67037	25335	288	333497
垫江县	Dianjiang County	65697	33908	443	411351
忠县	Zhongxian County	76189	31011	549	410167
云阳县	Yunyang County	90629	25317	542	411188
奉节县	Fengjie County	79879	26924	616	410580
巫山县	Wushan County	55088	17644	128	210822
巫溪县	Wuxi County	58859	25162	63	240124
石柱县	Shizhu County	45060	23920	572	224594
秀山县	Xiushan County	51555	26805	427	301760
酉阳县	Youyang County	83894	26189	251	373088
彭水县	Pengshui County	80148	38810	406	319168

20-3 续表 3 continued

区 县	Region	油料产量(吨) Output of Oil-bearing Crops (ton)	甘蔗产量(吨) Output of Sugarcane (ton)	烟叶产量(吨) Output of Tobacco (ton)	茶叶产量(吨) Output of Tea (ton)
全 市	**Total**	**774617**	**83876**	**56939**	**56302**
主城都市区	The city proper of Chongqing	345181	60418	2448	28500
中心城区	The central urban area of Chongqing	7345		477	4289
渝西地区	The western of Chongqing	252041	51087	304	16781
渝东新城	The eastern of Chongqing	85795	9331	1666	7431
渝东北三峡库区	Three gorges reservoir area in northeast Chongqing	266575	23194	21033	8758
渝东南武陵山区	Wuling mountain area in southeast Chongqing	162861	265	33459	19044
万州区	Wanzhou District	24208	475	1325	3464
黔江区	Qianjiang District	23137		4557	525
涪陵区	Fuling District	8679	197	605	890
渝中区	Yuzhong District				
大渡口区	Dadukou District	138			
江北区	Jiangbei District	22			4
沙坪坝区	Shapingba District	331			3
九龙坡区	Jiulongpo District	1386			
南岸区	Nan'an District	40			
北碚区	Beibei District	1146			40
渝北区	Yubei District	2888		62	
巴南区	Ba'nan District	1393		415	4242
长寿区	Changshou District	14807	3870		45
江津区	Jiangjin District	22958	30581	180	1883
合川区	Hechuan District	36651	703	98	193
永川区	Yongchuan District	27632	41		8806
南川区	Nanchuan District	19866			4605
綦江区	Qijiang District	17619	310	667	1723
#綦江区(不含万盛)	Qijiang District (excluding Wansheng)	15905	310	561	951
大足区	Dazu District	54846	4989	27	713
璧山区	Bishan District	6312	56		1005
铜梁区	Tongliang District	17698	694		160
潼南区	Tongnan District	58261	4076		177
荣昌区	Rongchang District	27683	9946		3844
开州区	Kaizhou District	44831	13890		950
梁平区	Liangping District	21890	1746	64	286
武隆区	Wulong District	12513	125	4431	923
城口县	Chengkou County	4286		37	678
丰都县	Fengdu County	21711	1920	2750	128
垫江县	Dianjiang County	24824	4954	394	168
忠 县	Zhongxian County	40557	3851		700
云阳县	Yunyang County	40149	1312	212	372
奉节县	Fengjie County	32216		4675	645
巫山县	Wushan County	22032		7090	617
巫溪县	Wuxi County	14695		4880	918
石柱县	Shizhu County	8105	13	3315	100
秀山县	Xiushan County	42391		156	14107
酉阳县	Youyang County	38278		11800	3062
彭水县	Pengshui County	38438	127	9200	327

20−3 续表 4 continued

区　　县	Region	水果产量(吨) Output of Fruits (ton)	蔬菜产量(吨) Output of Vegetables (ton)	猪肉产量(吨) Output of Pork (ton)
全　市	**Total**	**6459301**	**23620066**	**1582129**
主城都市区	The city proper of Chongqing	2492240	14966499	724196
中心城区	The central urban area of Chongqing	223801	1277899	29390
渝西地区	The western of Chongqing	1454289	8331543	421402
渝东新城	The eastern of Chongqing	814150	5357056	273404
渝东北三峡库区	Three gorges reservoir area in northeast Chongqing	3529689	5600449	595733
渝东南武陵山区	Wuling mountain area in southeast Chongqing	437372	3053119	262200
万州区	Wanzhou District	683240	1364489	92565
黔江区	Qianjiang District	79784	284904	64359
涪陵区	Fuling District	254265	2620036	60373
渝中区	Yuzhong District			
大渡口区	Dadukou District	2625	17699	43
江北区	Jiangbei District	1531	6651	118
沙坪坝区	Shapingba District	7682	45083	338
九龙坡区	Jiulongpo District	16818	70787	1284
南岸区	Nan'an District	4156	10772	215
北碚区	Beibei District	28265	199567	3549
渝北区	Yubei District	81218	324635	6197
巴南区	Ba'nan District	81506	602706	17646
长寿区	Changshou District	256170	405759	49042
江津区	Jiangjin District	287540	1160214	67308
合川区	Hechuan District	198399	1119820	93158
永川区	Yongchuan District	166433	781380	34442
南川区	Nanchuan District	73403	569525	54592
綦江区	Qijiang District	69543	881096	50984
#綦江区(不含万盛)	Qijiang District (excluding Wansheng)	57507	662858	45964
大足区	Dazu District	82612	509098	47009
璧山区	Bishan District	199946	890965	18594
铜梁区	Tongliang District	80987	833719	42474
潼南区	Tongnan District	400137	2392354	65042
荣昌区	Rongchang District	38236	643993	53375
开州区	Kaizhou District	663783	671261	93228
梁平区	Liangping District	253935	735637	56310
武隆区	Wulong District	77939	728775	40041
城口县	Chengkou County	7317	72968	12682
丰都县	Fengdu County	103438	581418	45892
垫江县	Dianjiang County	160769	880641	58413
忠　县	Zhongxian County	535299	404758	58403
云阳县	Yunyang County	434430	628541	79134
奉节县	Fengjie County	574210	498274	60349
巫山县	Wushan County	208370	321621	48611
巫溪县	Wuxi County	65667	321481	48559
石柱县	Shizhu County	46926	539759	23196
秀山县	Xiushan County	115879	481206	28996
酉阳县	Youyang County	83573	520203	56012
彭水县	Pengshui County	33271	498272	49596

20-4 各区县工业(2023年)
Industry by Region (2023)

区 县	Region	工业企业资产总计(万元) Total Assets of Industrial Enterprises (10 000 yuan)	主营业务收入(万元) Revenue from Principal Business (10 000 yuan)	利润总额(万元) Total Profits (10 000 yuan)
全 市	**Total**	**290915614**	**267570947**	**14768447**
主城都市区	The city proper of Chongqing	259442926	245951284	13017276
中心城区	The central urban area of Chongqing	137877058	128582623	4548303
渝西地区	The western of Chongqing	71981735	69007586	5787155
渝东新城	The eastern of Chongqing	49584132	48361074	2681818
渝东北三峡库区	Three gorges reservoir area in northeast Chongqing	21528413	15985047	1106272
渝东南武陵山区	Wuling mountain area in southeast Chongqing	9511165	5552805	642174
万州区	Wanzhou District	8388005	6338405	502055
黔江区	Qianjiang District	2279246	1740637	114848
涪陵区	Fuling District	21206998	23620767	1614876
渝中区	Yuzhong District	353089	217908	4470
大渡口区	Dadukou District	4829558	3311556	258371
江北区	Jiangbei District	23634402	18918247	409684
沙坪坝区	Shapingba District	15364842	24544113	194498
九龙坡区	Jiulongpo District	18223859	14010092	618423
南岸区	Nan'an District	9818808	9872678	591231
北碚区	Beibei District	19898834	9489431	709327
渝北区	Yubei District	36050864	38711842	890643
巴南区	Ba'nan District	9702802	9506757	871655
长寿区	Changshou District	17145306	14427738	275164
江津区	Jiangjin District	18790340	19434380	1582460
合川区	Hechuan District	7423249	4483677	197389
永川区	Yongchuan District	15158303	17705932	1915224
南川区	Nanchuan District	3108077	2450899	259017
綦江区	Qijiang District	6236535	5655478	367411
#綦江区(不含万盛)	Qijiang District (excluding Wansheng)	3486605	2837837	45272
大足区	Dazu District	5701991	4280308	448493
璧山区	Bishan District	13299937	11003890	923338
铜梁区	Tongliang District	6097111	7239733	383412
潼南区	Tongnan District	2008232	1339707	44001
荣昌区	Rongchang District	3502572	3519960	292839
开州区	Kaizhou District	1163602	905223	64634
梁平区	Liangping District	719700	138561	7924
武隆区	Wulong District	1660826	1001468	67811
城口县	Chengkou County	1887217	2206192	165350
丰都县	Fengdu County	1598085	568405	58841
垫江县	Dianjiang County	2948865	1939858	122935
忠 县	Zhongxian County	2106681	2806181	101283
云阳县	Yunyang County	1626369	1919377	158788
奉节县	Fengjie County	1629310	574469	57810
巫山县	Wushan County	677202	204813	14306
巫溪县	Wuxi County	607853	156691	8727
石柱县	Shizhu County	1335985	933110	167249
秀山县	Xiushan County	1561187	1437629	212806
酉阳县	Youyang County	790604	306818	27545
彭水县	Pengshui County	1946059	566207	60885

20-4 续表 continued

区 县	Region	总资产贡献率 (%) Ratio of Total Assets to Industrial Output Value (%)	资产负债率 (%) Asset-liability Ratio (%)	产品销售率 (%) Sales as Percentage of Output (%)	全员劳动生产率 (元/人年) Overall Labor Productivity (yuan/person-year)
全 市	**Total**	**8.1**	**56.6**	**96.6**	**476972**
主城都市区	The city proper of Chongqing	7.9	56.7	96.6	482682
中心城区	The central urban area of Chongqing	5.8	59.5	97.3	418354
渝西地区	The western of Chongqing	11.2	55.4	96.3	430935
渝东新城	The eastern of Chongqing	9.0	50.8	95.5	806168
渝东北三峡库区	Three gorges reservoir area in northeast Chongqing	7.5	54.8	95.8	497888
渝东南武陵山区	Wuling mountain area in southeast Chongqing	15.0	57.0	97.9	703128
万州区	Wanzhou District	8.4	55.1	98.0	526858
黔江区	Qianjiang District	29.4	53.1	98.5	1487706
涪陵区	Fuling District	12.4	46.0	95.3	1077499
渝中区	Yuzhong District	3.4	53.4	100.0	624292
大渡口区	Dadukou District	7.4	56.9	98.3	355751
江北区	Jiangbei District	4.3	62.9	96.9	519198
沙坪坝区	Shapingba District	2.1	66.2	99.5	292434
九龙坡区	Jiulongpo District	5.2	53.5	96.1	513759
南岸区	Nan'an District	14.2	62.1	95.8	504168
北碚区	Beibei District	5.0	46.0	96.2	380230
渝北区	Yubei District	5.0	66.3	99.0	380257
巴南区	Ba'nan District	12.6	53.2	90.5	431231
长寿区	Changshou District	3.5	50.5	94.1	832401
江津区	Jiangjin District	12.2	54.5	94.3	545996
合川区	Hechuan District	5.4	61.0	95.1	414460
永川区	Yongchuan District	16.2	45.0	98.4	586265
南川区	Nanchuan District	11.8	65.9	98.5	539188
綦江区	Qijiang District	9.7	63.4	97.7	484089
#綦江区(不含万盛)	Qijiang District (excluding Wansheng)	3.8	62.8	99.9	425747
大足区	Dazu District	9.7	49.7	95.4	248317
璧山区	Bishan District	9.4	68.9	97.3	357329
铜梁区	Tongliang District	9.2	57.1	96.7	395622
潼南区	Tongnan District	5.3	60.2	95.3	313302
荣昌区	Rongchang District	13.2	46.7	96.7	256332
开州区	Kaizhou District	7.9	51.3	99.2	468952
梁平区	Liangping District	2.3	59.7	97.9	304032
武隆区	Wulong District	6.3	52.8	96.5	557143
城口县	Chengkou County	13.0	41.2	96.4	382734
丰都县	Fengdu County	7.2	60.4	72.6	477572
垫江县	Dianjiang County	5.7	59.3	97.5	491994
忠 县	Zhongxian County	8.3	56.7	96.2	836060
云阳县	Yunyang County	13.3	43.6	97.4	548870
奉节县	Fengjie County	6.0	54.3	99.9	324319
巫山县	Wushan County	4.4	58.6	97.3	262463
巫溪县	Wuxi County	3.7	54.8	94.1	354935
石柱县	Shizhu County	15.9	64.7	99.1	541578
秀山县	Xiushan County	17.6	51.7	98.8	442935
酉阳县	Youyang County	6.2	59.8	92.3	345452
彭水县	Pengshui County	5.5	56.7	96.5	751213

20−5 各区县建筑业(2023年)
Construction by Region (2023)

区 县	Region	企业数(个) Number of Construction Enterprises (unit)	年末从业人数(万人) Number of Employed Persons at Year-end (10 000 persons)	总产值(万元) Gross Output Value (10 000 yuan)
全 市	**Total**	**4241**	**185.42**	**95361470**
主城都市区	The city proper of Chongqing	2973	129.83	72115515
中心城区	The central urban area of Chongqing	1418	54.80	38069173
渝西地区	The western of Chongqing	905	47.74	19652629
渝东新城	The eastern of Chongqing	650	27.29	14393714
渝东北三峡库区	Three gorges reservoir area in northeast Chongqing	899	48.54	20173027
渝东南武陵山区	Wuling mountain area in southeast Chongqing	369	7.05	3072928
万州区	Wanzhou District	217	6.41	2541892
黔江区	Qianjiang District	82	1.31	411795
涪陵区	Fuling District	190	11.64	5705484
渝中区	Yuzhong District	160	8.49	4686519
大渡口区	Dadukou District	77	2.44	3281738
江北区	Jiangbei District	96	2.07	1484267
沙坪坝区	Shapingba District	171	4.06	3212453
九龙坡区	Jiulongpo District	232	7.36	4612873
南岸区	Nan'an District	124	4.02	4566011
北碚区	Beibei District	104	3.24	1322780
渝北区	Yubei District	322	14.52	10144281
巴南区	Ba'nan District	132	8.60	4758253
长寿区	Changshou District	69	3.02	3449116
江津区	Jiangjin District	113	8.58	5018969
合川区	Hechuan District	183	6.94	3167624
永川区	Yongchuan District	157	15.67	4950392
南川区	Nanchuan District	63	1.58	575047
綦江区	Qijiang District	190	1.77	625701
#綦江区(不含万盛)	Qijiang District (excluding Wansheng)	149	1.17	371332
大足区	Dazu District	81	1.44	388614
璧山区	Bishan District	89	4.71	2140833
铜梁区	Tongliang District	136	8.44	3428193
潼南区	Tongnan District	76	0.54	278423
荣昌区	Rongchang District	70	1.42	279582
开州区	Kaizhou District	83	10.61	5736163
梁平区	Liangping District	60	3.61	1466486
武隆区	Wulong District	52	0.38	183915
城口县	Chengkou County	42	0.28	75160
丰都县	Fengdu County	86	7.08	2400333
垫江县	Dianjiang County	138	9.28	4038366
忠 县	Zhongxian County	70	5.01	1711907
云阳县	Yunyang County	105	8.64	4141265
奉节县	Fengjie County	95	3.92	787330
巫山县	Wushan County	59	1.49	916117
巫溪县	Wuxi County	82	1.49	396374
石柱县	Shizhu County	55	0.86	287104
秀山县	Xiushan County	59	2.46	1515197
酉阳县	Youyang County	39	0.72	289095
彭水县	Pengshui County	82	1.32	385822

20−5 续表 continued

区　　县	Region	房屋建筑施工面积(万平方米) Floor Space under Construction (10 000 sq.m)	房屋建筑竣工面积(万平方米) Floor Space Completed (10 000 sq.m)	#住　宅 Residential Buildings
全　市	**Total**	**31600.82**	**11839.87**	**7851.04**
主城都市区	The city proper of Chongqing	27148.84	9916.86	6665.16
中心城区	The central urban area of Chongqing	17303.05	5200.34	3311.72
渝西地区	The western of Chongqing	5718.07	3061.72	1987.56
渝东新城	The eastern of Chongqing	4127.72	1654.80	1365.88
渝东北三峡库区	Three gorges reservoir area in northeast Chongqing	3949.69	1606.41	1019.97
渝东南武陵山区	Wuling mountain area in southeast Chongqing	502.29	316.60	165.91
万州区	Wanzhou District	965.34	163.96	142.37
黔江区	Qianjiang District	164.96	80.61	54.15
涪陵区	Fuling District	969.61	282.45	193.14
渝中区	Yuzhong District	2509.91	879.99	678.27
大渡口区	Dadukou District	1749.88	650.10	102.23
江北区	Jiangbei District	356.88	172.08	76.95
沙坪坝区	Shapingba District	1167.95	257.86	173.13
九龙坡区	Jiulongpo District	1990.50	598.72	391.55
南岸区	Nan'an District	2145.68	685.92	557.67
北碚区	Beibei District	281.28	195.92	154.02
渝北区	Yubei District	5005.58	1054.34	785.97
巴南区	Ba'nan District	2095.39	705.41	391.93
长寿区	Changshou District	2121.82	691.14	666.67
江津区	Jiangjin District	1748.73	591.79	432.65
合川区	Hechuan District	848.53	498.98	341.25
永川区	Yongchuan District	1249.92	684.96	358.93
南川区	Nanchuan District	64.32	28.53	15.00
綦江区	Qijiang District	136.60	79.72	54.44
#綦江区(不含万盛)	Qijiang District (excluding Wansheng)	111.19	67.10	49.36
大足区	Dazu District	77.03	49.19	27.30
璧山区	Bishan District	542.05	418.12	252.56
铜梁区	Tongliang District	912.65	649.39	466.61
潼南区	Tongnan District	65.82	26.75	9.61
荣昌区	Rongchang District	273.34	142.54	98.65
开州区	Kaizhou District	1158.17	628.34	485.43
梁平区	Liangping District	21.91		
武隆区	Wulong District	26.51	10.59	8.07
城口县	Chengkou County	2.62	0.96	0.01
丰都县	Fengdu County	241.55	146.25	98.67
垫江县	Dianjiang County	835.37	572.96	436.63
忠　县	Zhongxian County	221.88	63.22	51.22
云阳县	Yunyang County	647.25	416.83	149.23
奉节县	Fengjie County	171.76	97.71	52.98
巫山县	Wushan County	452.71	43.67	34.21
巫溪县	Wuxi County	66.50	45.47	5.85
石柱县	Shizhu County	47.89	30.99	11.34
秀山县	Xiushan County	140.24	106.29	42.15
酉阳县	Youyang County	45.73	36.64	17.90
彭水县	Pengshui County	76.96	51.48	32.30

20−6 各区县总承包建筑业企业主要经济指标(2023年)

Main Economic Indicators on Construction Enterprises of General Contracting by Region (2023)

区 县	Region	企业数(个) Number of Enterprises (unit)	年末从业人数(万人) Number of Employed Persons at Year-end (10 000 persons)	总产值(万元) Gross Output Value (10 000 yuan)	利税总额(万元) Total Pre-tax Profits (10 000 yuan)	按总产值计算的劳动生产率(元/人) Overall Labor Productivity by Gross Output Value (yuan/person)
全 市	**Total**	**3047**	**166.99**	**88769142**	**5025941**	**455975**
主城都市区	The city proper of Chongqing	1948	113.78	66294350	2926296	499505
中心城区	The central urban area of Chongqing	737	46.48	33987805	1329132	614830
渝西地区	The western of Chongqing	710	41.75	18449169	974239	382445
渝东新城	The eastern of Chongqing	501	25.55	13857376	622925	474568
渝东北三峡库区	Three gorges reservoir area in northeast Chongqing	795	46.89	19642472	1517989	364560
渝东南武陵山区	Wuling mountain area in southeast Chongqing	304	6.32	2832320	581656	349669
万州区	Wanzhou District	169	5.48	2345795	98988	342452
黔江区	Qianjiang District	69	1.25	386208	97158	288215
涪陵区	Fuling District	126	10.63	5403141	193074	448766
渝中区	Yuzhong District	58	7.42	4192241	133555	530663
大渡口区	Dadukou District	40	2.17	3157320	167423	989756
江北区	Jiangbei District	43	1.17	1029974	49131	730478
沙坪坝区	Shapingba District	79	2.83	2867012	84859	887620
九龙坡区	Jiulongpo District	134	6.37	4073902	235639	541023
南岸区	Nan'an District	65	3.31	3956018	131158	719276
北碚区	Beibei District	71	2.73	1118729	45339	392537
渝北区	Yubei District	160	12.71	9008651	296759	559544
巴南区	Ba'nan District	87	7.77	4583958	185269	605543
长寿区	Changshou District	63	2.96	3420331	88061	1099785
江津区	Jiangjin District	81	6.39	4736376	116430	605675
合川区	Hechuan District	120	5.83	2859525	92741	415025
永川区	Yongchuan District	132	14.51	4781930	273182	315015
南川区	Nanchuan District	54	1.47	549444	37718	352207
綦江区	Qijiang District	125	1.39	518953	43098	314517
#綦江区(不含万盛)	Qijiang District (excluding Wansheng)	88	0.81	266650	23265	272091
大足区	Dazu District	70	1.41	382720	29142	195265
璧山区	Bishan District	80	4.57	2077131	193906	361240
铜梁区	Tongliang District	105	7.27	3158907	246853	364770
潼南区	Tongnan District	65	0.47	198242	7131	374042
荣昌区	Rongchang District	57	1.30	254338	14854	175406
开州区	Kaizhou District	82	10.51	5711794	411911	483231
梁平区	Liangping District	55	3.58	1459252	107998	394392
武隆区	Wulong District	45	0.35	159931	10916	380787
城口县	Chengkou County	41	0.27	75070	7818	220795
丰都县	Fengdu County	68	6.89	2251279	234578	261473
垫江县	Dianjiang County	133	9.10	3965508	260974	365822
忠 县	Zhongxian County	61	4.98	1687888	108106	328383
云阳县	Yunyang County	101	8.58	4088161	377986	407187
奉节县	Fengjie County	85	3.70	744389	59521	189412
巫山县	Wushan County	58	1.48	909225	82912	459204
巫溪县	Wuxi County	75	1.42	369620	28172	251442
石柱县	Shizhu County	49	0.79	281059	36545	262672
秀山县	Xiushan County	40	2.18	1405709	382661	450548
酉阳县	Youyang County	34	0.69	277490	27331	334325
彭水县	Pengshui County	67	1.06	321924	27045	243882

20-7 各区县专业承包建筑业企业主要经济指标(2023年)
Main Economic Indicators on Construction Enterprises of Specialized Contracting by Region (2023)

区　县	Region	企业数 (个) Number of Enterprises (unit)	年末从业人数 (万人) Number of Employed Persons at Year-end (10 000 persons)	总产值 (万元) Gross Output Value (10 000 yuan)	利税总额 (万元) Total Pre-tax Profits (10 000 yuan)	按总产值计算的劳动生产率 (元/人) Overall Labor Productivity by Gross Output Value (yuan/person)
全　市	**Total**	**1194**	**18.43**	**6592328**	**388907**	**286125**
主城都市区	The city proper of Chongqing	1025	16.05	5821165	311583	290622
中心城区	The central urban area of Chongqing	681	8.32	4081368	212955	353365
渝西地区	The western of Chongqing	195	5.99	1203460	65180	188630
渝东新城	The eastern of Chongqing	149	1.74	536337	33448	255399
渝东北三峡库区	Three gorges reservoir area in northeast Chongqing	104	1.65	530555	32816	253854
渝东南武陵山区	Wuling mountain area in southeast Chongqing	65	0.73	240608	44508	264405
万州区	Wanzhou District	48	0.93	196097	8629	204267
黔江区	Qianjiang District	13	0.06	25588	5683	284307
涪陵区	Fuling District	64	1.01	302343	10817	262907
渝中区	Yuzhong District	102	1.07	494278	24627	338547
大渡口区	Dadukou District	37	0.27	124417	7885	303457
江北区	Jiangbei District	53	0.90	454292	20510	326829
沙坪坝区	Shapingba District	92	1.23	345441	17775	267784
九龙坡区	Jiulongpo District	98	0.99	538970	18968	292919
南岸区	Nan'an District	59	0.71	609993	54113	499994
北碚区	Beibei District	33	0.51	204051	10711	364376
渝北区	Yubei District	162	1.81	1135630	49962	440167
巴南区	Ba'nan District	45	0.83	174295	8406	217869
长寿区	Changshou District	6	0.06	28784	2260	575684
江津区	Jiangjin District	32	2.19	282593	12969	121284
合川区	Hechuan District	63	1.11	308100	11788	246480
永川区	Yongchuan District	25	1.16	168462	9891	146489
南川区	Nanchuan District	9	0.11	25603	940	196948
綦江区	Qijiang District	65	0.38	106748	10592	197682
#綦江区(不含万盛)	Qijiang District (excluding Wansheng)	61	0.36	104682	10420	197514
大足区	Dazu District	11	0.03	5894	471	196470
璧山区	Bishan District	9	0.14	63701	3912	374714
铜梁区	Tongliang District	31	1.17	269286	19684	218931
潼南区	Tongnan District	11	0.07	80180	4602	890893
荣昌区	Rongchang District	13	0.12	25244	1863	194184
开州区	Kaizhou District	1	0.10	24369	1745	221533
梁平区	Liangping District	5	0.03	7234	455	241143
武隆区	Wulong District	7	0.03	23984	2109	599608
城口县	Chengkou County	1	0.01	90	4	
丰都县	Fengdu County	18	0.19	149054	12819	286643
垫江县	Dianjiang County	5	0.18	72858	8838	316774
忠　县	Zhongxian County	9	0.03	24019	431	300241
云阳县	Yunyang County	4	0.06	53103	4596	885057
奉节县	Fengjie County	10	0.22	42941	2853	186701
巫山县	Wushan County	1	0.01	6892	292	689230
巫溪县	Wuxi County	7	0.07	26755	992	297274
石柱县	Shizhu County	6	0.07	6045	1416	35561
秀山县	Xiushan County	19	0.28	109487	30719	437950
酉阳县	Youyang County	5	0.03	11605	443	165790
彭水县	Pengshui County	15	0.26	63898	4139	220338

20−8 各区县公路交通运输业(2023年)
Highway Transportation by Region (2023)

区 县	Region	公路里程(公里) Length of Highways (km)	#等级公路 Expressway and Class I-IV Highways	高速公路 Expressway
全 市	**Total**	**186598**	**177545**	**4142**
主城都市区	The city proper of Chongqing	78449	76063	2581
中心城区	The central urban area of Chongqing	13343	12952	695
渝西地区	The western of Chongqing	38044	36069	1175
渝东新城	The eastern of Chongqing	27062	27042	711
渝东北三峡库区	Three gorges reservoir area in northeast Chongqing	70738	65929	931
渝东南武陵山区	Wuling mountain area in southeast Chongqing	37412	35553	629
万州区	Wanzhou District	7617	7615	218
黔江区	Qianjiang District	6584	6584	133
涪陵区	Fuling District	6624	6618	174
渝中区	Yuzhong District			
大渡口区	Dadukou District	149	149	5
江北区	Jiangbei District	423	423	55
沙坪坝区	Shapingba District	1409	1398	65
九龙坡区	Jiulongpo District	1624	1581	54
南岸区	Nan'an District	592	540	38
北碚区	Beibei District	1783	1745	63
渝北区	Yubei District	3556	3556	207
巴南区	Ba'nan District	3806	3560	208
长寿区	Changshou District	3814	3814	107
江津区	Jiangjin District	6692	6385	240
合川区	Hechuan District	6363	5579	194
永川区	Yongchuan District	5166	5106	137
南川区	Nanchuan District	4840	4826	141
綦江区	Qijiang District	7265	7265	213
#綦江区(不含万盛)	Qijiang District (excluding Wansheng)	5849	5849	161
大足区	Dazu District	3906	3906	125
璧山区	Bishan District	2833	2139	107
铜梁区	Tongliang District	4719	4611	134
潼南区	Tongnan District	5576	5568	155
荣昌区	Rongchang District	2789	2774	82
开州区	Kaizhou District	8402	5778	135
梁平区	Liangping District	5172	4451	93
武隆区	Wulong District	5437	5413	88
城口县	Chengkou County	4536	4516	37
丰都县	Fengdu County	7444	6949	64
垫江县	Dianjiang County	4519	4519	76
忠 县	Zhongxian County	6621	6618	110
云阳县	Yunyang County	7828	7600	73
奉节县	Fengjie County	9355	9319	77
巫山县	Wushan County	6267	6026	57
巫溪县	Wuxi County	7496	7055	69
石柱县	Shizhu County	5789	5747	147
秀山县	Xiushan County	4851	4602	79
酉阳县	Youyang County	6336	5835	100
彭水县	Pengshui County	8414	7371	83

注：1.2006年起，公路里程包括村道。
2.渝中区公路归为市政道路，不属于本表统计范围。

Note: a) The length of highways has included village roads since 2006.
b) The highways in Yuzhong District are municipal roads, not included in the statistic scope of this table.

20-9 各区县(自治县)固定资产投资较上年增长情况(2023年)
Growth Rate of the Investment in Fixed Assets by Region Compared with the Last Year (2023)

区　　县	Region	全社会固定资产投资增长情况 Growth Rate of Total Investment in Fixed Assets (%)	#工业 Industry	#基础设施投资 Investment in Infrastructure Construction	房地产开发投资 Real Estate Development
全　市	**Total**	**4.3**	**13.3**	**7.0**	**-13.1**
主城都市区	The city proper of Chongqing	3.1	13.6	13.0	-14.0
中心城区	The central urban area of Chongqing	-0.5	10.9	15.9	-17.5
渝西地区	The western of Chongqing	7.8	14.9	8.2	-0.4
渝东新城	The eastern of Chongqing	9.5	15.2	19.2	-14.6
渝东北三峡库区	Three gorges reservoir area in northeast Chongqing	11.5	23.9	-1.5	-7.7
渝东南武陵山区	Wuling mountain area in southeast Chongqing	11.0	22.3	18.0	-2.1
万州区	Wanzhou District	11.6	15.6	-1.9	-10.4
黔江区	Qianjiang District	11.2	24.9	15.1	18.4
涪陵区	Fuling District	5.8	16.3	28.9	-34.5
渝中区	Yuzhong District	5.1		22.9	-43.7
大渡口区	Dadukou District	-7.6	17.2	-4.4	-18.5
江北区	Jiangbei District	-2.3	-6.3	2.6	-9.6
沙坪坝区	Shapingba District	2.5	27.1	51.3	-23.3
九龙坡区	Jiulongpo District	11.1	16.3	14.9	-11.2
南岸区	Nan'an District	-3.6	22.5	9.1	-17.5
北碚区	Beibei District	-11.8	-8.8	19.9	-34.5
渝北区	Yubei District	0.2	21.8	8.5	-14.6
巴南区	Ba'nan District	6.3	18.3	22.9	-9.9
长寿区	Changshou District	11.5	15.2	16.0	0.4
江津区	Jiangjin District	10.4	11.2	6.1	7.8
合川区	Hechuan District	4.5	11.3	10.6	-24.6
永川区	Yongchuan District	11.0	15.7	-5.0	3.8
南川区	Nanchuan District	8.5	2.6	11.9	2.2
綦江区	Qijiang District	14.7	14.2	30.0	-5.0
#綦江区(不含万盛)	Qijiang District (excluding Wansheng)	19.9	2.9	77.5	-29.6
大足区	Dazu District	12.1	31.4	0.2	7.0
璧山区	Bishan District	14.7	17.1	44.1	-1.1
铜梁区	Tongliang District	13.4	24.9	29.6	-6.5
潼南区	Tongnan District	10.3	28.5	-3.2	5.3
荣昌区	Rongchang District	12.3	23.0	-11.0	-3.5
开州区	Kaizhou District	16.2	24.6	-18.4	1.0
梁平区	Liangping District	13.0	48.8	7.7	-5.0
武隆区	Wulong District	13.8	15.0	11.2	4.6
城口县	Chengkou County	8.0	35.1	11.0	-76.8
丰都县	Fengdu County	14.1	26.1	1.1	2.0
垫江县	Dianjiang County	10.7	28.2	0.6	1.3
忠　县	Zhongxian County	13.2	17.4	-1.8	-12.1
云阳县	Yunyang County	18.3	24.9	15.5	-14.6
奉节县	Fengjie County	23.1	51.2	-11.5	11.2
巫山县	Wushan County	0.3	-0.1	10.1	-28.4
巫溪县	Wuxi County	17.0	17.8	15.7	8.2
石柱县	Shizhu County	20.3	35.0	29.2	-3.3
秀山县	Xiushan County	0.7	10.2	-5.3	-28.2
酉阳县	Youyang County	12.0	12.5	67.6	-3.2
彭水县	Pengshui County	18.5	53.4	16.7	15.7

20-9 续表 1 continued

区　　县	Region	房地产开发 (万元) Real Estate Development	#住　宅 Residential Buildings	房　屋 施工面积 (万平方米) Floor Space of Buildings under Construction (10 000 sq.m)	#住　宅 Residential Buildings
全　市	**Total**	**27967094**	**21096396**	**20497.57**	**13583.06**
主城都市区	The city proper of Chongqing	23936162	17974091	17179.29	11299.20
中心城区	The central urban area of Chongqing	16631598	12104252	10854.74	6795.75
渝西地区	The western of Chongqing	5240195	4339756	4464.42	3209.70
渝东新城	The eastern of Chongqing	2064369	1530083	1860.14	1293.75
渝东北三峡库区	Three gorges reservoir area in northeast Chongqing	3255402	2532423	2485.33	1717.79
渝东南武陵山区	Wuling mountain area in southeast Chongqing	1106510	872508	1139.83	796.57
万州区	Wanzhou District	411844	308040	502.33	321.24
黔江区	Qianjiang District	185940	159577	191.95	125.86
涪陵区	Fuling District	675530	400929	379.90	239.98
渝中区	Yuzhong District	341702	139974	371.63	139.37
大渡口区	Dadukou District	1253989	1009121	664.12	457.33
江北区	Jiangbei District	1361985	975640	818.94	363.07
沙坪坝区	Shapingba District	2216015	1728249	1196.82	803.72
九龙坡区	Jiulongpo District	1833837	1248564	798.47	468.41
南岸区	Nan'an District	1017708	731411	884.58	514.78
北碚区	Beibei District	1072024	825123	774.57	563.72
渝北区	Yubei District	5192560	3764469	3616.36	2277.78
巴南区	Ba'nan District	2341778	1681701	1729.25	1207.57
长寿区	Changshou District	195532	111360	178.22	104.03
江津区	Jiangjin District	1536046	1255934	926.59	637.26
合川区	Hechuan District	410276	342763	529.80	373.35
永川区	Yongchuan District	1009537	760552	522.77	381.58
南川区	Nanchuan District	570390	525630	449.82	337.94
綦江区	Qijiang District	291937	209538	545.32	381.30
#綦江区(不含万盛)	Qijiang District (excluding Wansheng)	216296	155284	472.45	333.34
大足区	Dazu District	167415	142124	358.66	281.19
璧山区	Bishan District	1100186	979914	1011.55	753.20
铜梁区	Tongliang District	559391	433218	336.53	216.28
潼南区	Tongnan District	228732	210349	511.72	335.74
荣昌区	Rongchang District	228612	214902	266.81	231.09
开州区	Kaizhou District	410512	363775	241.21	152.59
梁平区	Liangping District	142714	130379	226.49	165.21
武隆区	Wulong District	260508	178656	243.60	144.98
城口县	Chengkou County	14130	11700	78.24	56.58
丰都县	Fengdu County	572084	400041	232.07	172.52
垫江县	Dianjiang County	330980	282626	306.88	230.50
忠　县	Zhongxian County	412651	285893	292.17	185.30
云阳县	Yunyang County	343242	288017	149.71	107.57
奉节县	Fengjie County	190649	149466	155.98	110.23
巫山县	Wushan County	267185	179596	151.28	104.58
巫溪县	Wuxi County	159411	132890	148.97	111.48
石柱县	Shizhu County	214530	180093	145.24	105.74
秀山县	Xiushan County	195970	156805	321.07	253.26
酉阳县	Youyang County	81514	59735	85.42	52.36
彭水县	Pengshui County	168048	137642	152.54	114.37

20-9 续表 2 continued

区 县	Region	房屋新开工面积(万平方米) Floor Space of Buildings Started This Year (10 000 sq.m)	#住宅 Residential Buildings	房屋竣工面积(万平方米) Floor Space of Buildings Completed (10 000 sq.m)	#住宅 Residential Buildings
全 市	**Total**	**1974.78**	**1362.74**	**3302.02**	**2285.46**
主城都市区	The city proper of Chongqing	1484.70	1033.47	2717.83	1874.52
中心城区	The central urban area of Chongqing	943.27	620.69	1426.26	940.55
渝西地区	The western of Chongqing	374.93	279.30	969.01	686.16
渝东新城	The eastern of Chongqing	166.50	133.48	322.56	247.81
渝东北三峡库区	Three gorges reservoir area in northeast Chongqing	350.58	233.98	435.17	300.71
渝东南武陵山区	Wuling mountain area in southeast Chongqing	162.09	111.04	168.74	120.23
万州区	Wanzhou District	43.80	27.19	66.57	34.45
黔江区	Qianjiang District	37.07	25.06	4.84	4.67
涪陵区	Fuling District	6.55	4.08	69.70	56.27
渝中区	Yuzhong District	2.20	2.12	52.15	40.65
大渡口区	Dadukou District	46.96	41.02	41.80	23.87
江北区	Jiangbei District	61.45	39.53	149.04	75.59
沙坪坝区	Shapingba District	123.50	79.58	124.12	87.72
九龙坡区	Jiulongpo District	132.78	85.46	103.46	69.39
南岸区	Nan'an District	47.90	38.94	127.01	65.56
北碚区	Beibei District	103.35	72.52	145.88	77.30
渝北区	Yubei District	341.61	217.09	514.09	378.17
巴南区	Ba'nan District	83.51	44.44	168.71	122.29
长寿区	Changshou District	15.71	10.81	55.26	27.68
江津区	Jiangjin District	95.16	69.31	170.31	117.73
合川区	Hechuan District	18.54	14.31	60.16	48.38
永川区	Yongchuan District	46.37	36.20	134.53	103.24
南川区	Nanchuan District	86.27	79.70	69.92	63.37
綦江区	Qijiang District	35.39	23.12	107.96	90.50
#綦江区(不含万盛)	Qijiang District (excluding Wansheng)	33.71	22.22	79.99	72.83
大足区	Dazu District	43.89	31.69	121.41	100.76
璧山区	Bishan District	92.31	71.33	261.76	191.44
铜梁区	Tongliang District	9.06	7.15	50.37	29.63
潼南区	Tongnan District	34.68	20.78	154.99	82.73
荣昌区	Rongchang District	34.92	28.54	15.48	12.26
开州区	Kaizhou District	90.06	45.78	59.34	33.13
梁平区	Liangping District	17.51	13.05	53.64	42.00
武隆区	Wulong District	28.83	9.71	41.90	27.43
城口县	Chengkou County	1.16	1.16	40.20	37.03
丰都县	Fengdu County	20.06	16.27	68.37	52.49
垫江县	Dianjiang County	22.58	15.76	19.72	10.00
忠 县	Zhongxian County	6.38	2.31	45.07	29.84
云阳县	Yunyang County	22.54	15.91	11.06	9.55
奉节县	Fengjie County	43.12	33.59	17.28	9.37
巫山县	Wushan County	44.94	32.89	16.27	12.35
巫溪县	Wuxi County	38.43	30.06	37.65	30.51
石柱县	Shizhu County	22.28	17.68	75.92	58.33
秀山县	Xiushan County	61.61	50.05	14.55	7.18
酉阳县	Youyang County	6.92	5.17	14.51	6.62
彭水县	Pengshui County	5.37	3.37	17.03	15.99

20-9 续表 3 continued

区　县	Region	商品房销售面积(万平方米) Floor Space of Commercialized Buildings Sold (10 000 sq.m)	#住 宅 Residential Buildings	商品房销售额(万元) Total Sale of Commercialized Buildings Sold (10 000 yuan)	#住 宅 Residential Buildings
全　市	**Total**	**3557.25**	**2258.06**	**24503221**	**19323683**
主城都市区	The city proper of Chongqing	2793.34	1719.66	20432952	16271959
中心城区	The central urban area of Chongqing	1565.65	845.72	14120485	11101522
渝西地区	The western of Chongqing	883.99	647.44	4740609	4024871
渝东新城	The eastern of Chongqing	343.71	226.50	1571858	1145566
渝东北三峡库区	Three gorges reservoir area in northeast Chongqing	612.23	432.54	3238393	2405550
渝东南武陵山区	Wuling mountain area in southeast Chongqing	233.23	172.82	1207566	963152
万州区	Wanzhou District	89.88	47.91	521279	291263
黔江区	Qianjiang District	38.94	27.74	175611	143109
涪陵区	Fuling District	61.83	31.13	293744	196765
渝中区	Yuzhong District	35.31	15.05	557432	352143
大渡口区	Dadukou District	134.14	75.76	981130	854212
江北区	Jiangbei District	87.12	43.12	1112957	867687
沙坪坝区	Shapingba District	205.40	105.88	1869767	1504960
九龙坡区	Jiulongpo District	172.27	129.96	1657490	1445421
南岸区	Nan'an District	131.70	74.85	1269790	1058754
北碚区	Beibei District	68.18	48.05	729941	625038
渝北区	Yubei District	495.83	268.60	4579028	3550019
巴南区	Ba'nan District	235.70	84.45	1362950	843288
长寿区	Changshou District	29.31	15.47	160203	81688
江津区	Jiangjin District	181.55	135.94	1059052	922557
合川区	Hechuan District	76.33	52.23	346222	272007
永川区	Yongchuan District	202.47	152.03	993985	828546
南川区	Nanchuan District	90.62	72.80	402536	347740
綦江区	Qijiang District	80.39	40.14	339685	202395
#綦江区(不含万盛)	Qijiang District (excluding Wansheng)	69.75	32.94	286841	159824
大足区	Dazu District	51.55	42.94	245400	209235
璧山区	Bishan District	212.70	158.12	1291365	1136563
铜梁区	Tongliang District	69.47	41.93	375705	296268
潼南区	Tongnan District	45.27	29.80	203683	158744
荣昌区	Rongchang District	44.66	34.44	225197	200951
开州区	Kaizhou District	111.51	73.42	611417	476555
梁平区	Liangping District	39.94	30.30	188917	163677
武隆区	Wulong District	30.63	23.20	182680	150709
城口县	Chengkou County	5.45	4.60	31820	27280
丰都县	Fengdu County	66.91	52.54	318003	241586
垫江县	Dianjiang County	81.56	66.96	375690	316978
忠　县	Zhongxian County	35.46	25.39	165698	123227
云阳县	Yunyang County	95.33	70.61	512491	381850
奉节县	Fengjie County	28.89	25.26	193980	178345
巫山县	Wushan County	34.60	20.47	181928	116075
巫溪县	Wuxi County	22.70	15.06	137170	88714
石柱县	Shizhu County	45.72	29.12	218577	163329
秀山县	Xiushan County	67.69	57.13	360579	303978
酉阳县	Youyang County	13.20	7.11	67256	50959
彭水县	Pengshui County	37.05	28.51	202863	151068

20-10 各区县社会消费品零售总额(2023年)
Total Retail Sales of Consumer Goods by Region (2023)

区县	Region	社会消费品零售总额(亿元) Total Retail Sales of Consumer Goods (100 million yuan)	社会消费品零售总额指数(上年=100) Index of Total Retail Sales of Consumer Goods (preceding year=100)
全市	**Total**	**15130.25**	**108.6**
主城都市区	The city proper of Chongqing	11587.51	108.7
中心城区	The central urban area of Chongqing	6567.21	108.7
渝西地区	The western of Chongqing	3100.91	108.9
渝东新城	The eastern of Chongqing	1919.39	108.6
渝东北三峡库区	Three gorges reservoir area in northeast Chongqing	2578.93	108.3
渝东南武陵山区	Wuling mountain area in southeast Chongqing	963.81	108.7
万州区	Wanzhou District	470.60	107.4
黔江区	Qianjiang District	167.75	107.5
涪陵区	Fuling District	629.94	108.6
渝中区	Yuzhong District	1413.74	108.0
大渡口区	Dadukou District	141.48	109.4
江北区	Jiangbei District	869.02	108.7
沙坪坝区	Shapingba District	605.95	109.6
九龙坡区	Jiulongpo District	936.36	108.6
南岸区	Nan'an District	623.60	106.5
北碚区	Beibei District	217.23	108.0
渝北区	Yubei District	1153.32	110.6
巴南区	Ba'nan District	508.76	107.5
长寿区	Changshou District	338.68	109.2
江津区	Jiangjin District	455.62	109.5
合川区	Hechuan District	376.49	108.7
永川区	Yongchuan District	556.41	109.3
南川区	Nanchuan District	234.86	108.9
綦江区	Qijiang District	383.72	106.8
#綦江区(不含万盛)	Qijiang District (excluding Wansheng)	251.30	107.0
大足区	Dazu District	335.37	108.0
璧山区	Bishan District	378.10	108.8
铜梁区	Tongliang District	304.54	108.7
潼南区	Tongnan District	335.16	108.6
荣昌区	Rongchang District	313.07	108.1
开州区	Kaizhou District	421.63	108.9
梁平区	Liangping District	332.15	107.2
武隆区	Wulong District	148.65	107.5
城口县	Chengkou County	28.19	106.0
丰都县	Fengdu County	253.56	109.0
垫江县	Dianjiang County	303.62	109.3
忠县	Zhongxian County	276.24	108.7
云阳县	Yunyang County	430.74	109.2
奉节县	Fengjie County	131.58	107.3
巫山县	Wushan County	126.15	107.4
巫溪县	Wuxi County	69.69	106.1
石柱县	Shizhu County	107.10	108.7
秀山县	Xiushan County	261.05	109.3
酉阳县	Youyang County	108.36	109.1
彭水县	Pengshui County	156.55	109.2

20−11 各区县财政收支(2023年)
Government Revenue and Expenditure by Region (2023)

单位：万元 (10 000 yuan)

区 县	Region	区县级一般公共预算收入 General Public Budgetary Revenue at District (County) Level	#增值税 Value-added Tax	#企业所得税 Corporate Income Tax	#个人所得税 Individual Income Tax	区县级一般公共预算支出 General Public Budgetary Expenditure at District (County) Level
全 市	**Total**	**24407688**	**5982085**	**2160176**	**805256**	**53045603**
主城都市区	The city proper of Chongqing	11790433	2207625	964010	280495	22765137
中心城区	The central urban area of Chongqing	6066627	1237278	561030	205031	10653867
渝西地区	The western of Chongqing	3901584	623394	233999	44180	7848888
渝东新城	The eastern of Chongqing	2085437	413133	188153	37819	4962732
渝东北三峡库区	Three gorges reservoir area in northeast Chongqing	2963973	579878	153772	90655	8603556
渝东南武陵山区	Wuling mountain area in southeast Chongqing	1113901	219641	53304	59855	3672135
万州区	Wanzhou District	783331	215371	69932	24699	1659612
黔江区	Qianjiang District	344555	81340	11514	13072	870132
涪陵区	Fuling District	700176	160417	96461	15932	1387717
渝中区	Yuzhong District	424483	112430	46371	30943	862868
大渡口区	Dadukou District	200656	30019	14680	7054	406127
江北区	Jiangbei District	803333	207466	107255	29075	1018998
沙坪坝区	Shapingba District	407799	73746	20130	13100	1085951
九龙坡区	Jiulongpo District	684123	101496	23072	12386	1001952
南岸区	Nan'an District	655185	142065	42447	18619	970770
北碚区	Beibei District	300276	47989	8885	6116	659588
渝北区	Yubei District	621104	137431	46314	24852	1202694
巴南区	Ba'nan District	432118	62466	35152	6775	797332
长寿区	Changshou District	511146	90159	32883	8110	904681
江津区	Jiangjin District	679564	135285	53724	9438	1206756
合川区	Hechuan District	548246	72811	24539	5598	1014920
永川区	Yongchuan District	500638	134229	52149	6708	1093122
南川区	Nanchuan District	264995	33891	15763	2577	784450
綦江区	Qijiang District	345905	62486	23874	4665	1185534
#綦江区(不含万盛)	Qijiang District (excluding Wansheng)	226707	35013	13036	2571	816850
大足区	Dazu District	495290	41746	12994	2736	1114326
璧山区	Bishan District	531868	107355	38110	8766	757993
铜梁区	Tongliang District	467900	55927	23295	3639	926080
潼南区	Tongnan District	352065	32508	8944	3358	809732
荣昌区	Rongchang District	326013	43533	20244	3937	925959
开州区	Kaizhou District	370469	63245	10342	5373	998525
梁平区	Liangping District	353503	36753	7887	6884	775094
武隆区	Wulong District	271616	41084	16372	13658	626683
城口县	Chengkou County	44960	12667	2153	1128	403616
丰都县	Fengdu County	276503	32345	6390	3876	702330
垫江县	Dianjiang County	263215	66180	19172	6535	700350
忠 县	Zhongxian County	250016	38225	12906	17654	769879
云阳县	Yunyang County	197108	34612	9364	3393	841527
奉节县	Fengjie County	176780	34501	6288	17300	706592
巫山县	Wushan County	130347	26042	5828	2126	542404
巫溪县	Wuxi County	117741	19937	3510	1687	503627
石柱县	Shizhu County	155040	37501	12951	2071	596590
秀山县	Xiushan County	202286	36772	12556	6857	702042
酉阳县	Youyang County	190527	29495	4655	2794	727452
彭水县	Pengshui County	221493	34533	11628	35061	775919

20-11 续表 continued

单位：万元 (10 000 yuan)

区 县	Region	#农林水支出 Expenditure for Agriculture, Forestry and Water Conservancy	#教育支出 Expenditure for Education	#卫生健康支出 Expenditure for Public Health and Family Planning	#社会保障和就业支出 Expenditure for Social Security and Employment Effort	#文化旅游体育与传媒支出 Expenditure for Culture, Sport and Media
全 市	**Total**	**4156582**	**8559730**	**4934393**	**10937766**	**661917**
主城都市区	The city proper of Chongqing	1628993	4320907	1983386	3021984	311208
中心城区	The central urban area of Chongqing	309748	2135288	862108	1337614	112511
渝西地区	The western of Chongqing	909685	1498379	737638	1117629	122116
渝东新城	The eastern of Chongqing	499865	835042	441759	674962	84111
渝东北三峡库区	Three gorges reservoir area in northeast Chongqing	1335233	1802980	726304	1378481	108067
渝东南武陵山区	Wuling mountain area in southeast Chongqing	633784	715151	281178	471060	70608
万州区	Wanzhou District	184523	280496	136745	243467	21611
黔江区	Qianjiang District	125315	149342	89053	85646	11111
涪陵区	Fuling District	125247	216649	98725	168969	16861
渝中区	Yuzhong District	2441	164806	76410	156751	8205
大渡口区	Dadukou District	10552	95555	32388	46943	7376
江北区	Jiangbei District	11663	202892	75704	120576	10805
沙坪坝区	Shapingba District	19812	228502	85819	177008	15297
九龙坡区	Jiulongpo District	19270	274103	108325	155513	16643
南岸区	Nan'an District	38808	184952	91203	121108	6452
北碚区	Beibei District	51585	130481	82819	108562	10532
渝北区	Yubei District	84839	283399	129195	159244	12582
巴南区	Ba'nan District	56923	169815	84672	142733	18545
长寿区	Changshou District	83750	158457	82258	122378	9063
江津区	Jiangjin District	131656	258956	142682	203813	19099
合川区	Hechuan District	118141	194476	99119	173542	18644
永川区	Yongchuan District	120763	235329	111508	159434	18953
南川区	Nanchuan District	92825	117519	77788	93131	9533
綦江区	Qijiang District	107738	194615	124869	182263	41124
#綦江区(不含万盛)	Qijiang District (excluding Wansheng)	80629	146102	96953	132112	8815
大足区	Dazu District	119476	174258	95760	143130	17799
璧山区	Bishan District	74788	126677	52982	84764	15320
铜梁区	Tongliang District	82234	142732	86168	125998	14731
潼南区	Tongnan District	122699	157774	58651	105042	10182
荣昌区	Rongchang District	139928	208177	90768	121906	7388
开州区	Kaizhou District	142655	240126	94792	200055	7089
梁平区	Liangping District	119195	168122	58727	102293	10636
武隆区	Wulong District	108008	89213	44900	67551	21677
城口县	Chengkou County	111377	61791	28996	46489	4757
丰都县	Fengdu County	121063	142984	54701	109324	10826
垫江县	Dianjiang County	90305	147802	58119	108221	7530
忠 县	Zhongxian County	110056	169729	70158	117726	13545
云阳县	Yunyang County	110235	200479	72969	156029	8415
奉节县	Fengjie County	124267	171561	51927	130755	11113
巫山县	Wushan County	109000	109005	50821	89236	5715
巫溪县	Wuxi County	112557	110885	48349	74886	6830
石柱县	Shizhu County	89890	113288	51806	90555	34541
秀山县	Xiushan County	109414	141847	47121	87372	8484
酉阳县	Youyang County	148197	161208	46953	118108	9709
彭水县	Pengshui County	160968	149466	46245	89379	6763

20−12 各区县金融机构存贷款、人民生活和社会福利(2023年)
Deposit and Loan of Financial Institutions,People's Livelihood and Social Welfare by Region (2023)

区 县	Region	金融机构人民币存款余额(亿元) Total Deposit Balance of RMB of Financial Institutions (100 million yuan)	#住户存款 Saving Deposits of Residents	金融机构人民币贷款余额(亿元) Total Loan Balance of RMB of Financial Institutions (100 million yuan)
全 市	**Total**	**52613.04**	**28819.14**	**55909.32**
主城都市区	The city proper of Chongqing	43378.34	21634.34	49650.56
中心城区	The central urban area of Chongqing	31974.86	12762.95	40608.19
渝西地区	The western of Chongqing	7252.60	5765.89	5881.86
渝东新城	The eastern of Chongqing	4150.87	3105.50	3160.51
渝东北三峡库区	Three gorges reservoir area in northeast Chongqing	6663.73	5556.67	3921.73
渝东南武陵山区	Wuling mountain area in southeast Chongqing	2011.90	1626.07	2115.10
万州区	Wanzhou District	1917.30	1512.29	963.38
黔江区	Qianjiang District	368.26	286.53	445.95
涪陵区	Fuling District	1315.06	822.14	1014.51
渝中区	Yuzhong District	5766.07	1402.23	7277.83
大渡口区	Dadukou District	736.86	487.16	935.90
江北区	Jiangbei District	7766.11	1449.20	11280.85
沙坪坝区	Shapingba District	2611.43	1579.98	2361.35
九龙坡区	Jiulongpo District	3032.21	1786.29	2566.11
南岸区	Nan'an District	2524.14	1375.63	4634.86
北碚区	Beibei District	1154.46	842.72	846.43
渝北区	Yubei District	7018.88	2875.44	9517.35
巴南区	Ba'nan District	1364.71	964.30	1187.51
长寿区	Changshou District	827.02	666.03	595.93
江津区	Jiangjin District	1521.98	1176.74	1200.21
合川区	Hechuan District	1177.64	1020.25	851.55
永川区	Yongchuan District	1142.07	855.03	895.86
南川区	Nanchuan District	520.58	402.70	546.68
綦江区	Qijiang District	929.20	738.66	661.63
#綦江区(不含万盛)	Qijiang District (excluding Wansheng)	716.75	570.14	516.63
大足区	Dazu District	642.51	521.50	631.02
璧山区	Bishan District	842.06	624.72	784.73
铜梁区	Tongliang District	760.58	627.80	515.04
潼南区	Tongnan District	544.79	459.85	464.59
荣昌区	Rongchang District	620.97	479.99	538.87
开州区	Kaizhou District	1036.12	885.15	529.16
梁平区	Liangping District	634.52	553.25	339.91
武隆区	Wulong District	271.46	211.54	329.62
城口县	Chengkou County	170.98	114.57	135.72
丰都县	Fengdu County	512.22	444.30	295.15
垫江县	Dianjiang County	559.02	475.97	341.77
忠 县	Zhongxian County	672.16	583.07	389.01
云阳县	Yunyang County	701.30	614.75	363.03
奉节县	Fengjie County	448.35	377.96	414.63
巫山县	Wushan County	292.11	249.56	294.13
巫溪县	Wuxi County	278.68	221.78	197.62
石柱县	Shizhu County	361.29	299.56	296.53
秀山县	Xiushan County	322.84	249.11	382.92
酉阳县	Youyang County	380.02	318.90	321.91
彭水县	Pengshui County	308.04	260.44	338.17

注：2023年数据单列了两江新区、高新区，故分区县之和不等于全市合计。
Note: The data for 2023 separately lists the Liangjiang New Area and the High tech Zone, so the sum of counties in each district does not equal the total of the city.

20-12 续表 continued

区 县	Region	城市居民最低生活保障人数(人) Number of Persons Receiving Minimum Living Allowance in Rural Areas (person)	提供住宿的社会服务机构(个) Residential Social Welfare Institutions (unit)	提供住宿的社会服务机构床位数(张) Social Services Institutions with Accommodation (bed)
全 市	**Total**	**210589**	**1276**	**135819**
主城都市区	The city proper of Chongqing	112400	880	87976
中心城区	The central urban area of Chongqing	44511	354	37549
渝西地区	The western of Chongqing	40384	361	34751
渝东新城	The eastern of Chongqing	27505	165	15676
渝东北三峡库区	Three gorges reservoir area in northeast Chongqing	73029	424	43079
渝东南武陵山区	Wuling mountain area in southeast Chongqing	29599	37	6072
万州区	Wanzhou District	16236	40	6329
黔江区	Qianjiang District	4643	14	2069
涪陵区	Fuling District	8059	16	2778
渝中区	Yuzhong District	9366	25	1889
大渡口区	Dadukou District	1770	30	1930
江北区	Jiangbei District	4025	11	977
沙坪坝区	Shapingba District	5093	66	6990
九龙坡区	Jiulongpo District	6892	47	4189
南岸区	Nan'an District	6328	29	3375
北碚区	Beibei District	3154	32	3268
渝北区	Yubei District	1956	33	3141
巴南区	Ba'nan District	3615	51	6278
长寿区	Changshou District	3741	37	2605
江津区	Jiangjin District	6721	81	7922
合川区	Hechuan District	10783	65	7036
永川区	Yongchuan District	4667	34	2982
南川区	Nanchuan District	2763	14	1080
綦江区	Qijiang District	9659	40	4354
#綦江区(不含万盛)	Qijiang District (excluding Wansheng)	6437	32	3842
大足区	Dazu District	6331	47	5407
璧山区	Bishan District	1758	14	2153
铜梁区	Tongliang District	2580	52	4112
潼南区	Tongnan District	1921	35	2569
荣昌区	Rongchang District	5623	33	2570
开州区	Kaizhou District	14517	23	3265
梁平区	Liangping District	2500	30	3032
武隆区	Wulong District	2547	10	1244
城口县	Chengkou County	1260	30	1754
丰都县	Fengdu County	3865	56	4113
垫江县	Dianjiang County	3283	58	4859
忠 县	Zhongxian County	2817	116	10638
云阳县	Yunyang County	8157	37	4680
奉节县	Fengjie County	11154	20	2426
巫山县	Wushan County	7001	4	828
巫溪县	Wuxi County	2239	10	1155
石柱县	Shizhu County	3128	5	922
秀山县	Xiushan County	9375	4	1220
酉阳县	Youyang County	5784	1	73
彭水县	Pengshui County	4122	3	544

20−13 各区县居民收支情况(2023年)
Per Capita Income and Expenditure of Households by Region (2023)

区 县	Region	全体居民人均可支配收入(元) Per Capita Disposable Income of Households (yuan)	城镇常住居民人均可支配收入(元) Per Capita Disposable Income of Urban Households (yuan)	农村常住居民人均可支配收入(元) Per Capita Disposable Income of Rural Households (yuan)
全 市	**Total**	**37595**	**47435**	**20820**
主城都市区	The city proper of Chongqing			
中心城区	The central urban area of Chongqing			
渝西地区	The western of Chongqing			
渝东新城	The eastern of Chongqing			
渝东北三峡库区	Three gorges reservoir area in northeast Chongqing			
渝东南武陵山区	Wuling mountain area in southeast Chongqing			
万州区	Wanzhou District	42793	51548	22364
黔江区	Qianjiang District	34131	44436	18092
涪陵区	Fuling District	43105	50735	22097
渝中区	Yuzhong District	55838	55838	
大渡口区	Dadukou District	50104	50594	
江北区	Jiangbei District	54849	55005	
沙坪坝区	Shapingba District	50935	51601	
九龙坡区	Jiulongpo District	52592	54022	29460
南岸区	Nan'an District	51355	52015	
北碚区	Beibei District	48158	51137	27170
渝北区	Yubei District	50967	53685	26515
巴南区	Ba'nan District	49048	53113	27209
长寿区	Changshou District	39696	46625	22504
江津区	Jiangjin District	41243	49834	27222
合川区	Hechuan District	39286	46880	25184
永川区	Yongchuan District	43276	49785	26834
南川区	Nanchuan District	36227	45124	21562
綦江区	Qijiang District			
#綦江区(不含万盛)	Qijiang District (excluding Wansheng)	34592	41498	21355
大足区	Dazu District	38235	46626	24171
璧山区	Bishan District	44704	51327	27018
铜梁区	Tongliang District	41164	49675	26084
潼南区	Tongnan District	36161	45159	22375
荣昌区	Rongchang District	38722	47382	24686
开州区	Kaizhou District	32199	42708	20530
梁平区	Liangping District	35823	47591	23095
武隆区	Wulong District	34270	47936	19867
城口县	Chengkou County	23400	35838	14294
丰都县	Fengdu County	32116	43439	20317
垫江县	Dianjiang County	35909	47724	23582
忠 县	Zhongxian County	35363	48156	22196
云阳县	Yunyang County	28876	37782	18063
奉节县	Fengjie County	27813	38057	16899
巫山县	Wushan County	27193	40936	15628
巫溪县	Wuxi County	22049	33305	14084
石柱县	Shizhu County	33286	42630	19807
秀山县	Xiushan County	29950	44033	17111
酉阳县	Youyang County	23512	34497	14878
彭水县	Pengshui County	28004	38821	16962

注：渝中区、大渡口区、江北区、沙坪坝区和南岸区住户收支与生活状况调查抽中农村住户样本量不足50户，按国家统计局有关统计制度规定，不再汇总发布其农村居民收支数据。

Note: If the sample size of rural households selected for the household income, expenditure, and living conditions survey in Dadukou,Jiangbei, Shapingba and Nan'an is less than 50, according to relevant statistical regulations of the National Bureau of Statistics, their rural household income and expenditure data will no longer be compiled and released.

20-13 续表 continued

区 县	Region	全体居民人均消费支出(元) Per Capita Consumption Expenditure of Households (yuan)	城镇常住居民人均消费支出(元) Per Capita Consumption Expenditure of Urban Households (yuan)	农村常住居民人均消费支出(元) Per Capita Consumption Expenditure of Rural Households (yuan)
全 市	**Total**	**26515**	**31531**	**17964**
主城都市区	The city proper of Chongqing			
中心城区	The central urban area of Chongqing			
渝西地区	The western of Chongqing			
渝东新城	The eastern of Chongqing			
渝东北三峡库区	Three gorges reservoir area in northeast Chongqing			
渝东南武陵山区	Wuling mountain area in southeast Chongqing			
万州区	Wanzhou District	29838	34873	18091
黔江区	Qianjiang District	22181	27428	14013
涪陵区	Fuling District	32364	37889	17151
渝中区	Yuzhong District	40465	40465	
大渡口区	Dadukou District	32903	33125	
江北区	Jiangbei District	32793	32903	
沙坪坝区	Shapingba District	38341	38864	
九龙坡区	Jiulongpo District	35177	35936	22899
南岸区	Nan'an District	34304	34766	
北碚区	Beibei District	35745	37689	22045
渝北区	Yubei District	36218	37894	21144
巴南区	Ba'nan District	38061	41438	19916
长寿区	Changshou District	29311	34309	16914
江津区	Jiangjin District	29654	35817	19597
合川区	Hechuan District	30575	36513	19549
永川区	Yongchuan District	27787	31111	19389
南川区	Nanchuan District	23835	28040	16904
綦江区	Qijiang District			
#綦江区(不含万盛)	Qijiang District (excluding Wansheng)	24288	28261	16672
大足区	Dazu District	26099	31433	17157
璧山区	Bishan District	26730	29867	18352
铜梁区	Tongliang District	24342	29008	16076
潼南区	Tongnan District	22949	28081	15086
荣昌区	Rongchang District	24561	29089	17223
开州区	Kaizhou District	23986	30658	16578
梁平区	Liangping District	22304	26462	17807
武隆区	Wulong District	23259	30191	15953
城口县	Chengkou County	16734	24259	11224
丰都县	Fengdu County	20675	26827	14264
垫江县	Dianjiang County	24222	30113	18075
忠 县	Zhongxian County	23720	30549	16692
云阳县	Yunyang County	20035	24271	14893
奉节县	Fengjie County	18834	22890	14513
巫山县	Wushan County	19856	27172	13700
巫溪县	Wuxi County	15847	20945	12239
石柱县	Shizhu County	18397	21472	13962
秀山县	Xiushan County	18823	24026	14080
酉阳县	Youyang County	17901	24260	12902
彭水县	Pengshui County	19552	24810	14184

20−14 各区县教育和文化(2023年)
Education and Culture by Region (2023)

区 县	Region	普通中学 Regular Secondary Schools		
		学校数 (个) Number of Schools (unit)	专任教师数 (人) Full-time Teachers (person)	在校学生数 (人) Total Enrollment (person)
全 市	**Total**	**1123**	**129899**	**1725114**
主城都市区	The city proper of Chongqing	585	72645	954896
中心城区	The central urban area of Chongqing	229	30628	380892
渝西地区	The western of Chongqing	230	28550	398691
渝东新城	The eastern of Chongqing	142	16720	216702
渝东北三峡库区	Three gorges reservoir area in northeast Chongqing	361	37899	517212
渝东南武陵山区	Wuling mountain area in southeast Chongqing	143	15717	204359
万州区	Wanzhou District	61	5820	84062
黔江区	Qianjiang District	27	2970	36358
涪陵区	Fuling District	46	4238	60735
渝中区	Yuzhong District	12	2483	23935
大渡口区	Dadukou District	9	1227	17071
江北区	Jiangbei District	26	3670	46839
沙坪坝区	Shapingba District	28	3287	42363
九龙坡区	Jiulongpo District	26	5302	64579
南岸区	Nan'an District	29	3569	45672
北碚区	Beibei District	18	2914	38111
渝北区	Yubei District	40	4677	57785
巴南区	Ba'nan District	41	3499	44537
长寿区	Changshou District	29	3032	30879
江津区	Jiangjin District	46	4816	68069
合川区	Hechuan District	34	4192	59619
永川区	Yongchuan District	35	4187	60268
南川区	Nanchuan District	17	2237	35961
綦江区	Qijiang District	34	3960	47738
#綦江区(不含万盛)	Qijiang District (excluding Wansheng)	25	3075	37424
大足区	Dazu District	33	4145	59317
璧山区	Bishan District	19	2443	33502
铜梁区	Tongliang District	21	3261	42551
潼南区	Tongnan District	21	2756	37090
荣昌区	Rongchang District	21	2750	38275
开州区	Kaizhou District	65	5971	83299
梁平区	Liangping District	26	3032	42068
武隆区	Wulong District	11	1407	18255
城口县	Chengkou County	8	1062	14637
丰都县	Fengdu County	45	3233	36279
垫江县	Dianjiang County	16	3253	41389
忠 县	Zhongxian County	27	3558	52134
云阳县	Yunyang County	40	4345	58878
奉节县	Fengjie County	30	3106	45590
巫山县	Wushan County	23	2526	30742
巫溪县	Wuxi County	20	1993	28134
石柱县	Shizhu County	20	2282	28055
秀山县	Xiushan County	25	2595	33295
酉阳县	Youyang County	38	3651	51723
彭水县	Pengshui County	22	2812	36673

注：2023年教委数据单列了两江新区、高新区，故分区县之和不等于全市合计。

Note: In 2023, the Education Commission data separately listed the Liangjiang New Area and High tech Zone, so the sum of the counties in each district does not equal the total of the city.

20-14 续表 1 continued

区 县	Region	小学 Primary Schools 学校数（个）Number of Schools (unit)	专任教师数（人）Full-time Teachers (person)	在校学生数（人）Total Enrollment (person)
全 市	**Total**	**2482**	**134488**	**2058660**
主城都市区	The city proper of Chongqing	1333	76158	1210726
中心城区	The central urban area of Chongqing	424	34224	588776
渝西地区	The western of Chongqing	665	27905	441852
渝东新城	The eastern of Chongqing	300	17318	221080
渝东北三峡库区	Three gorges reservoir area in northeast Chongqing	806	36106	515706
渝东南武陵山区	Wuling mountain area in southeast Chongqing	366	16095	220960
万州区	Wanzhou District	94	4892	85305
黔江区	Qianjiang District	49	2555	40342
涪陵区	Fuling District	64	4305	56481
渝中区	Yuzhong District	32	2460	34271
大渡口区	Dadukou District	22	1739	31757
江北区	Jiangbei District	38	3357	58127
沙坪坝区	Shapingba District	55	3960	71746
九龙坡区	Jiulongpo District	47	5426	92195
南岸区	Nan'an District	44	4534	81311
北碚区	Beibei District	55	2624	45499
渝北区	Yubei District	62	5797	96768
巴南区	Ba'nan District	69	4327	77102
长寿区	Changshou District	37	2815	32611
江津区	Jiangjin District	103	4445	76004
合川区	Hechuan District	106	4142	59632
永川区	Yongchuan District	104	4176	70801
南川区	Nanchuan District	58	2658	34299
綦江区	Qijiang District	85	4251	56707
#綦江区(不含万盛)	Qijiang District (excluding Wansheng)	62	3244	42544
大足区	Dazu District	87	4318	64592
璧山区	Bishan District	40	2320	43706
铜梁区	Tongliang District	61	2720	41702
潼南区	Tongnan District	75	2880	44730
荣昌区	Rongchang District	89	2904	40685
开州区	Kaizhou District	74	5320	92507
梁平区	Liangping District	58	3111	39920
武隆区	Wulong District	49	1644	17414
城口县	Chengkou County	43	1174	15543
丰都县	Fengdu County	50	2508	31107
垫江县	Dianjiang County	56	3289	40982
忠 县	Zhongxian County	100	3242	39688
云阳县	Yunyang County	93	3940	60714
奉节县	Fengjie County	90	3686	47302
巫山县	Wushan County	74	2509	32667
巫溪县	Wuxi County	74	2435	29971
石柱县	Shizhu County	48	2106	25953
秀山县	Xiushan County	56	3073	45672
酉阳县	Youyang County	90	3845	52699
彭水县	Pengshui County	74	2872	38880

20−14 续表 2 continued

区 县	Region	广播覆盖率 (%) Radio Coverage of Population (%)	电视覆盖率 (%) Television Coverage of Population (%)	公共图书馆 (个) Number of Public Libraries (unit)	公共图书馆藏书 (万册) Number of Books in Public Libraries (10 000 volumes)
全 市	**Total**	**99.57**	**99.69**	**43**	**2915.66**
主城都市区	The city proper of Chongqing	99.86	99.79	26	2420.46
中心城区	The central urban area of Chongqing	100.00	100.00	11	1327.10
渝西地区	The western of Chongqing	99.84	99.85	9	672.26
渝东新城	The eastern of Chongqing	99.72	99.40	7	440.84
渝东北三峡库区	Three gorges reservoir area in northeast Chongqing	99.22	99.55	11	362.69
渝东南武陵山区	Wuling mountain area in southeast Chongqing	99.07	99.56	6	132.50
万州区	Wanzhou District	100.00	99.66	1	35.08
黔江区	Qianjiang District	99.01	99.21	1	35.13
涪陵区	Fuling District	99.98	99.16	2	202.01
渝中区	Yuzhong District	100.00	100.00	2	184.75
大渡口区	Dadukou District	100.00	100.00	1	42.63
江北区	Jiangbei District	100.00	100.00	1	104.07
沙坪坝区	Shapingba District	100.00	100.00	2	532.30
九龙坡区	Jiulongpo District	100.00	100.00	1	126.28
南岸区	Nan'an District	100.00	100.00	1	52.71
北碚区	Beibei District	100.00	100.00	1	78.66
渝北区	Yubei District	100.00	100.00	1	125.56
巴南区	Ba'nan District	100.00	100.00	1	80.14
长寿区	Changshou District	100.00	100.00	1	82.51
江津区	Jiangjin District	100.00	99.98	1	151.60
合川区	Hechuan District	99.33	99.28	1	94.51
永川区	Yongchuan District	100.00	100.00	1	125.19
南川区	Nanchuan District	98.37	97.49	1	46.58
綦江区	Qijiang District	99.82	99.82	2	90.00
#綦江区(不含万盛)	Qijiang District (excluding Wansheng)	99.96	99.96	1	67.15
大足区	Dazu District	100.00	100.00	2	74.14
璧山区	Bishan District	100.00	100.00	1	56.33
铜梁区	Tongliang District	100.00	100.00	1	58.22
潼南区	Tongnan District	99.60	99.79	1	55.94
荣昌区	Rongchang District	100.00	100.00	1	56.33
开州区	Kaizhou District	99.81	99.92	1	89.02
梁平区	Liangping District	99.47	99.29	1	61.91
武隆区	Wulong District	100.00	100.00	1	16.34
城口县	Chengkou County	95.42	97.11	1	26.93
丰都县	Fengdu County	99.54	99.94	1	16.45
垫江县	Dianjiang County	100.00	100.00	1	19.74
忠 县	Zhongxian County	96.84	99.80	1	51.18
云阳县	Yunyang County	99.66	99.68	1	15.02
奉节县	Fengjie County	99.61	99.61	1	15.13
巫山县	Wushan County	98.31	99.23	1	23.39
巫溪县	Wuxi County	97.79	97.79	1	8.84
石柱县	Shizhu County	100.00	100.00	1	16.18
秀山县	Xiushan County	98.10	99.98	1	27.27
酉阳县	Youyang County	99.30	99.99	1	13.59
彭水县	Pengshui County	98.53	98.34	1	23.99

20-15 各区县卫生(2023年)
Public Health Care by Region (2023)

区　县	Region	卫生机构数(个) Number of Health Care Institutions (unit)	卫生机构床位数(张) Hospital Beds in Health Care Institutions (bed)	卫生技术人员(人) Medical Technical Personnel (person)	#执业(助理)医师 Licensed (assistant) Doctors	#注册护士 Registered Nurses
全　市	**Total**	**23389**	**255591**	**272035**	**102267**	**128142**
主城都市区	The city proper of Chongqing	13607	156370	185500	69289	89355
中心城区	The central urban area of Chongqing	5822	76066	104772	38589	51460
渝西地区	The western of Chongqing	5452	52166	52613	20522	24350
渝东新城	The eastern of Chongqing	2784	33369	32616	11926	15505
渝东北三峡库区	Three gorges reservoir area in northeast Chongqing	6673	68507	56264	21584	24933
渝东南武陵山区	Wuling mountain area in southeast Chongqing	2253	24376	19587	7200	8684
万州区	Wanzhou District	1299	13093	13410	5263	6170
黔江区	Qianjiang District	314	5114	4444	1463	2093
涪陵区	Fuling District	691	8135	10739	4045	5269
渝中区	Yuzhong District	445	16725	23804	7911	12380
大渡口区	Dadukou District	298	2997	4195	1580	2056
江北区	Jiangbei District	556	9302	13174	4935	6511
沙坪坝区	Shapingba District	615	9925	11955	4510	5719
九龙坡区	Jiulongpo District	799	10430	12581	4598	5928
南岸区	Nan'an District	725	5488	9583	3709	4561
北碚区	Beibei District	467	5339	6440	2505	2878
渝北区	Yubei District	1018	7913	13349	4936	6703
巴南区	Ba'nan District	899	7947	9691	3905	4724
长寿区	Changshou District	470	5700	4957	1885	2277
江津区	Jiangjin District	659	10044	8645	3631	3829
合川区	Hechuan District	912	8160	8380	3415	3773
永川区	Yongchuan District	788	9394	8798	3136	4225
南川区	Nanchuan District	477	4742	4864	1737	2338
綦江区	Qijiang District	695	9561	7555	2511	3661
#綦江区(不含万盛)	Qijiang District (excluding Wansheng)	560	7179	5572	1952	2643
大足区	Dazu District	701	6404	5587	2169	2537
璧山区	Bishan District	568	5063	5504	2144	2688
铜梁区	Tongliang District	916	4320	5177	2052	2410
潼南区	Tongnan District	445	4086	4613	1735	2043
荣昌区	Rongchang District	463	4695	5909	2240	2845
开州区	Kaizhou District	902	10126	7224	2978	3076
梁平区	Liangping District	592	5091	4188	1716	1816
武隆区	Wulong District	364	3149	2485	929	1045
城口县	Chengkou County	185	1778	1477	496	596
丰都县	Fengdu County	515	5298	3826	1357	1752
垫江县	Dianjiang County	451	5231	4501	1748	1960
忠　县	Zhongxian County	607	6020	4664	1740	2196
云阳县	Yunyang County	726	8367	6372	2621	2651
奉节县	Fengjie County	585	6630	5038	1698	2495
巫山县	Wushan County	428	4259	3240	1120	1338
巫溪县	Wuxi County	383	2614	2324	847	883
石柱县	Shizhu County	379	3994	2953	1207	1283
秀山县	Xiushan County	366	4148	3681	1255	1793
酉阳县	Youyang County	389	4189	2905	1096	1161
彭水县	Pengshui County	441	3782	3119	1250	1309

注:卫生机构数含个体诊所。
Note: The number of health care institutions include individual-run clinics.

20-16 各区县对外经济贸易(2023年)
Foreign Economic Relations and Trade by Region (2023)

区 县	Region	进出口总值(亿元) Total Imports and Exports (100 million yuan)	出 口 Exports	进 口 Imports
全 市	**Total**	**7137.39**	**4782.19**	**2355.20**
主城都市区	The city proper of Chongqing	7005.42	4723.29	2282.13
中心城区	The central urban area of Chongqing	6203.63	4266.51	1937.13
渝西地区	The western of Chongqing	493.50	313.37	180.13
渝东新城	The eastern of Chongqing	308.30	143.42	164.88
渝东北三峡库区	Three gorges reservoir area in northeast Chongqing	85.74	36.51	49.23
渝东南武陵山区	Wuling mountain area in southeast Chongqing	46.23	22.39	23.84
万州区	Wanzhou District	73.13	26.81	46.33
黔江区	Qianjiang District	1.75	1.33	0.42
涪陵区	Fuling District	173.52	90.89	82.63
渝中区	Yuzhong District	71.72	23.86	47.85
大渡口区	Dadukou District	31.85	18.63	13.22
江北区	Jiangbei District	841.61	418.88	422.73
沙坪坝区	Shapingba District	3013.14	2148.67	864.47
九龙坡区	Jiulongpo District	164.99	150.86	14.13
南岸区	Nan'an District	74.57	60.88	13.68
北碚区	Beibei District	214.35	98.18	116.17
渝北区	Yubei District	1666.54	1254.05	412.48
巴南区	Ba'nan District	124.87	92.48	32.39
长寿区	Changshou District	101.15	43.77	57.38
江津区	Jiangjin District	230.10	124.22	105.89
合川区	Hechuan District	22.27	20.95	1.32
永川区	Yongchuan District	81.79	53.93	27.86
南川区	Nanchuan District	21.58	0.59	20.99
綦江区	Qijiang District	8.75	5.07	3.68
#綦江区(不含万盛)	Qijiang District (excluding Wansheng)			
大足区	Dazu District	46.03	22.59	23.44
璧山区	Bishan District	70.89	59.48	11.41
铜梁区	Tongliang District	13.61	12.63	0.98
潼南区	Tongnan District	15.06	9.75	5.32
荣昌区	Rongchang District	13.73	9.82	3.91
开州区	Kaizhou District	2.97	1.89	1.08
梁平区	Liangping District	1.94	1.34	0.60
武隆区	Wulong District	0.36	0.36	
城口县	Chengkou County			
丰都县	Fengdu County	1.81	0.67	1.15
垫江县	Dianjiang County	3.30	3.10	0.20
忠 县	Zhongxian County	1.04	1.04	
云阳县	Yunyang County	2.98	2.91	0.07
奉节县	Fengjie County	1.28	1.28	
巫山县	Wushan County	0.58	0.58	
巫溪县	Wuxi County	0.01	0.00	0.01
石柱县	Shizhu County	23.56	0.19	23.37
秀山县	Xiushan County	2.78	2.73	0.05
酉阳县	Youyang County	17.75	17.75	0.00
彭水县	Pengshui County	0.04	0.04	

注：进出口数据来源于重庆海关。
Note: The data of import and export are provided by Chongqing Commerce Commission.

20－17　各区县规模以上工业能源消费总量(2023年)
Energy Consumption of Enterprises above Designated Size by Region (2023)

区　县	Region	规模以上工业能源消费总量(万吨标准煤) Energy Consumption of Enterprises above Designated Size by Region (10 000 tons of standard coal)
全　市	**Total**	**4929.15**
主城都市区	The city proper of Chongqing	3916.31
中心城区	The central urban area of Chongqing	446.84
渝西地区	The western of Chongqing	1068.03
渝东新城	The eastern of Chongqing	2401.44
渝东北三峡库区	Three gorges reservoir area in northeast Chongqing	816.17
渝东南武陵山区	Wuling mountain area in southeast Chongqing	196.67
万州区	Wanzhou District	401.58
黔江区	Qianjiang District	41.85
涪陵区	Fuling District	618.50
渝中区	Yuzhong District	1.02
大渡口区	Dadukou District	32.98
江北区	Jiangbei District	35.36
沙坪坝区	Shapingba District	30.91
九龙坡区	Jiulongpo District	92.39
南岸区	Nan'an District	22.16
北碚区	Beibei District	96.88
渝北区	Yubei District	80.78
巴南区	Ba'nan District	54.36
长寿区	Changshou District	1096.85
江津区	Jiangjin District	429.88
合川区	Hechuan District	300.34
永川区	Yongchuan District	125.19
南川区	Nanchuan District	93.94
綦江区	Qijiang District	555.12
#綦江区(不含万盛)	Qijiang District (excluding Wansheng)	313.34
大足区	Dazu District	26.33
璧山区	Bishan District	47.77
铜梁区	Tongliang District	59.34
潼南区	Tongnan District	44.04
荣昌区	Rongchang District	35.14
开州区	Kaizhou District	81.71
梁平区	Liangping District	24.73
武隆区	Wulong District	12.30
城口县	Chengkou County	1.69
丰都县	Fengdu County	123.33
垫江县	Dianjiang County	37.03
忠　县	Zhongxian County	65.39
云阳县	Yunyang County	12.70
奉节县	Fengjie County	101.62
巫山县	Wushan County	2.13
巫溪县	Wuxi County	1.29
石柱县	Shizhu County	74.04
秀山县	Xiushan County	36.90
酉阳县	Youyang County	15.14
彭水县	Pengshui County	16.44

20−18 各区县法人单位数、产业活动单位数(2023年)
Number of Corporate Units and Establishments by Region (2023)

区 县	Region	法人单位(个) Number of Corporate Units (unit)	#企 业 Enterprises	产业活动单位(个) Number of Establishments (unit)
全 市	**Total**	**812388**	**721354**	**881574**
主城都市区	The city proper of Chongqing	594613	541624	646397
中心城区	The central urban area of Chongqing	364017	348685	397395
渝西地区	The western of Chongqing	146324	122082	157496
渝东新城	The eastern of Chongqing	84272	70857	91506
渝东北三峡库区	Three gorges reservoir area in northeast Chongqing	150156	122633	161563
渝东南武陵山区	Wuling mountain area in southeast Chongqing	67619	57097	73614
万州区	Wanzhou District	27084	23348	29950
黔江区	Qianjiang District	11461	9832	12685
涪陵区	Fuling District	20623	17909	22888
渝中区	Yuzhong District	30068	28668	33754
大渡口区	Dadukou District	11644	11002	13000
江北区	Jiangbei District	36994	35750	40739
沙坪坝区	Shapingba District	39157	37704	43132
九龙坡区	Jiulongpo District	77971	76362	82577
南岸区	Nan'an District	39856	38492	43262
北碚区	Beibei District	18875	17391	21061
渝北区	Yubei District	76980	74025	84866
巴南区	Ba'nan District	32472	29291	35004
长寿区	Changshou District	14806	12896	16296
江津区	Jiangjin District	27733	25232	29617
合川区	Hechuan District	15613	13141	17230
永川区	Yongchuan District	21943	15869	23728
南川区	Nanchuan District	17115	13224	18148
綦江区	Qijiang District	17488	14594	18961
#綦江区(不含万盛)	Qijiang District (excluding Wansheng)	11183	9065	12171
大足区	Dazu District	17034	14496	18315
璧山区	Bishan District	17025	15228	18258
铜梁区	Tongliang District	16072	11937	17349
潼南区	Tongnan District	16317	14084	17307
荣昌区	Rongchang District	14587	12095	15692
开州区	Kaizhou District	20990	17820	22200
梁平区	Liangping District	13867	11840	14549
武隆区	Wulong District	8683	6930	9220
城口县	Chengkou County	5947	4517	6353
丰都县	Fengdu County	13311	9944	14411
垫江县	Dianjiang County	14240	12234	15213
忠 县	Zhongxian County	15340	13289	16549
云阳县	Yunyang County	20936	18398	22385
奉节县	Fengjie County	17759	13194	18541
巫山县	Wushan County	7384	4858	8412
巫溪县	Wuxi County	7538	5425	8213
石柱县	Shizhu County	10460	8621	11346
秀山县	Xiushan County	15521	13628	16677
酉阳县	Youyang County	11265	9281	12421
彭水县	Pengshui County	10229	8805	11265

21 三峡工程重庆库区移民

RESETTLEMENT OF CHONGQING RESERVOIR AREA OF THREE GORGES PROJECT

简 要 说 明

本章资料包括三峡工程重庆库区经济和社会发展情况、移民工程投资完成情况，由市统计局综合处根据市水利局资料整理编辑。

库区指库区 15 区县，包括万州区、涪陵区、渝北区、巴南区、长寿区、江津区、开州区、武隆区、丰都县、忠县、云阳县、奉节县、巫山县、巫溪县、石柱县。重点库区指 8 个重点移民区县，包括万州区、涪陵区、开州区、丰都县、忠县、云阳县、奉节县、巫山县。

Brief Introduction

This chapter includes the economic and social development of the reservoir area of Three Gorges Project in Chongqing, the statistics on the completed investment in Three Gorges Resettlement. The data here are provided by Ministry of Water Resources of Chongqing and sorted and compiled by Division of Comprehensive Statistics of Chongqing Municipal Bureau of Statistics.

The Reservoir Area refers to 15 districts and counties, namely Wanzhou, Fuling, Yubei, Ba'nan, Changshou, Jiangjin, Fengdu， Kaizhou，Wulong，Zhongxian, Yunyang, Fengjie, Wushan, Wuxi and Shizhu. The Key Reservoir Area refers to 8 key districts and counties of migration, namely Wanzhou, Fuling, Fengdu, Zhongxian, Kaixian, Yunyang, Fengjie and Wushan.

21-1 2023年三峡工程重庆库区经济和社会发展情况
2023 Economic and Social Development of the Reservoir Area of Three Gorges Project in Chongqing

指标	Item	2023	
		库区合计 Total of Reservoir Area	重点库区 Key Area
地区生产总值(亿元)	**Gross Domestic (100 million yuan)**	**12154.47**	**5624.87**
第一产业	Primary Industry	1017.28	617.23
第二产业	Secondary Industry	5330.35	2402.32
第三产业	Tertiary Industry	5806.84	2605.32
人口	**Population**		
户籍总户数(万户)	Total Number of Households (10 000 households)	599.32	335.19
户籍人口(万人)	Total Household Population (10 000 persons)	1553.28	915.42
城镇	Urban	681.26	334.10
乡村	Rural	872.02	581.32
男性	Male	796.64	474.47
女性	Female	756.64	440.95
年末常住人口(万人)	Year-end Permanent Residents (10 000 persons)	1378.61	718.55
城镇化率(%)	Urbanization Rate (%)	67.18	59.83
居民收入	**Wages and Income**		
城镇常住居民人均可支配收入(元)	Per Capita Disposable Income of Urban Residents	48549	45913
农村常住居民人均可支配收入(元)	Per Capita Disposable Income of Rural Residents	21173	19943
固定资产投资	**Investment in Fixed Assets**		
固定资产投资增速(%)	Total Investment in Fixed Assets(%)	8.3	11.9
财政(亿元)	**Government Finance (100 million yuan)**		
区县级一般公共预算收入	General Public Budgetary Income at District (County) Level	567.3	288.4
区县级一般公共预算支出	General Public Budgetary Expenditure at District (County) Level	1345.0	761.0
农业	**Agriculture**		
蔬菜总播种面积(万亩)	Sown Areas of Vegetables (10 000 mu)	610	382
蔬菜总产量(万吨)	Gross Output of Vegetables (10 000 tons)	1117	709
猪肉(万吨)	Pork (10 000 tons)	79	54
禽肉(万吨)	Meat of Poultry (10 000 tons)	14	9
猪出栏量(万头)	Slaughtered Hogs (10 000 heads)	986	672
禽出栏量(万只)	Slaughtered Poultry (10 000 heads)	9275	5632
禽蛋产量(万吨)	Output of Poultry Eggs (10 000 tons)	28	15
粮食播种面积(万亩)	Sown Areas of Grain (10 000 mu)	1569	1015
#夏粮	Grain Crops Harvested in Summer	337	227
秋粮	Grain Crops Harvested in Autumn	1231	788
#水稻	Rice	425	264
玉米	Corn	363	221
薯类	Tubers	568	386
粮食总产量(万吨)	Gross Output of Grain (10 000 tons)	527	331
#夏粮	Grain Crops Harvested in Summer	76	52
秋粮	Grain Crops Harvested in Autumn	451	279

21−1 续表 continued

指 标	Item	2023	
		库区合计 Total of Reservoir Area	重点库区 Key Area
#水 稻	Rice	205	123
玉 米	Corn	135	81
薯 类	Tubers	157	106
工 业(规模以上)	**Industry (above Designated Size)**		
企业数(个)	Number of Enterprises (unit)	2934	1110
工业总产值(万元)	Gross Output Value of Industry (10 000 yuan)	123837508	40352680
出口交货值(万元)	Sales of Exported Products (10 000 yuan)	16236523	875487
资产总计(万元)	Total Assets (10 000 yuan)	125475490	40244256
主营业务收入(万元)	Revenue from Principal Business (10 000 yuan)	122144262	38405338
利润总额(万元)	Total After-tax Profits (10 000 yuan)	6494603	2639862
利税总额(万元)	Total Pre-tax Profits (10 000 yuan)	10042187	3993250
全部从业人员平均数(万人)	Average Employment (10 000 persons)	57.0	15.7
总资产贡献率(%)	Ratio of Total Assets to Industrial Output Value (%)	8.3	10.3
资本保值增值率(%)	Ratio of Assets Appreciation YOY (%)	104.5	109.2
资产负债率(%)	Asset-Liability Ratio (%)	56.0	50.1
流动资产周转率(次)	Turnover Ratio of Circulating Assets (time)	1.9	2.1
成本费用利润率(%)	Ratio of Profits to Cost (%)	5.8	7.7
全员劳动生产率(元/人年)	Overall Labor Productivity (yuan/person-year)	578122	773646
产品销售率(%)	Sales as Percentage of Output (%)	95.7	95.5
国内贸易	**Domestic Trade**		
社会消费品零售总额(亿元)	Total Retail Sales (100 million yuan)	5522.28	2740.45
教育	**Education**		
学校数(所)	Number of Schools (unit)		
#普通高等学校	Regular Institutions of Higher Education	27	10
普通中学	Regular Secondary Schools	544	337
小学	Primary Schools	1081	639
专任教师数(人)	Number of Full-time Teachers (person)		
#普通高等学校	Regular Institutions of Higher Education	19411	6883
普通中学	Regular Secondary Schools	54503	32797
小学	Primary Schools	53971	30402
在校学生数(人)	Student Enrollment (person)		
#普通高等学校	Regular Institutions of Higher Education	391667	139422
普通中学	Regular Secondary Schools	727433	451719
小学	Primary Schools	801594	445771
卫生	**Public Health**		
卫生机构数(个)	Number of Health Institutions (unit)	9925	5753
卫生机构床位数(张)	Number of Hospital Beds (bed)	103289	61928
卫生技术人员(人)	Medical Technological Personnel (person)	98917	54513

21-2 三峡移民工程后续工作专项资金完成投资情况(2023年底止)
Comprehensive Statistics on the Completed Investment in the Follow-on Work of Three Gorges Resettlement (end of 2023)

单位：亿元 (100 million yuan)

区　县	Region	三峡后续工作专项资金累计计划投资 Total Planned Investment in the Follow-on Work of Three Gorges Resettlement	截至2023年12月底三峡后续工作专项资金累计完成投资 Investment in the Follow-on Work of Three Gorges Resettlement by the End of December 2020	三峡后续工作专项资金本期完成投资 Completed Investment in This Term			
				合计 Total	移民安稳致富和促进库区经济社会发展 Stabilization of Resettlers and the Economic and Social Development of Resevoir	库区生态环境建设与保护 Construction and Protection of the Ecological Environment of the Resevoir Areas	地质灾害防治 Geological Hazard Control
重庆市合计	**Total of Chongqing**	**806.03**	**745.53**	**27.07**	**9.46**	**15.58**	**0.90**
库区合计	**Total of Reservoir Area**	**750.56**	**704.78**	**25.25**	**8.65**	**14.97**	**1.23**
渝北区	Yubei	17.32	10.21	1.20	1.13	0.01	0.00
巴南区	Ba'nan	16.79	15.31	3.72	0.58	2.74	0.40
江津区	Jiangjin	9.45	7.46	0.82	0.01	0.81	0.00
长寿区	Changshou	25.15	20.48	0.97	0.23	0.71	0.02
武隆区	Wulong	22.14	21.21	0.45	0.07	0.37	0.02
巫溪县	Wuxi	6.38	5.82	0.13	0.00	0.12	0.0003
石柱县	Shizhu	12.06	11.53	0.39	0.16	0.20	0.0007
万州区	Wanzhou	145.49	145.28	0.99	0.65	0.32	0.00
涪陵区	Fuling	89.78	84.24	0.33	0.09	0.17	0.06
开州区	Kaixian	83.61	80.21	2.82	0.56	2.00	0.26
丰都县	Fengdu	52.25	49.65	0.77	0.07	0.57	0.13
忠　县	Zhongxian	56.53	53.63	3.87	1.48	2.31	0.06
云阳县	Yunyang	81.77	78.06	2.16	0.61	1.35	0.20
奉节县	Fengjie	70.35	62.88	2.63	1.08	1.45	0.06
巫山县	Wushan	61.48	58.78	3.99	1.93	1.82	0.02

22 基本单位名录库

STATISTICS ON BASIC UNITS

简 要 说 明

本章资料包括按行业分的法人、产业活动单位数，按机构类型和登记注册统计类别分的法人、产业活动单位数，按区县、行业分的法人单位数和企业法人单位数，按区县、登记注册统计类别分的法人单位数和企业法人单位数。

Brief Introduction

This chapter includes the number of legal persons and industrial activity units by industry, the number of legal persons and industrial activity units by institution type and registration statistical category, the number of legal persons and enterprise legal persons by district，county and industry, and the number of legal persons and enterprise legal persons by district，county and registration statistical category.

22-1 按行业分组的法人单位数和产业活动单位数(2023年)
Number of Corporate Units and Establishments by Sector (2023)

单位：个 (unit)

指 标	Item	法人单位 Corporate Units	产业活动单位 Establishments
总 计	**Total**	**812388**	**881574**
按三次产业分组	**By Strata of Industry**		
第一产业	Primary Industry	76128	76407
第二产业	Secondary Industry	104833	110477
第三产业	Tertiary Industry	631427	694690
按国民经济行业分组	**By Sector**		
农、林、牧、渔业	**Agriculture, Forestry, Animal Husbandry and Fishery**	**84394**	**84730**
农业	Farming	40013	40182
林业	Forestry	2919	2940
畜牧业	Animal Husbandry	23502	23573
渔业	Fishery	9694	9712
农、林、牧、渔专业及辅助性活动	Services of Farming, Forestry, Animal Husbandry and Fishery	8266	8323
采矿业	**Mining**	**847**	**928**
煤炭开采和洗选业	Mining and Washing of Coal	53	62
石油和天然气开采业	Extraction of Petroleum and Natural Gas	15	32
黑色金属矿采选业	Mining and Processing of Ferrous Metal Ores	26	28
有色金属矿采选业	Mining and Processing of Non-ferrous Metal Ores	14	15
非金属矿采选业	Mining and Processing of Non-metal Ores	699	742
开采专业及辅助性活动	Support Activities for Mining	15	22
其他采矿业	Mining of Other Ores	25	27
制造业	**Manufacture**	**63755**	**64986**
农副食品加工业	Processing of Food from Agricultural Products	5444	5539
食品制造业	Manufacture of Foods	2193	2256
酒、饮料和精制茶制造业	Manufacture of Liquor, Beverages and Refined Tea	1956	2006
烟草制品业	Manufacture of Tobacco	12	17
纺织业	Manufacture of Textile	1054	1070
纺织服装、服饰业	Manufacture of Textile, Wearing Apparel and Accessories	1681	1696
皮革、毛皮、羽毛及其制品和制鞋业	Manufacture of Leather, Fur, Feather and Related Products and Footwear	667	672
木材加工和木、竹、藤、棕、草制品业	Processing of Timber, Manufacture of Wood, Bamboo, Rattan, Palm and Straw Products	2425	2440
家具制造业	Manufacture of Furniture	2119	2143
造纸和纸制品业	Manufacture of Paper and Paper Products	781	789
印刷和记录媒介复制业	Printing, Reproduction of Recording Media	1650	1671
文教、工美、体育和娱乐用品制造业	Manufacture of Articles for Culture, Education, Arts and Crafts, Sport and Entertainment Activities	1355	1386
石油、煤炭及其他燃料加工业	Processing of Petroleum, Coal and Other Fuels	200	209
化学原料和化学制品制造业	Manufacture of Raw Chemical Materials and Chemical Products	1433	1466
医药制造业	Manufacture of Medicines	685	704
化学纤维制造业	Manufacture of Chemical Fibres	37	39
橡胶和塑料制品业	Manufacture of Rubber and Plastics Products	2260	2293
非金属矿物制品业	Manufacture of Non-metallic Mineral Products	6399	6529
黑色金属冶炼和压延加工业	Smelting and Pressing of Ferrous Metals	498	504

22−1 续表 1 continued

单位：个 (unit)

指　　标	Item	法人单位 Corporate Units	产业活动单位 Establishments
有色金属冶炼和压延加工业	Smelting and Pressing of Non-ferrous Metals	618	625
金属制品业	Manufacture of Metal Products	6773	6892
通用设备制造业	Manufacture of General Purpose Machinery	5635	5737
专用设备制造业	Manufacture of Special Purpose Machinery	4081	4153
汽车制造业	Manufacture of Automobiles	4574	4665
铁路、船舶、航空航天和其他运输设备制造业	Manufacture of Railway ,Ship, Aerospace and Other Transport Equipment	2433	2478
电气机械和器材制造业	Manufacture of Electrical Machinery and Apparatus	1986	2042
计算机、通信和其他电子设备制造业	Manufacture of Computers, Communication and Other Electronic Equipment	2100	2132
仪器仪表制造业	Manufacture of Measuring Instruments and Machinery	830	854
其他制造业	Other Manufacture	240	242
废弃资源综合利用业	Utilization of Waste Resources	369	387
金属制品、机械和设备修理业	Repair of Metal Products, Machinery and Equipment	1267	1350
电力、热力、燃气及水生产和供应业	**Production and Supply of Electric Power,Gas and Water**	**2555**	**3445**
电力、热力生产和供应业	Production and Supply of Electric Power and Heat Power	1387	1644
燃气生产和供应业	Production and Supply of Gas	310	491
水的生产和供应业	Production and Supply of Water	858	1310
建筑业	**Construction**	**38958**	**42490**
房屋建筑业	Construction of Housing	9456	11180
土木工程建筑业	Civil Engineering Construction	6211	6935
建筑安装业	Architectural Installation	4878	5258
建筑装饰、装修和其他建筑业	Architectural Decoration and Other Construction	18413	19117
批发和零售业	**Wholesale and Retail Trade**	**233040**	**256540**
批发业	Wholesale Trade	90334	94058
零售业	Retail Trade	142706	162482
交通运输、仓储和邮政业	**Transport, Storage and Postal Services**	**19343**	**23187**
铁路运输业	Transport Via Railway	5	21
道路运输业	Transport Via Road	13609	14666
水上运输业	Water Transport	419	450
航空运输业	Air Transport	83	105
管道运输业	Transport Via Pipeline	7	10
多式联运和运输代理业	Loading, Unloading, Portage and Transport Agency	2368	2586
装卸搬运和仓储业	Storage	2130	2282
邮政业	Post	722	3067
住宿和餐饮业	**Hotels and Catering Services**	**26411**	**29436**
住宿业	Hotels	7068	7510
餐饮业	Catering Services	19343	21926
信息传输、软件和信息技术服务业	**Information Transmission, Software and Information Technology**	**43749**	**45868**
电信、广播电视和卫星传输服务	Telecommunication, Radio, Television and Satellite Transmission Services	904	1594
互联网和相关服务	Internet and Related Services	7288	7547
软件和信息技术服务业	Software and Information Technology Services	35557	36727

22-1 续表 2 continued

单位：个 (unit)

指　　标	Item	法人单位 Corporate Units	产业活动单位 Establishments
金融业	**Financial Intermediation**	**1585**	**8502**
货币金融服务	Money Finance Services	1090	6105
资本市场服务	Capital Market Services	260	549
保险业	Insurance	139	1686
其他金融业	Other Finance	96	162
房地产业	**Real Estate**	**22910**	**26459**
房地产业	Real Estate	22910	26459
租赁和商务服务业	**Leasing and Business Services**	**121923**	**127547**
租赁业	Leasing	17848	18436
商务服务业	Business Services	104075	109111
科学研究和技术服务业	**Scientific Research and Technical Services**	**40670**	**44679**
研究和试验发展	Research and Experimental Development	2496	2594
专业技术服务业	Professional Technical Services	23582	26913
科技推广和应用服务业	Services of Science and Technology Application and Promotion	14592	15172
水利、环境和公共设施管理业	**Water Conservancy, Environment and Public Facilities Management**	**5613**	**5979**
水利管理业	Management of Water Conservancy	304	346
生态保护和环境治理业	Ecological Protection and Environmental Governance	1173	1251
公共设施管理业	Management of Public Facilities	3909	4143
土地管理业	Management of Land	227	239
居民服务、修理和其他服务业	**Services to Households, Repair and Other Services**	**24611**	**26040**
居民服务业	Resident Services	12573	13345
机动车、电子产品和日用产品修理业	Vehicles, Electronic Products and Commodities Maintenance Services	8370	8825
其他服务业	Other Services	3668	3870
教育	**Education**	**18677**	**19919**
教育	Education	18677	19919
卫生和社会工作	**Health and Social Work**	**8362**	**10903**
卫生	Health	5345	7641
社会工作	Social Work	3017	3262
文化、体育和娱乐业	**Culture, Sports and Entertainment**	**25020**	**25867**
新闻和出版业	Journalism and Publishing Activities	178	191
广播、电视、电影和录音制作业	Broadcasting, Movies, Televisions and Audiovisual Activities	2068	2200
文化艺术业	Cultural and Art Activities	7135	7322
体育	Sports	2492	2682
娱乐业	Entertainment	13147	13472
公共管理、社会保障和社会组织	**Public Administration, Social Security and Social Organizations**	**29965**	**34069**
中国共产党机关	Organs of CPC	407	414
国家机构	Government Agencies	10167	14171
人民政协、民主党派	People's Political Consultative Conference and Democratic Parties	152	161
社会保障	Social Security	372	446
群众团体、社会团体和其他成员组织	Non-governmental Organizations, Social Organizations and Other Organizations	7564	7574
基层群众自治组织及其他组织	Grass Roots Self-governing Organizations	11303	11303

22–2 按机构类型和登记注册统计类别分组的法人单位数、产业活动单位数(2023年)

Number of Legal Entities and Industrial Activity Units Grouped by Institution Type and Registration Statistics Category (2023)

单位：个 (unit)

指　　标	Item	法人单位 Corporate Units	产业活动单位 Establishments
总　　计	**Total**	**812388**	**881574**
按机构类型分组	**By Institutional Type**		
企　业	Enterprises	721354	785435
事业单位	Public Institutions	17078	19191
机　关	Governmental Agencies	3569	6339
社会团体	Social Organizations	6820	6820
民办非企业单位	Private Non-enterprise	7816	7816
基金会	Foundation	92	92
居委会	Neighborhood Committee	3301	3301
村委会	Village Committee	7920	7920
农民专业合作社	Farmers' Professional Cooperative	23809	23936
农村集体经济组织	Rural collective economic organizations	18822	18826
其他组织机构	Others	1807	1898
按登记注册统计类别分组	**By Status of Registration**		
内资企业	Domestic-funded Enterprises	786466	852508
国有独资公司	Wholly State-owned Companies	644	2748
私营有限责任公司	Private Limited Liability Companies	558125	598933
其他有限责任公司	Other Limited Liability Companies	12052	19784
私营股份有限公司	Private Share Holding Limited Companies	1314	2783
其他股份有限公司	Other Share Holding Limited Liability Companies	857	7410
全民所有制企业(国有企业)	Wholly People Owned Enterprises (State-owned Enterprises)	23484	28591
集体所有制企业(集体企业)	Collective Owned Enterprises (Collective Enterprises)	31511	31873
股份合作企业	Cooperative Stock Enterprises	387	534
联营企业	Joint Venture Enterprises	36	40
个人独资企业	Sole Proprietorship Enterprises	151430	153023
合伙企业	Partnership Enterprises	5214	5364
其他内资企业	Other Domestic-funded Enterprises	1412	1425
港澳台投资企业	Enterprises Funded by Hong Kong, Macao and Taiwan	1082	2635
外商投资企业	Foreign-funded Enterprises	1031	2495
农民专业合作社(联合社)	Farmers' Professional Cooperative (Union)	23809	23936

22-3 按行业分组的企业法人单位数和产业活动单位数(2023年)
Number of Corporate Legal Entities and Industrial Activity Units Grouped by Industry (2023)

单位：个 (unit)

指　　标	Item	法人单位 Corporate Units	产业活动单位 Establishments
总　　计	**Total**	**721354**	**785435**
按三次产业分组	**By Strata of Industry**		
第一产业	Primary Industry	58966	59157
第二产业	Secondary Industry	104321	109960
第三产业	Tertiary Industry	558067	616318
按国民经济行业分组	**By Sector**		
农、林、牧、渔业	**Agriculture, Forestry, Animal Husbandry and Fishery**	**64381**	**64614**
农　业	Farming	28321	28434
林　业	Forestry	2435	2446
畜牧业	Animal Husbandry	19652	19702
渔　业	Fishery	8558	8575
农、林、牧、渔专业及辅助性活动	Services of Farming, Forestry, Animal Husbandry and Fishery	5415	5457
采矿业	**Mining**	**847**	**928**
煤炭开采和洗选业	Mining and Washing of Coal	53	62
石油和天然气开采业	Extraction of Petroleum and Natural Gas	15	32
黑色金属矿采选业	Mining and Processing of Ferrous Metal Ores	26	28
有色金属矿采选业	Mining and Processing of Non-ferrous Metal Ores	14	15
非金属矿采选业	Mining and Processing of Non-metal Ores	699	742
开采专业及辅助性活动	Support Activities for Mining	15	22
其他采矿业	Mining of Other Ores	25	27
制造业	**Manufacture**	**63242**	**64469**
农副食品加工业	Processing of Food from Agricultural Products	5099	5192
食品制造业	Manufacture of Foods	2174	2237
酒、饮料和精制茶制造业	Manufacture of Liquor, Beverages and Refined Tea	1925	1975
烟草制品业	Manufacture of Tobacco	11	15
纺织业	Manufacture of Textile	1049	1064
纺织服装、服饰业	Manufacture of Textile, Wearing Apparel and Accessories	1681	1696
皮革、毛皮、羽毛及其制品和制鞋业	Manufacture of Leather, Fur, Feather and Related Products and Footwear	667	672
木材加工和木、竹、藤、棕、草制品业	Processing of Timber, Manufacture of Wood, Bamboo, Rattan, Palm and Straw Products	2405	2420
家具制造业	Manufacture of Furniture	2119	2143
造纸和纸制品业	Manufacture of Paper and Paper Products	781	789
印刷和记录媒介复制业	Printing, Reproduction of Recording Media	1650	1671
文教、工美、体育和娱乐用品制造业	Manufacture of Articles for Culture, Education, Arts and Crafts, Sport and Entertainment Activities	1346	1377
石油、煤炭及其他燃料加工业	Processing of Petroleum, Coal and Other Fuels	198	207
化学原料和化学制品制造业	Manufacture of Raw Chemical Materials and Chemical Products	1429	1462
医药制造业	Manufacture of Medicines	626	645
化学纤维制造业	Manufacture of Chemical Fibres	37	39
橡胶和塑料制品业	Manufacture of Rubber and Plastics Products	2260	2293

22-3 续表 1 continued

单位：个 (unit)

指 标	Item	法人单位 Corporate Units	产业活动单位 Establishments
非金属矿物制品业	Manufacture of Non-metallic Mineral Products	6395	6525
黑色金属冶炼和压延加工业	Smelting and Pressing of Ferrous Metals	498	504
有色金属冶炼和压延加工业	Smelting and Pressing of Non-ferrous Metals	618	625
金属制品业	Manufacture of Metal Products	6772	6891
通用设备制造业	Manufacture of General Purpose Machinery	5635	5737
专用设备制造业	Manufacture of Special Purpose Machinery	4077	4149
汽车制造业	Manufacture of Automobiles	4574	4665
铁路、船舶、航空航天和其他运输设备制造业	Manufacture of Railway ,Ship, Aerospace and Other Transport Equipment	2433	2478
电气机械和器材制造业	Manufacture of Electrical Machinery and Apparatus	1986	2042
计算机、通信和其他电子设备制造业	Manufacture of Computers, Communication and Other Electronic Equipment	2100	2132
仪器仪表制造业	Manufacture of Measuring Instruments and Machinery	830	854
其他制造业	Other Manufacture	240	242
废弃资源综合利用业	Utilization of Waste Resources	368	386
金属制品、机械和设备修理业	Repair of Metal Products, Machinery and Equipment	1259	1342
电力、热力、燃气及水生产和供应业	**Production and Supply of Electric Power,Gas and Water**	**2549**	**3438**
电力、热力生产和供应业	Production and Supply of Electric Power and Heat Power	1382	1639
燃气生产和供应业	Production and Supply of Gas	310	491
水的生产和供应业	Production and Supply of Water	857	1308
建筑业	**Construction**	**38957**	**42489**
房屋建筑业	Construction of Housing	9456	11180
土木工程建筑业	Civil Engineering Construction	6211	6935
建筑安装业	Architectural Installation	4878	5258
建筑装饰、装修和其他建筑业	Architectural Decoration and Other Construction	18412	19116
批发和零售业	**Wholesale and Retail Trade**	**230309**	**253790**
批发业	Wholesale Trade	88869	92580
零售业	Retail Trade	141440	161210
交通运输、仓储和邮政业	**Transport, Storage and Postal Services**	**19250**	**23068**
铁路运输业	Transport Via Railway	5	21
道路运输业	Transport Via Road	13549	14583
水上运输业	Water Transport	411	439
航空运输业	Air Transport	82	104
管道运输业	Transport Via Pipeline	7	10
多式联运和运输代理业	Loading, Unloading, Portage and Transport Agency	2368	2586
装卸搬运和仓储业	Storage	2111	2263
邮政业	Post	717	3062
住宿和餐饮业	**Hotels and Catering Services**	**26358**	**29364**
住宿业	Hotels	7047	7482
餐饮业	Catering Services	19311	21882

22-3 续表 2 continued

单位：个 (unit)

指　　标	Item	法人单位 Corporate Units	产业活动单位 Establishments
信息传输、软件和信息技术服务业	**Information Transmission, Software and Information Technology**	**43650**	**45763**
电信、广播电视和卫星传输服务	Telecommunication, Radio, Television and Satellite Transmission Services	895	1583
互联网和相关服务	Internet and Related Services	7260	7519
软件和信息技术服务业	Software and Information Technology Services	35495	36661
金融业	**Financial Intermediation**	**1566**	**8468**
货币金融服务	Money Finance Services	1072	6072
资本市场服务	Capital Market Services	259	548
保险业	Insurance	139	1686
其他金融业	Other Finance	96	162
房地产业	**Real Estate**	**22741**	**26287**
房地产业	Real Estate	22741	26287
租赁和商务服务业	**Leasing and Business Services**	**101591**	**107093**
租赁业	Leasing	17703	18289
商务服务业	Business Services	83888	88804
科学研究和技术服务业	**Scientific Research and Technical Services**	**39174**	**43001**
研究和试验发展	Research and Experimental Development	2331	2425
专业技术服务业	Professional Technical Services	23106	26381
科技推广和应用服务业	Services of Science and Technology Application and Promotion	13737	14195
水利、环境和公共设施管理业	**Water Conservancy, Environment and Public Facilities Management**	**5114**	**5450**
水利管理业	Management of Water Conservancy	167	204
生态保护和环境治理业	Ecological Protection and Environmental Governance	1108	1180
公共设施管理业	Management of Public Facilities	3659	3874
土地管理业	Management of Land	180	192
居民服务、修理和其他服务业	**Services to Households, Repair and Other Services**	**24198**	**25623**
居民服务业	Resident Services	12202	12971
机动车、电子产品和日用产品修理业	Vehicles, Electronic Products and Commodities Maintenance Services	8367	8822
其他服务业	Other Services	3629	3830
教育	**Education**	**9079**	**10085**
教　育	Education	9079	10085
卫生和社会工作	**Health and Social Work**	**5322**	**7729**
卫　生	Health	3826	6027
社会工作	Social Work	1496	1702
文化、体育和娱乐业	**Culture, Sports and Entertainment**	**23026**	**23776**
新闻和出版业	Journalism and Publishing Activities	142	151
广播、电视、电影和录音制作业	Broadcasting, Movies, Televisions and Audiovisual Activities	2058	2189
文化艺术业	Cultural and Art Activities	5973	6073
体　育	Sports	2330	2520
娱乐业	Entertainment	12523	12843

22-4 按登记注册统计类别分组的企业法人单位数和产业活动单位数(2023年)

Number of Corporate Legal Entities and Industrial Activity Units Grouped by Registration Statistical Category (2023)

单位：个 (unit)

指　　标	Item	法人单位 Corporate Units	产业活动单位 Establishments
总　计	**Total**	**721354**	**785435**
内资企业	Domestic-funded Enterprises	719241	780305
国有独资公司	Wholly State-owned Companies	599	2703
私营有限责任公司	Private Limited Liability Companies	557669	598456
其他有限责任公司	Other Limited Liability Companies	11932	19662
私营股份有限公司	Private Share Holding Limited Companies	1246	2712
其他股份有限公司	Other Share Holding Limited Liability Companies	819	7372
全民所有制企业(国有企业)	Wholly People Owned Enterprises (State-owned Enterprises)	146	351
集体所有制企业(集体企业)	Collective Owned Enterprises (Collective Enterprises)	1116	1473
股份合作企业	Cooperative Stock Enterprises	367	513
联营企业	Joint Venture Enterprises	17	21
个人独资企业	Sole Proprietorship Enterprises	140609	142195
合伙企业	Partnership Enterprises	4713	4830
其他内资企业	Other Domestic-funded Enterprises	8	17
港澳台投资企业	Enterprises Funded by Hong Kong, Macao and Taiwan	1082	2635
外商投资企业	Foreign-funded Enterprises	1031	2495

22−5 按行业、区县分组的法人单位数(2023年)

单位：个

指　　标	Item	全市 Total
总　计	**Total**	**812388**
按三次产业分组	**By Strata of Industry**	
第一产业	Primary Industry	76128
第二产业	Secondary Industry	104833
第三产业	Tertiary Industry	631427
按国民经济行业分组	**By Sector**	
农、林、牧、渔业	**Agriculture, Forestry, Animal Husbandry and Fishery**	**84394**
农　业	Farming	40013
林　业	Forestry	2919
畜牧业	Animal Husbandry	23502
渔　业	Fishery	9694
农、林、牧、渔专业及辅助性活动	Services of Farming, Forestry, Animal Husbandry and Fishery	8266
采矿业	**Mining**	**847**
煤炭开采和洗选业	Mining and Washing of Coal	53
石油和天然气开采业	Extraction of Petroleum and Natural Gas	15
黑色金属矿采选业	Mining and Processing of Ferrous Metal Ores	26
有色金属矿采选业	Mining and Processing of Non-ferrous Metal Ores	14
非金属矿采选业	Mining and Processing of Non-metal Ores	699
开采专业及辅助性活动	Support Activities for Mining	15
其他采矿业	Mining of Other Ores	25
制造业	**Manufacture**	**63755**
农副食品加工业	Processing of Food from Agricultural Products	5444
食品制造业	Manufacture of Foods	2193
酒、饮料和精制茶制造业	Manufacture of Liquor, Beverages and Refined Tea	1956
烟草制品业	Manufacture of Tobacco	12
纺织业	Manufacture of Textile	1054
纺织服装、服饰业	Manufacture of Textile, Wearing Apparel and Accessories	1681
皮革、毛皮、羽毛及其制品和制鞋业	Manufacture of Leather, Fur, Feather and Related Products and Footwear	667
木材加工和木、竹、藤、棕、草制品业	Processing of Timber, Manufacture of Wood, Bamboo, Rattan, Palm and Straw Products	2425
家具制造业	Manufacture of Furniture	2119
造纸和纸制品业	Manufacture of Paper and Paper Products	781
印刷和记录媒介复制业	Printing, Reproduction of Recording Media	1650
文教、工美、体育和娱乐用品制造业	Manufacture of Articles for Culture, Education, Arts and Crafts, Sport and Entertainment Activities	1355
石油、煤炭及其他燃料加工业	Processing of Petroleum, Coal and Other Fuels	200
化学原料和化学制品制造业	Manufacture of Raw Chemical Materials and Chemical Products	1433
医药制造业	Manufacture of Medicines	685
化学纤维制造业	Manufacture of Chemical Fibres	37
橡胶和塑料制品业	Manufacture of Rubber and Plastics Products	2260
非金属矿物制品业	Manufacture of Non-metallic Mineral Products	6399

Number of Corporate Units by Sector and Region (2023)

(unit)

万州区 Wanzhou District	黔江区 Qianjiang District	涪陵区 Fuling District	渝中区 Yuzhong District	大渡口区 Dadukou District	江北区 Jiangbei District	沙坪坝区 Shapingba District	九龙坡区 Jiulongpo District	南岸区 Nan'an District
27084	**11461**	**20623**	**30068**	**11644**	**36994**	**39157**	**77971**	**39856**
4155	1430	2426	3	110	120	211	594	249
3624	1130	2623	1168	1366	2839	4600	9386	3152
19305	8901	15574	28897	10168	34035	34346	67991	36455
4503	**1532**	**2693**	**3**	**117**	**147**	**242**	**635**	**268**
2498	661	1323	3	102	90	145	396	189
189	88	71		4	12	29	69	41
919	618	690		2	13	11	43	6
549	63	342		2	5	26	86	13
348	102	267		7	27	31	41	19
36	**16**	**29**		**1**		**3**		
1								
		2						
4								
						1		
25	15	26		1				
5								
1	1	1				2		
1829	**484**	**1399**	**15**	**669**	**822**	**2689**	**5070**	**1046**
141	63	260		13	15	35	92	28
53	21	48	2	18	14	33	115	25
65	38	47		3	6	15	26	8
								2
42	17	22		1	14	110	29	31
95	14	21		4	23	12	46	28
12	4	5		4	3	5	6	6
81	24	36		11	8	40	120	13
95	26	40		26	5	74	203	32
8	4	16		14	13	62	84	18
172	20	37	2	20	58	77	154	46
32	19	23	1	13	14	43	61	16
9	3	8		2	1	3	18	
50	11	64	1	11	19	71	80	20
15	10	14		3	11	12	29	17
1		4					2	
67	11	69		19	27	135	173	53
222	81	187	1	52	30	171	407	64

22-5 续表 1

单位：个

指　　标	Item	全市 Total
黑色金属冶炼和压延加工业	Smelting and Pressing of Ferrous Metals	498
有色金属冶炼和压延加工业	Smelting and Pressing of Non-ferrous Metals	618
金属制品业	Manufacture of Metal Products	6773
通用设备制造业	Manufacture of General Purpose Machinery	5635
专用设备制造业	Manufacture of Special Purpose Machinery	4081
汽车制造业	Manufacture of Automobiles	4574
铁路、船舶、航空航天和其他运输设备制造业	Manufacture of Railway ,Ship, Aerospace and Other Transport Equipment	2433
电气机械和器材制造业	Manufacture of Electrical Machinery and Apparatus	1986
计算机、通信和其他电子设备制造业	Manufacture of Computers, Communication and Other Electronic Equipment	2100
仪器仪表制造业	Manufacture of Measuring Instruments and Machinery	830
其他制造业	Other Manufacture	240
废弃资源综合利用业	Utilization of Waste Resources	369
金属制品、机械和设备修理业	Repair of Metal Products, Machinery and Equipment	1267
电力、热力、燃气及水生产和供应业	**Production and Supply of Electric Power,Gas and Water**	**2555**
电力、热力生产和供应业	Production and Supply of Electric Power and Heat Power	1387
燃气生产和供应业	Production and Supply of Gas	310
水的生产和供应业	Production and Supply of Water	858
建筑业	**Construction**	**38958**
房屋建筑业	Construction of Housing	9456
土木工程建筑业	Civil Engineering Construction	6211
建筑安装业	Architectural Installation	4878
建筑装饰、装修和其他建筑业	Architectural Decoration and Other Construction	18413
批发和零售业	**Wholesale and Retail Trade**	**233040**
批发业	Wholesale Trade	90334
零售业	Retail Trade	142706
交通运输、仓储和邮政业	**Transport, Storage and Postal Services**	**19343**
铁路运输业	Transport Via Railway	5
道路运输业	Transport Via Road	13609
水上运输业	Water Transport	419
航空运输业	Air Transport	83
管道运输业	Transport Via Pipeline	7
多式联运和运输代理业	Loading, Unloading, Portage and Transport Agency	2368
装卸搬运和仓储业	Storage	2130
邮政业	Post	722
住宿和餐饮业	**Hotels and Catering Services**	**26411**
住宿业	Hotels	7068
餐饮业	Catering Services	19343
信息传输、软件和信息技术服务业	**Information Transmission, Software and Information Technology**	**43749**
电信、广播电视和卫星传输服务	Telecommunication, Radio, Television and Satellite Transmission Services	904
互联网和相关服务	Internet and Related Services	7288
软件和信息技术服务业	Software and Information Technology Services	35557

continued

(unit)

万州区 Wanzhou District	黔江区 Qianjiang District	涪陵区 Fuling District	渝中区 Yuzhong District	大渡口区 Dadukou District	江北区 Jiangbei District	沙坪坝区 Shapingba District	九龙坡区 Jiulongpo District	南岸区 Nan'an District
14	9	13		13	7	20	105	3
17	11	14		2	4	21	109	4
246	52	164		86	55	253	617	87
72	4	33	2	100	75	403	726	113
49	8	30		68	56	199	459	89
40	1	53		40	143	321	431	67
17	1	56		72	26	261	306	42
53	6	41	2	23	46	106	223	68
49	11	24		17	38	72	139	54
11	1	4		6	22	34	89	18
11	1	3		1	5	4	15	4
41	2	12		1	6	5	12	3
49	11	51	4	26	78	92	194	87
112	**33**	**152**	**5**	**8**	**33**	**20**	**48**	**32**
84	16	95	2	5	8	6	22	15
8	4	29	1		5	2	8	
20	13	28	2	3	20	12	18	17
1701	**608**	**1094**	**1152**	**714**	**2062**	**1980**	**4462**	**2161**
494	183	287	160	108	294	297	887	334
221	115	167	186	78	292	285	525	324
184	72	155	210	81	306	292	670	363
802	238	485	596	447	1170	1106	2380	1140
6864	**3321**	**5611**	**8372**	**4358**	**10252**	**11987**	**32872**	**12563**
2527	985	2434	3718	2691	3978	5050	16276	4869
4337	2336	3177	4654	1667	6274	6937	16596	7694
777	**367**	**922**	**476**	**263**	**1084**	**1451**	**1460**	**747**
					2	2		
504	282	630	261	201	664	1057	998	528
56	1	58	14	2	31	4	8	14
2	1		8	1	7	1	3	2
		1						2
94	33	101	133	16	238	223	224	78
101	27	115	37	31	105	127	188	82
20	23	17	23	12	37	37	39	41
694	**401**	**652**	**1978**	**204**	**1528**	**1007**	**1208**	**1216**
124	73	107	1128	51	493	373	281	362
570	328	545	850	153	1035	634	927	854
847	**380**	**705**	**3777**	**837**	**3743**	**3569**	**7324**	**3775**
27	28	23	53	11	57	37	80	63
153	78	126	458	95	796	570	755	576
667	274	556	3266	731	2890	2962	6489	3136

22−5 续表 2

单位：个

指　　标	Item	全市 Total
金融业	**Financial Intermediation**	**1585**
货币金融服务	Money Finance Services	1090
资本市场服务	Capital Market Services	260
保险业	Insurance	139
其他金融业	Other Finance	96
房地产业	**Real Estate**	**22910**
房地产业	Real Estate	22910
租赁和商务服务业	**Leasing and Business Services**	**121923**
租赁业	Leasing	17848
商务服务业	Business Services	104075
科学研究和技术服务业	**Scientific Research and Technical Services**	**40670**
研究和试验发展	Research and Experimental Development	2496
专业技术服务业	Professional Technical Services	23582
科技推广和应用服务业	Services of Science and Technology Application and Promotion	14592
水利、环境和公共设施管理业	**Water Conservancy, Environment and Public Facilities Management**	**5613**
水利管理业	Management of Water Conservancy	304
生态保护和环境治理业	Ecological Protection and Environmental Governance	1173
公共设施管理业	Management of Public Facilities	3909
土地管理业	Management of Land	227
居民服务、修理和其他服务业	**Services to Households, Repair and Other Services**	**24611**
居民服务业	Resident Services	12573
机动车、电子产品和日用产品修理业	Vehicles, Electronic Products and Commodities Maintenance Services	8370
其他服务业	Other Services	3668
教育	**Education**	**18677**
教　育	Education	18677
卫生和社会工作	**Health and Social Work**	**8362**
卫　生	Health	5345
社会工作	Social Work	3017
文化、体育和娱乐业	**Culture, Sports and Entertainment**	**25020**
新闻和出版业	Journalism and Publishing Activities	178
广播、电视、电影和录音制作业	Broadcasting, Movies, Televisions and Audiovisual Activities	2068
文化艺术业	Cultural and Art Activities	7135
体　育	Sports	2492
娱乐业	Entertainment	13147
公共管理、社会保障和社会组织	**Public Administration, Social Security and Social Organizations**	**29965**
中国共产党机关	Organs of CPC	407
国家机构	Government Agencies	10167
人民政协、民主党派	People's Political Consultative Conference and Democratic Parties	152
社会保障	Social Security	372
群众团体、社会团体和其他成员组织	Non-governmental Organizations, Social Organizations and Other Organizations	7564
基层群众自治组织及其他组织	Grass Roots Self-governing Organizations	11303

continued

(unit)

万州区 Wanzhou District	黔江区 Qianjiang District	涪陵区 Fuling District	渝中区 Yuzhong District	大渡口区 Dadukou District	江北区 Jiangbei District	沙坪坝区 Shapingba District	九龙坡区 Jiulongpo District	南岸区 Nan'an District
44	**38**	**51**	**156**	**28**	**227**	**60**	**71**	**67**
30	29	38	82	25	116	49	52	49
1	5	3	33	3	57	8	14	13
9	3	8	33		37	2	5	4
4	1	2	8		17	1		1
569	**290**	**527**	**1190**	**485**	**1624**	**1476**	**2077**	**1761**
569	290	527	1190	485	1624	1476	2077	1761
4278	**1783**	**3190**	**5665**	**1703**	**7110**	**6190**	**10934**	**7882**
791	386	551	275	300	668	844	1829	867
3487	1397	2639	5390	1403	6442	5346	9105	7015
975	**551**	**733**	**2287**	**648**	**2871**	**2861**	**4690**	**2934**
27	13	25	128	69	130	207	376	212
632	398	415	1105	355	1923	1775	2914	1813
316	140	293	1054	224	818	879	1400	909
147	**82**	**190**	**164**	**130**	**222**	**302**	**426**	**337**
4	5	11	7	2	3	10	12	12
32	15	44	42	55	46	56	124	86
107	59	131	108	69	160	220	280	226
4	3	4	7	4	13	16	10	13
881	**396**	**591**	**1059**	**373**	**1667**	**1436**	**2230**	**1656**
470	187	247	661	148	1025	672	992	835
277	156	245	205	151	393	499	874	542
134	53	99	193	74	249	265	364	279
574	**362**	**507**	**615**	**288**	**946**	**1326**	**1308**	**983**
574	362	507	615	288	946	1326	1308	983
283	**111**	**161**	**293**	**163**	**343**	**406**	**417**	**417**
176	59	97	226	113	266	276	266	244
107	52	64	67	50	77	130	151	173
737	**224**	**416**	**2113**	**297**	**1701**	**1513**	**2055**	**1477**
5	1	1	31	1	9	49	9	5
43	46	39	177	41	209	161	325	175
283	48	163	899	66	388	332	406	382
81	23	43	155	29	223	176	208	219
325	106	170	851	160	872	795	1107	696
1233	**482**	**1000**	**748**	**358**	**612**	**639**	**684**	**534**
9	7	15	25	14	11	12	8	8
342	135	342	245	150	227	232	231	211
6	3	6	15	3	8	7	8	2
51	2	9	3	6	4	2	3	4
215	115	203	381	98	231	190	217	157
610	220	425	79	87	131	196	217	152

22-5 续表 3

单位：个

指　　标	Item	北碚区 Beibei District
总　计	**Total**	**18875**
按三次产业分组	**By Strata of Industry**	
第一产业	Primary Industry	987
第二产业	Secondary Industry	3761
第三产业	Tertiary Industry	14127
按国民经济行业分组	**By Sector**	
农、林、牧、渔业	**Agriculture, Forestry, Animal Husbandry and Fishery**	**1068**
农　业	Farming	731
林　业	Forestry	46
畜牧业	Animal Husbandry	103
渔　业	Fishery	107
农、林、牧、渔专业及辅助性活动	Services of Farming, Forestry, Animal Husbandry and Fishery	81
采矿业	**Mining**	**1**
煤炭开采和洗选业	Mining and Washing of Coal	1
石油和天然气开采业	Extraction of Petroleum and Natural Gas	
黑色金属矿采选业	Mining and Processing of Ferrous Metal Ores	
有色金属矿采选业	Mining and Processing of Non-ferrous Metal Ores	
非金属矿采选业	Mining and Processing of Non-metal Ores	
开采专业及辅助性活动	Support Activities for Mining	
其他采矿业	Mining of Other Ores	
制造业	**Manufacture**	**2887**
农副食品加工业	Processing of Food from Agricultural Products	18
食品制造业	Manufacture of Foods	30
酒、饮料和精制茶制造业	Manufacture of Liquor, Beverages and Refined Tea	10
烟草制品业	Manufacture of Tobacco	
纺织业	Manufacture of Textile	28
纺织服装、服饰业	Manufacture of Textile, Wearing Apparel and Accessories	9
皮革、毛皮、羽毛及其制品和制鞋业	Manufacture of Leather, Fur, Feather and Related Products and Footwear	7
木材加工和木、竹、藤、棕、草制品业	Processing of Timber, Manufacture of Wood, Bamboo, Rattan, Palm and Straw Products	38
家具制造业	Manufacture of Furniture	47
造纸和纸制品业	Manufacture of Paper and Paper Products	52
印刷和记录媒介复制业	Printing, Reproduction of Recording Media	54
文教、工美、体育和娱乐用品制造业	Manufacture of Articles for Culture, Education, Arts and Crafts, Sport and Entertainment Activities	33
石油、煤炭及其他燃料加工业	Processing of Petroleum, Coal and Other Fuels	7
化学原料和化学制品制造业	Manufacture of Raw Chemical Materials and Chemical Products	37
医药制造业	Manufacture of Medicines	25
化学纤维制造业	Manufacture of Chemical Fibres	2
橡胶和塑料制品业	Manufacture of Rubber and Plastics Products	129
非金属矿物制品业	Manufacture of Non-metallic Mineral Products	153

continued

(unit)

渝北区 Yubei District	巴南区 Ba'nan District	长寿区 Changshou District	江津区 Jiangjin District	合川区 Hechuan District	永川区 Yongchuan District	南川区 Nanchuan District	綦江区 Qijiang District	綦江区 (不含万盛) Qijiang District (excluding Wansheng)
76980	**32472**	**14806**	**27733**	**15613**	**21943**	**17115**	**17488**	**11183**
1259	3366	2241	4034	1273	1414	2896	3212	2430
7190	5209	1722	6288	2921	2807	1885	2123	1384
68531	23897	10843	17411	11419	17722	12334	12153	7369
1402	**3451**	**2332**	**4258**	**1514**	**1798**	**2993**	**3300**	**2490**
770	2250	1179	2421	593	840	1493	1254	932
95	303	70	152	72	71	190	121	69
229	169	568	749	295	177	906	1510	1197
165	644	424	712	313	326	307	327	232
143	85	91	224	241	384	97	88	60
1	**11**	**10**	**29**	**46**	**69**	**31**	**38**	**19**
					14	1	4	
				1	4	2		
							1	1
						1		
1	11	10	28	44	48	26	32	18
				1	3	1		
			1				1	
3074	**3573**	**1151**	**4539**	**1854**	**1942**	**1326**	**1091**	**783**
64	112	101	187	170	106	150	62	43
106	77	38	252	123	70	40	46	36
35	29	22	80	43	60	86	49	38
	1					1		
35	46	22	40	27	10	39	13	7
98	228	8	26	47	16	29	3	1
8	18	1	11	13	15	11	3	3
25	129	63	118	40	90	53	34	23
53	164	59	174	89	56	83	30	24
33	15	14	48	32	49	6	8	7
103	149	27	47	39	38	17	22	15
37	62	8	56	36	29	31	25	19
4	4	3	12	8	15	8	4	1
59	80	103	105	29	56	46	31	14
18	35	24	10	18	4	15	13	6
2	3	2	6		2		4	2
63	115	54	234	82	72	37	31	17
110	239	133	311	270	272	258	200	150

22-5 续表 4

单位：个

指 标	Item	北碚区 Beibei District
黑色金属冶炼和压延加工业	Smelting and Pressing of Ferrous Metals	11
有色金属冶炼和压延加工业	Smelting and Pressing of Non-ferrous Metals	15
金属制品业	Manufacture of Metal Products	203
通用设备制造业	Manufacture of General Purpose Machinery	601
专用设备制造业	Manufacture of Special Purpose Machinery	255
汽车制造业	Manufacture of Automobiles	312
铁路、船舶、航空航天和其他运输设备制造业	Manufacture of Railway ,Ship, Aerospace and Other Transport Equipment	271
电气机械和器材制造业	Manufacture of Electrical Machinery and Apparatus	128
计算机、通信和其他电子设备制造业	Manufacture of Computers, Communication and Other Electronic Equipment	84
仪器仪表制造业	Manufacture of Measuring Instruments and Machinery	272
其他制造业	Other Manufacture	3
废弃资源综合利用业	Utilization of Waste Resources	4
金属制品、机械和设备修理业	Repair of Metal Products, Machinery and Equipment	49
电力、热力、燃气及水生产和供应业	**Production and Supply of Electric Power,Gas and Water**	**25**
电力、热力生产和供应业	Production and Supply of Electric Power and Heat Power	8
燃气生产和供应业	Production and Supply of Gas	3
水的生产和供应业	Production and Supply of Water	14
建筑业	**Construction**	**897**
房屋建筑业	Construction of Housing	137
土木工程建筑业	Civil Engineering Construction	230
建筑安装业	Architectural Installation	91
建筑装饰、装修和其他建筑业	Architectural Decoration and Other Construction	439
批发和零售业	**Wholesale and Retail Trade**	**4679**
批发业	Wholesale Trade	1307
零售业	Retail Trade	3372
交通运输、仓储和邮政业	**Transport, Storage and Postal Services**	**436**
铁路运输业	Transport Via Railway	
道路运输业	Transport Via Road	314
水上运输业	Water Transport	5
航空运输业	Air Transport	1
管道运输业	Transport Via Pipeline	
多式联运和运输代理业	Loading, Unloading, Portage and Transport Agency	44
装卸搬运和仓储业	Storage	58
邮政业	Post	14
住宿和餐饮业	**Hotels and Catering Services**	**363**
住宿业	Hotels	76
餐饮业	Catering Services	287
信息传输、软件和信息技术服务业	**Information Transmission, Software and Information Technology**	**1135**
电信、广播电视和卫星传输服务	Telecommunication, Radio, Television and Satellite Transmission Services	16
互联网和相关服务	Internet and Related Services	133
软件和信息技术服务业	Software and Information Technology Services	986

continued

(unit)

渝北区 Yubei District	巴南区 Ba'nan District	长寿区 Changshou District	江津区 Jiangjin District	合川区 Hechuan District	永川区 Yongchuan District	南川区 Nanchuan District	綦江区 Qijiang District	綦江区(不含万盛) Qijiang District (excluding Wansheng)
23	15	12	35	10	20	6	8	2
14	12	5	50	6	14	25	45	37
235	444	119	505	164	184	154	111	89
361	515	69	801	106	232	70	94	75
447	226	41	332	85	100	40	42	24
562	270	77	466	184	144	39	97	80
70	290	15	235	80	30	17	43	33
113	142	28	187	52	60	19	22	13
108	56	34	81	45	126	9	22	9
104	31	7	55	19	13	2	2	1
11	7	3	12	12	11	5	8	5
5	3	25	23	5	18	5	9	4
168	56	34	40	20	30	25	10	5
101	**55**	**46**	**177**	**67**	**57**	**86**	**145**	**109**
50	23	23	72	14	24	58	61	39
13	7	6	6	17	13	11	14	10
38	25	17	99	36	20	17	70	60
4182	**1626**	**549**	**1583**	**975**	**772**	**468**	**859**	**478**
764	305	153	367	351	239	124	310	187
721	311	108	198	167	116	83	164	88
831	194	81	119	90	104	44	75	54
1866	816	207	899	367	313	217	310	149
20494	**8975**	**4314**	**8288**	**4096**	**5915**	**4768**	**3623**	**2194**
6482	2851	1601	4489	2101	2096	1405	988	632
14012	6124	2713	3799	1995	3819	3363	2635	1562
1891	**907**	**605**	**885**	**325**	**360**	**226**	**1265**	**587**
						1		
1176	650	461	656	223	255	152	1111	489
16	6	11	15	10	1	2	1	1
30	3		1	2	4	2	2	
1						1		
334	97	40	102	20	43	27	66	36
245	130	84	93	56	44	26	72	53
89	21	9	18	14	13	15	13	8
2312	**701**	**432**	**634**	**329**	**499**	**1004**	**1068**	**532**
688	158	53	108	64	73	154	321	163
1624	543	379	526	265	426	850	747	369
7838	**1454**	**377**	**506**	**571**	**585**	**283**	**250**	**130**
116	19	14	8	43	16	14	8	5
1016	465	65	70	117	180	69	73	39
6706	970	298	428	411	389	200	169	86

22-5 续表 5

单位：个

指　　标	Item	北碚区 Beibei District
金融业	**Financial Intermediation**	**42**
货币金融服务	Money Finance Services	26
资本市场服务	Capital Market Services	13
保险业	Insurance	
其他金融业	Other Finance	3
房地产业	**Real Estate**	**641**
房地产业	Real Estate	641
租赁和商务服务业	**Leasing and Business Services**	**2668**
租赁业	Leasing	467
商务服务业	Business Services	2201
科学研究和技术服务业	**Scientific Research and Technical Services**	**1492**
研究和试验发展	Research and Experimental Development	173
专业技术服务业	Professional Technical Services	688
科技推广和应用服务业	Services of Science and Technology Application and Promotion	631
水利、环境和公共设施管理业	**Water Conservancy, Environment and Public Facilities Management**	**178**
水利管理业	Management of Water Conservancy	7
生态保护和环境治理业	Ecological Protection and Environmental Governance	37
公共设施管理业	Management of Public Facilities	126
土地管理业	Management of Land	8
居民服务、修理和其他服务业	**Services to Households, Repair and Other Services**	**568**
居民服务业	Resident Services	311
机动车、电子产品和日用产品修理业	Vehicles, Electronic Products and Commodities Maintenance Services	160
其他服务业	Other Services	97
教育	**Education**	**462**
教　育	Education	462
卫生和社会工作	**Health and Social Work**	**184**
卫　生	Health	131
社会工作	Social Work	53
文化、体育和娱乐业	**Culture, Sports and Entertainment**	**580**
新闻和出版业	Journalism and Publishing Activities	7
广播、电视、电影和录音制作业	Broadcasting, Movies, Televisions and Audiovisual Activities	69
文化艺术业	Cultural and Art Activities	139
体　育	Sports	68
娱乐业	Entertainment	297
公共管理、社会保障和社会组织	**Public Administration, Social Security and Social Organizations**	**569**
中国共产党机关	Organs of CPC	11
国家机构	Government Agencies	150
人民政协、民主党派	People's Political Consultative Conference and Democratic Parties	7
社会保障	Social Security	7
群众团体、社会团体和其他成员组织	Non-governmental Organizations, Social Organizations and Other Organizations	204
基层群众自治组织及其他组织	Grass Roots Self-governing Organizations	190

continued

(unit)

渝北区 Yubei District	巴南区 Ba'nan District	长寿区 Changshou District	江津区 Jiangjin District	合川区 Hechuan District	永川区 Yongchuan District	南川区 Nanchuan District	綦江区 Qijiang District	綦江区 (不含万盛) Qijiang District (excluding Wansheng)
323	**43**	**30**	**32**	**22**	**34**	**13**	**20**	**12**
184	34	23	27	20	29	12	18	12
82	3	3	2		1	1	1	
21	4	2	2	2	4			
36	2	2	1				1	
3306	**1131**	**334**	**668**	**602**	**551**	**349**	**330**	**184**
3306	1131	334	668	602	551	349	330	184
14558	**4891**	**1988**	**2283**	**1955**	**5748**	**3107**	**2154**	**1500**
2005	743	348	646	318	408	322	287	183
12553	4148	1640	1637	1637	5340	2785	1867	1317
6704	**1651**	**550**	**965**	**536**	**805**	**389**	**479**	**321**
467	104	37	52	32	36	12	22	17
4093	928	288	452	324	541	243	244	167
2144	619	225	461	180	228	134	213	137
638	**221**	**158**	**168**	**116**	**130**	**111**	**159**	**88**
34	16	4	14	2	8	10	14	9
154	51	36	21	14	35	14	27	13
432	144	104	120	96	83	75	111	59
18	10	14	13	4	4	12	7	7
3449	**911**	**400**	**529**	**450**	**495**	**453**	**524**	**307**
1676	388	189	249	229	268	221	221	145
1271	395	154	222	147	146	183	189	110
502	128	57	58	74	81	49	114	52
1953	**725**	**384**	**606**	**485**	**512**	**307**	**364**	**264**
1953	725	384	606	485	512	307	364	264
1009	**426**	**174**	**301**	**268**	**180**	**155**	**206**	**131**
849	298	90	100	133	109	100	129	87
160	128	84	201	135	71	55	77	44
2462	**948**	**232**	**455**	**367**	**679**	**297**	**322**	**192**
27	4		1	4	1	1		
261	77	6	36	16	28	15	21	14
536	189	49	96	63	137	91	95	57
431	86	33	38	33	66	54	46	19
1207	592	144	284	251	447	136	160	102
1283	**772**	**740**	**827**	**1035**	**812**	**749**	**1291**	**862**
11	11	16	9	14	11	12	21	13
490	255	288	274	345	273	288	520	298
9	10	5	5	6	6	2	7	6
9	14		23	14	10	16	3	1
352	170	161	216	237	246	189	261	163
412	312	270	300	419	266	242	479	381

22-5 续表 6

单位：个

指　　标	Item	大足区 Dazu District
总　计	**Total**	**17034**
按三次产业分组	**By Strata of Industry**	
第一产业	Primary Industry	3088
第二产业	Secondary Industry	4008
第三产业	Tertiary Industry	9938
按国民经济行业分组	**By Sector**	
农、林、牧、渔业	**Agriculture, Forestry, Animal Husbandry and Fishery**	**3129**
农　业	Farming	1086
林　业	Forestry	121
畜牧业	Animal Husbandry	925
渔　业	Fishery	956
农、林、牧、渔专业及辅助性活动	Services of Farming, Forestry, Animal Husbandry and Fishery	41
采矿业	**Mining**	**31**
煤炭开采和洗选业	Mining and Washing of Coal	1
石油和天然气开采业	Extraction of Petroleum and Natural Gas	
黑色金属矿采选业	Mining and Processing of Ferrous Metal Ores	
有色金属矿采选业	Mining and Processing of Non-ferrous Metal Ores	1
非金属矿采选业	Mining and Processing of Non-metal Ores	28
开采专业及辅助性活动	Support Activities for Mining	
其他采矿业	Mining of Other Ores	1
制造业	**Manufacture**	**3342**
农副食品加工业	Processing of Food from Agricultural Products	135
食品制造业	Manufacture of Foods	106
酒、饮料和精制茶制造业	Manufacture of Liquor, Beverages and Refined Tea	45
烟草制品业	Manufacture of Tobacco	
纺织业	Manufacture of Textile	20
纺织服装、服饰业	Manufacture of Textile, Wearing Apparel and Accessories	16
皮革、毛皮、羽毛及其制品和制鞋业	Manufacture of Leather, Fur, Feather and Related Products and Footwear	12
木材加工和木、竹、藤、棕、草制品业	Processing of Timber, Manufacture of Wood, Bamboo, Rattan, Palm and Straw Products	97
家具制造业	Manufacture of Furniture	67
造纸和纸制品业	Manufacture of Paper and Paper Products	27
印刷和记录媒介复制业	Printing, Reproduction of Recording Media	11
文教、工美、体育和娱乐用品制造业	Manufacture of Articles for Culture, Education, Arts and Crafts, Sport and Entertainment Activities	121
石油、煤炭及其他燃料加工业	Processing of Petroleum, Coal and Other Fuels	7
化学原料和化学制品制造业	Manufacture of Raw Chemical Materials and Chemical Products	43
医药制造业	Manufacture of Medicines	7
化学纤维制造业	Manufacture of Chemical Fibres	2
橡胶和塑料制品业	Manufacture of Rubber and Plastics Products	116
非金属矿物制品业	Manufacture of Non-metallic Mineral Products	177

continued

(unit)

璧山区 Bishan District	铜梁区 Tongliang District	潼南区 Tongnan District	荣昌区 Rongchang District	开州区 Kaizhou District	梁平区 Liangping District	武隆区 Wulong District	城口县 Chengkou County	丰都县 Fengdu County
17025	**16072**	**16317**	**14587**	**20990**	**13867**	**8683**	**5947**	**13311**
1927	1734	2840	1157	3978	2926	1864	1588	1580
4540	2958	2156	3418	2980	1529	835	404	1588
10558	11380	11321	10012	14032	9412	5984	3955	10143
2014	**1850**	**3036**	**1371**	**4201**	**3263**	**1891**	**1613**	**3309**
1533	732	1118	657	1739	1860	867	633	515
144	82	42	49	115	94	45	30	30
153	396	757	279	1733	506	863	889	881
97	524	923	172	391	466	89	36	154
87	116	196	214	223	337	27	25	1729
6	**27**	**40**	**27**	**30**	**19**	**18**	**15**	**36**
	2		15	1	6			2
	1				1	1		
			3					
	1					1		1
5	23	40	9	28	11	16	15	31
1								1
				1	1			1
3738	**2130**	**1403**	**2557**	**2068**	**1141**	**346**	**199**	**1012**
46	112	228	340	218	160	93	68	313
49	42	38	152	92	31	21	9	39
17	33	42	46	197	70	30	47	67
				1				
28	26	35	20	71	19	8	6	24
27	46	57	46	174	56	4	2	28
192	44	20	13	49	13	1	1	9
41	79	62	47	118	163	10	3	43
84	56	43	72	119	51	6	3	20
69	52	15	15	10	37	1		8
188	25	71	42	47	21	4		49
15	26	21	83	41	56	5	11	18
3	5	5	3	5	3	2		10
39	44	51	73	43	25	6	6	29
9	17	17	61	24	5	3	2	16
2	1			2				
282	127	34	90	36	27	11		11
143	185	166	522	210	132	87	24	150

22-5 续表 7

单位：个

指　　标	Item	大足区 Dazu District
黑色金属冶炼和压延加工业	Smelting and Pressing of Ferrous Metals	42
有色金属冶炼和压延加工业	Smelting and Pressing of Non-ferrous Metals	32
金属制品业	Manufacture of Metal Products	799
通用设备制造业	Manufacture of General Purpose Machinery	251
专用设备制造业	Manufacture of Special Purpose Machinery	310
汽车制造业	Manufacture of Automobiles	382
铁路、船舶、航空航天和其他运输设备制造业	Manufacture of Railway ,Ship, Aerospace and Other Transport Equipment	300
电气机械和器材制造业	Manufacture of Electrical Machinery and Apparatus	78
计算机、通信和其他电子设备制造业	Manufacture of Computers, Communication and Other Electronic Equipment	58
仪器仪表制造业	Manufacture of Measuring Instruments and Machinery	11
其他制造业	Other Manufacture	14
废弃资源综合利用业	Utilization of Waste Resources	33
金属制品、机械和设备修理业	Repair of Metal Products, Machinery and Equipment	23
电力、热力、燃气及水生产和供应业	**Production and Supply of Electric Power,Gas and Water**	**31**
电力、热力生产和供应业	Production and Supply of Electric Power and Heat Power	10
燃气生产和供应业	Production and Supply of Gas	3
水的生产和供应业	Production and Supply of Water	18
建筑业	**Construction**	**627**
房屋建筑业	Construction of Housing	167
土木工程建筑业	Civil Engineering Construction	66
建筑安装业	Architectural Installation	67
建筑装饰、装修和其他建筑业	Architectural Decoration and Other Construction	327
批发和零售业	**Wholesale and Retail Trade**	**4004**
批发业	Wholesale Trade	1241
零售业	Retail Trade	2763
交通运输、仓储和邮政业	**Transport, Storage and Postal Services**	**293**
铁路运输业	Transport Via Railway	
道路运输业	Transport Via Road	216
水上运输业	Water Transport	
航空运输业	Air Transport	1
管道运输业	Transport Via Pipeline	
多式联运和运输代理业	Loading, Unloading, Portage and Transport Agency	20
装卸搬运和仓储业	Storage	35
邮政业	Post	21
住宿和餐饮业	**Hotels and Catering Services**	**541**
住宿业	Hotels	101
餐饮业	Catering Services	440
信息传输、软件和信息技术服务业	**Information Transmission, Software and Information Technology**	**250**
电信、广播电视和卫星传输服务	Telecommunication, Radio, Television and Satellite Transmission Services	10
互联网和相关服务	Internet and Related Services	86
软件和信息技术服务业	Software and Information Technology Services	154

continued

(unit)

璧山区 Bishan District	铜梁区 Tongliang District	潼南区 Tongnan District	荣昌区 Rongchang District	开州区 Kaizhou District	梁平区 Liangping District	武隆区 Wulong District	城口县 Chengkou County	丰都县 Fengdu County
13	5	7	16	7	4	3	6	9
16	27	22	11	49	4	1	1	17
303	250	188	205	193	132	15	6	63
446	188	50	110	42	24	4	1	6
482	202	48	191	41	25	7	1	25
498	235	28	70	17	11	7		5
164	75	6	10	1	5	7		5
126	89	28	129	40	19	3		8
359	97	85	135	146	23	3		8
51	17	4	18	7	1			
6	3	6	15	3	9			
4	13	9	14	48	2			20
36	9	17	8	17	13	4	2	12
33	**42**	**46**	**46**	**136**	**24**	**115**	**45**	**123**
17	21	7	11	59	7	94	40	44
6	9	12	11	17	6	12	3	11
10	12	27	24	60	11	9	2	68
800	**768**	**684**	**796**	**763**	**358**	**360**	**147**	**430**
150	185	215	294	264	136	103	57	145
160	181	88	132	146	51	69	37	77
82	70	56	78	59	49	17	5	32
408	332	325	292	294	122	171	48	176
3733	**3699**	**4319**	**3536**	**5470**	**4674**	**2085**	**1094**	**3114**
1376	1154	1922	1291	1391	1132	1023	119	1072
2357	2545	2397	2245	4079	3542	1062	975	2042
481	**213**	**364**	**303**	**262**	**163**	**153**	**66**	**254**
404	178	254	233	204	123	109	49	154
		6	1	4		3	3	28
		1	2		4	4		
		1						
25	11	44	36	15	3	8	1	19
34	16	27	22	22	19	19	2	37
18	8	31	9	17	14	10	11	16
341	**434**	**410**	**231**	**840**	**565**	**709**	**996**	**379**
80	59	73	39	134	45	265	239	105
261	375	337	192	706	520	444	757	274
555	**261**	**572**	**566**	**445**	**189**	**130**	**28**	**270**
11	8	10	10	41	10	6	8	20
95	73	191	101	195	43	33	12	50
449	180	371	455	209	136	91	8	200

22-5 续表 8

单位：个

指　　标	Item	大足区 Dazu District
金融业	**Financial Intermediation**	**20**
货币金融服务	Money Finance Services	17
资本市场服务	Capital Market Services	2
保险业	Insurance	
其他金融业	Other Finance	1
房地产业	**Real Estate**	**347**
房地产业	Real Estate	347
租赁和商务服务业	**Leasing and Business Services**	**1540**
租赁业	Leasing	261
商务服务业	Business Services	1279
科学研究和技术服务业	**Scientific Research and Technical Services**	**290**
研究和试验发展	Research and Experimental Development	11
专业技术服务业	Professional Technical Services	199
科技推广和应用服务业	Services of Science and Technology Application and Promotion	80
水利、环境和公共设施管理业	**Water Conservancy, Environment and Public Facilities Management**	**129**
水利管理业	Management of Water Conservancy	6
生态保护和环境治理业	Ecological Protection and Environmental Governance	21
公共设施管理业	Management of Public Facilities	98
土地管理业	Management of Land	4
居民服务、修理和其他服务业	**Services to Households, Repair and Other Services**	**363**
居民服务业	Resident Services	194
机动车、电子产品和日用产品修理业	Vehicles, Electronic Products and Commodities Maintenance Services	130
其他服务业	Other Services	39
教育	**Education**	**456**
教　育	Education	456
卫生和社会工作	**Health and Social Work**	**189**
卫　生	Health	83
社会工作	Social Work	106
文化、体育和娱乐业	**Culture, Sports and Entertainment**	**558**
新闻和出版业	Journalism and Publishing Activities	
广播、电视、电影和录音制作业	Broadcasting, Movies, Televisions and Audiovisual Activities	17
文化艺术业	Cultural and Art Activities	109
体　育	Sports	41
娱乐业	Entertainment	391
公共管理、社会保障和社会组织	**Public Administration, Social Security and Social Organizations**	**894**
中国共产党机关	Organs of CPC	16
国家机构	Government Agencies	379
人民政协、民主党派	People's Political Consultative Conference and Democratic Parties	3
社会保障	Social Security	5
群众团体、社会团体和其他成员组织	Non-governmental Organizations, Social Organizations and Other Organizations	183
基层群众自治组织及其他组织	Grass Roots Self-governing Organizations	308

continued

(unit)

璧山区 Bishan District	铜梁区 Tongliang District	潼南区 Tongnan District	荣昌区 Rongchang District	开州区 Kaizhou District	梁平区 Liangping District	武隆区 Wulong District	城口县 Chengkou County	丰都县 Fengdu County
23	**31**	**16**	**18**	**18**	**13**	**13**	**7**	**12**
22	18	13	15	16	12	11	7	11
1	12	1				1		
			1					
	1	2	2	2	1	1		1
580	**499**	**357**	**333**	**531**	**179**	**155**	**49**	**234**
580	499	357	333	531	179	155	49	234
1794	**3477**	**2175**	**2205**	**2166**	**935**	**941**	**549**	**1315**
448	255	458	255	516	160	213	107	173
1346	3222	1717	1950	1650	775	728	442	1142
705	**356**	**649**	**810**	**512**	**478**	**288**	**85**	**405**
73	20	33	63	8	21	4	5	14
290	201	469	332	301	122	153	47	160
342	135	147	415	203	335	131	33	231
145	**89**	**77**	**94**	**138**	**65**	**62**	**29**	**66**
7	3	1	5	13	7	4	3	8
40	18	13	24	20	15	9	2	10
93	67	60	57	103	42	46	23	46
5	1	3	8	2	1	3	1	2
394	**313**	**329**	**287**	**700**	**392**	**112**	**161**	**230**
195	174	174	140	393	220	52	94	129
151	104	127	102	226	127	40	54	75
48	35	28	45	81	45	20	13	26
384	**394**	**289**	**332**	**610**	**233**	**151**	**102**	**276**
384	394	289	332	610	233	151	102	276
179	**243**	**121**	**145**	**233**	**106**	**73**	**83**	**144**
133	146	69	66	157	70	47	47	88
46	97	52	79	76	36	26	36	56
301	**317**	**627**	**341**	**738**	**332**	**426**	**174**	**846**
2	1	1		2				2
17	21	27	24	16	5	32	6	12
71	73	63	110	289	184	297	42	253
30	35	20	28	29	25	17	8	35
181	187	516	179	402	118	80	118	544
819	**929**	**803**	**589**	**1129**	**738**	**655**	**505**	**856**
14	6	7	11	12	12	8	8	9
197	369	302	231	406	267	307	228	247
1	1	2	4	3	3		1	1
7	2	10	11	10	21	9	4	9
324	218	178	177	165	92	117	60	254
276	333	304	155	533	343	214	204	336

22-5 续表 9

单位：个

指　　标	Item	垫江县 Dianjiang County
总　计	**Total**	**14240**
按三次产业分组	**By Strata of Industry**	
第一产业	Primary Industry	1319
第二产业	Secondary Industry	2801
第三产业	Tertiary Industry	10120
按国民经济行业分组	**By Sector**	
农、林、牧、渔业	**Agriculture, Forestry, Animal Husbandry and Fishery**	**1496**
农　业	Farming	778
林　业	Forestry	26
畜牧业	Animal Husbandry	337
渔　业	Fishery	178
农、林、牧、渔专业及辅助性活动	Services of Farming, Forestry, Animal Husbandry and Fishery	177
采矿业	**Mining**	**16**
煤炭开采和洗选业	Mining and Washing of Coal	3
石油和天然气开采业	Extraction of Petroleum and Natural Gas	1
黑色金属矿采选业	Mining and Processing of Ferrous Metal Ores	
有色金属矿采选业	Mining and Processing of Non-ferrous Metal Ores	
非金属矿采选业	Mining and Processing of Non-metal Ores	10
开采专业及辅助性活动	Support Activities for Mining	1
其他采矿业	Mining of Other Ores	1
制造业	**Manufacture**	**1481**
农副食品加工业	Processing of Food from Agricultural Products	165
食品制造业	Manufacture of Foods	46
酒、饮料和精制茶制造业	Manufacture of Liquor, Beverages and Refined Tea	64
烟草制品业	Manufacture of Tobacco	
纺织业	Manufacture of Textile	42
纺织服装、服饰业	Manufacture of Textile, Wearing Apparel and Accessories	30
皮革、毛皮、羽毛及其制品和制鞋业	Manufacture of Leather, Fur, Feather and Related Products and Footwear	28
木材加工和木、竹、藤、棕、草制品业	Processing of Timber, Manufacture of Wood, Bamboo, Rattan, Palm and Straw Products	159
家具制造业	Manufacture of Furniture	96
造纸和纸制品业	Manufacture of Paper and Paper Products	13
印刷和记录媒介复制业	Printing, Reproduction of Recording Media	26
文教、工美、体育和娱乐用品制造业	Manufacture of Articles for Culture, Education, Arts and Crafts, Sport and Entertainment Activities	31
石油、煤炭及其他燃料加工业	Processing of Petroleum, Coal and Other Fuels	6
化学原料和化学制品制造业	Manufacture of Raw Chemical Materials and Chemical Products	51
医药制造业	Manufacture of Medicines	12
化学纤维制造业	Manufacture of Chemical Fibres	1
橡胶和塑料制品业	Manufacture of Rubber and Plastics Products	53
非金属矿物制品业	Manufacture of Non-metallic Mineral Products	227

continued

(unit)

忠 县 Zhongxian County	云阳县 Yunyang County	奉节县 Fengjie County	巫山县 Wushan County	巫溪县 Wuxi County	石柱县 Shizhu County	秀山县 Xiushan County	酉阳县 Youyang County	彭水县 Pengshui County
15340	**20936**	**17759**	**7384**	**7538**	**10460**	**15521**	**11265**	**10229**
2473	3068	5815	1907	1775	1353	2443	1410	1903
2192	3726	1707	570	717	1173	1508	1229	1000
10675	14142	10237	4907	5046	7934	11570	8626	7326
2634	**3934**	**5930**	**1980**	**2666**	**1458**	**2660**	**1684**	**2019**
1472	1569	3326	1251	728	587	1232	670	722
54	36	110	55	51	67	43	54	48
672	1135	2157	544	932	600	1014	638	1083
275	328	222	57	64	99	154	48	50
161	866	115	73	891	105	217	274	116
18	**19**	**22**	**20**	**20**	**23**	**42**	**41**	**56**
			1				1	
1					1			
	1	1	1	1	1	3	3	7
	1				4	1		2
16	17	20	17	18	17	38	32	41
				1				1
1		1	1				5	5
1349	**2808**	**1201**	**290**	**327**	**686**	**934**	**813**	**470**
544	559	359	38	41	138	132	84	54
64	167	53	15	19	37	40	35	27
84	128	59	34	42	71	73	149	36
		1	1		5			
22	117	12	5	12	10	22	17	12
80	176	48	37	9	18	44	65	11
11	40	11	20	14	11	16	22	8
78	285	84	6	35	52	89	33	18
31	88	21	7	12	15	32	23	17
11	9	9	2	2	9	4	4	8
29	14	11	8		4	10	8	
15	119	62	11	11	32	38	23	77
3	8	12	3	3	5		3	5
21	33	18	2	8	14	16	24	14
28	24	58	4	6	62	45	7	5
						1		
15	30	20	4	3	4	17	7	2
115	343	173	48	61	77	135	180	83

22-5 续表 10

单位：个

指　　标	Item	垫江县 Dianjiang County
黑色金属冶炼和压延加工业	Smelting and Pressing of Ferrous Metals	13
有色金属冶炼和压延加工业	Smelting and Pressing of Non-ferrous Metals	14
金属制品业	Manufacture of Metal Products	173
通用设备制造业	Manufacture of General Purpose Machinery	27
专用设备制造业	Manufacture of Special Purpose Machinery	34
汽车制造业	Manufacture of Automobiles	19
铁路、船舶、航空航天和其他运输设备制造业	Manufacture of Railway ,Ship, Aerospace and Other Transport Equipment	8
电气机械和器材制造业	Manufacture of Electrical Machinery and Apparatus	37
计算机、通信和其他电子设备制造业	Manufacture of Computers, Communication and Other Electronic Equipment	49
仪器仪表制造业	Manufacture of Measuring Instruments and Machinery	14
其他制造业	Other Manufacture	10
废弃资源综合利用业	Utilization of Waste Resources	16
金属制品、机械和设备修理业	Repair of Metal Products, Machinery and Equipment	17
电力、热力、燃气及水生产和供应业	**Production and Supply of Electric Power,Gas and Water**	**28**
电力、热力生产和供应业	Production and Supply of Electric Power and Heat Power	12
燃气生产和供应业	Production and Supply of Gas	7
水的生产和供应业	Production and Supply of Water	9
建筑业	**Construction**	**1294**
房屋建筑业	Construction of Housing	399
土木工程建筑业	Civil Engineering Construction	181
建筑安装业	Architectural Installation	70
建筑装饰、装修和其他建筑业	Architectural Decoration and Other Construction	644
批发和零售业	**Wholesale and Retail Trade**	**3677**
批发业	Wholesale Trade	1639
零售业	Retail Trade	2038
交通运输、仓储和邮政业	**Transport, Storage and Postal Services**	**288**
铁路运输业	Transport Via Railway	
道路运输业	Transport Via Road	212
水上运输业	Water Transport	
航空运输业	Air Transport	
管道运输业	Transport Via Pipeline	
多式联运和运输代理业	Loading, Unloading, Portage and Transport Agency	30
装卸搬运和仓储业	Storage	35
邮政业	Post	11
住宿和餐饮业	**Hotels and Catering Services**	**365**
住宿业	Hotels	48
餐饮业	Catering Services	317
信息传输、软件和信息技术服务业	**Information Transmission, Software and Information Technology**	**412**
电信、广播电视和卫星传输服务	Telecommunication, Radio, Television and Satellite Transmission Services	8
互联网和相关服务	Internet and Related Services	68
软件和信息技术服务业	Software and Information Technology Services	336

continued

(unit)

忠　县 Zhongxian County	云阳县 Yunyang County	奉节县 Fengjie County	巫山县 Wushan County	巫溪县 Wuxi County	石柱县 Shizhu County	秀山县 Xiushan County	酉阳县 Youyang County	彭水县 Pengshui County
4	26	1	1	1	3	7	6	
7	15	1	2	1	7	9	11	3
93	399	48	17	28	44	68	46	24
12	35	13	2	2	17	15	7	6
20	58	65	1	2	6	14	17	6
3	10	1	1	1	5	31	2	1
5	9	3				2		1
15	40	8	7	3	11	18	2	6
18	53	25	2	2	12	18	4	34
	5	1	2		1	5		3
5	4	4	2	3	7	5	26	2
5	9	7		2	3	2	2	1
11	5	13	8	4	6	26	6	6
96	**117**	**86**	**43**	**130**	**71**	**28**	**78**	**35**
31	99	60	33	107	54	18	53	24
18	7	12	2	5	5	4	6	7
47	11	14	8	18	12	6	19	4
740	**787**	**411**	**225**	**245**	**399**	**530**	**303**	**446**
271	256	145	101	104	153	146	89	282
117	151	64	36	46	65	124	60	69
52	73	62	16	8	29	39	32	20
300	307	140	72	87	152	221	122	75
4000	**5608**	**4437**	**1850**	**1345**	**3305**	**5554**	**3542**	**2642**
1556	1780	1688	487	354	978	1970	1214	1099
2444	3828	2749	1363	991	2327	3584	2328	1543
320	**381**	**284**	**116**	**62**	**205**	**287**	**139**	**262**
200	223	160	59	44	166	193	97	208
18	51	33	14		1		1	1
			1					
						1		
48	37	42	15	7	6	50	15	23
42	53	34	19	5	18	36	13	21
12	17	15	8	6	14	7	13	9
371	**617**	**457**	**322**	**461**	**892**	**534**	**374**	**342**
42	120	130	83	83	465	89	108	73
329	497	327	239	378	427	445	266	269
479	**257**	**222**	**98**	**94**	**141**	**279**	**224**	**321**
9	19	15	5	11	15	11	22	22
114	67	75	48	25	54	82	44	37
356	171	132	45	58	72	186	158	262

22-5 续表 11

单位：个

指　　标	Item	垫江县 Dianjiang County
金融业	**Financial Intermediation**	**14**
货币金融服务	Money Finance Services	12
资本市场服务	Capital Market Services	
保险业	Insurance	
其他金融业	Other Finance	2
房地产业	**Real Estate**	**238**
房地产业	Real Estate	238
租赁和商务服务业	**Leasing and Business Services**	**2134**
租赁业	Leasing	401
商务服务业	Business Services	1733
科学研究和技术服务业	**Scientific Research and Technical Services**	**671**
研究和试验发展	Research and Experimental Development	25
专业技术服务业	Professional Technical Services	327
科技推广和应用服务业	Services of Science and Technology Application and Promotion	319
水利、环境和公共设施管理业	**Water Conservancy, Environment and Public Facilities Management**	**98**
水利管理业	Management of Water Conservancy	4
生态保护和环境治理业	Ecological Protection and Environmental Governance	21
公共设施管理业	Management of Public Facilities	72
土地管理业	Management of Land	1
居民服务、修理和其他服务业	**Services to Households, Repair and Other Services**	**304**
居民服务业	Resident Services	147
机动车、电子产品和日用产品修理业	Vehicles, Electronic Products and Commodities Maintenance Services	90
其他服务业	Other Services	67
教育	**Education**	**275**
教　育	Education	275
卫生和社会工作	**Health and Social Work**	**202**
卫　生	Health	87
社会工作	Social Work	115
文化、体育和娱乐业	**Culture, Sports and Entertainment**	**489**
新闻和出版业	Journalism and Publishing Activities	2
广播、电视、电影和录音制作业	Broadcasting, Movies, Televisions and Audiovisual Activities	24
文化艺术业	Cultural and Art Activities	264
体　育	Sports	25
娱乐业	Entertainment	174
公共管理、社会保障和社会组织	**Public Administration, Social Security and Social Organizations**	**758**
中国共产党机关	Organs of CPC	7
国家机构	Government Agencies	261
人民政协、民主党派	People's Political Consultative Conference and Democratic Parties	3
社会保障	Social Security	16
群众团体、社会团体和其他成员组织	Non-governmental Organizations, Social Organizations and Other Organizations	172
基层群众自治组织及其他组织	Grass Roots Self-governing Organizations	299

continued

(unit)

忠　县 Zhongxian County	云阳县 Yunyang County	奉节县 Fengjie County	巫山县 Wushan County	巫溪县 Wuxi County	石柱县 Shizhu County	秀山县 Xiushan County	酉阳县 Youyang County	彭水县 Pengshui County
12	**11**	**13**	**12**	**8**	**10**	**14**	**10**	**9**
11	11	12	12	8	9	13	9	8
		1						1
1					1	1	1	
219	**254**	**188**	**127**	**60**	**173**	**165**	**135**	**176**
219	254	188	127	60	173	165	135	176
2228	**2985**	**1637**	**776**	**755**	**1134**	**1937**	**1650**	**1503**
342	620	298	99	141	236	379	235	196
1886	2365	1339	677	614	898	1558	1415	1307
476	**423**	**401**	**142**	**105**	**205**	**538**	**612**	**398**
16	6	15	2	1	9	18	14	16
282	188	205	86	55	147	383	264	240
178	229	181	54	49	49	137	334	142
74	**111**	**79**	**78**	**27**	**128**	**110**	**59**	**76**
9	20	5	12	1	2	8	6	5
13	11	11	11	6	7	18	5	9
48	76	60	53	18	116	77	45	58
4	4	3	2	2	3	7	3	4
537	**502**	**325**	**129**	**166**	**269**	**491**	**244**	**295**
386	299	164	58	88	151	258	117	151
105	149	111	40	64	89	176	96	105
46	54	50	31	14	29	57	31	39
326	**364**	**309**	**230**	**195**	**187**	**353**	**317**	**187**
326	364	309	230	195	187	353	317	187
224	**230**	**138**	**76**	**79**	**87**	**95**	**107**	**111**
66	119	79	52	54	60	72	92	96
158	111	59	24	25	27	23	15	15
502	**474**	**292**	**141**	**134**	**385**	**464**	**359**	**245**
3		1	2		3		2	1
25	14	13	7	6	14	20	12	11
260	132	93	64	53	222	50	53	91
22	36	18	9	14	27	16	28	17
192	292	167	59	61	119	378	264	125
735	**1054**	**1327**	**729**	**659**	**702**	**506**	**574**	**636**
7	9	12	9	7	9	9	5	5
215	304	325	242	176	315	138	136	124
3	1	3	1		2	3	1	1
31	21	2	14	13	1	4	1	1
107	241	593	125	135	132	86	153	209
372	478	392	338	328	243	266	278	296

22−6 按区县、登记注册统计类别分组的法人单位数(2023年)

单位：个

区　　县	Item	总　计 Total	内资企业 Domestic-funded Enterprises	国　有 独资公司 Wholly State-owned Companies
全　市	**Total**	**812388**	**786466**	**644**
万州区	Wanzhou District	27084	26232	29
黔江区	Qianjiang District	11461	10867	8
涪陵区	Fuling District	20623	19774	24
渝中区	Yuzhong District	30068	29833	22
大渡口区	Dadukou District	11644	11594	10
江北区	Jiangbei District	36994	36757	18
沙坪坝区	Shapingba District	39157	38964	38
九龙坡区	Jiulongpo District	77971	77656	16
南岸区	Nan'an District	39856	39641	25
北碚区	Beibei District	18875	18388	16
渝北区	Yubei District	76980	76265	33
巴南区	Ba'nan District	32472	31995	21
长寿区	Changshou District	14806	14181	16
江津区	Jiangjin District	27733	26876	16
合川区	Hechuan District	15613	15128	9
永川区	Yongchuan District	21943	21132	10
南川区	Nanchuan District	17115	16026	7
綦江区	Qijiang District	17488	17003	35
#綦江区(不含万盛)	Qijiang District (excluding Wansheng)	11183	10828	19
大足区	Dazu District	17034	16212	17
璧山区	Bishan District	17025	16489	8
铜梁区	Tongliang District	16072	15498	22
潼南区	Tongnan District	16317	15501	9
荣昌区	Rongchang District	14587	14005	18
开州区	Kaizhou District	20990	19958	28
梁平区	Liangping District	13867	13253	9
武隆区	Wulong District	8683	8050	6
城口县	Chengkou County	5947	5453	8
丰都县	Fengdu County	13311	11514	16
垫江县	Dianjiang County	14240	13666	6
忠　县	Zhongxian County	15340	14856	11
云阳县	Yunyang County	20936	20410	14
奉节县	Fengjie County	17759	15337	10
巫山县	Wushan County	7384	6262	15
巫溪县	Wuxi County	7538	6705	12
石柱县	Shizhu County	10460	9800	23
秀山县	Xiushan County	15521	14744	20
酉阳县	Youyang County	11265	10468	30
彭水县	Pengshui County	10229	9973	9

Number of Legal Entities Grouped by District/County and Registered Statistical Category (2023)

(unit)

私营有限责任公司 Private Limited Liability Companies	其他有限责任公司 Other Limited Liability Companies	私营股份有限公司 Private Share Holding Limited Companies	其他股份有限公司 Other Share Holding Limited Liability Companies	全民所有制企业(国有企业) Wholly People Owned Enterprises (State-owned Enterprises)
558125	**12052**	**1314**	**857**	**23484**
16368	387	28	24	854
6936	198	19	20	359
13110	423	31	33	699
26749	596	85	69	628
10041	191	19	24	299
33280	583	98	60	526
35542	568	32	41	625
73035	1074	107	44	550
36295	509	71	40	484
14511	454	39	19	485
67942	1246	243	83	1137
25010	313	43	24	621
8934	235	33	16	620
19946	359	55	26	781
10430	227	22	20	828
11812	191	32	20	641
7299	154	20	16	607
8489	535	31	31	1002
5039	396	24	16	603
8900	268	42	17	713
13079	250	29	15	507
8274	168	43	16	722
7456	150	27	18	618
9341	216	43	9	585
8805	181	17	13	829
3581	108	4	15	605
3975	151	5	10	561
1496	81		8	457
4934	269	6	10	633
8272	266	13	16	582
6492	259	11	10	590
9865	260	15	10	735
8716	112	6	16	903
2825	93	8	8	614
3124	92	3	9	483
5228	96	8	12	561
7426	181	9	9	363
5226	328	6	16	342
5381	280	11	10	335

22-6 续表

单位：个

区　县	Item	集体所有制企业(集体企业) Collective Owned Enterprises (Collective Enterprises)	股份合作企业 Cooperative Stock Enterprises	联营企业 Joint Venture Enterprises
全　市	**Total**	**31511**	**387**	**36**
万州区	Wanzhou District	1636	6	
黔江区	Qianjiang District	434		
涪陵区	Fuling District	865	4	3
渝中区	Yuzhong District	222	41	3
大渡口区	Dadukou District	140	1	
江北区	Jiangbei District	176	5	1
沙坪坝区	Shapingba District	324	21	
九龙坡区	Jiulongpo District	368	52	7
南岸区	Nan'an District	197	44	
北碚区	Beibei District	324	9	1
渝北区	Yubei District	610	21	3
巴南区	Ba'nan District	1724	16	
长寿区	Changshou District	512	3	1
江津区	Jiangjin District	572	18	1
合川区	Hechuan District	793	10	
永川区	Yongchuan District	4326	11	2
南川区	Nanchuan District	1965	11	1
綦江区	Qijiang District	1172	18	2
#綦江区(不含万盛)	Qijiang District (excluding Wansheng)	1001	9	1
大足区	Dazu District	661	14	3
璧山区	Bishan District	467	19	
铜梁区	Tongliang District	2609	6	3
潼南区	Tongnan District	598	8	1
荣昌区	Rongchang District	1068	4	
开州区	Kaizhou District	984	3	
梁平区	Liangping District	674	1	
武隆区	Wulong District	439	1	
城口县	Chengkou County	417	1	
丰都县	Fengdu County	694	3	1
垫江县	Dianjiang County	613	16	
忠　县	Zhongxian County	751	2	
云阳县	Yunyang County	936		
奉节县	Fengjie County	774	4	
巫山县	Wushan County	659	4	
巫溪县	Wuxi County	638	2	1
石柱县	Shizhu County	475	2	
秀山县	Xiushan County	525		
酉阳县	Youyang County	572	1	
彭水县	Pengshui County	597	5	2

continued

(unit)

个人独资企业 Sole Proprietorship Enterprises	合伙企业 Partnership Enterprises	其他内资企业 Other Domestic-funded Enterprises	港澳台投资企业 Enterprises Funded by Hong Kong, Macao and Taiwan	外商投资企业 Foreign-funded Enterprises	农民专业合作社(联合社) Farmers' Professional Cooperative (Union)
151430	**5214**	**1412**	**1082**	**1031**	**23809**
6785	92	23	18	10	824
2803	80	10	7	2	585
4465	64	53	22	19	808
1003	327	88	125	110	
780	73	16	29	8	13
1611	354	45	110	113	14
1486	222	65	57	52	84
1971	358	74	76	101	138
1638	320	18	80	60	75
2334	147	49	21	51	415
4105	789	53	224	267	224
4017	133	73	38	22	417
3685	103	23	19	39	567
4972	99	31	48	20	789
2626	109	54	14	19	452
3928	104	55	25	31	755
5872	49	25	8	5	1076
5586	58	44	12	7	466
3669	25	26	7	2	346
5467	65	45	15	10	797
1713	357	45	36	26	474
3532	80	23	12	15	547
6506	76	34	8	6	802
2545	136	40	11	12	559
8928	128	42	5	1	1026
8199	41	16	2	3	609
2778	98	26	6		627
2962	17	6		1	493
4870	58	20	7	1	1789
3766	86	30	2	11	561
6617	105	8	5	3	476
8510	39	26	8		518
4600	64	132	5	2	2415
2005	19	12	3		1119
2281	34	26	1		832
3338	45	12	3		657
6068	134	9	2	1	774
3866	50	31	4	2	791
3212	101	30	14	1	241

22-7 按行业、区县分组的企业法人单位数(2023年)

单位：个

指　　标	Item	全市 Total
总　计	**Total**	**721354**
按三次产业分组	**By Strata of Industry**	
第一产业	Primary Industry	58966
第二产业	Secondary Industry	104321
第三产业	Tertiary Industry	558067
按国民经济行业分组	**By Sector**	
农、林、牧、渔业	**Agriculture, Forestry, Animal Husbandry and Fishery**	**64381**
农　业	Farming	28321
林　业	Forestry	2435
畜牧业	Animal Husbandry	19652
渔　业	Fishery	8558
农、林、牧、渔专业及辅助性活动	Services of Farming, Forestry, Animal Husbandry and Fishery	5415
采矿业	**Mining**	**847**
煤炭开采和洗选业	Mining and Washing of Coal	53
石油和天然气开采业	Extraction of Petroleum and Natural Gas	15
黑色金属矿采选业	Mining and Processing of Ferrous Metal Ores	26
有色金属矿采选业	Mining and Processing of Non-ferrous Metal Ores	14
非金属矿采选业	Mining and Processing of Non-metal Ores	699
开采专业及辅助性活动	Support Activities for Mining	15
其他采矿业	Mining of Other Ores	25
制造业	**Manufacture**	**63242**
农副食品加工业	Processing of Food from Agricultural Products	5099
食品制造业	Manufacture of Foods	2174
酒、饮料和精制茶制造业	Manufacture of Liquor, Beverages and Refined Tea	1925
烟草制品业	Manufacture of Tobacco	11
纺织业	Manufacture of Textile	1049
纺织服装、服饰业	Manufacture of Textile, Wearing Apparel and Accessories	1681
皮革、毛皮、羽毛及其制品和制鞋业	Manufacture of Leather, Fur, Feather and Related Products and Footwear	667
木材加工和木、竹、藤、棕、草制品业	Processing of Timber, Manufacture of Wood, Bamboo, Rattan, Palm and Straw Products	2405
家具制造业	Manufacture of Furniture	2119
造纸和纸制品业	Manufacture of Paper and Paper Products	781
印刷和记录媒介复制业	Printing, Reproduction of Recording Media	1650
文教、工美、体育和娱乐用品制造业	Manufacture of Articles for Culture, Education, Arts and Crafts, Sport and Entertainment Activities	1346
石油、煤炭及其他燃料加工业	Processing of Petroleum, Coal and Other Fuels	198
化学原料和化学制品制造业	Manufacture of Raw Chemical Materials and Chemical Products	1429
医药制造业	Manufacture of Medicines	626
化学纤维制造业	Manufacture of Chemical Fibres	37
橡胶和塑料制品业	Manufacture of Rubber and Plastics Products	2260

Number of Enterprises as Corporate Units by Sector and Region (2023)

(unit)

万州区 Wanzhou District	黔江区 Qianjiang District	涪陵区 Fuling District	渝中区 Yuzhong District	大渡口区 Dadukou District	江北区 Jiangbei District	沙坪坝区 Shapingba District	九龙坡区 Jiulongpo District	南岸区 Nan'an District
23348	**9832**	**17909**	**28668**	**11002**	**35750**	**37704**	**76362**	**38492**
3475	915	1989	3	98	110	144	463	185
3619	1122	2542	1168	1366	2838	4600	9386	3152
16254	7795	13378	27497	9538	32802	32960	66513	35155
3707	**997**	**2112**	**3**	**105**	**137**	**173**	**503**	**203**
1969	381	974	3	91	82	97	296	136
181	65	69		4	11	25	65	33
803	425	619		1	13	7	27	4
522	44	327		2	4	15	75	12
232	82	123		7	27	29	40	18
36	**16**	**29**		**1**		**3**		
1								
		2						
4								
						1		
25	15	26		1				
5								
1	1	1				2		
1824	**476**	**1318**	**15**	**669**	**821**	**2689**	**5070**	**1046**
137	59	179		13	15	35	92	28
52	21	48	2	18	14	33	115	25
65	36	47		3	6	15	26	8
								2
42	17	22		1	14	110	29	31
95	14	21		4	23	12	46	28
12	4	5		4	3	5	6	6
81	24	36		11	8	40	120	13
95	26	40		26	5	74	203	32
8	4	16		14	13	62	84	18
172	20	37	2	20	58	77	154	46
32	19	23	1	13	13	43	61	16
9	3	8		2	1	3	18	
50	11	64	1	11	19	71	80	20
15	8	14		3	11	12	29	17
1		4					2	
67	11	69		19	27	135	173	53

22-7 续表 1

单位：个

指　　标	Item	全市 Total
非金属矿物制品业	Manufacture of Non-metallic Mineral Products	6395
黑色金属冶炼和压延加工业	Smelting and Pressing of Ferrous Metals	498
有色金属冶炼和压延加工业	Smelting and Pressing of Non-ferrous Metals	618
金属制品业	Manufacture of Metal Products	6772
通用设备制造业	Manufacture of General Purpose Machinery	5635
专用设备制造业	Manufacture of Special Purpose Machinery	4077
汽车制造业	Manufacture of Automobiles	4574
铁路、船舶、航空航天和其他运输设备制造业	Manufacture of Railway ,Ship, Aerospace and Other Transport Equipment	2433
电气机械和器材制造业	Manufacture of Electrical Machinery and Apparatus	1986
计算机、通信和其他电子设备制造业	Manufacture of Computers, Communication and Other Electronic Equipment	2100
仪器仪表制造业	Manufacture of Measuring Instruments and Machinery	830
其他制造业	Other Manufacture	240
废弃资源综合利用业	Utilization of Waste Resources	368
金属制品、机械和设备修理业	Repair of Metal Products, Machinery and Equipment	1259
电力、热力、燃气及水生产和供应业	**Production and Supply of Electric Power,Gas and Water**	**2549**
电力、热力生产和供应业	Production and Supply of Electric Power and Heat Power	1382
燃气生产和供应业	Production and Supply of Gas	310
水的生产和供应业	Production and Supply of Water	857
建筑业	**Construction**	**38957**
房屋建筑业	Construction of Housing	9456
土木工程建筑业	Civil Engineering Construction	6211
建筑安装业	Architectural Installation	4878
建筑装饰、装修和其他建筑业	Architectural Decoration and Other Construction	18412
批发和零售业	**Wholesale and Retail Trade**	**230309**
批发业	Wholesale Trade	88869
零售业	Retail Trade	141440
交通运输、仓储和邮政业	**Transport, Storage and Postal Services**	**19250**
铁路运输业	Transport Via Railway	5
道路运输业	Transport Via Road	13549
水上运输业	Water Transport	411
航空运输业	Air Transport	82
管道运输业	Transport Via Pipeline	7
多式联运和运输代理业	Loading, Unloading, Portage and Transport Agency	2368
装卸搬运和仓储业	Storage	2111
邮政业	Post	717
住宿和餐饮业	**Hotels and Catering Services**	**26358**
住宿业	Hotels	7047
餐饮业	Catering Services	19311

continued

(unit)

万州区 Wanzhou District	黔江区 Qianjiang District	涪陵区 Fuling District	渝中区 Yuzhong District	大渡口区 Dadukou District	江北区 Jiangbei District	沙坪坝区 Shapingba District	九龙坡区 Jiulongpo District	南岸区 Nan'an District
222	81	187	1	52	30	171	407	64
14	9	13		13	7	20	105	3
17	11	14		2	4	21	109	4
246	52	164		86	55	253	617	87
72	4	33	2	100	75	403	726	113
49	8	30		68	56	199	459	89
40	1	53		40	143	321	431	67
17	1	56		72	26	261	306	42
53	6	41	2	23	46	106	223	68
49	11	24		17	38	72	139	54
11	1	4		6	22	34	89	18
11	1	3		1	5	4	15	4
41	2	12		1	6	5	12	3
49	11	51	4	26	78	92	194	87
112	**33**	**152**	**5**	**8**	**33**	**20**	**48**	**32**
84	16	95	2	5	8	6	22	15
8	4	29	1		5	2	8	
20	13	28	2	3	20	12	18	17
1701	**608**	**1094**	**1152**	**714**	**2062**	**1980**	**4462**	**2161**
494	183	287	160	108	294	297	887	334
221	115	167	186	78	292	285	525	324
184	72	155	210	81	306	292	670	363
802	238	485	596	447	1170	1106	2380	1140
6840	**3287**	**5487**	**8372**	**4357**	**10249**	**11983**	**32870**	**12555**
2509	972	2353	3718	2691	3978	5048	16275	4869
4331	2315	3134	4654	1666	6271	6935	16595	7686
774	**367**	**919**	**474**	**260**	**1082**	**1446**	**1458**	**745**
					2	2		
501	282	628	261	199	663	1053	997	527
56	1	58	13	2	30	4	8	14
2	1		8	1	7	1	3	2
		1						2
94	33	101	133	16	238	223	224	78
101	27	114	37	30	105	126	187	81
20	23	17	22	12	37	37	39	41
694	**395**	**652**	**1978**	**204**	**1528**	**1005**	**1208**	**1215**
124	70	107	1128	51	493	373	281	362
570	325	545	850	153	1035	632	927	853

22-7 续表 2

单位：个

指　　标	Item	全市 Total
信息传输、软件和信息技术服务业	**Information Transmission, Software and Information Technology**	**43650**
电信、广播电视和卫星传输服务	Telecommunication, Radio, Television and Satellite Transmission Services	895
互联网和相关服务	Internet and Related Services	7260
软件和信息技术服务业	Software and Information Technology Services	35495
金融业	**Financial Intermediation**	**1566**
货币金融服务	Money Finance Services	1072
资本市场服务	Capital Market Services	259
保险业	Insurance	139
其他金融业	Other Finance	96
房地产业	**Real Estate**	**22741**
房地产业	Real Estate	22741
租赁和商务服务业	**Leasing and Business Services**	**101591**
租赁业	Leasing	17703
商务服务业	Business Services	83888
科学研究和技术服务业	**Scientific Research and Technical Services**	**39174**
研究和试验发展	Research and Experimental Development	2331
专业技术服务业	Professional Technical Services	23106
科技推广和应用服务业	Services of Science and Technology Application and Promotion	13737
水利、环境和公共设施管理业	**Water Conservancy, Environment and Public Facilities Management**	**5114**
水利管理业	Management of Water Conservancy	167
生态保护和环境治理业	Ecological Protection and Environmental Governance	1108
公共设施管理业	Management of Public Facilities	3659
土地管理业	Management of Land	180
居民服务、修理和其他服务业	**Services to Households, Repair and Other Services**	**24198**
居民服务业	Resident Services	12202
机动车、电子产品和日用产品修理业	Vehicles, Electronic Products and Commodities Maintenance Services	8367
其他服务业	Other Services	3629
教育	**Education**	**9079**
教　育	Education	9079
卫生和社会工作	**Health and Social Work**	**5322**
卫　生	Health	3826
社会工作	Social Work	1496
文化、体育和娱乐业	**Culture, Sports and Entertainment**	**23026**
新闻和出版业	Journalism and Publishing Activities	142
广播、电视、电影和录音制作业	Broadcasting, Movies, Televisions and Audiovisual Activities	2058
文化艺术业	Cultural and Art Activities	5973
体　育	Sports	2330
娱乐业	Entertainment	12523

continued

(unit)

万州区 Wanzhou District	黔江区 Qianjiang District	涪陵区 Fuling District	渝中区 Yuzhong District	大渡口区 Dadukou District	江北区 Jiangbei District	沙坪坝区 Shapingba District	九龙坡区 Jiulongpo District	南岸区 Nan'an District
846	**380**	**704**	**3773**	**835**	**3739**	**3560**	**7313**	**3771**
27	28	22	53	11	57	37	79	63
153	78	126	457	95	793	568	754	575
666	274	556	3263	729	2889	2955	6480	3133
42	**36**	**49**	**155**	**28**	**226**	**60**	**71**	**67**
28	27	36	82	25	115	49	52	49
1	5	3	32	3	57	8	14	13
9	3	8	33		37	2	5	4
4	1	2	8		17	1		1
569	**288**	**524**	**1127**	**479**	**1618**	**1468**	**2074**	**1754**
569	288	524	1127	479	1618	1468	2074	1754
3234	**1554**	**2740**	**5498**	**1663**	**6932**	**6083**	**10819**	**7779**
788	384	548	275	300	668	844	1826	867
2446	1170	2192	5223	1363	6264	5239	8993	6912
903	**542**	**691**	**2261**	**642**	**2845**	**2840**	**4665**	**2911**
21	12	20	120	68	120	200	363	204
610	395	403	1092	353	1913	1766	2907	1806
272	135	268	1049	221	812	874	1395	901
135	**80**	**181**	**151**	**124**	**214**	**289**	**415**	**326**
2	5	7	6		3	7	10	11
30	15	43	42	55	46	56	123	84
99	57	128	96	66	153	212	273	220
4	3	3	7	3	12	14	9	11
872	**393**	**582**	**1032**	**362**	**1663**	**1416**	**2210**	**1591**
461	184	238	637	145	1021	652	973	782
277	156	245	204	151	393	499	874	542
134	53	99	191	66	249	265	363	267
242	**135**	**200**	**415**	**164**	**658**	**937**	**861**	**667**
242	135	200	415	164	658	937	861	667
154	**32**	**92**	**228**	**112**	**276**	**293**	**296**	**243**
105	21	53	197	80	240	228	215	216
49	11	39	31	32	36	65	81	27
663	**213**	**383**	**2029**	**275**	**1667**	**1459**	**2019**	**1426**
4		1	21		9	48	9	5
43	46	38	177	41	208	161	323	175
218	44	142	842	52	368	295	377	345
75	20	41	140	24	214	171	206	210
323	103	161	849	158	868	784	1104	691

22-7 续表 3

单位：个

指　　标	Item	北碚区 Beibei District
总　计	**Total**	**17391**
按三次产业分组	**By Strata of Industry**	
第一产业	Primary Industry	596
第二产业	Secondary Industry	3759
第三产业	Tertiary Industry	13036
按国民经济行业分组	**By Sector**	
农、林、牧、渔业	**Agriculture, Forestry, Animal Husbandry and Fishery**	**661**
农　业	Farming	390
林　业	Forestry	42
畜牧业	Animal Husbandry	74
渔　业	Fishery	90
农、林、牧、渔专业及辅助性活动	Services of Farming, Forestry, Animal Husbandry and Fishery	65
采矿业	**Mining**	**1**
煤炭开采和洗选业	Mining and Washing of Coal	1
石油和天然气开采业	Extraction of Petroleum and Natural Gas	
黑色金属矿采选业	Mining and Processing of Ferrous Metal Ores	
有色金属矿采选业	Mining and Processing of Non-ferrous Metal Ores	
非金属矿采选业	Mining and Processing of Non-metal Ores	
开采专业及辅助性活动	Support Activities for Mining	
其他采矿业	Mining of Other Ores	
制造业	**Manufacture**	**2885**
农副食品加工业	Processing of Food from Agricultural Products	17
食品制造业	Manufacture of Foods	30
酒、饮料和精制茶制造业	Manufacture of Liquor, Beverages and Refined Tea	10
烟草制品业	Manufacture of Tobacco	
纺织业	Manufacture of Textile	28
纺织服装、服饰业	Manufacture of Textile, Wearing Apparel and Accessories	9
皮革、毛皮、羽毛及其制品和制鞋业	Manufacture of Leather, Fur, Feather and Related Products and Footwear	7
木材加工和木、竹、藤、棕、草制品业	Processing of Timber, Manufacture of Wood, Bamboo, Rattan, Palm and Straw Products	38
家具制造业	Manufacture of Furniture	47
造纸和纸制品业	Manufacture of Paper and Paper Products	52
印刷和记录媒介复制业	Printing, Reproduction of Recording Media	54
文教、工美、体育和娱乐用品制造业	Manufacture of Articles for Culture, Education, Arts and Crafts, Sport and Entertainment Activities	32
石油、煤炭及其他燃料加工业	Processing of Petroleum, Coal and Other Fuels	7
化学原料和化学制品制造业	Manufacture of Raw Chemical Materials and Chemical Products	37
医药制造业	Manufacture of Medicines	25
化学纤维制造业	Manufacture of Chemical Fibres	2
橡胶和塑料制品业	Manufacture of Rubber and Plastics Products	129

continued

(unit)

渝北区 Yubei District	巴南区 Ba'nan District	长寿区 Changshou District	江津区 Jiangjin District	合川区 Hechuan District	永川区 Yongchuan District	南川区 Nanchuan District	綦江区 Qijiang District	綦江区 (不含万盛) Qijiang District (excluding Wansheng)
74025	**29291**	**12896**	**25232**	**13141**	**15869**	**13224**	**14594**	**9065**
1061	2953	1930	3176	995	970	2208	2792	2105
7189	5208	1714	6288	2912	2804	1872	2120	1382
65775	21130	9252	15768	9234	12095	9144	9682	5578
1189	**3019**	**2002**	**3386**	**1153**	**1094**	**2282**	**2860**	**2154**
615	1911	944	1733	404	545	1007	955	695
83	283	65	125	64	49	145	111	62
212	146	521	679	245	117	784	1417	1125
151	613	400	639	282	259	272	309	223
128	66	72	210	158	124	74	68	49
1	**11**	**10**	**29**	**46**	**69**	**31**	**38**	**19**
					14	1	4	
				1	4	2		
							1	1
						1		
1	11	10	28	44	48	26	32	18
				1	3	1		
			1				1	
3073	**3571**	**1143**	**4539**	**1846**	**1939**	**1313**	**1088**	**781**
64	111	94	187	167	105	143	61	42
106	77	38	252	123	70	39	45	35
35	29	21	80	43	60	83	49	38
	1					1		
35	46	22	40	26	10	39	13	7
98	228	8	26	47	16	29	3	1
8	18	1	11	13	15	11	3	3
25	129	63	118	37	89	52	34	23
53	164	59	174	89	56	83	30	24
33	15	14	48	32	49	6	8	7
103	149	27	47	39	38	17	22	15
37	62	8	56	36	28	31	25	19
3	4	3	12	8	15	8	4	1
59	80	103	105	29	56	46	31	14
18	35	24	10	18	4	14	12	6
2	3	2	6		2		4	2
63	115	54	234	82	72	37	31	17

22-7 续表 4

单位：个

指　　标	Item	北碚区 Beibei District
非金属矿物制品业	Manufacture of Non-metallic Mineral Products	153
黑色金属冶炼和压延加工业	Smelting and Pressing of Ferrous Metals	11
有色金属冶炼和压延加工业	Smelting and Pressing of Non-ferrous Metals	15
金属制品业	Manufacture of Metal Products	203
通用设备制造业	Manufacture of General Purpose Machinery	601
专用设备制造业	Manufacture of Special Purpose Machinery	255
汽车制造业	Manufacture of Automobiles	312
铁路、船舶、航空航天和其他运输设备制造业	Manufacture of Railway ,Ship, Aerospace and Other Transport Equipment	271
电气机械和器材制造业	Manufacture of Electrical Machinery and Apparatus	128
计算机、通信和其他电子设备制造业	Manufacture of Computers, Communication and Other Electronic Equipment	84
仪器仪表制造业	Manufacture of Measuring Instruments and Machinery	272
其他制造业	Other Manufacture	3
废弃资源综合利用业	Utilization of Waste Resources	4
金属制品、机械和设备修理业	Repair of Metal Products, Machinery and Equipment	49
电力、热力、燃气及水生产和供应业	**Production and Supply of Electric Power,Gas and Water**	**25**
电力、热力生产和供应业	Production and Supply of Electric Power and Heat Power	8
燃气生产和供应业	Production and Supply of Gas	3
水的生产和供应业	Production and Supply of Water	14
建筑业	**Construction**	**897**
房屋建筑业	Construction of Housing	137
土木工程建筑业	Civil Engineering Construction	230
建筑安装业	Architectural Installation	91
建筑装饰、装修和其他建筑业	Architectural Decoration and Other Construction	439
批发和零售业	**Wholesale and Retail Trade**	**4679**
批发业	Wholesale Trade	1307
零售业	Retail Trade	3372
交通运输、仓储和邮政业	**Transport, Storage and Postal Services**	**436**
铁路运输业	Transport Via Railway	
道路运输业	Transport Via Road	314
水上运输业	Water Transport	5
航空运输业	Air Transport	1
管道运输业	Transport Via Pipeline	
多式联运和运输代理业	Loading, Unloading, Portage and Transport Agency	44
装卸搬运和仓储业	Storage	58
邮政业	Post	14
住宿和餐饮业	**Hotels and Catering Services**	**363**
住宿业	Hotels	76
餐饮业	Catering Services	287

continued

(unit)

渝北区 Yubei District	巴南区 Ba'nan District	长寿区 Changshou District	江津区 Jiangjin District	合川区 Hechuan District	永川区 Yongchuan District	南川区 Nanchuan District	綦江区 Qijiang District	綦江区（不含万盛） Qijiang District (excluding Wansheng)
110	239	133	311	270	272	258	200	150
23	15	12	35	10	20	6	8	2
14	12	5	50	6	14	25	45	37
235	444	119	505	164	184	154	111	89
361	515	69	801	106	232	70	94	75
447	226	41	332	84	100	40	42	24
562	270	77	466	184	144	39	97	80
70	290	15	235	80	30	17	43	33
113	142	28	187	52	60	19	22	13
108	56	34	81	45	126	9	22	9
104	31	7	55	19	13	2	2	1
11	7	3	12	12	11	5	8	5
5	3	25	23	5	18	5	9	4
168	55	34	40	20	30	25	10	5
101	**55**	**46**	**177**	**67**	**57**	**86**	**145**	**109**
50	23	23	72	14	24	58	61	39
13	7	6	6	17	13	11	14	10
38	25	17	99	36	20	17	70	60
4182	**1626**	**549**	**1583**	**974**	**772**	**468**	**859**	**478**
764	305	153	367	351	239	124	310	187
721	311	108	198	167	116	83	164	88
831	194	81	119	90	104	44	75	54
1866	816	207	899	366	313	217	310	149
20479	**8965**	**4231**	**8288**	**4035**	**5775**	**4417**	**3582**	**2166**
6476	2847	1561	4489	2050	2028	1258	972	617
14003	6118	2670	3799	1985	3747	3159	2610	1549
1885	**905**	**598**	**880**	**323**	**358**	**225**	**1262**	**585**
						1		
1174	648	456	652	221	253	151	1109	488
15	6	11	14	10	1	2		
29	3		1	2	4	2	2	
1						1		
334	97	40	102	20	43	27	66	36
243	130	82	93	56	44	26	72	53
89	21	9	18	14	13	15	13	8
2312	**701**	**430**	**634**	**328**	**499**	**998**	**1067**	**532**
688	158	51	108	64	73	153	320	163
1624	543	379	526	264	426	845	747	369

22-7 续表 5

单位：个

指　　标	Item	北碚区 Beibei District
信息传输、软件和信息技术服务业	**Information Transmission, Software and Information Technology**	**1133**
电信、广播电视和卫星传输服务	Telecommunication, Radio, Television and Satellite Transmission Services	15
互联网和相关服务	Internet and Related Services	133
软件和信息技术服务业	Software and Information Technology Services	985
金融业	**Financial Intermediation**	**42**
货币金融服务	Money Finance Services	26
资本市场服务	Capital Market Services	13
保险业	Insurance	
其他金融业	Other Finance	3
房地产业	**Real Estate**	**641**
房地产业	Real Estate	641
租赁和商务服务业	**Leasing and Business Services**	**2552**
租赁业	Leasing	466
商务服务业	Business Services	2086
科学研究和技术服务业	**Scientific Research and Technical Services**	**1453**
研究和试验发展	Research and Experimental Development	162
专业技术服务业	Professional Technical Services	677
科技推广和应用服务业	Services of Science and Technology Application and Promotion	614
水利、环境和公共设施管理业	**Water Conservancy, Environment and Public Facilities Management**	**160**
水利管理业	Management of Water Conservancy	1
生态保护和环境治理业	Ecological Protection and Environmental Governance	35
公共设施管理业	Management of Public Facilities	117
土地管理业	Management of Land	7
居民服务、修理和其他服务业	**Services to Households, Repair and Other Services**	**558**
居民服务业	Resident Services	303
机动车、电子产品和日用产品修理业	Vehicles, Electronic Products and Commodities Maintenance Services	160
其他服务业	Other Services	95
教育	**Education**	**230**
教　育	Education	230
卫生和社会工作	**Health and Social Work**	**125**
卫　生	Health	104
社会工作	Social Work	21
文化、体育和娱乐业	**Culture, Sports and Entertainment**	**550**
新闻和出版业	Journalism and Publishing Activities	6
广播、电视、电影和录音制作业	Broadcasting, Movies, Televisions and Audiovisual Activities	69
文化艺术业	Cultural and Art Activities	117
体　育	Sports	66
娱乐业	Entertainment	292

continued

(unit)

渝北区 Yubei District	巴南区 Ba'nan District	长寿区 Changshou District	江津区 Jiangjin District	合川区 Hechuan District	永川区 Yongchuan District	南川区 Nanchuan District	綦江区 Qijiang District	綦江区(不含万盛) Qijiang District (excluding Wansheng)
7821	**1454**	**375**	**505**	**567**	**585**	**282**	**247**	**129**
116	19	13	8	42	16	13	7	5
1013	465	65	69	116	180	69	72	39
6692	970	297	428	409	389	200	168	85
321	**41**	**29**	**30**	**20**	**32**	**13**	**20**	**12**
182	32	22	25	18	27	12	18	12
82	3	3	2		1	1	1	
21	4	2	2	2	4			
36	2	2	1				1	
3297	**1126**	**333**	**668**	**600**	**546**	**349**	**329**	**184**
3297	1126	333	668	600	546	349	329	184
14139	**3507**	**1624**	**2123**	**1585**	**1897**	**1406**	**1489**	**915**
2004	741	324	644	308	387	320	284	180
12135	2766	1300	1479	1277	1510	1086	1205	735
6607	**1618**	**517**	**935**	**469**	**763**	**330**	**438**	**295**
424	101	36	51	30	33	6	18	13
4058	919	274	443	289	534	201	226	156
2125	598	207	441	150	196	123	194	126
604	**197**	**143**	**149**	**103**	**118**	**95**	**143**	**79**
20	8	2	2		6	2	12	8
148	43	35	19	14	35	12	26	13
420	136	101	115	87	74	70	99	52
16	10	5	13	2	3	11	6	6
3434	**905**	**397**	**521**	**445**	**423**	**448**	**518**	**306**
1661	383	186	241	224	196	217	215	144
1271	395	154	222	147	146	183	189	110
502	127	57	58	74	81	48	114	52
1283	**354**	**152**	**223**	**102**	**223**	**134**	**138**	**92**
1283	354	152	223	102	223	134	138	92
898	**333**	**107**	**157**	**147**	**115**	**87**	**107**	**68**
780	261	68	57	87	63	54	70	49
118	72	39	100	60	52	33	37	19
2399	**903**	**210**	**405**	**331**	**604**	**260**	**264**	**161**
19	3			2		1		
261	77	6	36	16	28	15	21	14
491	155	33	54	43	97	66	53	32
424	80	31	31	30	65	47	37	17
1204	588	140	284	240	414	131	153	98

22-7 续表 6

单位：个

指　　标	Item	大足区 Dazu District
总　计	**Total**	**14496**
按三次产业分组	**By Strata of Industry**	
第一产业	Primary Industry	2428
第二产业	Secondary Industry	4003
第三产业	Tertiary Industry	8065
按国民经济行业分组	**By Sector**	
农、林、牧、渔业	**Agriculture, Forestry, Animal Husbandry and Fishery**	**2450**
农　业	Farming	692
林　业	Forestry	102
畜牧业	Animal Husbandry	783
渔　业	Fishery	851
农、林、牧、渔专业及辅助性活动	Services of Farming, Forestry, Animal Husbandry and Fishery	22
采矿业	**Mining**	**31**
煤炭开采和洗选业	Mining and Washing of Coal	1
石油和天然气开采业	Extraction of Petroleum and Natural Gas	
黑色金属矿采选业	Mining and Processing of Ferrous Metal Ores	
有色金属矿采选业	Mining and Processing of Non-ferrous Metal Ores	1
非金属矿采选业	Mining and Processing of Non-metal Ores	28
开采专业及辅助性活动	Support Activities for Mining	
其他采矿业	Mining of Other Ores	1
制造业	**Manufacture**	**3337**
农副食品加工业	Processing of Food from Agricultural Products	134
食品制造业	Manufacture of Foods	106
酒、饮料和精制茶制造业	Manufacture of Liquor, Beverages and Refined Tea	45
烟草制品业	Manufacture of Tobacco	
纺织业	Manufacture of Textile	20
纺织服装、服饰业	Manufacture of Textile, Wearing Apparel and Accessories	16
皮革、毛皮、羽毛及其制品和制鞋业	Manufacture of Leather, Fur, Feather and Related Products and Footwear	12
木材加工和木、竹、藤、棕、草制品业	Processing of Timber, Manufacture of Wood, Bamboo, Rattan, Palm and Straw Products	95
家具制造业	Manufacture of Furniture	67
造纸和纸制品业	Manufacture of Paper and Paper Products	27
印刷和记录媒介复制业	Printing, Reproduction of Recording Media	11
文教、工美、体育和娱乐用品制造业	Manufacture of Articles for Culture, Education, Arts and Crafts, Sport and Entertainment Activities	120
石油、煤炭及其他燃料加工业	Processing of Petroleum, Coal and Other Fuels	7
化学原料和化学制品制造业	Manufacture of Raw Chemical Materials and Chemical Products	43
医药制造业	Manufacture of Medicines	7
化学纤维制造业	Manufacture of Chemical Fibres	2
橡胶和塑料制品业	Manufacture of Rubber and Plastics Products	116

continued

(unit)

璧山区 Bishan District	铜梁区 Tongliang District	潼南区 Tongnan District	荣昌区 Rongchang District	开州区 Kaizhou District	梁平区 Liangping District	武隆区 Wulong District	城口县 Chengkou County	丰都县 Fengdu County
15228	**11937**	**14084**	**12095**	**17820**	**11840**	**6930**	**4517**	**9944**
1497	1262	2212	632	3041	2474	1424	1148	990
4539	2947	2133	3406	2976	1524	830	401	1494
9192	7728	9739	8057	11803	7842	4676	2968	7460
1570	**1341**	**2354**	**714**	**3208**	**2744**	**1445**	**1168**	**2123**
1194	405	743	319	1062	1558	599	373	256
130	65	38	37	88	62	35	25	18
98	336	624	166	1540	438	715	721	597
75	456	807	110	351	416	75	29	119
73	79	142	82	167	270	21	20	1133
6	**27**	**40**	**27**	**30**	**19**	**18**	**15**	**36**
	2		15	1	6			2
	1				1	1		
			3					
	1					1		1
5	23	40	9	28	11	16	15	31
1								1
				1	1			1
3736	**2119**	**1378**	**2545**	**2064**	**1137**	**340**	**196**	**919**
46	108	208	333	216	158	89	67	242
49	42	38	150	92	31	21	9	35
17	33	42	46	196	69	30	45	60
				1				
28	26	35	20	71	19	8	6	21
27	46	57	46	174	56	4	2	28
192	44	20	13	49	13	1	1	9
41	72	61	47	118	162	9	3	41
84	56	43	72	119	51	6	3	20
69	52	15	15	10	37	1		8
188	25	71	42	47	21	4		49
15	26	21	82	41	56	5	11	18
3	5	5	3	5	3	2		9
38	44	50	73	43	25	6	6	29
9	17	16	61	24	5	3	2	15
2	1			2				
282	127	34	90	36	27	11		11

22-7 续表 7

单位：个

指　　标	Item	大足区 Dazu District
非金属矿物制品业	Manufacture of Non-metallic Mineral Products	176
黑色金属冶炼和压延加工业	Smelting and Pressing of Ferrous Metals	42
有色金属冶炼和压延加工业	Smelting and Pressing of Non-ferrous Metals	32
金属制品业	Manufacture of Metal Products	799
通用设备制造业	Manufacture of General Purpose Machinery	251
专用设备制造业	Manufacture of Special Purpose Machinery	310
汽车制造业	Manufacture of Automobiles	382
铁路、船舶、航空航天和其他运输设备制造业	Manufacture of Railway ,Ship, Aerospace and Other Transport Equipment	300
电气机械和器材制造业	Manufacture of Electrical Machinery and Apparatus	78
计算机、通信和其他电子设备制造业	Manufacture of Computers, Communication and Other Electronic Equipment	58
仪器仪表制造业	Manufacture of Measuring Instruments and Machinery	11
其他制造业	Other Manufacture	14
废弃资源综合利用业	Utilization of Waste Resources	33
金属制品、机械和设备修理业	Repair of Metal Products, Machinery and Equipment	23
电力、热力、燃气及水生产和供应业	**Production and Supply of Electric Power,Gas and Water**	**31**
电力、热力生产和供应业	Production and Supply of Electric Power and Heat Power	10
燃气生产和供应业	Production and Supply of Gas	3
水的生产和供应业	Production and Supply of Water	18
建筑业	**Construction**	**627**
房屋建筑业	Construction of Housing	167
土木工程建筑业	Civil Engineering Construction	66
建筑安装业	Architectural Installation	67
建筑装饰、装修和其他建筑业	Architectural Decoration and Other Construction	327
批发和零售业	**Wholesale and Retail Trade**	**3981**
批发业	Wholesale Trade	1220
零售业	Retail Trade	2761
交通运输、仓储和邮政业	**Transport, Storage and Postal Services**	**291**
铁路运输业	Transport Via Railway	
道路运输业	Transport Via Road	215
水上运输业	Water Transport	
航空运输业	Air Transport	1
管道运输业	Transport Via Pipeline	
多式联运和运输代理业	Loading, Unloading, Portage and Transport Agency	20
装卸搬运和仓储业	Storage	34
邮政业	Post	21
住宿和餐饮业	**Hotels and Catering Services**	**541**
住宿业	Hotels	101
餐饮业	Catering Services	440

continued

(unit)

璧山区 Bishan District	铜梁区 Tongliang District	潼南区 Tongnan District	荣昌区 Rongchang District	开州区 Kaizhou District	梁平区 Liangping District	武隆区 Wulong District	城口县 Chengkou County	丰都县 Fengdu County
143	185	166	522	210	132	87	24	147
13	5	7	16	7	4	3	6	9
16	27	22	11	49	4	1	1	17
303	250	188	204	193	132	15	6	63
446	188	50	110	42	24	4	1	6
482	202	48	190	40	25	7	1	25
498	235	28	70	17	11	7		5
164	75	6	10	1	5	7		5
126	89	28	129	40	19	3		8
359	97	85	135	146	23	3		8
51	17	4	18	7	1			
6	3	6	15	3	9			
4	13	9	14	48	2			19
35	9	15	8	17	13	3	2	12
33	**42**	**46**	**46**	**136**	**23**	**115**	**45**	**122**
17	21	7	11	59	6	94	40	44
6	9	12	11	17	6	12	3	11
10	12	27	24	60	11	9	2	67
800	**768**	**684**	**796**	**763**	**358**	**360**	**147**	**430**
150	185	215	294	264	136	103	57	145
160	181	88	132	146	51	69	37	77
82	70	56	78	59	49	17	5	32
408	332	325	292	294	122	171	48	176
3720	**3665**	**4270**	**3519**	**5417**	**4624**	**1928**	**1062**	**2804**
1369	1140	1885	1279	1380	1094	894	116	891
2351	2525	2385	2240	4037	3530	1034	946	1913
480	**212**	**363**	**302**	**261**	**161**	**153**	**66**	**246**
403	177	254	232	203	122	109	49	152
		6	1	4		3	3	28
		1	2		4	4		
		1						
25	11	44	36	15	3	8	1	19
34	16	27	22	22	18	19	2	31
18	8	30	9	17	14	10	11	16
340	**434**	**410**	**230**	**838**	**565**	**708**	**995**	**379**
80	59	73	38	133	45	264	239	105
260	375	337	192	705	520	444	756	274

22-7 续表 8

单位：个

指　　标	Item	大足区 Dazu District
信息传输、软件和信息技术服务业	**Information Transmission, Software and Information Technology**	**246**
电信、广播电视和卫星传输服务	Telecommunication, Radio, Television and Satellite Transmission Services	10
互联网和相关服务	Internet and Related Services	86
软件和信息技术服务业	Software and Information Technology Services	150
金融业	**Financial Intermediation**	**20**
货币金融服务	Money Finance Services	17
资本市场服务	Capital Market Services	2
保险业	Insurance	
其他金融业	Other Finance	1
房地产业	**Real Estate**	**339**
房地产业	Real Estate	339
租赁和商务服务业	**Leasing and Business Services**	**1198**
租赁业	Leasing	258
商务服务业	Business Services	940
科学研究和技术服务业	**Scientific Research and Technical Services**	**268**
研究和试验发展	Research and Experimental Development	11
专业技术服务业	Professional Technical Services	188
科技推广和应用服务业	Services of Science and Technology Application and Promotion	69
水利、环境和公共设施管理业	**Water Conservancy, Environment and Public Facilities Management**	**118**
水利管理业	Management of Water Conservancy	5
生态保护和环境治理业	Ecological Protection and Environmental Governance	20
公共设施管理业	Management of Public Facilities	91
土地管理业	Management of Land	2
居民服务、修理和其他服务业	**Services to Households, Repair and Other Services**	**356**
居民服务业	Resident Services	187
机动车、电子产品和日用产品修理业	Vehicles, Electronic Products and Commodities Maintenance Services	130
其他服务业	Other Services	39
教育	**Education**	**158**
教　育	Education	158
卫生和社会工作	**Health and Social Work**	**65**
卫　生	Health	47
社会工作	Social Work	18
文化、体育和娱乐业	**Culture, Sports and Entertainment**	**439**
新闻和出版业	Journalism and Publishing Activities	
广播、电视、电影和录音制作业	Broadcasting, Movies, Televisions and Audiovisual Activities	17
文化艺术业	Cultural and Art Activities	99
体　育	Sports	35
娱乐业	Entertainment	288

continued

(unit)

璧山区 Bishan District	铜梁区 Tongliang District	潼南区 Tongnan District	荣昌区 Rongchang District	开州区 Kaizhou District	梁平区 Liangping District	武隆区 Wulong District	城口县 Chengkou County	丰都县 Fengdu County
554	**261**	**567**	**565**	**444**	**189**	**128**	**26**	**270**
11	8	10	10	41	10	6	8	20
95	73	187	100	195	43	32	10	50
448	180	370	455	208	136	90	8	200
23	**31**	**16**	**18**	**18**	**13**	**13**	**7**	**12**
22	18	13	15	16	12	11	7	11
1	12	1				1		
			1					
	1	2	2	2	1	1		1
579	**498**	**357**	**332**	**531**	**179**	**154**	**48**	**207**
579	498	357	332	531	179	154	48	207
1609	**1245**	**1870**	**1419**	**1733**	**586**	**702**	**326**	**942**
439	252	455	250	515	156	212	107	172
1170	993	1415	1169	1218	430	490	219	770
685	**311**	**634**	**754**	**477**	**406**	**217**	**50**	**336**
71	18	31	57	8	21	2	3	13
283	195	461	310	288	110	124	42	151
331	98	142	387	181	275	91	5	172
128	**80**	**74**	**81**	**111**	**55**	**55**	**22**	**55**
2	2	1	3	2	4	3		5
36	15	13	23	18	12	8	2	8
86	62	57	54	89	38	41	19	40
4	1	3	1	2	1	3	1	2
368	**309**	**328**	**285**	**693**	**389**	**108**	**157**	**226**
169	171	173	138	387	217	50	91	126
151	104	127	102	225	127	40	54	75
48	34	28	45	81	45	18	12	25
199	**154**	**97**	**98**	**244**	**72**	**69**	**37**	**75**
199	154	97	98	244	72	69	37	75
139	**147**	**53**	**66**	**168**	**36**	**24**	**19**	**96**
112	113	37	37	107	29	11	17	46
27	34	16	29	61	7	13	2	50
259	**293**	**543**	**298**	**684**	**284**	**393**	**131**	**666**
2	1			2				1
16	21	27	24	16	5	31	5	12
49	60	34	77	241	139	273	11	215
25	29	15	23	28	22	16	7	32
167	182	467	174	397	118	73	108	406

22-7 续表 9

单位：个

指 标	Item	垫江县 Dianjiang County
总 计	**Total**	**12234**
按三次产业分组	**By Strata of Industry**	
第一产业	Primary Industry	842
第二产业	Secondary Industry	2791
第三产业	Tertiary Industry	8601
按国民经济行业分组	**By Sector**	
农、林、牧、渔业	**Agriculture, Forestry, Animal Husbandry and Fishery**	**965**
农 业	Farming	403
林 业	Forestry	18
畜牧业	Animal Husbandry	274
渔 业	Fishery	147
农、林、牧、渔专业及辅助性活动	Services of Farming, Forestry, Animal Husbandry and Fishery	123
采矿业	**Mining**	**16**
煤炭开采和洗选业	Mining and Washing of Coal	3
石油和天然气开采业	Extraction of Petroleum and Natural Gas	1
黑色金属矿采选业	Mining and Processing of Ferrous Metal Ores	
有色金属矿采选业	Mining and Processing of Non-ferrous Metal Ores	
非金属矿采选业	Mining and Processing of Non-metal Ores	10
开采专业及辅助性活动	Support Activities for Mining	1
其他采矿业	Mining of Other Ores	1
制造业	**Manufacture**	**1470**
农副食品加工业	Processing of Food from Agricultural Products	158
食品制造业	Manufacture of Foods	46
酒、饮料和精制茶制造业	Manufacture of Liquor, Beverages and Refined Tea	64
烟草制品业	Manufacture of Tobacco	
纺织业	Manufacture of Textile	42
纺织服装、服饰业	Manufacture of Textile, Wearing Apparel and Accessories	30
皮革、毛皮、羽毛及其制品和制鞋业	Manufacture of Leather, Fur, Feather and Related Products and Footwear	28
木材加工和木、竹、藤、棕、草制品业	Processing of Timber, Manufacture of Wood, Bamboo, Rattan, Palm and Straw Products	159
家具制造业	Manufacture of Furniture	96
造纸和纸制品业	Manufacture of Paper and Paper Products	13
印刷和记录媒介复制业	Printing, Reproduction of Recording Media	26
文教、工美、体育和娱乐用品制造业	Manufacture of Articles for Culture, Education, Arts and Crafts, Sport and Entertainment Activities	31
石油、煤炭及其他燃料加工业	Processing of Petroleum, Coal and Other Fuels	6
化学原料和化学制品制造业	Manufacture of Raw Chemical Materials and Chemical Products	51
医药制造业	Manufacture of Medicines	10
化学纤维制造业	Manufacture of Chemical Fibres	1
橡胶和塑料制品业	Manufacture of Rubber and Plastics Products	53

continued

(unit)

忠　县 Zhongxian County	云阳县 Yunyang County	奉节县 Fengjie County	巫山县 Wushan County	巫溪县 Wuxi County	石柱县 Shizhu County	秀山县 Xiushan County	酉阳县 Youyang County	彭水县 Pengshui County
13289	**18398**	**13194**	**4858**	**5425**	**8621**	**13628**	**9281**	**8805**
2158	2642	3431	1049	1738	1079	2043	1117	1696
2131	3724	1683	561	710	1112	1473	1224	1000
9000	12032	8080	3248	2977	6430	10112	6940	6109
2298	**3435**	**3513**	**1111**	**1838**	**1158**	**2222**	**1336**	**1802**
1228	1316	1948	575	717	398	956	485	561
45	28	71	40	35	58	36	40	44
621	1002	1284	396	922	533	916	547	1045
264	296	128	38	64	90	135	45	46
140	793	82	62	100	79	179	219	106
18	**19**	**22**	**20**	**20**	**23**	**42**	**41**	**56**
			1				1	
1					1			
	1	1	1	1	1	3	3	7
	1				4	1		2
16	17	20	17	18	17	38	32	41
				1				1
1		1	1				5	5
1288	**2806**	**1178**	**281**	**323**	**625**	**897**	**808**	**470**
495	558	344	33	39	106	123	81	54
60	166	53	14	18	34	40	35	27
81	128	59	32	42	66	70	148	36
		1	1		4			
22	117	11	5	12	10	22	17	12
80	176	48	37	9	18	44	65	11
11	40	11	20	14	11	16	22	8
78	285	84	6	35	52	88	33	18
31	88	21	7	12	15	32	23	17
11	9	9	2	2	9	4	4	8
29	14	11	8		4	10	8	
15	119	62	10	10	32	36	23	77
3	8	12	3	3	5		3	5
20	33	18	2	8	14	15	24	14
24	24	51	4	6	42	26	6	5
						1		
15	30	20	4	3	4	17	7	2

22-7 续表 10

单位：个

指 标	Item	垫江县 Dianjiang County
非金属矿物制品业	Manufacture of Non-metallic Mineral Products	227
黑色金属冶炼和压延加工业	Smelting and Pressing of Ferrous Metals	13
有色金属冶炼和压延加工业	Smelting and Pressing of Non-ferrous Metals	14
金属制品业	Manufacture of Metal Products	173
通用设备制造业	Manufacture of General Purpose Machinery	27
专用设备制造业	Manufacture of Special Purpose Machinery	33
汽车制造业	Manufacture of Automobiles	19
铁路、船舶、航空航天和其他运输设备制造业	Manufacture of Railway ,Ship, Aerospace and Other Transport Equipment	8
电气机械和器材制造业	Manufacture of Electrical Machinery and Apparatus	37
计算机、通信和其他电子设备制造业	Manufacture of Computers, Communication and Other Electronic Equipment	49
仪器仪表制造业	Manufacture of Measuring Instruments and Machinery	14
其他制造业	Other Manufacture	10
废弃资源综合利用业	Utilization of Waste Resources	16
金属制品、机械和设备修理业	Repair of Metal Products, Machinery and Equipment	16
电力、热力、燃气及水生产和供应业	**Production and Supply of Electric Power,Gas and Water**	**28**
电力、热力生产和供应业	Production and Supply of Electric Power and Heat Power	12
燃气生产和供应业	Production and Supply of Gas	7
水的生产和供应业	Production and Supply of Water	9
建筑业	**Construction**	**1294**
房屋建筑业	Construction of Housing	399
土木工程建筑业	Civil Engineering Construction	181
建筑安装业	Architectural Installation	70
建筑装饰、装修和其他建筑业	Architectural Decoration and Other Construction	644
批发和零售业	**Wholesale and Retail Trade**	**3671**
批发业	Wholesale Trade	1635
零售业	Retail Trade	2036
交通运输、仓储和邮政业	**Transport, Storage and Postal Services**	**287**
铁路运输业	Transport Via Railway	
道路运输业	Transport Via Road	212
水上运输业	Water Transport	
航空运输业	Air Transport	
管道运输业	Transport Via Pipeline	
多式联运和运输代理业	Loading, Unloading, Portage and Transport Agency	30
装卸搬运和仓储业	Storage	35
邮政业	Post	10
住宿和餐饮业	**Hotels and Catering Services**	**365**
住宿业	Hotels	48
餐饮业	Catering Services	317

continued

(unit)

忠　县 Zhongxian County	云阳县 Yunyang County	奉节县 Fengjie County	巫山县 Wushan County	巫溪县 Wuxi County	石柱县 Shizhu County	秀山县 Xiushan County	酉阳县 Youyang County	彭水县 Pengshui County
115	343	173	48	61	77	135	180	83
4	26	1	1	1	3	7	6	
7	15	1	2	1	7	9	11	3
93	399	48	17	28	44	68	46	24
12	35	13	2	2	17	15	7	6
20	58	65	1	2	6	14	17	6
3	10	1	1	1	5	31	2	1
5	9	3				2		1
15	40	8	7	3	11	18	2	6
18	53	25	2	2	12	18	4	34
	5	1	2		1	5		3
5	4	4	2	3	7	5	26	2
5	9	7		2	3	2	2	1
11	5	13	8	4	6	24	6	6
96	**117**	**85**	**43**	**127**	**71**	**28**	**78**	**35**
31	99	59	33	104	54	18	53	24
18	7	12	2	5	5	4	6	7
47	11	14	8	18	12	6	19	4
740	**787**	**411**	**225**	**245**	**399**	**530**	**303**	**446**
271	256	145	101	104	153	146	89	282
117	151	64	36	46	65	124	60	69
52	73	62	16	8	29	39	32	20
300	307	140	72	87	152	221	122	75
3938	**5608**	**4431**	**1629**	**1345**	**3038**	**5302**	**3281**	**2625**
1522	1780	1686	374	354	841	1841	1080	1087
2416	3828	2745	1255	991	2197	3461	2201	1538
315	**377**	**281**	**113**	**61**	**202**	**284**	**138**	**260**
198	220	158	57	43	163	190	97	206
17	50	33	13		1		1	1
			1					
						1		
48	37	42	15	7	6	50	15	23
41	53	34	19	5	18	36	12	21
11	17	14	8	6	14	7	13	9
371	**617**	**457**	**309**	**461**	**887**	**531**	**368**	**341**
42	120	130	77	83	464	88	105	73
329	497	327	232	378	423	443	263	268

22-7 续表 11

单位：个

指　　标	Item	垫江县 Dianjiang County
信息传输、软件和信息技术服务业	**Information Transmission, Software and Information Technology**	**412**
电信、广播电视和卫星传输服务	Telecommunication, Radio, Television and Satellite Transmission Services	8
互联网和相关服务	Internet and Related Services	68
软件和信息技术服务业	Software and Information Technology Services	336
金融业	**Financial Intermediation**	**14**
货币金融服务	Money Finance Services	12
资本市场服务	Capital Market Services	
保险业	Insurance	
其他金融业	Other Finance	2
房地产业	**Real Estate**	**236**
房地产业	Real Estate	236
租赁和商务服务业	**Leasing and Business Services**	**1800**
租赁业	Leasing	392
商务服务业	Business Services	1408
科学研究和技术服务业	**Scientific Research and Technical Services**	**636**
研究和试验发展	Research and Experimental Development	25
专业技术服务业	Professional Technical Services	321
科技推广和应用服务业	Services of Science and Technology Application and Promotion	290
水利、环境和公共设施管理业	**Water Conservancy, Environment and Public Facilities Management**	**91**
水利管理业	Management of Water Conservancy	1
生态保护和环境治理业	Ecological Protection and Environmental Governance	19
公共设施管理业	Management of Public Facilities	70
土地管理业	Management of Land	1
居民服务、修理和其他服务业	**Services to Households, Repair and Other Services**	**299**
居民服务业	Resident Services	143
机动车、电子产品和日用产品修理业	Vehicles, Electronic Products and Commodities Maintenance Services	90
其他服务业	Other Services	66
教育	**Education**	**92**
教　育	Education	92
卫生和社会工作	**Health and Social Work**	**104**
卫　生	Health	54
社会工作	Social Work	50
文化、体育和娱乐业	**Culture, Sports and Entertainment**	**454**
新闻和出版业	Journalism and Publishing Activities	1
广播、电视、电影和录音制作业	Broadcasting, Movies, Televisions and Audiovisual Activities	24
文化艺术业	Cultural and Art Activities	231
体　育	Sports	24
娱乐业	Entertainment	174

continued

(unit)

忠 县 Zhongxian County	云阳县 Yunyang County	奉节县 Fengjie County	巫山县 Wushan County	巫溪县 Wuxi County	石柱县 Shizhu County	秀山县 Xiushan County	酉阳县 Youyang County	彭水县 Pengshui County
478	**255**	**221**	**95**	**90**	**141**	**274**	**224**	**320**
9	19	15	5	10	15	10	22	22
113	67	74	48	24	54	79	44	37
356	169	132	42	56	72	185	158	261
12	**11**	**13**	**12**	**8**	**10**	**14**	**10**	**9**
11	11	12	12	8	9	13	9	8
		1						1
1					1	1	1	
217	**254**	**188**	**126**	**60**	**173**	**163**	**134**	**176**
217	254	188	126	60	173	163	134	176
1834	**2486**	**1252**	**430**	**438**	**887**	**1660**	**1356**	**1194**
339	600	296	99	141	233	379	235	195
1495	1886	956	331	297	654	1281	1121	999
429	**370**	**375**	**101**	**66**	**186**	**522**	**531**	**390**
15	4	12		1	7	16	12	15
274	175	194	73	42	138	376	260	235
140	191	169	28	23	41	130	259	140
51	**94**	**66**	**55**	**21**	**113**	**93**	**53**	**71**
3	17	3	1			2	5	4
8	10	7	6	4	7	18	5	8
39	66	53	46	16	105	69	40	55
1	1	3	2	1	1	4	3	4
533	**487**	**316**	**127**	**165**	**268**	**487**	**235**	**292**
382	286	155	56	87	150	254	113	148
105	148	111	40	64	89	176	96	105
46	53	50	31	14	29	57	26	39
83	**120**	**76**	**48**	**27**	**68**	**118**	**92**	**34**
83	120	76	48	27	68	118	92	34
136	**139**	**63**	**33**	**36**	**38**	**48**	**55**	**55**
30	64	37	21	14	19	38	46	48
106	75	26	12	22	19	10	9	7
452	**416**	**246**	**100**	**94**	**334**	**413**	**238**	**229**
2			1		2		1	1
25	13	13	7	6	14	19	12	10
224	81	50	27	19	182	39	46	84
17	35	16	9	14	21	14	21	15
184	287	167	56	55	115	341	158	119

22-8 按区县、登记注册统计类别分组的企业法人单位数（2023年）
Number of Corporate Legal Entities Grouped by District/County and Registration Statistical Category (2023)

单位：个　　(unit)

区　　县	Region	总　计 Total	内资企业 Domestic-funded Enterprises	国有独资公司 Wholly State-owned Companies	私营有限责任公司 Private Limited Liability Companies	其他有限责任公司 Other Limited Liability Companies
全　市	**Total**	**721354**	**719241**	**599**	**557669**	**11932**
万州区	Wanzhou District	23348	23320	24	16361	383
黔江区	Qianjiang District	9832	9823	8	6933	197
涪陵区	Fuling District	17909	17868	24	13103	419
渝中区	Yuzhong District	28668	28433	19	26683	587
大渡口区	Dadukou District	11002	10965	10	10033	190
江北区	Jiangbei District	35750	35527	17	33242	577
沙坪坝区	Shapingba District	37704	37595	36	35525	562
九龙坡区	Jiulongpo District	76362	76185	14	72997	1068
南岸区	Nan'an District	38492	38352	25	36273	504
北碚区	Beibei District	17391	17319	15	14501	449
渝北区	Yubei District	74025	73534	31	67873	1225
巴南区	Ba'nan District	29291	29231	21	25003	311
长寿区	Changshou District	12896	12838	13	8933	235
江津区	Jiangjin District	25232	25164	14	19930	357
合川区	Hechuan District	13141	13108	8	10421	224
永川区	Yongchuan District	15869	15813	7	11807	189
南川区	Nanchuan District	13224	13211	6	7289	150
綦江区	Qijiang District	14594	14575	33	8482	532
#綦江区(不含万盛)	Qijiang District (excluding Wansheng)	9065	9056	17	5033	394
大足区	Dazu District	14496	14471	14	8891	264
璧山区	Bishan District	15228	15166	8	13069	244
铜梁区	Tongliang District	11937	11910	21	8261	165
潼南区	Tongnan District	14084	14070	9	7450	150
荣昌区	Rongchang District	12095	12072	18	9333	214
开州区	Kaizhou District	17820	17814	26	8795	180
梁平区	Liangping District	11840	11835	8	3581	108
武隆区	Wulong District	6930	6924	5	3973	149
城口县	Chengkou County	4517	4516	8	1491	80
丰都县	Fengdu County	9944	9936	14	4929	268
垫江县	Dianjiang County	12234	12221	6	8267	264
忠　县	Zhongxian County	13289	13281	9	6487	256
云阳县	Yunyang County	18398	18390	14	9861	255
奉节县	Fengjie County	13194	13187	10	8710	110
巫山县	Wushan County	4858	4855	14	2821	92
巫溪县	Wuxi County	5425	5424	11	3120	92
石柱县	Shizhu County	8621	8618	21	5219	96
秀山县	Xiushan County	13628	13625	20	7421	181
酉阳县	Youyang County	9281	9275	30	5222	327
彭水县	Pengshui County	8805	8790	8	5379	278

22-8 续表 1 continued

单位：个 (unit)

区　县	Region	私营股份有限公司 Private Share Holding Limited Companies	其他股份有限公司 Other Share Holding Limited Liability Companies	全民所有制企业(国有企业) Wholly People Owned Enterprises (State-owned Enterprises)	集体所有制企业(集体企业) Collective Owned Enterprises (Collective Enterprises)	股份合作企业 Cooperative Stock Enterprises	联营企业 Joint Venture Enterprises
全　市	**Total**	**1246**	**819**	**146**	**1116**	**367**	**17**
万州区	Wanzhou District	26	24	8	46	6	
黔江区	Qianjiang District	16	20	3	1		
涪陵区	Fuling District	29	32	6	38	3	
渝中区	Yuzhong District	83	65	10	89	41	3
大渡口区	Dadukou District	17	23	3	27	1	
江北区	Jiangbei District	95	59	8	26	4	
沙坪坝区	Shapingba District	30	41	5	92	21	
九龙坡区	Jiulongpo District	104	41	4	116	52	6
南岸区	Nan'an District	71	40	2	21	44	
北碚区	Beibei District	39	17	6	54	9	
渝北区	Yubei District	238	78	5	6	20	1
巴南区	Ba'nan District	42	23	3	45	15	
长寿区	Changshou District	30	15	5	15	3	
江津区	Jiangjin District	52	24	2	86	16	
合川区	Hechuan District	18	17	5	39	9	
永川区	Yongchuan District	31	18	4	35	10	2
南川区	Nanchuan District	16	13	2	42	11	
綦江区	Qijiang District	29	30	4	54	17	
#綦江区(不含万盛)	Qijiang District (excluding Wansheng)	23	15	3	36	8	
大足区	Dazu District	41	16	2	11	13	1
璧山区	Bishan District	26	13	3	36	19	
铜梁区	Tongliang District	41	15	5	25	5	1
潼南区	Tongnan District	27	17	2	15	7	1
荣昌区	Rongchang District	42	9	2	19	3	
开州区	Kaizhou District	16	12	3	21	2	
梁平区	Liangping District	4	15	4	6	1	
武隆区	Wulong District	4	10	2	5	1	
城口县	Chengkou County		7	2	7	1	
丰都县	Fengdu County	4	10	4	33	2	
垫江县	Dianjiang County	10	16	2	16	15	
忠　县	Zhongxian County	10	10	2	19	1	
云阳县	Yunyang County	15	10	2	11		
奉节县	Fengjie County	5	16	4	9	4	
巫山县	Wushan County	7	8	4	4	4	
巫溪县	Wuxi County	1	9	4	5	2	1
石柱县	Shizhu County	2	12	3	15	2	
秀山县	Xiushan County	9	9	4	6		
酉阳县	Youyang County	5	15	4	12		
彭水县	Pengshui County	11	10	3	9	3	1

22-8 续表 2 continued

单位：个 (unit)

区县	Region	个人独资企业 Sole Proprietorship Enterprises	合伙企业 Partnership Enterprises	其他内资企业 Other Domestic-funded Enterprises	港澳台投资企业 Enterprises Funded by Hong Kong, Macao and Taiwan	外商投资企业 Foreign-funded Enterprises
全市	**Total**	**140609**	**4713**	**8**	**1082**	**1031**
万州区	Wanzhou District	6366	71	5	18	10
黔江区	Qianjiang District	2573	72		7	2
涪陵区	Fuling District	4159	55		22	19
渝中区	Yuzhong District	582	271		125	110
大渡口区	Dadukou District	593	68		29	8
江北区	Jiangbei District	1213	286		110	113
沙坪坝区	Shapingba District	1079	203	1	57	52
九龙坡区	Jiulongpo District	1438	345		76	101
南岸区	Nan'an District	1073	299		80	60
北碚区	Beibei District	2088	141		21	51
渝北区	Yubei District	3358	699		224	267
巴南区	Ba'nan District	3640	128		38	22
长寿区	Changshou District	3497	92		19	39
江津区	Jiangjin District	4592	90	1	48	20
合川区	Hechuan District	2281	86		14	19
永川区	Yongchuan District	3614	96		25	31
南川区	Nanchuan District	5638	44		8	5
綦江区	Qijiang District	5348	46		12	7
#綦江区(不含万盛)	Qijiang District (excluding Wansheng)	3507	20		7	2
大足区	Dazu District	5160	58		15	10
璧山区	Bishan District	1400	347	1	36	26
铜梁区	Tongliang District	3295	76		12	15
潼南区	Tongnan District	6322	70		8	6
荣昌区	Rongchang District	2301	131		11	12
开州区	Kaizhou District	8640	119		5	1
梁平区	Liangping District	8075	33		2	3
武隆区	Wulong District	2695	80		6	
城口县	Chengkou County	2906	14			1
丰都县	Fengdu County	4623	49		7	1
垫江县	Dianjiang County	3541	84		2	11
忠县	Zhongxian County	6385	102		5	3
云阳县	Yunyang County	8185	37		8	
奉节县	Fengjie County	4261	58		5	2
巫山县	Wushan County	1889	12		3	
巫溪县	Wuxi County	2152	27		1	
石柱县	Shizhu County	3205	43		3	
秀山县	Xiushan County	5842	133		2	1
酉阳县	Youyang County	3611	49		4	2
彭水县	Pengshui County	2989	99		14	1

附　录

APPENDIX

简 要 说 明

本章中全国数据摘自《中国统计摘要 2024》，部分数据为初步统计数，正式统计数据以《中国统计年鉴 2024》为准。

Brief Introduction

The data of the whole nation in this table are extracted from China Statistical Summary 2024, and some of the data are primary statistics. See China Statistical Yearbook 2024 for the official data (the same applies to the following tables).

附录1　重庆市国民经济主要指标占全国的比重(2023年)
Appendix I: Chongqing's Main Indicators of National Economy as Percentage of Whole Nation (2023)

指　　标	Item	全　国 Whole Nation	重　庆 Chongqing	重庆占全国的比重(%) Chongqing as Percentage of Whole Nation (%)
土地面积(万平方公里)	Land Area (10 000 sq. km)	960	8.24	0.86
年末户籍总人口(万人)	Year-end Population (10 000 persons)	140967	3409.35	2.42
年末就业人员数(万人)	Year-end Employment (10 000 persons)	74041	1661.89	2.24
国内(地区)生产总值(亿元)	Gross Domestic Product (100 million yuan)	1260582.1	30145.79	2.39
第一产业	Primary Industry	89755.2	2074.68	2.31
第二产业	Secondary Industry	482588.5	11699.14	2.42
第三产业	Tertiary Industry	688238.4	16371.97	2.38
主要农业产品产量(万吨)	**Output of Major Agricultural and Industrial Products (10 000 tons)**			
粮　食	Gain	69541.0	1095.90	1.58
油　料	Oil-bearing Crops	3863.7	77.46	2.00
城镇常住居民人均可支配收入(元)	Per Capita Disposable Income of Urban Residents(yuan)	51821	47435	
农村常住居民人均可支配收入(元)	Per Capita Disposable Income of Rural Residents(yuan)	21691	20820	
电信业务总量(亿元)	Total Business Volume of Telecommunication Services (101 million yuan)	18326.8	397.98	2.17
社会消费品零售总额(亿元)	Retail Sales of Consumer Goods (100 million yuan)	471495	15130.25	3.21
房地产开发投资(亿元)	Real Estate Development	110912.9	2792.42	2.52
金融机构人民币各项存款余额(亿元)	Deposit Balance of RMB of Financial Institutions (100 million yuan)	2842623	52613.04	1.85
金融机构人民币各项贷款余额(亿元)	Loan Balance of RMB of Financial Institutions (100 million yuan)	2375905	55909.32	2.35
货物进出口总额(亿元)	Total Imports and Exports (100 million Yuan)	417568.3	7137.39	1.71
出口额	Exports	237725.9	4782.19	2.01
进口额	Imports	179842.4	2355.20	1.31
建筑业总产值(亿元)	Gross Output Value of Construction (100 million yuan)	315912	9709.72	3.07
在校学生数(万人)	Student Enrollment (10 000 persons)			
#普通、职业高等学校	Ordinary and vocational colleges and universities	3775	110.02	2.91
普通小学	Primary Schools	10836	205.87	1.90
执业(助理)医师(万人)	Licensed (Assistant) Doctors (10 000 persons)	478	10.23	2.14
医院床位数(万张)	Number of Beds in Hospitals and Health Centers (10 000 units)	800	25.56	3.19

附录2　全国国民经济与社会发展速度指标

指　　标	Item	2023年
人口	**Population**	
年末总人口(万人)	Year-end Population (10 000 persons)	140967
城镇人口	Urban Population	93267
乡村人口	Rural Population	47700
就业和失业	**Employment and Unemployment**	
就业人员数(万人)	Employment (10 000 persons)	74041
#城镇就业人员	Employment in Urban Areas	47032
城镇登记失业人员(万人)	Registered Unemployment in Urban Areas (10 000 persons)	1074
国民经济核算	**National Accounting**	
国内生产总值(亿元)	Gross Domestic Product (100 million yuan)	1260582.1
第一产业	Primary Industry	89755.2
第二产业	Secondary Industry	482588.5
第三产业	Tertiary Industry	688238.4
财政	**Government Finance**	
一般公共预算收入(亿元)	General Public Budget Revenue (100 million yuan)	216784.4
一般公共预算支出(亿元)	General Public Budget Expenditure (100 million yuan)	274573.8
能源	**Energy**	
一次能源生产总量(万吨标准煤)	Total Energy Output (10 000 tons of standard coal)	483000
能源消费总量(万吨标准煤)	Total Consumption of Energy (10 000 tons of standard coal)	572000
固定资产投资	**Investment in Fixed Assets**	
全社会固定资产投资总额(亿元)	Total Investment in Fixed Assets (100 million yuan)	509707.9
#房地产开发	Real Estate Development	110912.9
对外贸易和实际利用外资	**Foreign Trade and Foreign Capital Actually Utilized**	
货物进出口总额(亿元)	Total Imports and Exports (100 million Yuan)	417568.3
出口额	Exports	237725.9
进口额	Imports	179842.4
实际使用外资金额(亿美元)	Foreign Direct Investment (USD 100 million)	1632.5
主要产品产量	**Output of Major Products**	
粮食(万吨)	Gain(10 000 tons)	69541
棉花(万吨)	Cotton(10 000 tons)	562
油料(万吨)	Oil-bearing Crops(10 000 tons)	3864
肉类(万吨)	Meat(10 000 tons)	9748
原煤(亿吨)	Coal(100 million tons)	47.11
原油(万吨)	Oil(10 000 tons)	20903
水泥(万吨)	Cement(10 000 tons)	202293
粗钢(万吨)	Steel(10 000 tons)	101908
发电量(亿千瓦时)	Electricity(100 million kwh)	94564
建筑业	**Construction**	
建筑业总产值(亿元)	Gross Output Value of Construction (100 million yuan)	315912
运输	**Transportation**	
客运量(万人)	Passenger Traffic (10 000 persons)	930442
货运量(万吨)	Freight Traffic (10 000 tons)	5570636
邮电通信业	**Telecommunications and Postal Services**	
移动电话用户(万户)	Mobile Telephone Subscribers(10 000 subscribers)	172660
固定电话用户(万户)	Fixed Telephone Subscribers(10 000 subscribers)	17333
国内贸易	**Domestic Trade**	
社会消费品零售总额(亿元)	Retail Sales of Consumer Goods(100 million yuan)	471495
科技、教育、卫生	**Science & Technology, Education and Health**	
研究与试验发展经费支出(亿元)	Expenditure on R&D (100 million yuan)	33278
技术市场成交额(亿元)	Contract Value of Technology Market (100 million yuan)	61476
在校学生数(万人)	Student Enrollment (10 000 persons)	
#普通、职业高等学校	Ordinary and vocational colleges and universities	3775
普通高中	Regular Senior Secondary Schools	2804
初中	Secondary Schools	5244
普通小学	Primary Schools	10836
医院数(万个)	Number of Hospitals(unit)	3.84
医院床位数(万张)	Number of Beds in Hospitals (10 000 bed)	800
执业(助理)医师(万人)	Number of Licensed (Assistant) Doctors (10 000 person)	478

注：国内生产总值按可比价格计算，固定资产投资总额平均每年增长速度按累计法计算，一般公共预算收入和支出按可比口径计算，其他价值量指标按当年价格计算。

Note: GDP, general public budget revenue and expenditure are calculated on the basis of comparable price, the average growth rate of investment in fixed assets is calculated on the basis of accumulative method, and other value and index indicators are calculated at current price.

Appendix II: Indicators on the Growth Rate of National Economic and Social Development

2023年为下列各年% 2023 as Percentage of the Following Years(%)				平均每年增长% Average Annual Growth Rate(%)		
1978年	1990年	2000年	2022年	1979—2023年	1991—2023年	2001—2023年
146.4	123.3	111.2	99.9	0.9	0.6	0.5
540.8	308.9	203.2	101.3	3.8	3.5	3.1
60.4	56.7	59.0	97.1	-1.1	-1.7	-2.3
184.4	114.4	102.7	100.9	1.4	0.4	0.1
494.3	276.0	203.2	102.4	3.6	3.1	3.1
202.6	280.3	180.5	89.3	1.6	3.2	2.6
4713.5	1671.8	620.0	105.2	8.9	8.9	8.3
686.1	359.9	249.1	104.1	4.4	4.0	4.0
7010.3	2315.5	653.6	104.7	9.9	10.0	8.5
6859.6	1897.2	715.6	105.8	9.9	9.3	8.9
769.9	465.0	348.8	104.2	4.6	4.8	5.6
1000.6	579.3	389.1	105.7	5.3	5.5	6.1
	11284.2	1548.4	102.8		17.5	15.0
	43787.2	2225.4	90.4		24.0	18.4
117624.9	7510.1	1063.2	99.9	17.0	14.0	10.8
141756.6	7961.9	1152.1	100.1	17.5	14.2	11.2
95967.1	6986.1	964.9	99.6	16.5	13.7	10.4
	4677.7	400.9	86.3		12.4	6.2
228.2	155.8	150.5	101.3	1.9	1.4	1.8
259.2	124.6	127.2	93.9	2.1	0.7	1.1
740.5	239.5	130.8	105.7	4.5	2.7	1.2
1033.7	341.2	162.1	104.5	5.3	3.8	2.1
762.3	436.2	340.4	103.4	4.6	4.6	5.5
200.9	151.1	128.2	102.1	1.6	1.3	1.1
3100.8	964.6	338.8	95.0	7.9	7.1	5.4
3206.7	1535.9	793.1	100.1	8.0	8.6	9.4
3686.0	1522.3	697.6	106.9	8.3	8.6	8.8
	23487.7	2527.8	105.8		18.0	15.1
366.3	120.4	62.9	166.5	2.9	0.6	-2.0
1743.9	573.9	410.0	108.1	6.6	5.4	6.3
	9425167.9	2042.5	102.6		41.5	14.0
9001.9	2530.2	119.7	96.6	10.5	10.3	0.8
30251.2	5680.6	1226.3	107.2	13.5	13.0	11.5
		3715.3	108.1			17.0
		9446.2	128.6			21.9
4410.1	1829.9	678.8	103.2	8.8	9.2	8.7
180.5	390.9	233.4	103.3	1.3	4.2	3.8
105.0	133.9	83.8	102.4	0.1	0.9	-0.8
74.1	88.5	83.3	101.0	-0.7	-0.4	-0.8
412.7	266.8	235.0	103.7	3.2	3.0	3.8
727.7	428.3	369.4	104.5	4.5	4.5	5.8
488.9	271.2	230.4	107.8	3.6	3.1	3.7

附录3 全国各省(自治区、直辖市)国民经济主要指标(2023年)
Appendix III: Main Indicators of National Economy by Province, Municipality and Autonomous Region (2023)

地 区	Region	年末常住人口(万人) Resident Population at Year-end (10 000 persons)	地区生产总值(亿元) Gross Domestic Product (100 million yuan)	第一产业 Primary Industry	第二产业 Secondary Industry	第三产业 Tertiary Industry
东部地区	**Eastern Region**					
北 京	Beijing	2186	43760.7	105.5	6525.6	37129.6
天 津	Tianjin	1364	16737.3	268.5	5982.6	10486.2
河 北	Hebei	7393	43944.1	4466.2	16435.3	23042.6
辽 宁	Liaoning	4182	30209.4	2651.0	11734.5	15823.9
上 海	Shanghai	2487	47218.7	96.1	11613.0	35509.6
江 苏	Jiangsu	8526	128222.2	5075.8	56909.7	66236.7
浙 江	Zhejiang	6627	82553.2	2332.0	33952.7	46268.6
福 建	Fujian	4183	54355.1	3217.7	23966.4	27171.0
山 东	Shandong	10123	92068.7	6506.2	35987.9	49574.6
广 东	Guangdong	12706	135673.2	5540.7	54437.3	75695.2
海 南	Hainan	1043	7551.2	1507.4	1448.5	4595.3
中部地区	**Central Region**					
山 西	Shanxi	3466	25698.2	1388.9	13329.7	10979.6
吉 林	Jilin	2339	13531.2	1644.8	4585.0	7301.4
黑龙江	Heilongjiang	3062	15883.9	3518.3	4291.3	8074.3
安 徽	Anhui	6121	47050.6	3496.6	18871.8	24682.2
江 西	Jiangxi	4515	32200.1	2450.4	13706.5	16043.2
河 南	Henan	9815	59132.4	5360.1	22175.3	31597.0
湖 北	Hubei	5838	55803.6	5073.4	20215.5	30514.7
湖 南	Hunan	6568	50012.9	4621.3	18822.8	26568.8
西部地区	**Western Region**					
重 庆	Chongqing	3191	30145.8	2074.7	11699.1	16372.0
四 川	Sichuan	8368	60132.9	6056.6	21306.7	32769.5
贵 州	Guizhou	3865	20913.3	2894.3	7311.4	10707.5
云 南	Yunnan	4673	30021.1	4206.6	10256.3	15558.2
西 藏	Xizang	365	2392.7	215.0	883.0	1294.7
陕 西	Shaanxi	3952	33786.1	2649.8	16068.9	15067.4
甘 肃	Gansu	2465	11863.8	1641.3	4080.8	6141.8
青 海	Qinghai	594	3799.1	387.0	1612.8	1799.2
宁 夏	Ningxia	729	5315.0	428.1	2487.2	2399.6
新 疆	Xinjiang	2598	19125.9	2742.2	7710.3	8673.4
内蒙古	Inner Mongolia	2396	24627.0	2737.3	11703.6	10186.1
广 西	Guangxi	5027	27202.4	4468.2	8924.1	13810.1

注：1.本表绝对数按当年价计算。
2.本表各省、市固定资产投资数据不含跨区投资和农户投资。
3.本表交通数据均不含民航数据。

Note: a) The values in this table are calculated at current prices.
b) The data of investment in fixed assets in this table excludes trans-regional investment and investment of rural households.
c) The civil aviation data are not include in traffic data of this table.

附录3 续表 1 continued

地 区	Region	地区生产总值指数(上年=100) Indices of Gross Domestic Product (preceding year=100)	人均地区生产总值(元) Per Capita GDP (yuan)	人均地区生产总值指数(上年=100) Indices of Per Capita GDP (preceding year=100)	农林牧渔业总产值(亿元) Gross Output Value of Farming, Forestry, Animal Husbandry and Fishery (100 million yuan)	#农 业 Farming
东部地区	**Eastern Region**					
北 京	Beijing	105.2	200278	105.2	252.6	135.6
天 津	Tianjin	104.3	122752	104.6	511.3	269.4
河 北	Hebei	105.5	59332	105.8	7770.9	4081.0
辽 宁	Liaoning	105.3	72107	105.9	5266.8	2284.5
上 海	Shanghai	105.0	190321	105.0	269.6	145.2
江 苏	Jiangsu	105.8	150487	105.6	8935.5	4844.1
浙 江	Zhejiang	106.0	125043	105.3	3978.0	1871.9
福 建	Fujian	104.5	129865	104.5	5729.2	2193.5
山 东	Shandong	106.0	90771	106.2	12531.9	6462.4
广 东	Guangdong	104.8	106985	104.7	9202.1	4431.0
海 南	Hainan	109.2	72958	108.0	2410.3	1319.7
中部地区	**Central Region**					
山 西	Shanxi	105.0	73984	105.2	2291.7	1332.7
吉 林	Jilin	106.3	57739	107.1	3128.0	1494.5
黑龙江	Heilongjiang	102.6	51563	103.6	6492.5	4200.4
安 徽	Anhui	105.8	76830	105.7	6247.9	2906.3
江 西	Jiangxi	104.1	71216	104.1	4198.9	2003.4
河 南	Henan	104.1	60073	104.4	10304.6	6471.2
湖 北	Hubei	106.0	95538	105.9	9106.9	4428.8
湖 南	Hunan	104.6	75938	105.0	8199.4	4141.5
西部地区	**Western Region**					
重 庆	Chongqing	106.1	94135	106.4	3154.3	1978.0
四 川	Sichuan	106.0	71835	106.0	9977.8	5821.7
贵 州	Guizhou	104.9	54172	104.7	4953.6	3360.3
云 南	Yunnan	104.4	64107	104.6	6834.5	4041.8
西 藏	Xizang	109.5	65642	109.7	320.1	132.6
陕 西	Shaanxi	104.3	85448	104.3	4724.9	3468.1
甘 肃	Gansu	106.4	47867	106.9	2927.7	2001.6
青 海	Qinghai	105.3	63903	105.3	575.6	259.3
宁 夏	Ningxia	106.6	72957	106.3	885.7	459.5
新 疆	Xinjiang	106.8	73774	106.6	5648.3	3991.4
内蒙古	Inner Mongolia	107.3	102677	107.4	4447.3	2288.0
广 西	Guangxi	104.1	54005	104.2	7229.3	4253.5

附录3 续表 2 continued

地 区	Region	#林 业 Forestry	#牧 业 Animal Husbandry	#渔 业 Fishery	农林牧渔业总产值指数(可比价)(上年=100) Indices of Gross Output Value of Farming, Forestry,Animal Husbandry and Fishery (preceding year=100)	粮食产量(万吨) Grain Output (10 000 tons)
东部地区	**Eastern Region**					
北 京	Beijing	65.9	42.0	4.0	95.4	47.8
天 津	Tianjin	6.0	145.5	71.9	101.3	255.7
河 北	Hebei	259.1	2395.0	351.2	103.0	3809.9
辽 宁	Liaoning	144.6	1691.5	957.0	104.7	2563.4
上 海	Shanghai	7.2	47.0	52.7	99.3	101.9
江 苏	Jiangsu	188.4	1230.1	1903.2	103.9	3797.7
浙 江	Zhejiang	198.3	393.2	1375.3	104.2	638.8
福 建	Fujian	454.8	1083.4	1789.6	104.3	511.0
山 东	Shandong	244.5	2973.7	1807.6	105.1	5655.3
广 东	Guangdong	562.7	1696.8	2005.3	105.1	1285.2
海 南	Hainan	111.4	334.2	523.0	104.8	147.0
中部地区	**Central Region**					
山 西	Shanxi	177.4	642.8	9.6	104.0	1478.1
吉 林	Jilin	70.1	1402.2	65.4	105.0	4186.5
黑龙江	Heilongjiang	208.0	1722.9	155.1	102.6	7788.2
安 徽	Anhui	479.9	1746.3	689.5	104.4	4150.8
江 西	Jiangxi	399.8	978.3	554.1	104.2	2198.3
河 南	Henan	162.2	2596.0	141.5	102.2	6624.3
湖 北	Hubei	356.3	1934.3	1602.0	104.4	2777.0
湖 南	Hunan	513.7	2232.1	635.0	103.7	3068.0
西部地区	**Western Region**					
重 庆	Chongqing	188.1	766.6	142.9	104.5	1095.9
四 川	Sichuan	481.8	3035.6	359.1	104.0	3593.8
贵 州	Guizhou	358.5	907.9	81.2	104.0	1119.7
云 南	Yunnan	485.2	1969.3	125.4	104.3	1974.0
西 藏	Xizang	9.5	170.0	0.3	113.1	108.9
陕 西	Shaanxi	96.4	864.4	36.7	104.0	1323.7
甘 肃	Gansu	37.3	700.1	1.8	106.1	1272.9
青 海	Qinghai	12.6	290.9	4.3	104.7	116.2
宁 夏	Ningxia	10.6	358.0	22.8	107.6	378.8
新 疆	Xinjiang	55.6	1210.6	33.6	106.5	2119.2
内蒙古	Inner Mongolia	116.9	1898.7	32.2	105.5	3957.8
广 西	Guangxi	543.7	1505.3	583.0	104.7	1395.4

附录3 续表 3 continued

地 区	Region	油料产量 (万吨) Oil-bearing Crops Output (10 000 tons)	肉类产量 (万吨) Meat Output (10 000 tons)	#猪 肉 Pork	#牛 肉 Beef	#羊 肉 Lamb
东部地区	**Eastern Region**					
北 京	Beijing	1.0	4.2	2.7	0.5	0.2
天 津	Tianjin	0.4	31.5	17.4	3.2	1.1
河 北	Hebei	118.3	495.0	283.3	59.4	37.5
辽 宁	Liaoning	128.1	473.7	249.1	32.0	6.8
上 海	Shanghai	0.6	12.2	10.7	0.0	0.2
江 苏	Jiangsu	103.4	331.7	191.3	3.3	6.5
浙 江	Zhejiang	35.6	119.9	80.8	1.5	2.5
福 建	Fujian	24.4	311.4	135.5	2.8	2.3
山 东	Shandong	280.7	910.1	382.8	58.2	32.8
广 东	Guangdong	121.0	507.5	298.0	4.4	1.9
海 南	Hainan	7.9	76.4	42.1	2.0	1.1
中部地区	**Central Region**					
山 西	Shanxi	17.9	155.0	99.5	10.2	12.0
吉 林	Jilin	88.4	309.4	158.5	49.1	9.0
黑龙江	Heilongjiang	16.5	328.5	201.8	55.2	15.6
安 徽	Anhui	189.0	497.1	262.4	11.7	22.0
江 西	Jiangxi	148.1	369.1	257.4	17.8	3.2
河 南	Henan	703.0	679.1	465.3	38.0	27.3
湖 北	Hubei	394.9	457.9	347.2	17.2	10.5
湖 南	Hunan	293.1	582.6	461.8	20.4	16.9
西部地区	**Western Region**					
重 庆	Chongqing	77.5	215.8	158.2	8.5	6.9
四 川	Sichuan	438.6	697.1	489.7	39.1	27.1
贵 州	Guizhou	111.0	246.9	184.6	22.2	4.8
云 南	Yunnan	68.5	536.1	405.4	44.7	22.3
西 藏	Xizang	5.0	31.3	1.7	23.7	5.5
陕 西	Shaanxi	60.6	135.7	104.5	9.0	10.4
甘 肃	Gansu	63.1	157.4	72.7	29.8	40.9
青 海	Qinghai	32.1	41.4	5.2	22.8	13.0
宁 夏	Ningxia	4.6	41.4	8.6	14.4	15.1
新 疆	Xinjiang	43.2	222.6	64.4	58.4	62.8
内蒙古	Inner Mongolia	206.2	291.2	75.7	77.8	108.8
广 西	Guangxi	80.8	478.9	276.0	15.3	4.3

附录3 续表 4 continued

地 区	Region	奶类产量 (万吨) Diary Output (10 000 tons)	水泥产量 (万吨) Cement Output (10 000 tons)	钢材产量 (万吨) Steel Output (10 000 tons)	汽车产量 (万辆) Motor Vehicle Output (10 000 units)	微型计算机设备 (万台) Micro Computers (10 000 units)
东部地区	**Eastern Region**					
北 京	Beijing	26.5	200.0	183.7	100.3	615.8
天 津	Tianjin	54.1	484.0	5991.9	89.5	
河 北	Hebei	574.3	9982.0	29792.6	84.1	
辽 宁	Liaoning	136.0	3814.0	7848.4	94.3	
上 海	Shanghai	30.7	441.7	1917.2	215.6	1900.9
江 苏	Jiangsu	72.9	14280.3	16193.9	165.0	2762.2
浙 江	Zhejiang	20.9	12710.8	3155.8	152.6	140.0
福 建	Fujian	25.4	8038.7	3956.8	33.2	466.1
山 东	Shandong	318.3	12894.3	10858.5	197.4	0.6
广 东	Guangdong	20.3	14322.3	6319.1	519.2	7335.0
海 南	Hainan	0.3	1545.4		3.0	
中部地区	**Central Region**					
山 西	Shanxi	147.5	4660.6	6876.6	10.6	19.5
吉 林	Jilin	30.9	2032.1	1588.2	155.9	
黑龙江	Heilongjiang	504.3	1944.7	933.3	9.0	1.0
安 徽	Anhui	53.6	13251.7	4164.9	208.8	2125.8
江 西	Jiangxi	6.3	8341.1	3646.3	48.0	2370.8
河 南	Henan	241.8	9553.9	3400.2	78.3	165.5
湖 北	Hubei	9.0	9892.7	3848.6	179.0	1347.2
湖 南	Hunan	8.0	8285.9	2890.8	44.7	141.7
西部地区	**Western Region**					
重 庆	Chongqing	3.1	5477.8	2154.5	231.6	7400.5
四 川	Sichuan	72.1	12151.6	4045.9	97.5	5337.8
贵 州	Guizhou	3.7	5883.4	579.9	4.8	2.8
云 南	Yunnan	73.9	9610.5	2459.0	1.8	743.7
西 藏	Xizang	64.3	1198.4			
陕 西	Shaanxi	163.9	5768.4	1629.4	147.0	2.9
甘 肃	Gansu	102.8	4125.5	1179.4		
青 海	Qinghai	33.9	1192.2	69.7		
宁 夏	Ningxia	430.6	1670.0	582.2		
新 疆	Xinjiang	243.2	4810.5	1497.3	1.9	3.6
内蒙古	Inner Mongolia	794.9	3729.6	3385.8	10.6	
广 西	Guangxi	13.8	9998.8	5200.5	97.5	173.4

附录3　续表 5　continued

地　区	Region	发电量（亿千瓦小时）Electricity Production (100 million KWH)	客运量（万人）Passenger Throughput (10 000 persons)	旅客周转量（亿人公里）Passenger Turnover Volume (100 million person·km)	货运量（万吨）Cargo Throughput (10 000 tons)	货物周转量（亿吨公里）Cargo Turnover Volume (100 million tons·km)
东部地区	**Eastern Region**					
北　京	Beijing	471.6	40885	237	19707	1063
天　津	Tianjin	837.5	13187	226	56073	2786
河　北	Hebei	4125.9	20418	1080	253091	14797
辽　宁	Liaoning	2362.9	28002	644	179704	4686
上　海	Shanghai	1006.6	19966	190	153213	32790
江　苏	Jiangsu	6390.5	73556	1311	310363	13232
浙　江	Zhejiang	4580.7	51460	923	344881	15062
福　建	Fujian	3302.5	25584	466	178749	12231
山　东	Shandong	6508.1	35997	981	346633	15043
广　东	Guangdong	7010.3	70296	1276	371033	29304
海　南	Hainan	478.9	9626	91	35987	11713
中部地区	**Central Region**					
山　西	Shanxi	4572.8	12379	278	222753	6877
吉　林	Jilin	1158.7	14503	290	54410	2013
黑龙江	Heilongjiang	1327.4	16265	282	54458	1942
安　徽	Anhui	3549.4	25898	999	422888	12097
江　西	Jiangxi	1852.6	24638	833	209403	5348
河　南	Henan	3534.6	59098	1496	283056	12229
湖　北	Hubei	3206.0	36512	867	248947	8593
湖　南	Hunan	1797.5	46863	1142	228497	3037
西部地区	**Western Region**					
重　庆	Chongqing	1120.2	27943	381	141104	3929
四　川	Sichuan	5006.5	61012	757	201400	3434
贵　州	Guizhou	2368.8	25122	504	102678	1469
云　南	Yunnan	4151.0	23178	429	144427	2062
西　藏	Xizang	163.0	1174	46	5058	162
陕　西	Shaanxi	3103.8	24903	636	180282	4478
甘　肃	Gansu	2109.0	15729	469	79807	4246
青　海	Qinghai	1009.7	2601	118	21605	803
宁　夏	Ningxia	2314.3	3870	72	54996	947
新　疆	Xinjiang	5130.7	20453	422	103783	2843
内蒙古	Inner Mongolia	7629.9	7538	217	236621	5556
广　西	Guangxi	2382.9	29826	636	228355	5590

附录3 续表 6 continued

地 区	Region	固定资产投资增速 (%) Growth Rate of Investment in Fixed Assets (%)	#房地产开发投资 (亿元) Investment in Real Estate Development (100 million yuan)	商品房销售面积 (万平方米) Housing Floor Space of Sales (10 000 sq. m)	商品房销售额 (亿元) Total Sales of Commercialized Buildings (100 million yuan)	建筑业总产值 (亿元) Total Output Value of Construction (100 million yuan)
东部地区	**Eastern Region**					
北 京	Beijing	4.9	4195.7	1123	4233.2	14272.5
天 津	Tianjin	-16.4	1231.5	1177	1893.4	5072.3
河 北	Hebei	6.3	3093.5	4323	3538.6	7261.3
辽 宁	Liaoning	4.0	1744.7	2071	1557.0	4326.6
上 海	Shanghai	13.8	5885.8	1808	7260.0	10045.8
江 苏	Jiangsu	5.2	11891.3	11019	12682.1	43140.2
浙 江	Zhejiang	6.1	13197.9	6106	11503.8	24593.5
福 建	Fujian	2.5	4403.4	4225	4656.7	17383.4
山 东	Shandong	5.2	8168.9	11287	9541.5	18686.6
广 东	Guangdong	2.5	13465.9	9622	15135.5	25195.3
海 南	Hainan	1.1	1170.7	900	1493.8	494.4
中部地区	**Central Region**					
山 西	Shanxi	-6.6	1751.5	2353	1588.2	6147.1
吉 林	Jilin	0.3	823.8	1057	730.2	2219.9
黑龙江	Heilongjiang	-14.8	457.0	858	554.4	1426.0
安 徽	Anhui	4.0	4659.4	4678	3872.8	12466.8
江 西	Jiangxi	-5.9	1580.7	3433	2482.4	10827.8
河 南	Henan	2.1	4189.4	6965	4546.5	11476.8
湖 北	Hubei	5.0	5409.0	5265	4619.5	21348.2
湖 南	Hunan	-3.1	3833.1	5637	3700.1	15176.1
西部地区	**Western Region**					
重 庆	Chongqing	4.3	2792.4	3572	2475.0	9709.7
四 川	Sichuan	2.4	5320.6	8006	7170.2	17401.5
贵 州	Guizhou	-5.7	1188.3	2215	1251.7	3939.0
云 南	Yunnan	-10.6	2066.6	2491	1702.2	7890.9
西 藏	Xizang	35.1	79.2	80	66.8	228.9
陕 西	Shaanxi	0.2	2943.3	2711	2973.5	10340.5
甘 肃	Gansu	5.9	1263.1	1497	900.8	2686.7
青 海	Qinghai	-7.5	201.4	236	166.5	614.1
宁 夏	Ningxia	5.5	436.1	690	479.4	741.5
新 疆	Xinjiang	12.4	1168.5	1903	1167.5	3405.9
内蒙古	Inner Mongolia	19.8	963.4	1512	993.1	1459.5
广 西	Guangxi	-15.5	1337.0	2917	1685.6	5933.1

附录3 续表 7 continued

地　区	Region	社会消费品零售总额(亿元) Total Retail Sales of Consumer Goods (100 million yuan)	进出口总额(亿美元) Total Imports and Exports (USD 100 million)	#出 口 Export	一般公共预算收入(亿元) General Public Budget Revenue (100 million yuan)	一般公共预算支出(亿元) General Public Budget Expenditure (100 million yuan)
东部地区	**Eastern Region**					
北　京	Beijing	14462.7	5187.5	852.7	6181.1	7971.6
天　津	Tianjin	3820.7	1138.4	516.8	2027.3	3280.5
河　北	Hebei	15040.5	826.6	498.1	4286.2	9605.7
辽　宁	Liaoning	10362.1	1089.5	502.8	2754.0	6567.3
上　海	Shanghai	18515.5	5990.3	2471.2	8312.5	9638.5
江　苏	Jiangsu	45547.5	7461.3	4794.4	9930.2	15242.7
浙　江	Zhejiang	32550.2	6967.8	5073.0	8600.0	12353.1
福　建	Fujian	22109.6	2808.1	1672.6	3591.9	5868.4
山　东	Shandong	36141.8	4640.6	2761.8	7464.7	12582.7
广　东	Guangdong	47494.9	11802.6	7731.0	13851.3	18510.9
海　南	Hainan	2511.3	329.2	105.7	900.7	2257.3
中部地区	**Central Region**					
山　西	Shanxi	7981.8	240.4	149.0	3479.2	6351.2
吉　林	Jilin	4150.4	238.1	88.9	1074.8	4406.9
黑龙江	Heilongjiang	5634.2	423.6	107.9	1396.0	5776.7
安　徽	Anhui	23008.3	1143.9	743.5	3939.0	8638.2
江　西	Jiangxi	13659.8	812.4	561.0	3059.6	7500.6
河　南	Henan	26004.4	1151.6	750.1	4512.1	11062.6
湖　北	Hubei	24041.9	916.4	616.0	3692.3	9295.8
湖　南	Hunan	20203.3	880.1	572.2	3360.5	9584.5
西部地区	**Western Region**					
重　庆	Chongqing	15130.3	1015.6	680.2	2440.8	5304.6
四　川	Sichuan	26313.4	1361.1	858.1	5529.1	12731.7
贵　州	Guizhou	9011.2	107.9	73.9	2078.3	6202.8
云　南	Yunnan	11560.7	367.7	131.5	2149.4	6730.3
西　藏	Xizang	879.8	15.4	13.8	236.6	2809.1
陕　西	Shaanxi	10759.0	575.4	374.5	3437.4	7180.9
甘　肃	Gansu	4329.7	70.1	17.6	1003.5	4518.5
青　海	Qinghai	987.7	6.9	4.2	381.3	2188.7
宁　夏	Ningxia	1354.9	29.3	21.4	502.3	1751.5
新　疆	Xinjiang	3849.7	506.8	428.9	2179.7	7521.3
内蒙古	Inner Mongolia	5374.3	279.1	111.5	3083.4	6817.5
广　西	Guangxi	8651.6	984.9	515.9	1783.8	6102.6

附录3　续表 8　continued

地　区	Region	全体居民人均可支配收入(元) Per Capita Disposable Income of Urban Residents (yuan)	城镇常住居民人均可支配收入(元) Per Capita Disposable Income of Urban Residents (yuan)	农村常住居民人均可支配收入(元) Per Capita Disposable Income of Rural Residents (yuan)	居民消费价格指数(上年=100) General Consumer Price Index (preceding year=100)	农产品生产者价格指数(上年=100) Producer Price Index of Farm Products (preceding year=100)
东部地区	**Eastern Region**					
北　京	Beijing	81752	88650	37358	100.4	99.7
天　津	Tianjin	51271	55355	30851	100.4	98.1
河　北	Hebei	32903	43631	20688	100.6	95.5
辽　宁	Liaoning	37992	45896	21483	100.1	98.8
上　海	Shanghai	84834	89477	42988	100.3	98.4
江　苏	Jiangsu	52674	63211	30488	100.4	98.3
浙　江	Zhejiang	63830	74997	40311	100.3	101.2
福　建	Fujian	45426	56153	26722	100.0	99.8
山　东	Shandong	39890	51571	23776	100.1	101.0
广　东	Guangdong	49327	59307	25142	100.4	98.0
海　南	Hainan	33192	42661	20708	100.3	98.2
中部地区	**Central Region**					
山　西	Shanxi	30924	41327	17677	99.9	101.6
吉　林	Jilin	29797	37503	19472	99.9	95.8
黑龙江	Heilongjiang	29694	36492	19756	100.6	100.6
安　徽	Anhui	34893	47446	21144	100.2	96.7
江　西	Jiangxi	34242	45554	21358	100.3	95.3
河　南	Henan	29933	40234	20053	99.8	91.4
湖　北	Hubei	35146	44990	21293	100.1	97.1
湖　南	Hunan	35895	49243	20921	100.2	97.6
西部地区	**Western Region**					
重　庆	Chongqing	37595	47435	20820	99.7	97.5
四　川	Sichuan	32514	45227	19978	100.0	95.6
贵　州	Guizhou	27098	42772	14817	99.7	95.1
云　南	Yunnan	28421	43563	16361	100.3	98.8
西　藏	Xizang	28983	51900	19924	99.9	
陕　西	Shaanxi	32128	44713	16992	100.1	101.3
甘　肃	Gansu	25011	39833	13131	100.5	103.3
青　海	Qinghai	28587	40408	15614	100.5	97.4
宁　夏	Ningxia	31604	42395	17772	100.4	96.6
新　疆	Xinjiang	28947	40578	17948	100.0	102.4
内蒙古	Inner Mongolia	38130	48676	21221	100.6	97.8
广　西	Guangxi	29514	41287	18656	99.8	97.1

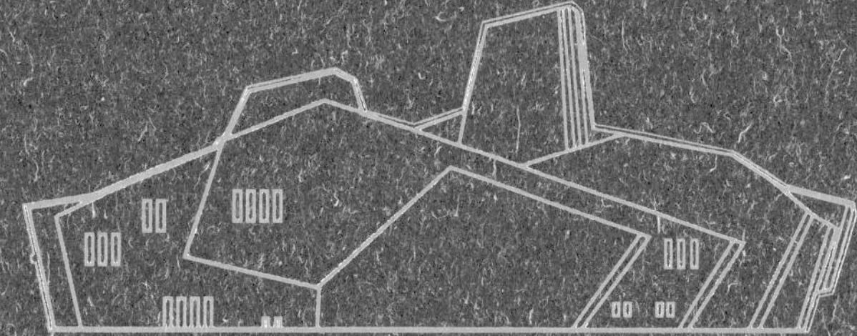